요한복음 2

지은이 **C. K. 바레트** Charles Kingsley Barrett (1917-2011)

영국 더럼대학교의 교수(1945-1982)이자 70년 동안 감리교 목사였다. 사도행전과 주요 바울 서신 주석을 집필하였으며, 20세기 영국의 대표적인 신약학자로 평가받는다. 한국어로는 알맹e에서 『요한 복음』, 『고린도 전서』(근간), 『고린도 후서』(근간) 주석서가 출간되었다.

요한복음 2
그리스어 성경 본문 주석 7-21장, 개정판
알맹e 크리티카 성경 주석 시리즈

번역 한국신학연구소 번역실
편집 한국신학연구소 출판 편집국, 맹호성
digitization 임아름
표지 created by 맹호성 with helps from 김지호
p&e 내지 디자인 맹호성

펴낸이 김진실, 맹호성
펴낸곳 알맹e
등록 제25100-2014-000047호(2014년 7월 25일)
주소 서울특별시 노원구 동일로 1700, 1031호 (파르코오피스텔) 01624
e우편 rmaenge@rmaeng2.com
웹집 rmaenge.com
얼굴책 facebook.com/rmaenge

발행 2023년 12월 1일
PDF 전자책 1권 ISBN 9791191822557 · 정가 16,800원
PDF 전자책 2권 ISBN 9791191822564 · 정가 16,800원
PDF 전자책 1, 2권 세트 ISBN 9791191822540 · 정가 22,000원

종이책 2쇄 2025년 1월 10일
종이책1권 ISBN 9791191822526 · 정가 31,500원
종이책2권 ISBN 9791191822533 · 정가 31,500원
종이책 1, 2권 세트 ISBN 9791191822519 · 정가 52,500원

알맹e 크리티카 성경 주석

요한복음 2

그리스어 성경 본문 주석 7-21장, 개정판

C. K. 바레트 지음

한국신학연구소 번역실 옮김

알맹e

Text by C. K. Barrett
Original edition published in English under the title *The Gospel According to St. John* by SPCK, A wholly owned subsidiary of The Society for Promoting Christian Knowledge, London, England, UK.

The Korean text used in this edition was previously translated and publihed as volume 32² of the International Bible Commentary series by KTSI. Used with permission of KTSI.

원서로는 한 권으로 출간된 이 책은 1984년에 한국신학연구소에서 국제성서주석 시리즈 제32²권(전체 2권 중 제2권)으로 출간된 적이 있습니다. 이 한국어판은 한국신학연구소의 이용 허락을 받았으며, 이전 판을 스캔하여 그대로 출간하되, 이전 판에는 없던 원서의 색인을 추가하고, 본문에는 원서의 쪽수 정보를 추가하였습니다. 스캔한 원고는 OCR(광학문자인식) 처리를 했지만, PDF 전자책의 경우 검색 결과가 완벽하지 않을 수 있습니다.

표지: 이 책의 표지에 이용된 여러 색은 세계적인 명문 신학 출판사 Mohr Siebeck를 오마주하는 의미에서 가져왔습니다.

감사의 글

Journal of Theological Studies(구 시리즈 48(1947), 155-69, 신 시리즈 1(1950), 1-15)에 기고한 글들을 인용하고, M. R. 제임스가 번역한 *The Apocryphal New Testament*신약 외경에서 빌라도 행전, 도마 행전, 베드로 복음의 구절과 H. Danby의 *The Mishnah*의 번역본에서 여러 구절을 인용할 수 있도록 허락해 준 Clarendon Press의 여러 관계자분께 빚을 졌다. 또한 H. St. J. 대커리와 R. 마커스의 요세푸스 판의 번역 저작권을 이용할 수 있도록 허락한 Loeb Classical Library로엡 고전 총서에, 그리고 C. G. Montefiore와 H. Loewe 편집한 *A Rabbinic Anthology*랍비 문헌 선집를 이용하도록 허락한 고 C. G. 몬테피오레 박사의 유언 집행자들에, 그리고 Post-Nicene Christian Fathers 시리즈에 실린 A. C. McGiffert의 에우세비우스 교회사를 이용 허락한 Messrs Parker and Son, Ltd.에 감사하다. 그리고 루돌프 불트만의 『요한복음서 연구』를 인용하도록 허락해 주신 Basil Blackwell 출판사 발행인에게 특별히 감사를 표한다.

C. K. B.

序　　言

내가 이 책의 초판을 낸 지도 어언 사반세기가 좀 더 지난 것 같다. 초판은 1955년 이전까지는 출판되지 못했는데 그것은 내가 그 책을 일련의 연작형식으로 썼으므로 출판사에서 출판을 꺼려했기 때문이었다. 그것은 너무 길었고 또 지나치게 세밀했다. 이제 나는 SPCK 출판사와 특별히 고인이 된 데이비(F.N. Davey)박사에게 깊은 감사를 드리고 싶다. 나는 그 당시로서는 짧으면서 동시에 읽을 만한 요한복음서에 대한 주석서를 쓸 수 없었고 그래서 그 책을 축소시켜달라는 요청을 거절했다. 그러나 그들은 그 원치 않았던 주석서를 얼마 동안 위 지연 끝에 출판해 주었던 것이다. 내가 보기에 이 책은 아직도 미숙했던 시절의 나의 작품으로 보인다. 만일 내게 지금 요한복음에 대한 주석서를 다시 쓰라고 한다면 아마 다르게 쓸 것이다. 그러나 인생은 짧은 것이기에, 이전에 써둔 것을 다시 수정보완하는 것으로 만족해야 했다. 많은 부분이 거의 그대로지만 어느 한 페이지도 손대지 않고 넘어가지는 않았으며 부분적으로 완전히 고쳐 쓴 대목도 많다. 또한 새로운 자료들도 많이 보완되었다.

지난 25년간 요한복음서에 관한 주석서는 물론 전공논문이나 소논문들이 끊임없이 쏟아져나왔다. 그들 중 많은 수가 상당히 가치있는 것들이었다. 나는 결코 그 전부를 읽지는 못했다. 그 당시에는 요한보다는 바울로가 나의 관심을 끌었던 탓도 있지만 그렇지 않았다고 하더라도 그 책들을 다 읽을 수는 없었을 것이다. 그리고 나는 초판이 발행된 이후에 나온, 요한문헌들에 대한 참고문헌들을 재판에 수록해야 할 필요가 없다는 점을 이미 출판사에 명백히 해두었었다. 나는 그러한 참고문헌들을 일일이 제시할 능력이 없다. 그리고 그 문헌들에 대해 알고 싶은 사람은 다른 책들을 보면 될 것이다. 예컨대 말라테스타(E. Malatesta)가 작성한 참고문헌 목록이나 헨첸(E. Haenchen)과 케제만(E. Käsemann)이 쓴 개관서, 아직도 계속되고 있는 티엔(H. Thyen)의 방대한 평론서(*Theologische Rundschau* 39〔1974~5〕, 1—69, 222—52, 289—330 ; 42〔1977〕, 211—70), 그리고 슈낙켄부르그(R. Schnackenburg)와 브라운(R.E. Brown)이 쓴 탁월한 주석서들을 참고하면 된다. 그러나 나도 물론 다른 사람들이 쓴 책에서 많이 배웠으며 그 배운 바를 이 책에 반영시켰다. 나는 종종 논쟁 중에 도움을 많이 받았는데 그 때문에, 찬성할 만한 견해를 가진 사람들에 대해서와 마찬가지로 함께 논쟁을 벌렸던 사람들에 대해서도 깊이 감사한다. 그리고 지금은 아무도 생존해 있지 않지만 보다 초기의 논쟁자들에 대해서도 감사하지 않을 수 없다 ; 호킨즈(Hoskyns)와 그의 편집자 —내게 있어서 그는 단순한 편집자 이상이었다—였던 데이비(Noel Davey), 다드(C.H. Dodd), 그리고 불트만 —그는 내가 재판원고를 탈고한 지 일주일쯤 뒤에 유명을 달리했다—에게 고마움을 표하고 싶다.

비록 내가 적어도 최근의 서적 중에서 몇권을 읽고 거기서 뭔가를 얻고자 했지만 이 주석서는 판을 거듭했음에도 불구하고 많은 사람들에게 매우 낡은 것으로 보일지 모르겠다. 그러나 나는 요사이 수행하는 현대적 견해에 대해 찬성하지 않는다. 내게는 쿰란문서가 요한에 대한 열쇠를 지녔다고 믿어지지도 않으며, 또 요한복음이 디아스포라 유다교를 위해서 팔레스틴에서 이루어진 작품이라고 여겨지지도 않는다. 가령 아마도 마르코복음을 하나의 자료로 볼 수 있는 것 외에는, 그 밖의 자료들은 확인할 수 없다고 생각한다. 요한은 예수의 생애와 가르침에 대해서 역사적으로 증명될 수 있는 지식을 우리들에게 제공하려고 하지는 않았으며 또 신빙성 있는 역사적 전승들을 요한의 해석적인 진술들로부터 구분해 낼 수 있는 것도 아니다. 나는 나그 함마디(Nag Hammadi) 문서가 요한을 해석했다기 보다는 요한이 그 문서를 해석했으리라고 생각한다. 독자들이 이러한 나의 모든 견해를 시대에 뒤떨어진 것이라고 거부해버리기 전에, 더럼(Durham)대학에 재직했었던, 지난 세대의 한 인물에 대해 회상해 보기를 바란다. 헤우드(P.J. Heawood)는 수학과 교수였는데 히브리어로 된 구약성서와 그리이스어로 된 신약성서를 열심히 읽었던 사람이었다. 그는 1955년에 93세를 일기로 죽었다. 그런데 그는 매년 1월 1일에만 그의 시계를 고쳐놓는 버릇이 있었다. 그래서 그의 친구가 "여보게, 헤우드, 자네 시계는 다섯 시간이나 느리네"라고 말하면 그는 "아닐세, 일곱 시간이 빠른 셈일세"라고 대답했다는 것이다.

나는 SPCK 출판사에 대해 그들이 과거에 베풀어주었던 호의와 현재의 도움에 여전히 감사한다. 그리고 많은 책을 빌려준 맥휴(J. McHugh) 박사를 고맙게 생각한다. 그가 아니었으면 그 책들을 구하기가 쉽지 않았을 것이다. 또 여러 곳에서 나에게 제4 복음서에 관한 수많은 책들과 인쇄물들을 보내준 학자들에게도 이 자리를 빌어 고마움을 표한다. 나는 그것들을 일일이 열거하고 싶었지만 다행히 요한복음에 관해 저술하는 사람들은 가장 중요한 것들 외에는 생략해 버리는 선례가 있기에 그대로 따르기로 했다.

1976년 8월부터 1978년 1월에 걸쳐 더럼대학에서

C.K. 바레트

제2권 목차

제1권 목차

본문(本文)과 주석(註碩)

일러 두기

1. 각 쪽 상단에 /123/와 같이 / /로 표시된 숫자는 해당 면의 원서 쪽수를 뜻한다.

2.본 주석의 성경의 각 책 이름은 한국신학연구소에서 공동번역판의 것을 이용했으므로, 그대로 따른다.

略 記 表

〈구약성서〉

창세	창세기	즈가	즈가리야
출애	출애굽기	말라	말라기
레위	레위기	시편	시편
민수	민수기	욥기	욥기
신명	신명기	잠언	잠언
여호	여호수아	룻기	룻기
판관	판관기	아가	아가
삼상	사무엘상	전도	전도서
삼하	사무엘하	애가	애가
열상	열왕기상	다니	다니엘
열하	열왕기하	에스	에스델
이사	이사야	에즈	에즈라
예레	예레미야	느헤	느헤미야
에제	에제키엘	역상	역대기상
호세	호세아	역하	역대기하
요엘	요엘	에그	에스델(그리이스어)
아모	아모스	유딧	유딧
오바	오바디야	토비	토비트
요나	요나	마상	마카베오상
미가	미가	마하	마카베오하
나훔	나훔	지혜	지혜서
하바	하바꾹	집회	집회서
스바	스바니야	바룩	바룩서
하깨	하깨	예편	예레미야의 편지

〈신약성서〉

마태	마태오의 복음서	고후	고린토인들에게 보낸 둘째 편지
마르	마르코의 복음서	갈라	갈라디아인들에게 보낸 편지
루가	루가의 복음서	에페	에페소인들에게 보낸 편지
요한	요한의 복음서	필립	필립비인들에게 보낸 편지
사도	사도행전	골로	골로사이인들에게 보낸 편지
로마	로마인들에게 보낸 편지	데전	데살로니카인들에게 보낸 첫째 편지
고전	고린토인들에게 보낸 첫째 편지	데후	데살로니카인들에게 보낸 둘째

	편지	야고	야고보의 편지
디전	디모테오에게 보낸 첫째 편지	베전	베드로의 첫째 편지
		베후	베드로의 둘째 편지
디후	디모테오에게 보낸 둘째 편지	요일	요한의 첫째 편지
		요이	요한의 둘째 편지
디도	디도에게 보낸 편지	요삼	요한의 세째 편지
필레	필레몬에게 보낸 편지	유다	유다의 편지
히브	히브리인들에게 보낸 편지	묵시	요한묵시록

〈凡　例〉

* 성서의 章節 표기는 아래와 같이 통일한다.
  1장 1절—10절=1,1—10
  1장 1절—2장 1절=1,1—2,1
  1장 1절, 10절, 20절=1,1·10·20
* 성서 본문은 구약은 공동번역, 신약은 새번역을 참조하고 저자의 사역을 충분히 고려하였다.
* 지명, 인명은 공동번역을 따랐다.

Ⅲ. 예수는 누구인가　　7장 1절—10장 42절

1. 예루살렘을 향하여　　7장 1—13절

1 그 후 예수께서는 갈릴래아를 두루 다니셨읍니다. 유다사람들이 그를
죽이려고 했기 때문에 유다지방에서는 다니기를 원하시지 않았던 것입니다.
2 마침 유다사람의 명절인 초막절이 가까와지자 3 그의 형제들이 그에게 말
했읍니다: "당신은 이 지방을 떠나 유다로 가서 당신이 하는 큰 일을 거기
있는 당신의 제자들에게 보이십시오. 4 세상에 드러나기를 바라면서 숨어서
일하는 사람이 어디 있읍니까? 당신이 이런 일을 하는 바에는 자신을 세상
에 나타내십시오." 5 그의 형제들까지도 예수를 믿지 않았던 것입니다. 6 예
수께서 그들에게 말씀하셨읍니다: "내 때가 아직 오지 않았다. 그러나 너희
의 때는 언제나 와 있다. 7 세상이 너희를 미워하지는 않는다. 그러나 세상
이 나를 미워하는 것은 내가 세상에 대해서 그 하는 일들이 악하다고 증거
하기 때문이다. 8 너희는 명절을 지키러 올라가라. 나는 아직 내 때가 차지
않았으므로 이번 명절에는 올라가지 않겠다." 9 예수께서 이렇게 말씀하시
고 갈릴래아에 그냥 머물러 계셨읍니다. 10 그러나 예수의 형제들이 명절을
지키러 올라간 후에 예수께서도 알리지 않고 아무도 모르게 올라가셨읍니다.
11 명절에 유다사람들이 예수를 찾으며 "그 사람이 어디 있느냐?" 하고 물
었읍니다. 12 그리고 무리 중에서 예수에 대하여 말이 많았읍니다. 어떤 사
람은 그를 좋은 사람이라고 말하고 그러나 또 다른 사람은 좋은 사람이 아
니라 대중을 미혹하는 사람이라고 말했읍니다. 13 그러나 유다사람들을 무
서워하여 아무도 예수에 대하여 드러나게 말하지는 못했읍니다.

예루살렘보다는 안전한 은신처였던 장소로 보이는 갈릴래아에서의 예수의 활동은 초막절 축제가 가까와지자 중단된다. 예수의 형제들은 어리석은 제안을 함으로써 그들의 불신앙을 드러낸다. 즉 그에

게—순례 축제 중에서 가장 인기 있는 축제였던 초막절 축제를 지내기 위해서 늘 모여들었던—많은 무리들 앞에서 드러내놓고 자신을 알리라고 권했다. 그들은 예수가 잘 알려지지 않은 곳에서만 활동하면서 공적인 인물이 될 수 있다고 생각하는 것은 어리석다고 말했다. 예수는 그러한 주장에 굴복할 수 없었다. 그것은 예수 자신과 다른 사람들 사이의 본질적인 차이를 무시한 것이었다. 첫째, 그는 다른 사람들과는 달리 가고 오고 할 자신의 때를 스스로 결정할 수 없었다. 그의 때는 하느님의 결정에 달려 있다. 둘째, 그에게 예정된 운명은 세상의 인기를 모으는 것이 아니라 어느 누구도 경험하지 못했던 세상의 증오를 받는 것이었다. 왜냐하면 오직 그만이 세상에 심판을 가져왔기 때문이다. 따라서 그는 갈릴래아에 머물러 있었다. 그러나 인간적인 충고에 구애받지 않는다는 사실을 과시하고난 후에 그는 비밀리에 아무런 주의도 끌려고 하지 않은 채 예루살렘으로 올라갔다. 그러나 그가 나타나지 않자 사람들은 암암리에 그에 관해서 논란하기 시작했다. 그는 선한 사람인가? 아니면 미혹하는 자인가?

어느 면에서 이 설화는 심각한 역사적 반론을 불러 일으킨다. 예수가 지금까지 드러내놓지 않고 일을 했다는 점이 전제되었다. 그러나 이것은 결코 요한 자신이 전한 인상이 아니라 예루살렘에서도(예. 2, 23 ; 5, 1—9), 갈릴래아에서도(예. 2, 1—11 ; 6, 1—15) 많은 사람들이 예수의 활동을 목격했다. 사실 7장 11—13절은 예수가 잘 알려진 공적인 인물이었음을 암시한다. 그리고 이 단락은 인위적인 구성의 흔적을 보여준다. 이것은 보다 초기의 복음서 전승에서 나온 재료에 근거한 것으로 보인다. 예수가 그의 "고향"(πατρίς)을 방문한 것 —이미 4장 44절과 6장 59—61절에서 암시되었다— 은 그의 형제들에 대한 언급을 할 수 있는 계기를 마련해준다(마르 6, 3 ; 마태 13, 55). 예루살렘에로의 은밀한 여행은(7, 10 : "아무도 모르게") 마르코복음 9장 30절을 상기시킨다("아무에게도 알리고 싶어하지 않았읍니다"). 나아가서 마르코복음의 중심적이고 가장 특징적인 주제들 중의 하나가, 즉 감추임과 계시의 주제가 이 귀절에 다시 나온다.[1] 사람들이 널리 알려지기를 원하고 또 그렇게 계획한다는 것은 당연하다. 그러나 예수의 길은 정해진 때가 올때까지는

1) 마르코복음의 이 주제에 대해서는 다른 여러 작품들 가운데서 W. Wrede, *The Messianic Secret in the Gospels*(E.T., 1971) ; A. Schweitzer, *The Mystery of the Kingdom of God* (E.T., 1925), 180—218 ; *The Quest of the Historical Jesus*(E.T., 1911), 328—95 ; *H.S.G.T.*, 118—20, 154—57을 참조하라.

(ὁ καιρός:7,6·8) 비밀의 길이다. "요한이 메시야 비밀"을 다루는 방식에 대해서는 이 책 I권 115면을 참조하라. 요한에게 있어서 예수가 세상에 현시되는 때는 사실상 도래하지 않았다(14,22). 계시와 감추임 사이의 대조는 궁극적으로는 시간적인 것이 아니라 신학적인 것이다. 예수는 아버지가 그에게로 이끈 사람들에게는 현시된다(6,44). 그러나 오직 그들에게만 그렇게 현시되는 것이다. 7장 12절의 논쟁은 이 사실이 보다 분명해지는 7—12장의 논의들과 담론들을 이끌어들이는 데 기여한다. 표징들만 보고서는 분명히 그의 형제들은 확신하지 못했으며, 확실히 예루살렘 사람들도 믿지 못했을 것이다. 7장, 8장의 작성에 대해서는 Lindars를 참조하라.

[I] 그후. 요한복음에 나오는 이런 방식의 전환에 대해서는 2장 12절을 참조하라. 이것은 사건들의 연결이 직접적임을 암시하지 않는다. 따라서 5장과 6장의 순서가 뒤바뀌어져야 한다는 견해는(이책 I권 46·442면 참조) 여기서 지지할 수 없다.

지키러. 관습적인 행동에 대해서 사용된 미완료형이다. περιεπατει (περιπάτεω "지키다"의 미완료형")은 때때로 요한에 의해서 상징적으로 (빛 가운데, 혹은 어둠 가운데) 쓰여졌지만 "삶을 영위하다", "시간을 보내다"라는 뜻으로 사용되기도 했다(비교. 11,54).

원하시지 않았던 것입니다(οὐ γὰρ ἤθελεν). 이것은 대부분의 사본들의 독법이다. "그는 할 수 없었기 때문입니다"(οὐ γὰρ εἶχεν ἐξουσίαν)는 W a b cur Chrysostom Augustine의 독법인데 아마도 이것이 옳을 것이다. 그 이유는 다음과 같다. (ㄱ) 이 독법이 보다 초기의 광범위한 독법으로 입증된다는 사실은 만일 이것을 지엽적인 실수나 수정으로 본다면 이해하기가 힘들게 된다. (ㄴ) 이 독법이 공통적인 본문으로부터 우연한 실수로 인해 생겨났다고 설명할 수는 없다. (ㄷ) εἶχεν ἐξουσίαν에서 ἤθελεν으로 변형되었다고 보는 것이 그 반대로 보는 것보다 훨씬 이해하기 쉽다. 그리고 (ㄹ) ἔχειν ἐξουσίαν("~할 수 있다")은 요한의 관용어이다(비교. 10,18[2회];19,10). 여기서도 부정어와 함께 이 말은 "할 수 없었다", 어쩌면 "~하기에 자유롭지 못했다"를 의미한다. 마틴(58—9)은 유다와 예루살렘에 대한 언급은 그리스도교인들이 이 복음서가 씌어졌던 도시의 유다인 지역에 들어갈 경우 당하게 되는 위험성을 보여주는 것일지도 모른다고 주장한다. 요한은 아마도 이러한 위험성을 잘 알고 있었을 것이다. 그러나 요한의 관심은 근본적으로 신학적인 데 있었으므로 그렇게 은밀하게 암시했을 것 같지는 않다.

유다 사람들이 그를 죽이려고 했다. 동일한 말이 사용되었던 5장 18절과 비교하라. 이것은 5장과 7장 사이의 관련성을 암시한다. 그러나 반드시 7장이 5장 바로 뒤에 이어져야 하는 것은 아니다. (ㄱ) 비슷한 언어가 다른 곳에서도 자주 나온다(7,19—20·25·30 ; 8,37·40 ; 10,39 ; 11,8). 그리고 18장 4·7—8절과 비교하라. 1—2절에서 요한은 이어지는 장을 위한 장면을 설정한다. 요한은 독자들에게 예수가 갈릴래아 지방을 두루 "다니고 있었음"을 상기시키며(6,59), 유다인들의 반대가 극심했다는 것도 상기시킨다. 그러므로 10절에서 취한 행동은 위험했으며 결정적인 것이었다. "유다인들"에 대해서는 1장 19절을 참조하라. 그들은 "세상"을 대표한다(참조. 7절). 그러나 7·8장을 뒤덮고 있는 위험한 분위기가 법정적인 요소를 지니게 되는 방식으로 그들은 "세상"을 대표한다. 그리고 그러한 법정적 요소는 수난설화에서 유다재판의 자리를 마련한다 ; 64·401—403면을 참조하라.

[2] 가까와지자. 이 표현에 대해서는 2장 13절을 참조하라.

초막절. 초막, 혹은 장막절. 이 축제의 기본적인 관습들에 대해서는 레위기 23장 33—36·39—43절, 신명기 16장 13—15절을 참조하고 출애굽기 23장 16절(수확)과 비교하라. 또한 미쉬나 초막절 규례집(참조. 37—38절 ; 8,12)도 보라. 길딩은 물을 붓고 불을 켜는(미쉬나에 언급되어 있다) 의식뿐만이 아니라 초막 안에 거주하는 것과(비교. 1,14 : "계셨읍니다") 포도수확 축제(비교. 15,1—16,24)도 중요하다고 생각한다. 레위기와 신명기에서는 "초막집"(σκηνοπηγία)이라는 말이 사용되지 않았다. 히브리어 ḥag ha-Sukkoth는 직역하면 "초막들의 명절"(ἑορτὴ σκηνῶν)이다. 다른 곳에서는 —예를 들어 요세푸스— σκηνοπηγία(아마도 헬레니즘적 종교언어의 영향 하에 있을 것이다—Deissmann, 116—7 참조)라는 말이 사용되었다. "이것이 단순히 '명절'이라고만 일컬어졌다는 사실은 초막절이 모든 유다교 축제들 중에서 가장 대중적인 축제였음을 보여준다. 요세푸스(*Ant*, VIII, 100)는 이것이 히브리인들 사이에서는 가장 성스럽고 큰 축제였다고 말한다. 초막절은 티슈리월(9월—10월) 15일에서 21일까지 7일간 지속되었다. 이 중에서 첫째 날은 안식일이었다. 8일째 되는 날은(티슈리월 22일) 축제모임(עצרת: 레위 23,36)이 있는 특별한 축일이었다."[2)]

2) *S.B.* Ⅱ, 774 ; Bonsirven Ⅱ, 123—25를 참조하라.

[3] 예수의 형제들이. 예수의 형제들은 2장 12절에서 간략히 언급되었다. 여기서도 그들은 복음서 이야기에서 일정한 역할을 한다; 20장 17절에서의 "나의 형제들"은 제자들이다.[3] 여기서 제 4복음서 자체는 형제들이 요셉과 마리아의 아들들이었다는 견해 외에 다른 견해를 제시하지 않는다고 말할 수 있다. 이 일화에서 그들은 믿지 않는 자들로 나타난다(비교. 마르 3,21·31—5 그리고 병행귀들; 어쩌면 6,3과 병행귀들). 그리고 차후에 일어나는 그들의 회심에 대해서도 5절에서 지적한 변형된 독법을 제외하고는 전혀 암시가 없다.

당신이 하는 일을 당신의 제자들이 보도록. 가정법이나 희구법이 아니라 미래 직설법과 함께 사용되는 ἵνα(이 문장은 ἵνα절임)는 고전적이지는 않지만 신약성서와 다른 헬레니즘적 문헌들에서 여러번 나온다. *B.D.*, §369. 2를 참조하라. 파피루스의 예들에 대해서는 *M.M.*의 해당란을 참조하라. (I) 예수의 형제들의 제안은 그의 제자들이나 적어도 그들 중 다수가 예루살렘에 있었음을 암시하는 것일 수도 있다. 이것은 공관복음서 전승뿐만이 아니라 6장 66—71절과도 반대된다. 그래서 원래의 아람어 문서에서 번역할 때 한 글자(ו)를 생략함으로써 잘못이 생겼다고 제안하는 학자들이 있었다(Torrey, 155, 158). 재구성된 아람어 본문은 다음과 같은 의미를 지녔을 것이라고 한다: "…그들은[유다인 대중] 당신의 제자들과[지금은 대격이다] 당신의 일들을 보게 될 것입니다…." 4절이 제자들에 대한 현시가 아니라 세상에 대한 현시를 말하고 있다는 사실은 이 견해를 유력하게 지지해준다. 그러나 이러한 제안이 반드시 옳은 것은 아니며, 또 그것은 지나치게 문자적이고 엄격한 본문독법에 기초해서 성립된 것이다. 많은 제자들이 떠나갔다는 데 대해서는 조금 전에 언급했다(6,66). 그리고 형제들의 제안은(그들도 역시 믿지 않았다) 예수가 수도에서 그의 능력을 공적으로 과시함으로써 그의 지위를 회복하라는 것이었다. 가장 간단하고 훌륭해 보이는 이러한 설명에 의하면 언어학적인 수정을 할 필요가 없으며 유다인, 혹은 예루살렘의 특징적인 집단을 제자로 볼 필요도 없고 요한이 그의 자료를 수정함으로써 무의미하게 했다는 결론(Wellhausen)을 내릴 필요도 없다. "일들"(ἔργα)에 대해서는 이 책 I권 121면을 참조하라.

---

3) 그의 형제들과의 관계에 대한 전통적인 견해들은 J.B. Mayer, *The Epistle of St. James* (1897), vi—xxxvi에 상세히 설명되어 있다.

[4] 이 거절의 말들은 공관복음서의 여러 말들을 상기시킨다(비교. 특히 마르 4,22와 루가 8,17 ; 루가 12,2와 마태 10,26). 언어학적인 접촉에 대해서는 린다스를 참조하라. 보다 중요한 것은 이 말들이 마르코복음의 기본적인 주제 중의 하나, 즉 메시아비밀의 주제를 상기시킨다는 점이다. 예수가 영광받기 위한 불가피한 조건은 그가 우선 비천과 겸손의 기간을 거쳐야 한다는 것이다. 동일한 조건이 여기서도 암시되었는데 그것은 형제들의 신앙없는 충고가 거절되었다는 점이다. 예수의 메시아적인 직분은 수난과 죽음인 반면 그들의 가정에 따르면 예수는 자신의 능력을 충분히 과시함으로써 메시아로 인정받는다는 것이다.

P66c P75 ℵ Dc Θ W it vg cur pesh sah 사본은 *αὐτός*("그, 그녀, 그것")라는 독법으로 되어 있다. 그러나 P66 B D φ에는 중성 *αὐτό*로 되어 있다. 위의 사본들에서 이 대명사의 위치는 상이하다. 이것은 b e(boh)에서는 모두 생략되었고, 아마도 cur에서도 생략되었을 것이다. 그러나 시리아어 역본이 어떤 헬라어 본문을 지지하는지를 말하기는 불가능하다. 요한은 이 대명사를 쓰지 않았는데 그의 본문이 다양한 방식으로 보충되었으며, ℵ Dc 등에서는 옳게 보충되었다고 보는 것이 그럴 듯하다.

드러나게 *παρρησία*. 이 말은 요한 특유의 언어이다(9회 사용됨). 이 말은 두 가지 의미로 사용되었다. (ㄱ) "분명히", 즉 비유적인 말와 불명료함같은 것이 없이(10,24 ; 11,14 ; 16,25·29). (ㄴ) "공적으로", "공개적으로"(7,13·26 ; 11,54 ; 18,20). 여기서는 (ㄴ)의 의미를 뜻했다는 데에 의심의 여지가 없다.[4)]

세상에 나타내십시오. 형제들은 믿지 않으므로 세상을 대표한다. 그리고 세상은 당연히 스스로를 판단의 궁극적인 척도로 간주한다. 만일 예수가 그의 보냄과 권위를 정당화하려 한다면 그는 세상의 환심을 사야만 한다. 그러나 예수는 사람들로부터 영광을 취하지 않는다(5,41). 그리고 그의 활동의 진리를 보증하는 것도 아버지이다(5,37 ; 6,27). 그는 선교활동 기간 중이나 혹은 그 후에도(14,22에 대한 주석 참조) 결코 영광스러운 모습으로 세상에 자신을 현시하지 않는다. 왜냐하면 세상 자체는 그를 이해할 수 없기 때문이다.

---

4) 이 말에 대해서는 W.C. van Unnik, *J.R.B.* 44(1962), 466—88, 특히 482를 참조하라 : *De Semitische Achtergrond van παρρησία in het NT*(1962).

[5] 그의 형제들까지도 그를 믿지 않았던 것입니다. 그의 형제들이 예수가 당황하도록 하기 위해서 그의 능력을 보이라고 도전한 것이 아닌 한, 그들의 불신앙은 예수가 기적적인 일을 행할 수 있는 능력을 지니고 있다는 데 대해서 회의적인 점을 뜻하지는 않는다. 비교. 마르코복음 3장 22절 : 예수의 적들은 귀신을 축출하는 그의 능력을 인정하기는 했지만 그것을 악마의 힘을 빈 마술로 본다. 그들은 예수가 기적을 행함으로써 예루살렘 사람들을 현혹시킬 수 있다고는 믿었지만 자신들이 이미 목격한 것의 의미를 깨닫지는 못했다. 마르코복음에서는 표징에 대한 요구(8,11—2)가 4천명을 먹인 기적 바로 뒤에 나온다는 사실과 비교하라. 거기 나오는 예수의 응답과도 비교하라.

그를. D it sin cur 사본들에서는 제자들에 대한 비난을 어느 정도 약화시키고 사도행전과 조화시키기 위해 τότε("그때")라는 말을 첨가했다(사도 1,14 등).

[6] 내 때가 아직 오지 않았다. "때"(καιρός)라는 말은 요한복음에서 7장 6·8절에서만 나온다. 이 말은 보다 자주 나오는 ὥρα와 구별할 수 없다(2,4 참조). 반면 χρόνος는 항상 어느 시점이 아니라 양적인 시간을 의미한다(5,6 ; 7,33 ; 12,35 ; 14,9).[5] 이런 식의 거절에 대해서는 2장 4절을 참조하라. 예수는 그가 자신의 영광을 현시할 때가 오지 않았음을 의미한다. 그리고 그 때가 오더라도 그것은 제자들이 생각하고 있는 것과 같은 현시는 아닐 것이다. 왜냐하면 그의 영광은 십자가처형과 올리움에서 현시될 것이기 때문이다. 이 점은 "올라가다"(ἀναβαίνειν)를 사용함으로써(8·10절) 보다 분명해졌는데 이 말은 그 자체로서는 예루살렘에로의 축제순례를 뜻하는 적절한 말이지만 예수가 죽음을 통해서 아버지께로 올라가는 것을 나타내는 요한의 언어이기도 하다(3,13 ; 6,62 ; 20,17).

그러나 너희의 때는. 예수는 그의 신적인 보냄과 특이한 운명 때문에 예정된 때를 기다려야 한다. 그러나 그의 형제들의 경우는 다르다. 그들의 예루살렘방문은 아무런 특별한 의미도 지니고 있지 않으며 따라서 아무 때라도 방문할 수 있었다. 그들은 아무 때고 자신들이 원하는 때(καιρός)에 자유롭게 방문할 수 있다. 그러나 예수는 아버지의 말을 기다리기 때문에 그럴 수 없다. καιρός라는 말이 사용되었기 때문이 아니라 이것이 바로 그의 활동의 중요한 이유이다.

5) 이 두 말을 부적절하게 구별하는 데 대해서는 J. Barr, *Biblical Words for Time*(1962), 62—63를 참조하라.

[7] 4절의 전제가 잘못되었다는 사실이 이제 드러난다. 예수는 결코 세상의 환심을 살 수 없으며 호의적인 반응을 얻을 수 없다. "세상"은 필연적으로 그를 미워한다. 세상은 그의 형제들을 미워할 수 없다. 왜냐하면 그들은 세상에 속해 있고 세상은 자기 사람들을 사랑하기 때문이다(비교. 15,18—19). 그러나 세상은 유죄 선고받기를 싫어한다.[6] 따라서 세상은 계속해서 예수를 미워한다. 그리고 세상에 대한 그의 유일한 "현시"(φανέρωσις : 비교. 4절)는 십자가에 올리운 그의 존재에서 이루어진다.

[8] 아니(οὐκ). 이것은 ℵ D it vg sin cur boh의 독법이다. P66 P75 B W Θ pesh hl sah에는 "아직 아니"(οὔπω)로 되어 있는데 이것은 10절을 고려해볼 때 제기되는 난점을 이 귀절의 후반부("아직 때가 차지 않았다"; 비교. 6절 "아직 오지 않았다")에 근거하여 제거하려는 시도로서 확실히 잘못된 독법이다.

나는 올라가지 않겠다. 10절과 겉보기에 모순되는 것 같다(이것은 초기의 필사자들이 이미 주목했던 바이다). 요한 자신이 이 말을 예수의 편에서의 도덕적인 불완전성을 나타내는 것으로 이해하지는 않았다고 보아야 할 것이다. 2장 4절에도 이에 대한 병행귀가 나오는데 거기서는 예수가 기적을 행하라는 그의 어머니의 요구를 아직 그의 때가 오지 않았다고 거절하면서도 나중에는 (암시적으로 그의 어머니가) 청했던 기적을 행한다. 그리고 11장 6절에도 병행귀가 나오는데 거기서 예수는 그의 친구 라자로가 앓고 있다는 이야기를 듣고(여기에도 암시적으로 기적에 대한 요구가 나온다) 그가 있던 곳에 이틀을 더 머문 다음 인간적인 판단에 의하면 이미 늦은 시각에 그를 필요로 하는 장소로 간다. 그러나 이것은 반드시 7장 1—13절이 본래 기적에 대한 서론이었음을 의미하지는 않는다(Bultmann). 핵심은 요한의 "나는 올라가지 않겠다"라는 말이 단순히 형제들의 요청을 거절하는 것일 뿐이지 적절한 시기에 예수가 예루살렘으로 가려는 의도 자체를 절대적으로 부인하는 것은 아니라는 점이다. 그는 가장 분명한 말로 인간적인—불신앙의—충고와 타협하기를 거절하며, 인간에 대해서는 완전히 자유롭게, 그리고 독립적으로 행동하며 아버지에게 완전히 순종한다. 만일 이렇게 해석하는 것으로도 충분하다면 구태여 "나는 아직은 가지 않겠다. 왜냐하면 나의 때가…"라고 번역해야 할 아람어 본문을 약간 잘

6) 예, 3,19—21 ; 7,19 ; 8,31—59 ; 9,39—41 ; 16,8—9 ; 비교. 지혜 2,14—15.

못 읽었다는 가설(Torrey, 135, 137—8)을 세울 필요는 없다. "올라가다"라는 말의 모호성에 대해서는 6절을 참조하라.

아직 내 때가 차지 않았다. 이 의미는 6절a의 의미와 같다. 아마도 여기에는 마르코복음 1장 15절("때가 찼다")의 말이 여운으로 남아있을 것이다. 요한은 약속된 때가 예수의 선교활동에서 성취된 것이 아니라 오직 그의 죽음과 올리움에서 성취되었음을 암시하고 있다.

[9] 그들에게. P[66] ℵ D* W b vg에는 "그"라는 독법으로 되어 있으며 소수의 헬라어 사본들과 e sin cur pesh에는 대명사가 생략되어 있다. "그"(αὐτός)는 요한적인 말이며 아마도 이 독법을 선택해야 할 것이다. 만일 초기의 필사본들에서 대명사를 첨가했을 만한 강력한 동기를 발견할 수 있다면 짧은 독법(αὐτός)이 더 원래의 독법으로 생각된다.

[10] 올라간. 영어에서는 과거완료의 의미인 단순과거이다. 그들이 올라갔었을 때.

알리지 않고 아무도 모르게. 예수가 예루살렘을 향해서 갈릴래아를 떠날 때, 그의 형제들이 제안한 것과는 정반대의 방식으로 떠났다(4절: "숨어서 일하는 사람이 어디 있습니까? …자신을 나타내십시오…"). 여기에는 마르코복음과의 중요한 병행귀가 나온다. (ㄱ) 마르코와는 달리 요한은 예수가 예루살렘을 여러번 방문한 데 대해서 이야기한다. 이 사건에서는 요한이 마르코가 했던 것과 똑같이(9,30 ; 10,1) 예수가 예루살렘과 유다에서의 선교활동을 위해 북쪽으로부터 결정적인 출발을 했다고 말하는데 이것은 매우 놀랄 만하다. (ㄴ) 이결정적인 출발은 은밀한 것이었다(비교. 마르 9,30). 요한이 비밀스런 출발과 입성을 드러난 출발이나 입성과 대조시킨 것은 신학적인 동기에 의한 것이다. 예수는 오직 그 자신의 사람들에게만 하느님의 아들로 현시될 수 있다. 어떠한 명성도 그에 관한 진리를 선언할 수는 없다. 그러나 요한이 옛 전승을 재연하고 있다고 볼 수도 있는데 비록 마르코복음과 요한복음에서 예루살렘 도착 시기가 다르다고 할지라도(마르코에는 과월절로, 요한에는 초막절로 되어있다) 이 옛 전승이 마르코복음보다 더 이전 것이라고 볼 필요는 없다. ℵ D pc it syr cur에는 "그러나"가 생략되어 있는데 아마도 그것이 옳을 것이다. 그것은 모순이라든가 속임수라는 듯한 인상을 약화시키기 위해서 첨가되었을 것이다.

[11] 유다 사람들이 예수를 찾으며. ζητεῖν은 여기서 "방도를 구하다", "기회를 찾다"라는 의미가 아니라 1절에서

처럼 "찾다", "구하다"라는 간단한 의미로 쓰여졌다. 11장 56절과 비교하라. 그러나 이렇게 찾은 것은 아마도 적대감으로 인해서일 것이다. "유다인들"(참조. 1,19)은 대체로 요한복음에서 예수의 적대자들이다; "무리들"(ὄχλοι) 중 몇몇 사람들은 예수에 대해서 좋은 견해를 갖기도 했지만(12절) 유다인들이 두려워서 그것을 말하지는 못했다(13절).

명절에. 2장 23절에서와 같다. 주석을 참조하라.

그 사람이 어디 있느냐? 9장 12절과 비교하라. 여기서 "그 사람"(ἐκεῖνος)은 9장 28절에서와 같이 품위를 손상시키는 의미를 지니고 있다— "그 작자"; 그러나 이 말은 항상 이런 의미를 지니는 것은 아니며 여기서도 반드시 그렇지는 않다.

[12] 말이 많았읍니다(γογγυσμός). 일반적으로 이 말은 광야에서 이스라엘 백성이 그랬던 것처럼(참조. 6,41) 중얼거리는 불평을 뜻한다. 그러나 때때로 이 말은 "드러내 놓고 하지 않는 논쟁"을 뜻하기도 하며 여기서도 그런 의미를 지녔음에 틀림없다. 왜냐하면 그것은 무리가 분열되어 있었고, 중얼거리는 사람들 중에 몇몇 사람들은 "그는 선한 사람이다"라고 말했으며, 그것은 예수에 대한 견해로서는 아무리 부적절한 말이라 할지라도 결코 불평이라고는 할 수 없기 때문이다.

무리 중에서. 무리들(혹은 무리; P⁶⁶ ℵ D latt syr는 여기서 단수형으로 읽는다)은 이 장(비교. 32절)과 12장에서 중요한 역할을 한다. 그들은 예수와 유다인들(혹은 바리사이파 사람들) 사이에서 독립적인 집단으로, 아무에게도 가르침을 받지 않은 집단으로 나온다. 그러나 이러한 그들의 독자성이 예수에 대해서 올바른 판단을 하도록 하지는 않는다. 왜냐하면 그러한 올바른 판단은 오직 믿음에 의해서만 내려질 수 있기 때문이다. 그리고 단순히 "그는 좋은 사람이다"(비교. 마르 10,17) 라고 말하는 것은 핵심을 벗어난 것이다.

어떤 사람은…그러나 또 다른 사람은. P⁶⁶ ℵ D W에서는 다른 사람(δέ)을 생략한다. 이것은 원래는 "어떤 사람은…또 어떤 사람은"(οἱ μέν… οἱ δέ…)으로 되어 있었는데 아마도 구문을 더 좋게 하기 위해서 첨가되었을 것이다.

대중을 미혹하는. 예수를 민중을 미혹하는 자로 보는 유다인들의 견해에 대해서는 Justin, *Trypho*, 69를 참조하라. "그들은 그가 현인이라고 감히 말하기도 했으며 군중을 미혹한다고 말하기도 했다"; 108. "…갈릴래아의 미혹하는 자인 예수…"; *Sanhedrin* 43a(토라 인용문).

"과월절을 준비하던 때에 예수는 죽임을 당했다. 외치는 자는 그보다 앞서 40일 동안 외치고 다녔다. 즉 '그는 끌려 나와서 돌에 맞아 죽어야 한다. 그는 마술을 부려서 이스라엘을 미혹했기 때문이다. 만일 누구든 그를 정당화할 만한 사실을 알고 있는 사람이 있으면 그를 오게 해서 말하도록 하라.' 그러나 아무도 그를 정당화해줄 사람을 발견하지 못했다. 그래서 그는 과월절을 준비하는 동안 죽임을 당했다." 요한은 어쩌면 당시 아시아에서 유다인들 사이에 떠돌던 이러한 죄목을 이미 알았을 수도 있다(폴리캅에 반대하는 유다인들의 불평. *Mart. Pol* 12,2 참조). 요한은 어쩌면 이 말을 유다인들이 한 말로 돌려야 했을지도 모른다. 그러나 분명히 그는 백성 전체 가운데 있었던 분열을 보여주고 싶어했다. "미혹케한다"는 주제에 대해서는 Martyn, 60—68, 151—54를 보라. 요한의 언어는 그리스도교인들에 대한 죄명을 반영해주기도 한다.

[13] 드러나게. 4절을 참조하고 12절의 γογγυσμός(투덜대는 "말")와 대조하라. 여기서 그 의미가 "분명히", "모호하지 않게"일 가능성도 물론 없지 않다. 그러나 12절에서 표현된 견해들은 충분히 분명하며, 요한이 의도했던 바는 그 말을 공개적으로 표현하지는 못했다는 것임이 거의 확실하다.

유다 사람들을 무서워하여. 동일한 문구가 에스더 8장 17절에 나온다(Bauer, 109). 그러나 요한이 이 귀절을 암시하고 있다고 생각할 만한 이유는 없다. "유다인들"(1,19)은 예수에 대해서뿐만 아니라 그의 추종자들에 대해서도 이미 적대감을 표시했다(비교. 9,22 ; 16,1—2). 요한은 틀림없이 개인적으로 이러한 상황을 알고 있었을 것이다. 무리도 역시 유다인들이었다. *οἱ 'Ιουδαῖοι*("유다 사람들")는 요한에게 있어서 전문용어였음에 틀림없다.

2. 예루살렘에서의 論爭 7장 14—53절

14 명절 중간에 예수께서 성전에 올라가 가르치셨읍니다. 15 유다사람들이 놀라 "이 사람이 배우지도 않았는데 어떻게 저런 학식이 있을까?" 하고 말했읍니다. 16 예수께서 그들에게 대답하셨읍니다 : "나의 가르침은 내 것이 아니라 나를 보내신 이의 것이다. 17 하느님의 뜻을 행하려는 사람은 누

구나 이 가르침이 하느님에게서 난 것인지 내 마음대로 말하는 것인지 알
것이다. 18 자기 마음대로 말하는 사람은 자신의 영광을 구하지만 자기를
보내신 이의 영광을 구하는 사람은 진실하고 그에게 거짓이 없다. 19 모세
가 너희에게 율법을 주지 않았느냐? 그런데 너희 중에 그 율법을 지키는
사람은 하나도 없다. 어찌하여 너희가 나를 죽이려고 하느냐?" 20 무리가
예수께 대답했읍니다 : "당신은 귀신이 들렸소. 누가 당신을 죽이려고 한단
말이요?" 21 예수께서 그들에게 말씀하셨읍니다 : "내가 한 가지 일을 했는
데 너희가 모두 놀라고 있다. 22 이 일 때문에 모세가 너희에게 할례제도를
주었다. (실상 할례는 모세에게서 시작된 것이 아니라 조상들에게서 시작된
것이다.) 따라서 너희는 안식일에도 사람에게 할례를 주고 있다. 23 모세의
율법을 어기지 않으려고 사람이 안식일에도 할례를 받는다면 내가 안식일에
사람의 온 몸을 성하게 해주었다고 해서 왜 그렇게 분개하느냐? 24 겉모양
을 보고 판단하지 말고 옳게 판단하라." 25 예루살렘사람들 중의 몇이 말했
읍니다 : "그들이 죽이려고 하는 이가 바로 이 사람이 아닙니까? 26 보십시
오, 그가 드러나게 말하는데도 사람들이 그에게 아무 말도 못합니다. 혹시
의회원들이 참으로 이 사람을 그리스도로 알고 있는 것입니까? 27 우리는
이 사람이 어디서 왔는지 알고 있읍니다. 그러나 그리스도가 오실 때는 어
디서 오시는지 아는 사람이 없을 것입니다." 28 예수께서 성전 안에서 가르
치실 때에 큰 소리로 말씀하셨읍니다 : "너희는 나를 알고 또 내가 어디서 온
것도 알고 있다. 그러나 나는 내 마음대로 온 것이 아니다. 나를 보내신 이
는 참되시다. 너희는 그분을 알지 못하지만 29 나는 그분을 안다. 내가 그
분에게서 왔고 그분이 나를 보내셨기 때문이다." 30 사람들이 그를 잡으려
했으나 아무도 손을 대는 사람이 없었읍니다. 그것은 그의 때가 아직 이르
지 않았기 때문이었읍니다. 31 무리들 가운데 많은 사람이 예수를 믿었읍니
다. 그들은 "그리스도가 오시더라도 이분보다 더 많은 기적을 행하지는 못
할 것이요" 하고 말했읍니다. 32 무리가 예수에 대하여 이렇게 말을 주고
받는 것을 바리사이파 사람들이 들었읍니다. 그래서 대사제들과 바리사이파
사람들이 예수를 잡으려고 성전 경호원들을 보냈다. 33 그러자 예수께서 말
씀하셨읍니다 : "나는 잠시동안 너희와 함께 있다가 나를 보내신 이에게로
간다. 34 그러면 너희가 나를 찾아도 만나지 못할 것이요 내가 있는 곳에
올 수도 없을 것이다." 35 유다사람들끼리 말했읍니다 : "이 사람이 어디로
가려고 하기에 자기를 만나지 못한다고 하는가? 헬라사람들 가운데 흩어져
사는 유다사람들에게 가서 헬라 사람들을 가르칠 셈인가? 36 또 '나를 찾
아도 만나지 못할 것이요 내가 있는 곳에 올 수도 없을 것이다'고 한 말은
무슨 뜻인가?" 37 명절의 고비가 되는 마지막 날, 예수께서 일어서서 큰
소리로 말씀하셨읍니다 : "목마른 사람은 다 내게 와서 마시라. 38 나를 믿

는 사람은 성경이 말한 것과 같이 그의 배에서 생수가 강같이 흘러 나올 것
이다." 39 이것은 예수를 믿는 사람들이 받게 될 성령을 가리켜 하신 말씀
입니다. 예수께서 아직 영광을 받으시기 않았기 때문에 성령이 사람들에게
임하시지 않았읍니다. 40 이 말씀을 들은 무리 가운데에는 "이 사람이 참으
로 예언자이다"하고 말하는 사람들도 있었고 41 "이 사람이 그리스도이다"
하고 말하는 사람들도 있었읍니다. 그러나 그 가운데에는 "갈릴래아에서 그
리스도가 나올 수 있을까? 42 성경은 그리스도가 다윗의 후손 중에서 날
것이요 또 다윗이 살던 마을 베들레헴에서 날 것이라고 말하지 않았는가?"
하고 말하는 사람들도 있었읍니다. 43 이리하여 무리 가운데 예수 때문에
분쟁이 일어났읍니다. 44 그들 중의 몇 사람이 예수를 붙잡으려고 했으나
아무도 손을 대지는 못했읍니다. 45 성전 경호원들이 대사제들과 바리사이
파 사람들에게 돌아오니 그들은 "어찌하여 그를 끌어오지 않았느냐?" 하고
경호원들에게 물었읍니다. 46 경호원들이 대답했읍니다 : "그 사람처럼 말한
사람은 이때까지 하나도 없었읍니다." 47 그러자 바리사이파사람들이 그들
에게 말했읍니다 : "너희도 홀린 것이 아니냐? 48 의회원들이나 바리사이
파사람들 중에서 그를 믿는 사람이 어디 있단 말이냐? 49 율법을 알지 못
하는 무리는 저주받은 사람들이다." 50 그들 중의 한 사람으로 전에 그를
찾아왔던 니고데모가 말했읍니다 : 51 "우리의 율법으로는 먼저 그의 말을
들어보거나 또 그가 하는 일을 알아보지도 않고 사람을 처단할 수는 없지
않소?" 52 그들이 니고데모에게 말했읍니다 : "당신도 갈릴래아사람이요?
성경을 살펴서 찾아보시오. 갈릴래아에서 예언자가 나온다는 말은 없소."
53 그리고 제각기 집으로 돌아갔읍니다.

이 귀절은 네 부분으로 나누어 볼 수 있다.

14—24절 : 예수는 명절이 시작되었을 때가 아니라(참조. 7, 8·10) 명절 중간쯤 해서 예루살렘에 나타나 성전에서 가르쳤다. 배우지 못한 자가 어떻게 이런 일을 할 수 있는가에 대해서 의견이 분분하며, 거기에 대한 대답은 예수가 그의 원리를 어떤 초대 교사에게서 전수받은 것은 아니라고 하더라도, 그가 하는 말은 순전히 그 자신의 사상에서 나온 것만은 아니라는 것이다. 그의 가르침은 하느님으로부터 온 것이며, 이 사실은 하느님에게 진지하게 복종하려고 하는 자라야 인정할 수 있었다. 그러나 유다인들은 이런 사실을 도대체 인정하려고 들지 않았으며 그들은 그들 자신의 율법조차 지키지 않았다. 비록 그렇다고 하더라도 그들이 율법을 이해하였다면 이 율법이 그들에게 그리스도를 지적하여 주고 그의 가르침이 하느님에게 속한 것임을 보여주

었을 것이다. 율법 자체는 인간의 외적이고 형식적인 완전성에 영향을 미치는 안식일의 행위를 정당화하였고 따라서 예수의 안식일의 행위 역시 정당화되었다.

25—36절 : 그러나 문제는 예수가 잘 알려진 그의 출생신분에 비추어 볼 때 메시야일 수 있는가에 대해서 제기되었다. 예수는 자신의 이러한 출생신분을 인정하였지만 그들의 반대는 부적합한 것으로 거부하였다. 그는 유명한 종교도시의 저명인사로 사람들 앞에 서 있지 않았다. 오히려 그는 하느님 자신의 전권대사로서 그의 참된 뿌리는 하느님 안에 있다. 예수의 주장에 대한 논란 때문에 공개적으로 그를 체포하여 죽이려는 움직임이 있었다. 그러나 이러한 움직임은 필연적으로 성공할 수 없었다. 예수의 결정적인 사역의 때가 아직 이르지 않았기 때문이다. 그럼에도 이런 움직임은 예수의 출생 근원을 보충적으로 설명해주는 계기가 되었다. 즉 그는 그의 청중들이 따라올 수 없는 곳으로 돌아갈 것이다. 그는 하느님으로부터 왔던 자로서 하느님에게로 돌아가는 중이었다(참조. 13, 3).

37—44절 : 예수의 하느님에 대한 관계에 따르는—그가 성전의 초막절 의식의 한 요소를 이용함으로써 분명해진—그의 권위는 그의 가르침에 있어서 새로운 주제로 등장하게 되었고 이어서 하느님의 선물에 대한 선포가 나온다(물에 대한 초기의 언급 : 3, 5 ; 4, 14). 예수를 통하여, 또 그의 올리우심의 결과로 성령은 이전에 없었던 것으로서 주어지게 되었다. 이와 같이 대담한 주장은 그의 말을 듣는 청중들 간에 구구한 논란을 불러일으켰다. 어떤 이들은 그를 예언자라고 생각하였고, 또 다른 이들은 예수의 출생지가 갈릴래아로 알려져 있음(혹은 추측임)을 내세워서 그는 메시야가 될 수 없다고 주장하였다.

45—52절 : 유다 지도자들은 예수를 체포하려는 그들의 시도가 좌절하자 자기들의 계획을 실행하지 못하게 한 데 책임이 있는 경비병들을 문책하였고 무지한 군중들을 저주함으로써 그들 자신의 불운을 자초하였다(참조. 9, 40 이하). 니고데모는 예수에게도 율법의 일반적인 제권리를 적용할 것을 주장하였지만 그는 어찌 선한 것이 갈릴래아에서 나올 수 있겠느냐는 답변을 받을 뿐이었다.

이제 예수 자신의 뜻대로 예루살렘 도성에서 대 논쟁이 붙기 시작했고, 명절 기간 중에 베다니아에서 향유를 바르신 기사(12, 1—8)에 이르기까지 요한복음과 공관복음 사이에는 어떤 실질적인 설화의 병행을 찾아볼 수 없다. 그러나 요한은 본장에서 공관복음서의 자료를 사용하고 있으며, 특히 예수는 나자렛(즉 갈릴래아)의 예수로 알려져 있었다는 사실을 받아들이고 있다. 비록 마태오와 루가가 공동으로 포함시킨 전승에는 예수가 베들레헴에서 태어난 것으로 되어 있더라도 말이다. 본장 41절 이하에 대한 실제적인 단순한 오해로 인하여 요한복음의 내용은 보다 애매모호해졌고 예수의 기원에 대한 신학적인 언급이 필요하게 되었다. 여기서 중심적인 문제, 즉 이 복음서에서 모든 그리스도론의 자료 배후에 깔려있는 문제는 예수가 하느님으로부터 난 자인가의 여부에 달려 있다(참조. 마르 11, 27—33 ; 마태 21, 23—27 ; 루가 20, 1—8). 예수의 출생지가 나자렛이냐 베들레헴이냐라는 문제는 비교적 중요하지 않은 것이다. 예수의 죽음(다시말해 그가 하느님에게로 돌아가는 것)에 대한 요한의 가르침이 여기에 짤막하게 예시되어 있다. 그것은 후에, 특히 마지막 담론에서 더욱 명시적으로 다룰 것이다. 그러나 그는 이 귀절에서 성령에 대한 가장 분명한 그의 진술들 가운데 일부를 언급하고 있다(37—39절).[1] 성령은 예수와 가장 밀접하게 결부되어 있으며 신약성서 어디에서나 종말론적인 용어로 간주된다. 성령의 열매는 예수의 영광의 결과이기 때문이다.

본장의 구성에 대해서는 J. Schneider, *Z.N.T.W.* 45(1954), 108—19에 나오는 본문주석을 참조하라. 이 자료는 두 범위로 나눌 수 있을 것이다.

	귀절	귀절
예수가 가르치다.	15—24	37—39
무리들에게 추측을 불러일으킨 그의 가르침	25—31	40—44
유다 관원들에 대한 설교 및 그 결과들	32—36	45—52

그러나 이 유형은 자료의 사용보다는 요한의 문체를 반영하고 있다. 그래서 본장은 8장과 긴밀하게 연관되어 있는 것으로 이해해야 한다. 또한 본장은 8장에 이어지는 것으로서 심판, 분열, 수난(Dodd) 등의 주제를 다루는 데 있어서 일관성을 이루고 있다. 초막절 기간중에 논란이 일어났지만 그러나 7—9장, 또는 15장 1—16·24절이 이 절기에 대한 성구에 의해서 좌우된다는 주장(Guilding, 98)은 믿을 만한 것이 못 된다. 요한은 복음서 전체를 통해서 달력에 제시된 암시

1) 이 책 I권 139—144면을 참조하라.

들(참조. 7,37과 8,12)을 포함하여 이들 암시들을 기꺼이 취하여 발전시키고 있기는 하지만 그러나 그가 이렇게 하는 것은 순전히 그의 중심 주제에 의해서 결정된다. 여기서 마르틴(Martyn)은 5·9·10장에서처럼[2] 요한이 두 가지 면에서 내용을 꾸미고 있는 것으로 이해한다. 즉 그는 예수에 관한 이야기를 말하고 있고 또 다른 한편으로 자기 자신의 환경과 연루된 구체적인 상황에 관하여 기술하고 있다는 것이다. 상세한 해설은 아래를 참조하라. 그러나 만일 이러한 관찰이 옳다면(그것은 적어도 부분적으로는 사실인데) 신학자로서의 요한은 그의 관심을 자기 자신의 환경보다는 예수의 이야기에 집중시키고 있다. 그래서 우리는 본장에서 상당한 논쟁에 개입하게 되는데 그러한 논쟁은 10장까지 확대되며 공관복음서에 나오는 예수에 대한 "유다인들의 재판" 설화를 상당한 정도로 대신하고 있다(참조. 401면 이하). 본장 전체, 혹은 적어도 15—24절이 5장 47절 다음에 직접 연결되어야 하는가라는 문제에 관해서는 본장 15절에 대한 주석과 이 책 I권 46면을 참조하라.

[14] 명절 중간에.[3] 요한이 그 명절의 네째 날을 뜻한 것일 수도 있다. 아니면 덜 정확하긴 하지만 시작과 마지막의 중간시점일 것이다. 그 이유는 예수의 형제들이 그를 독촉하여 가게 한 것이라면 분명 그 명절이 시작된 때는 아니며 또 그가 37—38절에 나오는 선포를 실제로 했다면 명절의 마지막 때도 아니기 때문이다. 추측컨대 22절 이하에 나오는 안식일에 대한 말에 비추어 볼 때 요한이 보다 관심을 갖고 있었던 것은 그 시기가 아니라 신학적인 요소인 안식일에 있었던 것 같다.

올라가. 이 말이 지닌 모호성에 대해서는 본장 8절을 참조하라. 예수가 마지막으로 올라갈 때 그가 그렇게 한 것은 관습에 따라서도 아니고 선의의 충고를 하기 위해서도 아니며 오직 아버지께 대한 자유로운 복종에 따른 것이다.

성전에. 예수가 성전에 계심을 말해주는 2장 13—22절과 10장 23절을 참조하라. 초막절 축제 동안 성전에 모여든 수많은 무리와 연회에 대해서는 초막절 규례(*Sukkah*) 5. 2—4를 참조하라(힐렐의 등장에 대해서는 *Sukkah* 53ab 참조). 성전에서, 눈에 띄게 예수는 자기 사람들에게

2) 이들 장들에 대한 주석 및 이 책 I권 212면 이하를 참조하라.

3) μεσούσης("명절")는 P⁶⁶ D Θ에는 μεσαζούσης로, W it에는 μέσης로 나타나 있는데, 이 단어는 일반적인 표현으로 이들 표현들 가운데 하나를 '개정한' 것일지도 모른다.

로 갔으나(1,11) 그들은 그를 영접하지 않았다.

[15] **이 사람이 배우지도 않았는데 어떻게 저런 학식이 있을까?**

7장 15—24절은 5장 47절 다음에 직접 연결되어야 한다는 견해[4]를 취하는 사람들은 이 질문이 5장 47절에 나오는 모세의 글(γράμματα)에 대한 언급에서 제기된 것이라고 생각한다. 그러나 예수가 성전에서 가르침으로써—단지 놀람의 표시라기 보다는 냉소가 담긴 οὗτος(냉소적인 뜻으로 "이 자가")—불평이 야기된다(7,14). 참고로 사도행전 4장 13절에서 유다의 관원들은 베드로와 요한이 본래 "배운 것이 없는 보잘 것 없는 사람임을 알고 놀랬다"로 되어 있다. 이 문맥상으로 그 질문은 "어떻게 이 사람이 글을 읽을 줄 아느냐?"가 아니라—말 자체는 이런 의미가 있을 수도 있겠지만—오히려 그것은 "어떻게 라삐의 문하에서 배운 적이 없는 사람이 유식한 논쟁을 이끌어 갈 수 있는가?"를 뜻한다. 평범한 사람이라도 성서를 인용할 수 있어야 한다는 것은 그리 놀랄 만한 일이 아니다. 해마다 회당에서 낭독되는 율법을 익히 들어 알고 있고 매일 쉐마(Shema)를 암송하는 어느 정도 지적인 사람이라면 율법의 구석구석을 인용할 수 있을 것이다. 이같은 사실은 이 귀절과 5장 47절과의 긴밀한 연관성을 부정한다. 사실상 이 질문은 다음 귀절과 실은 다음의 두 장들의 주제—예수의 아버지에 대한 관계 및 그의 아버지로부터 위탁받은 선교—를 이끌어 내는 데 근본적으로 도움이 된다. 5장은 또 다른 분명한 상호 참조문이다. 즉 7장 19절, "…어찌하여 너희가 나를 죽이려고 하느냐?"는 5장 18절, "유다사람들은 그를 죽이려고 했다"를 연상케 한다. 그러나 이 사실은 우리로 하여금 원래 복음서의 지면들이 잘못 배치되어 있었다는 전제를 받아들이게 하지는 못 한다. 그러한 중복은 5장과 7장이 요한에 의해 6장이 더 삽입된 한 자료에서 나온 것이라는 사실에서 기인했을 가능성도 있다.[5] 그러나 요한은 이미 7장 1절에서 유다인들이 예수를 죽이려고 했다는 사실을 독자들에게 상기시키고 있으며 계속해서 그 주제로 돌아간다는 것을 주목해야 한다.[6] 7장과 8장에 나오는 예수의 가르침은 그 배경으로서 이같은 적대감을 필요로 한다. 요한의 연대기적 관련성들은 적어도 인정할 만한 것이고 그

4) 예를 들어 Bernard, xixf., 258f.; Bultmann, 237ff. 참조.

5) 참고로 마르틴의 분석에 의하면 5, 1—47과 7,11—52는 8장, 9장과 병행을 이루고 있다.

6) 7장 1절에 대한 언급들을 참조하라.

의 신학적 관련성들은 완벽하다. 후자는 거의 수정될 여지가 없고 전자만이 다소 수정될 수 있는데 그것도 후자를 무시할 경우만이 그러하다.

[16] 나의 가르침은 내것이 아니다. 예수의 대답은 부분적으로 15절의 조소섞인 질문에 대한 직접적인 응답이다. 그는 정식 라삐의 말들을 권위있게 하는 가르침의 정통성을 요구하지 않았고 또한 그는 자력으로 가르침을 터득한 그런 사람도 아니다. 만일 다른 사람들이 그 가르침을 라삐들의 강의에서 배웠다면 예수는 그의 아버지(요한의 일반적인 표현으로는 "나를 보내신 이")로부터 가르침을 받은 것이다. 그러나 이 대답이 단순히 라삐의 선포(halakhoth)보다 먼저 주어진 권위에 대한 비유에 근거한 것은 아니다. 오히려 복음서 전체를 통하여 강조되고 있는 점은, 예수는 아버지로부터 위임받은 자이고, 그의 말과 행적은 아버지의 말과 행적이며, 그의 권위는 유식하고 영향력 있고 저명한 사람 혹은 신적 인간의 권위가 아니라 바로 하느님 자신의 권위라는 점이다(5,19 ; 6,57;8,26·38 ; 14,9). 그러나 이같은 주장이 사실인지의 여부는 지적인 분석에서 결정될 수 있는 것이 아니라 다음 절에 묘사된 일종의 결단에서만이 결정될 수 있다.

[17] 그의(즉 하느님, 예수를 보내신 자의) 뜻을 행하려는 사람이라면. 예수의 요청에 대한 인간의 자유로운 결단은 불가능하다(참조. 6,44). 예수의 모든 요청을 이해하기 위한 유일한 조건은 신앙이다. "하느님의 뜻"을 행한다는 것은 교리적 그리스도교의 준비단계인 윤리적인 복종을 의미하는 것이 아니라 하느님이 보낸 자를 전적으로 믿는 것이다(6,29 ; Bultmann, 274 참조). 이같은 신앙을 가진 신자라면 예수의 선교의 도덕적 특성과 하느님의 뜻이 일치함을 알게 될 것이다.

…인지 혹은 …인지. 고전적인 구문이며, 신약성서에서 이곳에만 나온다. 양자택일은 절대적인 것이다. 요한이 그리스도의 극단적인 겸허를 강조한 점에 주목해야 할 것이다. 그는 자기 자신의 권위를 지닌 신적 인간으로서 말하지 않는다. 그의 겸허와 복종 때문에 그는 하느님의 권위를 갖고 말할 수 있다.

[18] 예수의 주장이 옳은가는 서로 자신의 영광(δόξα)을 주고받는 자들(5,44)에 의해서가 아니라 믿음으로 이러한 영광을 부인해온 자들에 의해서만 검증될 수 있는 것이다. 만일

예수가 다른 사람들과 마찬가지로 단지 자기 생각대로 말하는 것이라면 자연히 그는 자신의 영광을 구했을 것이고 그 자신의 주장이 우세하도록 최선의 수단을 강구했을 것이다. 그러나 그는 이같은 행동을 사려깊게 피하였다.[7] 이와 반대로 그가 전심전력을 다해 하느님의 영광을 구한 것은 숨은 동기에서 나온 그의 자유이며 그가 하느님의 이름에 속한 자임을(이를 하나의 증거로서 이해할 만한 사람들에게는) 입증해 주는 것이다. "팔레스틴 타르굼에 보면 충실한 아들은 '그의 아버지의 영광('iqar 혹은 "영예")을 숭고하는' 자이다."[8] 참된(ἀληθής)이란 말은 요한복음의 다른 곳에서는 사람에게만 적용되는데 3장 33절과 8장 26절에서는 하느님과 관련해서만 사용된다. 하나의 증거로서 하느님의 특성을 이루는 신실성은 자연히 그의 아버지의 영광을 구하는 아들에게로 옮겨진다.

"불의"(ἀδικία)라는 말이나 그 말의 유사어들은 요한복음 어디에서도 찾아볼 수 없다. 이 말의 의미는 "신실한, 믿을 만한"(ἀληθής)과 정반대의 뜻을 갖고 있다. 70인역에서는 간혹 *shequr*("거짓")를 이 말로 번역한다.

[19] **모세가 너희에게 율법을 주지 않았느냐.** *B.D.*는 이 귀절의 원문 그대로 ἔδωκεν("주었다" : δίδωμι "주다"의 제 1 과거형)으로 되어 있으나 대개의 사본들은 22절에 동화되어 δέδωκεν("주었다" : δίδωμι "주다"의 완료형)으로 되어 있다. 7장 15—24절 단락이 5장 47절 다음에 직접 연결될 수 있다면 이곳에서 모세를 등장시켰던 것은 쉽게 이해될 수 있다. 제안된 바대로 이러한 순서가 요한이 사용하였던 자료의 원래적인 사상적 흐름이었을 것이다. 그러나 현재의 문맥에서 볼 때 모세에 대한 언급은, 예수의 가르침의 기원을 알고 있는 자들은 하느님의 뜻을 행해야 한다는 요청(17절)에서 비롯된 것이다. 유다인들에게 있어서 하느님의 뜻은 모세의 율법에 담겨져 있고 표현되어 있다.[9] 왜 그 당시 율법을 소유했던 유다인들은 예수의 가르침이 하느님으로 부터 나온 것이라는 사실을 깨닫지 못했는가? 왜냐하면 그들은 율법을 행하지 않았기 때문이다. "그런데(καί "그러나 아직" : 부정 접속

7) 7, 3—8 ; 여기서 사고의 연속성은 7장 15—24절을 5장 말미에 옮겨놓는데 대한 또 다른 논점이다.

8) 창세 32,7(8) · 11(12), TJ_1; 레위 19,3, Neofiti와 McNamara, *T.& T.*, 142.

9) Hoskyns, 357—58을 참조하라. 비교. 시편 40,9 : "나의 하느님, 내가 당신의 뜻을 즐겨 행하고, 당신의 율법을 내 마음 속에 간직하고 있읍니다."

사) 너희 중에 그 율법을 지키는 사람은 하나도 없다." 그들은 율법을 행한 것이 아니며 또 하느님의 뜻을 따른 것도 아니다. 그러므로 그들이 예수를 죽이려고 했다는 것도 놀랄 만한 일이 아니다. 율법의 부적합성과 예수의 떠남이 다음 귀절들에 설명되어 있다.

너희에게…너희 중에. 예수는 역사적으로 볼 때 그럴 가능성이 있는 것 이상으로 유다인들과 자기 자신을 명백히 구별하는 것 같다. 복음서 기자는 여기서 바울로가 그러했던 것과 같이 유다인들의 자랑이기도 하고 그들을 정죄하기도 하는 율법을 그들에게 돌리는 데 관심이 있는 것이 사실이다. 그는 그리스도교인들이 그들 자신을 구별된 하나의 집단으로 생각하게 되었을 때 교회와 회당 간에 제기된 후대의 논쟁들에 관여한 자로서 기술하고 있다는 것도 사실이다.[10] 모세와 율법의 긴밀한 연관성에 대해서는 1장 17절("율법은 모세를 통하여 주어졌고")를 참조하라. 여기서 요한은 율법 전체를 모세가 수여한 것으로, 또 유다인들이 위반한 것으로 생각하고 있는 것 같다. 자료상으로 안식일법에 대한 특별한 언급이 있었을 것이다. 안식일의 경우에서 논쟁이 제기될 수 있다. 이를테면 곧 인용하게 될 예외적인 귀절(22절)에 비추어서 유다인들 중에는 안식일 법을 지키는 자도 있었다고 주장할 수는 없다. 그러나 보다 개연성이 있는 것은 요한이 율법 전체에 대한 위반을 예수를 죽이려는 시도와 관련시키고 있다는 것이다(참조. 8,39 이하). 만일 이것이 사실이라면 7장 15—24절 단락은 예수가 아버지와의 관계를 드러내고 유다인들의 불신앙을 폭로하는 5장에 속한 것이 아니라 예수가 그의 적대자들에게 율법조항들을 내걸어 그들을 강력하게 공격하고 있는 7장과 8장에 속한 것이라고 분명하게 말할 수 있다.

[20] 아마도 당국과는 대조적으로(참조. 12절) 무리는 그들이 예수를 교살하려 했다는 말에 대해 완강히 부인하고 있다.

당신은 귀신이 들렸오. 8장 48·52절과 10장 20절을 참조하라. 이 말은 "당신은 미쳤오" 이상을 뜻하는 것 같지는 않다. 하지만 그것은 예수가 바알제불의 힘을 빌어 귀신을 쫓아낸다고 하는 공관서의 비난(마르 3,22와 병행귀들)을 연상케 한다. 요한복음에는 귀신 축출에 대한 이야기가 안 나오듯이 비난에 대한 신학적 언급이 없다.

---

10) 참고로 저스틴(Justin)의 *Trypho*에서 너희들(ὑμεῖς)은 유다인들을 지칭하는 상용어이다. 요한 8,17 ; 10,34에 나오는 '너희의 율법' 참조.

[21] 내가 한 가지 일을 했는데. 이 말은 아마도 5장 1—9절에 나오는 기적을 언급하는 것 같다(참조. 23절). "일"(ἔργον)이라는 말은 예수의 위대한 행적을 뜻하는 요한의 특징적인 용어이다.[11] 이 용어에는 안식일에 일을 하는 것이 율법을 어기는 것이라는 생각 이상의 뜻이 담겨 있다.

너희가 모두 놀라고 있다. "놀라다"(θαυμάζειν)라는 용어나 그밖의 어떤 동의어도 5장 1—18절에는 나오지 않는다. 그것은 요한이 "이 일"(τοῦτο)과 "한 가지 일"(ἓν ἔργον)을 동일한 것으로 생각하여 "이 일 때문에"(διὰ τοῦτο ; 참조. 22절)와 "너희가 놀라다"(θαυμάζετε)를 연관지어 사용하는 것과 대조적이다. 그런데 아람어에서 혼동을 일으켰다는 제안[12]은 신빙성이 적다.

[22] 이 일 때문에 즉 '이러한 이유로 해서'라는 의미이다. 그러나 그 이유는 분명히 언급되어 있지 않다. 사실상 이것은 앞서 "이 일 때문에"를 21절과 관련하여 주석한 것과 다소 일치하지 않음을 보여준다(예를 들어 샌더스). 이유가 분명하게 언급되어 있지는 않지만 그래도 이유는 있다. 그 이유는 모세가 안식일의 율법을 위반하도록(아래를 참조하라) 할례의 계명을 주었다는 부정적인 이유가 아니라 모세는 할례의 계명이 예수가 가져다 준 완전한 인간성 회복(참조. 23절 : "내가 사람의 온 몸을 성하게 해주었다")의 전형으로 작용하도록 그 계명을 주었다는 긍정적인 이유이다.

조상들에게서. 즉 족장들로부터.[13] 할례는 계약의 계승자인 아브라함에게서 시행된 것으로서(창세 17,10), 그것은 계약 자체와 마찬가지로 모세의 율법 이전의 것이었고 율법에 우선하는 것이었다(참조. 갈라 3,17).

너희는 안식일에도 사람(인간)에게 할례를 주고 있다. 할례법에 의하면 아이가 생후 8일 만에 할례를 받아야 한다(레위 2,3). 이 법에 따르면 안식일에 태어난 아이라면 안식일에 할례를 주어도 마땅하다고 생각되었다. 이런 경우, 안식일에는 휴식을 취하여야 한다는 법에도 불구하고 할례는 시행될 것이 요구되었다(*Shabbath* 18, 3 ; 19, 2 참조). 그들은 안식일에도 할례에 필요한 모든 일을 수행할 수 있다 ; *Nedarim* 3, 11 : 안식일의 엄격성조차 넘어설 정도로 할례는 중대한 것이다. 공

11) 이 책 I권 121면과 4장 34절에 대한 주석 참조.
12) C. C. Torrey, *Our Translated Gospels*, 5.
13) 조상(πατήρ)이라는 말의 사용에 대해서는 4,12・20 ; 6,31을 참조하라.

관복음서에는 안식일 논쟁이 여기저기에 많이 나온다. 그러나 본문의 논란은 어떤 논쟁에서도 사용되지 않았다. 다드는 여기서 복음서 기자들이 개별적으로 끌어낸 그리스도교적인 안식일 율법해석의 조짐을 본다(C.H. Dodd, *Tradition*, 332−333.).

[23] 그 사람이 안식일에도 할례를 받는다면. 이것은 논란에 대한 전제로 간주될 수 있는 관례적인 사실이다.

모세의 율법을 어기지 않으려고. "그가 율법을 어긴다"에 대해서는 5장 18절을 참조하라. 안식일에 할례를 받는 행위는 율법에 대한 위반으로 생각되었을지 모른다. 그러나 그러한 행위는 사실상 율법을 거스르는 것이 아니라 오히려 율법을 준수하는 것이다. 왜냐하면 할례는 인간을 완전하게 만들기 때문이다. 한 라삐(즉 유다 족장, A.D. 165—200)는 이렇게 말한다: "할례는 중대한 것이다. 왜냐하면 우리의 조상 아브라함은 그가 모든 종교적인 의무들을 이행했음에도 불구하고 그가 할례를 받기 전에는 '너는 네 앞을 떠나지 말고 흠 없이 살아라'(창세 17,1)라고 기록된대로 '완전한' 사람이라는 칭호를 받지 못했다"(참조. *Nedarim* 3,11). 이러한 원리에서 또 다른 결론이 쉽게 내려졌다. 따라서 엘리저(R. Eliezer, A.D. 90)는 이렇게 말하였다: "할례는 안식일을 무시할 수 있다(*T. Shabbath* 15,16[134]). 왜 그런가? 만일 지정된 시간을 간과하고 할례를 연기해 버리면 그는 그것 때문에 쉽게 할례 의식을 받지 않게 될 것이기 때문이다. 이것이 '소전제에서 대전제를 이끌어내는' (a minori ad maius: 매우 일반적인 라삐적 정식)이라는 결론을 정당화한다고 할 수 있는가? 만일 그가 그의 전체 지체 중에서 한 지체 때문에 안식일을 무시할 수 있다면 그는 죽음에 처해 있을 경우에 자기 자신을 위해서 안식일을 무시해서는 안 된다는 것인가?" 엘리아잘(R. Eleazar; b. Azariah, A.D. 100)은 이렇게 말했다: "만일 할례가 한 인간의 248개의 지체들 중에서 한 지체에 행해지는 것으로서 안식일을 무시한다고 한다면 그의 몸 전체가 죽음의 위험에 처한 경우라면 얼마나 더 안식일을 무시해야 하는가(참조. *Yoma* 85b)? 이와 같이 안식일에 할례를 주는 관행에서 끌어낸 원리의 확대는 생명이 위급한 경우에만 적용된다. 이 조건은 복음서들에 기록된 안식일 치유기사에는 해당되지 않는데, 특히 5장 1—9절에서는 확실히 그러하다. 여기서 38년 동안 기다린 병자가 하루쯤 더 기다렸다고 해서 그리 문제될 것은 없었을 것이다.

내가 안식일에 사람의 온 몸을 성하게 해주었다고 해서 왜 그렇게 분개하느냐?[14] 그 가능한 대답은 이러하다: "우리가 분개하는 것은 당신이 안식일에 구태여 사람의 온 몸을 성하게 하지 않아도 되었기 때문이다."[15] 그러나 요한은 다음의 주장에서 전반적인 논의를 진전시키고 있다. 즉 예수의 행동은 구약성서에 기록된 하느님의 말씀을 위반한 것이 아니라 오히려 그것의 성취이며, 또한 그의 행동은 금지된 것이 아니라 율법 자체의 성취를 위해 율법에 의해서 요구된 것이었다고 한다. 이러한 주장은 공관복음서에서 대단한 역할을 하지만 실제적으로 거의 설명되어 있지 않은 안식일 논쟁에 있어서 중요한 전환점을 마련해준다. 예수의 태도는 그저 감상적으로 엄격하고 실용적이지 못한 율법[16]에서 벗어나려고 하는 것은 아니다. 또한 율법 자체를 반대하는 사람의 당당한 태도도 아니다. 오히려 예수의 태도는 율법이 강조해 왔던 하느님의 구원의 목적을 성취하려 한 것이다. Justin, *Trypho*, 27에 나오는 안식일에 할례를 주는 관행에 대한 논쟁적인 언급에는 이와 유사점은 있으나 동일하지는 않다.

[24] 겉모양을 보고 판단하지 말라.[17] ὄψις의 원래 의미는 여기에서처럼 "겉모양"이다. 11장 44절에서 이 말은 흔히 파피루스 문서들에서 발견되듯이 "얼굴"로 표현되고 있다(*M.M.* Bauer, *Wörter Buch* 해당항목 참조).

옳게 판단하라. P66 P75 B D에서 현재 명령형 판단하라(κρίνετε)[18]는 얼핏보기에 이 귀절의 전반부에 나온 명령형과 일치하는 것처럼 보인다. 그러나 겉모양을 보고 판단하지 말고 옳게 판단하라는 단순과거 명령형(κρίνατε)이 현재 명령형보다 더 적합하다. 겉모양만 보고 내린 판단과 올바르고 공정한 판단 사이의 대조는 여러 귀절들에서 발견된다. 예를 들어 신명기 16장 18—19절에는 "…그들은 공의로 백성을 재판할 것이니라. 사람을 외모로 보지 말며…"라는 말이 있다. Lysias, *Orat*. XVI, 19(147)에는 "외모로 값을 매기지 말고… 아무도 외모에 따라서 좋아하거나 싫어하지 말고, 도리어 그 사람의 공적에 주의하라"라는 말이 나온다. 또한 즈가리야 7장 9절의 "너희는 진실한 재판을 행하며"라는 귀절과 이사야 11장 3—4절을 참조하라. 여기서

14) 이 가운데 χολᾶτε("분개하다")는 신약성서에서 여기에만 나온다.
15) Abrahams, *Studies* Ⅰ, 135 참조.
16) 안식일의 규례들('*erub* regulations)을 강조하는 율법보다 단지 더 포괄적인 율법과 비교; *Erubin* 여기저기 참조.
17) 금지 명령의 구속력에 대해서는 *M*. I, 122—6을 참조하라.
18) ℵ Θ ω에는 κρίνατε(제1과거 명령형)으로 되어 있다.

이사야 11장 3—4절이 요한복음 8장 16절에 보다 잘 들어맞는데, 그 이유는 메시야 왕의 공의로운 심판을 언급하고 있기 때문이다. 유다인들은 예수가 안식일의 파기자라는 결론을 성급하게 내려서는 안 된다. 그들은 오히려 믿음을 통하여 그의 선교가 지닌 참된 의미를 파악해야 한다. "여기서 예수는 상당히 초기에 일어났던 일들을 언급하고 있고 또 그의 청중들은 곳에서 일어난 기적을 목격하였다고만 추측하기 때문에 7장 15—24절은 5장 다음으로 위치를 바꾸거나 5장의 맥락에서 해석되어야 한다. 그래서 7장 15—24절은 5장 47절 다음에 놓여져야 한다. 그러나 이들 귀절은 현재의 위치대로도 이해될 수 있는데, 이 현재의 위치는 25절에서 19·20절을 언급함으로써 확정된 것이다. 요한은 예수의 설교를 듣고 있던 자들보다 방금 이런 일들을 알게 된 그의 독자들을 염두에 두고 있다"(Bauer, 111).

[25] **예루살렘사람들 중의.** 신약성서에서 이 말은 이곳과 마르코복음 1장 15절에만 나온다. 요한이 과월절 절기에 갈릴래아에서 모여든 무리들과 지방 주민들을 구분해서 말하고 있는 것으로 볼 수는 있지만 확실하지는 않다. 참조할 만한 귀절은 5장 18절과 7장 19절인데, 예수를 죽이려는 계획은 앞장의 배경과 요한복음의 나머지 부분의 배후에 깔려 있다. 이 절은 원래 14절 다음에 위치한다는 제안은 그럴 가능성은 있지만 확실히 위치를 바꿀 필요는 없다.

[26] 드러나게. 4절을 참조하라. 예수는 당국이 체포하려고 하는 사람으로 알려졌으면서도 공개적으로 자유롭게 그의 선교를 계속 펴나갔다. 이것이 뜻하는 바가 무엇이었을까?

혹시 의회원들이[19] 참으로 이 사람을 그리스도로 알고 있는[20] 것입니까? 예수가 한때 자유롭게 말을 하였다는 사실에 대한 한 가지 가능한 설명은, 유다 당국이 그들의 생각을 고쳐서 예수가 그리스도라는 사실을 인정하고 있었다는 것이다. 하지만 그럴 가능성은 적었다. 왜냐하면 서민들조차 그 반대라고 생각할 수 있었기 때문이다.

[27] **우리는 이 사람이[21] 어디서 왔는지 알고 있읍니다**(*ἀλλὰ τοῦτον οἴδαμεν πόθεν ἐστίν*). 41절과 6장 42절을 참조

19) *οἱ ἄρχοντες* : 3장 1절을 참조하라. 요한이 유다인 무리와 당국을 묘사하는데 있어서 용어상의 애매함에 대해서는 7장 32절을 참조하라.

20) *ἀληθῶς ἔγνωσαν* : 겉으로 아는 체 하는 것이 아니라 참으로 알고 있었다.

21) *ἀλλὰ τοῦτον* : 여기서 반드시 멸시를 나타내는 말은 아니다 ; 이 말은

하라. 예수는 나자렛 사람인 것으로 잘 알려져 있었다(1, 45 ; 18, 5·7 ; 19, 19 참조).

그러나 그리스도가 오실 때는 어디서 오시는지 아는 사람이 없을 것입니다. 그의 공적인 임무를 수행하기 전에 메시야는 은폐되어 있을 거라는 믿음은 저스틴의 *Trypho*, 8에서 이렇게 증언되어 있다 : "그리스도가 어디서 났으며 어디에 있는지 알 수 없다. 그는 아직 자기 자신을 알리지 않았다. 엘리야가 그에게 기름을 붓고 모든 사람에게 나타내기까지는 아무도 그를 알아볼 수 없다." 그것은 또한 메시야의 "출현"에 대한 일반적인 라삐의 진술들에도 전제되어 있다.[22] 그러나 이러한 믿음은 '메시야는 그가 드러낼 때 비로소 알려지게 될 것이며'라는 진술에 해당될 뿐이며, 또한 메시야는 그가 메시야로 알려졌을 때라도 그가 어디서 왔는지를 모를 것임을 암시하는 요한의 말들과는 만족할 만한 병행을 이루지 못한다. 요한은[23] 아마도 잘 알려진 유다교 신앙을 끌여들였는데, 이것은 초자연적인, 천적인 구원자라는 그 자신의 사상에 적용하려고 채택한 것이었다. 사람의 아들 혹은 천적인 인간은 그 기원이 밝혀져 있지 않다(에녹 1서 48, 6). 이러한 이유로 해서 그(사람의 아들)는 그 이전에, 세계의 창조 이전, 영원부터 선택받은 자로 가리워져 있다 ; 제4에즈라 13장 51·52절 : "그때 나는 말했다. 계율을 제정하신 주께서 나에게 이것을 보여 주셨다 : 바로 거기서 나는 사람의 아들이 바다 한가운데서 솟아오르는 것을 보았다. 그리고 그는 나에게 이렇게 말씀하셨다 : '아무도 깊은 바다 속에 무엇이 있는지를 찾지도 알지도 못 하는 것처럼 지상에서 어느 누구도 나의 아들 혹은 그와 함께 있는 자들을 보지 못할지라도 그가 오실 때에는 보게 될 것이다.'"

그러나 요한은 단순히 이렇게 말하려는 것은 아니다 : "네 생각이 옳을 수 있다. 그러나 메시야의 기원은 네가 생각하는 것 이상으로 신비적일 뿐이다." 그는 세속화 과정을 거친 개념을 신학적으로 정립하거나 재정립하고 있다. "메시야의 감추어진 기원에 대한 교리의 진실성을 받아들이는 것은, 그것에 대한 모든 인간의 판단이 부적당하며 또 그럴 수밖에 없다는 점을 허용하는 것이며 또 허용해야만 한다

ὅτι절로부터 나와서 주문장의 목적어가 되고 있다.

22) 참조, *S.B.* Ⅱ, 489 ; Bousset-Gressmann, 230.

23) 그가 이 귀절에서 반론을 제기하는 것은 다음 귀절의 선포로 넘어가기 위함이다.

는 것과 같다. 그래서 주님의 적대자들은 이 사실을 인정할 마음의 준비가 되어 있지 않다"(Lightfoot ; Bultmann, 296 참조). 또한 지혜가 어디서 발견되는가라는 성서적 질문을 참조하라.[24)]

[28] 큰 소리로 말씀하셨읍니다(κράζειν). 이 말은 원래 알아들을 수 없는 고함소리를 나타내는 것인데, 이 말을 요한은 엄숙한 선포의 도입부로 사용하고 있다(참조. 1,15 ; 7,28·37 ; 12,44). 예수는 누가 말을 걸지 않았는데도 대답한다. 실은 그는 하느님의 심판대 앞에 있는 세상에 대해서(불트만의 보다 정확한 말을 빌리면 세계를 대변하는 유다인들에 대해서) 말하고 있다.

성전 안에서 가르치실 때에. 7장 14절을 참조하라.

너희는 나를 알고 또 내가 어디서 온 것도 알고 있다. 예수는 예루살렘 사람들이 그들 나름대로의 생각에서 내세운 주장의 진실성을 인정하고 있고 또 실은 그것을 부인할 수 없었다. 하지만 다른 의미에서의 그의 기원은 그들에게 전혀 이해되지 않았다. 만일 그렇다면 이 말들에 의문부호가 붙여질 수도 있다. 예수는 예루살렘 사람들의 확고한 지식에 대해서 즉시 의문을 던지게 될 것이다. 그러나 유다인이 제기한 이의의 진실성은 그러한 주장의 부당함이 폭로되기 전까지는 인정받아야 한다고 보는 것이 요한의 사고 방식이나 표현에 보다 부합하는 것으로 생각된다.[25)]

그러나 나는 내 마음대로 온 것이 아니다. 내가 온 것은 나 자신의 충동이나 권위에서, 또는 나 자신의 목적에서가 아니다. 예수의 배후에는 그를 파송하시고 그의 선교에 홀로 의미를 부여해 주시는 또 다른 이가 있다. 따라서 겉으로 드러난 그의 운동들이 그의 본성과 권위를 바르게 지적한다고 볼 수 없다.

나를 보내신 이는 참되시다. '나를 보내신 이'라는 표현은 요한의 일반적인 정식인데, 이 말은 그 중요성을 충분히 반영하고 있다. 즉 예수는 자기 자신을 도외시하고 그를 보낸 자를 지적하고 있다(참조. 20,21). 이 보낸 자는 눈으로 볼 수는 없지만 상상 속의 존재도 아니다. 오히려 그는 그 자신의 특성에 비추어 봐서 실재적이고 신실하신 분이다.

24) 욥기, 28 ; 바룩 1서 3,14·15 ; 지혜 6,12 ; 잠언 1,28·29 ; 여기 참조문들은 브라운(Brown)이 지시한 것이다.

25) 예수의 출신과 출생지에 대한 유다인들의 생각에는 사실적인 오류가 있다—여기에 대해서는 7,41·42 ; 8,41을 참조하라.

"참된"(ἀληθινός)에 대해서는 1장 19절을 참조하라. 이 말은 ἀληθής와 동의어이다(참조. 8,26).

너희는 그 분을 알지 못하지만. 유다인들은 이교도에 대해서 그들은 참 하느님을 알고 있다고 주장하였다.[26] 그러나 만일 그들이 참으로 하느님을 알고 있었던 것이 사실이라면 그들은 예수를 배척하지는 않았을 것이다(8,42). 하느님은 더 이상 율법을 통해서가 아니라 예수 자신을 통해서 자신을 계시하려고 한다. 비록 율법이 예수와 그 안에서 주어진 계시에 대한 타당한 증거로서 여전히 남아 있다고 하더라도 그러하다(5,46).

[29] 나는 그분을 안다. 요한에 의하면 모든 참된 지식과 마찬가지로 예수가 하느님에게 속한 자라는 지식은 그 관계에 근거해 있다. 다시 말하여 그는 하느님으로부터 왔다. 이 귀절의 "보내다"(ἀποστέλλειν)라는 동사와 28절의 "보내다"(πέμπειν)라는 동사는 구분하기가 어렵다.

[30] 사람들이 그를 잡으려 했으나. 주어는 여전히 일부 예루살렘 사람들이다(7,25). 그 당시 예수를 체포하려는 움직임은 일반인에 의한 움직임으로서 공식적인 체포의 시도와 구분되는 것 같다(7,32·45). 그렇다고 해서 요한이 이 두 가지 움직임의 차이를 진지하게 의도했다고 추측한다면 그것은 어리석은 생각이다. 그는 이미 유다인들이 예수를 죽이려고 한 시도에 대해서 말하였다(5장 18절 등). 그는 예수가 그의 공격자들의 손에서 기적적으로 구출된 것으로 분명히 생각하고 있다(참조. 루가 4,30).

그의 때가 아직 이르지 않았다. 그 시간은 예수의 죽음과 영광의 시간이다(참조 2,4). 정해진 때가 이르기 전에는 그는 자유롭게 일하실 수 없다(참조. 6절 이하).

[31] 무리들 가운데 많은 사람이 예수를 믿었읍니다. 신자들은 지배계층에서 나온 것이 아니라 하층의 무리들 중에서 나왔다 .여기서 무리들은 추측컨대 예루살렘 사람들 가운데 일부 무리들을 가리킨다(참조. 8,30). 그들은 설화나 역사에 있어서 아무런 실제적인 역할을 하지 못하고 있으며 예수를 체포하려던 자들과 대비를 이루고 있다(7,30). 그의 말은 필연적으로 이러한 이중적인 효과를

26) 로마서 2장 17—19절을 참조하라. 하느님은 율법에 계시되어 있고 모든 민족들 가운데 오직 이스라엘만이 그 율법을 받았다. 또한 4장 22절도 참조하라.

낸다(참조 1,11·12 ; 3,18—21 ; 그 밖의 귀절들).

더 많은 기적을 행하지는 못할 것이요. 그들의 믿음은 표징들에 근거한 것이다(표징들이 단순한 징조〔portent〕들로서 기적에 첨부될 수 있다고 가정하는 2,23 ; 4,48 ; 그 밖의 귀절들 참조). 그들은 이 표징들의 의미, 즉 그것이 뜻하는 바를 묻고 있지 않다. 마르틴(Martyn)은 메시야는 기적을 행하는 자로 기대되지 않았다는 사실에 비추어서 이같은 통찰의 논리적인 근거에 대한 문제를 제기한다(103). 그리고 그 문제에 대해서 요한은 놀라운 일을 행하는 예언자와 메시야를 동일시하고 있음을 언급함으로써 거기에 대한 해답을 준다. 이것은 날카로운 논평이다. 그렇다고 해서 이같은 동일시가 행해지는 것은 요한의 범주에서만 발견되고 어떤 유다인도 메시야에게서 기적을 기대하지는 않았다고 단정짓는 것은 성급한 일이다. 더우기 유다인들이 기적을 행하는 메시야를 기대하지는 않았다고 할지라도 그들이 기적을 접했을 때 그 기적을 행하는 자가 혹시 메시야가 아닌가고 궁금해 하는 것은 당연한 일이다.

그는 행하였다／행한다. 예를 들어 ℵ D Θ φ it vg에는 ποιεῖ("행한다")로 나와 있는데, 이것이 옳은 것 같다.

〔32—36〕 앞 귀절들과 긴밀한 연관이 없는 별개의 단락이다. 이 단락은 예수를 찾는 일에 관심이 있으므로 10—13절을 연상케 한다. 그리고 성전 경호원들이 그들을 보낸 자들에게로 돌아가는 기사인 45절에서 다시 계속된다. 삽입부인 37—44절은 시간의 간격을 메꾸려는 의도가 들어있음이 분명하다. 또한 우리는 37절에서 새 날을 맞이하게 되기 때문에(32절의 때는 14절의 날짜로 결정되어 있음) 시간의 간격을 메꾸려는 의도는 지나친 것 같다. 그러나 요한은 대화의 흐름 보다는 사상의 흐름에 훨씬 더 관심이 있다.

〔 32 〕 말을 주고받는. 5장 12절에 나오는 "투덜댐"(γογγυσμός)을 참조하라. 여기 나오는 대화나 논쟁은 12절에서처럼 불평을 뜻하지는 않는다.

사제들과 바리사이파사람들이. 대부분의 사제들(주도적인 사제가문, 즉 대사제의 재판정에 속한 사람들)은 사두가이파사람들이었다(사도 5,17 ; Josephus, *Ant*. XX, 199). 우리는 그들이 바리사이파사람들과 협력하여 활동했으리라고 기대해서는 안 된다. 그러나 그들은 요한복음(7,32·45 ; 11,47·57 ; 18,3)에서 대체로 함께 등장하는 것 같다. 마르코 복음서에서 보면(14,1과 수난 설화에 속한 다른 귀절들에서) 사제들과

서기관들(대부분 바리사이파에 속한 자들이었다)은 예수를 죽이려고 음모를 꾸몄다. 요한은 전 산헤드린의 전체 운동을 반영하는 이 결탁이 매우 초기에 이루어졌던 것이라고 가정하였다. 이같은 사실은 의심할 만한 것으로 주님의 시대의 팔레스틴에 대해 요한이 추정한 지식에 대해서 의혹을 품게 한다. 요한이 이 사실의 정확성에 대하서 무지했든지 무관심했든지간에 그는 단지 유다인들을 예수의 적대자들을 가리키는 일반적인 용어로 사용하고 있으며 필요한 경우에는 그 용어를 바리사이파 사람들(φαρισαῖοι)과 사제들(οἱ ἀρχιερεῖς, 혹은 οἱ ἄρχοντες "산헤드린 의회원들")로 구분해서 표현한다(참조. 7,48).

그를 잡기 위해 경호원들을. 30절에 나오는 예수를 잡으려는 비공식적인, 실패로 끝난 시도를 이제 대사제들이 떠 맡았다. 대사제들만이 경호원들(ὑπηρέται)을 부릴 수 있었다(참조. 18,3). 마르틴은 이 말을 증의어(hazzanim을 나타내는)로 보고, 그것을 예수를 체프하려고 파견된 예루살렘 경비병이나 유다 그리스도교인들을 박해하였던 회당 관원들을 지칭하는 것으로 언급한다(Martyn, 73—74).

[33] 그러자. "그들에게"(αὐτοῖς)라는 말이 대개의 사본에는 첨가되어 있다. 그러나 P⁶⁶ P⁷⁵ ℵ B D W Θ 등에는 이 말이 생략되어 있는데, 이런 독법이 맞는 것으로 생각된다. 예수는 그를 체포하려고 파견된 성전 경비병에게 하는 그의 말에 제한을 두지 않았고 오히려 일상적으로 말하였다. 35·36절의 언급은 원래 말을 듣는 청중으로 간주해야 하는 유다인들에 대한 것이다.

나는 잠시 동안 너희와 함께 있다가. 예수가 그를 체포하려는 음모에 전혀 동요하지 않은 것은 그의 때가 오기 전에 잠시동안 시간적 간격이 있어야 한다는 사실을 그가 알고 있기 때문이다.[27] 그 때에 그는 못다한 선교사업을 완수해야 한다(9,4 ; 11,9·10). 예수의 운명은 유다 당국에 의해서 결정된 것이 아니라 바로 그 자신에 의해서, 하느님의 뜻에 복종하는 데서 결정된 것이다. 이같은 사실은 예수의 선교에 내포된 연대상의 제한에 의해서 정해진 시간 안에 드러나 있다. 믿음은 자연적인 인간의 가능성이 아니라 예수 안에서 일어나는 하느님의 구체적인 행위와 연결되어 있다. 따라서 그것은 본질적으로 선물의 특성을 지닌 것으로서 생명과 진리를 전달하는 것이긴 하지만 심판의 결과를 초래하게 될 것이기도 하다(참조. 3,19 이하). 사람들은 예수의 면

27) 참조. 12,35 ; 13,33 ; 14,19 ; 6,16·19 : 여기서 μικρόν("잠시동안")은 χρόνον("시간")이라는 말이 없이 사용되고 있다.

전에서 결단을 내리도록(하느님의 선물에 의해서) 촉구받고 있다. 그런데 이 결단은 항상 개방되어 있는 것이 아니다.

그리고 나는 돌아간다. 2장 13절, 4장 35절에서처럼 시간적인 병치이다(*M.* Ⅱ, 422). "돌아간다"(ὑπάγειν)라는 말은 여기서 예수가 이 세상을 떠나는 것을 가리킨다.[28] 이러한 말들의 선택은 요한의 특징이다. 그는 예수의 죽음을 단지 육체적인 소멸로 보지 않고 아버지에게 돌아가는 것으로 보고자 한다.[29] 여기서 요한이 이 말을 채택한 것은 부분적으로 이 말이 "찾다"(ζητεῖν: 10, 1·11·19 등)라는 말과 어울려서 잘쓰이기 때문이다.

[34] **너희가 나를 찾아도.** 즉 예수가 아버지에게 돌아간 이후에 되어질 일이다. 이제(30절) 그들은 예수를 잡으려고 찾아다녔다. 그러나 그때—민족적인 요청의 때가 아니라 마지막 심판의 때를 의미함—가 오면 그 때야 비로소 그들은 뒤늦게 그의 도움을 구할 것이다(참조. 8, 21 ; 13, 33). 토마복음(*Thomas*) 38에는 이런 말씀이 씌어 있다 : "너희는 내가 너희에게 하는 말들을 여러번 듣기를 원했으나 아무에게서도 듣지를 못했다. 너희가 나를 찾고자 해도 나를 찾지 못할 날이 올 것이다."

내가 있는 곳에 올 수도 없을 것이다. 이 말은 요한의 표현방식에서 보면 다음 절을 잘 이해하지 못할 정도로 애매하게 표현되어 있다. 이 말은 일차적으로 예수의 죽음을 가리킨다. 예수의 적대자들도 죽을 것이나 그들의 죽음은 아버지에게로 돌아감을 뜻하지 않는다. "있다"라는 의미의 동사 εἰμι는 그 동사의 미래형인 εἶμι("내가 곧 가게 될…")의 강조를 나타내는 것일 수도 있다.

어거스틴의 말, "그는 내가 어디에 있을지는 말하지 않았다. 그러나 내가 지금 어디에 있는지는 말했다. 그리스도는 그가 왔던 곳에 언제나 있을 것이다. 그러므로 그는 오셔서 돌아가지 않을 것이다"[30]에도 불구하고 여기서 ἐγώ εἰμι("내가 있다")의 지속적인 의미(8, 58과 주석 참조)를 강조하는 것은 타당하지 않은 것 같다. 이 귀절은 오히려 예수의 선교가 지닌 시간적인 제한성을 강조하고 있다(참조. 33). 그

28) 또한 8,14·21·22 ; 13, 3·33·36 ; 14,4·5·28 ; 16,5·10·17에도 이렇게 나타나 있다.

29) 요한이 사용하고 있는 들리우다(ὑψοῦν)라는 용어에 대해서는 3, 14를 참조하라.

30) *Tract. in Jon.* XXXI, 9, 브라운 인용, 전체 인용구 참조 ; Fenton 참조.

는 현재와 같이 항상 만나지는 못할 것이다.

[35] "서로"(πρὸς ἀλλήλους) 대신 "그들끼리"(πρὸς ἑαυτούς) 라고 표현되어 있는데, 이 말은 헬레니즘적 그리이스어에서 자주 발견된다. 유다인들은 예수의 말에 당황하고 있다. 그리고 그들은 그들 자신이 한 설명에 만족하지 못하고 있음이 분명하다(7, 36 ; 그들은 8장 21·22절에서 또 다른 설명을 시도한다).

헬라 사람들 가운데 흩어져 사는 유다 사람들에게 가서.[31] 아마도 예수의 "떠나가심"은 그가 팔레스틴을 떠날 것임을 의미한다. 그래서 팔레스틴의 유다인들은 그를 더 이상 보지 못하게 될 것이다. "70인역에 나오는 흩어진 사람들은 흔히 이방인들 사이에 흩어져 사는 사람들을 지칭한다(신명 28, 25 ; 30, 4 ; 예레 34[41], 17). 그러나 일반적으로 흩어진 사람들을 통칭하기도 한다(이사 49, 6 ; 시편 147[146], 2 ; 마하 1, 27 ; 솔로몬의 시편 8, 34). 또한 이 말은 여기서처럼 흩어진 자들이 발견되는 장소를 지칭하는 데 사용되기도 한다"(Bultmann, 309 ; 유딧 5, 19). διασπορὰ 다음에 나오는 속격(τῶν)은 보통 흩어진 사람들을 지시한다. 그러나 여기서 이 말은 방향을 나타내는 속격임이 분명하다(*B.D.*, § 166).

헬라 사람들을 가르칠 셈인가? 이 말은 다음 단계이다. 예수는 흩어진 유다인들을 방문할 뿐만 아니라 출생신분이 결코 유다인이 아닌 이방인들에게 가르칠 것이다. 요한복음에서 헬라사람("Ελλην)이란 말은 이곳과 12장 20절에 나온다. 12장 20절에 나오는 헬라사람들("Ελληνες)은 개종자들로 보아도 무방하다. 이와 동일한 의미가 여기서 지지될 수는 있지만 그러나 헬라사람들 가운데 흩어져 사는 사람들이라는 구문 중에 쓰여진 헬라사람에 비추어 볼 때 요한이 순수하고 단순한 이라는 의미를 이방인에게 부여했을 가능성이 전혀 없지는 않다. 만일 적어도 요한이 순수하고 단순한이라는 의미를 유다인에게 적용시키지 않았다면 그는 다음과 같은 이유에서였을 것이다. 즉 그는 유다인들로 하여금 사실상 진리인 것을 회의적이고 납득할 수 없는 것으로 말하게 하려고 했던 것이다. 예수는 교회를 통하여 흩어진 유다인들에게로 갈 것이다. 이방인들, 즉 이교도나 개종자 모두를 가르칠 것이다. 더 나아가서 요한은 흩어져 사는 사람들 가운데 그리스도교로 개종한 유다인들을 염두에 두고 있는지도 모른다(참조. 베전 1, 1 ; 요한 11, 52 ; 10 ; 16). 호스킨스(Hoskyns, 364)도 그렇게 생각한다. 로빈슨

---

31) 이 문장의 헬라어 본문 맨 앞에 나오는 μὴ는 조심스런 임의의 암시를 나타낸다. 7장 26절을 참조하라.

(J.A.T. Robinson)은 이 귀절의 신빙성을 12장 20절에 비해서 믿지는 않지만 여기서 "Ἕλληνες는 헬라어로 말하는 흩어진 유다인들을 의미할 수도 있다고 생각한다. 다른 학자들, 예를 들어 샌더스와 브라운은 이러한 견해가 성립될 수 없는 것으로 생각한다.[32]

[37] 명절의 고비가 되는 마지막 날. 초막절 절기와 그 기간에 대해서는 2절을 참조하라. 여기서 제기되는 문제는 요한이 말하는 "마지막 날"이 그 명절의 제 칠일 또는 마지막 날을 의미하는지 아니면 그 성회의 제 팔일 혹은 명절의 끝을 의미하는지의 여부이다. 이 날에 수카(Sukkah: 초막 혹은 장막)가 거두워지고 찬양의 노래(Hallel)가 암송되었으며 환호가 계속되었다(*Sukkah* 4, 1·8, 아래 참조). 그 날을 명절의 제 칠일로 보는 것은 다음의 주장에 근거한 것이었다. (ㄱ) 제 팔일을(엄격하게 말해서 절기에 속하지 않는) 절기의 "큰 날"이라고 부를 만한 이유가 없다. (ㄴ) 헌주와 촛불 의식들은(7, 38 ; 8, 12 아래 참조) 절기의 칠 일째 되는 날 끝마쳤거나 아니면 그 전에 끝났을 것 같다.[33] 팔 일째로 주장하는 이유는, (ㄱ) 제 팔일은 특별한 희생제사가 따르는 휴일(안식일처럼)이기 때문이다(*Sukkah* 5, 6). 축제의 제 팔일은 영예롭게 지켜졌다 : 안식일 규례 4, 8에는 "찬양과 환호의 팔일 간"(4, 1에서 인용)으로 되어 있다. 이 말을 통해서 우리가 알게 되는 것은, 누구든지 명절의 마지막 날에(제 팔일에) 그 절기의 여느 날처럼 찬양의 노래를 암송하고 축하하고 명절에 합당한 영광을 돌려야 한다는 것이다. (ㄴ) 요세푸스는 초막절에 대해서 팔일 간의 명절이라고 말한다.[34] (ㄷ) 물과 빛에 대한 예수의 말들은 명절 의식을 암시하지는 않았을 것이다. 만일 예수가 명절 의식을 암시했다면 단순히 상징적인 물과 빛을 성전의식으로부터 이끌어낸 후에 예수가 참된 빛과 생수를 선포하지 않았을 이유가 없다. 대체적으로 팔일로 보는 주장이 더 좋은 것 같다. 그러나 요한이 그의 말들이 지닌 문제점에 대해서 전혀 모르고 있었다는 사실과 그 가능성에 대해서 깊은 관심을 갖고 있었는지는 의심스럽다.

일어서서. 1장 35절을 참조하라. 의례적인 가르침이라기 보다는 공적인 선포임을 시사한다.

---

32) 12장 20절에 대한 주석 참조 ; *Judaism*, 11—14.
33) *Sukkah* 4, 1 ; 5, 1과 Danby의 주해를 참조하라.
34) *Ant*. Ⅲ, 245 ; 247에는 "팔일 동안의 명절을 지내다"(*ἐφ' ἡμέρας ὀκτὼ ἑορτὴν ἄγοντας*)라는 말이 있다.

큰 소리로 말씀하셨읍니다. 미완료형인 "큰소리로 말하고 있었다" (ἔκραζεν: ℵ D Θ에는 이렇게 되어 있다)가 적절한 것으로 보이지는 않지만 그래도 옳은 것 같다.

[37b · 38] 예수가 한 말에 찍혀진 구두점이 분명치가 않다. (ㄱ) πινέτω ("마시라")는 말 다음에 (Nestle과 마찬가지로) 마침표를 찍고 εἰς ἐμέ ("나를") 다음에 콤마를 찍어도 좋다. 그러면 "나를 믿는 사람"(ὁ πιστεύων εἰς ἐμέ)이란 구문은 미정의 주격으로서 "그의"(αὐτοῦ)라는 말에 연결된다.[35] 생수의 강들이 신자의 배에서 넘쳐흐른다. 이 말은 "성서"에 언급되어 있다. (ㄴ) 또한 πρός με ("내게 와서") 다음에 콤마를, εἰς ἐμέ ("나를") 다음에 마침표를 찍을 수도 있다. 예를 들어 불트만(303)은 만족할 만한 구약성서 본문과 절의 운율을 발견하기가 어려운 점을 지적하고 있다. 이것은 하나의 병행적인 대구를 이룬다 : "목마른 자는 다 내게로 오라／나를 믿는 자는 마시게 되리라." 성서의 인용, 즉 "성서가 말한 것과 같이"는 앞의 말 혹은 이어지는 말에 적용될 수 있다. "그의 배에서"(ἐκ τῆς κοιλίας αὐτοῦ)라는 말 중에 나오는 대명사는 그리스도 혹은 믿는 사람을 둘다 지칭하는 것일 수도 있다. 이같은 복잡한 양자택일에서 어느 하나를 택한다는 것은 쉽지 않다. 양자는 단순한 의미만이 아니라 요한이 뜻하는 의미를 제공한다(Hoskyns, 365—9). 문제는 "성서가 말한 것과 같이"라는 말들이 제기하는 문제에 의해서 보다 복잡해진다. "성서"(ἡ γραφή: 단수형)는 일반적으로 구약성서 어느 한 귀절을 가리킨다. 그러나 여기 인용문이 구약성서 어디에 있는지를 자신있게 말할 수는 없다(*J.T.S.* 옛 시리즈 48(1947), 156과 아래를 참조하라). 따라서 우리는 "만일 나를…하는 사람은" 혹은 "생수가 강같이…" 라는 구문이 인용문을 이루고 있는지에 대해서 확실하게 말할 수 없으므로 "나를 믿는 사람"이 "강"과 어떤 관련성이 있는지에 대해서도 결정지을 수 없다. (ㄴ)에 대한 신빙성 있는 입증은 고대 라틴 사본인 d와 e의 운문법과 『비엔의 순교자들의 서신』[36] (*The Epistle of the Martyrs of Vienne*)에

35) Ἐάν τις διψᾶ, ἐρχέσθω πρός με καὶ πινέτω. ὁ πιστεύων εἰς ἐμέ, καθὼς εἶπεν ἡ γραφή ποταμοὶ ἐκ τῆς κοιλίας αὐτοῦ ῥεύσουσιν ὕδατος ζῶντος. I권 27·28면을 참조하라. 또한 6,39 ; 8,45 ; 15,2 ; 17,2도 참조하라.

36) *apud* Eusebius *H. E.* V, i, 22 ; 순교자 생투스는 그의 고통 가운데서 "그리스도의 배에서 나오는 천적인 샘으로 인해 생기를 되찾고 힘을 얻게 되었다." 그러나 이 인용문은 38절b에 대한 것이 아니라 19장 34절에 대한 언급인 것 같다.

나오는 그럴듯한 언급에서 볼 수 있다. 이것은 다른 견해를 갖고 있는 대다수 희랍 교부들에 비해서 비중이 큰 것은 아니다. 확실하게 말할 수는 없지만 (ㄱ)을 채택하는 것이 나을 것 같다. 그 이유는 첫째, (ㄴ)에 의해서 형성된 병행성은 아무래도 미흡하므로 그 병행성을 의도했다고 생각할 이유가 없기 때문이다. 둘째로 "마시라"는 권유의 말은 "믿는 사람" 보다는 "목마른 자라면"에 잘 연결된다. 목마른 자라면 그는 와서 물을 마시도록 촉구받는 것이 당연하다. 그리고 와서 물을 마신 신자라면 그는 이 진술의 주체가 될 수 있다. P66에는 πινέτω ("마시라")와 ὁ πιστεύων("믿는 사람") 사이에 하나의 점이 찍혀 있다는 사실이 (ㄱ)의 구두점의 표기를 강력하게 지지해 주는데, (ㄱ)의 구두점 표기법은 킬패트릭(G.D. Kilpatrick)과 터너(N. Turner, ***Insights***, 144—45)의 주장에 의해서 그 신빙성이 심히 떨어지지는 않는다. 여기서 Kilpatrick, *J.T.S.* 11(1960), 340 이하에는 "어떤 목마른 자가 있다면, 나를 믿는 그로 하여금 와서 물을 마시게 하라"고 되어 있다. 또한 (ㄱ)의 구둣점 표기법은 "나를 믿는 사람은 마시라"가 서로 연결되어 있는 한 콥틱 사본에 의해서도 그렇게 신빙성이 떨어지지는 않는다(K.M. Kuhn, *N.T.S.* 4[1957], 63 이하).

…한 사람은 마시라. 이같은 생각은 4장 10—14절과 6장 35절에 반영된 생각과 유사하다(참조. 19,34와 주석). 요한묵시록 22장 17절에 이와 유사한 말이 나온다: "목마른 자도 올 것이요 또 원하는 자는 값없이 생명수를 받으라." 또한 이 말은 이사야 55장 1절을 적어도 간접적으로 언급하는 것 같다. 초막절 의식에 대한 특별한 언급이 나와 있는지도 모른다. 명절의 칠일 동안 황금의 포도주병은 실로암 못의 물로 채워졌고 성전에서 헌주에 쓰여졌다(***Sukkah*** 4,9). 이 의식은 구약성서(그러나 즈가리야 14장 8절 이하를 보라나 요세푸스의 책에 언급되어 있지 않다. 그러나 그것이 성전파괴 이전에 시행되었음을 의심할 하등의 이유가 없다.[37] 그 의식은 아마도 비를 내리게 하는 마력에서 발생하였지만 그러나 의식에서 행해지는 조야한 행위는 초막절 행사가 비를 내리게 해달라는 기원으로 시작하는 관습[38]을 버리게 됨으로써 점차로 그 원시성을 탈피하게 되었다. 비에 대한 언급은 열

37) ***Sukkah*** 4,9 마지막과 Josephus, ***Ant***, XIII, 372; 이들 인용구는 그 의식을 Alexander Jannaeus 시대까지 초기로 소급시켰다.

38) ***Taanit*** 1, 1; R. Eliezer b. Hyrcanus(fl. A.D. 80—120)에 의하면 그러한 관습은 축제의 첫날에 시작되는 것으로 되어 있고, R. Joshua b. Hananiah(fl.A.D. 80—120)에 의하면 마지막(팔일째) 날로 되어 있다.

여덟 개의 축복문(The Eighteen Benedictions) 중의 두 번째 축복은("너의 힘")에 묘사되어 있다. 여기서 하느님은 죽은 자들에게 생명을 주고 구원받은 자들에게 힘을 주시는 분으로 찬송되고 있다(Singer, 44 : מחיה מתים אתה רב להושיע). 이러한 명절의 특징은 여기 표현된 말의 형식이 예수에게 귀속됨을 시사하는 것 같은데, 특히 8장 12절에서 제시된 유사한 사실들에 비추어 볼 때 그러하다. 그리스도는 생명수의 분여자라는 개념은 구약성서에 널리 퍼져 있고 초막절 자체가 시사하는 것보다 요한복음의 사상적 배경이 되고 있음도 역시 분명한 사실이다(Hoskyns, 365). 그러나 이것은 명절의 축하의식이 "구원의 샘물"(이사 12,3)에 대한 언급과 함께 이 주제에 내포된 가르침의 단서를 제공하지는 못했을 거라는 데 대한 이유가 아니다. 라이트후트는 초막절의 종말론적 의미를 강조하고 있고, 마틴은 집회서 1장 8절에 대한 라삐의 주석(Eccles R. 1,8)을 인용한다(Martyn, 98 이하) ; 라삐 베레키아는 라삐 이삭의 이름을 빌어 이렇게 말했다 : "첫구원자가 되시는 분이 나중 구원자도 되시지 않겠는가. 앞의 구원자에 대해서 어떻게 말하고 있는가? 모세는 아내와 아들을 나귀에 태우고 데려갔다(출애 4,20). 이와 같이 나중 구원자도 기록된대로 겸비하게 나귀를 타고 오실 것이다(즈가 9,9). 앞의 구원자가 이제 내가 하늘에서 너희에게 먹을 것을 내려줄 터이니(출애 16,4)라고 말씀하신대로 만나를 내려 주었던 것과 같이 나중 구원자도 땅에는 이삭이 풍부하게 하소서라고 기록된대로(시편 72,16) 만나를 내리시리라. 앞의 구원자가 샘물을 터지게 하심같이 나중 구원자도 기록된대로 샘물을 솟게 하리라. 주의 집에서 샘물이 솟아 아카시아 골짜기를 적시리라(요엘 4,18)"—이상은 마틴이 제공한 해석이다. 또한 마틴은 여기에서(참조. 12,14·15 ; 6,35 ; —4,14) 우리가 모세—메시야 유형론과 관련된 여러 표징들 가운데 하나를 찾게 됨을 주시한다(또한. Meeks 참조). 예수는 물을 제공함으로써 메시야 대망을 성취시킨다.[39]

[38] (나를) 믿는 사람은…생수가. 4장 14절을 참조하라. 그리스도 자신이 바로 생명수의 원천이다. 그런데 그와 연합하는 신자 역시 부차적인 방식이긴 하지만 생명수의 원천이 된다는 것은 타당한 추론이다. 신적인 생명이 그 안에 근거해 있다. 토마복음 108에는 이런 귀절이 있다 : "내 입을 통해서 마시는 자마다 나

39) 예수에게로 옴에 관해서는 *Essays*, 62—65와 6,44·45에 대한 주들을 참조하라.

처럼 될 것이고 나는 그처럼 될 것이며, 감추어진 것들이 그에게 드러나리라." 생명수에 대해서는 4장 10절을 참조하라.

그의 배에서. "배"(κοιλία)는 라삐적인 몸(guph)을 나타내는 것일 수도 있는데, 라삐적인 몸은 '인격'이나 '자아'의 의미로도 사용될 수 있다. 그러나 guph는 배꼽(tibbur)이나 자궁(beṭen)을 나타내는 κοιλία보다는 "몸"(σῶμα)이라는 말로 더 잘 표현된다. 이 희랍어 단어는 비유적으로 쓰여진 것이며 생명수가 인간의 인격에서 스며 나오는 것을 뜻한다(참조. "그 사람 속에서" ἐν αὐτῷ; 4,14). 그러나 단어의 선택은 중요한 것임에 틀림없다(다음의 주 참조).

성서가 말한 것과 같이. 이 귀절에 찍혀진 구두점을 앞의 주해에서와 같이 거부한다면 성서(γραφή)의 인용은 (ㄱ) 목마른 자의 초대, (ㄴ) 생명수가 신자의 배에서 흘러나오는 것, (ㄷ) 생명수가 그리스도의 배에서 흘러나오는 것 등을 말해 주거나 암시하는 것일 수도 있다. 위의 구두법을 그대로 받아들인다면 둘째 항 만을 인정할 수 있다. 이 세 내용이 모두 일방적으로 구약성서에서 유사한 의미로 나올 수 있다(*J.T.S.* 곳곳에 인용된 구약성서 참조). 거기서 하느님은 인간의 갈증을 채워주는 생명수의 근원으로 나타나고 있다. 보다 정확한 해석을 내리기가 어렵지만 그러나 초막절 절기에 읽혀진 예언서 하프타로트(*Haphtaroth*) 가운데 하나인 즈가리야 14장에 특별한 관심을 기울일 수는 있다.[40] 즈가리야 14장 8절에는 예루살렘에서 생명의 물이 터져 나오리라고 되어 있다. 그런데 라삐의 전승에서 예루살렘은 지상의 모태(navel)이었다.[41] 그리고 요한은 이 말을 도시에 대한 예언에서 사람에 대한 예언으로 옮기는 데 수단으로 사용했을 가능성이 있다. 다른 구약성서 귀절들은(예를 들어 이사 58,11) 이러한 전이를 쉽게 했을 것 같다.[42] 감사의 시편(1*QH*) 8장 16절에는 "생수의 샘"(מבוע מים חיים)이라는 말이 나오지만 그러나 브라운(해당 항목 참조)이 지적한 대로 이것은 유다적인 일반개념이다. 종도의 규례(1*QS*) 4장 20—22절에서 물은 생명을 주는 것이라기 보다는 정화시키는 것이다. 다마스커스 문서(*CD*) 3장 16·17절, 6장 4—11절, 19장 34

40) Abrahams, *Studies* I, 11f.; H. St. J. Thackeray, *The Septuagint and Jewish Worship*(1921), 64—67.

41) 예를 들어 *Jubilees*, 8,19 : 시온산—지상의 모태의 중심 ; 에제 38,12 ; *Sanhedrin* 37a.

42) 참조. 신명 8,11 ; 시편 114,8 ; 이사 43,20 ; 44,3 ; 예레 2,13 ; 에제 47,1—12 ; 요엘 4(3),18.

절 등은 좋은 병행귀들을 이루고 있는데, 거기서 물은 토라(Torah)를 가리키며 이것은 쿰란 종파에서만 특수한 것이 아니라 유다적인 일반개념이다. 아람어의(gawwah), "그(예루살렘) 한가운데"가 gawweh "그(배) 한가운데"로 잘못 해석되었을지도 모른다고 생각할 필요는 없다(Torrey, 108—11). 아람어로 혹은 희랍어로 표현되어 있든지간에 복음서가 관심을 갖고 있는 것은 예루살렘에서 흘러나오는 물이 아니라 신자들에게서 혹은 그리스도에게서 흘러 나오는 생수이다.[43]

[39] 이것은 성령을 가리켜 하신 말씀입니다. 물, 특히 생명수는 간혹 성령의 상징으로 나타난다(참조. *S.B.* II, 434—35). 그리고 특히 창세기 70장 8절에 대한 라삐의 주석에서 보면 초막절에 끌어들이는 물은 성령을 끌어들이는 것으로 해석되어 있다. 그것은 인간들에게 신의 생명을 중개해 주는 성령이다(참조. 고전 12, 13).

예수를 믿는 사람들이 받게 될. 이 같은 요한 자신의 언급이며 요한은 그가 살았던 시대를 염두에 두고 있다. "믿는 사람들"은 사도들만이 아니라 그들을 통하여 믿게 된 사람들을 가리킨다(17, 20 ; 20, 29).

예수께서 아직 영광을 받으시지 않았기 때문에 성령이 임하시지 않았읍니다. 이것은 가장 간결한, 아마도 정확한 성구이다. 예수가 영광을 받기 이전에는 성령이 존재하지 않았다는, 불합리하지만 가능한 추론을 가급적 배제하려는 여러가지 시도들이 있었다. 라틴어역과 고대 시리아역, 그리고 일부 교부들은 "성령" 다음에 "받게 되었다"를 첨가하고 있다. 이와 동일한 독법이 B e hl 사본에 나와 있는데, 여기에는 "거룩한" (ἁγίου)이 첨가되어 있다. D사본에는 "그들에게 거룩한(영을)"이 첨가되어 있다. 그리고 sah 사본은 "그들이 아직 성령을 받지 못했다"라고 되어 있다. 이런 변형들은 거의 확실히 '개정'된 것들이고 우리는 아마도 네슬(Nestle)의 "영"(πνεῦμα)을 지지하여 성령이란 독법 (πνεῦμα ἅγιον: ω)을 거부해야 할 것이다. 요한은 성령의 초기 임재를 부인할 생각은 없었다. 또한 그는 성령이 예언자들 가운데서 활동하였다는 것을 부인하려 하지 않는다. 그리고 그는 성령이 예수의 선교 초기에 이미 그에게 임했음을 명백하게 말하고 있다(1, 32). 그가 뜻하는 것은 오히려 성령은 예수의 선교가 끝나기 전까지는 그리스도교적인 특징을 나타내는 방식과 규모로 임하지 않았다는 것이다. 이것은

43) 다른 해석들에 대해서는 *M.* II, 475 ; Bultmann, 303f.와 Schnackenburg II, 215f.를 참조하라.

성령에 관한 공관복음서의 거의 완전한 침묵에 매우 일치하며, 요한이 이 주제에 대해서 이렇게 많은 말을 하고 있는 것은 그가 보다 후기적 관점에서 기술하고 있다는 사실에서 기인한다(참조. *J.T.S.* 신간시리즈 I〔1950〕, 1—15). 요한 자신은 성령의 선물이 예수의 사역의 완성에 달려 있는 것으로 분명히 인식하고 있다(본 인용구 이외에 20, 22 ; 19, 34와 이 절의 주 참조). 그리고 이같은 인식에서 그는 그리스도의 선포가 지닌 종말론적 근거에 깊이 관여하고 있다. 성령은 새 시대의 선물이었다(참조. *H.S.F.T.*, 특히 152—62). 이 사실은 그리스도가 아버지께로 돌아간 후에, 아버지와 아들은 성령을 보내실 것이다(14, 16·26 ; 15, 26)라고 관용구적으로 표현되어 있다. 예수는 그의 죽음을 통하여 또 죽음 안에서 영광을 받으실 것이다(참조. 12, 23 ; 17, 1).[44]

브라운은 이들 귀절에서 성례전적 상징을 발견할 수 있는가라는 문제를 제기한다. 그 물은 세례의 물인가? 그 문제에 대해서 이렇게 직설적으로 묻는다면 그 답변은 분명히 "아니다"이어야 한다. 요한은 단지 불분명한 용어들로 세례에 대해서 말하지는 않는다. 그러나 다음의 사실을 되새기는 것이 타당한데, 물론 세례의 물은 마시는 물이 아니라 개종자가 침례를 받거나 정결하게 씻어 내는 물이기는 하지만 바울로는 이렇게 말할 수 있었다는 것이다(고전 12, 13) : "우리는 한 성령으로 세례를 받아 한 몸이 되어…모두 한 성령을 마시게 (ἐποτίσθημεν) 되었읍니다." 여기서 요한은 확실히 세례의식을 알고 있었다. 또 한가지 사실은, 이들 귀절에서 물은 성령의 표상임을 말해주는 것이지 성령이 전달되는 수단이나 요한이 세례를 염두에 두고 있음을 실제적으로 지적해 주는 단어가 아니다. (세례에 대한) 언급을 쉽게 할 수 있는 것이었다면 이러한 침묵은 의미깊은 것이 아닐 수 없다(이 책 I권 131—135면 참조).

[40] 무리 가운데에는. 이 전치사구는 복수동사를 지배하는 실사(substantive) 구실을 한다. 16장 17절에서와 같은 의미로 "몇 사람"(τινές)이라는 말에 대해 이해하라. 이 구문은 아마도 그 어원이 셈어에 있는 것 같다(*B.D.* § 164. 2.).

이 사람이 참으로 예언자이다.[45] 예수의 이 칭호가 그 밖의 곳에서 무

44) 여기 언급된 귀절들 이외에 3장 14절을 참조하라. 또한 제자들이 나중에야 그 사실을 알게 되었다고 말해주는 귀절들(2, 21·22 ; 12, 16; 13, 7; 16, 4; 20, 9)을 참조하라.

45) 참으로(ἀληθῶς)에 대해서는 7장 26절을 참조하라. 예언자(ὁ προφήτης)에 대해서는 1, 21·25; 6, 14; 또한 추측컨대 9, 17이 아니라 4, 19 참조.

엇을 뜻하든지간에 이것은 여기서 그가 메시야라는 뒤따르는 주장과는 분명히 구별된다. 따라서 우리는 사도행전 3장 22·23절에서 인용하고 있는 신명기 18장 15·18절의 메시야적 해석을 다루지는 않을 것이다. 그런데 이러한 메시야적 해석은 예언자가 메시야적 왕과 동일시되고 있지 않은 종도의 규례(1QS) 9장 11절과 4Q *Test.* 5—8을 제외하면 유다교 문헌에서 어떤 병행귀도 없다. 이와 마찬가지로 요한복음 1장 21—25절은 "예언자"가 되살아난 엘리야가 아님을 분명히 보여준다. 부수적인 종말론적 기대는 아마도 신명기 18장 15·18절과 말라기 3장 1절[46] 등의 본문에 부분적으로 근거한 것이긴 하지만, 그런 대망사상이 있었을지도 모른다. 마카베오상 4장 46절과 14장 41절에서 어떤 문제들은 한 예언자가 출현하기까지 미루어졌는데, 이렇게 미루어진 것이 종말론적 희망의 일부가 되었는지는 확실하지 않다(*S.B.* II, 479).[47] 본 귀절에서 마틴(103)은 모세유형의 예언자와 메시야사이의 명백한 구분이 아니라 "모세유형의 예언자에서 모세적인 예언자—메시야(Mosaic Prophet—Messiah)로 쉽게 이행되는 것"을 본다. 하나의 용이한 이행이 있었다는 사실은 이 부분에 대한 어떤 정확한 정의들이 없다면 구태여 부인하지 않아도 된다. 그것은 "어떤 이들은…말하고 다른 이들은…말하였다"(ἔλεγον… ἄλλοι ἔλεγον)라고 말한 데에는 차이점이 있다고 하는 단순한 사실에 일치하지 않는 것은 아니다.

[41] 이 사람이 그리스도이다. 다른 이들은 더 나아가서 예수는 선구자가 아니라 그리스도 자신임을 주장하였다(참조. 마르 8,28·29). 성령을 준다고 하는 예수의 주장은 당연히 믿음을 갖게 하는 것이었다.

말하는 사람들. ℵ D에는 다시 "다른 사람들이 말하였다"로 나와 있는데, 이것은 무리 가운데 다른 부류가 있었음을 뜻하는 것이 분명하다. 예수의 말들에 대해서 메시야적 해석을 가하는 것은 불가능하다는 주장이 있다. 그의 출생 환경이 예언과 일치하지 않았기 때문이다.

그러나(μὴ γάρ). "그러니까"(γάρ)는 부정적인 대답을 기대하는 "아니"(μή)를 강조하는 접속어이다. "도대체 그리스도가 나올 수 있겠는가?"

---

46) 이 귀절에서 "사자"를 3장 23·24절에 나오는 귀환하는 엘리야와 동일시할 필요는 없다.

47) 7장 37절에 대한 마틴의 인용문과 이 책 I권 119면 이하를 참조하라.

[42] (ㄱ) 언급된 성서는 메시야의 출생지에 대한 것이다. 미가 5장 2절에는 "그러나 에브라다 지방 베들레헴아, …나 대신 이스라엘을 다스릴 자 너에게서 난다"로 기록되어 있다. 이 귀절은 그리스도교인에게만 유용한 것 같다. 라삐의 문헌은 후대에도 메시야의 기원에 대해서 이 귀절을 인용하고 있지 않다(Bonsirven I, 378 참조). 저스틴(*Trypho*, 78)이 이 귀절을 인용하고 있긴 한데, 그것은 저스틴 자신의 말이지 그의 유다 적대자의 말은 아니다. 여러 성구들이 메시야는 다윗의 혈통에서 나올 것임을 선포하고 있다. 예를 들어 시편 89(88), 4·5절에는 "나의 종 다윗에게 맹세하였다. 네 후손 대대로 왕노릇하게 하리라"라고 말하고 있다. 휘츠마이어(Fitzmyer, *Essays*, 86)는 4 *Q Flor*.(쿰란 제 4 동굴의 종말론적 미드라쉬)에서처럼 사무엘하 7장 11—14절에서 그 예를 본다(참조. 묵시 5, 5 ; 22, 16). (ㄴ) 우리는 요한이 예수의 베들레헴 탄생 전승을 알고 있었던 것으로 확신할 수 있다. 그가 동정녀 탄생의 교리를 알고 있었는지에 대해서는 1장 13절을 참조하라. 그는 여기서 그에게 익숙한 반어적인 문체를 쓰고 있다. 예수에 대한 비판가들은 사실을 잘 모르고 그가 갈릴래아에서 자랐기 때문에 그곳이 바로 그의 출생지였다고 생각한다.[48] (ㄷ) 그러나 요한의 반어법은 예수의 출신지에 대한 논란을 훨씬 넘어선다. 예수의 출생지는 그가 "위에서 혹은 아래에서 왔는지"(8, 23), 즉 그가 하느님으로부터 왔는지 아닌지에 대한 문제와 비교해 볼 때 사소한 문제이다. 참고로 7장 28절에서 예수는 그의 청중들이 그가 어디서 왔는지를 알고 있는 것으로 인정하고는 있지만 그 자신은 인간적인 기원들이 중요하지 않음을 강조하고 있다 : "나는 내 마음대로 온 것이 아니다." 그리고 8장 14절에서 예수는 유다인들이 참으로 그가 어디서 왔는지를 모르고 있다고 말한다. 그들은 "인간적인 방식으로" 판단한다. 아무도 성령으로 난 자가 어디서 와서 어디로 가는지 알지 못한다(참조. 3, 8). 이 말은 본래 그리스도교인들을 지칭하는 말이며 특히 예수 자신에게 해당되는 말이다. 그래서 메시야, 즉 천적 인간의 출생지에 대한 논의들은 모두 광범위한 논점들을 지니고 있다. 편견에 사로잡힌 고착된 교리는 사람들이 믿음으로 예수에게로 다가가는데 있어서 장애요인이다(불트만). 6장 42절과 거기에 대한 콘첼만의 언급을 참조하라.

48) 갈릴래아에 대한 현대의 비평에 대해서는 G. Vermes, *Jesus the Jew* (1973), 42—57를 참조하라.

다윗이 살던. 사무엘하 16장 1절 등을 참조하라.

[43] 이리하여 분쟁이 일어났읍니다. 이 분쟁은 예수가 예언자라고 주장했던 사람들 또는 그가 그리스도라고 주장했던 사람들과, 그의 출생지가 갈릴래아라는 추측에서 예수의 메시야성을 부인했던 사람들간에 일어난 분쟁이다. "분쟁"이라는 말은 이 복음서의 중요한 구석구석(7,43 ; 9,16 ; 10,19)에서 나오는데, 이 말은 예수의 선교의 결과를 요약한다. 그 이유는 예수의 말이 불가피하게 그의 청중들 사이에 분열을, 즉 빛의 비추임을 좋아하는 자들과 그것을 싫어하는 자들 사이의 구분을 초래하였기(3,19—21) 때문이다. 참고로 마르코복음 4장 11·12절에 나오는 이같은 사람들간의 구분은 신약성서에서 예수의 선교의 뗄 수 없는 요소이다(또한 12,37—50 참조).

[44] 이 귀절은 "그들 중의…몇 사람이"라는 귀절이 32절에 나오는 경호원들 중의 몇 사람을 가리키는 것일 가능성이 없는 것은 아니지만 30절과 거의 유사하다. 행위에 대한 기록들은 25—31 • 37—44 • 32—36 • 45—52절 등에서 함께 취했을 가능성이 있음을 시사한다. 요한이 두 자료를 전수받아 결합했을지도 모르며 또한 그 자신이 이 둘을 결합했다는 사실은 사상의 통일성에 의해서 입증된다. 각장들의 세심한 재배열은 현재의 자료가 납득될 수 없는 경우에만 타당한 것이다. 라이트후트는, 경호원들은 그들이 보냄을 받은 다음날 돌아온 것 같다는 점을 지적하면서 요한은 역사적인 일관성에 관심이 없다고 주장한다.

[45] 그들. 이 말은 엄격하게 말해서 대사제들을 뜻하는 말이어야 하지만 여기서는 바리사이파사람들도 포함된다. 경호원들을 보낸 데 대해서는 32절을 참조하라. 이러한 관점에서 마틴(74)은, 요한은 예수가 처한 역사적 상황에 대해서가 아니라 당시 교회의 상황에 강조점을 두었다고 말한다. 물론 이런 관점에는 일리가 있지만 요한이 그 자신의 관심사를 마치 암호문으로 표현하듯이 그대로 기술하고 있다고 생각해서는 안 된다.

[46] 그 사람처럼 말하는 사람은 이때까지 하나도 없었읍니다. 여기서 강조점은 마지막 말에 있는 것 같다. 예수의 말은 한 인간의 말이 아니다. 경호원들은 예수의 정체에 대해서 분명한 결론을 내리지는 못했지만 그의 초인간적인 권위에 완전히 압도당했다(참조. 18,6).

[47] 너희도(믿고 있었던 군중들에 덧붙여서) 홀린 것이 아니냐? 12절("그는 대중을 미혹한다")은 그 동사가 중간태라기 보다는 수동태임을 암시한다. 너희도 미혹당하여 잘못된 길에 빠지게 되었느냐? "미혹당하였다"(πλανᾶν)라는 말 배후에는 라삐적인 전문용어인 "선득하다"(suth, yasath: suth의 3인, 단수, 미완료)가 깔려있다. 얌니아 충성파들(Jamnia Loyalists: Martyn, 104)은 그들의 계획(hazzanim; 7, 32 참조)이 실패한 데 대해서 심문하였다. 그러나 다음 귀절은 의회원들과 바리사이파 사람들을 구분한 마틴의 주장과 다소 엇갈린다.

[48] 이 귀절은 니고데모[49]가 질문자이긴 하였지만 신자가 되지는 않았음이 암시되고 있다. 니고데모에 대한 묘사는 의회원들 또는 바리사이파사람들과 함께 나온다. 이 절은 그 둘을 구별하고 있다(요한이 49절에서 언급되고 있는 자들과는 대조적으로 '유다의 상류계층'을 매우 광범위하게 지시하는 것이 아닌 한 그러하다).

[49] 율법을 알지 못하는 무리는. 이 사람들은 라삐 문헌에 나오는 "그 땅의 사람들"('amme ha'arets)과 일치한다. "이 용어는 학자들(talmide ḥ° kamim)과는 명시적으로 또는 암시적으로 대조되는 말이다. 또한 교육받은 계층은 무식한 일반 군중과 대립적인 위치에 서 있는 사람들이다."[50] 율법을 알지 못한다는 말은 율법이 유다교를 위한 것이었으므로 교육이 부족하거나 종교에 대해서 잘 알지 못하는 것을 뜻한다. 어쨌든 유다 당국은 율법을 신뢰한다. 따라서 "세속적인 표준에서 볼 때 가장 형편없는 사람들이 가장 쉽게 계시자의 말씀을 받아들이게 되리라고 기대할 수 있다"(불트만).

저주받은. 두 부류로 나뉘어진 "땅의 사람들"과 학자들 또는 바리사이파 사람들 사이의 적대감정에 대해서는 많은 증거가 있다. 전자는 후자에 의해서 참된 종교의 테두리 밖의 사람들로 간주되었다. 따라서 아보트(*P. Aboth*) 2장 6절에서 라삐 힐렐(Hillel)은 이렇게 말하고 있다: "잔인한 사람은(bor: 암 하아레츠 중에서도 대표적인 악인) 죄를 두려워하지 않으며 무지한 사람('am ha'arets)은 성인다워질 수 없다." 즉

---

49) 3장 1절, "바리사이파사람 중에 그 사람은……그는 유다 의회원이었읍니다"와 그 주석을 참조하라.

50) G. F. Moore, *Beginnings* I, 439; 439—49에 나오는 매우 유용한 간결한 주석 참조.

율법의 준수라는 전용적인 의미에서 그러하다는 말이다. 참고로 아보트 3장 11절에서 도사 하르키나스(R. Dosa b. Harkinas: A.D. 90)는 이렇게 말하고 있다: "그 땅의 사람들('amme ha'arets)의 회당에서 아침에는 늦잠자는 것, 한낮에 술마시는 것, 유치한 잡담을 하는 것, 암하아레츠의 모임집에 앉아 있는 것은 그런 사람을 세상에서 내몰게 하는(죽음을 자초하는) 처사이다." 이런 혐오감을 암하아레츠도 갖고 있었고 이 두 계층간의 간격은 좁힐 수 없는 것이었음을 보여주는 귀절은 *Pesahim* 49b이다. 여기서 라삐 아키바(R. Aqiba)는 자기 자신에 대해서 이렇게 말한다: "내가 암하아레츠였을 때 나는 이런 말을 하곤 했다. '만일 내가 학자들 가운데 한 사람을 접하게 된다면 나는 그를 당나귀처럼 때리겠다.' 그러자 그의 제자들이 '선생님은 개처럼을 그렇게 말씀하신 것이지요'라고 말했다. 이 말에 대해서 그는 '당나귀는 뼈를 부러뜨리지만 개는 그러지 못한다네'라고 답변했다."

[50] 전에 그를 찾아왔던. 3장 1·2절을 참조하라. 이 말들은 본문상 많은 변화를 보여주는데 그것은 아마도 삽입된 주석인 것 같다. 이 말들은 ℵ에는 모두 생략되어 있다. 마틴(155 이하)은 사도행전 5장 34—39절에 나오는 가말리엘의 역할을 잘 비교하고 있다.

그들 가운데 한 사람. 아마도 요한은 니고데모가 그의 호의와 공정한 마음에도 불구하고 제자들 중의 한 사람이 아니라 여전히 유다인들 가운데 한 사람임을 뜻하는 것 같다.

[51] 출애굽기 23장 1절, 신명기 1장 16절과 17장 4절을 참조하라.[51] 사람들은 문자적으로 육과 혈로 된 어떤 사람의 말을 듣고서 그 사람에 대한 판단을 내린다. 그래서 그들은 그의 말을 듣지 않고서는 그에 대한 어떤 판단도 내릴 수 없다. 율법은 여기서 마치 그것이 재판관인양 인격적으로 말해지고 있다.

그 사람. 이 말은 재판을 받고 있는 어떤 사람을 가리킨다. "그 사람을 통하여 듣다"는 어떤 사람의 변론을 듣는 데 대한 전형적인 표현이다(참조. 7, 49). 사람들로 하여금 귀머거리가 되게 하는 것은 율법의 남용에 있다.

[52] 당신도 갈릴래아 사람이요? 만일 니고데모가 갈릴래아인 예수를 변호하고 있는 것이라면 그것은 애향심에서 우러나온 것임에 틀림없다. 예루살렘 당국은 이런 한 동기에서 나

51) 또한 Josephus, *Ant.* XIV, 167; *Bel.* I, 209; *Ex R.* 21, 3 참조.

온 요청을 받아 들일 수 없었다.

살피다. 5장 39절을 참조하라. 구약성서를 찾아보라.

찾아보라. "갈릴래아에서…나온다는 데 대해서 살펴서 찾아보라"(ἐρ. καὶ ἴδε· ὅτι)처럼 구두점을 찍거나 아니면 "찾아보라, 그러면 …라는 사실을 스스로 깨닫게 될 것이다"(ἐρ., καὶ ἴδε ὅτι…)처럼 구두점을 찍어도 무방하다. 전자를 택하는 것이 더 좋다. 바리사이파사람들이 행한 논증은 유다문헌 어디에도 병행귀가 없는 듯하다. 라삐 엘리에젤(R. Eliezer:A.D. 90)이 한 말을 서로 비교하라 : "이스라엘에서 한 예언자도 나타나지 않았던 종족은 없다"(*Sukkah* 27b) : "이스라엘 나라에서 한 예언자도 나오지 않은 마을은 없다"(*Seder Olam R.* 21 ; 인용 *S.B.* Ⅱ, 519). 아미때의 아들 요나는 갈릴래아의 갓헤벨 출신이었다(열하 14, 25)는 사실에서 볼 때 요지는 다음과 같다(샌더스) : 성서는 한 예언자가 장차 갈릴래아에서 나오리라는 추측을 뒷받침해줄 만한 근거를 제공하지 못한다. 그러나 이같은 요지는 다소 무리한 것이다. 그리고 이 귀절은 요한이 유다교에 대해서 익히 알고 있었음에 대하여 다소 회의를 던져줄 수밖에 없다. 그러나 두 가지 파피루스, P66과 P75에는 모두 예언자, 즉 메시아적 예언자는 갈릴래아에서 나오지 않을 것이라고 되어 있다. 이것은 주의를 끄는 독법이긴 한데, 그러나 이 귀절에 대하여 그것이 40절에 동화된 것으로 보는 린다스(Lindars)의 견해가 옳은 듯하다.

[53] 7장 53절—8장 11절에 대해서는 516—22면을 보라.

3. 예수는 누구인가?(Ⅰ) 8장 12—59절

12 예수께서 다시 그들에게 말씀하셨읍니다. "나는 세상의 빛이다. 나를
따르는 사람은 어두움 속에 다니지 않고 생명의 빛을 얻게 될 것이다." 13
바리사이파사람들이 예수께 말했읍니다 : "당신이 스스로 자신에 대하여 증
거하니 당신의 증거는 참될 수 없읍니다." 14 예수께서 그들에게 대답하셨
읍니다 : "비록 내가 나 자신에 대하여 증거할지라도 내 증거는 참되다. 나
는 내가 어디서 왔고 어디로 가는지를 알고 있기 때문이다. 그러나 너희는

내가 어디서 왔는지도 모르고 어디로 가는지도 모른다. 15 너희는 인간적인
방식으로 판단한다. 나는 아무도 판단하지 않는다. 16 그러나 내가 판단한
다면 내 판단은 참되다. 그것은 나 혼자서가 아니라 나를 보내신 이가 나와
함께 판단하시기 때문이다. 17 또한 너희의 율법에는 '두 사람이 증거하면
참되다'고 기록되어 있다. 18 내가 나의 증인이며 나를 보내신 아버지께서
도 내게 대하여 증거해 주신다." 19 그러자 그들이 예수께 물었읍니다: "당
신의 아버지가 어디 계십니까?" 예수께서 대답하셨읍니다: "너희는 나와 내
아버지를 알지 못한다. 나를 알았더면 내 아버지도 알았을 것이다." 20 이
것은 그가 성전에서 가르치실 때에 헌금궤가 있는 데서 하신 말씀입니다.
그러나 그를 붙잡는 사람이 없었읍니다. 그것은 아직 그의 때가 오지 않았
기 때문입니다. 21 예수께서 다시 그들에게 말씀하셨읍니다: "나는 가겠고
너희는 나를 찾다가 너희의 죄 가운데서 죽을 것이다. 그리고 내가 가는 곳
에 너희는 오지 못할 것이다." 22 유다사람들이 말했읍니다: "'내가 가는
곳에 너희는 오지 못할 것이다'하고 말하니 이 사람이 자살할 셈인가?" 23
예수께서 그들에게 말씀하셨읍니다: "너희는 아래서 왔고 나는 위에서 왔
다. 너희는 이 세상에 속하고 나는 이 세상에 속하지 않는다. 24 그래서 나
는 너희가 죄들 가운데서 죽을 것이라고 말했다. 내가 그이라는 것을 너희
가 믿지 않으면 너희는 너희의 죄 가운데서 죽을 것이다.": 25 그들이 예
수께 "당신이 누구요?" 하고 물었읍니다. 예수께서 대답하셨읍니다: "내
가 처음부터 너희에게 내가 누구인지를 말했다. 26 그리고 너희에 대하여
내가 말하고 또 판단할 것을 많이 가지고 있다. 그런데 나를 보내신 이는
참되시며 나는 그에게서 들은 대로 세상을 향하여 말하고 있는 것이다."
27 그들은 예수께서 아버지를 가리켜 말씀하시는 줄을 깨닫지 못했읍니
다. 28 예수께서 그들에게 말씀하셨읍니다: "너희가 사람의 아들을 높이
든 후에야 내가 그이라는 것과 또 내가 아무것도 내 마음대로 하지 않고
아버지께서 내게 가르쳐주신 대로 말했다는 것을 알게 될 것이다. 29 나를
보내신 이가 나와 함께 계시고 나를 혼자 버려두시지 않는다. 그것은 내가
언제나 아버지께서 기뻐하시는 일을 하기 때문이다." 30 이 말씀을 듣고
많은 사람이 예수를 믿었읍니다. 31 예수께서 자기를 믿는 유다사람들에
게 말씀하셨읍니다: "너희가 내 말대로 살면 참으로 내 제자가 되고 32 진
리를 알게 될 것이요 진리가 너희를 자유하게 할 것이다." 33 유다사람들이
예수께 말했읍니다: "우리는 아브라함의 후손이요. 아무에게도 종노릇한 일
이 없는데 당신은 왜 우리더러 자유롭게 될 것이라고 말합니까?" 34 예수
께서 대답하셨읍니다: "내가 진정으로 너희에게 말한다. 죄를 짓는 사람은
다 죄의 종이다. 35 종은 언제까지나 집에 머물러 있지 못하지만 아들은 언
제까지나 머물러 있다. 36 그러므로 아들이 너희를 자유하게 하면 너희는

참으로 자유하게 될 것이다. 37 나는 너희가 아브라함의 자손인 줄 안다. 그
런데 너희는 나를 죽이려고 한다. 내 말이 너희 속에 들어가 있지 않기 때
문이다. 38 나는 내 아버지에게서 본 것을 말하고 너희는 너희의 아비에게
서 들은 것을 행하고 있다." 39 그들이 예수께 말했읍니다: "우리 아버지는
아브라함입니다." 예수께서 대답하셨읍니다: "너희가 아브라함의 자녀라면
아브라함이 행한 대로 행할 것인데 40 그러나 지금 너희는 하느님께로부터
들은 진리를 너희에게 말한 나를 죽이려고 한다. 아브라함은 이런 일을 하
지 않았다. 41 너희는 너희의 아비가 행한 일을 행하고 있다." 그들이 예수
께 말했읍니다: "우리는 음란한 데서 난 자가 아니며 우리 아버지는 한 분
뿐이요, 그 분은 하느님이십니다." 42 예수께서 대답하셨읍니다: "하느님이
너희 아버지라면 너희는 나를 사랑했을 것이다. 그것은 내가 하느님에게서
났으며 또 그에게서 왔기 때문이다. 내가 내 마음대로 온 것이 아니라 아버
지께서 나를 보내신 것이다. 43 어찌하여 너희는 내가 말하는 것을 깨닫지
못하느냐? 너희가 내 말을 들을 수 없기 때문이다. 44 너희는 너희의 아비
인 악마에게서 났으며 또 너희 아비의 욕심대로 행하려고 한다. 그는 처음
부터 살인자며 진리 안에 서 있지 않다. 그것은 그 속에 진리가 없기 때문이
다. 그의 거짓말은 그의 본성에서 나오는 것이다. 그것은 그가 거짓말장이
며 거짓의 아비이기 때문이다. 45 그런데 내가 진리를 말하기 때문에 너희
는 나를 믿지 않는다. 46 너희 중에 누가 나를 죄있다고 단정하느냐? 내가
진리를 말하는데 어찌하여 너희는 나를 믿지 않느냐? 47 하느님께로부터
난 사람은 하느님의 말씀을 듣는다. 너희가 듣지 않는 것은 하느님께로부터
나지 않았기 때문이다." 48 유다사람들이 예수께 말했읍니다: "우리가 당신
을 사마리아 사람이라고도 하고 귀신이 들렸다고도 하는데 그 말이 옳지 않
소?" 49 예수께서 대답하셨읍니다: "내가 귀신들린 것이 아니라 실상은 내
가 아버지를 높이고 있는데 너희가 나를 멸시하고 있다. 50 나는 내 영광을
구하지 않는다. 그 영광을 구하시며 심판하시는 이가 따로 계시다. 51 내가
진정으로 진정으로 너희에게 말한다. 내 말을 지키는 사람은 영원히 죽음을
경험하지 않을 것이다." 52 유다사람들이 예수께 말했읍니다: "이제 우리는
당신이 귀신들린 것을 분명히 알았읍니다. 아브라함도 죽었고 예언자들도
죽었는데 당신은 '만일 내 말을 지키면 영원하도록 죽음을 맛보지 않을 것
이다'하고 말하니 53 당신은 이미 죽은 우리 조상 아브라함보다 더 훌륭하
다는 말입니까? 그리고 예언자들도 다 죽었는데 도대체 당신은 자신을 누
구라고 생각합니까?" 54 예수께서 대답하셨읍니다: "내가 나 자신을 영광
되게 한다면 내 영광은 헛 것이다. 나를 영광되게 하시는 이는 내 아버지시
다. 너희가 우리의 하느님이라고 부르는 분이 바로 그분이신데 55 너희는
그분을 알지 못한다. 그러나 나는 그분을 안다. 내가 그분을 알지 못한다고

하면 나도 너희같이 거짓말장이가 될 것이다. 나는 아버지를 알고 또 그분
의 말씀을 지키고 있다. 56 너희의 조상 아브라함은 나의 날을 보기를 무척
기뻐했으며 마침내 보고 기뻐했다." 57 그러자 유다사람들이 말했읍니다:
"당신은 아직 나이 오십도 못 되었는데 아브라함을 보았다는 말이요?" 58
예수께서 그들에게 말씀하셨읍니다: "내가 진정으로 진정으로 너희에게 갈
한다. 아브라함이 있기 전부터 내가 있었다." 59 그때 유다사람들이 돌을
들어 예수를 치려고 했읍니다. 그러나 예수께서는 몸을 피하여 성전 밖으로
나가셨읍니다.

앞 장에서 시작된 논란이 계속되고 있으며 이제 논란은 예수 자신의 인격과 권위에 집중해서 벌어진다. 이 물음들은 이미 대화가 오고갔던 물음에서 갈라져 나온 것, 말하자면 예수의 본성과 행적을 결정짓는 그때와 장소에 관한 물음이다. 그러나 여기서는 여러 새로운 주제들이 나오고 있다.

12—20절 : 본 장은 자기 자신에 대한 예수의 선포("나는 세상의 빛이다")로 시작되는데, 이 선포는 9장에서 다시 나온다(9장의 서론과 9장 4—5·39—41절에 대한 주석을 참조하라). 예수의 선포는 여기서 설명되지 않고 다만 증거입증에 관한 문제를 제기하기 위해서 도입된 것이다. 누구든지 혼자서 재판정에 앉아서는 안 되는 것과 같이 자기 자신을 스스로 주장하는 것은 부당하고 믿을 수 없다는 주장이 예수에 의해 부인된다. 예수는 두 가지 논점에서 이의를 제기한다. 첫째, 다른 사람들과는 달리 그는 자신의 기원과 운명을 알고 있기 때문에 자기 자신에 대하여 참되고 믿을 만한 증거를 제시할 수 있다는 것이다. 둘째로, 겉으로 보아서만 예수는 홀로 증거하고 판단하는 것이지, 실상은 그는 아버지와 불가분리의 관계에 있고 그들이 함께 나눈 증거는 유다 율법을 받아들이는 자들에 의해서 타당한 것으로 인정받아야 한다는 것이다. 따라서 하느님 안에서 갖는 예수의 기원과 목적은 진리를 증거하고 판단하는 데 있어서 그의 활동을 정당화 해주는 것이다.

21—30절 : 이 단락 역시 논의의 근거는 예수의 기원과 운명에 있다. 다른 사람들과 달리 예수는 이 세상에 속한, 즉 아래로부터 온 자가 아니라 위로부터, 즉 하느님께로부터 온 자이다. 그가 가는 곳에 아무도 따라갈 수 없다. 왜냐하면 그는 다른 사람들과 전혀 공유할 수 없는 죽음과 영광의 자리로 돌아가기 때문이다. 이러한 이유들로 해서 예수는 바로 하느님의 계시이다. 그래서 그는 아버지께서 가르치

시는 것을 가르치고 항상 아버지께 대한 복종에서 행동한다. 따라서 아버지는 예수가 말하고 행동하는 모든 것 안에서 들려지고 보여진다. 그런 까닭에 예수는 영원하고 자존하는 하느님[1]을 연상케 하는 용어들로 자기 자신을 표현할 수 있다.

31—59절 : "요한신학의 전형적인 대목"(a locus classicus)이다.[2] 동일한 주제가 다시 전개되고 있지만 새로운 용어로 전개된다(Guilding, 107을 보면 진리는 빛과 동일한 것으로 되어 있다고 하더라도 그렇다). 기본적인 증언이 먼저 선포된다 : 예수를 통하여 진리가 사람들에게 알려지게 되었고 또 진리로 말미암아 그는 사람들을 자유하게 한다는 것이다. 이어지는 논의의 전개과정에서 볼 때 사람들이 해방되는 것은 죄(34)와 죽음(51)으로부터인 것 같다. 이 증언은 예수와 그의 적대자들이 대조를 보인 처음의 주제를 발전시킨 것이다. 예수의 적대자들은 그들이 아브라함의 후손임을 주장하나 그들의 사악한 행위로 인하여 그들의 주장은 허위임이 드러난다. 예수는 (함축된 바로는) 아브라함의 참 후손이다. 그러나 요한이 이런 협소하고 민족주의적인 진술에 머물러 있을 수는 없다. 궁극적으로 (가족끼리 닮음을 보여 주듯이) 유다인들은 악마, 즉 죄와 죽음을 일으키는 자의 후손인 데 비해서 예수는 하느님의 아들이다. 이것이 진리가 그들에게 선포되어도 믿지 못하는 그들의 불신앙의 이유이다.

이 담론의 대부분은 유다교적인 어법으로 되어 있다. 예를 들어 율법, 아브라함, 악마 등에 대해서 논란이 일어난다. 여기서 전개된 논쟁이 유다 법정에서의 예수의 재판에 해당하는 것이라면 그것은 당연한 사실이다(이 책 401—403면 참조). 그러나 간혹 헬레니즘 사상의 영향이 비친다(8, 12·23·32·33에 관한 주 참조). 이 복음서의 다른 부분들에도 그러한 언급이 있다(예를 들어 48·50절). 공관복음서와의 접촉점들은 많고 미묘하며 교훈적이다. 빛의 주제는 공관복음서의 말들과 관계되어 있다(마르 4·21·22 ; 마태 4, 16 ; 5, 14 ; 루가 2, 32). 요한은 자신이 예수는 동정녀에서 태어났다는 신앙(참조. 1,13)을 알고 있음을 한번 더 보여주려는 것같다. 유다인들이 자기들은 음란한 데서 난 자가 아니라 바로 하느님이 그들의 아버지라고 주장하고자 할 때(41절) 요한은 이 점을 간접적으로 언급한다. 아마도 예수의 출생에 대한 비방들이 이미

1) 24·28절에 나오는 "내가 이다" ἐγω εἰμι에 대한 본문의 주석을 참조하라.
2) Dodd, *Tradition*, 330. 또한 *Revue d' Histoire et de Philosophie religieuses*, 37 (1957), 5—17을 참조하라.

일어났던 것 같다. 유다인들이 아브라함의 후손이라는 주장은 바울로의 언어뿐 아니라(로마 4,9 ; 갈라 3,4 ; 특히 3,16) 세례자 요한의 말(마태 3,9 ; 루가 3,8)을 연상케한다. 베엘제불 논쟁이(마르 3,22—30 ; 마태 12,24—32 ; 루가 11,15—22 ; 12,10) 8장 48절에서 상기된다(참조. 7,20). 예수는 구약성서의 이름있는 자들(53절)보다 더 위대한 자이다(참조. 마태 12,39—42 ; 루가 11,29—32). 아브라함의 후손에 대한 언급과 예수가 더 중대한 것과 비교하여 극소화한 그들의 특권에 대한 언급은 메시아와 다윗의 자손의 관계에 대한 문제를 생각나게 한다(마르 12,35—37 ; 마태 22,41—46 ; 20,41—44).

요한은 추측컨대 초대 그리스도교 자료를 취하여 기술하고는 있지만 그는 그것을 더욱 깊이있게, 그리고 그 내용을 더욱 분명히 하였다. 그런고로 우선 그것의 그리스도론적인 의미가 훨씬 더 분명하게 밝혀진다. 예수는 명백하게 "위로부터 온", 영원하신 하느님의 영원한 아들이라는 것이다. 둘째로 유다인들에 대한 아주 분명한 적대감이 드러나 있다. 이러한 적대감은 부분적으로 일세기 말엽에 에페소와 그 부근 지역에 있었던 교회와 회당간의 분쟁에서 기인한 것임이 분명하다. 그러한 분쟁들에서 요한 자신이 일익을 담당하였고 그럼으로써 유다주의에 대하여 적지 않게 알고 있었을른지도 모른다.[3] 그러나 그러한 적대감은 본래 순수한 신학적 이해에서 기인한 것인데, 예수를 거부했던 유다인들이 옳지 못하다면 그들은 실로 매우 나쁜 사람들이기 때문이다. 이러한 관점에서 요한은 분명하게 이해하고 있다. 그러나 44절의 기자가 로마서 9장 1—3절, 10장 1절에 나타난 이스라엘을 향한 사랑과 열망을 항상 느꼈으리라고 생각하기는 어렵다.

본장의 내용들을 재배치하려는 여러 시도들이 있었다. 가령 샌더스는 8장 12—20절을 5장과 7장 15—2절 다음에 놓는 것이 더 좋다고 생각한다. 또한 그는 8장 12—20절, 7장 1—14절, 7장 25—42절이 본래 순서라고 제안한다.[4] 본 장은 이사야 43장에 대한 몇가지 언급들을 내포하고 있는 듯한데, 그것은 초막절 첫째 안식일에 대한 예언서의 성구(*Haphtarah*)였을 가능성이 있기 때문이다(Guilding, 107—10).

[12] 예수께서 다시 그들에게 말씀하셨읍니다. 이 담론은 7장 52절부터 계속된 것이다. 장소의 이전에 대한 지시가

3) 이런 가능성에 대해서는 특히 Martin을 참조하라.
4) 이 복음서에 대한 불트만의 철저한 재배열에 관한 논의에 대해서는(그의 주석과 함께) Smith를 참조하라.

없고, 8장 20절은 예수가 여전히 성전에(7, 28처럼) 계심을 보여 준다. 오히려 이들 중심적인 담론에서 요한은 순서나 움직임의 세부적인 사항들에 무관심한 것으로 보인다. "말씀하셨읍니다…말씀하시기를"(ἐλάλησεν...λέγων)은 구태여 셈어법적이라고 할 필요는 없다(참조. M. II, 454). 여기서 예수가 누구에게 말씀하고 있는지가 분명하지 않다. 즉시 반박이 제기되기 때문에 우리는 그들을 내중이라기 보다는 유다 지도자들로 생각해봄 직하다. 이것은 7장 37·38절 이후에 나오는 예수의 첫 번째 말이다.

나는…이다. 술어와 더불어 쓰여진 이 말씀에 대해서는 6장 35절을 참조하라.

세상의 빛. 예수에 대한 요한의 중요한 표현들이 대부분 그러하듯이 이 표현의 배경 역시 복잡하다.[5] 그것은 다음과 같이 간략하게 개괄할 수 있다. (가) 초막절 축절(참조. 7, 2·37·38). 안식일 규례(*Sukkah*) 5장 2—4절에는 축절의 첫날 의식이 묘사되어 있다. 내실들의 뜰에는 "금으로 된 촛대들이 있었고…그 촛대들 꼭대기에 금으로 된 네 개의 주발이 놓여 있고 각 촛대마다 네 개의 다리가 달려 있었다…그들은 사제들의 낡은 속옷과 허리띠로 양초 심지를 만들었고 그 양초 심지로 촛대를 밝혔다. 그리고 예루살렘에는 안 뜰이 없었으므로 양수대(揚水臺 : House of Water-drawing)의 불빛을 반사하지 못했다(בית השואבה, 혹은 בית השואבה: 揚(水)臺 ; 모음부호가 확실하지 않다 ; 참조. Danby, 179, 주 12). 경건하고 선행을 많이 한 사람들이 그들 앞에서 손에 불타는 횃불을 들고서 노래와 찬미가를 부르며 춤을 추곤 했다…" 또한 초막절의 예언서 성구(*Haphtarah*)에서 보면 빛에 대한 언급이 있다 : "그 날이 오면 저녁이 되어도 밝으리라(ἔσται φῶς)"(즈가 14, 7). 만일 생수에 대한 언급(7, 37·38)이 부분적으로 물을 끌여들이는 의식에 함축되어 있는 것이라면 마찬가지로 촛불 의식은 "나는 세상의 빛이요"라는 말과 동일한 맥락에 내포되어 있는 것임을 은연중 뜻하는 것이었을지도 모른다. 기억해야 할 점은, 7장 53절—8장 11절은 복음서의 원문의 일부가 아니기 때문에(참조. 516—18면) 그 문맥이 동일하다는 것이다. 물과 빛의 의식을 확인시켜 주는 두 가지 가능성이 있다. (나) 이교 종교들. 하느님은 빛이라는 것은 대개의 영지주의 체제와 그 토대를 이루고 있는 동양종교의 기본적인 전제이다 다양한 형태들, 특히 태양신에 대한 예배 신앙(Mithraism)의 다양한 형태를 취

5) 보다 상세한 설명에 대해서는 G.P. Wetter, ΦΩΣ(1915)를 참조하라.

했던 태양숭배의 종교는 그 발원지인 동방, 특히 페르시아를 통해서 로마제국을 거처 서방으로 전래된 것이다. 로마제국에는 태양숭배의 가장 다양한 형태들의 흔적이 남아있는데 특히 신격화된 사람들, 그들 머리에 후광이 비추이고 있는 신들로 묘사된 그러한 사람들을 믿는 신앙에서 그런 흔적을 엿볼 수 있다.[6] 마크로비우스(Macrobius)는 태양숭배의 경향을 지적하면서 태양은 점차로 신이 아니라 우주적인 빛이나 진리의 상징으로 변해갔다고 말한다(*Liber Saturnaliorum*, I, XXi.i, 21): "태양의 능력이 아래에 있는 만물의 힘들에로 내려온다고 신학자들은 설명한다. 신학자들은 이것을 경건한 어조로 지극히 짧은 다음과 같은 기도문으로 입증한다. '우주의 영, 우주의 능력, 우주의 빛이신 전능자 태양이여.'" 빛은 특히 현시된 하느님의 표징이었다. 루시안(Lucian, *Pseudomantis*, 18)은 아보누테이코스의 알렉산더(Alexander of Abonuteichos)가 설파한 신(神) 글리콘(Glycon)을 스스로 선포하는 자로 표현하고 있다: "글리콘은 제우스신의 세번째 자손이요, 사람들의 빛이다." 계시자—신은 물론 인간에게 비취는 빛이었다. 그리고 『헤르메스 계시』(역주: Hermes Trismegistus의 주술적인 저서)에서 우리가 접하게 되는 것은(*C.H.* 1,6). "저 빛(즉 "포이만드레스")이 말씀하셨다: '나는 누우스요 너의 하느님이다.'"라는 진술이다. 여기 언급된 계시의 과정으로 들어온 빛은 최초의 빛 헤르메스 우주기원론의 시초이다(1,4). 포이만드레스(Poimandres)는 계속해서 이렇게 말한다(1,6): "이제 너희 마음속에서 빛나는 말씀은 하느님의 아들이다." 여기서 저자는 다시 그의 우주적인 환상을 말한다(1,5): "이제 거룩한 말씀이 빛으로부터 나와서 자연(원시의 습기 찬 자연—우주가 형성된 재료인 무정형의 덩어리) 속으로 들어갔다." 거룩한 말씀에 의해서 창조가 시작된다. 타트(Tat: 계시를 받아들인 제자)가 그에게 들려진 말씀의 의미를 물었을 때 받은 대답은 이러하다(1,6): "네가 보고 들은 것은 주님의 말씀, 즉 정신이신 하느님 아버지이다. 왜냐하면 이것들은 서로 나뉘어지지 않기 때문이다. 이것들을 아는 것이 곧 생명이다."

이처럼 매우 중요한 귀절에서 추론되는 요지는 분명한 것이다: (ㄱ) 말씀은 창조를 일으키며 세상과 인간에 대한 우주론적 관계에 있는 아버지의 대행자이다. (ㄴ) 말씀은 아버지의 내재적인 계시의 활동으로서, 인간과 인식론적 관계에 있다. (ㄷ) 하느님의 *Νοῦς*가 "빛"(*φῶς*) 이듯이 그 말씀도 "빛을 비추는"(*φωτεινός*) 것이다. 그것들은 아버지

6) H.P. L'Orange, *Apotheosis in Ancient Portraiture*, 1947을 참조하라.

와 아들을 가리킨다. 그래서 말씀은 (적어도 부분적으로는) 인격적인 것이다. (ㄹ) 아버지와 아들의 연합이 곧 생명이다. 이같은 빛과 생명의 배열 또한 하느님의 아들이요 인간의 빛되신 말씀의 우주론적이고 계시적인 기능들의 배열은 요한의 사상과 매우 밀접한 것이다. (ㅁ) 유다교(Judaism). 창세기(1, 3)에서 빛은 제일 먼저 창조된 것이다. 그것은 헤르메스 문헌에서처럼 하느님과 동일한 것이 아니다. 그럼에도 불구하고 빛은 흔히 신의 현현에 뒤따라 나오며(예. 창세 15, 17) 필연적으로 신의 교훈의 상징이 된다 ; 예. 시편 119(118), 105: "당신의 말씀은 내 발의 등불이요 내 길의 빛이십니다"(참조. 잠언 6, 23). 지혜는 이미 잠언 8장 22절에서 빛의 비유 속에 내포되어 있다 ; 70인역 : "주님은 태초에 그의 말씀대로 나를 창조하셨다—제일 먼저 창조된 것은 빛이었다." 그리고 지혜서 7장 26절에는, "광채는(즉 지혜는) 영원한 빛이다"라고 분명히 말하고 있다. 시편 27편 1절의 히브리어 본문은 이렇게 되어 있다 ; "주는 나의 빛(אורי)이요 나의 구원이시다." 그러나 70인역은 아마도 페르시아 방식대로 하느님을 비인격적인 빛과 동일시하는 것을 꺼려하여 "주는 나의 등불이시다"라고 번역하였다. 이런 관점을 필로(*Som.* 1, 75)는 간과해 버렸는데, 그는 70인역의 표현방식대로 시편을 인용한 다음 하느님에 대해서 빛(φῶς)으로 말하고 있고 또 말씀에 대해서도 정확하게 신비적인 표현방식을 따르고 있다. "하느님은 빛이시다…〔시편 27편 1절에 대한 인용문이 뒤따른다〕 그리고 하느님은 빛일 뿐만 아니라 다른 모든 빛의 원형이기도 하다. 게다가 그 분은 모든 원형에 앞서 그것을 능가하므로 모형 중의 모형의 위치에 있다〔Colson과 Whitaker처럼 두 번째 모형"(παραδείγματος) 이라는 말을 덧붙일 경우〕. 그 이유는 모형이나 양식은 그의 전 통전성이 내포된 말씀—사실상 빛이었기 때문이다. 율법의 수여자로서 우리에게 말씀하실 때 하느님은 빛이 있으라(창세 1, 3)고 말씀하셨다." 요한과 필로 또는 헤르메스 문서와의 병행은 매우 현저하다. 라삐들은 자연스럽게(시편 109, 105 ; 잠언 6, 23에 의하면) 율법을 등불 혹은 빛으로 말하였다 ; 레위의 계약서 14, 4: "각 사람에게 비추이기 위해서 주어진 율법의 빛" ; 출애굽기 대 미드라쉬 36, 3: "…하느님의 등불이 무엇인가? 그것은 율법이다"(잠언 6, 23 ; *S.B.* Ⅱ, 521—22, 552—53을 참조하라). 그러나 빛은 특수한 메시야적 의미로도 사용되었다. 그것은 메시야에게 비추는 빛 또는 그를 통하여 의인에게 비추어지는 빛으로 표현된다. 그리고 빛은 메시야의 명칭이다. 메시야의 빛은 간혹 최초의 창조의 빛과 동일시된다(참조. *S.B.* 1,67·151·161 ; Ⅱ, 423). 이에 대한 증거자료는 그다지 고대적인 것이 아니다. 그러나 헬라적 유다교와 라삐적 유다교는 서로 병행을 이루면서 그리고 연관을 갖고 발전해 왔을 수도 있다. 쿰란 자료에는 유다교와 헬레니즘의 영향에 대한 확증이 있다. 다음의 귀절들은 중요하게 여겨진 귀절들이다 ; 종도의 규례 (I *QS*) 2, 3 ; 3, 7·20·21 ; 4, 1. 찰스워드(Charlesworth)는 *F.E.L.*, 101·102에서 종도의 규례 3장 13절—4장 26절은 특히 요한복음과 관련이 있는 것임을 알아냈다. 이에 덧붙여서 빛의 자녀들과 어둠의 자녀들의 전쟁을 다루고 있는 두루마리는 유의해서 보아야 할 자료이다. 그러나 이들 인용문이 제 4복음서를 이해하는 데 얼마나 도움이 될른지는 의심스럽다. "생명의 빛"(אור החיים)이라는 표현이 나오는 3장 7절조차 요한도 알고 있는 구약성서와 연결되어 있음을 보여준다. 종도의 규례 3장 20·21절(참조. 4, 11)에서 빛과 어둠의 대조는 선과 악을 구분하여 그것을 비유적으로 얘기하려는 어떤 도덕철학가를 연상케 하는 것 이상으로 이원론적이지는 않다. 요한과 쿰란 저자는 의로움과 사악함이 궁극적으로 구별되며 또 그런 상태에 있다는 확신을 같이 한다. 하지만 그들이 이런 확신을 공통적으로 품고 있다는 것과, 또 그들이 둘다 구약성서에 친숙하다는 것 외에는 공통점이 없다. (라) 공관복음서에서 빛의 비유는 여러 번 나오고 있다. 등불의 비유에서(마르 4, 21·22와 여러 병행귀들) 등불은 어떤 면으로는 예수의 선교에서 전달된 계시를 가리킨다. 마태오복음 4장 16절은 이사야 9장 1절을 인용하고 있고 예수의 사역의 완성을 보여준다("백성이…큰 빛을 보았고"). 루가복음 2장 32절에서 예수 자신은 구약성서의 빛의 예언의 성취로서 나타난다. 시몬의 말(이방인들에 대한 계시의 빛)은 이사야 49장 6절, "보라! 내가 너로 이방의 빛을 삼아…"라는 말씀을 연상케 한다. 마태오복음 5장 14절에서 제자들은 요한이 사용한 단어들로 표현하고 있다("너희는 세상의 빛이다"). 예수는 그의 추종자들과 같이 이스라엘의 운명을 걸머지고 또 성취한다 ; 참조. 토마복음 77 : "예수께서 말씀하시기를 '나는 모든 사람을 비추는 빛이다. 나는 만유이고 만유는 나로부터 나와서 나에게로 돌아왔다."

앞서 간략하게 살펴본 "세상의 빛"이라는 성구의 배경은 요한이 초대 그리스도교 전승에 서 있음을 보여준다(참조. 또한 사도 13, 47 ; 필립 2, 15 ; 골로 1, 12·13 ; 에페 5, 8 ; 베전 2, 9). 그럼에도 불구하고 요한이 그의 말을 정식화하는 데 있어서 헬라 종교와, 지혜와 율법에 대한 유다 사상에 영향을 입었을 가능성이 크다(참조. 이 책 I권 232—235면 이하). 그러나 요한에게 있어서 "세상의 빛"은 우주론적인 차원을 가리킨다기 보다는 본질적으로 구속론적 기능이 무엇인가를 서술하는 것이다. 린다스가 7장 27·28·41·52절은 메시야의 비천한 출신(갈릴래아)을 언급한 것이라고 주석한 것(참조. 이사 9, 1·2)은 옳다. 예수는 다음에 나오는 단어들이 보여주듯이 빛의 조명자이다. 그가 빛을 던져 줌은 그것을 말로 지적해서가 아니라 바로 그 자신이 빛이시기 때문이다.

나를 따르는 사람은. "따라가다"(ἀκολουθεῖν)라는 말은 믿음의 복종을 나타내는 표현이다(참조. 1, 37).

어두움 속에 다니지 않고 생명의 빛을 얻게 될 것이다. 요한에게서 빛이란 단지 우주의 한 성분만은 아니다. 그것은 행동하고 구원을 가져오는 것이다. 예수의 제자는 세상의 어두움에서 구원을 받는다(1, 5 ; 12, 35·46). 그 빛은 본질적으로 생명이며 생명을 주는 것이다(참조. 4, 10·14 ; 6, 35·51 ; 또한 1, 4). "예수, 그분만이 인간의 본성, 의미, 목적 등에 대한 지식을 가지고 인간 존재를 밝히신다'(라이트후트). 종도의 규례(*IQS*) 3, 7에서 보면 "생명의 빛"은 아마도 율법을 가리키는 것 같고 따라서 예수가 율법을 대신한다는 점에서만 병행을 이룬다.

[13] 빛의 주제는 여기서 중단되었다가 9장 5절에서 다시 언급된다. 8장의 실제적인 주제는 예수의 권위인데, 이 권위는 그 자체의 근원을 노출시켰던 유다교와 대조적인 것이다. 그러나 대화는 예수 자신에 대한 선포에서 다시 시작되어야 했다("당신이 스스로 자신에 대하여 증거하니"). 그리고 이 증거는 9장 5절을 미리 제시하는 것이다. 그런데 그것은 전적으로 문맥에도 부합한다. 그 이유는 빛은 그 자체를 증거할 수밖에 없고 그 근원에 의해서 참됨이 입증되기 때문이다. "…만일 예수의 권위의 진정성을 확증하기 위해서 사람들이 인정하는 다른 권위들을 내세운다면 그것은 더 이상 하느님의 말씀이 될 수 없다"(불트만 ; 참조. Guilding, 107).

당신의 증거는 참될 수 없읍니다. 여기서 "참된"이라는 형용사에 대해서는 1장 9절을 참조하라. 구약성서에서 한 사람의 증거는 사형협의를 걸기에 불충분하다고 분명히 진술되어 있다(민수 35, 30 ; 신명 17, 6 ; 19, 15). 그러나 미쉬나(Mishnah)에서 이 원칙의 적용은 확대되어 있다 ; (*Rosh Ha-Shanah* 3, 1 ; *Ketuboth* 2, 9 : "자기가 자신에 대해서 증거한다면 그를 믿을 사람은 아마 없을 것이다…아무도 자신에 대해서 스스로 증거할 수 없다." 이들 인용문은 특수한 경우들을 다루고는 있지만 그런 경우들에 대해서 일반적인 원칙을 적용하는 것 같다.

[14] 나는 내가 어디서 왔고 어디로 가는지를 알고 있기 때문이다. 참고로 5장 31절에는 분명한 모순이 있는데 거기에 대한 주를 보라. 여기서 예수는 아버지와 관련하여(16절b) 자기 자신에 대해서 진술하는 그의 권리를 변호하고 있다. 실로 그가 그들에게 자신에 관한 진술을 하지 않았다면(불트만이 말한대로) 계시자에 대한 자기지식에 의존하는 사람들에게는 진리가 전달될 수 없을 것이다. 예수가 어디서 와서 어디로 가는가라는 중요한 물음에 대해서는 7장 27·28·34·35절, 9장 29·30절, 13장 36·37절, 14장 4절 이하, 16장 5절, 19장 9절(참조. 3,8)을 참조하라. 그런데 여기서 요한은 그리스도교인들이 공유한 것이 아닌, 예수의 독특한 속성을 생각하고 있다. 인간 그 자체는 현재의 피조물이다. 이것이 바로 자기 자신에 대한 그의 증거가 믿을 만하지 못한 이유이다. 인간은 그가 어찌해서 현재의 시간에 이르게 되었고 다음 순간에는 어디에 있게 될지 알지 못한다. 반면에 예수는 그가 어디서 왔는가를 알고 있기 때문에 자기 자신을 완전히 이해하고 있으며, 또한 어디로 가게 될지도 알고 있기 때문에 진리를 감추거나 왜곡시키는 유혹에 빠지지 않는다. 그러므로 그의 자신에 대한 증거는 참된 것이다. 그는 다른 사람과 같지 않다—"너희는 알지 못한다." 유다인들은 그들 편에서 볼 때 참된 자기증거를 할 만한 자격을 갖추지 못하고 있다. 또한 그들은 왜 예수에게 그런 자격이 있는지를 이해할 수 없다. 이어지는 담론은 그리스도와 그들 자신의 기원, 운명, 의미, 그것들에 대한 유다인들의 철저한 무지를 반영하고 있다.

[15] 너희는 인간적인 방식으로 판단한다. 이러한 통찰은 그 때의 상황에서 나온 것이다. 유다인들은 예수가 스스로 자신에 대해서 말한 증거를 거부할 때 그를 그들이 보는 것, 즉 그의 육에 근거해서 판단한다. 이때 그들은 예수가 육으로 된 말씀인 것을 인정하지도, 생각하지도 않는다; 참조. 고린토후서 5장 16절: "우리가 육적인 표준을 따라 그리스도를 알았지만." 바울로와 요한은 모두 그리스도의 참된 인성(σάρξ)을 부인하지는 않지만 그러나 두 사람 모두 순전히 인간적인 표준에 근거해서 오직 외관상 내려진 그리스도에 대한 판단은 그릇된 판단일 수밖에 없다고 주장한다. 요한은 κατὰ τὴν σάρκα("육에 따라": 여기서만 이렇게 표현함)라고 하는데, 바울

로는 항상(또는 자주) κατὰ σάρκα("육적인 표준에 따라": 예의 고후 11, 18)라고 표현한다. 다른 신약성서 저자는 이런 표현을 쓰지 않는다.

나는 아무도 판단하지 않는다. 12장 47절과 5장 30절을 참조하라. 예수가 내리는 판단은 하느님의 이름을 빌어서 또 그의 대행자로서 하는 판단이다. 간음한 여인에 관한 단화(7, 53—8, 11)가 이런 내용을 담고 있는 사본들에 의해서 첨가된 것은 아마도 그런 사상에 대한 설명 내지는 해설이었다. 그러나 5장 22절, 9장 39절도 참조하라. 그렇지만 이 두 귀절 모두 그 강조점은 아버지와 아들 사이에 게재하는 뜻과 행위의 완전한 일치에 있다. 그리고 다음 귀절이 보여주는 바대로 요한은 진리의 측면이 어떠하든지간에 그가 보기에 순간적으로 중요한 것을 때때로 강조하기도 한다.

[16] 그러나 내가 판단한다면. 여기서 "그러나"(δέ)의 위치에 대해서는 6장 51절과 7장 31절을 참조하라. 이 귀절은 15절b의 전반적인 부정적 전제를 뒤바꾸는 효과를 낸다. 예수는 유다인들이 하는 대로 판단을 내리지는 않지만 그렇다고해서 그는 판단하는 자신의 권리를 모두 부인하지도 않는다. 다만 그의 판단은 다른 성질의 것이다. 그것은 또한 참된 것이다(참조. 1, 9; "참된" ἀληθινή는 그 의미가 예수의 판단만이 참된 판단이라는 뜻이 아니라면 ἀληθής와 동의어이다).

나 혼자서가 아니라. 앞의 13·15절의 주석을 참조하라. 참조. 아보트(*Aboth*) 4, 8: '그(라삐 이스마엘[R. Ishmael], 주후 2세기 말)는 이런 말을 하곤 하였다. 혼자서 판단하지 말라, 한 분을 제외하고는 스스로 판단할 수 있는 사람은 없기 때문이다.' 요한에 의하면, 아버지의 뜻에 따르는 판단은 아버지와 아들에게 똑같이 속한 것이다(그리고 성령에게도: 16, 8·11). 아버지 안에는 최고의 영원한 의의 표준이 있다. 세상의 빛되신 아들은 빛을 사랑하는 자와 싫어하는 자의 두 집단으로 인간이 구별되는 원인이다. 이 과정은 성령의 선교에서도 계속된다.

나를 보내신 이가 나와 함께. 동사가 나타나 있지 않지만 그 의미는 분명하다: "나는 홀로 있는 것이 아니라 아버지와 함께 있으며 그와 함께 판단한다." 아들의 보내심에 대해서는 20장 21절을 보라.

[17] 따라서 율법의 조건들(신명 17, 6; 19, 15)이 충족되었다. 예수와 아버지는 일치하는 두 증인이다.[7]

또한 너희의 율법에는. "또한" (δέ)이란 접속사는 앞의 말을 매우 강

7) J.P. Charlier, *R.B.* 67(1960), 503—15를 참조하라.

조하는 것으로서 다섯 번 나온다(참조 16절). 예수 자신이 유다인들에게 유다인으로서 말했다면 "너희의" 율법이란 말을 했을 것 같지 않다. 요한은 교회와 회당 사이에 벌어졌던 불화를 지적하고 또 유다인들에게 그들이 무시했던 성서의 증언들을 그들에게 내세우려고 한다. 또한 예수와 아버지는 토라에 대해서 동일한 관계에 있다(Odeberg, 292).

[18] 내가 나를 증거하는 자이며. 요한의 "내가…이다"(ἐγώ εἰμι)라는 말의 용법에 대해서는 6장 35절을 참조하라. 그러나 그 말의 현재의 용법은 간단한 술어(예를 들어 "세상의 빛")가 뒤따르는 용법과 동일하지는 않다. "증거하는"(μαρτυρῶν)이란 용어 앞에 붙은 관사(ὁ)는 주시해야 한다 ; 그 의미는—앞서 말한 이유로 해서 —"나는 증인의 자리에 서 있는 자이다"에 가깝다. 참고로 이사야 43장 10절의 70인역에는, "너희는 나의 증인이 되었고 나는 증거자이다"라고 되어 있다(참조. Guilding, 108).

그리고…아버지께서도…증거해 주신다. 아들에 대한 아버지의 증거에 대해서는 5장 37절을 참조하라. 이 귀절과 5장 37절을 언어상 비교할 때 아버지와 아들의 기능과 지위는 동일함을 생각하게 한다.

[19] 당신의 아버지가 어디 계십니까? 요한복음에서 자주 그러듯이(참조. 3, 4) 예수가 한 심오한 진술은 그의 청중들에게 오해를 불러 일으켰으며 이로 인해 예수의 가르침이 계속된다. 이 질문은, 잠시 대답되지 않은 채 남겨지긴 하지만, 예수의 출생의 기원과 그의 떠나감, 그의 혈통, 그리고 유다인들의 혈통 등에 대한 나머지 논의를 이끌어낸다. 버나드(Bernard)는 다음과 같이 생각한다(297). 즉 여기서 예수가 말하는 그의 아버지를 유다인들은 하느님으로 이해했다고 한다. 그것은 유다인들이 그들 자신이 바로 하느님을 아버지로 삼고 있는 자들이라고 주장하면서 예수를 적출(嫡出) 태생으로 보지 않으려는 41절로 미루어보아 그렇다는 것이다. 어쨌든 예수에게 그의 아버지를 보여주라고 한 유다인들의 요구는 그들이 예수의 말을 잘못 이해한 데서 비롯된 것이다. 예수의 말에 대한 이해가 느리긴 했지만 그 뜻까지를 왜곡하지는 않았던 14장 8절의 질문과 대조하라.

너희는 나를 알지 못한다…. 아버지에 대한 질문의 우매성은 질문자들이 예수 자신을 이해하지 못하고 있음을 입증한다. 그들은 예수를 인간적인 방식으로 판단함으로써(15절) 아버지에 대한 유사한 견해들을 생각하고 있다. 그러나 만일 그들이 예수를 바르게 이해하고 또 그가 어디서 왔으며 어디로 가는지를 알았다면 그들은 또한 아버지도 알게 되었을 것이다(참조. 1, 18 ; 14, 7·9).

[20] 헌금궤가 있는 데서. 헌금궤(참조. 마르 12, 41·43)의 의미가 분명하지 않다. 요세푸스(*Bel.* V, 200)는 이 말을 성전의 많은 방들을 묘사하기 위해 복수로 사용하였다. 이 방들은 성전 보물을 보존하기 위해 사용되는 견고한 방들이다(또한 사유재산도 그 보고 속에 들어 있다 ; 참조. *Bel.* VI, 282 ; *Ant.* XIX, 294). 이와 유사한 방들이 *Middoth* 4, 5에 언급되어 있는 것 같다. 그러나 이들 방에서 어떤 공적인 가르침도 행해졌을리는 없다. 또한 성전에는 헌물을 거둬 들이기 위한 13개의 "소파르(Shofar)—궤"가 있었다. 이 소파르는 불면 트럼펫 소리가 나는 호른이었고, 그 용기들은 그 형태에 따라서 이름이 붙여졌을 것이다. 각 용기마다 그 안에 들어있는 선물의 용도가 명기된 이름이 부착되어 있었다. 소파르 궤들은 성전 안에 있었다(*Shekalim* 2, 1 ; 6, 1·5 ; "성역에" במקדש). 그러나 그것들이 성전 안 어디에 위치했는가를 알 수는 없는데, 일반적으로 그 궤들은 남자뿐만 아니라 여자들도 가까이 해야 했으므로(*Tosephta*〔역주 : 주후 1~3세기에 힐렐 1세와 샴마이의 미쉬나를 가르치던 교사들이 수집한 전승집〕와 마르크복음 12장 41·42절에 나오는 언급에 의한 주장) 여자의 내실에 위치했으리라고 추측된다. 12절에서 언급되었을지도 모르는 의식은 내실에서 행해졌던 것으로 해석될 수 있다. 그러므로 우리는 예수에 대해서 그가 내실의 어떤 곳에서 가르쳤던 것으로 생각할 수 있다. 그렇다고 해서 요한의 말의 정확성을 믿기는 어렵다. 따라서 요한 자신은 성전의 구조에 대한 정확한 개념을 미처 생각하지 못했던 것 같다. 다른 한편으로 *S.B.* II, 37—45를 참조하라.

아직 그의 때가 오지 않았기 때문입니다. 7장 30절과 2장 4절을 참조하라.

[21] 12절에서처럼 "다시"(πάλιν)라는 말로 담론이 시작된다. 간단히 시작된 논의에서 제기된 문제들이 진전되며 서로 결합되어 있다. (ㄱ) 예수가 어디서 왔는지에 대해서는 23·26·29절("보낸 자")과 41·42·48·58절("나는…이다")을 참조하라. (ㄴ) 그가 어디로 가는지에 대해서는 21·22·28·35·54절을 참조하라. (ㄷ) 아버지가 어떤 분이신가에 대해서는 26·27·38·54·55절을 참조하라. (ㄹ) 예수가 누구인가에 대해서는 23—26·38·54·55절을 참조하라. 더우기 이들 주제는 모두 말하자면 유다인들에게 역으로 적용되고 있다. 예

수가 "위로부터" 왔다면 그들은 "아래로부터" 왔다. 그런고로 그들은 그가 가는 곳에 가지 못한다. 하느님은 그의 아버지이며 반면에 그들은 악마의 자식이다—그들이 아브라함의 후손이라는 사실조차도 잘못된 것이다. 그는 진리를 말한 수밖에 없고 그들은 거짓을 말할 수 밖에 없다.

나는 가겠고 너희는 나를 찾을 것이다. 7장 33·34절을 참조하라. 요한에게서 "나는 간다"란 말은 예수의 죽음을 지칭하는 것으로서 그가 아버지께로 돌아감을 뜻한다. 유다인들은 그를 헛되이 찾게 될 것이다. 그들은 그가 있게 될 하늘로 따라 올라갈 수 없고 하느님께 죽기까지 복종할 수 없다. 베드로도 그들과 다를 바 없다(13,33·36). 다만 믿음에 의해서만이(24절) 누구든지 예수의 죽음과 부활에 연합하는 자가 될 수 있다.

너희의 죄 가운데서 죽을 것이다. "죄"(ἁμαρτίᾳ)가 복수(ἁμαρτίαις "죄들")로 쓰인 24절을 참조하라. 여기서 단수로 표현된 죄는 예수를 부인하는 가장 중요한 죄에 초점이 있다. 참고로 9장 41절에는 "너희의 죄가 그대로 남아 있다"라는 말이 나오는데, 이것은 동일한 사상의 맥락에 속해 있다. 자기 만족에서 빛을 거부하는 자들은 빛에 따른 유익한(비난거리가 아닌) 결과의 영역에서 스스로 벗어나 있다. 마르코복음 3장 28·29절과 병행귀들을 참조하라. 전치사 ἐν("가운데서")은 아마도 처격(죄의 상태 가운데)인데, 조격(죄로 인하여)이 될 수도 있다.

[22] 유다 사람들. 유다사람들은 일반적으로 예수의 적대자들을 말한다(참조. 1,19). 본장에서 그들 중 몇 사람이 예수를 믿은 것으로 나와 있기는 한데, 그들의 믿음은 만족할 만한 것이 아니었다(31절과 37절).

이 사람이 자살할 셈인가? 막연한 추측을 나타낼 때 사용되는 부사 μήτι란 말에 대해서는 4장 29절을 보라. 예수의 임박한 떠나가심에 대한 그릇된 해석이 다시 제시되고 있다(참조. 7,35). 그런데 이 두가지 오해(참조. 3,4)는 부지 불식간에 일어난 것이긴 하지만(참조. 11,51) 예수의 의도에 대한 참된 이해를 가로막고 있다. 예수는 교회를 통하여 헬라인들을 가르칠 것이고 결국에는 그의 생명까지도 바칠 것이다(10,11·15). 또한 "그들이" "그를" 죽이게 될 것도 사실이다.

[23] 이 귀절에서는 대귀법이 현저하게 나타난다. 그러나 그것은 셈어의 운문체로 쓰려는 의도적인 시도(혹은

셈어 원문에 대한 해석)에서 그렇게 된 것이 아니라 주제로 인한 것이다.

너희는 아래서 왔고 나는 위에서 왔다. "위"(τὰ ἄνω)라는 말에 대해서는 골로사이서 3장 1·2절을 참조하라. 신약성서에서 "아래"(τὰ κάτω)라는 말에 일치하는 병행귀를 찾기가 어렵다. 위는 여기서 지적된 골로사이서에서처럼 천상의 세계를 의미하는 반면 아래는 이 귀절의 중반에서 보여주듯이 이 세상을 의미한다. 다시 말해 그것은 지옥이 아니라 천상의 세계에 속해 있지 않은 모든 것이다. 다음의 헬라어 용법에 대해서 거의 알 수 없다 ; οἱ ἄνω는 살아있는 자들이고, οἱ κάτω는 죽은 자들이다. 위에 있는 신들(οἱ ἄνω θεοί)과 아래에 있는 신들(οἱ κάτω θεοί)이 있다. 그러나 이러한 구분은 이 세상과 위의 세상에 대한 것이 아니라 이 세상과 지하의 세상에 대한 것이다. 이와 밀접한 병행귀가 *Hagigah* 2, 1에 나온다. "다음의 네 가지 일을 숙고해 보는 자라면 누구든지 차라리 그가 세상에 태어나지 않았더라면 더 좋았을 거라고 생각할 것이다—위라는 것은 무엇인가(מה למעלה)? 아래라는 것은 무엇인가(מה למטה)? 이전의 때는 무엇이며 그리고 차후에 다가오는 때는 무엇인가?" 이런 주제들은 비록 금지된 것이긴 하지만 논의되어졌다 ; 참조 *Hagigah* 14b(a *baraitah*): "낙원에 들어간, 즉 하느님이 거하시는 천상에 관한 사색에 동참한(*S.B.* Ⅲ, 798) 사람이 있었는데, 그들은 벤 아짜이와 벤 조마(Ben Azzai, Ben Zoma; A.D 110), 아헤르(Aḥer, 즉 배교자 Elisha b. Abuya, 120)와 아키바(Aqiba, A.D. 135)이다. "따라서 이 귀절의 궁극적인 배경을 헬레니즘이 아닌 유다교로 보아서는 안 될 이유가 없다. 비록 그것이 일반적인 플라톤의 틀에서 형성된 것이라고 하더라도 그렇다.

이 세상에 속하고. 히브리어 עולם('olam, 아람어 עלמא)은 "시대"뿐 아니라 "세상"을 뜻하는 것이기도 했다 ; 여기서 "이 세상"은 확실히 예수가 보내심을 받은 곳인 하늘과 상반되는 것으로서 아래 세상을 말한다. 이 귀절에 나타난 사상은 외관상의 세상 또는 현실적인 세상에 대한 것이 아니라, 삼층으로 된 원시적인 우주에 대한 것으로서 천적인 존재들이 그들의 적절한 거처에서 지상으로 오르락 내리락 할 수 있는 것이다(참조. 1,51).

〔 24 〕 나는 말했다. 21절에도 나와 있다. 단수형태를 취한 죄라는 말이 복수형태(ἁμαρτίαις)로 바뀐 것은 그 귀절에서 지적한 것만큼 중요한 것이다. A.D. 66—70년에 일어난 재난의

시기에 불신앙의 유다교가 처한 숙명에 대한 언급이 있을 법한데, 이것은 중심적인 사상이 아니다.

내가 그이라는 것을 너희가 믿지 않으면. 그리스도를 믿음으로써만이 죄와 그 댓가로 부터 벗어날 수 있다. 문제는 믿음의 내용을 표현하는 절에 있다. "나는…이다"라는 말은 요한복음에서 술어와 함께 여러번 나온다. 이 말의 용법에 대해서는 6장 35절을 참조하라. 또한 이 말(ἐγώ εἰμι)의 절대적인 용법에 대해서는 6장 20절을 참조하라. 18장 5절(주 참조)은 그 문맥에서 잘 이해된다. 그러나 여기서 이 말은 문맥상으로 적절하게 이해할 수 없는 것 같다. 더우기 뒤따르는 질문("당신은 누구요": 25절)은 이 말이 청중들에게 쉽게 이해되지 않았음을 암시한다. 말하자면 이 표현은 누군가라는 질문을 신랄한 어조로 제기하기 위하여 28절을 미리 예시하는 것이다.

보충설명 없이 나오는 "내가 그다"라는 말은(참조. 또한 8,28·58과 13,19) 거의 그리이스적 표현이 아니므로 그것의 유다적 배경을 살펴보는 것은 당연한 일이다. 이 어구는 그것을 אני הוא('ani hu', 직역하여 "내가 그다")로 주석한 70인역에 자주 나오는데, "내가 그다"는 말은 특히 하느님 자신이 하는 말들 가운데서 나타난다. 그리고 이 귀절과 이사야 43장 10절, "너희가 나를 알고 믿으며 내가 그인줄 깨닫게 하려 함이라"는 특히 밀접한 병행구이다. 이와 유사한 귀절들은 예를들어 신명기 32장 39절, 이사야 41장 4절, 43장 13절, 46장 4절, 48장 12절 등이다. 이사야서의 인용문에서 그 히브리어의 의미는 출애굽기 3장 14—16절에서 나오는 야훼(יהוה, YHWH)라는 명칭에 대한 언급과 아마도 함께 나오는 "나는(영원히) 동일한 자다"임에 분명하다. G.K., 459, n. 1에도 이런 의미로 나타나 있고, 보다 최근의 K.B.에서 "그"(הוא)에 대한 9항에도 같은 의미로 나온다. 이러한 문맥에서 볼때 "나는 그다"라는 말은 그리이스어 자체로는 무의미한 표현이긴 하지만 그 그리이스어에서도 유사한 의미가 요구된다: "처음과 나중이 되시는 주님은 영원하신 분이다." εἰμί는 말하자면 지속적인 의미가 적합하므로 존재의 시작이나 끝을 의미하지 않는다. 이같은 의미는 특히 58절(주석 참조)에 잘 들어맞으며 또한 현재의 귀절에도 부합하는 것인데, 여기서 그 말은 예수가 영원한 하늘나라("위에")에 속해 있다는 단언을 강화시키는 것이다.[8] 그러나 ἐγώ εἰμι가 나오는 본문이나 다른 귀절들에서 요한이 예수와 구약성서의 지고한 신과 동일시하

8) 참조. G. Klein, *Der älteste Christliche Katechismus und die jüdische*

려고 한 것으로 추론한다면 이것은 옳지 않다.[9] 이 말은 유다 자료에 의해서 입증되지 않으며(*S.B.* Ⅱ, 797) 그 문맥상으로도 이런 해석은 불가능하다. 이에 반하여 인간들이 하는 불경스런 말들에 대해서는 이사야 47장 8절, 스바니야 2장 15절을 참조하라. 주의깊게 보아야 할 대목은, 28절에 나오는 "내가 아무것도 내 마음대로 하지 않고 아버지께서 내게 가르쳐주신 대로 말했다…나는 언제나 아버지께서 기뻐하시는 일을 한다"와, 13장 19절에 뒤이어 나오는 "나를 영접하는 사람은 나를 보내신 이를 영접하는 것이다"(13,20)이다. 예수는 아버지께 대하여 복종하는 종이며 이런 까닭에 자기자신을 완전히 드러낸다. "내가 그다"라는 말은 예수와 하느님을 동일시하는 것이 아니라 가능한 한, 가장 강한 어조로 예수에 대한 주의를 끄는 것이다. "나는 이런 자—만일 너희가 하느님을 알고자 한다면 나를 바라보고 내 말을 들어야 하는 자—이다." 이러한 개방적인 어투는 "나는 그리스도, 곧 너희의 구원자이다"라는 말보다 더 좋은데(Sanders; 참조. Lindars), 바로 그 말이 개방적이기 때문이다. 보다 만족할 만한 해석은 불트만의 해석이다 : "그분은 그가 주장했던 대로의 존재이다."

너희는 죽을 것이다. 이사야 43장 25절(Guilding, 108)을 참조하라.

[25] **당신이 누구요?** "내가 이다"(ἐγώ εἰμι)는 함축적인 의미가 풍부하긴 하지만 정식으로 그것이 그의 인격에 대한 정의는 아니다. 이것은 불신자를 당혹케 할 수밖에 없는 계시의 형태이다(참조. 공관복음서의 "메시아비밀" ; 이 책 Ⅰ권 113—115면을 참조하라). 아마도 이 질문은 요한의 독특한 문체와 방식에 관련된 것으로서 하나의 전형적인 오해로 간주되어야 한다(참조. 3,4).

이 문장(ἐγώ εἰμι)이 불완전한 것이라고 가정했으므로 유다인들은 앞서 한 말의 참된 의미를 파악하지 못하고 있다. 참조. C.H. 1,2 : "참으로 당신이 누구요?"(계시자에 대한 언급).

내가 처음부터 너희에게 내가 누구인지를 말했다. 이사야 43장 12절(Guilding, 108)을 참조하라. 이 문장의 난해성이 다소 과장되어온 것 같다. 처음부터([τὴν] ἀρχήν)란 말은 그리이스어에서 아주 흔히 부사

Propaganda-Literatur(1909), 44—55; 비교 55—61; Daube, *N.T.R.J.*, 325—29; Dodd, *Interpretation*, 93—96 (특히 관련된 문귀인 אני והוא '나와 그'에 대해서) ; 그리고 Brown, *Appendix* IV, 533—38.

9) 참조 E. Stauffer, *Jesus and His Story* (E. T., 1960), 102, 142—59; 이에 대해서 Haenchen, *Weg*, 511. 참조.

로 사용되고 있음을 우선 고려해야 한다(참조. L.S. ἀρχή I에 대한 i.c 항목). 이제 이 문장이 하나의 질문인지 아니면 하나의 진술인지를 가려내는 데에 주목하게 된다. 이것이 하나의 질문이라면 τὴν ἀρχὴν은 "도대체"라는 의미를 갖게 될 것이고, οτι는 ὅτι로 표기되어서 "왜?"로 번역되어야 한다—"도대체 내가 모든 것을 너희에게 말하지 않았다는 말이냐?" "왜?"라는 ὅτι의 의미는 아주 그럴 듯하다(예를 들어 마르 9,28). 그러나 대체적으로 볼 때 이같은 번역은 다음 귀절("너희에 대하여 내가 말한 것이 많이 있다")과 잘 들어 맞지 않는다. 또한 별의미가 없다고 생각되므로 그러한 해석은 배제해야 하며, 이 문장은 οτι를 ὅ,τι로 표기하고 ἐγώ εἰμι를 첨가하여 하나의 진술로 읽어야 한다. 따라서 τὴν ἀρχὴν은 "처음에", "처음부터"로 주석해야 한다.[10] 우리는 두 가지 해석, 즉 "처음부터 나는 너희에게 말했던 대로의 존재이다"와 "나는 처음부터 내가 너희에게 말했던 바로 그런 존재이다"에서 택일해야 한다. 이 두 해석 중에서 "말하다"의 현재형(λαλῶ)을 취한 앞의 해석이 더 좋다. 이것이 담론 전체의 의미에 잘 맞으며 24절 의"내가 이다"(ἐγώ εἰμι)에 (앞서 해석된 대로) 특히 잘 연결된다. 그러므로 이 해석이 받아들여져야 할 것 같다. 그러나 또한 Turner, *I*nsights, 140 이하를 참조하라.

[26] 12장 49절을 참조하라. 이 절의 두 문장 사이의 연결이 불분명하다. "내가 가지다"(ἔχω)란 말은 "내가 할 수 있다"란 의미로 받아들이는 것이 가장 좋을 듯하다.[11] 이것은 그리이스어에서 잘 입증된다.[12] 그래서 우리는 이 절을 다음과 같이 이해해야 한다: "너희에 대하여 내가 많은 것을 말하고 또 판단할 수 있다; ("그러나 실은 나는 내 자신의 말을 하기를 억제했고 내 자신의 판단을 삼가했다".) 내가 나를 보낸 자로부터 들어온 것들을 기꺼이 말하고자 한다; 그리고 그 말들은 그분 자신이 참되므로 참된 것

---

10) Thucydides Ⅱ, 74: "처음부터도 아니고…… 현재도 아니다" οὔτε τὴν ἀρχὴν…… οὔτε νῦν); 창세 41,21; 43,18·20: 모든 곳에 나옴=בתחלה *batt^ehillah*, '전일에'; 다니 8,1: Th. "처음에" τὴν ἀρχὴν=LXX τὴν πρώτην=בתחלה; 9,21: LXX "처음에" τὴν ἀρχήν=Th. ἐν τῇ ἀρχῇ =בתחלה

11) 26절의 "그리고 너희에 대하여 내가 많은 것을 말하고 판단할 수 있다"의 헬라어 본문은 πολλὰ ἔχω περὶ ὑμῶν λαλεῖν καὶ κρίνειν이다.

12) 8장 6절, 히브리서 6장 13절, 그리고 Sophodes, *Philoctetes* 1047: "단일 내가 많은 것을 말할 수 있다면" (πολλ' ἂν λέγειν ἔχοιμι)을 참조하라.

이다." 예수의 보내심에 대해서는 20장 21절을 참조하라. 참된(ἀληθής)에 대해서는 1장 9절을 참조하라.

세상을 향하여. 추측컨대, "나는 세상에 대해서 (to) 말하고 있는 것이다"의 뜻이다. 대격과 함께 쓰이는 전치사 εἰς("향하여")는 헬라어 법에 의하면 여격이 수반되는 전치사 ἐν("안에")의 대용어이다(참조. *M.I*, 63, 234—35, 245).

[27] 유다인들이 예수가 지적한 분을 누구라고 생각했는지가 본문상으로 분명하지 않다. ℵ* D it (vg)에서 "그가 말하였다"(ἔλεγεν) 다음에 따라오는 "하느님에 대해서"(τὸν θεόν)는 아마도 원문대로 읽은 것은 아니지만 바른 의미를 함축하고 있다. 유다인들은 예수가 하느님에게서 보내심을 받은 자라는 사실을 깨닫지 못했다.

[28] 너희가 높이 든 후에야. 여기 나오는 동사(ὑψώσητε "높이들다")의 이중적인 의미에 대해서는 3장 14절을 참조하라. 이 동사는 여기에 잘 어울린다. 예수의 영광 가운데서 올라가심은 "내가 이다"(ἐγώ εἰμι)라는 그의 주장이 참된 것임을 입증한다. 또한 예수가 십자가상의 죽음에서 높이 들림을 받은 사실은 비록 그것이 유다인들에게서 결과한 것(ὑψώσητε)이기는 하지만 그를 보내신 아버지에 대한 그의 완전한 복종임을 입증해주는 것이다.

사람의 아들을. 요한이 사용한 이 용어의 용법에 대해서는 이 책 I 권 116—118면과 1장 51절의 주석을 보라. 이 용어는 공관복음서의 전승과 일치하며(참조. 마르 9,31) 또 예수의 천적인 기원과 권위(3,13), 는 그의 겸허와 지상에서의 인간적인 삶에 대한 그 용어의 이중적인 적용에도 일치한다.[13)]

내가 그이라는 것을 알게 될 것이다. "내가 이다"(ἐγώ εἰμι)에 대해서는 24절을 참조하라. "알게 될 것이다"에서 주어는(그를 십자가에 못박히게 함으로써) 사람의 아들을 높이 들었던 유다인들임에 분명하다. 요한은 유다인들이 십자가 처형 이후에도 예수의 천적인 지위를 인정할 것이라고는 거의 생각하지 않는다. 왜냐하면 그는 대다수의 유다인들이 그렇지 못하였다는 것을 잘 알고 있었고, 또한 "유다인들"을 분명히 교회의 적대자들로 간주하고 있기 때문이다. 요한이 주어를 서투르게

13) 참고문헌 Higgins, *Son of Man*, 168f.; 또한 S. S. Smalley, *N.T.S.* 15 (1969), 295와 J. Riedl, in *Jesus und der Menschensohn* (Festschrift A. Vögtle, 1975) 355—70.

바꾸어서 "너희 인간들은 알게 될 것이다"라고 그의 독자들에게 말했거나 아니면 유다인들이 진리를 깨달았을 때에는 이미 늦었다는 것을 뜻한다. "십자가는 예수의 계시의 말씀에 대한 유다인들의 마지막이자 결정적인 응답이었으며, 또한 세상이 불신앙의 말들을 그 최종적인 대답으로 삼을 때마다 오히려 세상은 계시자를 '높이 올리고' 그로 하여금 세상에 대한 심판자가 되게 한다"(불트만).

이 절의 후반부에 대해서는 5장 31절과 6장 38절 등을 참조하라.

[29] 16절을 참조하라. 예수의 아버지께 대한 복종은 지속적인 것이므로 그는 항상 하느님과 함께 있다. 요한이 의식적으로 마르코복음 15장 34절을 수정했거나 모순되게 하지는 않은 것 같다.

[30] 많은 사람은 예수를 믿었읍니다. 2장 23절, 7장 31절, 10장 42절, 12장 11·42절을 참조하라. 많은 신자들에 대한 언급들은 시대착오적인 주석의 원인이 되고는 있지만 그러나 이 언급들은 부활 이후의 선교의 정황으로 엉성하게 넘어가게 하는 것이 아니라 요한이 무심코 고쳐 써 넣은 삽입구이다. 물론 30·31절a는 이제는 찾아낼 수도 없는 자료에 요한이 첨가한 것이었을지도 모른다. 담론이 계속되는데(참조. 31절과 37절), 이는 예수의 말에 머무르지 않고 진리를 인정하지 않는 믿음의 불충분함을 드러내고 논의하기 위함이다(31·32절).

[31] 자기를 믿는 유다사람들에게. 많은 주석가들은 "자기를 믿는"이란 말을 하나의 삽입된 주로 간주한다. "믿다"의 현재 부정사 πιστεύειν이 나오는 구문상의 변화에 대해서는 *M.* I, 67—68을 참조하라. 그것은 거의 우연적인 것이라고 보기가 어려운데, 특히 두 종속절을 한 자료에 요한이 삽입해 넣은 것일 경우에 그러하다. 단지 예수의 말에 신빙성을 두는 것만으로는 불충분하다; 사람들은 그의 말에 머물러야 한다.

너희가 내 말대로 살면. 참조. 요세푸스(T. Joseph) 1, 3 : "너희가 주의 진리 안에 거하였고";토마복음서 19 : "너희가 내 말을 듣고 내 제자가 되면…." 이와 유사한 여러 귀절이 15장에 나오지만 동일한 표현은 아니다. 예수를 믿게 된, 즉 그의 말을 받아들인 사람들은 그들이 참 제자가 되고 진리를 알고자 한다면 계속 그의 말에 머물러야 한다.

[32] 진리를 알게 될 것이요. 이 표현은 "내가 그이라는 것을 알게 될 것이다"(28절)와 밀접한 병행을 이루고 있다.

요한복음에서 "진리"(ἀλήθεια)에 대해서는 1장 14절을 참조하라. 여기서 진리는 예수의 영원한 존재와 구원의 선교에 밀접하게 관련되어 있으며 또 "복음"의 의미와도 어느 정도 상통하는 것이다(참조. *T.W.N.T.* I, 244—45). 그러나 불트만은 이 논문에서 "진리"(ἀλήθεια)를 계시의 의미로 취하고 있다.

진리가 너희를 자유하게 할 것이다. 유다교에 있어서 진리는 곧 율법이었고, 율법에 대한 탐구가 인간을 자유하게 하였다. 아보트(*P. Aboth*) 3·5에서 라삐 네훈야 하—카나(R. Nehunya b. Ha-Kanah; A.D. 70—130—대략 요한과 동시대인)는 이렇게 말하였다. "율법의 멍에를 스스로 짊어진 자는 왕국의 멍에와 세속적인 염려의 멍에에서 벗어나게 될 것이다. 그러나 율법의 멍에를 벗어던진 자는 왕국의 멍에와 세속적인 염려의 멍에를 짊어지게 될 것이다"(후대에 속한 *P. Aboth* 6.2와 비교). 요세푸스도 이와 같은 말을 한다 : *Ant.* IV, 187에서 그는 율법에 대한 복종을 통해 얻게 된 축복을 말하면서 이 말을 덧붙이고 있다. 즉 "너희 지도자들이(율법을) 합당하게 실행한다면…자유가 길잡이가 될 것이다." 또한 *Apionem* II, 183, 291—92를 참조하라. 스토아 철학자들은 인간이 로고스, 즉 만물의 지배 원리였던 자연법에 따라 살아감으로써 자유를 획득하게 된다고 믿었다. 필로는 *Quod Omnis Probus Liber Sit*라는 논문에서 약간 유다교적인 형식을 가미하여 이 개념을 발전시켰다(예를 들어 이 논문 44에 나오는 말, "그러므로 이렇게 많은 예지를 지닌 사람〔모세와 같이 참 하느님을 섬겼던 사람〕이라면 종이든 유일하게 자유인이든 법에 따라 사는 것이 합당하다"를 주목하라. 그런데 라삐들과 스토아 철학자들은 "진리"와 "자유"를 그와같은 방식으로 생각하지 않았다. 따라서 요한의 사상을 스토아적이라거나 라삐적이라고 추측해서는 안 된다. "자유로운"(ἐλεύθερος, ἐλευθεροῦν)은 요한복음에서만 이러한 문맥에서 나온다(32·33·36). 이 말을 통해서 요한은 그리스도교인의 죄로부터의 자유를 본래 표현하고자 했음이 분명하다(34절). 즉 자유하게 된다는 것은 구원과 같은 말일 뿐이다(참조. 17, 3; 하느님을 아는 것이 영생의 근거이다). 한편 지식은 순전히 합리적인 분석으로서 신앙에 위배되는 것이 아니라 인간의 하느님에 대한 관계를 내포하는 것이다(참조. 이책 I권 129·130면과 1,10에 대한 주석). 이그나티우스(Ignatius)의 *Philadelphians* 8, 1과 솔로몬의 송가(*Odes of Solomon*) 10, 3 ; 17, 9 이하 ; 42, 15 이하는 서로 비교해 볼 수 있지만 그 병행귀들이 잘 들어맞지는 않는다.

[33] 유다사람들이 말했읍니다. 오해로 말미암아 대화가 다시 시작된다 ; 유다인들은 예수가 말하는 자유가 무엇을 뜻하는가를 파악하지 못했고, 또한 그들은 자유를 도덕적 성취나 정치적 업적으로서가 아니라 단지 하나의 선물로 받을 수밖에 없다는 것을 깨닫지 못했다.

우리는 아브라함의 후손이요. 창세기 12장 2절과 여러 곳, 로마서 9장 7절과 11장 1절, 고린토후서 11장 22절, 갈라디아서 3장 16절, 히브리서 2장 16절과 마태오복음 3장 8·9절, 루가복음 3장 8절을 참조하라. 또한 Dodd, *Tradition*, 331 : "아무에게도 종노릇한 일이 없는데"를 참조하라. 안식일 규례인 사바트(*Shabbath*) 128a에서 모든 이스라엘인들(아브라함, 이삭, 야곱의 후손으로서)은 왕들의 자손으로 나온다. 이는 라삐 아키바와 다른 사람들의 견해에 속한다. 참고로 요세푸스의 말(*Bel.* Ⅶ, 323)을 인용해보면 다음과 같다 : "오래 전에 용감한 자들인 우리 동족은 하느님 외에는 로마인들이나 어느 누구에게도 종노릇하지 않기로 마음먹었다. 그분만이 인간의 참된 의로우신 주님이시기 때문이다…(336)…우리는 종이 되느니 차라리 죽음을 택하였다." 참된 "아브라함의 후손"은 "자유로운 여자의 몸에서 난 자식"인 이삭의 후손이지 "여종의 몸에서 난 자식"인 이스마엘의 후손은 아니었다(참조. 갈라 4,22—31). 요한이 유다의 적대자들의 말에서 다루고 있는 주장은, 그들이 정치적인 예속상태에 있어 본 적이 없었다는(이것은 추측컨대 터무니 없는 것이다) 것이 아니라 그들의 영혼의 내면적인 자유를 잃어본 적이 없다는 말인 듯하다. 그러나 바로 이 주장은 하느님 자신의 대변자에게 반항하여 인간적인 교만에서 말해진 것으로서 34절에서 언급된 속박의 한 예이다. 바우어(Bauer, 125)는 이 귀절과 마르코복음 2장 17절을 적절하게 비교하는데, 거기서 유다인들은 자기들이 건강하므로 의원이 필요없다고 확신한다. 여기서 유다인들은 그들이 자유인이므로 해방자가 필요없다고 확신한다(참조. 9,40·41 ; 5,32에 대한 필로의 언급을 보라).

[34] 죄를 짓는. 요한일서 3장 4·8·9절과 상응하는 표현인 요한복음 3장 21절, "진리를 행하는", 그리고 요한일서 1장 6절을 참조하라. (죄를) "짓다"(ποιεῖν)라는 동사는 실제로 범죄를 행하는 것을 강조하는 데 사용되며 그 의미는 이중적이다. 그러므로 실제로 죄를 범하는 사람은 그가 이미 죄의 노예임을 스스로 입증하는 것이 된다. 또한 바로 그 죄 때문에 그는 점점 더 노예의 상

태로 빠져들게 된다.[14]

죄의 종이다. 이 개념은 성격상 유다적인 개념이 아니다. 그러나 라삐 아키바의 말을 참조해 보자 : "그것(악의 지배 혹은 악의 성향)은 처음에는 거미줄과 같으나 나중에는 배의 굵은 밧줄과 같이 된다" (*Gen. R.* 22,11). *T. Asher* 3.2과 *T. Judah* 19.4를 참조하라. 그리이스 사상에서 죄에 대한 또는 죄로 인한 속박의 개념은 비교적 일반적인 것이다. 필로는 앞서 언급된 그의 논문 *Quod Omnis Probus Liber Sit*의 처음의 행들에서 "노예에 대한 것은 모두 악하다"(περὶ τοῦ δούλου εἶναι πάντα φαῦλον)라는 지침을 언급하고 있다. 또한 *C.H.* X, 8, "생명 자체는 악마적이고 사악한 몸의 노예가 되는 것을 받아들이지 못한다"를 참조하라. 이 마지막 병행귀가 중요한데, 요한이 말하는 것은 영이 육의 노예라는 것이 아니라 죄를 짓는 사람은 육적으로나 영적으로 죄의 노예상태에 있다는 것임을 주목해야 한다. 죄란 이와 같이 부수적인 문제가 아니라 의지를 소유하고 있고 전인간을 휘어잡는 이질적인 세력이다. 로마서 6장 17절, "죄의 종"을 참조하라. 마지막 말인 "죄의"(τῆς ἁμαρτίας)는 D b sin Clement에는 생략되어 있다. 죄가 단지 도덕적인 용어로서가 아니라 인간과 하느님 사이의 장애로서 이해될 경우 아마도 이 말은 문맥상 의미부여를 위하여 편집과정에서 (옳게) 첨가된 것 같다.

[35] 이 귀절과 앞의 문맥과의 직접적인 연관성이 분명하지 않다. 33절에서 아브라함의 참된 후손에 대한 논의가 시작되었다가 본 장의 끝부분에서 다시 계속되고 있다는 점을 명심해야 한다. 이 절은 창세기 21장 9절과 갈라디아서 4장 30절을 연상케 한다. 자유로운 여인의 아들 이삭은 상속을 받고, 반면에 여종의 아들 이스마엘은 내쫓김을 당한다. 이제 유다인들은 자기들이 자유로운 아브라함의 자손이라고 주장한다. 그러나 실상 그들은(아브라함의 자손이 아니라 죄의) 노예들이다. 그러므로 그들의 지위는 상실되었다(참조. 마르 12, 9 ; 마태 3, 9 ; 8, 11·12 ; 그밖의 다른 귀절들). 그렇다면 영원히 상주하는 아들은 누구인가? 그것은 그리스도인들이 아니라 그리스도 자신을 말하는 것 같은데, 요한은 상투적으로 그리스도를 "하느님의 아들"로, 다른 한편 그리스도인들을 "자녀들"로 표현하고 있기 때문이다. 예수는 참된 아브라함의 후손(σπέρμα 'Αβραάμ)

14) Sidebottom, 94f., 여기서 *Testament of Abraham*에 대한 언급을 참조하라.

이요(참조. 갈라 3,16) 동시에 하느님의 아들이다. 그는 언제까지나 상주한다. "언제까지나"라는 말 때문에 이 귀절에서 '그 아들'과 '그 종'이 하나의 비유에 속할 수 있다는 견해(Dodd, *Tradition*, 379—82)는 불가능하다. "아들은 언제까지나 머물러 있다"란 말은 ℵ 33과 몇몇 다른 사본들에는 생략되어 있는데, 아마도 이는 '끝이 동일하게 끝나는 한 쌍의 말'(homoeoteleuton)이기 때문에 생략된 것으로 보인다.

[36] 이 절에서 "아들"은 35절에서와 같이 스스로 자유한 분이며 동시에 다른 사람들의 해방자인 예수를 가리킨다. 갈라디아서 5장 1절, 로마서 8장 2절을 참조하라. 다시 35절의 비유가 계속되고 있다.

참으로. 유다인들은 그들 스스로 자유하다고 평가하였지만 그들이 소유한 자유는 거짓된 자유였다. 아버지의 뜻에 따라서만 행동하는 아들을 통해서 자유하게 된다는 것은 하느님으로 말미암아 얻게 된 자유이므로 참된 자유를 소유한 것과 같다. "참으로"라는 의미의 ὀντως는 ἀληθῶς와 의미상 유사하다. 이 어군에 대해서 1장 9절을 참조하라.

[37] 너희는 아브라함의 자손이다. 33절을 참조하라. 신체적인 의미에서 이것은 확실한 사실이었고 이러한 의미에서 예수는 그 점을 인정한다. 그러나 35절에서 암시된 진리는 38절 b와 39·40·44절에 드러나 있다.

너희는 나를 죽이려고 한다. 7장 32절, 8장 20절을 참조하라. 이 말은 31절의 "믿는 (유다사람들)에게 말씀하셨읍니다" 다음에 어색하게 이어지고 있다. 이는 요한이 매우 부주의하게 기술하고 있거나 아니면 이들 유다인의 믿음이 매우 불충분한 것이었음을 말하고자 했을 것이다.

들어가 있지 않기 때문이다. "들어가 있지 않은"은 "들어설 여지가 없는" 혹은 달리 말하면 "작용하지 않는"이라는 의미임이 확실하다. 15장 7절을 참조하라.

[38] 다른 족보에서 예수와 유다인들을 비교하는 것이 계속되는데, 그 본래의 출발점은 (대화에 계속 영향을 미치고는 있지만) 포기되었다. 아브라함의 후손이라는 말은 유다인들에게는 잘못된 표현이며, 예수에게는 부적절한 표현이다. 예수의 아버지는 하느님인데 반해 유다인들의 아버지는 악마이다. 그와 그들은 그들 나름대로의 출생에 따라서 행동한다. 예수는 자기 자신에 대해

서 말하지 않고, 다만 그가 아버지에게서 보았던 것을 드러낼 뿐이다. 그러나 유다인들은 그들의 아비(악마)에게서 들은 것을 행하고 있다 ; 여기서[15] 전치사 παρά는 소유격과 함께 쓰인다 ; 유다인들의 존재는 순전히 인간적인 것이다. *M.* 1, 85는 τοῦ πατρός가 "너희의 아비(악마)"를 뜻하는 것이 아니라 "(하느님) 아버지"를 뜻하는 것임을 제시한다. 만일 이같은 해석이 채택된다면 동사 "행하다"(ποιεῖτε)는 39절에서 처럼(아래 주석 참조) 명령형으로 이해해야 한다. 그러나 이 절은 하나의 명령이라기 보다는 진술을 내포하고 있는 듯하다. 이에 대한 병행귀는 41절인데, 여기서 동사 "행하다"(ποιεῖτε)는 직설법으로 나와 있다.

너희는 들었다. 본문은 동사가 "들었다"(ἠκούσατε)로 되어 있으나 P66 ℵ D W it vg sin pesh hl sah Tertullian에는 "너희는 보았다"(ἑωράκατε)로 되어 있다. 이 변형(ἑωράκατε)은 원래의 동사(ἠκούσατε)와의 동화작용에 기인한 것이며 예수가 초자연적인 것들을 직접 보는 것과 사람들이 들을 수 있는 것의 차이를 인식하지 못한 데서 기인한 것이기도 하다.

〔 39 〕 아브라함이 행한 대로 행할 것인데. "행위는 조상을 알 수 있는 단서가 된다"(샌더스). 아브라함의 후손인가 아닌가 하는 것은 유일한 참된 의미에서 계보에 의해 판명될 수 없다(참조. 33·34절 : 로마 2, 28·29 ; 9, 6·7). 이 후반절은 요한문서에서 매우 친숙한 것이므로 이 귀절(또는 약간 유사한 바울로적인 논증)이 요한에게 알려졌으리라는 것은 당연하다. 또한 Q 자료의 귀절(마태 3, 9=루가 3, 8)에서 세례요한이 유다인들에게 명한 것은 아브라함의 후손이라는 주장이 아니라 참된 회개의 결실을 맺으라는 것이다. 아브라함의 모방은 유다교 집단들 내에서도 권장되었다 ; 예. 아보트(*P. Aboth*) 5, 19 : "선한 눈과 겸손한 정신과 겸비한 영혼—〔이러한 특성을 겸비한 자들이〕 곧 우리의 아비인 아브라함의 후예들이다."

39절b의 본문은 여러 가지 형태로 전해졌다. 대표적인 몇몇 변형들은 다음과 같다 :

(ㄱ) "너희는…이다"(ἐστε) : P66 ℵ B D vg Origen Augustine;
"너희는…이었다"(ἦτε) : Θ W it sah boh.

(ㄴ) "너희는 행하고 있었다"(ἐποιεῖτε): P75 ℵ B2 D Θ it sah boh Origen;
"너희는 행한다"(ποιεῖτε): P66 B* vg;

15) 38절의 헬라어 원문을 참조하라 : ἃ ἐγὼ ἑώρακα παρὰ τῷ πατρὶ λαλῶ· καὶ ὑμεῖς οὖν ἃ ἠκούσατε παρὰ τοῦ πατρός ποιεῖτε.

"너희는 행하고 있을 것 이다"(ἐποιεῖτε ἄν): W

이 조건문의 가장 알맞는 형태로는 두 가지가 가능하다. (i) "너희가…이라면 행한다"(ἐστέ...ποιεῖτε) ; (ii) "너희는…이라면 행했을 것이다"(ἦτε…ἐποιεῖτε ἄν). 하지만 불변사 ἄν("만일")의 첨가는 결구에 있어서 반드시 필요한 것은 아니었다(*B.D*.. §360, I ; 참조 9, 33 ; 15, 22·24 ; 19, 11 ; *P. Oxy*. 526. 10이하, 그리고 다른 파피루스 문서). 원문이 (i)항이나 (ii)항이 아니었으며 변형구들이 그리이스어를 개정하기 위한 시도로 나타났다고 하는 것은 필사상의 이유들에 비추어 볼 때 아주 그럴듯한 것이다. 사본상의 증거의 중요성에 비추어 볼 때 원래의 독법은 ἐστέ...ἐποιεῖτε이었던 것으로 생각된다. 이것은 "너희가…라면…행할 것이다…"로 해석되어야 한다. 현재 시제(ἐστέ)와 아마도 ἄν("만일")을 제거하면 다음의 좀더 생생한 표현을 얻게 된다 : "만일 너희가 참으로…이라면…"(참조. 루가 17, 6 : '만일 너희가…하기만 한다면…'). 그러나 P^{66}의 증거는 현재형 "행하다"(ποιεῖτε)일 가능성을 높여준다. 샌더스는 이 문장을 반어적 표현으로 받아들이는데 이것은 옳은 견해일 수 있다 : "만일 (너희의 주장대로) 너희가 아브라함의 자손이라면 (내가 인정할 수밖에 없다고 생각하는 것은) 너희는 아브라함이 하곤 했던 행동을 (나를 공격할 때) 하려고 있었을 것이다."

[40] 그러나 지금 너희는…하려고 한다. 반의어 δέ("그러나")는 39절에서 은연중에 암시된 미완료(ἐποιεῖτε "행할")의 독법을 지지한다. 사실상 유다인들은 아브라함의 행위와는 매우 다른 행동을 보여준다. 양자의 대비는 도덕적인 것만은 아니다. 아브라함의 정신은 진리에 대하여 닫혀져 있지 않았다.

진리를 너희에게 말한. 진리는 앞에 나온 관계사절이 보여주듯이 단순히 참된 것이 아니라 하느님으로부터 위탁받은 예수의 선교 전체를 통하여 계시된 그 진리이어야 한다.

[41] 너희의 아비가. 38절을 참조하라. "아비"에 함축된 의미는 물론 악마이다(44절).

우리는 음란한 데서 난 자가 아니며. 끝의 단어(ἐγεννήθημεν "태어나다")에 대한 여러 가지 변형이 있지만 별로 중요한 것은 아니다. 유다인들은 예수에게 반대하는 논의를 전환시키는 새로운 방법을 찾아냈다. 그 말의 함축된 의미(특히 강조어 "우리는"에서)는 예수는 음란한 데서 태어난 자라는 것이다. 이러한 진술은 유다 자료에서도 발견된다. 가장 초기의 것으로 추정되는—확실하지는 않지만—참조문은 *Yebamoth*

4,13이다. R. Simeon b. Azzai(주후 110)는 이런 말을 했다: "나는 예루살렘에서 한 족보를 찾아냈는데 거기에 이렇게 적혀 있었다, '이런 자는 이웃의 아내에게서 태어난(율법의 위반) 사생아이다'라고."[16]

우리 아버지는 한 분뿐이요. 그분은 하느님이십니다. 33·34·39절과 마태오복음 23장 9절(Dodd, *Tradition*, 331—32)을 참조하라. 이제 조상에 대한 주제는 인간적인 차원에 머물러 있을 수 없고, 유다인들은 그들의 가계를 아브라함이 아니라 하느님에게로 소급시킨다. 요한이 예수의 출생에 대하여 믿고 있는 사실에 함축되어 있는 의미는 설혹 예수가 간음한 데서 태어났다는 이설이 주변에 있었다고 해도 그는 사실상 인간적인 행위로써가 아니라 하느님에게서 난 자라는 의미인 듯하다(참조. 1,13). 그러나 요한의 주제는 예수의 출생이 특별한 방식으로 선택적인 것이었다는 데 있는 것이 아니라 다만 예수는 하느님으로부터 난 자라는 데 있다. 다음 절을 참조하라.

[42] 39절을 참조하라. 만일 정당한 행위가 아브라함의 후손에게서 기대될 수 있다면 하느님의 사랑받는 자녀인 그의 아들에게서는 말할 것도 없다. 무엇보다도 그들은 예수가 하느님으로부터 온 자임을 인식해야 한다(참조. 3,2; 요일 5,1).

내가…왔다. 이 말은 하느님의 예언자의 도래를 암시하는 것일지도 모른다. 참조. Philostratus, *Vita Apollonii* I, I: "제우스에게서 왔다"; Origen, *c. Celsum* VII,9: "나는 하느님이요 동시에 하느님의 종이다…이제 내가 왔고…나는 구원하기를 원한다." 그러나 이 말은 이와 같은 인용문들의 함축된 의미를 구태여 연상케 하지는 않는다. 그것은 단지 "나는 왔다"를 뜻한다. "나다"(ἐξῆλθον)란 말은 하느님에게서 나온 예수의 출발을 가리키며, 또 "왔다"(ἥκω)란 말은 그가 세상에 도래한 것을 가리킨다.

내가 내 마음대로 온 것이 아니라 아버지께서 나를 보내신 것이다. 다시 한번 예수의 보냄받음은 자기 의지나 자기 추구의 모든 암시를 말끔히 제거해 버린다. 이것은 매우 일반적인 것이고 또 요한의 중요한 강조점이다. 특히 5장 19—30절과 그 귀절들에 대한 주석을 참조하라. 예수는 자기 마음대로 세상에 오지 않았다. 그는 그가 보내심을 받았기 때문에 왔다. 그의 선교가 갖는 중요성은 그 자신의 어떤 지혜나 덕성(또한

16) 또한 R.T. Herford, *Christianity in Talmud and Midrash*(1903), 35—50과 Celsus에 대한 고발(*apud crigen, c. Celsum* I,28)을 참조하라.

그의 기적적인 탄생—참조. 41절)에 있는 것이 아니라 오히려 그가 하느님 자신의 대리자라는 사실에 있다. 그의 논쟁을 자기 변호로 이해해서는 안 된다. 그것은 아버지의 현시이다. 예수의 보내심에 대해서는 20·21절을 참조하라.

[43] (내가) 말하는 것…(내)말(λαλιὰν...λόγον). 이 두 단어는 구별해야 한다. 그렇지 않으면 본문은 별 의미가 없다. λαλιά는 들을 수 있는 말, 즉 말해진 말이다. 물론 초기 그리이스어에서 자주 나타나는 잡담이나 수다는 아니다. 유다인들은 그들이 들은 말을 이해하지 못하고 있다. 본장에서 그들이 자주 오해를 일으키는 데 대해서는 19·22·25·33절 등을 참조하라. 그 까닭은 그들은 예수의 메시지, 즉 그가 들려준 하느님의 말씀을 이해할 수도, 따를 수도 없기 때문이다.[17] 또 실제로도 그러하다. "듣다"(ἀκούειν)란 동사의 용법에 대해서는 5장 24절을 참조하라. 참조 Dood, *Interpretation*, 266.

너희는 ~할 수 없다. 이 말이 강조되고 있음에 틀림없다. 12장 39절을 참조하라.

[44] 너희는 너희의 아비인 악마에게서 났으며. 이렇게 해석하는 것이 가능하다. 그러나 비록 이 귀절의 마지막 절(아래 참조)이 이렇게 해석되는 것을 겉보기에 그럴듯하게 해주고 몇몇 영지주의적 병행귀(참조. Bernard 313, Bauer, 127—9)가 있기는 하지만 이런 해석은 만족할 만한 해석이 아니다. 여기 나타난 대조는 예수의 아버지인 하느님과 가장 분명한 대조를 요구한다. 또한 이러한 대조는 악마에게서 발견되는데, 그는 하느님이 창조하신 생명을 파괴하는 살인자이며 또 하느님이 계시한 진리를 부인하는 거짓말장이이다. 요한일서 3장 8절은 분명하게 그러한 해석을 함축하고 있다. 비록 이것을 분명하게 표현하기 위해서 πατρός("아버지") 앞에 관사가 빠져 있었어야 했을지라도 "…너희의 아비인 악마"로 해석할 수 있다 (*B.D.*, § 268, 2).

너희 아비의 욕심대로. 너희 아비의 본성인 욕심대로 너희는 행하려고 한다는 뜻이다. 이사야 43장 27절(Guilding, 108)을 참조하라.

그는 처음부터 살인자며. 그는 아담에게서 그의 불멸성을 박탈하였기 때문이다(창세기 3장). 지혜서 2장 24절, 집회서 25장 24절, 로마서 5장 12절을 참조하라. 말씀이 태초에 있었던 것(1,1)과 같이 악마도 처음

17) Dodd, *Interpretation*, 266을 참조하라.

부터 존재한다.

진리 안에 서 있지 않다. 본문의 οὐκ("아니" : 모음 앞에서는 οὐ가 οὐκ로 표기된다)가 οὐχ("아니" : οὐ가 강기식 모음 [예, ὁ] 앞에서는 οὐχ로 된다)로 변형된(P75 W) 것은 받아들일 수 없다. 오히려 "서 있지 않다"(οὐκ ἕστηκεν)로 읽는 것이 나을 것이다(참조. *M.* Ⅱ, 100). 이 말(현재형 자동사의 의미를 지닌 "서다" ἵστημι의 완료형)은 "진리 안에 서 있지 않다"를 뜻하는 것이었다. 이런 의미의 동사 ἕστηκεν을 보다 부드러운 어감을 취하여 맨 마지막 동사 "서 있다"(στήτειν; 참조. 1, 26)의 미완료형으로 받아들여서 '서지 않았다' 내지는 '서 있지 않았다'로 해석하는 것이 더 낫다. 이것은 앞 문장의 "처음부터"라는 말과 잘 어울리게 된다. 아마도 "처음에" 진리로부터 멀어짐을 전제하고 있다. "진리"(ἀλήθεια)에 관사가 붙지 않은 상반되는 진술인 "그 속에 진리가 없다"(참조. Moule, *Idiom Book*, 112)는 악마가 진리와 일치하지 않음을 강조하기 위한 것이다. 참고로 에페소서 4장 21절에 나오는 "생명"과 "진리"는 존재의 본래성을 부여한다. 그러므로 악마는 살인자요 거짓말장이이다(불트만).

그의 본성. 거짓말은 그의 본성이다.

또 그것의 아비. 이 구문은 그 어조가 매우 격하나 "그는 거짓말장이며 그것〔즉 거짓말 혹은 거짓〕의 아비이다"라는 해석 외에 달리 해석할 도리가 없는 듯하다. 이 문장 전체의 해석은 좀더 다르게 제시되어 왔다 : "그가 거짓말을 하는 것은 자기 본성에서 말하는 것이다. 그는 거짓말장이며 그의 아비〔악마〕도 역시 그러하기 때문이다." 그러나 여전히 해석상 난점이 남아있다. 또한 "…그리고 그의 〔악마의〕 아비도 역시 그러하다"라는 해석은 앞서 언급한 대로 이 절의 초반절에서는 그런 의미와 일치하는 방식으로 취할 수는 있었지만 맞지 않는 해석인 듯하다. 문법상의 문제에 관해서는 불트만의 전체 주를 보라(318—19). 또한 Turner, *Insights*, 148 이하를 참조하라. 우리가 해석상 다소 곤란을 받은 것은 요한이 예수와 그의 아버지에 대한(유다인들과 악마의) 부정적인 병행을 강조하고 있다는 사실에서 기인한 것 같다.

〔 45 〕 그런데 내가…때문에. 처음에 나오는 나(ἐγώ)는 강세어이다 : 그런데 "내가, …때문에…"를 아람어 ㄱ에 대한 그릇된 번역이라고 추측할 필요는 없다(Burney, 77, *M.* Ⅱ, 436, Black, 74, 92). ὅτι("때문에")의 의미는 분명하다.

너희는 나를 믿지 않는다. 그 이유는 예수가 그들이 믿지 않는 진리를 말하고 있기 때문이다(ὅτι). 그들은 그들의 아비에게서 거짓을 물려받았기 때문에 그들이 빛에로 올 수 없는 것과 마찬가지로 진리를 믿을 수 없다(3, 19).

[46] 이 절(D에는 생략됨)과 47절에서 앞의 논쟁이 다시 거론된다.

너희 중에 누가 나를 죄있다고 단정하느냐? "…에 대하여 단정짓다" (ἐλέγχειν περί)에 대해서는 16장 8절을 참조하라. 본 장과 그밖의 곳에서의 비난은 예수를 향한 것이다. 그 외의 다른 사람을 향한 것으로는 볼 수 없다. 참조. 유다의 유훈서(*T. Judah*) 24장 1절 : "그 안에서 모든 죄를 찾아내지 못할 것이다." 토마복음서 104에 이와 유사한 교훈이 나온다 : "그러면 내가 범한 죄, 혹은 나를 굴복시킨 죄는 무엇인가?"

…너희는 나를 믿지 않느냐? 45절을 참조하라. 이 질문에 대한 대답이 47절에 나온다.

[47] 하느님에게서 온 자만이(참조. 42절) 하느님의 말씀을 들을 수 있다. 유다인들은 예수의 말을 들을 수 없다(43절). 왜냐하면 그들은 하느님에게서 난 자가 아니라 악마에게서 난 자이기 때문이다. 그들의 반응은 예수의 역사적 선교 이전의 조건에서 연유한 것이다.

[48] 우리가…라고 말한 것이 옳지 않소? 4장 17절, 13장 13절, 또한 마르코복음 7장 6절, "그가 옳게 예언하였다"를 참조하라. 현대 그리이스어에서 이와 동일한 표현으로는 "우리가 옳게 말하지 않소?"(Pallis, 20)라는 의미의 καλὰ δὲ λέμε ἐμεῖς이다. 이것이 바로 이 절의 의미이다.

당신을 사마리아사람이라고. 유다인들과 사마리아인들간의 관계에 대해서는 4장 9절을 참조하라. 사마리아인들에 대한 요한의 관심에 대해서는 4장 40절 이하를 참조하라. 사마리아인들은 혼혈로(참조. 41절), 변절한 족속으로 간주되었다. 예수는 두 가지 비난을 들었지만 그 중 한 가지 비난에 대해서만 대답하고 있음(49절 : "내가 귀신들린 것이 아니라")을 주목하게 된다. 이 사실은 사마리아인이라는 혐의와 귀신이 들렸다는 혐의가 동일한 것이었음을 뜻하는 것인지도 모른다. 이와 같은 동일성을 제시하는 가장 훌륭한 병행귀로는 사마리아인들로서 자칭 하느님의 아들이라고 주장한 도시데우스(Dositheus)와 시몬 마그우스(Simon Magus)가 미친(귀신들린) 것으로 취급받았다는 사실을 들 수 있다. 달리 말하면 이 혐의는 예수가 이단자라는 것이다. 그러나

"사마리아인"이라는 명칭이 이단자를 나타내는 일반적인 용어였다는 증거는 없다. 그리고 예수가 사마리아인들에 대한 고정관념을 지지했는지에 대해서는 매우 회의적이다.[18)]

네가 귀신이 들렸다. 이 혐의는 요한복음에서 여러 번 나온다 ; 7장 20절, 8장 48·52절, 10장 20절, 마르코복음 3장 22절과 병행귀들을 참조하라. 요한에게서 이 혐의는 그저 미친 것을 뜻하는 것 같은데 (참조. 특히 52절), 요한은 별로 중요하게 취급하지 않는다. 공관복음서에서 그것은 강력하게 논박되며 중요한 교훈의 전기를 마련한다. 이 혐의는 귀신축출 이야기가 요한복음에 없다는 사실에 일치한다.

[49] 내가 아버지를 높이고 있는데. 예수의 주장은 오만하거나 미쳐버린 자기주장이 아니라(요한이 일관성 있게 강조하는대로) 아버지에 대한 복종일뿐이다. ἀτιμάζετε는 "너희가 멸시한다"라는 의미 보다는 "존경한다"(τιμᾶν)의 반대명제로 생각하는 것이 더 좋은데, 이럴 경우 그 의미는 "너희는 아버지의 아들로서 합당한 영예를 나에게 주지 않는다"이다. 5장 23절을 참조하라.

[50] 나는 영광을 구하지 않는다. 내가 아버지를 높인다(τιμῶ τὸν πατέρα)와 대조적인 말이다.

구하시며 심판하시는 이가 (따로) 계시다. 이 구문에 대해서는 5장 45절을 참조하라. 이 절의 전반부는 "내 영광을 구하는"이란 해석을 우리로 하여금 하게 한다. "심판하다"(κρίνειν)의 법정적 의미는 "구하다"(ζητεῖν)에서는 발견되지 않는다. 바로 아버지가 (그리스도가 그의 영광을 구하듯) 그리스도의 영광을 구한다. 또한 그 분은 진리를 변호하고 동시에 진리의 적대자들을 정죄함으로써 심판한다.

[51] 이 절의 사상에 대해서는 5장 24절, 6장 40·47절, 11장 25절을 참조하라. 이것은 앞 절의 "심판하다"에서 암시된 바이다. 예수의 말씀을 지키는 자들(14,23·24;17,6)은 이미 죽음을 통과하여 생명에 이르렀기 때문에 심판을 면할 것이다. 마르코복음 9장 1절을 참조하라.

죽음을 경험하지 않을 것이다. 이 가운데 θεωρήσῃ("경험하다")는 3장 3절에 나오는 ἰδεῖν("보다")과 같은 의미이다. 이 귀절에서 죽음은 영적인 죽음을 의미한다.

---

18) Justin, *Trypho*, 69; Martyn, 64f.에 나오는 여기에 대한 통찰들, 또한 Origen, *c. celsum* Ⅵ, Ⅱ; Ⅶ, 8을 참조하라.

[52] 유다인들은 다시 한번 예수의 말들의 문자적인 의미를 생각함으로써 그가 미쳤다는(귀신들렸다는) 판정을 내리고 있다.

아브라함도 죽었고. *Iliad* XXI, 107; Lucretius Ⅲ, 1042 이하(불트만)를 참조하라.

죽음을 맛보지 않을 것이다. 이 귀절은 앞 절의 "죽음을 모를 것이다"에 해당하는 말이다. 의미상 어떤 차이가 의도되었는지 의문스럽다. 요한은 한쌍의 동의적 표현을 즐겨 쓴다. "죽음을 맛볼 것이다"(γεύεσθαι θανάτου)는 마르코복음 9장 1절에는 육신의 죽음으로 표현되어 있다. 그런데 만일 이 두 동사의 차이가 의도적인 것이라면 요한은 이러한 생경한 견해를 유다인들에게 돌리는 것 같다. 즉 육신의 불멸성이란 요구된 것인 반면 그들이 이해하지 못했던 진리란 그리스도인들은 죽음에 정복당해서는 안 된다는 것이다. 참조. 토마복음서 I : "이 말이 설명해주는 바를 아는 자마다 죽음을 맛보지 않을 것이다"(Fitzmy, *Essays*, 370).

[53] 당신은…더 훌륭하다는 말입니까? 이 대화의 물음은 사마리아 여인의 물음(4, 12)과 같이 "아니오"라는 대답을 기대한 것이다. 이것은 요한의 특징적인 반어적 표현이다. 거기에 대한 진실된 대답은 예수와 그의 독자들이 알고 있는 바대로 유다인들이 예측한 것과는 정반대이다.

우리 조상. D W에는 이 귀절이 생략되어 있다. 아마 이 말은 원래 생략되어 있었을 것인데, 그 이유는 이미 유다인들이 아브라함을 그들의 조상으로 삼은 것이 부인되었고(39·40·44절) 또한 이 말은 56절과 일관성을 갖도록 첨가된 것이기 때문이다.

예언자들도 죽었는데. 이 구문은 매우 느슨하다—"예언자들도 죽었는데"는 거의 회상에 가깝다.

당신은 자신을 누구라고 생각합니까? 5장 18절, 10장 33절, 19장 7절을 참조하라. 한번 더 유다인들은 그저 진리를 왜곡하고 있다. 예수는 자신을 이러 이러한 사람이라고 내세우지 않는다. 오히려 그는 인격적인 존엄성 전부를 내어놓고 하느님에 대한 그 자신의 복종과 의존성을 강조함으로써(28·38·42·50절) 하느님이 모든 것이 되게 한다.

[54] 예수가 스스로를 드러내는 것은 아무런 의미가 없다. 이같은 자기 영광은 진정한 영광이 못 된다. 히브리서 5장 5절을 참조하라. "영광"(δόξα), "영광돌리다"(δοξάζειν)에 대

해서는 1장 14절을 참조하라.

나를 영광되게 하시는 이는 내 아버지시다. 50절을 참조하라. 예수는 아버지에게 영광을 돌리고 아버지는 그를 영광되게 한다. 17장 1·4·5절을 참조하라. 그러나 이것은 구경꾼들 앞에서 내보일 수 있는 가시적인 영광은 아니다.

우리의 하느님이 … 바로 그분이시다. "우리의"(ἡμῶν; P66 P75 Θ Ω)는 ℵ B D에는 "너희의"(ὑμῶν)로 되어 있다. 그러나 앞의 독법의 직접적인 말이 좋을 듯한데, 이는 보다 생생한 종속절이 다소 그 어조를 부드럽게 할지도 모르기 때문이다. 유다인들은 구약성서의 언약들(예. 창세 17,7)을 주장하여 하느님을 그들 자신의 하느님으로 생각하면서도 그들 자신의 행위 때문에 하느님과의 관계를 스스로 부인해 버렸다는 사실을 망각하고 있다(42절). 4장 22절을 참조하라.

[55] 너희는 그분을 알지 못한다. 7장 28절과 요한일서 2장 4절을 참조하라. "알다"라는 의미의 두 동사 γινώσκειν과 εἰδέναι 사이에 의도적인 별다른 차이는 없다. 1장 10절을 참조하라. "알다"의 완료형 ἐγνώκατε에 대해서는 6장 69절을 참조하라.

너희같이. 본문은 "너희"가 여격(ὑμῖν)으로 되어 있으나 소유격(ὑμῶν; P66 ℵ)이 옳은 것 같다. 라틴어 "비슷한 외양"(vestri similis)을 참조하라.

그분의 말씀을 지키고 있다. 15장 10절, 17장 6절을 참조하라. 복종은 요한문서에 나타난 영지주의의 특징적 양상이다.

[56] (너희가 주장하는 대로) 너희의 조상 아브라함. 33·39절을 참조하라. 이 절의 논의는 인간에 대한(ad hominem) 것이다.[19]

나의 날을 보기를 무척 기뻐했으며. ἠγαλλιάσατο("무척 기뻐하다")는 강한 어조의 말이며 요한복음에서만 이곳과 5장 35절에 나온다. ἵνα("하는 것")는 보족어로서 기뻐하는 이유를 제시하고 있다. 이것은 요한의 독특한 문체의 특징이다(참조. 이 책 I권 24면). 바우어(Bauer, 131)는 이를 *B.G.U.* 1081.3, "당신을 만나게 되어 기뻤다"(ἐχάρην ἵνα σὲ ἀσπάζομαι)와 비교한다. 또한 현대 그리이스어 χαίρομαι νά σε θωρῶ("내가 너를 보니 기쁘다" *M.* II, 476)를 참조하라. 아브라함에게서 다가오

---

19) 아브라함 혈통의 계승에 대해서는 J. Jeremias, *Heiligengräber in Jesu Umwelt* (1958), 134f.; Derrett, *Law*, 86; McNamara, *T.E.T.*, 144f.를 참조하라.

는 시대의 비밀이 드러나게 되었다는 믿음은 적어도 라삐 아키바의 시대로 소급된다. 창세기 대(大) 미드라쉬(*Gen.R*) 44장 25절에는 라삐 아키바와 라삐 요하난 자카이의 견해의 차이가 기록되어 있다. 즉 후자는 하느님이 아브라함에게 계시한 것은 이 세계뿐이라고 주장한 반면 라삐 아키바는 그것뿐 아니라 다가오는 세대도 아브라함에게 계시된 것이라고 믿었다. 만일 도래하는 시대가 아브라함에게 계시되었다면 이 계시는 메시야의 날을 포함하는 것이리라(참조. *Tanhuma B.* חיי שרה "죽을 때가 되다", §6 [60a]; *S.B.* Ⅱ, 525). 이것은 창세기 24장 1절, בא בימים, 직역하여 "그는 날들에로 들어갔고"에서 유추된 것이다. "날들"(복수)은 보통 유다적 표현이나 루가복음 17장 22절에는 단수로 표현되어 있음을 참조하라. 요한은 예수의 선교에 대한 지식을 갖고서 종말론적 완성의 시점을 보다 정확하게 기술할 수 있었다. 아브라함의 기쁨은 아마도 창세기 17장 17절에서 연유한 것인데, 이미 이것은 필로(*Mut.* 154—69)에 의해서 불신이 아니라 기쁨을 나타내는 것으로 해석된 바 있다. 또한 레위의 유훈서(*T. Levi.*) 18장 14절에는, "그 때에 〔"새로 오실 사제의" 날들에—ἐν ταῖς ἡμέραις: 5절〕 아브라함과 이삭과 야곱은 매우 기뻐할 것이다"로 되어 있다. 원 아람어 בעא אברהם ("아브라함이 기도하였다…")이 א의 상실로 인하여 בין אברהם("아브라함이 기뻐했다…")로 왜곡되었다는 제안(Torrey, 144, 148; 참조. *M.* Ⅱ, 475—76)은 불필요한 것이다. 아브라함의 예수에 대한 예견에 대해서는 바나바의 편지(*Barn.*) 7장 7절("앞서 보다" προβλέψας)을 참조하라. 요한이 예수의 '날'을 통해 그의 선교 혹은 사람의 아들이 받게 될 영광의 도래를 나타내려 했는지를 묻는다는 것은 무익한 일이다. 요한이 뜻한 바는, 아브라함에게서 잠정적으로 완성된 구원의 사역이 예수에게서 실제로 완성되었다는 것이다.

〔 57 〕 당신은 아직 나이 오십도 못 되었는데. 아마도 오십은 대략적인 숫자이고, 예수의 젊은 나이와 아브라함과의 대단한 시간 격차의 대조를 지적하려는 것 외에 달리 의도된 바가 없다; 그러나 매우 초기에 이 인용문은 2장 20절과 함께 예수의 선교 기간이 사십세에서 오십세 사이였음을 입증해 주는 것으로 채택되었다(Irenaens, *adv. Haereses* Ⅱ, XXii, 5—6). 루가복음 3장 23절과 대조해 보라. 이같은 문자적 해석은 요지에서 벗어난 것으로서 다음과 같은 불트만의 평가를 확증한다: "유다인들은 그들 자신의 사고의 틀에 사로 잡혀 있다." 그러나 G. Ogg, *N.T.S.* 5 (1959), 291—8을 참조하라.

아브라함을 보았다는 말이요? 56절에서 암시된 독법인 "아브라함이 너를 보았다"는 P75 ℵ sin sah에 나와있는데, 이것은 확실히 수정된 번역이다. 유다인들의 응답은 보다 나은 본문에 의하면 예수의 진술과 다르다. 그 이유는 아브라함의 우월성을 가정함으로써(53절) 그들은 당연히 예수가 아브라함을 보는 것을(만약 이런 일이 가능하다면) 생각하고 있기 때문이다.

[58] 아브라함이 있기 전부터. 아브라함이 존재하기 이전에; 아마도 아브라함이 태어나기 전에 인데 γίνεσθαι는 이런 의미를 가질 수 있다. 56절과 이사야 43장 13절(Guilding, 108)을 참조하라.

내가 있었다. 이 말의 절대적인 어법에 대해서는 24절을 참조하라. 그 의미는 이러하다: "아브라함이 있기 전에 나는 현존재대로 영원부터 있었고 또 영원히 존재할 것이다." 참조. 토마복음서 19: "그가 존재하기 이전에 있었던 자에게 축복있으라." 참조. 시편 90편 2절. 린다스(Lindars)가 여기에 출애굽기 3장 14절에 대한 암시가 없다고 말하는 것은 옳다.

[59] 돌을. 10장 31—33절과 11장 8절을 참조하라. 돌팔매질은 신성모독에 대한 벌이었다(레위 24, 16; *Sanhedrin* 7, 4). 그러나 이 말은 예수가 자칭 하느님이라고 주장했던 것을 뜻하지는 않는다. 불트만의 보다 중요한 주를 보라(Bultmann, 327—28).

피하여. 창세기 3장 10절에서는 "숨겼다"(ἐκρύβην)로 나오는 재귀동사이다. 예수는 조심스레 물러나지만 그의 잠적은 다만 일시적인 것이다. 9장 1절을 참조하라. 예수가 체포를 면하게 된 것에 대해서는 7장 30·44절, 8장 20절, 또한 18장 6절을 참조하라. 적대자들은 예수가 정해진 때에 스스로 죽음을 맞이하기 전에는 그에 대해서 무기력하다. 예수가 어디로 갔는지가 불확실한 것과 비교할 때(7, 4·10) 요한은 아마도 예수의 초자연적인 사라짐을 암시하려 한 것 같다.

성전 밖으로, 20절을 참조하라. 본문은 ℵ^{ca} Θ^{c} Ω λ pesh hl boh 등에는 "그는 그들 가운데로 지나서 마침내 사라졌다"가 첨가되어 확대되었다. 그러나 본문의 짧은 구문이 거의 맞는 것임이 확실하다. 긴 본문은 루가복음 4장 30절에 동화된 것이다. 이 두 설화 사이에 전승상 약간의 연결이 있을 수도 있다. 데이비스(Davies, *Land*, 290—6)는 이 절의 특정한 위치에 대한 이유를 요한의 예수 소개의 발전에 둔다. 예수가 안식일(5장), 만나(6장), 또는 초막절의 물과 빛의 의식(7장과 8장)을 대신한 다음에 그가 성막과 성전을 대체하려고 헌납으로 자신을 봉헌하기 이전에 여기서 우리는 "신의 현존이 남은 '성역'(Holy Space)에서 떠나는 것을 보게 된다"(296).

4. 나면서부터 눈 먼 사람 : 審判의 開始 9장 1—41절

1 예수께서 가시다가 출생 때부터 맹인된 한 사람을 보셨읍니다. 2 제자
들이 예수께 "선생님, 이 사람이 맹인으로 태어난 것이 누구의 죄입니까?
이 사람의 죄입니까? 부모의 죄입니까?" 하고 물었읍니다. 3 예수께서 대
답하셨읍니다 : "이 사람이나 그의 부모가 죄를 지은 것이 아니다. 다만 하
느님의 하시는 일이 그에게서 나타나기 위한 것이다. 4 우리는 나를 보내신
이의 일을 낮 동안에 해야 한다. 밤이 오면 아무도 일할 수 없다. 5 내가 세
상에 있을 때 나는 세상의 빛이다." 6 예수께서 이 말씀을 하신 후에 땅에
침을 뱉아 진흙을 개어 맹인의 눈에 바르시고 7 그에게 실로암(곧 보냄을
받았다는 뜻) 못에 가서 씻으라고 말씀하셨읍니다. 맹인이 가서 씻고 보게
되어 돌아갔읍니다. 8 이웃사람들과 또 그가 본래 거지였던 것을 늘 본 사람
들이 "이 사람은 앉아서 구걸하던 사람이 아니냐?" 하고 말했읍니다. 9 어
떤 사람들은 "이 사람이 그 사람이다"하고 말했읍니다. 그런데 눈뜬 사람은
"바로 나요"하고 말했읍니다. 10 그래서 사람들이 그에게 물었읍니다 : "그
대는 어떻게 눈을 뜨게 되었소?" 11 그가 대답했읍니다 : "예수라는 사람이
진흙을 개어 내 눈에 바르고 나더러 '실로암에 가서 씻으라'고 하셨소. 그
래서 내가 가서 씻었더니 보게 되었소." 12 사람들이 눈 뜬 이에게 "그 사
람이 어디 있소?" 하고 물으니 그는 "모르겠소"하고 대답했읍니다. 13 사
람들은 전에 맹인이었던 그를 바리사이파사람들에게 데리고 갔읍니다. 14 그
런데 예수께서 진흙을 개어 그의 눈을 뜨게 하신 날이 안식일이었읍니다. 15
바리사이파사람들이 또 그에게 "어떻게 보게 되었소?" 하고 묻자 그는 "그
분이 내 눈에 진흙을 개어 발랐고 내가 눈을 씻었더니 지금 나는 봅니다"하
고 대답했읍니다. 16 바리사이파사람 중 어떤 사람은 "이 사람은 하느님께
로부터 오지 않았오. 왜냐하면 그가 안식일을 지키지 않았기 때문이오" 하
고 말했읍니다. 또 어떤 사람들은 "죄있는 사람이 어떻게 그런 기적을 행할
수 있겠소?" 하고 말했읍니다. 그래서 그들 사이에 의견이 갈라졌읍니다.
17 그들이 눈뜬 이에게 "그가 당신의 눈을 뜨게 했으니 당신은 그를 어떻게

생각하오?"하고 다시 말했읍니다. 눈뜬 이가 "그분은 예언자입니다"하고
대답했읍니다. 18 유다사람들은 그 사람이 전에 맹인이었다가 보게 된 사실
을 믿지 않고 마침내 그 눈뜬 사람의 부모를 불러 19 물었읍니다: "이 사람
이 나면서 맹인이었다는 당신의 아들이요? 그런데 어떻게 지금은 보게 되
었소?" 20 그의 부모가 대답했읍니다: "이 아이가 우리의 아들이라는 것과
나면서 맹인이었던 것은 우리가 압니다. 21 그러나 그가 지금 어떻게 보게
되었는지 또 누가 그의 눈을 뜨게 했는지 그것은 모릅니다. 다 큰 사람이니
그에게 물어보시오. 그가 자기 일을 말할 것입니다." 22 그의 부모는 유다
사람들이 무서워서 이렇게 말했읍니다. 예수를 그리스도라고 하는 사람은
누구든지 회당에서 쫓아내기로 유다사람들이 이미 결의해 놓았기 때문이었
읍니다. 23 그래서 눈뜬 이의 부모는 "그가 다 컸으니 그에게 물어보시오"
하고 말한 것입니다. 24 바리사이파사람들은 맹인이었던 그 사람을 두 번째
불러서 "영광을 하느님께 돌리시오. 우리는 그 사람이 죄인인 줄 아오"하고
말했읍니다. 25 눈뜬 이가 대답했읍니다: "그 분이 죄인인지는 내가 모릅니
다. 다만 한 가지 아는 것은 내가 맹인이었다가 지금은 보게 되었다는 그것
입니다." 26 그들이 다시 물었읍니다: "그 사람이 그대에게 한 것이 무엇이
요? 그가 그대의 눈을 어떻게 뜨게 했소?" 27 눈 뜬 이가 대답했읍니다.
"그것은 내가 이미 당신들에게 말했건만 당신들은 곧이 듣지 않았읍니다. 그
런데 왜 다시 들으려 합니까? 당신들도 그분의 제자가 되기를 원합니까?"
28 그러자 바리사이파사람들은 그를 욕하며 "그대는 그 사람의 제자이지만
우리는 모세의 제자요. 29 하느님께서 모세에게 말씀하셨다는 것은 우리가
잘 알고 있소. 그러나 그 사람은 어디서 왔는지 우리가 알지 못하오" 하고
말했읍니다. 30 눈뜬 이가 대답했읍니다: "그분이 내 눈을 뜨게 해주셨는데
도 당신들은 그분이 어디서 왔는지 알지 못하니 참 이상한 일입니다. 31 하
느님께서는 죄인의 말은 들으시지 않지만 하느님을 공경하고 그의 뜻을 행
하는 사람의 말은 들어주시는 줄 압니다. 32 맹인으로 태어난 사람의 눈을
뜨게 했다는 말은 창세 후 아무도 들어본 일이 없읍니다. 33 그분이 하느님
께로부터 오신 분이 아니라면 아무 일도 할 수 없었을 것입니다." 34 바리
사이파사람들이 그에게 말했읍니다: "그대가 완전히 죄 가운데서 났으면서
도 우리를 가르치고 있소?" 그리고 그를 바깥으로 내어쫓았읍니다. 35 바
리사이파사람들이 눈뜬 이를 내어쫓았다는 말을 예수께서 들으시고 그를 만
나 "네가 사람의 아들을 믿느냐?" 하고 물으셨읍니다. 36 눈뜬 이가 대답
했읍니다: "주님, 그분이 어느 분입니까? 제가 그분을 믿으려고 합니다."
37 예수께서 그에게 말씀하셨읍니다: "너는 이미 그를 보았다. 너와 말하고
있는 사람이 바로 그이다." 38 그러자 그는 "주님, 제가 믿습니다"하면서
예수께 엎드려 절했읍니다. 39 예수께서 또 말씀하셨읍니다: "내가 이 세상

에 온 것은 심판하기 위한 것이다. 곧 보지 못하는 사람은 보게 하고 보는
사람은 맹인이 되게 하려는 것이다." 40 예수와 함께 있던 바리사이파사람들
이 이 말씀을 듣고 "우리들도 맹인이란 말이요?" 하고 말했읍니다. 41 예
수께서 그들에게 말씀하셨읍니다"너희가 맹인이었더면 도리어 죄가 없었을
것이다. 그러나 지금 본다고 말하니 너희의 죄가 그대로 남아있다."

본 장의 토대는 두 가지 면으로 볼 수 있다. 장님이 치유받은 단순한 기적설화와 내가 세상의 빛이라는 교훈의 말씀(참조. 8,12)이 그것이다. 이 기적은 말씀의 진실성에 대한 유효한 표징이며, 그 밖의 곳에 언급되어 있는 분리시키고 심판하는 빛의 효과(3,19 이하 ; 참조. 12,35·36·46)가 설화 가운데서 제기된다.(기적이 안식일에 일어난 것이라는 사실에서) 치유의 이야기가 심판의 선포로 넘어간다.

설화적 요소는 직접적인 것이지만 기술적으로 다루어져 있다. 예수가 장님을 치유하도록 요청받은 것은 아니다. 다만 그는 전적으로 자기 의지대로 행동하면서 다른 한편으로 당대의 의학이나 주술에서 알려지지 않은 치유의 수단을 사용하고 있다. 전체 사건에 대한 교훈적 병행이 Dittenberger, *Syll.* 1173. 15—18(Deissmann, 132)에 나온다. 이 비명에서 기적적인 치유(아마도 Asclepius에 의한)는 이렇게 기록되어 있다. "그 신은 눈 먼 병사인 발레리우스 아퍼(Valerius Aper)에게 가서(ἐλθεῖν; 참조. 7절, ὕπαγε) 흰 수탉의 피를 꿀과 함께 취하여 그것들을 안약으로 문지르고(참조 진흙과 타액의 사용, 6절) 삼일 간 눈에 바르고 있으라고(ἐπιχρεῖσαι, 참조. 11절) 알려 주었다. 그리고 나서 그는 그의 시력을 되찾게 되었고(ἀνέβλεψε, 참조. 11절) 그 신에게 정식으로 가서(ἐλήλυθεν, 참조. 7절, ἦλθεν) 감사를 돌렸다."

비명에 나타난 대로 치유의 효력이 즉시 나타난 것은 아니다. 완전히 치유받으려면 그 사람은 특정한 물로 씻어야 한다. 그러나 치유가 이루어질 때 적잖은 놀라움이 뒤따를 것이다. 그래서 눈이 멀었다가 보게 되었다고 말하는 그 사람의 정체는 의심을 받게 된다. 보게 된 것을 확인하고 난 그 장님은 자기에게 은혜를 베푼 자의 이름이 예수라는 것을 알고 있을 뿐 그가 있는 곳에 대해서 아무 것도 모른다. 바로 이 점에서 그 사람이 바리사이인들에게로 불려갔을 때 안식일 문제가 제기되고 여기서 딜렘마에 빠지게 된다. 예수는 안식일을 범했으므로 죄인임에 틀림없다. 예수는 죄인이 이런 치유를 할 수 없으므로 죄인이 될 수 없다. 더구나 제기된 질문은 이 경우의 기본적인 사

실들을 확인시켜 주는데, 유다인들은 그 사실들을 악용하게 된다. 그들은 출신성분이나 권위를 알 수 없는 예수와, 하느님으로부터 안식일법을 받은 모세를 대조하고 있다. 그리고 그들은 그들의 주장에 감히 이의를 제기하는 그 눈먼 자를 쫓아 버린다. 바로 이때 예수가 그 이야기에 직접 등장한다. 첫째로 그는 자기가 치유했던 자에게 자신의 정체를 드러낸다. 그 눈먼 자는 예수를 믿고 예배하게 됨으로써 육신의 눈만이 아니라 영적인 눈을 뜨게 된다. 다음으로 예수는 세상의 빛으로서의 자신의 품성에서 말함으로써 그의 선교의 놀라운 목적을 진술하고 있다 : "내가 이 세상에 온 것은 심판하기 위한 것이다. 곧 보지 못하는 사람은 보게 되고 보는 사람은 보지 못하게 하려는 것이다"(39절). 불쑥 질문에 끼어든 바리사이인들은 방금 진술된 일반적인 원리에 입각하여 구체적인 정죄를 받고 있다.

짧은 본장은 그리스도의 사역에 대한 어떤 다른 요한의 개념보다 더 생생하고 완벽하게 표현되어 있는 것 같다. 한편으로 예수는 그와 격리되어 완전히 가망이 없는 상태에 놓여있는 인류에게 은혜를 베푸는 분이다 ; 맹인으로 태어난 사람의 눈을 뜨게 했다는 말은 아무도 들어본 일이 없다(32절). 이런 눈뜸은(몇몇 헤르메스의 논제들에서처럼) 원래 지적인 어떤 것으로서가 아니라 오히려 그것은 생명 혹은 구원의 직접적인 수여로서 선사된 것이다. 따라서 이것은 생수(4, 10 ; 7, 37·38) 또는 생명의 양식(6, 27)의 공급과 비교될 수 있다. 다른 한편으로 예수는 그들 자신이 필요로 하는 것이 무엇인가를 알지 못하는 사람으로 가득찬 세상에로 온 것이다. 대다수 사람들이 옳게 보지 못하는 눈을 갖고 있다(예. *Old Testament*, 5, 39·40). 그래서 그들은 너무 교만하기 때문에 지금 이 순간 비추이고 있는 참된 빛을 포기해 버린다. 사람들은 참된 빛에 대해서 고의적으로 눈을 감아 버리기 때문에 참된 빛은 결과적으로 그들의 눈을 멀게 하는 것이 된다. 그들은 자기들 스스로가 의롭다고 매우 확신하고 있다는 데에 바로 그들의 죄가 있다.

눈 먼 사람의 치유기사에 꼭 들어맞는 병행귀가 공관복음서에는 없다. 이와 유사한 기사에 대해서는 마르코복음 8장 22—26절과 10장 46—52절을 참조하라. 그렇다고 해서 그 설화 전체가 대체적으로 요한의 창작이라고 생각할 필요는 없다. 그것은 아마도 이미 존재하고 있는 전승의 맥락에서 나온 것이리라. 예수가 안식일을 바로 지키지 못했다는 고발은 공관복음서에서 수차례 발견되며 제4복음서에서는 이미 나온 바 있다(5, 1—18에 대한 서론과 주 참조). "나는 세상의 빛이다"라는 선포를 담고 있는 초기 전승자료에 대해서는 8장 12절의 주석을 참조하라. 예수의 선교가 그의 동시대인들에게 가져온 분리하고 비판하는 효과 역시 초기 전승에 깊이 뿌리 박고 있다. 예수가 베엘제불의 힘을 빌어 악마를 쫓아낸다는 억지 주장에 대해 성령에 대한 그러한 신성모독이 결코 용서받을 수 없다는 말씀이 선포된다(마르 3, 28 이하). 그것은 죄이다(참조. 41절 : "너희의 죄가 그대로 남아있다"). 공관복음서의 비유들은 "열 두 제자와 예수를 둘러 있던 사람들"과 "다른 사람들"을 일단 구별하고 있다(마르 4, 10·11). 마르코복음서의 다음에 나오는 몇몇 귀절들에서 우리가 깨닫게 되는 것은, 가진 사람은 더 받을 것이요 가지지 못한 사람은 가진 것까지도 빼앗기리라는 것이다(4, 25). 예수는 눈은 있으나 보지 못하는 자들의 완고함(πώρωσις, 마르 3, 5 ; 참조 6, 52 ; 8, 17)을 주시하고 있다. 마르코복음 3장 1—6절에서 "굳어진 것"이 눈이 먼 것으로 이해된다면 이것은 현재의 안식일 기사를 은연중에 암시했을 수도 있다. 공관서의 자료 중 상당수가 예수의 선교는 인간들이 서고 넘어지는 시험이 된다는 것을 암시한다(이와 같은 교훈들의 예 : 마르 8, 38 ; 마태 11, 6·21—4 ; 루가 7, 23 ; 10, 13—16과 기타 다른 절들). 요한은 비길데 없는 솜씨와 깊은 신학적 통찰을 갖고서 그리스도교 신앙의 중심적인 주제들 가운데 하나를 제시하였다(바울로의 이와 동일한 주제에 대해서는 로마 9—11 ; 고전 1, 18·23·24 ; 고후 2, 15와 다른 절들 참조).

초기전승이 갖는 신학적 의의에 대한 요한의 통찰은 본장을 구성하는 데 있어서 가장 중요한 단 하나의 요소이며 이러한 사실은 다른 형태의 분석과는 달리 의문의 여지가 없다. 예를 들어 초막절 성구들인 레위기 13장, 열왕기하 5장, 신명기 10장, 열왕기하 13장 23절 이하 등이 그 기사에 영향을 미쳤을 것이고 또 요한복음 15장, 16장에 대한 병행을 설명해 줄 수는 있지만(Guilding, 121—5) 그러나 그 암시들이 분명하지 않은 것 같다. 2—5절은 전승된 이야기에 요한이 삽입시킨 것일지도 모른다(Dodd, *Tradition*, 184—4). 그런데 5절은(또 아마도 4절은) 8장 12절의 전후관계를 잘 말해주는데 2·3절에 대해서는 그렇지 않다. 7절과 8절 사이에는 분명한 단절이 있다. 그렇다고 해서 8—41절은 기적사화들이 치유받은 자가 아니라 치유하는 자에게만 관심이 있기 때문에 극적으로 확대된 것임에 틀림없다는 주장(Martyn, 5)은 그 문제를 과장해서 말한 것이다. 요한은 종종 초대교회에서 "개안"($\phi\omega\tau\iota\sigma\mu\acute{o}\varsigma$)으로 간주되고 말해진 세례에 대한 가르침(참조. 특히 Brown, 380 이하)을 전달하고자 했을 것이다. 본장은 일찌기 세례와 관련되었음이 확실하다(또한 Hoskyns 참조). 그러나 요한 자신은 그러한 연관을 분명히 밝히고 있지 않다(참조. 6, 15—6에 나오는 성만찬에 대한 요한의 언급). 그러므로 우리가 본장의 내용과 세례를 밀접하게 관련시킨다면 요한의 신학을 빈약하게 하는 격이다. 요한은 믿음, 회개, 빛, 어두움, 심판 등에 보다 관심을 갖고 있다. 그는 이러한 것들이 일어나는 특별한 상황들(예를 들어 세례)이 그 나름대로는 중요하다고 하더라도 이 상황들에 대해서 관심을 덜 가지고 있다. Schnackenburg Ⅱ, 325—8을 참조하라.

이러한 관찰에서 우리는 마틴(Martyn)의 언급을 인용하게 되는데, 요한복음의 배경에 관한 그의 저서는 본장에 출발점을 둔다. 유감스럽게도 마틴은 지적하지 않고 있지만 요한의 배경에 대한 중요한 언급은 고인인 알렌(E.L. Allen)이 저술한, *J.B.L.* 74 [1955], 88—92에 나와 있다. 마틴의 가설의 요점(이 책 1권 211—12면 참조)은 요한은 "부활하신 주님이 그의 지상선교를 그의 종, 곧 그리스도인 설교가의 사역에서 어떻게 지속시켜 나가는가를 보여주고자 한다"는 것이다(9). 따라서 요한은 역사를 두 가지 차원에서 기술하고 있다. 그는 단순한 역사적 차원에서 예수의 행적과 말로 구성된 설화를 제공할 뿐만 아니라 현재적 차원에서(여전히 예수에 대한 설화의 형태가 남아 있긴 하지만) 유다인들을 향한 그리스도의 선교와 그것에 대한 그들의 반응을 묘사하고 있다. 세부적인 설명은 아래의 주석에서 제시될 것이다. 마틴의 제의는 대개 설득력이 있다 ; 요한의 기본적인 관심은 예수에 관한 전승민담을 부활이후 시대(또는 실로 세기말)에 적용하는 데 있었다는 것이 사실임에 분명하다. 그러나 마틴은 예수의 전승민담을 특정한 디아스포라적인 배경에 적용시키려 했다기 보다는 그 전승의 전반적인 신학적 내용을 밝히려는 의도가 담긴 요한 작품의 범위를 축소시킬 약간의 우려가 있다. Bornkamm Ⅳ, 65—72를 참조하라.

[I] 가시다가. 예수는 추측컨대 아직 예루살렘에 머물고 있지만 성전 안에 있지는 않다(8, 59). 이 분사는 배경에 대한 어렴풋한 지적만을 해준다. 마르코복음 1장 16절을 참조하라.

출생 때부터. 사도행전 3장 2절과 14장 8절에 나오는 사람들은 "모태로부터"($\acute{\epsilon}\kappa\ \kappa o\iota\lambda\acute{\iota}\alpha\varsigma\ \mu\eta\tau\rho\acute{o}\varsigma$) 병자였던 것으로 묘사되고 있다. "출생"($\gamma\epsilon\nu\epsilon\tau\acute{\eta}$)은 신약성서의 다른 곳에서는 사용되지 않는 말인데, 요한의

이 표현은 "출생시로부터"에 해당하는 훌륭한 그리이스어이다.

이 사람이 나면서부터 병자라는 서술은 기적의 효과를 높이려는 요한의 증거로 자주 나오며 32절은 어느 정도 이같은 견해를 지지한다. 그러나 요한은 인간이 천성적으로 빛을 받아들이지 않는다(참조. 1, 5·10·11)는 사실을 또한 염두에 둔 것 같다. 인간은 영적으로는 나면서부터 맹인이다. 현재의 설화는 마르코복음 10장 46—52절과 결합된 것으로서 아마도 빌라도의 행전(Acts of Pilate) 6장 2절에서 언급된 것으로 보인다: "그리고 다른 유다인이 나와서 이렇게 말했다. 나는 태어나면서부터 눈먼 자였다오. 그래서 사람의 말소리는 알아들어도 얼굴은 보지 못하였오. 예수가 지나갈 때 나는 큰 소리로 외쳤지요. 다윗의 아들이여, 내게 자비를 베푸소서라고. 그러자 그분은 나를 측은히 여겨 내 눈에 손을 얹으시자 그 즉시 내가 보게 되었다오."

[2] 누구의 죄입니까? 죄란 누가 범한 것이든간에 실명의 원인으로 생각되고 있다. 이것은 유다교의 일반적인 통념이었다. 이런 통념이 유다교에만 있었던 것은 아니다(Lucian에 대해서는 Betz, 156 참조); 예. *Shabbath* 55a "죄없는 죽음도 없고": "(에제 18, 20에서 입증된 사실) 범죄없는 처벌(즉 고통)도 없다(시편 89, 33에서 입증된 사실)". 나면서부터 맹인된 사람이 있다면 그 사람의 부모나 그 자신의 출생 이전의 존재에서 죄가 발견될 수밖에 없다. 부모의 죄가 자녀에게 신체적 결함으로 나타날 수 있다는 증거가 *S.B.* II, 529에서 인용된 인용문에 나와 있다. 그리고 출생 이전의 죄가 가능한 것으로 간주되었다. 창세기 대 미드라쉬(*Gen. R.*) 63장 6절에 나와 있는 창세기 25장 22절에 대한 해석을 참조하라. 또한 아가 대 미드라쉬(*Song of Songs R.*) 1장 41절을 참조하라: "임신한 여인이 이교의 성전에서 예배드릴 때 태아 역시 우상숭배에 동참하는 것이다." 부모의 죄가 자녀에게 미친다는 것은 여기서 열왕기하 14장 6절에 근거한 "성서적 수수께끼"(Guilding, 124) 이상의 의미가 담겨있음을 보여준다. 모든 역사는 하느님에게 영광을 돌리기 위함이며 예수 안에서 그의 영광을 드러내기 위한 것이다.

ἵνα. 이 말은 여기서 결과를 표현하는 말이다.

[3] 이 사람이나 그의 부모가 죄를 지은 것이 아니다. 모든 병을 죄탓으로 돌릴 수는 없었다. סיורין של אהבה, "사랑의 벌"도 있었던 것으로 여겨졌다. "고통당하는 사람이 사랑의 벌

을 기꺼이 감수한다면 그는 거기에 대한 보상으로 장수하고 토라에 대한 그의 지식을 확증하며 모든 죄를 용서받게 될 것이다"(*S.B.* Ⅱ, 193). 그런데 이런 유형의 응징이 여기서 의도되었을 것 같지는 않다. 그러한 응징은 실명과는 달리 율법에 대한 연구에 지장을 초래하지는 않으므로 용인되었을 것이기 때문이다. 더구나 인간이 고통당하는 목적에 대한 요한의 긍정적인 말은 다른 성격의 것이다(다음 주석 참조).

다만 하느님의 하시는 일이 그에게서 나타나기 위한 것이다. 이 표현은 생략문장인데, 그 의미는 분명하다. 그가 나면서부터 눈멀게 된 원인은 이 사람의 죄나 그의 부모의 죄가 아니었다. 그는 ……하기 위해서 나면서부터 실명한 것이었다(아니면 이러 이러한 결과로 : 참조. 2절에 나오는 ἵνα의 어법). 참조. 11장 4절 ; 라자로의 병은 "하느님의 영광을 위한 것"이다. 접속사 ἵνα에 관한 문제는 문법상 흥미가 있긴 한데 신학적으로는 언뜻 보기에 덜 중요한 것이다. 여하튼 요한은 그 사람의 출생과 실명이 하느님의 통제나 목적과 무관한 것으로는 생각하지 않았을 것이다. 참조. 출애굽기 9장 16절 : "내가 너를 세웠음은 나의 능력을 네게 보이고 내 이름이 온 천하에 전파되게 하려 하였음이니라." 이 절은 로마서 9장 17절에서(약간 변형되어) 인용되고 있다. 접속사 ἵνα는 요한의 문체와 사상에 너무 밀착되어 있으므로 "그에게서…하기 위해"(ἵνα... ἐν αὐτῷ)가 아람어의 관계대명사를 잘못 표현한 것이라고 가정할 수는 없다(J. Héring, *Le Royaume de Dieu et sa venue* [1973], 22, n. 2). 또는 그것이 명령법적으로 사용되었다고 가정할 필요도 없다(Turner, *Insights*, 145—46).

"하느님의 일. 이 말은 종도의 규례(1*QS*) 4, 4("하느님의 일" מעשי אל)에서 그 병행귀가 발견된다. 그러나 브라운(Braun)이 지적한 바대로 요한복음과 쿰란문서는 각기 독립적으로 구약성서를 인용하고 있다. 여기서 하느님의 일은 "하느님께서 나로 하여금 하기를 원하시는 일"이다. 이와 동일한 말이 6장 28절에서는 다른 의미로 표현되어 있다. 한편 이 책 Ⅰ권 120—1면과 4장 34절, 5장 36절 주석을 보라.

[4] 우리는 나를 보내신 이의 일을 해야 한다. 이 말 가운데 나오는 명사는 Θ w it vg sin pesh 등에는 단수명사로 나오며 P66 P75 ℵ와 다른 소수의 사본들에는 복수명사로 나온다. B D에 나오는 "우리는… 해야한다"(ἡμᾶς...με)라는 독법이 옳은 것은 거의 의심할 여지가 없다. 보다 난해한 독법인 이것은 예수가 그의 주변에 불러 모았던 사도의 공동체와 연합하고 있음을 보여주는 다른 귀절들

(특히 3,11)과 잘 들어 맞는다. 아버지가 예수를 보낸 것 같이 그도사도들을 보낸다(20,21—주석 참조). 그러므로 그에게서와 마찬가지로 그들에게도 기회가 지속되는 한 하느님의 일을 행하는 복종이 요구된다. 제자들이 기적에 있어서 어떤 역할을 담당했다고는 생각되지 않는다. 그러나 14장 12절을 참조하라. 주어 "우리가"는 마틴(Martyn, 7—8)에게서 특히 중요한 것인데, 그것은 "예수의 사역의 지속이… 그리스도인의 증언의 행위들 가운데"(존속됨을) 지시하기 때문이다. 그러나 다드(*Tradition*, 186)는 "우리는 낮 동안에 일해야 한다"는 말을 요한이 "나를 보내신 이의 일"을 덧붙여 표현하려고 채택한 하나의 격언이라고 생각한다.

낮 동안에. ἕως가 현재 직설법과 함께 "동안"을 의미하는 경우는 요한복음에서 오직 이곳 뿐이다. 21장 22·23절에서 이 말은 "…할 때까지"를 의미한다. 동안(ὡς)이 사용되고 있는 12장 35·36절을 참조하라(W와 다른 소수의 사본들에도 이렇게 쓰여 있다). 참조. 아보트(*P.Aboth*) 2장 15절 : 라삐 타르폰(R. Tarfon; A.D. 130)은 이렇게 말한 바 있다 : "낮은(그러나 241—42 참조) 짧고 할 일은 많은데 일하는 자들은 빈둥거리기만 하고, 품삯은 많아도 그 집의 주인은 절박하다." 여기서 낮은 인간의 수명을 가리킨다. 요한에도 이와 동일한 의미가 담겨 있는데, 그것은 예수의 생명이 지정된 "구원의 낮"이며 예수 자신은 세상의 빛이므로 그의 떠나가심은 곧 밤의 도래를 의미한다는 사실과 특히 관련지을 때 그러하다. 동일한 이중적 상징이 이 귀절에서도 계속 사용된다. "밤"(νύξ)은 11장 10절과 13장 30절에서(또는 아마도 3,2 : 비교. 19, 39에서) 그 말의 문자적 의미 이상으로 사용되며 여기서도 문자적 의미 이상의 뜻을 지니고 있다.

[5] 내가 세상에 있을 때. 이 귀절은 "때"(ὅταν)로 되어 있으나 앞 절의 ἕως("동안")를 반복했더라면 더 좋았을 것이다. 요한이 말하고자 한 것은 "내가 세상에 상주하는 동안"이라거나 (불확실한 장래의 어느 때를 의미하는) "내가 세상에 있게 될 때'가 아니다. "세상에"(라삐적 히브리어에서 בעולם, ba'olam) 있다는 것은 산 자들의 땅에서 살게 된다는 것이다. 그러나 "세상"(κόσμος)에 대한 요한의 특별한 용법에 의하면 (참조. 1,10) 그 이상의 의미가 의도되었음이 분명하다. 왜냐하면 하느님이 세상을 사랑하사 세상을 구원하려고 예수를 보내셨다. "내가 내 인생을 사는 동안 그리고 내가 지상에서 구원의 사명을 펴는 동안."

나는 세상의 빛이다. 8장 12절을 참조하라. 이 진술은 요한의 강세어인 ἐγώ εἰμι가 빠져 있다. 아마도 그 강세어가 나오는 경우에는 그 형태의 중요성이 강조될 것이다. 그러나 이런 강세적 표현이 없이도 선언적 진술이 이루어질 수 있다. 8장 12절에서 보다 좀더 분명하게 이 말은 빛이 예수의 인격에 대한 형이상학적 정의가 아니라 세상에 미치는 그의 영향력에 대한 묘사인 것 같다. 그는 세상을 심판하고 구원하는 빛이다. 그 안에 있을 때만이 세상은 낮이 되어 사람들은 안전하게 걸어다닐 수 있다(12,35); 그의 부재는 곧 어두움이다.

[6] **이 말씀을 하신 후에.** 앞 절과의 연결이 매우 긴밀하다. 예수는 그의 지상에서의 선교가 세상의 빛이라는 것을 선포한 후에 즉시 눈 먼 사람을 보게 하고 또한 자신들이 볼 수 있다는 데 대해서 자부하면서 참 빛을 외면하는 자들을 심판함으로써 그의 말을 예증한다. 동시에 그는 언제나 복종하는 자로서 하느님의 뜻을 행하고 있다.

땅에 침을 뱉아. 이 기적에서(비교. 2,3; 4,47; 11,3; 참조. 5,6) 예수는 주도권을 쥐고 있다. 신학적 논쟁의 주제로서 소개된 눈먼 사람은 신적 자비의 대상이요 계시의 무대가 되고 있다. 침은 마르코복음서의 두 가지 기적사화(마르 7,33; 8,23)에서 모두 사용된 것이다. 신약성서의 이곳 외에 다른 곳에서는 나오지 않는다. "땅에"(χαμαί)라는 말은 9장 6절과 18장 6절에서만 사용되고 있다. 이 말은 여기서처럼 고전적인 기자들도 사용하는 χαμᾶζε라는 말의 대용어이다. 고대에서 침은 의학적인 가치가 있는 것으로 생각되었다. 예를 들어 알렉산드리아의 베스파시안(Vespasian)의 유명한 이야기를 참조하라: Tacitus, *Historiae* Ⅳ, 81; "…그는 장군에게 그의 눈과 눈동자가 볼 수 있게 되도록 침을 발라 달라고 간청하였다. 그리하여 날들이 밝아졌다"(Suetonius, *Vespasian* 7; Dio Casssius LXV, 8도 참조하라). 타키투스가 정당화하고는 있지만 침의 사용은 유다교에서 비난을 받았던 주술적인 행위들(참조. Betz, 150)에 일반적으로 수반되었던 것이다. 그래서 산헤드린(*Sanhedrin*) 10, 1에서 라삐 아키바는 "…부상자에게 마법을 거는 사람은" 내세에 참여하지 못할 것이라고 하는데, *Tosephta*(12,10 [433])는 동일한 말에다 "…그리고 침을 뱉는 그"(ורוקק)라는 말을 덧붙이고 있다. 그러나 이 경우에 있어서 침은 땅에 뱉어진 것이 아니라 부상자에게 뱉어진 것이다. 요한복음에 기록된 관행은 사무엘(Samuel; 주후 254년에 사망)이 한 말에 반영되어 있다. "누구든지 안식일에는 침을 발라서는 안 된다"(*Y. Shabbath* 14, 14d, 17—18). 이것은 일반적인 원리의 적용이었다 : 안식일에 기름을 바르는 것은 평일에 기름을 바르는 데 일반적으로 사용된 액체 외에는 금지되었다. *Shabbath* 14, 4 : "만일 허리가 아픈 사람이라면 그는 거기에 포도주나 식초를 발라서는 안 되며 다만 기름은 바를 수 있는데 그것도 장미향유는 안 된다. 왕족이라면 그들의 상처에 장미향유를 발라도 되는데, 그것은 그들이 평일에도 하는 습관이기 때문이다". 이레니우스(Irenaeus)[1]는 여기서 창세기 2장 7절에 대한 암시를 보았는데, 그것은 그럴듯하지 않다.

발랐다. B와 다른 몇몇 사본들에는 ἐπέθηκεν("두었다")으로 되어 있는데 ἐπέχρισεν이 아주 잘 입증되는 독법이다(P[66] P[75] ℵ D W Θ Ω). 그러나 이것은 11절에 동화되어 아마도 이렇게 표현된 것 같다. ἐπέχρισεν 다음에는 여격 수반 전치사 ἐπί("…에")가 아니라 대격이 수반되었을 것이다. 바르는 행위에 대해서는 본장의 서론에서 인용된 비경에 나타난 병사의 치유 이야기를 참조하라.

[7] 가서 씻으라. 이 귀절은 두 가지 명령이 병치구문을 이루고 있으며 셈어투의 흔적을 엿볼 수 있다(Black, 64). 그러나 "씻으라"(νίψαι)는 생략되어야 할 것 같다(한 사본에서 생략되어야 한다고 생각할 수 있다 ; 참조. *B. D.*, §205). 굳이 νίψαι를 첨가해서 읽는다면 그 구조에 대해서는 Epictetus Ⅲ, XXii, 71 : "그는 물통있는 데서 몸을 씻기 위해"를 참조하라. 요한복음에서 "씻다"(νίπτειν)는 본장과 13장에서만 나온다. 이 말은 항상 능동태로 나오며 (예외. 13, 10 ; νίψασθαι: "씻다" νίπτω의 부정사, 중간태) 본장에서는 중간태로만 쓰인다. 이중 명령은 열왕기하 5장 10절(πορευθεὶς [πορεύομαι의 주격, 단수, 남, 분사] λοῦσαι)에는 나타나지 않지만 여기서 나아만의 이야기가 언급되어 있는 것 같다(참조. 101—102면).

실로암 못에. νίψαι("씻다")가 생략되지 않았을 경우, 본문에서 사용된 εἰς("안으로")는 후대 그리이스어에서 흔히 그러하듯이 ἐν("안에")의 대용어로 쓰였다. 여기서 실로암(Σιλωάμ)은 곧 "보냄을 받았다"는 뜻이다. 그리이스어에 속하지 않은 단어들을 설명하는 요한의 표현방식에 대해서는 1장 38절을 보라. 실로암의 못은(이사 8,6 ; 참조. 느헤 3,15) 티로포에안(Tyropoean) 계곡 남단 도시의 성곽에 위치하였다. 그 히브

1) *adv. Haer.* V, XV, 2…… "조물주가, 즉 말씀이 모태에서 만들다가 빠뜨린 것을 후에 그가 공개적으로 보충하였다".

리 명칭은 שלח (Shiloaḥ)로서 동사 שלח ("보내다")에서 파생된 것이다. 이사야 8장 6절에서(느헤미야 3장 15절에는 번역이 안 나와 있는) 그 히브리 명칭은 70인역의 Σ(ε)ιλωάμ로 번역되어 있다. 요세푸스는 상투적으로 그 변화형인 Σιλωά를 사용한다.

ἀποστέλλειν과 πέμπειν(둘 다 "보내다")을 중요하게 여기는 요한은(참조. 20장 21절) 그 못의 이름의 유래를 밝히고 있다. 예수 자신이 곧 보냄을 받은 자(ὁ ἀπεσταλμένος)로서 스스로 생수의 근원이 됨과 마찬가지로 그는 눈먼 자에게 빛을 준다. 이사야 8장 6절은 유다인들이 본장에서 예수를 받아들이지 않은 것 같이 실로아의 물을 버렸다고 말한다. 창세기 49장 10절에는 이와 유사하지만 동일하지는 않은 שילה (shiloh)로 나오는데, 이것은 유다인들이나 그리스도교인들에 의해서 메시아적인 의미로 이러저러하게 해석되었다(*Gen. R.* 98, 13 ; 99, 10 ; *Onqelos*의 *Targum*). 초막절에 헌주로 사용되는 물(참조. 7, 37·38)은 실로암에서 길어온 것이었다.

맹인이 가서. 그 사람의 복종은 전적인 것이었고 그의 치유도 완전한 것이었다.

[8] 본래. 부사적 용법에 대해서는 6장 62절과 7장 50절을 참조하라.

거지였던 것. ὅτι("~하는 것")절의 주어는 주절에 나타나는데 주절에서는 목적어가 되고 있다. 4장 35절과 *M.* Ⅱ, 469를 참조하라. ὅτι가 아람어 ד의 오역이므로 여기서는 ὅτε("…때")로 번역되어야 했을 거라고 생각할 필요는 없다(Burney, 78).

[9] 바로 나요. 즉, "당신네들이 말하는 사람이 바로 나요." ἐγώ εἰμι는 4장 26절에서 동일한 방식으로 표현되어 있다. 이 말의 단순한 어법은 독자들에게 ἐγώ εἰμι가 요한복음에서 필수적인 종교적 정식(定式)이라는 가정에 대해 경고한다. 이 점에서 요한은 설화를 단순하게 기술하고 있다. "이 두 절(8절과 9절) 배후에는 세례와 거듭남 이후의 인간이 이전의 그와 동일인인가 아닌가 하는 문제가 놓여 있다"는 라이트후트의 논평은 지나치게 인위적인 것이다.

[10] 뜨게 되었다. "뜨다"(ἀνοίγειν)에 관한 논의에 대해서는 Rutherford, 83과 85를 참조하라. 요한복음은 이 말을 사용하는 데 있어서 일관성이 없다.

[11] 예수라는 사람. 이 말은 순전히 인간적인 용어로 예수를 묘사하고자 한 것이다. 맹인은 38절에서 예수를 고백하고 믿게 되기 전에는 그에 대해 많은 것을 모르고 있었음이 분명하다.

바르고. 6절에서는 아마도 ἐπέθηκεν으로 되어 있다. ἐπιχρίειν("바르다")는 신약성서 어디에서도 나오지 않는다. 6절에서 언급된 비문을 참조하라. 또한 고린토후서 1장 21절에 나오는 "기름을 바르다"(χρίειν)의 용법과 요한일서 2장 20·27절에 나오는 "기름부음"(χρίσμα)의 용법을 참조하라.

내가 보게 되었소. 앞서 언급된 비문을 다시 참조하라. ἀναβλέπειν("보게 되다")의 적절한 의미는(이전에는 볼 수 있다가 실명한 채로 있었던) "시력을 되찾다"이다. 그러나 이 말이 특히 눈 먼 사람의 치유를 묘사하기 위해 사용된 것을 보면(참조. 마르 10,51·52 ; 마태 11,5 ; 루가 7,22 등) 당연히 그 치유받은 자가 이전에 전혀 보지 못했을 경우라고 해도 그 말이 적용될 수 있다는 것을 알 수 있다.

[12] 그 사람이 어디 있소? 7장 11절을 참조하라. 질문자들(참조. 8절 이하)은 보통 일반 사람들이다. 바리사이인들은 그들과 상반된 위치에 있던 관원으로서 다음 절에 가서야 등장한다.

[13] 바리사이파 사람들. 1장 24절을 참조하라. 마틴(Martyn, 12)은 예루살렘의 바리사이파적 산헤드린(Pharisaic Sanhedrin)보다는 얌니아(Jamnia)의 벧딘(재판소, Beth Din)을 생각하고 있다. 이같은 고찰에서 왜 치유받은 자를 "바리사이파 사람들에게로" 데려 가게 되었는가가 설명될 수 있다.

…전에 맹인이었던 그를. 18절, "보게 된"을 참조하라. 이것은 중복되는 본문이며 또한 아람어의 어법을 연상하게 한다(Burney, 85 ; *M.*II, 431).

[14] 안식일이었읍니다. 생명이 위태롭지 않는 한 안식일에 병 고치는 일은 금지되어 있었다(참조 *S.B.* I, 623—9). 진흙을 개는 일도 금지되어 있었고(*Shabbath* 7,2) 진흙을 바르는 일드이 금지조항에 들어 있었다. *Abodah Zarah* 28b(*S.B.* II, 533—34)의 한 인용문은 안식일에 눈에 뭔가 바를 수 있는지의 문제에 대한 의견의 차이를 보여준다. 안식일에 타액의 사용에 대해서는 6절에서 인용된 인용문을 보라. 5장 9절에서처럼 안식일은 그것 자체를 말하기 위해

서가 아니라 보다 중요한 신학적 문제를 유도하기 위해서 언급된 것이다.

[15] 본장의 서론을 참조하라. 눈 먼 사람에 대한 심문과 그를 통한 예수에 대한 조사가 다시 재기된다. 그와 동시에 분별력 있는 독자들이 보기에는 바리사이인들 자신이 심판을 받고 있다.

[16] 하느님께로부터 온 사람이 아니오(οὐκ ἔστιν οὗτος παρὰ θεοῦ ὁ ἄνθρωπος). 헬라어 본문에는 어순이 이상하긴 한데[2] 여기서 οὗτος(이)는 ὁ ἄνθρωπος("사람")와 관련되어 있음이 분명하다. 무언가를 강조하기 위해서 의도된 바가 있다면 "이 사람은—하느님으로부터 온 사람이 아니오"로 번역될 것이다. 확실히 그는 인간일 뿐이다. 참조. 신명기 13장 2—6절: "예언자나 꿈꾸는 자가 이적과 기사를 행할지라도 그 예언자나 꿈꾸는 자를 믿지 말아라. 도리어 그 예언자나 꿈꾸는 자를 죽이라. 이는 '그가' 너희의 주 하느님께서 행하라 명하신 도에서 너를 꾀어 내려고 말하였음이니라."

어떤 사람들. 즉 의견이 엇갈렸던 바리사이파 사람들 중의 어떤 사람들.

죄 있는 사람이 어떻게 그런 기적을 행할 수 있겠소? "죄인"(ἁμαρτωλός)이란 말은 요한복음에서 본장에만 나온다. 이러한 논의는 31절에서 다시 반복되는데(참조. 3,1), 위에서 언급한 바대로 이러한 물음은 성서적인 건전한 논의가 아니다; 구약성서뿐 아니라 신약성서도 선택받은 사람들조차 미혹하게 할 수 있는 기적을 행하는 자들에 대해서 알고 있다. 그럼에도 불구하고 요한 자신은 표징에 근거한 신앙을 그것이 비록 보다 낮은 부류의 신앙이더라도 참된 신앙으로 생각하고 있다(참조. 특히 14장 11절). "기적"(σημεῖον)이란 말에 대해서는 이 책 I 권 120—5면을 참조하라.

그들 사이에 의견이 갈라졌읍니다. "분열"(σχίσμα)이란 말에 대해서는 7장 43절(또 그 주석)과 10장 19절을 참조하라.

[17] 그들이 말하였다. 즉 바리사이파 사람들이 말하였다. 당신은 그를 어떻게 생각하오? 강조적인 대명사를 사용함으로써 이 심문은 일보 진척된다. 결과적으로 그 사람은 예수의 편

2) 본문의 헬라어 어순은 οὐκ ἔστιν οὗτος παρὰ θεοῦ ὁ ἄνθρωπος인데 여기서 지시대명사 "이"(οὗτος)와 그것을 받는 "사람"(ὁ ἄνθρωπος)이 어순상 매우 떨어져 있다.

이 되도록 부추김을 받는다(5장에 나오는 앉은뱅이와 비교).

뜨게 했으니. 버니이(Burney, 76—77)는 여기서 아람어의 불변화사 ד가 잘못 해석되었음을 발견하였다(참조. Black, 74,92 ; *M.*II, 436). 그의 생각은 이것이 접속사 *ὅτι*가 아니라 관계대명사로 번역되었어야 한다는 것이다. 이와 같이 관계대명사로 번역되어야 한다는 제안은 불가타(*qui aperuit*)에서 이 문장이 "당신은 당신의 눈을 뜨게 해준 그에 대해서 어떻게 말하는가?"로 나타나 있다는 사실에서 분명히 드러난다. 그러나 앞의 아람어 인용문을 "당신은 그가 당신의 눈을 뜨게 했으니 그에 대해 뭐라 말하겠오?"라고 번역하는 것이 알아 듣기 쉬우면서도 보다 주의를 끌게 된다(참조. *M.*I, 94). 그러나 여기서 논의된 바에 의하면, 현대 그리이스어 *ποῦ*는 아람어의 불변화사 ד와 히브리어의 관계대명사 אשר에 비슷한 방식으로 사용되기 때문에 본문에서 셈어의 흔적을 엿볼 수 있는 것으로 생각할 필요는 없다고 한다. 그러나 이런 모든 유추들은 불필요한 것이다. 참조. *L.S.* *ὅτι*, 항목 Ⅳ : "*ὅτι* sts. =이러이러한 사실에 관해" ; 예. Plato, *Protagoras*, 330e : "내가 이렇게 말한 데 대해서 네가 잘못 들었다"(*ὅτι δὲ καὶ ἐμὲ οἴει εἰπεῖν τοῦτο, παρήκουσας*). 이것은 여기서 요구된 의미를 정확하게 나타내 준다. 1장 16절과 8장 45절을 참조하라.

그분은 예언자입니다. 이 단언은 이 말이 그대로 나오는 6장 14절과 7장 40절의 단언과 동일하지 않다(이들 귀절에 대한 주석). 이 대목은 오히려 4장 19절의 단언과 유사하다. 앞의 눈 먼 사람은 사마리아 여인과 마찬가지로 예수를 경이로움과 존경심을 불러 일으키는 한 비범한 인물 정도로 알고 있다. 평범한 사람이라면 눈 먼 사람을 보게 할 수는 없었을 것이다(참조. 32절).

[18] 유다사람들은…믿지 않고. 요한은 "유다인들"과 "바리사이인들"을 가려서 말하지 않는데, 이는 아마도 주후 70년 이전의 팔레스틴 상황을 그가 분명히 몰랐던 데서 기인한 것 같다(참조. 1,24). 16절의 딜렘마는 실제적인 것이었다. 기적을 행할 정도로 선한 자라면 안식일에 기적을 행하지는 않았을 것이다. 아마도 이 사람의 이야기에는 어딘가 헛점이 있을 것이다.

눈 뜬 사람의. 이것은 아람어적 표현(Aramaism)일지도 모른다(참조. 13절).

[19] 나면서 맹인이었다고 말하는. 헬라어 본문은 *ὃν ὑμεῖς λέγετε ὅτι*(역주 : that 구문) *τυφλὸς ἐγεννήθη*("낳다" *γεννάω*

의 1과거, 직설, 수동)으로서 복합구문이다. 보다 자연스런 표현은 ὃν ὑμεῖς λέγετε τυφλὸν γεννηθῆναι (γεννάω의 부정사, 수동)이다.

이 절과 다음 절에서 질병의 심각성뿐 아니라 치유의 상황이 아주 분명하게 드러나 있다. 이것은 기적민담의 일반적인 특징이다. 그러나 본 설화의 형식은 본래 눈 먼 사람의 심문, 또는 그 사람을 통한 예수의 심문과 예수를 통한 유다인들의 심문이라는 중심 주제에서 결정된다.

[21] 다 큰 사람이니. 이 말에는 문제시되는 당사자가 나이에 맞게 행동한다는 것을 표현하는 부정사가 자주 수반된다. 여기서도 역시 부정사가 보충될 수 있다. "조리있게 질문에 답변한다"라든가 "적법하게 답변한다"는 말이 뒤따를 것이다. 만일 후자의 의미라면 유다 율법에서 나이는 적어도 13세를 가리킨다.

[22] 이렇게 말했읍니다. 신중하게 말해진 이 말 전체는, (23절에서 보여주듯이) 특히 마지막 문장은 그 맹인의 부모가 아들에게 전적인 책임을 전가시키고자 한 것이다.

이미 결의해 놓았기 때문이었읍니다. 이 결의는 이미 이루어진 것이었다(과거완료 시제). 그러나 우리는 요한복음에서 예수를 체포하려는 시도는 여러 번 있어왔지만(특히 7,32) 거기에 대한 아무런 언급도 보지 못하였다. 위법행위와 처벌을 포함해서 이 모든 일이 시대착오적인 것이다. 이에 대해 아래를 참조하라. 마틴(32)은 "결의하였다"(συνετέθειντο) 배후에 "해결하다"란 동사 תקן가 있는 것으로 보는데, 이 동사는 *Berakoth* 28b에서 사용된 동사이다.

예수를 그리스도라고 하는 사람은 누구든지. 이것은 그리스도인의 신앙고백으로서 바울로의 "당신이 …그 말을 고백하면"(로마 10,9)에 부합하는 말이다. 마르코에 의하면 예수는 그의 선교기간 동안 (귀신들에 의해 말해진 것을 제외하고는) 공적으로 메시야라고 고백되지 않았다. 그 당시 회당에서 그리스도교의 이단서에 대한 검증이 이미 이루어졌다고는 생각할 수 없다. 하지만 샌더스는 유다인들이 예수의 추종자들의 입을 그의 선교기간 동안 막기로 결의하였다는 것이 본래 있을 법하지 않은 것은 아니라고 생각한다.

회당에서 쫓아내기로. 이 말은 그리스어 성서에 있어서 특히 요한복음의 특수한 말이다(9,22 ; 12,42 ; 16,2). 이것이 보통 회당에서 행해졌던 축출을 뜻하는지는 의심스럽다.[3] 가볍고 비공식적인 벌로는

3) 이에 대해서는 *S.B.* Ⅳ, 293—333에 나오는 아주 상세한 설명을 참조하

נזיפה(n°ziphah)라고 하는 것이 있었고 공식적인 벌은 이와 달리 נדוי (nidduy) 또는 שמתה(shammattah ; 이 두 단어들에 대해서 고음부가 같리 된 것들이 있다)라고 하였다. 나중 벌은 일반적으로 삼십일 동안의 기간이 부과되었다. 그런데 만일 이 벌을 받고나서도 변함이 없으면 60일의 형벌이 더 첨가되기도 했다. 이런 정상적인 벌 다음에는 보다 심한 금지령인(ḥerem)이 대신하였다. 니두이(Nidduy)는 회당의 채찍질보다 더 심한 벌로 생각되었다. 작용한다고 믿었던 주술적인 영향력을 떠나서—이러한 영향력은 희생자들이 믿을 경우에는 실제적인 벌이라고 생각되었다— 잠시동안 파문당한 사람은 그의 아내와 자녀들 외에는 이스라엘인들과의 접촉이 전면 금지되었다. 그러나 그는 유다 공동체의 종교적 활동에서 배제된 것은 아니었다. 바로 이 점에서 볼 때 요한이 "출교당한"(ἀποσυνάγωγος)이라고 한 말이 회당에서의 파문을 언급하는 것이거나 아니면 적어도 그것을 정확하게 지적하는 것인지가 의심스럽다. "열여덟개의 축복들"(Eighteen Benedictions: 소위 "이방적인 축복" birkath ha-minim) 가운데 열 두 번째 축복에서 요한이 가정한 상황과 밀접한 병행귀가 발견된다. 이 축복의 말은 수차례 교정을 보았는데, 그 초기 형태[4]에 있어서 그것은 대체로 다음과 같이 설명되었어야 한다. 그러므로 배교자들은 아무런 희망도 없는 상태에 놓이게 될 것이고 교만한 왕국은 우리의 시대에 곧 사멸하게 될 것이며 나자렛인들(Nazarenes)과 이방인들(minim)은 순식간에 멸하고 생명의 책에서 삭제되어 의인들과 함께 기록되지 못할 것이다. "오, 주여, 교만한 자를 겸손케 하시는 이여, 당신께 축복 있으라." (Cairo Genizah에서 출토된 한 사본에서 제시된 이 기도문 형식에 대한 Jocz의 번역)이 축복문은 아마도 유다 그리스도인들을 구분하여 그들을 회당 공동체에서 배제시키는 수단으로서 의도된 것이었다. 이 축복문은 저스틴이 *Tryho* 16에서 언급한 저주의 말과는 다른 것인데, 아마도 그 저주문은 아시아 지역의 유다인들과 그리스도교인들 간의 날카로운 감정의 대립, 즉 요한복음 자체가 그 초기단계를 보여주는 날카로운 감정의

라. 또한 J. Juster, *Les Fuifs dans l'Empireromain*(1914) Ⅱ, 159—61과 Schürer Ⅱ, ii, 59—26를 보라. 마틴(24, 148 이하)은 여기서 제안된 바와 유사한 결론을 내리고 있다. 복음서가 형성된 배경을 나타내는 것으로서 이 문제는 특히 마틴에게 중요한 것이다.

4) 사무엘(Samuel)이 라삐 가말리엘(Rabban Gamaliel; A.D. 85—90)에 대한 소고에서 제안한 바대로 그 초기 형태를 말함 ; 참조. *Berakhoth* 28b와 특히 J. Jocz, *The Jewish People and Jesus Christ*(1949), 51—57.

대립과는 다른 것이다. 요한의 독자들 가운데는 배교자들로 간주되어 회당에서 쫓겨났던 유다 그리스도교인들이 있었을 법하다.

[24] 영광을 하느님께 돌리시오. "당신이 고침받은 데 대해서 예수에게가 아니라 하느님께 찬양을 돌리라"는 뜻이라기 보다는 다만 "진실을 인정하라"는 뜻이다. 참조. 여호수아 7장 19절 : "이스라엘의 주 하느님께 영광을 돌려라" ; 에스드라 1서 9, 8 ; 에스드라 2서 10, 11. 또한 산헤드린(*Sanhedrin*) 6장 2절에서는 이와 같은 의미로 여호수아 7장 19절이 인용되어 있다.

우리는 아오. 그들은 유다교에 대한 책임과 권위를 갖고서 단호하게 말하고 있다. 예수는 율법을 위반하였고 따라서 말 그대로 죄인이었음에 분명하다(앞의 주를 보라).

[25] 내가 아는 것은. 그러나 그 눈 먼 사람은 16절에서 언급된 딜렘마의 다른 측면을 놓치지 않으려고 한다. 또한 그가 예수의 손으로 눈을 뜨게 되었다는 것은 의심할 여지가 없다. 이미 주어진 두 사실들—그 사람이 보게 된 사실과 율법에 의해 예수가 유죄임을 확신하게 된 사실—에서 끌어낼 수 있는 유일한 결론은 율법 자체가 폐지되었다는 것이다. 이런 결론은 바울로가 훨씬 이전에 끌어낸 결론이었다. 예수를 정죄함으로써 율법은 그 자체를 정죄하였다(갈라 3, 10—14). 이 주제는 본장의 신학적인 기조를 이루고 있다. 율법은 그 자체를 정죄하며, 율법의 대변자들이 예수를 시험하고 비난할 경우에 특히 그러하다.

[27] 당신들도 원합니까? "조심스런 주장"을 나타내는 μὴ (*M.I*, 192—93 ; 참조. 4, 29)는 여기서 다음과 같은 반어적 물음을 취한다 : "그런데 왜? 당신들도…되기를 원한다고 말하지 않습니까?"

[28] 그대는 그 사람의 제자이지만 우리는 모세의 제자요. "그 사람"(ἐκεῖνος)은 아마도 업신여기는 언사로 "그 자식"이라는 말이다(*B.D.* §291, I). 예수와 모세가 그들의 제자들과 함께 의도적으로 날카롭게 대립되어 있다. 유다교에서 모세가 차지하는 중요성에 대해서는 5장 45절에서 언급한 인용문을 보라. 마틴(14, 참조. 88)은 여기 표현된 이같은 견해가 요한이 알고 있던 유다인들의 입을 통해 나왔음에 틀림없다고 생각한다. 그 이유는 요한 자신의 견해(5, 46)대로라면 모세는 예수에 대해 기록하였기 때문이다. 그러나 1장 17절의 대조를 주목하라. "모세의 제자들"은 라삐의 학자들을 가리키

는 용어가 아니었다. 그러나 마태오복음 23장 2절을 참조하라. 그리고 *Roma* 4a에 나오는 한 단락(baraitah)에서 사두가이파와 대립되는 바리사이파 학자들은 "모세의 제자들"(תלמידיו של משה *S.B.* Ⅱ, 535)로 불리워진다. 요한은 이미 안식일 치유기사에서 드러난 예수와 율법 사이의 대립을 밝히려고 이 용어를 쓰고 있다. 사람들은 이제 새 권위든 낡은 권위든간에 어느 한편에 서야 한다. 이러한 대립은 복음서 전승에 깊이 접맥된 것으로 공관복음서에서도 발견된다(예. 마태 5,21·22·27·28·30·31·33·34·38·39·43·44). 그것은 또한 라삐 자료에도 나타난다 ; 예. 아보트(*P. Aboth*) 5장 19절 : "어떻게 우리의 조상 아브라함의 제자들(유다인들)이 사악한 자인 발람의 제자들(그리스도인들)과 구별되는가?"참조. 신명기 대(大) 미드라쉬(*Deut. R.*) 8장 6절 : "모세가 그들(이스라엘인들)에게 말하였다. 너희는 '다른 모세가 일어나서 하늘로부터 또 다른 율법을 우리들에게 가져오리라'고 말하지 말라. 이제 곧 내가 너희에게 율법은 하늘에 있지 않음을 알게 하리라 ; 하늘에 남아있는 율법은 없다"(참조. 신명 30,11·12).

【 29 】 하느님께서 모세에게 말씀하셨다. 오경에 자주 나오는 말이다. 특히 출애굽기 33장 11절 : "주께서 사람이 그 친구와 이야기함같이 모세와 대면하여 말씀하셨다"를 참조하라.

그러나 그 사람은 어디서 왔는지 우리가 알지 못하오. "그 사람을"(τοῦ-τον)은 간접 의문절의 적절한 위치에서 벗어나서 주문장에로 옮겨져 있다. 이 절은 7장 27절과 형식적인 대조를 이루는데, 거기서 예수는 그의 출신이 나자렛으로 알려져 있으므로 메시야일 수 없다고 주장된다. 그러나 요한에게서 그 각각의 주장은 거짓일 수도 있고 드 반어적으로 사실일 수도 있다. 그런 주장들은 상이한 자료들이 사용되었음을 시사하지는 않는다. 그리스도교의 계시는 두려움을 주는 신의 현현과 더불어 시작된 것이 아니라 말씀의 성육, 즉 신적인 말씀과 말씀이 취한 육이 모두 진지하게 받아들여져야 하는 과정에서 비롯된 것이다(참조. 3,8 ; 8,14).

P.Eg. 2에 이 절과 밀접한 병행귀가 들어 있다. 앞서 5장 45절에서 인용된 인용문 다음에 이 말들이 나오는데, 그것은 다음과 같다 : 14—19행 ; "그들은 말하기를 하느님이 모세에게 말씀하셨다는 것을 우리는 잘 안다. 그러나 네가 어디서 왔는지는 모른다고 그들이 말하자 예수가 그들에게 대답하셨다. 이제 너희의 불신앙이 너희를 고발한다." 요한복음과 이 파피루스 문서와의 연관에 대해서는 이 책 Ⅰ권

170—1면과 5장 39·45절을 보라. 지금까지 인용된 모든 귀절들은(이 귀절들은 연속적인 것이다) 모세와 구약성서에 대해 언급하는 귀절들이었다.

[30] 당신들은 알지 못하니. 참조. 3장 10절 : "이스라엘의 지도자들은 저 유명한 기적 행위자의 신용과 권위를 마땅히 알아야 한다."

뜨게 해주셨는데도. "그런데도…."

[31] 하느님께서는 죄인의 말을 들으시지 않지만. 참조. 16장 23—77 ; 요일 3, 21·22 ; 이사 1, 15 ; 시편 66, 18 ; 109, 7 ; 잠언 15, 29 ; 욥기 27, 9 ; 35, 13. 이처럼 단순한 생각은 비성서적 자료들에서도 찾아볼 수 있다. 유다 문헌에서 앞의 귀절들이 사용되고 있다 ; 동일한 사상에 대한 헬라적 표현에 대해서는 Philostratus, *Vita Apollonii* I, 12를 참조하라 : "만일 네가 선(고상한 품성)을 좋아한다면 대담하게 신에게로 나아가서 네가 원하는 바를 간구하라." 물론 죄인의 참회 기도가 있으리라는 것도 부인할 수 없다. 복종을 바칠 의사가 없는 자의 위선적인 기도는 (신에게) 받아들여지지 않는다.

하느님을 공경하는. 이 말은 신약성서에서 이곳에서만 나온다("하느님 공경" θεοσέβεια : 디전 2, 10). 이것은 헬레니즘적 종교문헌(그 예들에 대해서는 Bauer, *Wörterbuch* 참조)에서 "경건"이란 의미를 지닌 일반적인 말이다. 그리고 이 말은 아마도 특히 유다인들에게 적용되었다. 다이스만(Deissmann), 446—47에서 인용된 밀레투스(Miletus)의 비명을 참조하라 ("경건한 유다인들의 지방" τόπος Εἰουδέων τῶν καὶ θεοσεβίου [—ίων lgd]). 또한 "경건한 사람으로 하느님을 공경하고"라고 묘사된 백부장 고르넬리오는 그의 기도와 구제로 인해 하느님께서 그를 기억하셨다(10, 4)는 것을 참조하라. 요한복음에서 헬라적 표현인 "하느님을 공경하는"과 유다적 표현인 "그의 뜻을 행하는"이란 두 어구의 병치는 눈길을 끄는 것이며(Bultmann, 337) 요한의 신학과 언어적 기법에서 매우 특징적인 것이다.

[32] 창세 후. 참조. 이사야 64장 4절 : "일찌기 아무도 들어보지 못한." 이 말은 히브리어 מעולם, "영원부터"를 번역한 것이며 후대 히브리어에서는 단지 "결코 아니다"라는 뜻을 지닌 מעולם לא이란 문구로 자주 나온다(참조. Jastrow, 1052b). 그러나 이 표현이 꼭 그리이스어 역이라든가 아니면 셈어적 표현이라고 할 것까지는 없다. *M.M.*에서 제공된 예들(αἰών 항목)을 보라. 그리고 예를 들어 주후 2세기에 속한 올림피아(Olympia) 비명에는 다음과 같

은 기록이 언급되어 있다 : "내가 창세 전에 그것을 유일한 것으로 창조하였다"(Dittenberger, *Syll.*, 1073, 48—49).

[33] 3장 2절과 그 주석을 보라. 불변사 ἄν("만일")의 생략에 대해서는 8장 39절, 15장 22·24절, 19장 11절을 참조하라.

[34] 그대가 완전히 죄 가운데서 났으면서도. 2절을 보라. 유다인들은 그 사람의 실명이 죄에서 연유한 것이라고 속편하게 믿고 있다. "완전히"(ὅλος; λ, 소수의 다른 몇몇 그리이스어 사본들, sin 등에는 ὅλως로 기록되어 있음)는 술어이다(참조. 13장 10절).

그를 바깥으로 내어쫓았읍니다. 이것은 추측컨대 예수의 제자들을 회당 밖으로 축출하려던 그들의 결의를 실행에 옮긴 것이다. 22절을 참조하라. 또한 6장 37절, 10장 4절과 대조하라. 선한 목자는 그의 양을 내몰(ἐκβάλλειν) 때 양들을 초장으로 인도한다.

[35] 그를 만나. 이 이야기는 아직 끝나지 않았다. 빛이 비추이매 빛의 자녀와 어둠의 자녀가 갈라지게 되었다. 유다인들은 그 사람을 내쫓았다(그리고 그렇게 함으로써 예수도 배척하였다). 그가 눈을 떴을 때 그에게 다가온 빛을 부인하기를 거부하였다. 그러나 그는 아직 일어난 일을 이해하지 못하였고 아직 예수를 믿지도 않았다. 그러므로 예수는 당연히 그래야 하는 것처럼 먼저 찾아가서(참조. 5, 14) 그 사람을 만난다. 마틴(Martyn, 16)은 여기서 그리스도교 설교가의 주도적인 태도를 본다.

네가 사람의 아들을 믿느냐? 여기서(2인칭) 대명사는 강세어이다 : "너는 너를 쫓아냈던 자들과는 달리 (나를) 믿느냐?" "사람의 아들을" (P66 P75 ℵ B D sin)이라는 표현이 "하느님의 아들을"(Θ W it vg)이라는 표현보다 더 자주 사용된다. 후자가 전자로 바뀌었을 가능성은 거의 없다. 요한복음의 이곳에서만 "믿다"란 말이 "사람의 아들"과 함께 쓰였다. 그러나 12장 34절 이하에는 이 절과 밀접한 병행귀가 나온다. 여기서 사람의 아들이 높이 올리움에 대한 문제가 분명해지며, 예수는 빛의 용어로 답변하는데, 그 빛은 사람들이 믿도록 잠깐 동안 세상에 있는 것이다. 그리고 계속해서 이사야 6장의 인용귀가 39—41절에서 언급되고 있다. 이들 귀절에서 예수는 심판관으로 나타난다. 따라서 그 밖의 점에서 사람의 아들이라는 칭호의 사용은 놀라운 것이다(Martyn, 131—5). 예수는 또한 현시대에도 작용하는 구원의 종말론적 담지자이다(불트만).

[36] 어느 분입니까. 이 말은 두 가지 뜻으로 받아들일 수 있다. 그 하나는 "나는 사람의 아들이 무엇을 뜻하는지 모른다. 이 사람이 누구냐? 그의 역할은 무엇인가?"이며, 다른 하나는 "나는 사람의 아들이 무엇을 뜻하는지 충분히 알고 있다. 그러나 사람들 가운데서 사람의 아들은 누구이냐? 어떻게 그의 신원을 확인할 수 있는가?"이다. 여기서 그 답변은 후자임을 암시한다. 그러나 12장 34절을 참조하라.

주님. 만일 이 말이 역사적인 대화에서 사용된 대로 해석된다면 비록 그것이 38절의 신앙고백에서 다른 의미를 갖고 있음이 분명하다고 하더라도 "선생님"으로 번역되어야 한다. 그러나 요한이 이런 구분을 하려고 했는지 의심스럽다.

제가 그분을 믿으려고 합니다. ἵνα가 원래 관계 대명사로 의도된 아람어 ד를 잘못 표현한 것이라고 생각할 필요는 없다(Burney, 76 ; *M.* II, 435—36). 1장 22절을 참조하라. 그리고 각각의 귀절에서 "내가(우리가)…하도록 내게(우리에게) 대답해 주시오"라는 뜻을 제공한다.

[37] 너는 이미 그를 보았다. 사람의 아들을 보는 것이 미래적 사건으로 나와 있는 마르코복음 14장 62절("너희는 사람의 아들을 볼 것이다")과 대조하라. 거기서 사람의 아들은 본질적으로 미래적 종말론에 속한 인물로 나타난다. 요한에게서 여전히 종말론적 배경이 드러나 있는데, 사람의 아들은 신앙을 통해서(오직 신앙에 의해서만—참조. 6, 36) 현재와 미래에, 또는 지상에서나 천상에서 뵙게 될 것이다. 참으로 예수를 뵙는 것이 곧 하느님을 뵙는 것이다(14, 9).

너와 말하고 있는 사람이 바로 그이다. 참조. 4장 26절 : "너와 말하고 있는 내가 그이다." 여기서 3인칭의 사용은("바로 그이다") "내가 그이다"란 말이 문맥에서 제공된 술어와 함께 쓰이는 "나는…이다"를 의미할 뿐이라는 것을 증명해 주는 것 같다. 예수는 그가 곧 사람의 아들이라고 주장한다. 참조. 에녹 1서 71장 14절 : "당신은 사람의 아들이 되신다."[5)]

[38] 37절의 자기계시 다음에 나오는 그 사람의 응답은 그리스도교의 신앙과 예배에서 하는 응답이다. προσεκύνησεν은 단지 "그를 존경했다"를 뜻하지만 그러나 요한의 문맥에서

5) 이 절의 본문에 대해서는 R.H. Charles, *ad loc*, (*Text*, 1906; 번역본, 1893과 1912); E. Sjöberg, *Der Menschensohn im äthiopishen Henochbuch*(1946), 154—59.

볼 때 그것은 더 깊은 의미("엎드려 절하다")를 담고 있음이 분명하다. 구약성서에서 신의 현현에 대한 인간의 반응을 참조하라; 예. 출애굽기 3장 6절. 그 표징과 거기에 대한 해석이 이제 모두 완전해진다. 그 눈 먼 사람은 육안을 뜨게 되었고, 또한 세상의 빛인 예수를 통하여 진리를 알게 되었으며, 예수를 사람의 아들로서 믿게 되었다. 그러나 "고백하게 된 직접적인 원인은 신의 현현이라든가 아니면 믿어야 한다는 직접적인 요구도 아니고 자의적인 임의의 행동에 의해 실현될 수 있는 복종도 아니었다. 반면에 그 사람의 경험은 (예수에게서) 들은 말이 없다면 그에게 모호한 체로 남아 있을 것이다. 그와 마찬가지로 말 그 자체도 그 사람에게 그 자신의 경험의 의미를 드러낼 경우에만 이해될 수 있다"(불트만).

[39] 설화는 이제 바야흐로 끝나가고 있고 예수는 그 의미를 총괄해서 말하고 있다. 39절 이하에 대한 공관복음서의 병행귀들에 대해서는 Dodd, *Tradition*, 327—28을 참조하라. 38절과 39절a는 P^{75} ℵ W b와 콥틱 사본 등에 빠져 있다. 포터(G.L. Porter, *N.T.S.* 13 [1967], 387—94)는 이들 귀절이 예배의식을 위해 이 본문에 첨가된 것이라고 자신있게 주장한다.

심판하기 위한. 즉, "~할 목적으로". "심판"(κρίμα)은 요한복음에서 여기에만 나온다. 하지만 동사 "심판하다"(κρίνειν)와 명사 "심판"(κρίσις)은 일반적인 용어이다(참조. 3, 17). 이 귀절과 3장 17절은 겉으로 보기에는 모순된다("하느님이 아들을 세상에 보내신 것은 세상을 심판하시려는 것이 아니라"). 5장 22절, 8장 15·16절을 참조하라. 그러나 사실상 예수의 현존에서 불가피하게 암시된 심판은 일단 3장 18—21절에서 밝혀진 바 있다. 3장 19—21절에 나오는 "빛과 어둠"의 상징이 현재의 설화 배후에 들어 있으며 또 이를 설명해준다.

내가…왔다. 요한복음에서 예수의 선교의 목적은 이 용어로 또는 이와 유사한 용어로 자주 표현된다.[6] 하느님의 영원하신 목적에 있어서 그리스도의 선재와 그의 선교의 중요한 사명이 전제되고 있다.

이 세상에. 사람의 아들의 본향인 "다른 세상"과 "이 세상"과의 대조에 대해서는 특히 8장 23절을 보라(참조. 9, 39 ; 11, 9 ; 12, 25·31 ; 13, 1 ; 16, 11 ; 18, 36). "세상"(κόσμος)에 대해서는 1장 10절을 보라.

보지 못하는 사람은 보게 하고 보는 사람은 맹인이 되게 하려는 것이다. 이 말은 구약성서의 많은 귀절들, 특히 이사야에서 부분적으로 빌려

6) 10, 10; 12, 46·47; 18, 37; 참조. 5, 43; 7, 28; 8, 42; 12, 27; 16, 28; 17, 8,

온 것이다. 눈 먼 사람에게 눈을 뜨게 하심에 대해서는 이사야 29장 18절 : "소경의 눈이 볼 것이며" ; 35장 5절 : "소경의 눈이 밝을 것이며" ; 42장 7절 : "내가 소경의 눈을 밝히며" ; 42장 18절 : "너희 소경들아, 밝히 보라"를 참조하라. 또한 시편 146편 8절도 참조하라. 보아도 보지 못하는 자들에 대해서는 이사야 6장 10절, 42장 19절을 참조하라. 요한의 말은 부분적으로 기적 자체에 근거한 것이기도 하다. 신체적으로 눈 먼 사람은 시력을 되찾았다. 그렇다고 해서 역으로 볼 수 있었던 자들이 실상은 신체적으로 맹인이 되었다는 것은 아니다. 그러나 이 교훈의 원래 의도는 기적과 "심판"에 깔린 그 배후 의미를 밝히려는 데 있는데, 그러한 의미는 대체로 예수의 선교의 의미이기도 하다. 예수를 받아들이는 것이 곧 세상의 빛을 받아들이는 것이다. 반면에 그를 거부하는 것은 빛을 거부하는 것과 같으므로 눈을 감아버림으로써 결국 실명하게 되는 것이다. 마르코복음 4장 11·12절에는 이사야 6장 10절이 인용되고 있으며 요한복음 12장 40절에도 이사야의 그 귀절이 인용되고 있음을 참조하라. 특히 이 절에서 복음서의 예정론적 가르침에 대해 참조하라. 어떤 의미에서 사람들은 그들 자신의 신앙이나 불신앙으로 인해서, 그들 자신의 영적인 면에 있어서 그들 스스로를 예정하는 것임을 주목해야 한다. 나면서 맹인된 자의 무지가 철저히 강조되고 있다. 즉, 그는 예수가 죄인인지 아닌지조차 알지 못한다(25절). 또한 그는 사람의 아들이 누구인가를 모른다(36절). 그는 다만 한 가지 사실만을 알고 있음을 강조한다(25절). 다른 한편 유다인들은 예수에 대한 확신에 찬 선언들을 한다 ; 16·22절 : "그는 확실히 그리스도가 아니다" ; 24절 : "우리는 아오" ; 29절 : "우리는 아오." 그들은 가르침을 받지 않을 것이다(34절). 그들은 사실상 공동체의 교육받은 성원들이다. 그들은 보는 사람들이다. 그리고 참 빛이 비추자 그들은 보기를 거부한다. 그들은 지금 그들 자신이 향유하고 있는 빛이 충분하다고 생각하기 때문이다. 세례자 요한과 구약성서에 대한 그들의 태도를 참조하라(5, 35·39). 눈 먼 상태에 대한 두 가지 의미 (Cullmann, *V.E.A.*, 183)에 대해서는 "마음이 어두운 자들"(*P. Oxy.* I, 20·21 ; Fitzmyer, *Essays*, 396)을 참조하라.

[40] 예수와 함께 있던 바리사이파 사람들이…. 참조. 11장 31절 : "그녀와 함께 있던 유다사람들." "함께"(μετά)는 어떤 형태의 연합을 암시하지는 않는다 ; 참조. 예를 들어 3장 25절 : "…한 유다사람 사이에 변론이…"(ζήτησις...μετὰ 'Ιουδαίου).

우리들도…말이오? 이 물음은 "아니오"라는 대답을 기대하는 물음이다.

[41] 예수의 대답은 39절에 대한 주석에서 예기했던 점을 밝히고 있다. 눈 먼 사람에게는 죄가 없다; 참조. 바울로의 말: "율법이 없으면 율법을 범하는 죄도 없을 것이다"(로마 4, 15); "율법이 없었기 때문에 죄가 죄로 인정되지 않았다"(로마 5, 13); 그 외에도 여러 귀절을 참조하라. 눈 먼 자들은 예수의 지시를 기꺼이 따름으로써(6·7절) 볼 수 있게 된다. 그러나 율법의 빛을 향유하는 자들은 보다 완전한 빛을 향유하기 위해 그것을 포기하기를 꺼리기 때문에 결국 눈이 멀게 되어 그들이 누렸던 빛조차 잃게 된다. 15장 22절, 잠언 26장 12절(Sidebottom, 207)을 참조하라.

너희의 죄가 그대로 남아있다. "남아 있다"(μένειν)는 요한의 특징적인 용어 가운데 하나이다. 일반적으로 이 말은 좋은 의미로 사용된다(예. 그리스도의 머무심). 그러나 3장 36절: "하느님의 분노가 그에게 머물 것이다"를 참조하라. 이런 자들의 실명은 치유될 수 없는 것이다. 성령을 거스리는 모독에 대한 공관복음서의 가르침에 대해서 특히 마르코복음 3장 29절(병행귀들도 참조): "결코 사함을 받지 못하고 영원한 죄를 짓는 것이 된다"를 참조하라. 또한 요한일서 5장 16·17절: "'죽음에 이르게 하는' 죄"를 참조하라. 이런 자들의 실명은 그들이 단 한 가지 치유책을 필사적으로 거부하기 때문에 치유가 불가능해진다.

5. 善한 牧者 10장 1—21절

1 "내가 진정으로 진정으로 너희에게 말한다. 양의 우리에 들어갈 때에 문
으로 들어가지 않고 다른 곳으로 올라가는 사람은 도둑이요 강도이며 2 문
으로 들어가는 사람은 양의 목자다. 3 문지기는 그에게 문을 열어주고 양들
은 그의 음성을 듣는다. 그리고 목자는 자기 양의 이름을 하나하나 불러내
어 데리고 나간다. 4 자기 양을 다 불러낸 후에 그는 앞서가고 양들은 뒤따
라간다. 그 양들이 그 목자의 음성을 알기 때문이다. 5 양들은 결코 다른
사람을 따르지 않고 도리어 그를 피하여 달아난다. 양들이 다른 사람의 음

성을 알지 못하기 때문이다." 6 예수께서 그들에게 이 비유를 말씀하셨으나
그들은 무슨 뜻으로 하시는지를 깨닫지 못했읍니다. 7 예수께서 다시 말씀
하셨읍니다: "내가 진정으로 진정으로 너희에게 말한다. 나는 양의 문이다.
8 나보다 먼저 온 사람은 모두 도둑이요 강도여서 양들이 그들의 말을 듣지
않았다. 9 나는 문이다. 누구든지 나를 통하여 들어오면 구원을 얻고, 들어
오고 나가며 꼴을 얻을 것이다. 10 도둑은 도둑질하고 죽이고 파괴하려고
오는 것 뿐이요 나는 양들이 생명을 얻고 더 얻어 풍성하게 하려고 온 것이
다. 11 나는 선한 목자다. 선한 목자는 양을 위하여 목숨을 바친다. 12 삯
군은 목자가 아니요 양들도 자기 양이 아니기 때문에 이리가 오는 것을 보
면 양을 버리고 달아난다. 그러면 이리가 양들을 물어가고 양떼들을 흩어버
린다. 13 그가 달아나는 것은 삯군이어서 양들을 생각하지 않기 때문이다.
14 나는 선한 목자다. 나는 내 양을 알고 내 양은 나를 안다. 15 그것은 마
치 아버지께서 나를 아시고 내가 아버지를 아는 것과 같다. 나는 양들을 위
하여 목숨을 버린다. 16 내게는 이 우리에 들지 않은 다른 양들이 있다. 나
는 그 양들도 우리 안으로 인도해야 하겠다. 그리하면 그 양들도 내 음성을
듣고 마침내 목자와 한 무리가 될 것이다. 17 내가 목숨을 버리기 때문에 아
버지께서 나를 사랑하신다. 내가 목숨을 버리는 것은 그 목숨을 다시 얻으
려는 것이다. 18 아무도 내게서 내 목숨을 빼앗아가지 못한다. 내가 스스로
원해서 내 목숨을 버리는 것이다. 나는 목숨을 버릴 권세도 있고 다시 얻을
권세도 있다. 이것은 내가 아버지께로부터 받은 명령이다." 19 이 말씀 때
문에 유다사람들 사이에 다시 분쟁이 일어났읍니다. 20 그들 중에 많은 사
람은 "그가 귀신이 들려 미쳤는데 왜 당신들은 그의 말을 듣소?" 하고 말
하고 21 또 다른 사람들은 "이 말은 귀신들린 사람의 말이 아니요. 귀신이
어떻게 맹인의 눈을 뜨게 할 수 있소?" 하고 말했읍니다.

요한은 9장과 10장 사이에 어떤 단절이 없는 것처럼 서술한다. 그러나 이 단락은 9장의 연속이라기 보다는 9장에 대한 주석으로 볼 수 있다. 삯군 목자들의 잘못에 대한 현저한 예가 제시되었다. 바리사이인들은 눈 먼 사람을 적절히 돌봐 주는 것 대신에 그를 내쫓아 버렸다. 이와 달리 예수는 선한 목자로서 그를 찾았고(9, 35 : εὑρὼν αὐτόν) 그리하여 참된 양의 우리로 그를 인도하였다.

요한의 담론들이 보통 그러하듯이 논쟁의 줄거리를 간단히 추적하기란 어려우며 특히 목자라는 주제에 대한 언급 속에는 공관복음서에 나오는 비유 양식이 결여되어 있다. 현재의 담론은 본문 그대로라면 비유도 아니고(Dodd, *Interpretation,* 134—35에서 이렇게 주장한다. ; 그러나 아래 참조) 알레고리도 아니다. 하지만 이 담론은 두 가지 말의 형

태와 모두 관련이 있다. 현재의 담론은 상징주의와 직선적인 진술이 교대로 나타나기도 하고 나란히 나타나기도 하는 상징적인 담론이다. 이러한 병치는 분명하게 드러나지는 않는다. 또한 두 가지 대조, 즉 선한 목자와 도둑 또는 강도의 대조와 선한 목자와 삯군의 대조가 함께 설명된다는 사실도 분명하지 않다. 다시 말해서 양에 함축되어 있는 의미는 여러 가지로 생각할 수 있으며(주석 참조) "나는 선한 목자요"라는 선언은 "내가 곧 문이요"라는 선언과 병렬을 이룬다. 요한이 한 지점에서 다른 지점으로 옮길 때 그가 뜻하는 바 의미는 대체로 이해할 만하며 그 의미를 밝히려는 시도가 여러 절에 대한 주석에서 이루어질 것이다 ; 요한이 한 가지 이상의 주제를 결합하고 있고 그의 사상이 직선적이라기 보다는 우회적으로 전개된다고 해서 그것이 본 단락을 재배열하게 하는 타당한 이유는 아니다. 지금까지 언급된 요점들이 1절부터 17절까지의 내용을 이루고 있다. 그러나 이미 11절에서 다른 주제가 선언된다. 예수는 양을 위해 목숨을 바칠 것이다. 그의 죽음이 갖는 분명한 의미가 드러나 있지는 않지만 그러한 의미는 다음과 같은 진술들과 관련하여 언급되고 있다. 즉 예수는 아버지가 그를 아시듯이 그의 양들을 알고 있으며 그는 인도해야 할 다른 양들이 있다는 것이다.

선한 목자라는 칭호의 어원이 11절에 대한 주석에서 논의될 것이다. 여기서 다만 지적해야 할 점은, 본 단락이 구약성서와 초기 복음전승(참조. 마르 6,34 ; 마태 9,36 ; 18,12—14 ; 루가 15,3—7)에 일반적으로 의존해 있다는 것이다. 양과 목자에 대한 비유들이 요한에 의해 "나는 선한 목자"라는 중대한 그리스도론적 증언으로 결정될 수밖에 없다는 데서 요한의 문체와 방법상의 특징을 볼 수 있다.

목자의 담론이 9장 41절 다음에 자연스럽게 이어지며 또한 이 담론이 10장 26—29절의 전제를 이룬다는 것을 미리 제시한 바 있다. 따라서 본장의 순서를 여러 학자들이 제안해 온 바대로 바꿀 필요는 없는 것 같다(Bernard가 제안한 순서는 19—29절, 1—18절, 30—42절이다). 이 단락은 또한 10장 21절("맹인의 눈을 뜨게 하다")에 의해서, 또 눈먼 사람의 치유의 결과를 요약해 주는 말인 "분쟁"(10,19)에 의해서 앞 장과 연결되어 있다. 이러한 환치에 대해서는 Dodd, *Interpretation*, 353 이하를 참조하라. 9장과 10장의 연관에 대해서는 Guilding, 129—30 참조 : "9장과 10장의 사상이 바뀐 데 대한 실제적인 원인은 제4복음서를 형성하게 한 일련의 성구집들에서 찾아볼 수 있다. 그것은 성전 수복절(참조. 10, 22) 즈음의 안식일에 돌아오는 매 해마다 실제로 낭송되던 모든 지정된 성구들 속에 양과 목자 또는 이스라엘의 목자이신 하느님이라는 주제가 들어있기 때문이다."

요한복음의 본문에서 그가 사용한 자료를 추려내려는 시도가 있었다. 더렛트(J.D.M. Derrett *St. Th.* 27 [1973], 25—50)는 그의 제안대로라면, 요한이 직접 입수하였던 비유를 재구성하였다. 복음서 기자는 (구약)성서적인 암시들과 관련시켜서 그 비유를 "해석하였고"(50) 그러한 해석에 입각하여 본장을 구성하였는데, 이때 그는 율법에 대한 해석방법인 halakah와 설화적 해석방법인 haggadah를 사용하였다(27)[1]는 것이다.

이 논문에는 예리한 관찰 결과들이 있지만 전반적으로 이 논문은 상상적인 것으로 보인다. 샌더스는 1—5절이 원래의 비유를 담고 있다고 생각했는데, 이 비유에서 양들은 메시야에게 위탁되어 있는, 또 거짓 메시야들의 공격을 받고 있는 이스라엘을 상징한다. 7—18절은 한 그리스도교 예언자에 의한 알레고리적 변형이다. 로빈슨[2]은 1—5절에 두 가지 비유가 한데 어우러져 있음을 찾아냈다. 1—3a절에 나오는 첫 비유에는 원래 "이스라엘의 문지기들에 대한 도전이 제시된다. 과연 그들은 양 무리를 이끌고 양 우리의 문에 당도한, 들어갈 권리가 있었던 그를 인정하고 그에게 문을 열어줄 마음의 준비가 되어 있었던가?"(237) 두 번째 비유는 3b—5절에 들어있다. 그 본래의 요지는 예수의 "권위가 표징으로 증명될 수 없는 것이라는 데 있었을 것이다 : 그의 권위는 자명한 것이다"(235). 두 비유의 결합은 그 강조점을 문지기들에서 목자에게로 옮김으로써 1—3절a이 말하고자 하는 요점을 모호하게 하였다. 이러한 분석은 대체로 다드(*Tradition*, 382—5)에 의해서 채택되어진 것이다. 거기에 대한 짧지만 좋은 주석들이 린다스의 저서에 들어 있고, 슈낙켄부르그의 저서에는 상세한 논의가 있다. 본장은 대체로 이러한 두 가지 이상의 공관복음 전승이나

1) 역주. halakah : 성서의 율법에 대한 해석과 재해석을 통하여 전개된 유다교의 가르침, 법, 관행 전체를 포괄하는 것이다. 또한 시대마다 변화하는 생활조건에 부합하도록 유다교의 영적 지도자들에 의해 이루어진 율법에 대한 채택과 변형을 포함한다. haggadah : 성격상 비법률적이거나 설화적인 것으로 내적 경건과 종교적 헌신의 고양을 목표로 하는 모든 성서의 해석 방법이다. 또한 이것은 이야기, 전설, 비유, 격언, 잠언, 지혜의 교훈들 등에서 주로 사용되는 해석방법이다.

2) J.A.T. Robinson, *Z.N.T.W.* 46(1955), p.233—40.

유사한 공관복음 전승의 단편들을 포함하고 있는 것이 사실인듯 한데 그러한 전승들이 요한의 언어나 사상적인 관점에서 개작되었다. 그러나 본장에서 채택된 모든 단편적인 전승들은 예수의 상에 그 초점을 맞추었고(이것은 1—3절a에서도 역시 사실이다) 이러한 과정에서 하나로 통일되었다.

[1] 양의 우리에 들어갈 때에 문으로 들어가지 않고. 양과 목자에 대한 이 말에 있어서 세부적인 묘사는 동방에서 목양에 대해 알려진 것과 잘 어울린다.[3] 그러나 물론 이런 세부적인 묘사는 팔레스틴에만 속한 것이 아니라 비슷한 문명단계에 있었던 대부분의 지중해 연안의 나라들 (또는 실로 다른 나라들)에 속한 것이었다. "우리"(αὐλή)는 호머에게서 가축 농장으로 사용된 말인데 나중에 그것은 뜰, 혹은 홀을 가리키게 되었다(*L.S.*에도 이렇게 되어 있음). 추측컨대 여기서 그말은 양의 우리(αὐλιον은 우리, 마구간 등을 뜻함)로 사용된 것으로서 집의 울타리친 작은 마당을 의미한다.

다른 곳으로 올라가는. 십자가가 아니라 어떤 다른 수단에 의해서 하늘로 올라가려고 했던 사람들을 요한이 염두에 두고 있다는 것은 (요한복음에서 "올라가다" ἀναβαίνειν의 특수 용법—참조 3, 13에 비추어볼 때) 가능한 일이다. 그러나 확실히 중심적인, 아마도 유일한 사상은 다음과 같은 두 가지 생각의 결합에서 이루어진 것이다. 즉 "(문을 통해 들어가지 않고) 담을 기어오르는 것"과 "(문보다) 다른 막사를 통해 들어가는 것"이 결합되어 있다.

도둑이요 강도이며. 이 두 말은 동의어가 아니다. 비록 요한이 여기서 이 두 말의 어떤 분명한 구분을 의도하지는 않았다고 하더라도 그렇다. 돈궤에서 돈을 훔쳐낸 유다는 도둑(12, 6)이었고, 살인에 관련되어 아마 반란을 일으켰던 바라빠(마르 15, 7)는 강도(18, 40)였다. 아마도 접속사 καί는 "혹은"과 비슷한 의미일 것이다. 도둑 아니면 강도는 정확하게 동일한 것은 아니다. 요한은 한 개인이 아니라 한 부류의 사람들을 지칭하고 있다. 그는 자칭 메시야들을 염두에 두었을지도 모르며 ; 아마도 더 그럴듯한 것은 헬레니즘 세계의 많은 '구원자들'을 가리켰을지도 모른다(더우기 Bultmann, 371—72 참조).

[2] 문으로. 담론의 바로 이 점에서 문과 목자가 분명히 구분된다. 나중에 예수는 이 두 말과 동일시된다(참조. 특히 7절). 이것은 자료의 도입에서 다소 불분명해지며 그 배열을

3) 참조. 예 A.M. Rihbany. *The Syrian Christ* (1927), 207—16.

개선하려는 여러 시도들을 불러 일으켰다. 스피타[4]는 (공관복음서 문체상) 원래의 비유가 1—5절, 11b—16a절, 18c절 등에 포함되어 있었다고 생각하였다. 불트만의 재배열에 대해서는 10장 39절의 해설을 참조하라. 로빈슨에 의해 여기서 발견된 두 가지 비유들에 대해서는 본장의 서론을 보라.

[3] 문지기. 18장 16·17절("문지기 소녀")을 참조하라. 마르코복음 13장 34절에서 그 용어(="문지기")는 보다 일반적으로 쓰인 것이다. 양 우리의 문지기는 아마도 목자의 종이었을 것이다. 아니면 아마도 하나의 양 우리에 한 떼가 넘는 양들을 수용하였을 경우에는(아래 참조) 자유로운 문지기가 한 사람 있었을 것이다.

자기 양의 이름을 하나하나 불러내어. 리바니의 제안(Rihbany, loc-cit)에도 불구하고 이 말은 양마다 이름이 있고 목자가 하나하나의 이름을 부른다는 것을 뜻할 뿐이다. 목자가 자기의 양을 부른다는 것은 양 우리에 그의 양이 아닌 다른 양이 끼어 있다는 것을 암시하기 때문이다. 16절에서 목자는 다른 우리의 양들도 갖고 있는 것으로 나타나 있다. 그렇다면 이것은 유다교의 우리를 말하는데, 이 우리에는 처음 제자들과 불신앙의 유다인들이 들어 있었고 그들 가운데 처음 제자들은 이방의 신자들로 인해 유다교에 가담하게 되었다.

데리고 나간다. 이 말과 다음 절들에 대해서는 민수기 27장 17절: "…그로 그들 앞에 출입하며 그들을 인도하여 출입하게 하사 주의 회중으로 목자 없는 양과 같이 되지 않게 하옵소서"를 참조하라. 이 인용문이 메시아적 해석을 제시하였고 또 그러한 의미에서 언급된 것임은 거의 분명한 사실이다. 하지만 이러한 해석은 그 밖의 곳에서는 볼 수 없다. 그러나 기대된 사람이 민수기 27장 18절에서 지목되었다는 사실은 그것으로 인해 유다인들이 이 인용절을 하나의 예언으로 이용하지 못하도록 하였고, 임명된 사람은 여호수아(그리이스어로는 "예수" 'Ἰησοῦς)이므로 그리스도인들에게는 메시아를 지칭하는 것임을 시사한다. 마르코복음 6장 34절과 같은 귀절이 요한에게 구약성서 귀절의 인용을 떠올리게 했을지도 모른다.

[4] 이 절은 알레고리적이 아니라 단지 비유적인 것이다. 이것은 목자가 하는 일을 묘사하고 있다. "자기(양)을 다"([P66] P75 ℵ B D Θ)라는 독법은 확실히 "자기 양들"(W)이라는 독법에 비해 더 잘 채택된다. ℵ에 "모든"(πάντα)이 생략되어 있는 것

4) F. Spitta, *Z.N.T.W.* 10;(1909), 59—80;103—27.

은 아마도 우연일 것이다. "불러내다"(ἐκβάλῃ)는 9장 34절을 연상케 한다. 그 주석을 참조하라.

그 목자의 음성을 안다. 27절을 참조하라. 27절이 이 절의 앞에 놓여야 한다는 것은 거의 가능성이 희박하다. 본장의 서론을 보라. 또한 18장 37절과 아래 14절도 참조하라. 비유적인 절들(1—5)은 뒤따르는 담론에 소재를 제공해 준다.

[5] 다른 사람을. 추측컨대 도둑이나 강도가 연상된다. 삯군에 대한 사상은 12절까지 소개되지 않는다. 참으로 그리스도의 선택받은 양들인 사람들은 1절의 거짓 목자들에게 속지 않을 것이다. 예수는 아버지께서 그에게 맡긴 자들의 이름을 하나하나 부른다(6,37·39; 17,6·9·24; 18,9). 그리고 그들은 그에게 속해 있으므로 그의 음성을 듣고 그를 따라간다. 참조. 3장 19—21절(여기서 동일한 진리가 달리 표현되어 있다): "빛의 자녀들은 그들의 행위가 선하므로 빛에로 나아간다." 예수의 양이 아닌 다른 양들이 있는데, 그들은 아버지에 의해서 선택받지 못하였고 그에게 맡겨지지 않았기 때문이다(8,47; 10,26·27). 이들은 그의 음성을 듣지 못한다; 참조. 6절: "그들은 깨닫지 못했읍니다". 마르코복음 4장 11·12절을 참조하라. 만일 1—3a절과 3b—5절이 원래 별개의 것이었다면 "다른 사람들"이란 단지 "이방사람"을 뜻했을 것이다.

[6] 이 비유를. "비유"(παροιμία)[5]는 16장 25·29절에서 다시 나오는데, 공관복음서에는 나오지 않는다. 또한 공관복음서에서 나오는 일반적인 비유란 말은 요한복음에서는 나타나지 않는다. 70인역에서 παραβολή는 משל(mashal)에 대한 일반적인 번역이며 다른 말로 번역되지 않는다. παροιμία도 경우에 따라서는 משל을 가리키는 것으로 사용되며 후대 번역본들(VSS.)에서는 점차 이런 의미로 더 많이 사용되었을 것 같다(참조. Hatch loc. cit.). παροιμία가 성서적 용법에서 어떤 독특한 어감을 취했을 거라는 데 대해서는 잠언 1장 1절에 나타난 그 말의 용법에 의해 설명된다. משל이 지닌 의미들 가운데 하나는 "격언"인데, 이런 의미를 παροιμία는 자

5) 이 말의 배경과 용법에 대해서는 거기에 대한 주석들에 첨가하여 Hatch, *Essays in Biblical Greek*(1889), 64—71; B.T.D. Smith, *The Parables of the Synoptic Gospels* (1937), 3—15; L. Cerfaux, 'Le thème littéraire parabolique dans l'évangile de saint Jean', *Coniectanea Neotestamentica* XI(1947), 15—25 참조.

연히 지니게 되었다. 고린토후서 2장 22절은 신약성서에서 이 말이 다른 의미로 쓰인 유일한 경우이다. 그러나 열왕기상 4장 32절(=3 Kdms 5, 12)에서 솔로몬의 격언들(משלים)은 παραβολαί를 말한다. 그러므로 요한복음에서 παροιμία를 격언으로 번역하기는 어렵다. 16장 25·29절에서 "비유의"(ἐν παροιμίαις) 말은 "드러내 놓고 하는"([ἐν] παρρησίᾳ) 말과 대조를 이룬다. 따라서 παροιμία는 확연히 드러나지 않은, 혹은 상징적인 말의 형태를 뜻할 수밖에 없다. 공관복음서의 직유와 요한복음서의 알레고리가 흔히 대조되어 왔다. 사실상 공관복음서의 말들이 직유만도 아니며, 또한 요한복음서의 말들이 알레고리라고만 할 수도 없다. 공관복음서의 비유들이 갖는 그리스도 중심의 경향은 요한에게서 강조되고 있는데, 그는 예수의 죽음과 올리우심이 곧 인간들을 살리는 것이라는 사실을 밝히는 상징적 담론들을 구성하고 있다.

그들은…깨닫지 못했읍니다. 5절을 참조하라. "그들"은 9장에 나온 유다인들이며 9장과 그 밖의 곳에서는 예수의 적대자들을 가리킨다. 그들은 예수의 양이 아니므로 그의 말을 듣지도 이해하지도 못한다.

[7] **내가 진정으로 진정으로 너희에게 말한다.** 1장 51절을 참조하라. 1절에서 이 정식은 비유의 장을 여는 데 도입되었다. 여기서 이것은 두 번째 장면을 개시하는데, 첫 장면에 대한 주석이 아니라 오히려 단수 일인칭 주어로 나타난 예수에 대한 진술과 그 자료가 한데 어우러져 있음을 보여준다.

나는…이다. 술어와 함께 사용된 이 말들에 대해서는 6장 35절을 참조하라. 이 ἐγώ εἰμι(참조. 15, 1)는 일반적인 공관복음서의 정식인 "하느님의 나라는 ~과 같다…"와 명백한 대조를 이루고 있는데 그러한 대조는 중요한 것이다. 요한은 공관복음서 기자들이 하느님의 나라에서 발견했던 것을 예수 자신의 인격에서 발견하고 있음을 의미한다.

양의 문. 9절을 참조하라. 이것은 예기치 않은 동일시이다. 독자는 예수가 "나는 양들의 목자다"라는 말을 할 것으로 기대했을 것이다. 이 말은 P^{75} sah에 나타나지만 그러나 보다 난해한 본문에 대한 부차적인 수정 이외의 것이 될 수 없다. 요한이 여기서 보여주는 바는, 우리가 단지 하나의 해석을 취하는 것이 아니라 요한의 특징적인 문체에 있어서 비유의 발전을 보게 되는 것이다. "문"(θύρα)의 갑작스런 도입에서 야기된 곤란함은 다음과 같은 제안에 따르면 제거된다.[6] 즉

6) Torrey, 108, 111—13; 참조. Black, 259, n. 1.

그 귀절의 아람어 원문인 …'atheth ra'ehon…("나는 양의 목자로 왔다")가 역자에 의해 잘못 분절되어…'ithai tar'ahon…("나는 양의 문이다")로 되었다는 것이다. 그러나 이 제안은 채택될 수 없다. 토레이(Torrey)는 9절이 7절의 오역을 지지하려고 본문에 삽입된 것이므로 9절을 생략할 필요가 있다고 생각한다. 이것은 근거가 없는 가설이다. 9절은 사실상 7절의 난해한 독법을 확인시켜준다. 그리고 7절은 예기치 못한 것이긴 하나 훌륭한 의미를 주므로 구태여 수정할 필요는 없다.

[8] 나보다 먼저 온 사람은 모두 도둑이요 강도여서. "모두"(πάντες)가 D에는 생략되어 있는데, 아마도 구약에 나오는 위대한 인물들이 비난받지 않기를 바래서 그랬던 것같다. ὅσοι ἦλθον πρὸ ἐμοῦ("나보다 먼저 온 사람은")라는 귀절 중에서 πρὸ ἐμοῦ("나보다 먼저")가 P45 P75 ℵ it vg sin pesh 등에는 생략되어 있는데 그 어순이 πρὸ ἐμοῦ ἦλθον으로 되어 있는 Θ의 영향을 받아 그런 것 같다. 이 말에는 확실히 구약성서의 예언자들과 다른 의인들을 도둑이나 강도로 전락시킬 의사가 들어 있지 않다. 이 절에서 말하는 도둑이나 강도는 1절의 "다른 곳으로 넘어가는 사람," 자칭 메시야라고 주장하는 거짓 선지자들이나 거짓 구원자들과 동일인임에 틀림없다. 쿨만(Cullmann)은 세례 요한과 그의 종파들에 대한 논쟁적인 언급일 가능성이 있다고 생각하지만(*V. & A.*, 174) 거의 그럴 것 같지 않다. 쿨만은 또한 쿰란의 의의 교사에 대한 언급이 있을지도 모른다고 생각한다.[7] 이에 대해 브라운은 쿰란의 메시야적 인물들이 목자로 불리지 않았음을 지적하고 있다. 또한 10장 11·18절을 참조하라. 브라운은 이 절에 나오는 사람들을 바리사이인들과 사두가이인들을 지칭하는 것으로 본다. "아브라함이 있기 전에 내가 있었다"(8, 58)라는 말 때문에 그들("나보다 먼저 온 사람")은 아브라함과 예언자들을 가리키는 것일 수 없다는 제안(Odeberg, 329)은 만족스럽지 못하다. 왜냐하면 이런 의미에서라면 "그리스도 이전에는" 아무도 존재할 수 없게 되고 따라서 이 문장 전체가 무의미해지기 때문이다. 1절에서처럼 요한이 염두에 두었던 특정인들을 가려내기란 불가능하다. 오히려 요한의 의도는 바로 예수 안에서 구약의 약속들이 유일회적으로 성취됨을 강조하는 데 있으며 비유의 틀 안에서도 그의 강조점은 이런 형태를 취해야 했다. 불트만은 요한의 사상의 근거가 구약성서에서 발견되는 것이 아니라 영지주의에서 발견된다고 생각한다. 불트만이 요한의 의도

7) K. Stendahl, *The Scrolls and the New Testament* (1958), 31.

는 계시의 배타성과 절대성을 강조하는 데 있다고 본 점은 확실히 옳다.

양들이 그들의 말을 듣지 않았다. 즉 양들은 그리스도 자신에게 속해 있었다(3절). 그들은 그리스도의 것으로 예정되어 있었으므로 거짓 그리스도를 따라 그릇된 길로 갈 수 없었다.

[9] 나는 문이다. 술어와 함께 나오는 "나는…이다"에 대해서는 6장 35절을 참조하라. 그리고 의미가 동일하지는 않지만(참조. J.Jeremias, *T.W.N.T.* "문" *θύρα* 항목) 특히 7절, "양들의 문"을 참조하라. 7절에서 그 의미는 "나는 참 목자가 드나드는 양의 문이다"인 것 같다. 그런데 9절에서 그 의미는 오히려 "나는 양이 우리로 드나드는 문이다"이다. 7절은 아마도 이 두 가지 의미를 모두 보여주는 것 같기도 하다. 이렇게 뜻이 명백하지 않은 것은 요한의 문체에서 비롯된 것이다. 여하튼 7절과 9절의 변형이 서로의 불일치를 설명해준다고 생각할 필요는 전혀 없으며, 또한 이 두 절이 서로 다른 자료에서 인용된 것이라거나 아니면 하나의 자료가 다른 자료를 보충한 것이라고 생각할 필요도 없다. 이 담론에는 여러 변형이 들어 있다. 예를 들어 "나는 문이다"와 "나는 목자다"는 어떤 해석에 비추어 봐도 서로 잘 부합하지 않는다. 이 담론을 하나로 묶는 유일한 통일성은 그리스도론적인 것이다. 예수는 양과 목자의 상이 암시하는 모든 형용어구를 자신과 결부시키고 있다. 문이라는 말은 매우 복잡한 배경을 떠올리게 한다.[8] (ㄱ) 하늘이 원래 지상 위에 위치한다고 생각했던 고대인들은 하늘을 문이나 문들을 통해 들어가는 것으로 생각하였다. 이같은 생각은 호머로 소급되는 그리이스 문헌에서 나타난다. 그 생각 자체를 두고 볼 때 그것은 별로 중요한 것이 아니다. 하지만 그러한 생각이 영지주의 신화를 형성하는 토대가 되었고, 대개의 영지주의 신화는 구원자가 하늘로부터 지상에로 내려오는 것과 구원받은 자가 올라가는 것을 포함하고 있었다(참조. 이 책 I권 65—71. 126면 이하). 구원자 자신이 하늘과 지상 사이의 문이 되었다는 개념과 앞서 말한 사고는 서로 근접하는 것이었다. 1장 51절을 참조하라. (ㄴ) 하늘의 문이라는 개념은 유다 자료들에도 나타난다. 구약성서를 보더라도 "하늘의 문"(שער השמים *ἡ πύλη τοῦ οὐρανοῦ*, 창세 28, 17)과 "하늘의 문들"(דלתי שמים, *θύρας οὐρανοῦ*, 시편 78[77] 23)이라는 말이 나타나 있다. 묵시문학에서 하늘의 문은 자주 나타난

8) 참조. J. Jeremias, *op. cit.*, 또는 Bauer, 139, 144.

다. 예. 에녹1서 72—75절 : "하늘의 해와 달에 대한 서(書)" ; 예. 7장 2절 : "빛나는 태양은 하늘의 동문에서 떠오르고 하늘의 서문으로 진다" ; 바룩3서 6장 13절 : "천사들이 하늘의 365개의 문들을 연다." 이와 같은 묵시문학적인 화법은 두 가지 의미를 지닌다. 하나는 환상은 하늘의 영원한 진리를 보는 것이다(참조. 계시 4, 1)라는 것과, 다른 하나는 종말론적 구원은 하늘로부터 온다는 것이다. 하늘의 문들(천사들, 해와 달 등의 출구나 입구와는 별개의)은 지식과 구원이 인간들에게 전달되는 수단이다. 이와 같은 재료들이 섞여져서 요한의 그리스도론적 문서의 특징적인 단편이 완성되었는데, 거기서 예수는 중재자, 혹은 계시자로 나타난다. 사람의 아들이라는 용어에 대한 요한의 용법과(특히 1장 51절 참조), 말씀이 지식과 구원의 전달자이므로 말씀에 대한 용법을 참조하라. 솔로몬의 송가(*Odes of Solomon*) 17장 6—11절 ; 42장 15—17절을 참조하라. (ㄷ) 세 번째로 일련의 병행귀절들이 공관복음서와 초기의 그리스도교 신학에서 발견된다. "문"(door 혹은 gate)이라는 말이 사용된 귀절들뿐만 아니라 하느님의 나라로 들어감에 대한 말씀들을 고려하게 된다. 참조. 마태 7, 13·14(=루가 13, 24) ; 루가 13, 25 ; 마태 25, 10 ; 마태 7, 7(=루가 11, 9) ; 마르 9, 43·45·47(=마태 18, 8·9 : "생명에 들어가는"). 이 공관복음서의 귀절들은 대부분 종말론적인 언급들인데, 이러한 종말론적인 언급들을 요한은 특징적으로 변형시켰다. 이때 그는 초기 전승이 이미 채택하였던 구약성서의 재료를 사용하였지만 그러나 이 재료를 예수의(나라 보다는) 인격에 관련시키는 독특한 방식으로, 또는 그것을 그가 살았던 당시의 지적 분위기에 어울리는 방식으로 적용하였다. (ㄹ) 두 가지 더 지적할 점이 여기에 첨가될 수 있다. 첫째, 이그나티우스(Ignatius, *Philad*. 9, 1)는 예수에 대해서 "그는 그의 아버지의 문이다"라고 말한다. 이그나티우스가 의식적으로 요한의 말을 빌렸는가를 말하기란 어렵다(이 책 I권 170—71면 참조). 그의 말의 의미는 요한이 뜻한 의미와 동일하지 않은 것 같다. 둘째, 의인 야고보의 죽음을 묘사하는 데서 헤게시프스(*apud* Eusebius, *H.E.* Ⅱ, XXiii, 8, 12)는 유다인들의 일곱 종파 가운데 몇몇 종파로 하여금 "예수의 문이 무엇이냐"는 질문을 야고보에게 묻게 한다. 이 인용문은 아마도 잘못된 것이며[9] 어쨌든 불분명하다. 요한복음에 직접 의존했을 가능성이(혹은 그 역도) 적다. 이와 같이 풍부한 병

9) 여전히 가장 좋은 정보자료가 되고 있는, M.J. Routh, *Relinquiae Sacrae* I (1846), 234—38 참조.

행재료들이 의식적으로—혹은 무의식적으로—요한의 생각을 반영하였다고 가정하는 것은 틀린 것이다. 첫째로, 요한은 하느님의 선택받은 자들이 양의 무리라는 비유적 상을 발전시키고 있다. 그는 대개의 자료에 대한 그의 사용방식대로 그것을 사용하여 예수의 상을 확대시킨다. 우리에 들어가는 한 가지 방법이 있다. 지식과 생명의 유일한 원천이 있다 ; 영의 양식을 획득하는 유일한 방법이 있다. 하늘에 이르는 유일한 길이 있다. 그리고 선한 이 모든 것에 도달하는 유일한 수단이 곧 예수이다.

누구든지 나를 통하여 들어오면. 예수는 구원을 가져다 주는 유일한 분이므로 그를 통해서만이 메시아적 공동체로 들어갈 수 있다. 불트만의 요한복음 주석 375—80면에 나오는 "계시의 배타성과 절대성"(또는 계시의 비관용성)에 대한(10장 7—10절에서 다루어진) 훌륭한 주석을 참조하라.

구원을 얻고, 들어오고 나가며 꼴을 얻을 것이다. "구원하다"(σώζειν)에 대해서는 3장 17절과 예레미야 31장 10절, 그리고 Dodd, *A.S.*, 85를 참조하라. 신자는 제일 먼저 구원을 받고 우리 안에서 자유를 발견하며(참조 8, 32·36) 또한 생명을 유지시키는, 다음 절에서 언급된 수단도 발견한다. "꼴"(νομή)을 "생명수"(4절에서), "생명의 양식"(6절에서)과 비교하라.

[10] 도둑은 정문으로 들어가지 않는 사람(1절)으로서 그의 목적은 선한 것이 아님이 분명하다.

죽이고. "죽이다"(θύειν)는 요한복음의 다른 곳에서 나오지 않는다. "희생제물"(θυσία)은 전혀 사용되지 않는 말이다. "파괴하다"(ἀποκτείνειν)란 말은 상당히 자주 나오며(12회), "죽이다"(θύειν)란 말은 여기서 특히 동물의 살육에 부합하는 것으로 선택된 말이었으리라. 이것은 적어도 이 말이 해석이 아니라 여전히 비유—알레고리의 일부임을 의미한다. 이 의미 속에는 박해를 받고 있는 그리스도교인들을 죽인다는 생각이 들어있지 않다.

파괴하고. "파괴하다"(ἀπολλύναι)란 "죽이다"(θύειν)와는 달리 요한의 중요한 말이다(참조. 3장 16절). 이 말은 일반적으로 신학적인 의미로 사용되며 여기서 그것은 "죽이다" 이상을 뜻하는 것일 수 있다. "죽다"(ἀπολέσαι)란 말은 그리스도가 자기 자신에게 속한 자들을 죽게 하지는 않으리라는 것을 정확하게 지적하는 말이다(6, 39 ; 18, 9 ; 참조. 3, 16 ; 6, 12 ; 10, 28 ; 17, 12).

생명을 얻게 하고. 예수의 선교가 갖는 목적은 이 세상에 (영원한) 생명을 주려고 하는 데 있다. 이러한 사상은 요한에게서 기본적인 것이며 계속해서 반복된다(참조. 3장 16절 ; 20장 31절). "생명"에 대해서는 1장 4절을 보라.

더 얻어 풍성하게 하려고. 아마도 동의어 중복 생략(homoeoteleuton)으로 인해 P⁶⁶* D에는 이 귀절(καὶ περισσὸν ἔχωσιν)이 생략되었다. 참조. Xenophon, *Oeconomicus* XX, I : "그들은 즐거움과 생기와 풍성함을 지니고 있지만 그러나 꼭 해야할 일들을 할 능력은 없다."

[11] 나는…이다. 6장 35절을 참조하라.

선한 목자. "선한"(καλός)은 예를 들어 출애굽기 대미드라쉬(*Ex.R.*) 2장 2절에서 다윗을 목자("선한 목자" ro'eh yapheh)로 묘사하는 데 사용된 히브리어 yapheh와 일치하는 말이다. 이 말은 예수에 대한 요한의 특징적인 술어들과 함께 여러 번 사용된 "참된"(ἀληθινός; 참조. 1,9)과 비교될 수 있는 것이다. 여기서 예수는 영원한 실재에 대한 일시적인 인간적 모형들과 대비를 이루는 것이 아니라 그들의 양에 대한 태도가 예수 자신의 태도와는 정반대였던 사람들(도둑, 강도, 삯군)과 대비를 이루고 있다. 브라운은 선한 목자를 모범(model)으로 보며 린다스는 이상형(ideal)으로 본다. Betz, 103은 "선한"(καλός)이 "신적 인간"(θεῖος ἀνήρ)에 대해 사용되고 있는 것으로 주석한다. 예수가 목자라는 표현의 배경은 문이라는 표현(참조. 9절)의 배경과 거의 유사하다. 특히 Bauer, 143—44를 참조하라. (ㄱ) 구약성서에서 하느님은 그의 백성의 목자로 묘사되어 있다. 예. 시편 23, 1 ; 80, 2 ; 이사 40, 11 ; 예레 31, 9 ; 참조. 시편 74, 1 ; 79, 13 ; 95, 7 ; 100, 3. 이들 귀절에는 목자에 대한 묘사가 백성을 양으로 묘사하는 데에 암시되어 있다. 다윗(혹은 다윗적인 메시야)은 시편 78편 70—72절, 에제키엘 37장 24절, 미가 5장 3절(참조. *Ps. Sol.*17,45) 등에서 목자로 불린다. 그리고 예레미야 2장 8절, 10장 20절, 12장 10절 등에서 우리는 신실하지 못한 목자들이 하느님의 양 무리를 해친다는 것을 알게 된다. 신실하지 못한 목자들과 참 목자이신 하느님이 즈가리야 11장 4—9절에서 모두 나타난다. 그리고 에제키엘 34장 여러 귀절에서[10] 이 두 가지 사상은 다윗이 하느님의 목자라는 사상과 결부되어 있다. 이사야 63장 11절(70인역)에서 모세는 "양의 목자"로 나타-

10) Dodd, *Interpretation*, 358 이하에서 강조된 목자와 양의 사상 ; Sidebottom, 75는 요한복음 10장에서 에제키엘 15장의 인용을 비교하고 있다.

나 있다. 이러한 묘사는 라삐 문서들에서도 발견된다. 예를 들어 출애굽기 대미드라쉬(*Ex. R.*) 2장 2절에서 모세는 그가 하느님의 목자로 행동하는 것을 허락받기 전에 먼저 양의 목자였음이 증거된다고 한다(다른 예들에 대해서는 *S.B.* Ⅱ, 209, Ⅲ, 407 참조). 쿰란문서에서 다마스커스(*CD*) 13장 9·10절은 좋은 병행귀가 아닌데, 그것은 메시야상은 언급하는 것이 아니라 감독을 언급하는 것이고 "…목자로서…" (…כרועה)라는 비슷한 말만을 내포하는 것이기 때문이다. (ㄴ) 비유다권에서도 신들과 위인들은 목자로 묘사되었다; 바우어는 다음과 같이 예를 들어 설명한다: 아누비스(Anubis), 아티스(Attis), 이마(Yima), 짜라투스트라(Zarathustra), 마르둑(Marduk), 프리지아의 신 등. 바빌로니아 왕들과 그리이스의 영웅들[11]은 그네들 백성의 목자들로 말해졌다. 티아나의 아폴로니우스(Apollonius; *Philostratas, Vita* Ⅷ, 22)는 그의 제자들을 가리켜서 그의 양떼(ποίμνη)라고 말하였다. (ㄷ) 공관복음서 전승에서 중요한 말들이 이 주제와 관계가 있다. 특히 마르코복음 6장 34절(참조. 마태 9, 36); 마태오복음 18장 12—14절(참조. 루가 15장 3—7절); 마르코복음 14장 27절(=마태 26, 31); 마태오복음 25장 32절을 참조하라. 이들 대부분의 귀절에서 예수의 선교와 목자의 역할 사이의 비교는 일반적인 것이지만 그러나 그 배후에는 메시야가 하느님의 백성을 인도한다는 사상이 들어 있다. 그 밖에 히브리서 13장 20절, 베드로전서 2장 25절, 5장 4절을 참조하라. (ㄹ) 필로는 성서적 주제와 헬라적 주제를 모두 인용하였다. 그래서 그는(앞의 *Ex. R*의 방식대로) 모세는 그가 하느님의 백성을 인도하는 목자로서 역할을 감당할 수 있게 되기까지 우선 양의 목자로서 훈련을 받고 또 시험을 받았다고 주장한다(*Mos.* Ⅰ, 60—2). 그 이유는 양을 치고 인도하는 것이 지도자가 되기에 가장 좋은 준비이기 때문이다("그러므로 왕들은 백성의 목자들이다": 61). 하느님은 그의 백성의 목자이시며 또한 그의 맏아들 혹은 말씀을 그의 목자로 삼으신다(*Agr.* 50—4). Dodd.*Interpretation*, 75에는 *Post.* 67—68이 첨가되어 있다. 필로 이상으로 요한은 본래 목자상이 갖는 성서적이고 메시야적인 의미에 의존하고 있긴 하지만 그는 신의 왕권에 대한 다른 사상들도 확실히 알고 있었다. 그래서 10장 1—18절까지의 주제는 다음과 같다고 해도 틀린 말은 아니다. 즉 "주제는 하느님의 영적인 세계와, 그의 아버지와의 하나됨으

11) 특히 아가멤논(Agamemnon)—*Xenophon Memorabilia* Ⅲ, ii에서 논의된 바를 참조하라.

로 인해 그러한 세계의 총괄적인 중심이 되신 예수"인데(Odeberg, 313), 그것은 이 두 가지 개념이 요한에게 있어서 그가 초기 전승을 따른 바대로 예수의 성육하신 삶과 죽음에 강조점이 있는 것으로 인식될 경우에 한해서이다. 이같은 중요한 조건 없이 요한의 사상과 병행을 이루는 것이 만데아(Mandaean) 문서들에서 Manda d'Hayye(또는 "선한 목자")로 나온다. 앞서 말한 개념들의 중요성과 또 그것들과 함께 요한의 목자 개념에 나타난 본래의 영지주의적 배경이 불트만에게서 강조되었다. 그러나 요한이 영지주의를 구약성서에 동화시켰다기 보다는 구약성서의 토대에서 영지주의 쪽으로 관심을 돌린 것으로 보는 것이 타당하다.

목숨을 바친다. 새로운 사상이 여기 도입되고 있는데, 이것은 10절의 "죽이고 파괴하려고"에서 암시된 것이다. 도둑은 양의 생명을 앗아간다. 반면에 선한 목자는 양을 위해 자신의 목숨을 내어 놓는다. "생명을 바치다"(ψυχήν)는 요한복음과 요한일서의 독특한 용어이다(10, 11·15·17·18 ; 13, 37·38 ; 15, 13 ; 요일 3, 16). 마르코복음 10장 45절의 "목숨을 내어주다"를 참조하라. 이것은 라삐적 표현인 "자기 목숨을 내어주다"(masar naphsho)를 나타내는 것일 수도 있다 ; "죽기까지 자기 자신을 포기하다"(masar 'atsmo l'mithah). 보다 그럴듯한 사실은 죽음에 있어서 예수의 자유로운 행위를 강조하기 위해 "목숨을 내어주다"가 "목숨을 바치다"로 약간 변형되었다는 것이다(참조. 18절). 이 표현이 특이하기 때문에 여러가지 변형구들이 나타났다. 이 절에서 P⁴⁵ ℵ D it vg sin에는 "내어주다"로, 클레멘트(Clemen:, 2/4)에는 "넘겨주다"로 나온다. 이 비유의 특징은 구약성서나 다른 어떤 자료에서 연유한 것이 아니며 또 공관복음서에 나타난 목자의 비유들과 상통하는 것도 아니다. 그것은 특히 하나의 알려진 역사적 사건이었던 예수가 십자가에 못박히심에 근거한 것이다. 예수의 죽음의 예고에 대해서는 마르코복음 8, 31 ; 9, 12·31 ; 10, 33·34·38·39·45 ; 12, 8과 그 병행절을 참조하라.

양을 위하여. 공관복음서에서 "위하여"(ὑπέρ)는 마르코복음 14장 24절에서만, 그리고 루가복음 22장 19·20절이 루가의 원래 본문 중 일부로 평가된다면 이들 귀절에서 그리스도의 죽음에 대해 사용된 용어이다. 그러나 요한복음에서 "위하여"(ὑπέρ)란 말이 나오는 곳마다 거의 죽음의 의미가 뒤따른다.[12] 그러나 이 말 자체를 두고 볼 때 그것

12) 6, 51; 10, 11·15; 11, 50 이하 ; 18, 14(그리고 참조. 17, 19와 그 주)—예

이 타인에게 은혜를 베풀기 위한 희생적인(어떤 문자 그대로의 의미에서가 아니라) 죽음을 암시하고 있음이 분명하긴 한데, 보다 엄밀한 의미의 내용이 전달되지 않는다.

[12] 삯군은 목자가 아니요. 분사와 함께 쓰이는 불변사 "아니"(οὐ)에 대해서는 *M.* I, 231—32를 참조하라 : 파피루스 문서로부터 인용한 대다수 예들 가운데서 우리는 명백한 사실의 진술에 대한 고유한 부정어가 οὐ라는 생각을—그것은 그럴 듯한데—쉽게 떨쳐 버릴 수 없음을 분명히 알게 된다…이와 보다 동일한 원리들이 신약성서에 적용될 수 있다." 필로(*Post.* 98, *Agr.* 27—9)는 목자(ποιμήν)와 그보다 못한 가축 사육자(κτηνοτρόφος)를 비교하는데, 그가 비교함으로써 말하고자 하는 요지는 요한이 말하는 요지와는 전혀 다르다.

자기 양. 3절을 참조하라.

이리를…보면. 이리의 공격에 대해서는 사무엘상 17장 34—36절을 참조하라. 그리고 삯군의 도주에 대해서는 제4에즈라서 5장 18절 : "목자가 많은 사악한 이리들 속에 있는 자신의 양떼를 포기한 바와 같이"를 참조하라.

그러면 이리가 양들을 물어가고 양떼들을 흩어버린다. 이 말은 13절에서 꼭 채택되어야 할 독법에서 볼 때(아래 참조) 그 광경에 대한 생생함을 더해 주는 삽입어귀로 간주해야 한다. "물어가다"는 호머의 시대로부터 사나운 짐승에게 사용된 말이다. "흩어버리다"는 70인역과 후대의 작가들에게서만 나타난다. 특히(즈가리야 13장 7절에서 인용된) 마르코복음 14장 27절 : "내가 목자를 치면 양들이 흩어지리라"를 참조하라. 여기서 예로 든 마르코복음의 귀절을 연상할 수도 있지만 보다 그럴 듯한 것은 요한이 그에게 매우 친숙한 상황을 재구성하였다는 것이다. 참조. 사도행전 20장 29절 : "탐욕스러운 늑대들이 에페소의 양떼를 해칠 것이다."

[13] 대다수 사본들은 접속사 ὅτι("…하는 것") 앞에 ὁ δὲ μισθωτὸς φεύγει("삯군이 달아나다")를 덧붙이고 있다. 그러나 P45 P66 P75 ℵ B D W Θ 그리고 다른 사본들에는 이 말이 의심할 바 없이 제대로 생략되어 있다. 이 말들이 없으면 이 구문은 불가능하지는 않지만 아무래도 어색하다. 이 말들은 ὅτι 구문을 분명히 하

수의 죽음 ; 13, 37·38—베드로는 예수를 위해 자기 목숨을 내어줄 것을 약속한다 ; 15, 13—어떤 사람이 자기 친구를 위해 목숨을 내어준다.

기 위해서 첨가된 것이었다. W사본 역시 "삯군이어서"(ὅτι μισθωτός ἐστιν)를 생략하고 있다 ; 이 사본 역시 그 구문을 더 좋게 만들고 있기는 하지만 본문을 손상시키는 것이다.

양들을 생각하지 않기 때문이다. 비인칭 동사의 구문에 대해서는 12장 6절을 참조하라. 또 그 의미에 대해서는 베드로전서 5장 7절을 참조하라. 삯군이 이리에게서 도주하는 것은 그의 성품과 양에 대한 그의 관계 때문이다. 삯군은 양을 돌보기 보다는 자기 자신과 그의 임금에 더 관심이 있다.

[14 · 15] 나는…이다. ἐγώ εἰμι의 반복은 이 두 귀절에 나오는 서로에 대한 앎이라는 새로운 주제의 중요성을 나타내는 것이다. 예수는 삯군이 아니라 선한 목자로서 그의 양들을 소유한다 ; 그는 그들을 알고 그들도 그를 안다(참조. 3절). 이러한 상호인식은 아버지와 아들 사이에 게재하는 상호인식과 유사하다. 상호인식이라는 요한의 특징적인 주제에 대해서는 이 책 I권 130—1면과 1장 10절, 6장 99절을 참조하라. 하느님과 신자 사이의 상호인식을 강조하는 본 절은 요한의 인식개념이 어디에서 유래한 것이냐는 문제를 분명하게 제시해 준다. "이 심오한 개념은 결코 그리스도교에 국한된 것이 아니라 동방 헬레니즘적 신비주의에 일반적으로 담겨있는 개념이다"(E. Norden, *Agnostos Theos* [1923], 287). 이러한 견해는 웨슬리(C. Wessely)에 의해 출판된 주술적인 파피루스 문헌에서 나온 기도문과 같은 인용 귀절들에서 어느정도 판명되었다[13] : "나는 너 헤르메를 안다. 내가 누구이고 어디서 왔는지를 안다…헤르메여, 나는 너를 알고 너도 나를 안다. 내가 너이고 네가 나라는 것을.' 요한이 그의 말과 거의 유사한 것으로 드러난 이와 같은 말을 알고 있었을 법하다. 그러나 앞서 언급된 주들에서 지적한 차이점들이 여전히 남아 있으며 실로 이 두 절(14·15절)에서 강조되어 있다. 이들 귀절은 예수가 양들을 위해서 자기 목숨을 내어 놓는다는 진술과 함께 결론을 맺는다. 이 점에서 우리는 하느님과 예배자 사이의 어떤 형태의 동일시도 생각할 수 없다. 인간은 신격화될 수 없고 다만 구원의 대상일 뿐이다. 더구나 여기서 지시된 앎이란 사랑을 의미하고 내포하는 것임에 분명하다. 별개의 인격들 간에 도덕적인 관계가 게재한다. 마태오복음 11장 27절=루가복음 10장 22절을 참조하라. 그러나 요한이 예수

13) *Denkschrift der kaiserlichen Akademie, Wien*, Phil.—Hist. Classe xlii (1893), 15; 참조. R. Reitzenstein, *Poimandres* (1904), 20—21.

의 희생적인 죽음을 분명히 언급하고 있다는 사실은 그러한 관계가 신비적이라거나 경건주의적인 것이 아님을 밝혀준다(불트만). 상호인식은 상호규정을 의미한다—목자가 사랑 안에서 자기 양에 대해 스스로를 규정하고 또 양들은 감사와 믿음과 복종 안에서 목자에 대해 그들 자신을 규정하는 상호결정의 관계이다.

[16] 이 우리에 (들지) 않은 다른 양들…. 11장 51절 이하, 이사야 56장 8절, 그리고 O.Hofius, *Z.N.T.W.* 58(1967), 289이하를 참조하라. "우리"(αὐλή)에 대해서는 1절을 보라. 이 절은 5절에서 제시된 해석을 보다 강화한다. "우리"(αὐλή)는 이스라엘을 말하며 또 그것은 그리스도 자신의 양 무리와 그리스도에게 속하지 않은 무리(믿지 않은 유다인들)를 포함한다. 그리스도의 성육은 이 두 집단 사이의 예정된 구별을 분명하게 하는 것이다. 따라서 그리스도에게는 유다교의 "우리"에 들어있는 양 무리뿐 아니라 그 "우리"에 들지 않은 무리, 즉 이방인들이 있다. 요한복음은 이방인 선교라는 맥락에서 기술된 것이다.

그 양들도 인도해야 하겠다. 팔레스틴에서의 선교가 그리스도의 활동이었듯이 이방인의 선교(mission)도 그리스도의 활동이다.

내 음성을 듣고. 3절에서 유다의 양떼가 목자의 음성을 들음을 참조하라. 3절에서는 단수형 동사 "듣다"(ἀκούει)가 사용되고 반면에 여기서는 그 복수형이 사용되고 있다는 사실은 별 의미가 없다. 이 절에서 중성의 복수 주어는 동사로부터 나온 것이고 "양들"이 개별적인 사람들을 가리킨다는 사상이 보다 적절하다. 이 절의 초반부에 나오는 "들지 않은"(ἃ οὐκ ἔστιν)을 참조하라.

그들은 목자와 한 무리가 될 것이다. 복수 동사 γενήσεται(P⁴⁵ B ℵ D θ의 독법)에 대해서는 의견이 분분한데 그 의미는 "있게 될 것이다"가 아니라 "그들은 (이렇게) 될 것이다"이다. 요한의 사상은 온 인류가 하나라는 스토아적인 관점에서 제시된 사상과 일치하는 것은 아니다. 비록 스토아 학파가 간혹 요한과 유사한 말을 쓰고 있다고 하더라도 그러하다.[14] 요한복음에서 무리의 하나됨은 자연적으로 주어지는 하나됨이 아니라 오직 예수 안에서 또 예수에 의해서 이루어진 하나됨이다. 하지만 스토아적인 이상의 성취가 교회에서 기대되어 왔다는 것

14) 참조. Plutarch, *de Alex. virt.* I, 6에서 인용된 Zeno의 말, "……한 우리에 속한 가축의 떼가 일반적인 법으로 사육되듯이 하나의 우주와 하나의 삶이 있다."

을 요한이 그의 독자들에게 전달하고자 했을 가능성도 없지는 않다. 이 절의 초반부에서 지적된 바대로 요한의 본래 사상은 유다인과 이방인이 교회 안에서 하나됨에 있다. 특히 에페소서 2장 11—12절과 4장 3—6절을 참조하라. 또한 그가 자주 반복해서 강조하고 있는 것은 그리스도와 아버지의 하나됨과 그리스도와 신자들의 하나됨이다. "한 목자"에 대해서는 에제키엘 34장 23절을 참조하라. "한 목자"(μία ποίμην)는 불가타역에서 umun ouile, "한 우리"로 되어 있다. 이것은 오역이긴 하지만 이따금 제안되는 바대로 오해를 불러일으키지는 않는다. 한 무리가 다수의 다른 우리 안에 들어있는 것으로 요한이 생각했다는 암시는 전혀 없다.

[17] …때문에 아버지께서 나를 사랑하신다. 아버지와 아들의 관계는 본질적이고도 영원한 것이다. 요한은 아버지께서 아들을 사랑하신 것이 십자가 사건 때문이었다고 말하지는 않는다. 그러나 아들에 대한 아버지의 사랑은 아들이 아버지의 뜻을 전적으로 따르고 죽기까지 복종한 사실에 영속적으로 연결되어 있고 또 상호 의존적인 것이다. 이 사실로 인해 그는 계시자가 된다(불트만).

그 목숨을 다시 얻으려는 것이다. 이 말에서 "목적"이 의도되거나 강조되었다는 것은 가능하긴 하지만 헬레니즘 시대의 그리이스어에서 ἵνα가 약화되어 있는 것을 감안한다면 확실하지 않은 것 같다. 생명을 다시 얻고자 함이 예수의 수난 배후에 들어 있는 의도였다. 예수는 그의 부활의 힘이 드러나고 행사되도록 하기 위해서 죽은 것이다. 달리 말해서 이 절은 단지 "생명을 다시 얻기 위하여"를 의미할 뿐이다.

[18] 아무도 내게서 내 목숨을 빼앗아가지 못한다. "가져 가다" (ἦρεν; αἴρω의 3인, 단수, 직설, 능동)는 P⁴⁵ ℵ B의 독법이다. 그 밖의 문서들은 모두 αἴρει로 읽는다. 단순과거형은 보다 어려운 독법이긴 한데, 더 좋은 독법인 것 같다. 이 말은 예수의 목숨을 노렸던, 앞서 일어난 실패로 끝난 시도들에 대한 언급이 아니라 과거에 일어난 한 사건으로 간주된—즉 요한 자신의 견지에서 간주된—십자가 사건에 대한 언급이다. 이 복음서가 그리이스어로 형성되는 과정에서 현재나 미래를 정확하게 지시하는 아람어 분사가 잘못 번역되어 완료의 의미를 갖게 되었을 가능성은 거의 없다(Torrey, 114). ἦρεν 대신에 αἴρει를 사용하는 동일한 경향성은 이와 같은 오류를 방지했을 것이다. 요한이 예수를 쿰란의 의의 교사와 비교해도 불리하지는 않았을텐데, 의의 교사에게 있어서(비록 분명하지 않은 본문이긴 하나

거기서부터 올바르게 추론해 낸 것이라면) 순교는 거리끼는 것이었기 때문이다 ; 참조. 8절과 그 주석. 예수가 그의 죽음을 자의적으로 받아들였다는 사실을 입증하는 문제가 초대 그리스도교의 변론에 있어서 중요한 요점이었다.

얻을 권세도 있다. 이 말은 요한복음에서 "내가 할 수 있다"(possum) 정도의 의미이다. 7장 1절(주 참조)과 19장 10·11절을 참조하라.

이것은…명령이다. "명령"(ἐντολή)과 "명령하다"(ἐντέλλεσθαι)란 말은 요한복음의 뒷부분에서(그리고 요한 1서와 요한 2서에서) 자주 나온다. 아버지는 예수에게 한 계명을 주셨고(10, 18 ; 12, 49·50 ; 14, 31 ; 15, 10), 예수는 그의 제자들에게 계명들을 주셨다(13, 34 ; 15, 10·12·14·17). 예수의 특징적인("새") 계명은 그의 제자들이 서로 사랑해야 한다는 것이다(13, 34 ; 15, 12·17). 만일 예수의 제자들이 예수의 계명을 지키면 그들은 그의 사랑 안에 거하게 되고 그에 대한 그들의 사랑을 보여줄 것이다(14, 15·21 ; 15, 10·14). 마찬가지로 아들에 대한 아버지의 사랑은 아들이 구원의 사역에서 자발적으로 수난을 받아들이는 것과 긴밀한 연관이 있다. 그러므로 "계명"(ἐντολή)이란 말에서 예수 안에 현현된 하느님의 영원하신 사랑에 그 근거를 두고 있는 그리스도교의 구원의 교리가 교회 안에서 그리스도인들의 상호애로 요약됨을 보게 된다. 예수 자신은 아버지에 대한 복종 안에서 행위의 완전한 자유를 찾았다(18절a). 또한 그의 제자들도 이와 같이 될 것이다.

[19] 분쟁. 이 말에 대해서는 9장 16절을 참조하라. 1—18절과 19—29절이 서로 위치가 바뀌어졌다거나 19절은 9장 41절 다음에 놓여야 한다고(버나드의 견해대로—본장의 서론 참조) 생각할 필요는 없다. 19절이 9장 41절 다음에 놓인다고 가정할 경우에 분쟁은 눈 먼 사람의 치유의 결과로 일어나는 것이 되기 때문이다. 분쟁은 "이 말씀"(τοὺς λόγους τούτους) 때문에, 즉 목자와 문의 비유로 인해 일어난 것이다. 신약성서에서 "말씀"(λόγος: 히브리어 דבר와 유사한)은 말해진 말이 아니라 일, 사실, 행동을 의미하는 것이다. 그러나 이러한 용법은 요한복음에서 전혀 나타나지 않는다. 마르코복음에서도 비유들로 인해 분리가 일어난다(마르 4, 10—12). 기적들과 비유들은 모두 계시이며 즉 참된 빛의 비추임이다. 그리고 이 빛은 인간과 인간을 구별하는 기점이 된다(3, 19—21).

[20] 그가 귀신이 들려 미쳤는데. 여기서는 두 가지 고발이 아니라 한 가지 고발만 나온다. 미쳤다는 것은 귀신이

들린 것과 별개의 것이 아니라 그것의 결과로서 간주된다. 7장 20절, 8장 48절; 마르코 복음 3장 21·22·30절을 참조하라. 참조. 지혜서 (*Wisd.*) 5장 4절 : "우리는 그(즉 의인)의 생활을 보고 미쳤다고 하였고." 또한 Justin, *Trypho* 38, 1(Martyn)을 참조하라.

[21] 예수의 말들은, 아마도 모호하긴 하지만(6절), 재치있고도 예리한 것이다. 또한 선한 기적을 미친 행위의 표징으로 볼 수는 없다. 본장은 의견의 분분함과 불확실한 여운을 적당히 남긴 채 극적으로 끝난다. 여기 나타난 분쟁과 불확실한 내용은 다음 장에서 계속 이어진다(24절). 종도의 규례(*IQS*) 4장 11절은 중요한 병행귀가 아니다.

6. 예수는 누구인가?(Ⅱ) 10장 22—42절

22 예루살렘에 성전 수복절이 돌아왔는데 때는 겨울이었읍니다. 23 예수
께서 성전 안에 있는 솔로몬 행각을 거닐고 계셨읍니다. 24 그러자 유다사
람들이 예수를 둘러싸고 말했읍니다 : "당신이 언제까지 우리의 마음을 졸이
게 하시렵니까? 당신이 그리스도인지 아닌지 분명히 말해 주십시오." 25 예
수께서 그들에게 대답하셨읍니다 : "내가 이미 말했는데도 너희가 믿지 않는
다. 내가 내 아버지의 이름으로 행하는 그 일들이 곧 나를 증거한다. 26 그
러나 너희가 믿지 않는 것은 내 양이 아니기 때문이다. 27 내 양은 내 음성
을 듣는다. 나는 내 양을 알고 내 양들은 나를 따른다. 28 내가 그들에게
영원한 생명을 준다. 그들은 영원토록 망하지 않을 것이요 또 그들을 내 손
에서 빼앗아 갈 자가 없을 것이다. 29 그들을 내게 주신 내 아버지께서는 무
엇보다도 위대하시고 내 아버지의 손에 있는 것은 아무도 빼앗을 수 없다. 30
나와 아버지는 하나이다." 31 이때 유다사람들이 예수를 치려고 다시 돌을
들었읍니다. 32 예수께서 그들에게 말씀하셨읍니다 : "내가 내 아버지의 권
능을 힘입어 여러 가지 선한 일을 너희에게 보여주었는데 그 중에 어떤 일
때문에 나를 돌로 치려고 하느냐?" 33 유다사람들이 대답했읍니다 : "우리
가 당신을 돌로 치려는 것은 선한 일 때문이 아니라 하느님을 모독한 때문
이요. 당신은 사람이면서 자기를 하느님이라고 했소." 34 예수께서 그들에
게 말씀하셨읍니다. "너희의 율법에 '내가 너희를 신이라고 하였다' 라는
말이 기록되어 있지 않으냐? 35 하느님의 말씀이 임한 사람들을 신이라 하

셨고 또 성경은 폐하지 못하는 것이다. 36 그런데 아버지께서 거룩하게 하
여 세상에 보내신 자가 자기를 하느님의 아들이라 한 말을 가지고 어찌하여
하느님을 모독한다고 하느냐? 37 내가 내 아버지의 일을 행하지 않거든 나
를 믿지 말라. 38 그러나 내가 행하거든 나를 믿지 않더라도 그 일은 믿으
라. 그러면 아버지께서 내 안에 계시고 또 내가 아버지 안에 있는 것을 깨
달아 알게 될 것이다." 39 그때에 유다사람들이 다시 예수를 붙잡으려고 하
니 예수께서 그들의 손을 벗어나 피하셨읍니다. 40 예수께서 다시 요르단강
건너편 요한이 처음에 세례주던 곳으로 가서 거기 유하셨읍니다. 41 많은 사
람이 그에게 와서 "요한은 기적을 하나도 행하지 않았으나 요한이 이 사람
에 대하여 한 말은 모두 참이다"하고 서로 말했읍니다. 42 그곳에서 많은
사람이 예수를 믿었읍니다.

요한복음서의 중간부분(7—10장)은 원래 그리스도론적인 다른 부분과 함께 끝을 맺는다. 예수가 누구냐라는 물음이 통명스럽게 제기되었다(24절). 하지만 그 대답은 질문의 의도와는 맞지 않는 대답이었으며 명백하지도 않았다.

7장에서(예수가 초막절에 성전으로 올라가셨던 때) 시작하는 자료는 사상의 면에서 볼 때 하나의 단위를 이루기는 하지만 요한은 그 결론을 성전 수복절에서 말하고 있다(22절). 초막절 절기에서 암시된 주제들과 이 절의 주제들 사이의 생각할 수 있는 연관성에 대해서는 22절에 대한 주석을 참조하라. 예수는 그가 누구라는 데 대해서 명백하게 선언해야한다는 요구에 응답하여 다음과 같이 해명한다. 첫째 그는 그의 사역이 증거하는 바에 대한 관심을 불러일으키며, 둘째 그의 반대자들은 자기 양이 아니기 때문에 믿을 수 없다고 해명한다. 믿음은 (신의) 선택에 의존하는 것이지 인간적인 선택에 의존하는 것이 아니다. 그러나 예수에게 속한 자들은 아버지의 확실한 보호를 받을 수 있다. 그리스도와 아버지는 한 분이시기 때문에 그리스도에게 속하는 것이 곧 아버지에게 속하는 것이다. 예수가 자기를 하느님이라고 주장하고 있다는 유다인들의 단정적인 주장 때문에 예수를 죽이려는 또 다른 시도가 야기된다. 이에 대해 예수는 하느님의 말씀이 임한 사람들은 신성하게 된다고 말하는 구약성서 귀절을 내세워서 반박한다. 만일 그렇다면 왜 성육하신 하느님의 말씀이 신적인 것으로 묘사되어서는 안된다는 말인가? 예수의 주장의 근거는 그의 사역에 있다. 만일 예수의 사역이 곧 하느님의 사역이라고 한다면 그리스도와 하느님의 상호 내주(內住)는 인정될 수 있다. 그러나 이러한 논의는 무익한 것

임이 드러난다. 그리스도의 사역은 말씀에 일치하는 것이며 어떤 자동적인 결과를 가져오는 것은 아니다. 그리스도의 사역은 믿음에 의해서만 받아들여질 수 있다.

이 단락은 선한 목자에 대한 담론과 초기의 어떤 요한의 사건들을 연상케 한다(32절). 이 단락에 대한 직접적인 병행이 공관복음서에 나오지는 않지만(참조. 39절) 그러나 그 내용은 마르코복음의 메시야 비밀이라는 주제와 밀접하게 관련되어 있다(이 책 I권 113—5면 참조). 예수가 메시야적 신분을 주장하고 있는지 아닌지에 대해서 유다인들이 분명하게 알지 못했음이 거의 확실하다. 또한 예수는 그들의 물음에 대해서 명백한 답변을 하려고도 하지 않았음이 분명하다(참조. 8장 25절). 예수는 "내가 곧 메시야이다"라고 말하지는 않을 것이다. 앞서 언급된 그의 대답의 두 가지 요지는 마르코복음이나 공관복음서 전승의 다른 줄기에서도 볼 수 있다. 따라서 예수에게서 하늘의 표징을 구하는 것이 잘못된 것이기는 하지만(마르 8,11—13 ; 마태 12,38·39 ; 16,1—4 ; 루가 11,16 ; 12,54—56) 그럼에도 불구하고 예수가 행하는 일들은 볼 수 있는 눈을 가진 사람들에게는 충분히 의미가 있는 것이다. 실로 예수의 사역은 그의 당당한 권위를 스스로 부여하는 명백한 증거이다(마르 4,41 ; 8,17—21 ; 마태 11,4—6=루가 7,22·23 ; 마태 12,28=루가 11,20). 더구나 요한복음과 같이 공관복음서에서도 사람들은 두 가지 부류로, 즉 그리스도의 양인 사람들과 그렇지 못한 사람들로 나뉘어진다. 그리고 이렇게 구분하는 근거가 궁극적으로 아버지의 뜻에 달려 있다는 사실이(비록 이런 사실이 요한복음에서처럼 아주 명백하게 진술되어 있지는 않지만) 인식된다(마태 4,11·12 ; 마태 11,25 이하 ; 16,17 ; 루가 10,21·22). 요한은 예수와 유다인들과의 관계에서 제기된 문제가 최후 수단으로서 그리스도론적인 것이며 예수와 아버지와의 절대적인 관계를 분명히 해준다는 점을 밝히고 있다. 라이트후트는 이 단락과 마르코복음 14장 55—64절(특히 당신이 그리스도요? 라는 대사제의 질문 참조) 이 병행을 이루는 정도를 지적하였다. 다드는 "유다교의 메시야적 범주로부터 헬레니즘적 종교사상에 보다 유사한 범주로 넘어가는 하나의 흐름"이 요한에 있는 것으로 고찰하였다(Dodd, *Interpretation*, 361).

사건(매우 중요한 논쟁의 중심부인 7—10장의 종결이기도 한 사건)이 끝날 무렵에 예수는 요한이 세례를 주곤 하였던 장소로 물러난다. 이 지리적인 언급은 두 가지 면에서 의도된 것이다. 첫째로, 예수는 안전한 장소로 물러나는 것으로 서술되는데(11,7), 거기서부터 그는 그의 죽음을 통해서 세상에 생명을 주기 위해 적절한 때에 자발적으로 예루살렘으로 돌아올 것이다. 둘째로, 그는 다시 한번 세례자와의 관계를 갖게 되는데, 그럼으로써 세례자의 증거를 다시 한번 생각케 하는 기회가 주어진다.

[22] 성전 수복절이 돌아왔는데. 이 절기에 대해서는 O.S. Rankin, *The Origins of the Festival of Hanukkah*(1930)를 참조하라. 그 절기에 안티오쿠스 에피파네스에 의한 성전의 신성 모독 이후(B.C. 165년에 있었던) 성전수복이 기념되었다. 그것은 기슬레우월(Chislev, 거의 12월에 가까움) 25일째 되는 날에 시작하여 8일간 계속되었다. 또한 성전수복절은 대단한 기쁨을 가져다 준 계기였다.[1] 초막절에 대한 언급들(7, 2·37)은 10월을 지지하였기 때문에 요한의 설화에는 날짜에 대한 언급이 나와 있지 않다. 그리고 여기서 요한이 다만 의도한 바는 짧은 기간의 경과를 지적하는 데 있었던 것 같다. 절기에 행해지던 행위와 다음에 이어지는 논의 사이에 상징적인 일치를 발견하기는 어려울 것이다(비록 Rankin[191—256]에 의하면 Hanukkah는 '신년축제'였다고 하더라도 그렇다). 등불을 밝히는 의식은 이미 요세푸스 당시에도 "빛들"(φῶτα, *Ant.* XII, 325)이라고 불려질 정도로 그 축제의 특징을 잘 반영한 것이었지만 예수는 여기서 세상의 빛으로 말해지고 있지 않다는 사실은 주목할 만하다. 그러나 30·34·36절에 대한 주석을 보라. 성전 수복절(Hanukkah)과 초막절은 유사한 점이 있었지만(마카베오하 1장 9절에서 Hanukkah는 '기슬레우월의 초막절'로 언급되어 있음) 이러한 사실은 별로 중요한 것 같지 않다.

겨울이었읍니다. 12월을 말한다. 그러나 χειμών("겨울")은 "겨울날씨"를 뜻할 수도 있다. 이러한 언급은 예수가 바깥이 아니라 솔로몬 행각을 거닐고 있었던 이유를 제시하려 했던 것으로 보인다.

[23] 솔로몬의 행각을. 사도행전 3장 11절, 5장 12절을 참조하라. 요세푸스에 의하면(*Bel.* V, 184—85 ; *Ant.* XV, 396—401 ; XX, 220—21) 이곳은 성전의 동편에 있었다. 미쉬나(Mishnah)의 "행랑"(Middoth) 편에 언급되어 있지 않으므로 그 위치가 어딘지는 확실히 알 수 없다(참조. *Beginnings* V, 483—6). 마르코복음 11장 27절에서 예수는 그의 권위에 대한 질문과 포도원 주인의 아들에 대한 비유가 나오기에 앞서 성전을 거닐고 있었다(Lightfood).

1) 참조. 마카베오상 4장 36—59절 ; 마카베오하 1장 9·18절 ; 10장 1—8절 ; 요세푸스, *Ant.* XII, 316—25.

[24] 둘러싸고. 이 말은 시편118(117)편 10절 이하에서 계속 나오는데, 하지만 이 말이 시편의 어떤 상황을 암시하는 것인지는 매우 불분명하다. 유다인들(οἱ Ἰουδαῖοι)에 대해서는 1장 19절을 보라. 그들은 예수의 적대자들이며, 요한은 어떤 특정한 분파를 명시할 필요를 느끼지 않았다.

당신이 언제까지 우리의 마음을 졸이게 하시렵니까? 이 말은 일반적으로 "언제까지 당신은 우리를 불안하게 할 것〔작정〕인가?"라는 뜻으로 이해된다. 그러나 펠리스(Pallis, 23—24)는 현대 그리이스어의 관용구에 준해서 "언제까지 우리들을 이와 같이 괴롭힐 〔근심케 하고, 대타게 하고, 성가시게 하고, 고통을 줄〕 셈인가?"라고 번역한 빼르노(Pernot)의 말을 인용한다. 이 관용구는 완전히 현대적인 것이라고 볼 수 없다. 왜냐하면 Sophocles, *Oedipus Rex* 914("그가 오이디프스의 분노를 솟구치게 했기 때문이다")와 Euripides, *Hecuba* 69—70("…나는 떨고 있다 …공포와 환상 때문에)에도 이와 유사한 말이 나오기 때문이다. 이 점은 중요하다. 왜냐하면 그 의미가 마음을 졸이는 것이라면 우리는 단순히 진실을 알아내려고 하는 적대적이 아닌 유다인들을 생각해야 하기 때문이다. 만일 그 의미가 괴롭힘을 뜻한다면 우리는 공격하기에는 불리한, 약간은 불분명한 예수의 주장으로 성가시게 된 그의 적대자들을 생각할 수밖에 없다. τὴν ψυχὴν ἡμῶν αἴρειν("마음을 졸이다")이 "우리의 생명을 빼앗아 가는", 즉 "우리를 파멸시키는" 이란 의미일 것 같지는 않다.

당신이 그리스도인지 아닌지 분명히 말해주십시오. "분명히"(παρρησία)에 대해서는 7장 4절을 참조하라. 이 전체 문장에 대해서는 루가복음 22장 67절("네가 그리스도인지 우리에게 말하라")를 참조하라. 요한은 루가의 말을 빌려 왔을지도 모른다.[2] 하지만 본장 전체는 대사제 앞에서 행해진 마르코복음의 재판을 연상케 하는데, 거기서는 예수에게 이 질문이 던져지면서 신성모독에 대한 추궁과 그를 죽이려는 비방이 함께 나온다. 이러한 도전은 두 가지 면에서 이해될 수 있다(앞의 주 참조). 즉 당황케 된 사람들의 해명의 요구로 받아들이거나, 아니면 예수는 그리스도가 아니라고 이미 결의를 보았고 그를 고소할 기회를 노리고 있던 사람들의 비방으로 받아들일 수 있다. 요한복음에도 "메시야 비밀"이 나오기는 한데, 그것은 마르코복음에 나타난 것

2) 참조. G. Delling, *Der Kreuzestod Jesu in der urchristlichen Verkündigung* (1971), n. 577.

과는 달리 표현되어 있다(이 책 I권 113—5면을 참조). 예수는 "그에게 속한 양들"에게 선한 목자—메시야이다. 다른 양들은 그의 음성을 듣지 못하므로 믿을 수 없다(26·27절). 예수는 은폐되어 있으면서 동시에 계시된 메시야이다.

〔 25 〕 내가 이미 말했는데도 너희가 믿지 않는다. 참조. 루가복음 22장 67절 : "내가 너희에게 말할지라도 너희가 믿지 않을 것이요." 유다인들도 그들나름대로는 정당하다. 그러나 예수 역시 정당하다(Bauer, 145). 예수는 사마리아 여인에게만(4, 26) 특별히 자신이 메시야임을 선포하였다. 예수가 눈 먼 사람에게(9, 37) 자기가 사람의 아들임을 시인한 귀절을 참조하라. 그러나 예수의 가르침은 그의 아버지에 대한 유일한 관계를 계속해서 분명히 하였고 설명해 주었으므로, 이러한 관계는 의심할 여지가 전혀 없었을 것이고 실로 선택받은 자들에게는 확실한 것이다(6, 69).

내가 행하는 그 일들이. 주어가 확실히 밝혀져 있지 않은 것(헬라어 본문상 εἶποι)은 요한의 특징이다. 이 문장은 앞의 진술을 계속하는 것이다. 예수는 말하였고 그의 행위 역시 그의 지위를 선포하였다. 그 이유는 정확하게 말해서 예수는 그 자신의 권위에서 그 일들을 행한 것이 아니라 "내 아버지의 이름으로" 행한 것이기 때문이다. 예수가 행한 "일들"(ἔργα)과 그 일들의 증거, 또는 그 일들로 말미암아 생기게 된 믿음에 대해서는 이 책 I권 120—25면과 4장 34절, 5장 36절을 참조하라.

〔26 · 27〕 24절을 보라. 그리고 3·5·14·15절을 참조하라. 특히 12장 39절("그들이 믿을 수 없는")과 그 주들을 참조하라. D W it는 이 절의 끝에 "내가 너희에게 말한 바와 같이"를 덧붙였다 ; 이것은 하나의 삽입어귀일 수도 있다. 어쨌든 그것은 1—18절이 19—29절 앞에 항상 놓여져 왔음을 결정적으로 보여준다(참조. 19절). 여기 나타난 알레고리는 그것의 적용과 잘 부합된다(Lindars).

〔 28 〕 내가 그들에게 영원한 생명을 준다. 10절을 참조하라. "생명"(ζωή)에 대해서는 1장 4절을 참조하고, "영원한"(αἰώνιος)에 대해서는 3장 15절을 참조하라. 그리스도가 자신의 영원한 생명을 준다는 것은 이 복음서에서 계속 반복되는 주제로서 여기서는 하나의 진술(παρρησίᾳ)로 되어 있으나 다른 곳에서는 물이나 떡, 빛, 초장 등으로 표현되어 있다.

그들은 영원토록 망하지 않을 것이요. 영원한 생명을 받아들인 결과에 대한 소극적인 표현이다. 요한의 용법에서 "영원토록"(εἰς τὸν αἰῶνα)은 단지 부정어 "않다"를 강조하는 말이다(참조. 11,26). 따라서 "그들은 영원히 망하지 않을 것이다"라기 보다는 "그들은 결코 망하지 않을 것이다"이다.

그들을 빼앗아갈 자가 없을 것이다. 참조. 12절 : "이리가 양들을 물어 가고." 그러나 이 양들은 삯군 아래 있는 것이 아니라 선한 목자의 돌보심 아래 있다. 또한 29절을 참조하라. 에제키엘 37장 17·19절에서 성전"수복절"에 대한 성구(haphtarah)에 나오는 하느님의 손과 예언자의 손에 내한 언급을 보라(Guilding, 130—31). 이와 같이 예수가 하느님과 실제적으로 동일시됨으로 인해 신모독에 내한 비난이 일어난다. 레위기 24장 1절—25장 13절에 나오는 "희년의 규정"을 참조하라. 이런 관련성은 아주 확신할 정도로 밀접한 것은 아니다.

[29] 이 절의 상반절의 본문은 뒤섞여 있다. μου와 ἐστιν 사이의 말들이 다음과 같은 형태로 나타난다 :

(ㄱ) ὁ δέδωκέν μοι πάντων μεῖζον: B (it vg) boh;

(ㄴ) ὁ δέδωκέν μοι πάντων μείζων: ℵ W sah;

(ㄷ) ὃς δέδωκέν μοι μείζων πάντων: ω sin pesh hl (P66, ὃς ἔδωκεν...) ;

(ㄹ) ὃς δέδωκέν μοι μεῖζον πάντων: Θ ;

(ㅁ) ὁ δεδωκώς μοι πάντων μείζων: D.

남성형 관계대명사 ὃς("그 사람")는 P66 Θ sin pesh hl 등에서 이렇게 나오며 그 중성형 ὁ("그것")는 ℵ B W it vg 등에 나온다. 남성형 μείζων("더 위대한")은 P66 ℵ W syr 등에 나오며, 중성형 μεῖζον("더 위대한")은 B Θ it vg 등에 나온다. (ㄹ)의 독법은 정당한 것이거나 아니면 혼란상태를 해결하려는 보다 철저한 시도인데 후자의 경우인 것 같다. 중성명사를 지지하는 증거들은 비록 숫적으로 많지는 않지만 매우 유력하다. 그럼에도 불구하고 남성명사형으로 보는 것이 훨씬 더 문맥에 잘 맞는다. 만일 우리가 남성형의 독법을 채택한다면 현재의 논의는 다음과 같은 의미로 받아들이게 된다. "그들을 내 손에서 빼앗아 갈 자는 없다 ; 그들을 내게 주신 내 아버지는 다른 누구보다도 가장 위대하시다 ; 그러므로 그들을 그의 손에서 빼앗아갈 자는 아무도 없다." 이것은 이해하기 쉬운 해석으로 훌륭한 의미를 준다. 반면에 우리가 중성형 독법(앞의 ㄱ항)을 채택한다면 본 문장의 의미에 도달하기가 어렵고 문맥에도 잘 부합하지 않을 것이다. 이 독법에 따르면 본문장은 다음과 같이 해석된다. "아버지에 대해 말하면 그분이 나에게 주신 것은 무엇보다도 위대하며 아무도 그것을 빼앗지 못하리라…." 주어가 확실하게 밝혀져 있지 않는 것이 요한의 특징이다. 그러나 아버지께서 아들에게 주신 것이 과연 무엇인가? 문맥상으로는 양들을 암시하고 있지만 이 양들이 무엇보다 위대한 것이라고 말할 수는 없다. 다음의 가능성은 25절에 나오는 "일들"(ἔργα)에서 볼 수 있다(참조 4, 36). 그러나 이것은 네 절을 건너뛰어서 나오는 것이므로 불가능하다. 아버지께서 그리스도에게 주신 것은 존재하는 생명, 로고스 등이라는 어거스틴의 해석(*Tractatus in Joh.* XLVIII, 6)은 훨씬 더 무리한 해석이다. 따라서 의미상의 증거에서 볼 때 결정적으로 (ㄷ) ὃς...μείζων의 독법을 지지하게 되는 것 같다. 그러나 어떻게 해서 이 같은 훌륭한 독법이 채택하기 곤란한 ὃ...μεῖζον으로 바뀌게 되었는가는 설명하기 어렵다. 요한은 Θ에(아마도 우연히) 보존되어 왔던 본문, 즉 ὃς...μεῖζον을 사용했을 가능성도 있다. 중성형 형용사에 대해서는 마태오복음 12장 6절, 12장 41·42절(=루가 11, 31·32)과 특히 다음 절에 나오는 중성형 전치사 ἕν을 참조하라. 이 독법은 다음과 같이 번역되어야 한다. "그들을 내게 주신 내 아버지는 어떤 다른 세력보다도 위대하시며, 아무도 빼앗지 못하리라…" 이 독법은 (ㄷ)과 마찬가지로 훌륭한 의미를 주며, 이에 덧붙여서 ὃ...μεῖζον, ὃς...μείζων, 또는 (마침내) ὃ...μείζων이라는 독법조차 쉽게 떠올리게 한다. 이들 독법 가운데 ὃ...μείζων은 추측컨대 다음과 같이 번역되어야만 하는 매우 난해한 독법이다: "그가 내게 주신 것을 고려해 볼 때 내 아버지는 무엇보다도 위대하시다." 앞의 독법은 그 밖의 다른 독법을 설명하는 데 있어서 만족할 만한 유일한 독법인 듯하다. *M.* 1, 50의 제안: "…요한복음 10장 29절에 나타난 틀린 독법은 '위대한'이란 형용사의 본래 형태인 μείζω (그 항목)에서 비롯된 것이다"는 지나친 추측이다. 버살(J.N. Birdsall)은 중요한 논문(*J.T.S.* 11 [1960], 342 이하)에서 (ㄴ)의 독법을 채택하고 있음을 주목해야 한다. 그는 앞서 제시한 (ㄴ)의 해석에 찬성한다. 그는 그 독법을 나머지 부분을 설명할 수 있는 독법으로 간주한다. 관계 대명사가 남성명사인 πατήρ("아버지")를 선행사로 받기 때문에 ὃ 보다는 ὃς로 읽어야 할 것 같다. 바로 이점에서 버드살은 그 밖의 곳에서 그가 적절히 강조하는 "보다 난해한 독법이 더 낫다"(difficilior lectio potior)는 원칙을 간과하고 있음이 확실하다. "보다 위대한"이란 형용사의 남성형 μείζων과 중성형

μεῖζον 중에서 어느 것을 선택해야 하는가라는 문제에 대해서 우리는 그의 말대로 구문법과 문체, 또는 문맥과 주석상의 평가기준을 적용시켜야 한다. 이러한 근거에서 그는 μεῖζον을 거부하고, "내 아버지는 그분이 나에게 주신 것에 대해서 무엇보다도 위대하시다"가 문맥에 잘 맞는다고 주장한다. 여기서 "주제는 하느님의 보호권 때문에 그의 양떼가 공격받을 수 없다는 것이다"(344). 그러나 현재의 문장은 관계대명사절을 존경을 표시하는 대격으로 다루고 있으므로 (ㄹ)의 독법에 비해 문맥에 더 잘 들어맞는 것은 아니라는 점을 주목해야 한다. (ㄹ)의 독법은 단지 내게 양떼를 주신 아버지는 세상에서 다른 무엇보다도 위대하시다고 선언하고 있다—그러므로 그의 양떼를 지킬 수 있다. 버드샬의 주된 평가기준에서 판명된 문맥의 적합성 여부가 그의 독법이 다른 독법에 비해서 보다 더 좋은 것임을 입증해 주는 것은 아니다. Θ에 나오는 독법을 그 필사자가 원래 그리이스어로 말하는 사람이 아니었다는 이유에서 거부하는 것 역시 근거가 희박한 것 같다. 그러나 이 문제는 계속 논의되어야 할 문제이다. 버드샬의 제안이 옳을 수도 있다. 아니면 Θ에 나온 μεῖζον이 μείζων에 대한 i대용법[3]의 변형일 수도 있다. 이럴 경우 P⁶⁶ D Θ W sin pesh hl은 기본적으로 일치하게 된다: "내게 (그들을) 주신 아버지는 무엇보다도 위대하시다." 이와 다른 독법이 불가능할 정도로 난해한 독법은 아니지 않은가라고 문제를 제기하는 것은 정당하다. ὃς δέδωκεν…μείζων은 휘타커(I. Whitaker)에 의해 채택된 독법인데(*Vigiliae Christianae* 24 [1970], 241—60), 그는 강력한 본문상의 논의를 제시할 뿐 아니라 그가 채택한 독법에 대한 믿을 만한 헬레니즘적 배경을 제공한다.

[30] 나와 아버지는 하나이다. 참조. 1장 1·2절 ; 17장 11절. 요한은 우주론적 이론이 아니라 계시의 용어로 생각하고 있다(Bultmann, 387). 요한이 이 말에서 뜻하는 바 의미는 예수의 말과 행위가 참으로 하느님의 말씀과 행위였다는 신앙에 달려있다. 그래서 하느님은 그의 성육하신 아들 안에서 인간과 독특한 방식으로 만나셨다. 이러한 하나됨은 도덕적인 용어로 자주 표현되었다: 예수는 하느님에 의해 보냄 받은 자로서 하느님의 뜻에 완전히 복종하는 방식으로 행동하신다. 이와 같이 그가 행하는 바는 곧 하느님의 뜻의 완전한 계시이다(참조. 17·18절). 여기서 요한의 언어는 서막에서

3) 역주: 그리이스 고본에서 ē, ei, oi에 i를 대용하기, 장음절의 단음절화.

처럼 다소 형이상학에 가까운 것으로 보인다. 그러나 여기서조차 그의 사상은 순전히 형이상학적인 것이라고 할 수 없으며 더구나 17절은 형이상학과는 거리가 멀다. 아버지와 아들의 하나됨은 본질의 하나됨이면서도 사랑과 복종의 하나됨이다. "나"는 "하느님의 거하심"(Shekinah)을 뜻하며 그의 "거하심"과 더불어 하느님과 하나됨이 구원을 가져온다는 제안(Odeberg, 332)은 매우 가상적인 것이다. 성전 수복절에 대한 토라 강론집의 마지막 절인(*Megillah* 3,6) 민수기 7장 89절에서 언급된 하느님과 대면하는 모세의 특권적인 만남을 연상하는 것은 이 절과 어느 정도 관련된 것일 수 있다(참조. 22·34·36절). 그러나 요한은 이 절을 염두에 두고 있었다는 어떤 암시도 주고 있지 않음을 인정해야 한다. 이 절에 대한 해석(교부의 해석을 포함하여)과 14장 28절과의 관련성에 대해서는 더 나아가서 "내 아버지께서는 나보다 크시다"를 참조하라.

[31] 다시 돌을 들었읍니다. 8장 59절을 참조하라. 신 모독에 대한 형벌은 돌로 쳐서 죽이는 것이었다. 그러나 돌에 의한 처형은 사사로운 법에 속한 문제는 아니었다—비록 그것이 여기서 그렇게 적용되고 있는 듯 하더라도. 물론 사사로운 형벌을 시도하는 것이 불가능한 것은 아니며, 일세기 초반의 유다 관행은 미쉬나에서 법전화된 것과는 다를 수 있다. 그러나 요한이 팔레스틴 유다교로부터 직접 입수한 지식을 갖고 있었다는 신념은 이 절에 의해 약화될 수밖에 없다. 델링(Delling)에 의하면(참조. 24절) 이 절은 루가복음 22장 71절에 상응한다.

[32] 내가 내 아버지로부터 여러 가지 선한 일을 너희에게 보여주었는데. 이 일들은 하느님이 예수에게 준 일들이었다(5, 36). 이 복음서에는 묘사된 것만큼 "많은" 일들이 나와 있지는 않다—실제로는 여섯 가지 정도이다. 그러나 요한은 여러 가지 다른 표징들이 이미 행해졌다는 것을 잘 알고 있었고(20, 30·31) 또 그 표징들이 알려진 것으로 가정하였다. "선한"(καλός)이란 말은 본장에서 5회 사용되고 있다(목자에 관련해서는 3회, 일들에 관련해서는 2회 사용됨). 이 복음서의 그 밖의 곳에서는 단 한 귀절에서만(2, 10 : 포도주에 대한 말로) 나온다. 건강과 행복을 가져다 주는 능력이 있고 도덕적으로 탁월한 행위를 나타내주는 이 그리이스어에 해당하는 단 하나의 영어를 찾아내기란 어렵다. 그러나 그 일들의 중요성은 그것들이 하느님으로부터(하느님 "안에서" ἐκ) 나온 것이라는 사실에 있다.

[33] 우리가 돌로 치려는. 이 말은 39절에 의하면 하나의 시도를 나타내는 것으로 묘사되어야 한다. 이 말은 일반적인 용어도 아니고 또한 하나의 벌로서 돌에 의한 처형에 관련된 전문적인 용어도 아니다. 구약성서에서 이 말이 나오는 경우는 사무엘하 16장 6·13절 뿐이다.

모독한 때문이요. 복음서에 나오는 하느님의 모독에 대한 참조문들을 유다의 율법에서 신모독에 대해 알려진 바대로 이해하기란 어렵다. 미쉬나(*Sanhedin* 7.5)에 명시된 단 하나의 공식적인 진술에서 보면 신 모독자는 "그가 신의 이름(Tetragrammaton: 히브리어로 신을 나타내는 네 글자, JHVH, JHWH, YHVH, YHWH 따위)을 입 밖에 내지 않는다면 죄가 되지 않는다"고 한다. 본 귀절을 연상케 하는 두 마디 말을 라삐 압바후(R. Abbahu, A.D. 300)의 말에서 찾아볼 수 있다. *Y.Tannith* 2, 65b, 59 : "만일 어떤 사람이 당신에게 내가 곧 하느님이라고 말한다면 그는 거짓말을 하고 있는 것이오 ; 또한 그가 나는 사람의 아들이요 라고 말한다면 그는 결국 그 말을 한 것을 후회하게 될 거요 ; 그리고 그가 나는 하늘로 올라갈 거라고 말할 경우, 그는 그 말을 하기는 했지만 실행에 옮기지는 못할 것이오." 출애굽기 대 미드라쉬(*Ex. R*) 29장 4절 : 출애굽기 20장 2절이 인용되어 있다—"혈과 육으로 된 왕을 비교해 보라. 그에게는 왕으로서의 통치권이 있는 반면 육친으로 아버지와 형제와 아들이 있다. 그러나 하느님께서는 이와 같이 말씀하신다(이사 44,6). 나는 처음 된 자요—그런고로 나에게는 아버지가 없다 ; 또한 나는 나중 된 자요—그런고로 나에게는 형제가 없다 ; 그리고 나 외에는 다른 하느님이 없다—그런고로 내게는 아들이 없다." 라삐 압바후는 가이사랴에서 살았고 반그리스도교적인 논쟁에 분명히 참여했었다. 그러므로 그의 진술들은 예수의 선교 당시로 소급되는 공식화한 견해들을 나타내는 증거로 받아들여질 수 없다. 반면에 아주 그럴듯한 것은, 이런 진술들이 유다인들과 그리스도인들 간에 갈등이 야기되었을 때마다 언급되었다는 것이다. 과월절에 대한 라삐들의 해석(Haggadah)에서 예전의 미드라쉬는 이와 동일한 동기를 반영하고 있음을 보여준다 ; 신명기 26장 8절 : "주가 우리들을 에집트에서 인도해 내신 것은 천사나 슬랍이나 사자(Shaliah; 참조. 36절)를 통해서가 아니라 영광 중에 축복을 받으실 거룩하신 자와 바로 그 자신을 통해서 이루어진 일이다." 출애굽기 2장 12절에도 이와 같이 기록되어 있다 : "내가, 천사가 아니라 바로 나 자신이, 그 밤에 에집트의 땅을 두루

다니며, 에집트 나라 가운데 처음 난 것을 다 치고, 에집트의 모든 신에게 심판을 내리리라. 나는 주이며, 사자가 아니라 '내가 바로 그다' (אני הוא) ; 나는 주요, 내가 바로 그다.[4] 그리고 나는 다른 사람이 아니다(그리고 어떤 사람도 아니다)". 또한 Trypho에 언급된 그리스도인들의 말에 대한 금지조항 : "네가 자주 신성모독을 하기 때문이다"(Justin, *Trypho*, 38)를 참조하라. 요한은 교회와 회당 사이의 논쟁을 또한 반영하는 듯한데(참조. 9,22) 그렇다고 해서 예수는 그 당시 신모독 때문에 고발당하지 않았다고 말할 수는 없다. 이외에 19장 7절을 참조하라. 후대에 속한 미쉬나의 자비로운 규례들은 일세기에 있어서 특히 산헤드린에서 세력을 잡고 있었던 사두가이파 사람들에게는 결정적인 것이 못 되었다(참조. Klausner, 343—44). 바리사이인들 편에서 경솔한 환상에 불과했으리라고 보여졌던 것이 사두가이파 사람들이 보기에는 훨씬 더 심각했었을 것이다. 공관복음서 전승에 있어서 신 모독에 대한 유사한 비난에 대해서는(재판과는 별도로) 마르코복음 2장 7절과 병행귀들을 참조하라. *Jndaism*, 48—49를 참조하라.

당신은 사람이면서 자기를 하느님이라고 했소. 앞의 주석과 5장 18절을 참조하라. 요한은 이 말을 반어적으로 보도하고 있다. 그는 신적 존재인 예수가 겸허하게 인간의 형태를 취했다는 사실을 알고 있다.

[34] …기록되어 있지 않으냐? 말문을 여는 의문문의 형식에 대해서는 *CD* 9, 5를 참조하라.

너희의 율법에. "너희의"($\acute{\upsilon}\mu\tilde{\omega}\nu$)는 P^{45} ℵ D θ it sin 등에는 생략되어 있는데, 아마도 생략된 독법이 옳은 것 같다. 왜냐하면 그 말은 초기의 필사자에게 별 어려움을 주지는 않았고 그 말의 삽입은 8장 17절에 동화된 것으로 자연스러운 것이었기 때문이다. "너희의"란 말은 말 그대로라면 현대 독자들에게는 부자연스러운 감을 준다. 왜냐하면 어떤 유다인이 다른 유다인들에게 "너희의 율법"이라고 말했을 것 같지는 않기 때문이다. 요한은 (그의 출생신분이 유다인이었든지 아니었든지 간에) 그가 이 복음서를 기록했을 당시 이미 조직된 유다교에 대해 반대입장을 취하던 공동체의 일원임을 의식하고 있었던 듯하다(참조. 33절에 대한 앞의 주). 그러나 다음과 같은 사실을 특히 유념해야 한다. 즉 구약성서는 교회의 성서이기도 했으면, 요한이 "너희의"란 말을 사용한(만일 그가

4) 'ᵃnihu'; 이 말이 요한복음에서 예수 자신의 말로 설정된 "내가 바로 그다"($\acute{\epsilon}\gamma\acute{\omega}$ $\epsilon\acute{\iota}\mu\iota$에 응수하는 말인 것으로 생각해 봄직도 하다.— 참조. D. Daube, *N.T.R.J.*, 325—9.

실제로 이 말을 사용했다면) 목적은 구약성서를 부인하려는 데 있었던 것이 아니라 그리스도교인의 입장의 진실성이 유다인들 자신의 권위 있는 문서들을 통해 입증되었다는 사실을 유다인들에게 강조하려는 데 있었다. "율법"은 시편을 망라하는 데 사용되기도 한다(참조. 12, 34 ; 15, 25 ; 고전 14, 21). 이와 같이 라삐 문헌에서도 토라는 때때로 구약성서 전체를 망라하는 말이기도 하다.[5]

내가 너희를 신이라고 하였다. 참조. 시편 82편 6절 : "내가 말하기를 너희는 신들이며." 요한은 70인역을 정확하게 인용하고 있다. 시편의 다음 절은 "왕들"(ἄρχοντες)에 대해서 말하고 있다. 그리고 시편에서 이 말의 사용은 민수기 7장("왕들"—70인역 ἄρχοντες)이 성전 수복절에 낭송되던 토라의 일과(日課)였다는 사실에서 암시되었다고 하는 것을 있을 수 있다. 그러나 이것은 지나친 추측이다. *Tamid* 7, 4에 의하면 이 시편은 레위인들에 의해서 그 주간의 세째 날 성전에서 낭송되었다. 이러한 사실은 확신에 찬 유일신론자들이 그것을 다루기에는 곤란한 귀절이었지만 무시되지는 않았음을 보여주는 것 외에 별다른 관련성이 없는 것으로 생각된다. 가장 일반적인 해석은(자료에 대해서는 *S.B.* Ⅱ, 543 참조) 이 말들이 이스라엘이 시나이산에서 율법을 받았을 때 그들에게 말해졌던 것으로 생각되어 온 듯하다. 이와 같이 *Abodah Zarah* 5a에서 라삐 요세(R. Jose, A.D. 150)는 이렇게 말하였다 : 이스라엘인들은 기록된대로〔시편 82, 6〕 죽음의 천사가 그들에게 아무런 세력을 미치지 못하도록 그들만이 율법을 받았다. 후대의 귀절들도 이와 동일한 진술을 보다 분명하게 말해준다. 그리고 다른 귀절들에 있어서 (이스라엘이) 율법을 받았고 그리하여 신적인 존재(אלהים)로 되었다는 사상은 역사적인 것이라기 보다는 인격적인 것이다. 그러나 율법은 여전히 활동적이고 결정적인 요인이다. 앞의 인용귀에서 시편 82편 7절의 말("너희는 범인같이 죽으리라")대로 (금송아지로 인해) 약속을 폐기한 것이 이스라엘의 죄이다. 반면에 다른 귀절들에서는 이와 동일한 개념이 보다 일반적인 용어로 표현되어 있다. 시편에대 한 해석에 대해서는 또한 J.A. Emerton, *J.T.S.* 11 (1960), 329—32를 참조하라.

〔 35 〕 하느님의 말씀이 임한. 이 구문에 대해서는 그 예로서 호세아 1장 1절 : "호세아에게 임한 주의 말씀이라"를

5) 인용문에 대해서는 A. T. Hanson, *N.T.S.* 11 (1965), 158—62; 13 (1967), 363—67.

참조하라. 그러나 본 귀절에서 의도된 사람들은(자주 생각되어온 바대로) 예언자들은 아닌 것 같고 오히려 앞의 인용문들에서 제시된 바대로 율법을 받은 것으로 지명된 이스라엘이다. 이 사실은 의도된 바가 천사들이라는 제안(J.A. Emerton, op.cit., 330 이하)보다 더 일관된 논의를 제공한다. 또한 이 논증은 쿰란 문서들에서도 뒷받침 되며 다음의 주장에로 이끈다. 즉, 예수는 "구약성서 본문이 직접적으로 사람들이 신으로 불릴 수 있음을 입증해 주는 것으로 알고 있지는 않다. 예수는 기본적인 원리들로 되돌아가며, '신'이라는 말이 특정한 조건에서 하느님 자신을 지칭한다기 보다는 그의 권위를 위임받은 존재들에게 적용될 수 있음을 보다 일반적으로 주장하는 것이다. 천사들은 나라들을 다스리라는 신탁 때문에 신들로 불리워질 수 있다…그러나 예수의 신탁은 천사들의 신탁보다 우위를 차지하며 그 분 자신이 곧 말씀이므로 신이라고 불리기에 더 적합한 자격을 갖추고 있다"[6](332).

또 성경은 폐하지 못하는 것이다. 삽입어구이다. "폐하다"(λύειν)의 용법에 대해서는 마태오복음 5장 19절, 요한복음 7장 23절, 5장 18절("안식일을 범하다")을 참조하라. 이 원리는 유다교와 원시 그리스도교 모두의 공리였다. 양자는 성서의 (예언들이) 어떻게 성취되었는가에 대한 그들의 신념에 있어서만 서로 입장을 달리 했다. 방금 인용한 견해들—"너희가 곧 신이다"는 하느님의 선언이 금송아지를 섬긴 죄로 인해 무효화되었다는—에 대한 반론이 여기에 들어있는 것으로 볼 수 있다. 유다인들은 그들 자신의 경전화된 문헌이 빚어낸 결과들에서 벗어나지 못하였다. 이 논의는 "편파적인"(ad homines) 것이다.

[36] 아버지께서 거룩하게 하여. 이 관계대명사절은 지시의 대격으로 나와 있고 주문장의 동사 "너희가 말한다"(λέγετε)에 의해 이끌리며 ὅτι절을 설명하는 구문이다 : "너희는 그가… 한 말에 대해 신을 모독했다고 말하는가?" "거룩하게 하다"(ἁγιάζειν)란 말은 요한복음에서 이곳에서만 사용되며, 17장 17·19절에서 그리스도는 그의 제자들을 위해 스스로 거룩하게 하며 또 그들을 거룩하게 해주기를 아버지께 간구한다. 신약성서에서 어떤 실제적인 병행귀도 발견할 수 없다 ; 베드로전서 3장 15절에서만 그리스도는 거룩하게 되었다고 말하는데 거기서 그 의미는 아주 다른 것이다. "거

---

6) 그러나 M. de Jonge와 A.S. van de Woude, *N.T.S.* 12(1966), 312 이하를 참조하라.

룩하게 하다"(ἁγιάζειν)란 그 말이 보통 뜻하는 성서적 의미—"하느님의 목적을 위해 성별하다"—에서 사용되는 용어이며, 또한 아버지의 최상의 목적을 지상에서 완수하기 위해 그의 사자로 위임받은 예수를 묘사하는 데 훌륭하게 들어맞는 말이기도 하다. 이 "성화" 혹은 "성별"은 특히 17장 19절에서 사용된 바대로(그 절의 주석 참조) 희생적인 의미을 함축하고 있는 것으로 간혹 가정되기는 하지만 여기서는 그런 의미가 아니다. 물론 희생의 개념이 본문의 문맥 속에 함축되어 있을 수도 있다. "거룩하게 하다"라는 의미의 ἁγιάζειν과 קדש는 특별히 희생하다를 지시하지는 않는다. 여기서 예수의 죽음뿐만 아니라 그의 선교 전체가 연상된다. 성전 수복절 일과의 첫 절(민수 7, 1)이 이 진술을 일깨워주었거나 아니면 그 진술의 형식에 영향을 미쳤을 가능성이 있다. 모세가 성막과 그 성물들을 성별되게 한 것과 같이 하느님은 예수를 그의 선교를 위해서 거룩하게 하셨다(ἡγίασεν).

세상에 보내신. 예수의 보내심에 대해서는 특히 20장 21절을 참조하라.

자기를 하느님의 아들이라고. 예수가 직접 이 말을 한 것은 아니었지만 30절과 같은 귀절들은 확실히 그런 의미를 함축하고 있다. 34—36절에 나오는 "편파적인" 주장은 이제 막을 내린다. 형식상 이 논증 자체는 소박한 것이다. 하지만 "신들"(θεοί)—시편 82편 6절의 אלהים이라는 칭호를 액면 그대로 받아들였던 유다인들에겐 이 논증에 대해서 대답하기가 어려웠을 것이다. 만일 성서에 사람들이 신들로 묘사되어 있다면 왜 내가 이 말을 내 자신을 가리켜 사용해서는 안 되는가? 그러나 이와 같이 공언된 주장 배후에는 인간의 "신성"이라는 개념이 빠져 있고 하느님의 말씀이 지닌 창조력에 대한 확신이 들어 있다. 만일 그 말이 피조물을 지시하는 것이라면 그들을 피조물을 넘어서는 존재로 끌어 올리는 것이다. 예수 안에서 신성은 인격적으로 현존하며 따라서 그는 훨씬 더 정당하게 신이라고 불릴 수 있다. 이 좀더 강력한(a fortiori) 논증이 라삐 문서들에 나온다. 이 논증은 논리적인 추론이 이루어지고 있는 곳에서는 어디서나 널리 사용되고 있으므로 그것을 요한이 라삐적인 지식을 갖고 있다는 표시로 간주하는 것은 타당하지 않다. "…의(τοῦ)라는 말이 P66* א D 등에는 생략되어 있는데, 아마도 이 독법이 옳은 것 같다. 지혜서 2장 18절을 참조하라. 또한 "사람의 아들"에 대해서는 요한복음 5장 27절을 참조하라.

[37] 이 주장의 난점은 예수의 일들이 지닌 특징에 있다.
예수의 아들됨과 사도직은 그 직분과 일치하지 않는

행위들에 의해서 반증될 수 있다. 참조. 8장 39·40절—아브라함과 그의 후손의 "일들"(ἔργα) 또한 9장 4절을 참조하라.

[38] 너희는 그 일은 믿으라. 14장 11절을 참조하라. 또한 10장 25절과 거기 나오는 인용귀들도 보라. 예수의 일들이 곧 하느님의 일들이었다는 인식은 하느님이 예수를 보내셨고 예수는 그의 "보내심을 받은 자"(ἀπόστολος : 그의 שָׁלִיחַ, shaliaḥ; 참조. 33절)었다는 의미를 함축하였다. 라삐적인 유다교에서 예언자들은 일반적으로 하느님의 "파송자들"(שְׁלִיחִים, shᵉliḥim)로 지칭되지는 않았다. 이 칭호는 특별히 신적인 전권에 의해 보호받는 일들로 인식된 그러한 일들을 수행하는 자들에게 붙여졌다. 엘리사는 이와 같이 "보내심을 받은 자"였는데, 그는 불임의 여인에게 임신하게 하였기 때문이다. 또한 엘리야는 비를 내리게 했으므로 이렇게 불리웠다. 그리고 엘리야, 엘리사, 에제키엘이 하느님의 보내심을 받은 자들이었다는 것은 그들이 죽은 자를 살렸기 때문이다—이러한 세 가지 일들은 일반적으로 하느님의 직접적인 개입에서만 일어나는 것으로 여겨졌다.[7] 이와 같은 고려점들이 여기서 중요한 것 같다. 하지만 이러한 점들이 근거하고 있는 라삐자료가 이 성찰들을 충분히 타당한 것으로 입증할 만큼 초기의 것인지가 의심스럽다.

깨달아 알게 될 것이다. 여기서 단순과거 가정법 동사는 어느 시점에서 알게 됨—"너희는 알게 되리라"—을 뜻한다. 현재 가정법 동사일 경우에는 점차 알게 되는 상태를 뜻한다. "알게 될 것이다"(καὶ γινώσκητε; P45 P66 P75 B W Θ)에 대해서 ℵ ω vg 등은 "믿게 될 것이다"(καὶ πιστεύσητε)로 해독한다. 이 말들은 D (it) sin 등에는 모두 생략되어 있다.

아버지께서 내 안에 계시고 또 내가 아버지 안에 있는 것을. 아버지가 아들 안에, 또 아들이 아버지 안에 있음에 대해서는 여러 귀절들 가운데 14장 10·11절과 17장 21절을 참조하라. 요한은 여기서 30절을 다시 반복해서 언급하고 있는데, 30절에 나오는 진술 때문에 31—38절에 나오는 분쟁이 일어난 것이다.

"어떤 사람에게 예수의 일들을 믿으라고 명령하는 것은 다음과 같은 사실을 의미할 뿐이다. 즉 그는 예수의 말들에 의거해서 자신을 문제삼아야 하고, 자기 자신에 대한 전이해의 확실성을 전적으로 부인

7) *Midrash Ps.* 78, § 5 (1736); *S.B.* Ⅲ. 3—4.

해야 하며 그리고 나서 자신의 참된 존재에 대한 계시를 받아들여야 한다는 것이다. 그와 아버지가 하나라는(30절), 혹은 현재 진술된 바대로, "아버지께서 내 안에 계시고 또 내가 아버지 안에 있다"는 인식은 믿음의 길에서 출발점이 아니라 종착점에 서 있다. 그것은 교리적인 진리로서 맹목적으로 받아들일 수 없고 다만 예수의 "일들"을 믿는 신앙의 결실이다. 아버지가 내 안에, 내가 아버지 안에 있다는 말을 들었을 때 우선 불쾌감이 일어났을 것이다. 그러나 이와 같이 반감을 불러 일으키는 것이 계시자의 "일"에 있어서 본질적인 요소이다"(불트만, 391). 37절 이하에 대한 불트만의 해석 전부를 읽을 필요가 있다. 불트만의 해석은 계시가 인간성에 미치는 영향력에 대한 분석으로서 신빙성이 있기는 한데, 요한의 객관적인 그리스도론에 대한 어떤 내용을 간과하고 있다.

[39] **그 때에(유다 사람들이) 다시 예수를 붙잡으려고 하니.** 7장 30절과 8장 20·59절을 참조하라. 요한은 그의 독자들로 하여금 예수의 기적적인 도피를 생각하게 하려고 했음이 분명하다(참조. 루가 4,30). 예수의 때가 아직 이르지 않았다. 이 절은 불트만이 이 복음서를 나누고 있는 대단원들 가운데 세째 단원의 결미를 나타낸다("세계와 갈등 속에 있는 계시자"). 이것은 아주 복잡한 자료군으로 다음과 같이 구성되어 있다 : 7,1—13·14·25—29 ; 8,48—50·54·55 ; 7,30·37—44·31·32—6·45—52 ; 8,41—47·51·52·53·56—59 ; 9,1—41 ; 8,12 ; 12,44—50 ; 8,21—29 ; 12,34—6a·36b ; 10,19—21·22—26·11—13·1—6·7—10·14—18·27—30·31—39. 이 복음서의 본문상 위치가 서로 바뀐 데 대한 문제에 관해서는 이 책 I권 44—51면과 이 주석 가운데 여러 곳을 참조하라.

[40] **(예수께서) 다시 요르단강 건너편에 가서.** 말하자면 페레아(Peraea) 지방의 동편을 가리킨다. 참조. 1장 28절 : "요한이 세례 주던 요르단강 건너편 베다니아에서…." 또한 마르코복음 10장 1절을 참조하라.

처음에. 이 말(*τὸ πρῶτον*)은 부사어로 쓰인다 ; 여기서 *πρῶτον*은 P^{45} ℵ θ it 에서처럼 *πρότερον*("이전에")으로 읽어야 할 것 같다.

[41] **말했읍니다.** 불트만은 이 말 앞에 종지점을 찍고, 삼인칭 복수동사를 비인칭 동사로 취급하였다 : "예수가 그곳에 유했을 때 많은 사람들이 그에게로 왔다. 그리고 사람들은 이런저런 말을 하였다…."

요한은 기적을 하나도 행하지 않았으나. 1장 20절 이하를 참조하라. 그 세례자는 모든 칭호와 영예를 거부하였고 단지 그리스도의 현존을 선포하는 목소리가 되려고 하였다. 이와 같이 그의 활동은 본질적으로 권능이 결여되어 있었고 단지 물로 수세한 것일 뿐이었다. "기적"은 "상징"을 훨씬 능가하는 의미이어야 함이 분명하다. 그러나 요한의 말대로 그의 수세 활동은 그리스도가 주었던 생수와 성령을 앞서 지시한 것이었다. 요한은 세례자가 예수에 대해 어떤 말을 했는지에 관해서 아무런 설명도 하지 않는다(예외 1, 26·27·29). 결국 요한이 뜻하는 바는, 예수는 구약성서를 그 최후의 가장 위대한 대리자의 인격과 예언들 속에서 완성하였다는 것이다. 1장 31절은 비록 권위자들이 믿지 않았던 것이긴 하나 성취된 예언으로 인정받아 왔다. 밤멜(E. Bammel)은 C.F.D. Moule(편), *Miracles* (1965), 179—202에서 "요한은 기적을 행하지 않았다"고 말하면서 41·42절은 "서론적인 장들로 구성된 현재의 본문형태를 드러내기 보다는 세례자에 대한 자료상의 견해를 보다 충실하게 나타내는 고대 전승의 단편인 듯하다고 주장한다. 본 절의 내용들은 유다적인 틀에 기초한 것으로서 그리스도인과 세례자 사이의 논쟁이라기 보다는 그리스도인과 유다인 사이의 논쟁을 반영하고 있다. 요한이 기적들을 행했던 것으로 명성이 나 있지 않았다는 사실은 그리스도인들에 대한 하나의 비난거리로 이용되었을 가능이 있는데, 그리스도교인들은 그 세례자를 그들의 메시야에 대한 증인으로 주장하였기 때문이다"(200).

[42] 그곳에서 많은 사람이 예수를 믿었읍니다. 이들 "많은" 사람들이 누구였으며, 그들은 베다니아에서 무슨 일을 하고 있었는가? 세례를 주는 일이 세례요한의 부재 중에도 계속 행해지고 있었는가? 이같은 질문들은 답변될 수 없다. 또한 그 질문들이 요한 자신에게서 제기된 것인지 의심스럽다. 이 복음서의 가장 중요한 부분의 말미에서 요한은 예수가 그의 선교의 출발지로 되돌아가는 것으로 구상한다. 이어지는 두 장들은 예수의 수난을 소개하며 그의 선교를 전체적으로 요약한다—이제부터 우리는 더 이상 생명의 물, 생명의 떡, 생명의 빛 따위의 말을 듣지 못한다 ; 예수는 생명 자체를 주기 때문이다. "많은 사람들"(*πολλοί*)에 대해서는 2장 23절과 8장 30절을 참조하라. 요한은 이들 신자들에 대해서 더 이상 언급하지 않는다. 그들은 선교에 대해 영속적인 결심을 한다.

Ⅳ. 受難에의 길 　　11장 1절—13장 38절

1. 라자로 　　11장 1—44절

1 어떤 병자가 있었읍니다. 그는 베다니아 출신의 라자로였으며 베다니아
는 마리아와 그의 자매 마르타가 사는 동네였읍니다. 2 마리아는 주님께 향유
를 붓고 자기 머리털로 주의 발을 씻기던 여인이요 병든 라자로는 그의 오
라비였읍니다. 3 누이들이 사람을 예수께 보내어 "주님, 보십시오. 당신이
사랑하는 사람이 앓고 있읍니다"하고 말했읍니다. 4 예수께서 들으시고 말
씀하셨읍니다. "이 병은 죽을 병이 아니라 오히려 하느님의 영광을 위한 것
이요 이것으로 하느님의 아들이 영광을 받으시게 하기 위한 것이다." 5 예
수께서는 마르타와 그의 자매와 라자로를 사랑하셨읍니다. 6 그런데 라자로
가 앓는다는 말을 들으시고도 계시던 곳에 이틀이나 더 유하셨읍니다. 7 그
리고 나서 이 일 후에 제자들에게 "다시 유다로 가자"하고 말씀하셨읍니다.
8 제자들이 예수께 "선생님, 방금 유다사람들이 선생님을 돌로 치려고 했는
데 또 그리로 가시렵니까?"하고 말했읍니다. 9 예수께서 대답하셨읍니다:
"낮은 열 두 시간이나 되지 않느냐? 사람이 낮에 걸어다니면 이 세상 빛을
보기 때문에 걸려 넘어지지 않는다. 10 그러나 만일 밤에 걸어다니면 빛이
그 사람 안에 없으므로 걸려 넘어진다." 11 이 말씀을 하신 후에 그들에게
"우리 친구 라자로는 잠들었다. 내가 가서 깨우겠다"고 덧붙여 말씀하셨읍
니다. 12 그러자 제자들이 말했읍니다: "주님, 그가 잠들었으면 일어나게 될
것입니다." 13 예수께서는 라자로가 죽은 것을 가리켜 말씀하셨는데 제자들은
그가 잠들어 쉰다고 하신 말씀으로 생각했읍니다. 14 이때에 예수께서 밝히
말씀하셨읍니다: "라자로는 죽었다. 15 내가 거기 있지 않은 것을 너희를 위
하여 도리어 기쁘게 생각한다. 이것은 너희로 믿게 하려 한 것이다. 그에게
로 가자." 16 그때에 디두모라고도 하는 토마가 동료 제자들에게 "우리도 그
와 함께 죽으러 가자"하고 말했읍니다. 17 예수께서 가 보시니 라자로를 무

덤 속에 둔 지 벌써 나흘이나 되었읍니다. 18 베다니아는 예루살렘에서 약 십
오 스타디온쯤 되는 가까운 곳이었는데 19 많은 유다사람이 그 오라비의 일
로 마르타와 마리아를 위로하려고 와 있었읍니다. 20 마르타는 예수께서 오
신다는 말을 듣고 맞으러 나가고 마리아는 집에 앉아 있었읍니다. 21 마르
타가 예수께 말했읍니다. "주님, 주님이 여기 계셨더라면 제 오라비가 죽지
않았겠읍니다. 22 그러나 저는 지금이라도 주님이 하느님께 구하시는 것은
무엇이나 하느님께서 다 들어주실 줄 압니다." 23 예수께서 마르타에게 말
씀하셨읍니다 : "네 오라비가 다시 살아날 것이다." 24 마르타가 말했읍니다 :
"마지막 날 부활 때 그가 다시 살아날 것을 압니다." 25 예수께서 마르타에
게 말씀하셨읍니다 : "나는 부활이요 생명이니, 나를 믿는 사람은 죽어도 살
고 26 살아서 믿는 사람은 영원히 죽지 않을 것이다. 네가 이것을 믿느냐?"
27 마르타가 예수께 말했읍니다 : "그렇습니다. 주님, 주님은 세상에 오실 그
리스도요 하느님의 아들이심을 제가 믿습니다." 28 이렇게 말한 후에 마르
타는 가서 자기 자매 마리아를 불러 "선생님이 오셔서 너를 부르신다"하고
은밀히 말했읍니다. 29 이 말을 듣고 마리아는 급히 일어나 예수께로 왔읍
니다. 30 예수께서는 아직 동네에 들어가시지 않고 마르타가 마중나왔던 곳
에 아직 계셨읍니다. 31 집에서 마리아를 위로해주던 유다사람들은 마리아
가 급히 일어나 나가는 것을 보고 울려고 무덤으로 가는 줄 생각하고 그를
따라갔읍니다. 32 마리아는 예수가 계신 곳에 와서 예수를 뵙고 그 발 아래
엎드려 "주님, 주님이 여기 계셨더면 제 오라비가 죽지 않았겠읍니다"하고
말했읍니다. 33 예수께서 마리아도 울고 따라온 유다사람들도 우는 것을 보
시고 심령에 충격을 받으시고 안타깝게 여기셔서 34 "그를 어디다 두었느
냐?"하고 물으셨읍니다. "주님, 와 보십시오"하고 그들이 대답하니 35 예
수께서 눈물을 흘리셨읍니다. 36 그래서 유다사람들은 "보시오, 그가 얼마
나 라자로를 사랑하셨는가!"하고 말했읍니다. 37 그들 가운데 어떤 사람들
은 "맹인의 눈을 뜨게 하신 분이 이 사람을 죽지 않도록 하실 수 없었겠소"
하고 말했읍니다. 38 예수께서 다시 마음에 충격을 받으시고 무덤으로 가셨
읍니다. 무덤은 동굴이었고 그 문은 돌로 막혀 있었읍니다. 39 예수께서 돌
을 옮겨놓으라고 하셨을 때 죽은 사람의 누이 마르타가 말했읍니다 : "주님,
죽은 지가 나흘이나 되어서 벌써 냄새가 납니다." 40 예수께서 마르타에게
말씀하셨읍니다 : "네가 믿으면 하나님의 영광을 보게 되리라고 내가 말하지
않았느냐?" 41 그러자 사람들이 그 돌을 옮겨놓았읍니다. 예수께서 눈을 들
어 하늘을 우러러 보시며 말씀하셨읍니다 : "아버지, 내 말을 들어주신 것을 감
사하옵니다. 42 아버지께서 언제나 내 말을 들어주시는 줄 아옵니다. 그러
나 이렇게 말씀을 하옵는 것은 둘러선 무리를 위한 것이며 아버지께서 나를
보내신 것을 그들로 믿게 하려는 것이옵니다." 43 이렇게 말씀하신 후에 큰

소리로 "라자로야 이리로 나오라"하고 외치셨읍니다. 44 죽었던 사람은 천으로 손발이 감긴 채 나왔으며 얼굴은 수건으로 싸매어져 있었읍니다. 예수께서 그들에게 "그를 풀어놓아 다니게 하라"고 말씀하셨읍니다.

요한복음에서 가장 놀랄 만한 기적민담인 라자로의 기사는 가장 평이하고 사실적인 문체로 서술되어 있다. 이 민담의 중심 요지들을 매우 간결하게 지적할 수 있다. 다소 서투른 도입부(1·2절)는 병자 라자로의 신원을 알려준다. 예수는 와서 라자로를 돌봐달라는 청원을 받았지만 그가 죽기까지 그의 도움을 미룬다. 그리고 나서 예수는(예루살렘 근처) 베다니아를 향해 떠나시고 그의 제자들도 그를 따라간다. 하지만 그들은 이전의 예수를 잡으려던 음모에 따르면 그는 죽으러 가는 것과 다름없음을 잘 알고 있다. 예수가 당도하자 라자로의 누이들 가운데 하나인 마르타가 그를 맞이하러 나간다. 예수와 그녀와의 대화가 나온 후에 그녀는 다른 자매인 마리아를 데리러 들아간다. 이제 라자로의 무덤 주변에는 예수, 마리아, 마르타, 제자들(우리가 추측해 보건대—그들은 언급되어 있지 않다)로 이루어진 한 무리가 있고, 상을 당한 자매들을 위로하기 위해 이미 와 있었던 일군의 유다인들이 모여 있다. 죽은 친구에 대한 예수의 사랑은 두드러진 것이었고, 자매들이 품었던 정통적인 부활의 희망과 일부 방관자들의 잠정적인 신앙 또는 예수의 말(25·26절) 때문에 독자들은 기대감을 갖게 된다. 그럼에도 불구하고 무덤을 봉한 돌을 치우라는 예수의 명령은 사람들간에 놀라움을 불러 일으킨다. 그는 기도를 올림으로써 아버지에 대한 그의 의존성을 강조한 다음에 죽은 자더러 걸어 나오라고 명한다. 라자로는 수의를 걸친 채 살아서 나온다. 이 마지막 기적에서 최후의 적은 결국 거꾸러졌다(Fenton). 다드(*Interpretation*, 366)는 "이 복음서의 현주소였던 헬레니즘 사회는 '파멸'(*φθορά*)의 영상에 시달리게 되었다"고 말하였다. 그러나 죽음과 관계를 맺을 수밖에 없었던 것은 헬레니즘 세계만이 아니다.

요한복음에서 이 민담의 의미는 이 민담 자체가 그러하듯이 단순하다. 예수는 그의 아버지에 대한 복종과 의존성 안에서 그가 원하는 자에게 생명을 주는 권한을 갖는다. 이 사건은 5장 51절에서 이미 선포된 진리(참조. 5,25·28)—그것 자체가 이 사건에 대한 가장 훌륭한 주석인—를 극적으로 입증한 것이다. 라자로의 소생은 (못된) 마술의 일화도 아니고 혹은 어떤 성인의 탁월한 업적이라고까지도 할 수 없다. 그것은 마지막 날에 일어날 일에 대한 하나의 선취이다. 또한 그것은 신자가 영생을 누리게 됨을 의미한다. 다시 말하여 신자는 죽음을 지나서 생명에로 이른다는 것이다.

그러면 이 민담의 역사적인 가치는 무엇인가? 이 물음에 대한 해답은 요한복음서의 목적과 자료들에 비추어서 이해된 견해에 주로 달려 있다. 물론 이같은 사건 자체의 가능성을 배제하는 기적에 대한 "선험적인"(a priori) 견해를 취할 수도 있다. 이런 선험적인 견해를 받아들일 경우 더 이상 논의의 여지가 없음이 분명하며, 또한 기적의 철학적인 면들을 논의하는 것은 이 주석서의 영역에 속하지 않는다. 만일 긍정적인 견해이든 부정적인 견해이든 간에 기적에 대한 "선험적인" 견해들을 제쳐놓을 경우 이 사건의 역사성을 반증하는 주된 논증은 공관복음서 전승에는 이 사건이 나타나 있지 않다는 것이다. 이 기적은 단지 놀랄 만한 전조로서뿐만 아니라 예수를 죽이려는 운명적인 모의(11, 46·53)의 직접적인 계기로서 요한에 의해 기록된 것이다. 반면에 마르코는 (이런 말이 있듯이) 예수를 죽이려던 모의의 직접적인 계기를 성전정화에서 찾고 있다(마르 11, 18). 이런 주장은 별로 도움이 못 되는데, 예수의 청중들이 나타낸 반응들에 대한 마르코의 언급들은 항상 진지하게 받아들일 수만은 없기 때문이다. 예를 들어 이미 마르코복음 3장 6절에서 바리사이파 사람들과 헤로데 당원들은 "어떻게 예수를 죽일까"를 모의하였다. 그리고 나서 마르코복음의 설화에서 이 모의는 더 이상 나타나지 않는다. 라자로에 대한 기적 이야기 자체는 그것이 요한에 의해 예수의 죽음과 관련하여 발전하였음을 보여주기는 하지만 초기 (복음의) 전승에서 유래한 것일 수도 있다(Brown). 요한이 산헤드린 의회원들의 행동의 동기를 마르코보다 더 잘 알았을 것 같지는 않다. 어떤 다른 복음서에서 현재의 요한의 설화와 같은 병행귀를 발견할 수 없다(마르코복음 5장 21—43절에 부활 이야기들이 나온다. 참조. 마태 9, 18—26 ; 루가 8, 40—56 ; 루가 7, 11—16). 그렇다고 해서 전적으로 이 설화가 요한에 의해 창작된 것이라고 말할 것까지는 없다. 요한의 설화와 루가의 비유(루가 16, 19—31) 사이에는 암시적인 병행귀들이 있다. 루가의 비유의 결론은 이것이다. 즉 거지 라자로는 죽음에서 부활할 것이지만 다른 사람들은 회개의 권유를 받아들이지 않을 것이라는 것이다. 이와 같은 부활은 그것이 사실에서이든 허구적인 설화에서이든 일어나지 않는다. 하지만 숙고해 볼 수는 있다. 비록 확실하지는 않지만(참조. 이 책 I권 78면) 요한은 루가를 알고 있었고 따라서 이 비유도 알고 있었던 것 같다. 그 밖의 곳에서(특히 마르 11,12—14·20—25) "기적들"은 비유들에서 발전되었으리라는 것을 생각할 만한 근거가 있다. 이러한 발전이 본장에서도 이루어지지 않았을까? 기적들이 비유들에서 발전되어 나온다는 것은 이미 말한 바대로 실은 가능성이 있기는 하다. 그러나 요한이 이 설화를 전승에서 끌어왔고 그러한 과정에서 이미 약간의 변형이 가미되었을 수도 있다. 반면에 다드는 라자로의 이름이 설화전승으로부터 비유로 들어왔을 것이라고 제안한다. 라자로라는 사람의 소생이 실제로 사람들을 신앙이로 이끌지는 못한 것으로 알려졌다(*Tradition*, 229). 요한은 그 자신의 신학적 목적에 부합하도록 이 기적을 편집하였음이 확실하다. 요한의 신학적 목적과 역사와의 관련성에 대해서, 또는 대체로 이 복음서의 역사에 대한 관련성에 대해서는 이 책 I권 217—219면을 참조하라. 이러한 문제들이 여기서 가장 분명한 형태로 제기되며, 그것이 사실상 일어났는가 라는 문제에 대해서 간단히 답할 수는 없다—이런 일들이 일어날 수 없다라든가 아니면 복음서에 나오는 모든 일들은 액면 그대로 또는 가장 문자적인 의미에서 가치있는 것으로 이해되어야 한다고 말할 수 있는 사람들을 제외하고는 말이다.

[I] 어떤 병자가 있었습니다. 이 구문에 대해서는 5장 5절("…병자 한 사람이 있었읍니다.")을 참조하라. 또한 판관기 19장 1절, 사무엘상 1장 1절, 에즈라 2장 5절과 특히 욥기 1장 1절("…사람이 있었다")을 참조하라. 그러나 요한의 말들은 예로 든 참조문들 가운데 어떤 말보다도 히브리적이지 않다.

라자로. 엘라자르(אלעזר, 'El'azar)라는 이름은 그리이스어에서 가정된 어형인 르아자르(לעזר, L^{e}'azar)로 이미 히브리어에서 단축된 것이다. 이 이름의 어원적인 의미("하느님께서 도우신다")가 요한의 생각에 들어있었을 가능성은 있지만 그럴 것 같지는 않다. 신약성서의 그 밖의 곳에서 이 이름은 루가복음 16장 19—31절, 라자로와 부자의 비유에서만 나오는데, 거기서 라자로의 부활의 가능성은 이미 부인된 바이긴 하지만 숙고해볼 만한 것이다.

베다니아 출신의. 이 구문은 일반적인 구문이다(예. 사도 6,9). ἀπό("…부터")는 ἐκ τῆς κώμης("그 마을 출신의")에서 ἐκ("…부터")와 동의어이다. 베다니아는 공관복음서 모두에 언급된 지명이며, 여기서는 마리아나 마르타와 관련시켜 보거나 18절에서 제시된 거리상으로 볼 때 페뢰아지방에 있었던 1장 28절에 나오는 베다니아(그 주석 참조)와 구별되는 것이다. 이 구분은 보다 필요한 것이었는데, 10장 40절에 의하면 예수는 페뢰아지방의 베다니아에 있었고 그때 라자로가 병들었다는 소식을 듣게 되었기 때문이다. 유다지방의 베다니아는 올리브산의 동편에 위치한 현대지명 엘—아자리예(El—'Azariyeh; 이 현대지명은 라자로의 이름에서 파생된 것임)와 동일시 할 수 있다. 브라운리(W.H. Brownlee)는 *J. & Q.*, 167—74에서 베다니아와 그 의미에 대한 장황한 논의를 하였다.

마리아와 마르타.[1] 이 두 자매는 루가(10, 38—42)와 요한에만 언급되어 있다. 루가는 그들의 집의 소재를 밝히고 있지 않다("어떤 마을에" *εἰς κώμην τινά*: 10, 38). 요한은 루가를 알고 있었고(참조. 이 책 I권 78—79면) 또 그는 베다니아에서 예수에게 향유를 부은 여인과 마리아(2절 참조)를 동일인물로 간주하였기 때문에(마르 14, 3—9; 참조. 198—210면) 그 두 자매를 베다니아에 있는 것으로 설정할 수 있었다고 하는 것은 그럴 듯해 보인다.

[2] 요한은 그가 12장 1—8절에서 묘사하고 있는 사건을 미리 지시한다. 그러나 그는 그의 독자들이 이미 그 사건을 잘 알고 있었던 것으로 전제하고 있음이 분명한 것 같다. 이 사실은 그들이 그리스도인들이었고 또 공관복음서 전승을 (또는 이와 거의 유사한 전승을) 알고 있었음을 암시한다. 이 사건의 언급에서 사용된 말들—"향유를 붓다, 닦아내다, 발, 머리털"(*μύρον, ἀλείφειν, ἐκμάσσειν, πόδες, θρίξ*)—은 12장 3절에서 다시 나온다. 이 말 전체가 루가의 향유를 바르는 이야기에서 발견되며, 마르코에는 "향유"(*μύρον*)라는 말만 나온다.

마리아는…이요, 병든 라자로는 그의 오라비였읍니다. 이 구문은 서투르긴 한데 받아들일 만한 것이다. 요한이 약간 잘못된 아람어 본문을 해석하였다는 제안(Torrey, 144, 148—49)은 불필요한 것이다.

[3] …보내어…말했읍니다…. 이 귀절은 히브리어 동사 "말하게 하다"(לאמר; 참조. 역하 35, 22)의 용법을 연상하게 하지만 현재의 번역을 의심할 필요는 없다. 그 메시지에 대해서는 2장 3절을 참조하라. 거기서 예수의 어머니도 직접 말하지는 않고 은연중 드러내는 한 가지 필요한 일, 즉 도움을 요청한다. 2장에서처럼 여기서도 예수는 즉각적인 반응을 보이지 않는다.

1) B에도 보통 셈어형의 불변화사 *Μαριάμ*으로 되어 있지만 여기서는 격변화형인 *Μαρία*로 되어 있다.

당신이 사랑하는 사람이 앓고 있읍니다. 관계대명사 ὃν의 선행사는 동사에서만 나타난다. 적어도 본장에서 "사랑하다"라는 의미의 φιλεῖν과 ἀγαπᾶν은 동의어임이 분명한 듯하다. 3·36절("사랑하다" φιλεῖν)과 5절("사랑하다" ἀγαπᾶν)을 참조하라. 이 귀절들에서 볼 때 라자르가 "사랑받는 제자"였다는 견해에 대한 근거가 희박하다. 이 책 I권 181—183면과 13장 23절을 참조하라. 또한 15장 14·15절도 참조하라.

[4] 이 병은 죽을 병이 아니라. 이 병은—결국—죽음으로 끝나지 않을 것이다. 이러한 표현에 대해서는 요한일서 5장 16·17절, "죽음에 이르게 하는 죄"를 참조하라. 25·26절도 참조하라.

오히려 하느님의 영광을 위한 것이요. "어떤 것"의 소유격이 수반되는 전치사 "위하여"(ὑπέρ)는 자주 사용되지 않는 것은 아니지만 그 해석은 문맥에 따라 하는 것이 자연스럽다(참조. Bauer, *Wörterbuch*, ὑπέρ 항목, 1b). 여기서 그 의미는 "하느님의 영광을 드러내기 위하여"이다. "영광"(δόξα)에 대해서는 1장 14절을 보라. 40절은 그 의미가 "하느님께 영광을 돌리기 위해서"가 아님을 보여준다. 그 밖의 곳에서처럼 여기서도 하느님의 영광은 그분의 찬양이 아니라 그분의 활동을 가리킨다.

아들이 영광을 받으시게 하기 위한 것이다. 그러나 하느님의 영광은 그의 아들이 영광을 받음으로써 계시된다. 이 병(ἵνα 이하의 구문은 "병" ἡ ἀσθένεια에 대한 직접적인 술부이다)은 하느님이 그의 아들을 (그의 완전한 영화는 미래에 있으므로 예기적인 방식으로) 영화롭게 하기 위한 계기를 마련한다. *P. Lond*, 121·503—4에서 한 이적 행위자가 이와 동일한 용어로 이시스(Isis)에게 하나의 기적을 행하게 해줄 것을 간청한다: "이시스 여신이여…내가 당신의 아들 호로스의 이름을 영광스럽게 하였듯이 나를 영광스럽게 하소서." 라자로의 기적에서 아주 생생하게 표현된 것으로 죽음에서 생명에 이른다는 이 인용구는 예수 자신이 아버지에게 그의 영광을 돌리는 과정을 비유적으로 설명한다.

[5] 사랑하셨읍니다.[2] 이 절은 6절을 잘못 해석할 가능성을 정정해준다. 예수의 지연된 행동과 라자로의 결과적인 죽음은 예수 편에서 볼 때 사랑의 부족으로 인한 것은 아니다.

---

2) ἠγάπα; 이 말이 D a e에는 3절에 동화되어 ἐφίλει로 나온다.

[6] 그런데. "그런데"(τότε μέν)는 그 다음 절에 나오는 "그리고 나서"(ἔπειτα μετὰ τοῦτο)를 예기하게 하는데, 그 강조점은 사려깊은 예수의 지연에 있다.

그가 계시던 곳에.[3] 동일한 절에 관계대명사와 선행사를 함께 집어넣는 구문은 요한복음에서 아주 일반적인 구문이다.

이틀이나. 예수가 지체한 동기가 언급되어 있지 않다. (ㄱ) 예수는 기적이 보다 영광스러운 것이 되도록 하기 위해 라자로가 죽기를 기다리고 있었던 것 같지는 않다. 라자로는 예수가 그의 병 소식을 들었을 때 이미 죽어 있었다. 39절("나흘째" τεταρταῖος)과 예수가 간 곳은 거의 하루가 걸리는 여행이었다는 사실을 참조하라. 11·14절에서 예수는 초자연적으로 라자로의 죽음을 알고 있었던 것 같다. 그래서 우리는 예수가 그 사건이 일어났던 순간에 그 사실을 알았던 것으로 생각할 수 있다. 결과적으로 예수는 소식을 전하는 자들이 도착하자마자 그가 페뢰아의 베다니아를 향해 떠나면 라자로를 다시 살릴 기회를 갖게 되리라는 것을 잘 알고 있었음에 틀림없다. (ㄴ) 예수는 라자로가 나흘 동안 죽은 채 있도록 기다렸을 것 같다(이런 행동의 의미에 대해서는 39절 참조). 그러나 이것은 억설로 보인다. (ㄷ) 이 복음서가 기록된 상황, 즉 "주의 내림의 약속이 계속 지연됨으로 인해 교회에서 문제가 야기된 상황과 관련하여 다른 설명이 제시되었다"(Guilding, 147). 예수는 지연되기는 하였지만 재림하실 것이고 또 부활이 뒤따를 것이다. 보다 그럴듯한 견해는, (ㄹ) 요한은 예수가 예루살렘을 향해, 따라서 죽기 위해 떠나신 것은 전적으로 자기결정에 의한 것이었다는 사실을 강조하려고 했다는 것이다 ; 예수는 단순한 인간적인 애정 때문에 그가 예기치 못했던 올무에 빠지지는 않았다. 2장 3·4절을 참조하라. 7장 3—9절에서 예수는 자기 어머니와 형제들의 요구에 따라 즉각 행동하기를 거부한다. 여기서도 그는 그의 친구들에 의해 지시받기를 거부한다. "이틀"에 대해서는 4장 40절을 참조하라.

[7] 그리고 나서. "이 일 후에"(ἔπειτα μετὰ τοῦτο)는 중복어이긴 하지만 아주 의식적으로 강조하기 위해서 중복된 말이다. "방금 언급된 예수의 지연이 있고나서" ; 앞의 "그런데"(τότε μέν)를 참조하라. 브라운은 7—10절이 라자로의 이야기와 아무런 관련성이 없다고 지적하였다.

3) ἐν ᾧ ἦν. 이 세 단어에 대해서는 P⁴⁵ D의 ἐπὶ τῷ가 옳은 것 같다.

가자. 이 일인칭 복수 동사의 용법은 고전어 ἄγε("가다" ἄγω의 2인, 단수, 현재, 명령)와 ἄγετε(ἄγω의 2인, 복수, 현재, 명령)에서 파생되었고 헬레니즘 시대의 어법에서 발전된 것인 듯하다.[4]

다시 유다로. 이전의 유다를 방문한 일들에 대해서는 2장 13절, 5장 1절, 7장 14절을 참조하라. 라자로는 예수가 한 이 말에서도, 그의 제자들이 한 그들의 응답에서도 언급되어 있지 않다. 강조점은 오로지 예수가 위험과 죽음의 장소로 떠나감에 있다. 요한은 베다니아에르의 이 방문이 유다를 향한 마지막 결정적인 여행의 원인이요 시작인 것으로 간주하고 있음이 분명하다.

[8] 방금. 이제 막 일어난 일에 대한 말이다. 또한 이 말은 고전적인 어법이다.

돌로 치려고. 10장 31·39절을 참조하라. 제자들은 예수가 유다로 들아가는 것이 그의 선교의 마지막을 가져오리라는 것을 알았다. 그러나 그들은 이렇게 하는 것이 예수의 의도된 선교의 완성을 가져오티라는 것은 알지 못하였다. 예수는 그의 친구들을 위해서 그의 생명을 바친다(15,13). 유다인들 사이에서 선교를 펴는 일이 갖는 위험성에 대한 암시일 수도 있다(Martyn, 59).

[9 · 10] 낮은 열 두 시간이나 되지 않느냐? 유다에서 한낮(상세한 점들에 대해서는 *S.B.* 해당란 참조)은 로마에서처럼 열두 시간으로 구분되었는데, 이 기간은 그 기간이 길던 짧던간에 해가 떠서 해가 지기까지의 전시간을 포괄하는 것이었다. 한낮의 활동 시간 동안에는 자유롭고 구애를 받지 않았지만 어두워지면 활동은 불가피하게 중단되어야 했다. 예수의 선교는 그 기간이 제한된 것이므로 그 결과에 구애받음이 없이 하느님의 뜻을 행할 수 있는 시간을 잘 활용해야 한다. 이와 매우 유사한 진술에 대해서는 9장 4절을 참조하라. 따라서 예수는 이 절에서 8절의 물음에 대한 분명하고 긍정적인 답을 준다. 그러나 여기서 사용된 말들, 특히 "시간"과 "빛"은 이 절들에 나오는 단순한 대답 이상을 뜻하고 있음을 암시한다. 요한복음의 그 밖의 곳에서 예수의 "시간"은 특별히 그의 죽음과 올리워짐의 시간이다(예. 8,28 ; 2,4). 그리고 예수는 그 자신을 세상의 빛이라고 말한다(8,12 ; 9,5 ; 12,46). 그렇다면 이 절의 은유는 참으로 비유이긴 한데(Sidebottom, 178), 단순히 누구나 인용할 수 있는 논증

4) 예. *Epictetus* Ⅲ, xxii, 55, "총독에게로 가자"(ἄγωμεν ἐπὶ τὸν ἀνθύπατον).

이 아니라 그의 죽음을 통하여 세상의 빛을 던질 예수의 사역에만 유일하게 관련되어 있는 주장임을 암시한다.

만일…한다면. 표면적인 의미 이외에 요한은 예수에 의해 주어진 빛 가운데 사람들은 안전하게 걸어다닐 수 있음을 암시하려고 하였다. 예수에게서 떨어져나감이 곧 어두움이며, 이 어두움 속에서 사람들은 죄에 빠지게 된다(9, 39—41).

걸려 넘어지다. 이 말은 성서적이고도 헬레니즘적인 용어이다. 신약성서에서 로마서 9장 32절, 14장 21절, 베드로전서 2장 8절을 참조하라. 또한 "걸림돌"(πρόσκομμα)이라는 말(로마 9,32·33 ; 14,13·20 ; 고전 8,9 ; 베전 2,8)과 "걸려 넘어짐"(προσκοπή)이라는 말(고후 6,3)을 참조하라. 중요한 귀절인 이사야 8장 14절은 로마서 9장 32·33절과 베드로전서 2장 8절에 모두 인용되어 있다. 사람들로 하여금 넘어지게 하는 걸림돌은 하느님 자신에 의해서 세워진 것이다. 이와 같이 요한복음에서 사람들로 하여금 실족하지 않고 걸어다닐 수 있게 하는 빛이 곧 그리스도이며, 그 분은 다만 세상의 빛이 됨으로써만 빛의 자녀와 어둠의 자녀를 구분한다(참조. 3,19—21, 그 밖의 여러 귀절들).

빛이 그 사람 안에 없으므로. "그 사람 안에"(ἐν αὐτῷ)가 D사본에는 "밤에"(ἐν αὐτῇ)로 되어 있다. 이 귀절에 대해서는 마태오복음 6장 2절(=루가 11, 35)을 참조하라. 고대의 사상은 눈에 빛이 들어와야 보게 된다는 사실을 분명하게 포착하지 못하였다. 따라서 새로운 관점이 도입되었다. 밖에 빛이 없는 것과 안에 빛이 없는 것은 서로 상관이 있다. 참조. 토마복음 24 : "빛의 사람 안에는 빛이 있으므로 그는 온 세상을 밝게 한다. 그가 빛을 비추이지 않는다면 어두움이 드리운다." 언어상 약간의 유사성이 있긴 하지만 요한의 요지는 이와 다른 것이다. 즉 사람들은 가상적인 내면의 빛을 좇아서는 안되며 다만 예수를 세상의 빛으로 영접해야 한다(8,12 ; 9,5).

[II] 청중들의 오해를 불러일으킨 또 하나의 의미심장한 말이 뒤따른다. 예수의 말은 언뜻 듣기에 "라자로(여기서 "우리의 친구", 즉 모든 친구들 가운데 한 친구로 묘사되어 있다)는 방금 잠이 들었지만 내가 (베다니아로) 가서 그를 깨우겠다"를 뜻하는 것 같다. 그러한 오해(12절에서 암시됨)는 분명한 것이긴 한데 인위적인 것이다. 요한의 이같은 문자적 의미가 어떻게 쓰이는가에 대해서는 3장 4절을 참조하라.[5] 라자로가 잠들었다는 예수의 인식은 초자연적인

5) 참조. 마르 5,39 ; Radermacher, 88과 Cullmann, V. §6 A., 185.

인식임에 분명하다. 제자들은 평범하지 않은 반응을 보였어야 했을 것이다. 독자는 이 말들의 참된 의미를 즉시 간파해 내고자 할 것이다. "친구"(φίλος)는 아마도 "그리스도인"을 지칭하는 전형적인 용어로 보인다.[6] "깊이 잠들다"(κοίμᾶσθαι)는 신약성서(예. 사도 7, 60; 고전 15, 6)나 후대의 그리스도교 문헌[7]에서 그리스도인들의 죽음을 표현하는 데 자주 사용되는 용어이다. 이와 유사한 용법이 "잠을 깨우다"(ἐξυπνίζειν)[8]라는 말에서 입증될 수는 없지만 그 말의 용법은 "깊이 잠들다"(κοιμᾶσθαι)와 자연스레 연결된다. 예를 들어 에페소서 5장 14절("잠자는 자여, 일어나라. 죽은 자 가운데서 일어나라")과 로마서 13장 11절("잠에서 깨어나다") 등의 귀절이 여기서 비고될 수 있다. 요한은 "일으키다"(ἐγείρειν)와 "살려내다"(ἀνιστάναι)라는 말을 다음과 같은 이유에서 사용하지 않았을 것이다. 왜냐하면 이 두말이 그리스도인들의 부활신앙과 매우 밀접하게 연관되어 있어서 그의 암시적인 문체에 적합하지 않았기 때문이다. 라자로는 죽어 있었고 예수가 그를 살려내리라는 사실은 그리스도교 독자들에게는 분명한 것이다. 그리고 이 절에서 사용된 말은 모든 그리스도인들이 마지막 날에 부활하리라는 것을 암시한다.

[12] 그가 잠들었으면 일어나게 될 것입니다. 예수가 한 말의 의미를 바로 파악하지 못했던 제자들은 "만일 그가 잠들었으면 일어날 것이고 그 잠이 그의 회복에 도움을 주리라"고 말하였다. 그들의 말 속에는 그를 깨워서는 안 된다는 암시가 들어있다. "병으로부터의 회복"이 σώζεσθαι의 일반적인 의미이다. 그러나 요한 자신이 뜻한 바는 죽음의 상태에서 깊이 잠들어 있는 그리스도인들이 구원받으리라는 것을 암시하려는 데 있다. 제자들은 비록 그들이 무지하긴 하지만 그럼에도 불구하고 부지불식간에(50—52절에 나오는 가야파처럼) 진리가 무엇인가를 말했을 수도 있다.

[13] 요한은 제자들의 몰이해를 지적한다. 잠과 죽음 사이의 유사성이 자주 언급된 바 있다. 예. T. Reuben 3,

6) 참조. 요삼 15; 루가 12, 4; 사도 27, 3; 그리고 특히 요한 15, 13-15과 거기에 대한 주들; 또한 Bauer, *Wörterbuch*에서 φίλος에 대한 가치있는 논의들과 *Beginnings* V, 379-40, 그리고 인용된 문헌 참조.

7) 예. Ignatius, *Rom.* 4, 2; I Clement 44, 2; Hermas, *sim.* ix, xvi 7.

8) 후대의 말로 예를 들어 M. Aurelius Antonius 6, 31에 나온다. Phrynichus (CC; Rutherford. 305)는 이 말을 거부하고 이 말 대신 "깨어나다" ἀφυπνίζειν을 채택하였다.

1:"…잠의 영은 죽음의 형상이다" 집회서 46장 19절에서 "잠"(κοίμησις)은 죽음을 나타내는 용어이다. "잠의 휴식"(ἡ κοίμησις τοῦ ὕπνου)은 서투른 표현이긴 하나 아주 분명한 표현이다.

[14] 밝히. 이 말에 대해서는 7장 4절을 참조하라. 여기서 확실히 그 의미는 "명백하게," "불명료하거나 모호하지 않게"이다(참조. 16, 29).

죽었다. 블랙(Black, 129)은 이 단순과거 동사가 셈어의 완료형에 해당하는 것으로 이해하였다. 이것은 셈어의 완료형과 같이 "방금 일어났던 사실"의 단순과거형이 될 수도 있었다(*M.I.* 135, 139—40, 247).

[15] 내가 거기 있지 않은 것을 너희를 위하여 도리어 기뻐한다. ὅτι절은 동사 "내가 기뻐한다"(χαίρω)에 직접 연결되고, ἵνα절은 삽입어구이다. 제자들에게는 예수가 그들 곁을 떠나는 것이 때로는 유익한 일이다. 16장 7절을 참조하라. 만일 예수가 라자로 곁에 있었더라면 (추측컨대) 그는 죽지 않았을 것이고, 따라서 제자들의 믿음은 그의 부활을 통해서 향상되거나 확고하게 되지 않았을 것이다.

너희로 믿게 하려 한 것이다. ἵνα의 문법적 연관성이 분명하지 않다. 이 절은 예수가 라자로 곁에 없음으로 인해서 제자들이 얻게 될 유익을 완곡하게 지적한다. 이 기적의 말미에서 그 결과 "제자들"이 믿게 되었다는 구체적인 언급이 없다. 그러나 42·45·48절을 참조하라. 라자로의 병은 "하느님의 영광을 위한 것이요 이것으로 하느님의 아들이 영광을 받으시게 하기 위한 것이다"(4절). 2장 11절에서 예수가 그의 영광을 드러냄이 믿음의 계기가 되었음을 참조하라.

가자. 7절 (마치 라자로가 여전히 살아있는 사람인 것처럼) "그에게로"를 참조하라.

[16] 디두모라고도 하는 토마. 토마(히브리어 תאום, Tᵉ'om)라는 이름은 초기 문헌에서 확인되지 않는 것 같다. 그러나 그리이스어에서 "디두모"(Δίδυμος)는 확인된다. 이 두 말은 "쌍둥이"를 의미하며, "디두모"는 요한이 옳게 번역한 것이다.[9] 그러나 "토마"(θωμᾶς)는 그 말이 히브리어(또는 아람어)와 유사하다는 이유에서 채택된 순수한 그리이스 이름이라는 견해에 대해서는 *B.D.* §53을 참조하라. 토마는 예수의 쌍둥이 형제였고 유다(마르 6, 3)

9) "……이라고도 하는" λεγόμενος는 아마도 이 말이 번역된 말임을 의미한다. 그 예로 4장 25절 참조.

와 동일인이었다는 이론은 아마도 시리아어권의 교회들에서 일찌기 형성된 견해였다. 이러한 견해는 예를 들어 토마의 행전[10]에 나타나며 14장 22절에 나오는 다른 변형귀들 (그 주들 참조)에도 나타난다. 네슬 판 영어성서(E. Nestle의 *E. Bib.*)에서 토마 항목을 참조하라.[11] 신약성서의 그 밖의 곳에서 토마는 열 두 제자의 이름들에서만 언급되고 있다(마태 10,3 ; 마르 3,18 ; 루가 6,15 ; 사도 1,13). 요한복음에서 그는 훨씬 더 중요한 역할을 한다(20,24—9 ; 21,2).

동료 제자들에게. 이 말은 신약성서에서 "단 한번 나오는"(*hap. leg.*) 용어이다(참조. *Mart. Pol.* 17.3).

우리도 그와 함께 죽으러 가자. 토마의 말은 8절을 연상케 하는데 8절은 제자들이 분명히 무지와 오해에서 질문한 것으로 그에 대한 대답이 9·10절에서 예수의 말로 나온다. 그의 제안은 인간 예수에 대한 용기와 헌신을 보여주긴 하지만 또 한편으로는 그가 요한복음에서 제시된 예수의 죽음의 의미를 전혀 파악하지 못하고 있음을 보여주기도 한다. 토마가 제안한 방식의 죽음을 함께 나누어야 한다는 것은 도저히 생각할 수 없는 것이다. 토마의 제안이 초기 전승에 근거한 것 같지는 않다. 마르코복음 8장 34절에 나오는 말들이 예수의 본래적인 말에 근거한 것이라면 제자들 가운데 일부 혹은 모두가 예수와 함께 죽을 수도 있음을 뜻하는 것 같다. 그리고 훨씬 더 그럴 듯한 것은, 여기서 토마는(12절에서 대체로 다른 제자들처럼) 무의식적으로 진실을 말하게 되었다는 것이다. 유다로 향해 감은 곧 죽기 위한 것이며, 후에 그리스도와 함께 죽음은 그리스도의 제자로서 갖게 될 특징적인 표식이다.

[17] **(예수께서) 가 보시니…벌써 나흘이나 되었읍니다.** 이 구문은 요한의 독특한 화법이다(참조 5,5·6 ; 8,57 ; 9,21·23). 39절과 6절을 참조하라. "무덤"(μνημεῖον)은 38절에 묘사되어 있다.

[18] **베다니아.** 1절을 참조하라. 이 절에서 지리적인 상세한 묘사는 원래 많은 유다인들의 방문을 설명하려고(19절) 제시된 것이다—그들은 예루살렘으로부터 쉽게 올 수 있었다.

---

10) Acts of Thomas, I, 그 밖의 곳 Judas Thomas; 31, "나는 당신이 그리스도의 쌍둥이 형제임을 알고 있다."

11) 또한 J.R. Harris, *The Dioscuri in the Christian Legends*(1903); *The Cult of the Heavenly Twins*(1906); *The Twelve Apostles*(1927)에 나오는 흥미있는 여러 고찰과 추론을 참조하라. 특히 *P. Oxy.* 654와(콥트어) *Thomas*, Fitzmeyer, *Essays*, 369-70에 나오는 용어를 참조하라.

그러나 지리적인 묘사는 유다인들이 베다니아에 당도했을 때 예수는 수난을 받기 위해 예루살렘에 거의 도착했다는 사실에 주의를 끌도록 제시된 것이기도 하다.

약 십 오 스타디온쯤 되는. 숫자에 붙는 "약"(ὡς)의 용법은 요한의 특징적인 것이다(1, 40 ; 4, 6 ; 6, 10·19 ; 19, 14·39 ; 21, 8). 이 절 전체의 구문에 대해서는 21장 8절과 12장 1절을 참조하라. 이것은 예를 들어 2마일의 거리를 나타내는 라틴어 millibus passuum duobus와 비슷하다. 약 십 오 스타디온이라는 요한의 용어가 라틴어법으로 간주될 수 있는가라는 문제에 대해서는 *M.I*, 100—2, Robertson, 424, 469, 575를 참조하라. *B.D.*, § 161에 의하면 이 말은 '순수한 그리이스어'이다. 또한 Radermacher, 100에도 이렇게 나타나 있다. 헬레니즘권의 작가들에게서 병행귀들을 찾아볼 수 있다.

[19] 위로하려고. 상을 당한 사람을 위로해 주는 의무는 유다교에서 항상 공인되었고 시행된 것이다.[12] "위로하다"라는 의미의 *παραμυθεῖσθαι*는 폭넓은 의미를 지닌 말로(참조. *L.S.*에서 그 용어에 대한 항목) 그리스도교 문헌에서는 "위안"이란 의미로 거의 사용되지 않으며 오히려 *παρακαλεῖν*과 그 유사어들이 더 잘 사용되는 용어이다. 신약성서에서 이와 같이 *παραμυθεῖσθαι*가 사용된 곳은 요한복음 11장 19·31절이다. 그 밖의 곳에서는 데살로니카전서 2장 11절, 5장 14절에만 나온다. 이 두 절에서 이 말은 죽음과 전혀 관계없이 나오며, 반면에 데살로니카전서 4장 18절에서는 죽은 그리스도인들과 관련하여 "그러므로 여러분은 서로 위로하시오"로 나타난다. 그러나 요한이 여기서 *παραμυθεῖσθαι*라는 말을 비그리스도인의 위로를 뜻하는 데 사용했다고 결론짓는 것은 일리가 없다. 왜냐하면 ("보혜사" *παράκλητος*를 특히 제외하고는) "위로하다"(*παρακαλεῖν*)란 말의 어군은 이 복음서에서 (요한서신들에서도) 거의 나타나지 않기 때문이다. 이 절에서 나오는 유다인들의 진심과 선한 의도에 대해서 어떤 식으로든 문제삼을 필요는 없다. 요한은 "유다인"이란 용어를 신학적인 의미에서뿐만 아니라 역사적인 의미로도 사용한다.

[20] 루가복음 10장 39·40절을 참조하는 것이 적합한데, 거기서도 마르타는 두 자매 중에서 보다 행동적인 사

12) 그것과 관련된 법령과 관습들에 관한 상세한 설명에 대해서는 *S.B.* Ⅳ, 592-607, A. Edersheim, *Life and Times of Jesus the Messiah*(1892) Ⅱ, 320—30 참조.

람으로 나타난다. 루가복음과 요한복음은 (혹은 그들의 자료들은) 마리아와 마르타에 대한 정확한 역사적인 상을 제시하는 것일 수도 있다. 또한 요한은 그의 인물묘사를 루가에게서 빌려왔을지도 모른다. 그러나 이 두 가지 가능성은 어느 것에 대해서도 확실하게 결론지을 수 없다.

[21—22] 주님. 이 호칭은 B sin(cur) 등에는 생략되어 있는데, 아마도 우연히 생략된 것 같다. 마르타는 예수가 함께 있었다면 라자로를 치유할 수 있었고 또 치유했을 거라고 확신한다. 실로 그녀의 믿음은 여기서 한 걸음 더 나아간다. 그녀는 예수가 하느님에게 자기 친구의 생명을 구한다면 그대로 들어줄 것임을 암시한다.

지금이라도. 라자로가 죽어서 매장된 지금이라도 라는 뜻이다.

구하시는 것은 무엇이나…다 들어주실 것입니다. 참조. 2장 5절 : "그가 하라시는 대로 하라…."

[23] 네 오라비가 다시 살아날 것이다. 이 짤막한 말 속에는 이제 막 일어나려고 한다는 사실이 담겨 있다. 라자로는 곧 그의 무덤에서 살아날 것이다. 그러나 여기서 쓰인 말들은 라자로가 다시 살아나리라는 진실을 드러내 주기는 하지만 그것이 허위진술이 아니라 보다 일반적인 진실임을 암시한다. 또한 이 말들은 마르타에게 어떤 사실을 알리기 위해서라기 보다는 이어지는 대화를 다시 진전시키기 위해서 언급된 것이다. 이어지는 대화에서 라자로의 기적적인 살아남에 대한 그리스도론적인 근거와 해석이 밝혀진다. 이 말들의 중의적인 용법이 요한의 특징이다.

[24] 마지막 날 부활 때 그가 다시 살아날 것입니다. 마지막 날의 부활을 믿는 신앙은 바리사이적인 유다교의 확고한 요소이다. 예. 사도행전 23장 8절 ; Josephus, *Bel.* Ⅱ, 163: "모든 영혼은 죽지 않을 것이다" ; *Sanhedrin* 10, 1 : "이 사람들은 다가오는 세상에 참여하지 못할 자들이다. 율법에 묘사된 죽은 자의 부활이 없다고 말하는 사람은…" ; *Sotaa* 9, 15와 열여덟 개의 축복 기도문들 가운데 두 번째 기도문(Singer, 44—45): "오, 주여, 당신은 영원히 전능하신 분입니다. 당신은 죽은 자에게 생기를 불어넣으시고 당신의 전능으로 그를 구해 주십니다"(참조. *Berakoth* 5, 2). "마지막 날"(ἡ ἐσχάτη ἡμέρα)이라는 용어는 구약성서에 근거한 말이긴 하지만(이사 2, 2 : "마지막 날에" ἐν ταῖς ἐσχάταις ἡμέραις ; 참조. 미가 4, 1) 요한복음에 한정

된 말인 듯하다(6,39·40·44·54 ; 11,24 ; 12,48). 요한일서 2장 18절에서 "마지막 때"(ἐόχατη ὥρα)와 여러 번 나오는 "마지막 날"(ἔσχαται μέραι)을 참조하라. 또한 바울로가 다양하게 표현한 "심판의 날"도 참조하라. 마르타의 신앙 진술은 전통적인 바리사이파 교리이다. 그것은 요한이 이 복음서를 기술한 대상인 그리스도인들의 신앙이기도 했다. 그리스도 안에서 죽은 자들에 대해 다만 말할 수 있었던 것은 마지막 날에 그들의 일반적인 부활이 일어나리라는 것이다. 마르타의 신앙은 뒤따르는 기이한 사건들 때문에 결코 배제되지 않고 확증된다. 이러한 사건들은 다음의 두 가지 점을 입증해 주는 것이다. 첫째, 예수의 현존이 종말론적인 사건들의 선취를 가져다 주며 따라서 그의 행위들은 하느님의 영광의 표징들이라는 것이다. 그가 어디에 있든지간에 심판과 새 생명을 가져다 주는 신적인 능력이 활동한다. 5장 25절을 참조하라. 5장 19—40절의 전 귀절이 이 기적에 대한 가장 훌륭한 주석이다. 둘째, 모든 그리스도인들의 삶의 방식은 라자로가 경험한 것, 즉 죽음으로부터 생명에로 나아감으로써 결정된다는 것이다. 그리스도인들은 이미 그리스도와 더불어 부활한 것이다(로마 6,4·5 ; 골로 2,12 ; 3,1). 죽음으로부터 생명에로 나아가는 운동은 마지막 날에야 완성되는 것이지만 죄에 대해서는 이미 일어났다. 그러므로 라자로의 부활은 그리스도인의 회심과 삶에 대한 사실적인 비유이다.

[25] 나는…이다. 6장 35절을 참조하라. 부활과 생명은 예수 안에서만 발견될 수 있는 것이다.

부활과 생명. "부활"(ἀνάστασις)과 "부활하다"(ἀνιστάναι)는 요한복음에서 자주 나오는 말이 아니다. 이 문맥에서 나오는 것 이외에 이 두 용어는 5장 29절, 6장 39·40·44·54절(6장에서는 모두 "내가 마지막 날에 다시 살리리라…"라는 어형으로 나온다), 20장 9절 등에 나온다.[13] 그러나 "영원한"(αἰώνιος)이란 형용사가 붙거나 붙지 않는 "생명"(Ζωή)이란 말은 특히 5장과 6장에서 자주 나온다(참조. 1,4 ; 3,15). 특히 5장 29절, "생명의 부활"을 참조하라. 이 절은 이중적인 부활, 즉 다가오는 세대에 누리게 될 생명 또는 심판(정죄)의 때에 얻게 될 생명에 대한

---

13) 요한복음에서 이 말들이 그리스도의 부활에 대해서 사용된 유일한 예. 그밖의 곳에서는(2,19·20·22;21,14; 또한 5,21; 12;9·17) "일으키다"(ἐγείρειν)가 하느님 혹은 그리스도가 사람들을 죽음 가운데서 일으키는 것을 지시한다.

부활의 개념을 보여 준다. 이 부활에 대해서 그것이 일어나는 때가 오는데, '그때가 바로 지금이다'라고 말해진다(5, 25). 이것은 사람의 아들인 예수의 현존에 비추어 볼 때만 사실이다. 이 주제가 여기서 다시 계속된다. 예수는 부활이요 생명이다. 그를 떠나서는 부활과 생명이 있을 수 없으며 따라서 그가 있는 곳에 부활과 생명도 반드시 있다. 예수는 언제나 이 세상에서 그리스도인들의 경험 가운데 현존하는 영원한 생명의 실현체이다. 이 진리가 하나의 표징에서 드러나도록 하려고 예수는 라자로의 부활을 수행하는 것이다. "~과 생명"(καὶ ζωή)이라는 말들이 P[45] a sin 또한 키프리안(Cyprian)과 때로는 오리겐에 의해서 생략되었다. Clement, *Excerpta ex Theodoto* Ⅵ, 4에 의하면 발렌티아누스주의자들(Valentinians)은 "내가 곧 생명이다"라는 말을 주님의 말씀으로 돌렸다고 한다. 그렇다고 해서 이것을 하나의 명백한 인용문으로 삼는 것은 소견없는 일이다. 이 인용문은 본절의 긴 본문이나 14장 6절에 대한 짧은 역본이었을 것이다. 앞서 지적된 짧은 본문이 당연히 원문일 것이다. 짧은 본문이 문맥상 전적으로 적합하기는 하지만 그런데도 이 말(καὶ ἡ ζωή)이 첨가된 것은 필사자에 의해 쉽게 이루어졌을 것이다. 짧은 본문은 예수 안에서 종말의 완성을 보다 명백하게 강조하긴 하지만 의미상 별 차이는 없다. 라이트가 지적한 바대로 생명은 바로 부활을 통해 얻게 된 생명이며 또한 이 생명은 부활에 전제된 죽음을 통한 생명이라는 이유에서 "부활"을 생략한다면 의미상 보다 차이점이 있을 것이다.

예수는 이제 부활에 대한 그의 주장에서 함축된 진리를 진술하는데 처음에는 현재의 상황에 특히 부합하는 형식으로 진술하고 나서 보다 일반적으로 진술한다.

나를 믿는 사람은 죽어도 살고. 이 의미는 "만일 어떤 사람이 (죄 가운데) 죽고 나서 믿게 된다면 그는 살아나게 되리라"는 뜻은 아니다. 단순과거형 "죽다"(ἀποθάνῃ)는 "만일 한 신자가 죽으면 그는 살아날(다시 생명을 얻게 될) 것이다"라는 해석을 요구한다. 그리스도교인들이 죽는다는 것은 물론 사실이다. 그러나 그들의 죽음 뒤에는 생명이 계속된다. 이러한 과정이 분명하게 진술되어 있는 6장 40절을 참조하라 : "믿는 사람이면 누구나 영원한 생명을 얻게 하시고……그리고 나는 마지막 날에 그들을 다시 살릴 것이다." 이와 같이 그 표징의 목적을 위해서 마지막이 선취되고 있는 라자로에게서도 이러한 과정이 일어날 것이다. κἄν은 "…일지라도"(ἐὰν καί)가 아니라 "비록 …한다고 하더라도"를 뜻한다.

[26] 살아서 믿는 사람은 영원히 죽지 않을 것이다. 번역하면 "…결코 죽지 않을 것이다"이다. 이러한 의미가("…영원히 죽지 않을 것이다"가 아닌 그러한 의미가) 바로 이 절의 의미라는 사실이 4장 14절, 8장 51·52절, 10장 28절 등에서 분명히 드러난다. 13장 8절에서도 "결코 …아니다"라는 구문이 반복되고 있다. 여기서 고려할 만한 유일한 죽음은 그리스도를 믿는 신자들에게는 일어날 수 없다. 따라서 그 차이는 중대한 것이 아니다. 샌더스는 요한묵시록 2장 11절, 20장 6·14절, 21장 8절 등을 참조하여 "두 번째 죽음"을 비교하였다. 불트만은 25절과 26절의 진술들을 같은 진술로 보는데, 따라서 그의 입장은 그 진술들을 구분하는 다드에 비해 옳다. 여기서 문제는 "인간이 알고있는 바대로의 생명과 죽음을 비현실적인 것으로 간주할 용의가 그에게 있느냐?"(불트만)에 있다. 즉 그가 가시적인 현실에 반해서 예수를 (생명으로서뿐 아니라) 진리로서 맞이할 준비가 되어 있느냐에 있다. 요한은 여기서 부활이 이미 일어난 것으로 가르쳤던 히메내오와 필레도의 이단설(디후 2, 17·18)을 반복한 것은 아닌가? 요한복음 5장 24절과 그 주석을 참조하라. 케제만(*Testament*, 75)은 요한이 그랬을 거라고 암시하고는 있지만 같은 책에서(15) 보다 주의깊게 기술하고 있다. 요한은 전해진 이 이단설(헬레니즘적인 열광주의로 돌아가는)을 수정하지 않은 채 그대로 이어받지는 않았고 다만 이 교설을 그리스도론적 관심에서 사용했다. "그리스도의 현존"(Praesentia Cristi)이 그의 선포의 핵심이다. 부활절 이후에 이것은 부활하신 자의 현존을 의미한다"(*Testament*, 15). 마르타의 신앙고백이 갖는 그리스도론적인 의미는 다음 절에서 분명해진다(그 주석 참조). 26절에서 "누구든지…하지 않을 것이다"는 셈어법으로 간주해서는 안 된다(참조. *M*. Ⅱ, 434).

[27] 그렇습니다. 주님. 마르타는 방금 하신 예수의 말씀을 믿었다. 하지만 이것은 라자로가 곧 그의 무덤에서 살아 나오리라는 믿음을 의미하지는 않는다. 그리스도에 대한 신앙고백 혹은 보다 정확히 말해서 그의 인격에 대한 고백적인 진술이 26절을 다시 엉성하게 변형시킨 것은 아니다. 예수를 그리스도요 하느님의 아들로 믿는 참된 신앙에 의해서만 인간은 생명을 얻게 된다. 참조. 특히 20장 31절: "…너희가 믿음으로써 생명을 얻게 하려는 것이다". 마르타의 응답은 "본장의 이 신학적인 부분의 정점"을 향해 담론을 한걸음

더나아가게 한다(Lindars). 그녀는 '나'라는 말을 하지 않고 오직 '당신'에 대해서만 말한다"—이것이 바로 신앙의 순수한 태도이다(불트만).

제가 믿습니다. 요한이 특징적으로 "믿다"(πιστεύειν)의 완료형을 사용하고 있는 데 대해서는 6장 69절을 참조하라. 6장 69절과 이 절에 나오는 이같은 문법적인 형식에 따라 최초의 신앙고백이나 신조와 유사한 진술이 도입되고 있음을 주목하게 된다. 보른캄(Bornkamm, Ⅱ, 192)은 본절이 세례고백문이라고 제시한다. 이 고백적인 의미는 16장 27절과 20장 28·29절에서는 덜 분명하다. 반면에 3장 18절과 8장 31절에서 이 완료형 동사는 일반적인 용법에 근거해서 쉽게 설명될 수 있다. 그러나 현재형 동사가 본 절과 유사한 문구와 함께 쓰이고 있으므로(1, 49·50 ; 4, 42) 마르타의 말이 지닌 신조적인 형태에 주목해야 함에도 불구하고 앞서 지적한 고찰에 지나치게 강조점을 두는 것은 잘못이다. 마르타의 말은 동격이 아닌 다음의 세 가지 요소들로 이루어져 있다.

그리스도. 메시야로서의 예수에 대해서는 이 책 Ⅰ권 113—15면과 1장 41절을 참조하라.

하느님의 아들. 하느님의 아들로서의 예수에 대해서는 이 책 Ⅰ권 116—17면과 1장 49절을 참조하라.

세상에 오실. 아마도 이 말을 병행을 이루는 세 가지 칭호를 가운데 세 번째 칭호로 받아들이는 것이 타당한 것 같다 : 그리스도, 하느님의 아들, 세상에 오실 분. 6장 14절에서는 이 분사절이 "예언자"(ὁ προφήτης)와 함께 사용되고 있음을 참조하라. "세상에"는 3장 31절의 묘사("위에서 오시는 이," "하늘에서 오시는 이")에 상응하는 표현이다. 또한 1장 9절에서 "세상에 오실"에 대한 주석을 참조하라. 예수는 세상을 구원하기 위해서("세상" κόσμος에 대해서는 1장 10절을 참조하라) 하늘로부터 지상에로 내려온 사람의 아들이다. 요한은 그러한 표현을 초기전승에서 이어받았고(예. 마태 11, 3〔=루가 7, 19·20〕, 마르 11, 9와 병행귀들이 요한 12, 13에서 인용됨), 또 아버지로부터 위임받은 예수의 선교라는 그 자신의 기본적인 개념을 표현하는 데도 이런 표현을 썼다. 그러나 슈나켄부르그의 주장을 참조하라.

[28] 대화가 중단된다. 마르타가 믿고 있는 바대로 예수가 그런 존재라면 더 이상 할 말이 없을 것이다. 믿는 자에게는 놓치 못할 일이 없다.

은밀히. λάθρα("은밀히")는 D it vg sin 등에는 σιωπῇ("가만히")로 나와 있는데, 물론 이것이 맞는 말이다. 마르타가 이렇게 행동해야 했던 이유가 분명하지 않다. 아마도 그 동기는 마리아와 함께 있던 유다인들에게 예수가 가까이 있다는 사실을 감추려는 데 있었던 것 같다. 그렇다고 해서 그들이 예수의 적들이었다고 성급하게 생각하는 것은 너무 지나친 추측이며 이런 사실은 이 설화의 나머지 부분에서도 증명되지 않는다. 우리는 예수가 마리아를 불렀다는 말을 듣지 못하였다.

선생님. 이 표현이 마르타의 신앙고백(27절) 속에 들어있는 고양된 용어들 다음에 나오는 것은 놀랄 만하다. 그러나 막달라 마리아가 20장 16절에서 이 말을 한다. 이 말은 때때로 그리스도적인 칭호로 사용되었다.[14)]

오셔서. 이 말이 독자로 하여금 죽은 자들이 부활하는 때에 사람의 아들의 "내림"(*παρουσία*, 같은 어원의 말)을 연상케 한다고 생각할 수 있는가? 그렇게 생각하는 것이 전혀 불가능한 것 같지는 않지만 그 이상은 말할 수 없다.

[29] 예수께로 왔읍니다. 이 말들은 물론 문자적인 의미로 받아들여야 한다. 그러나 이 복음서의 독자들은 "예수께로 옴"이 요한에게서 중요한 사상이라는 점을 기억할 것이다. 여러 귀절들 가운데 6장 35·37절을 참조하라.

[30] 예수는 마르타가 떠난 후에도 동네에 들어가지 않고 있던 곳에 그저 머물러 있었으리라는 사실은 이 설화의 설명할 수 없는 또 다른 측면이다. 이 귀절과 28절에 나오는 "은밀히"라는 말은 마르코복음에서 기적 설화들의 특징을 이루는 비밀의 표시인 것 같다(참조. 33절).

아직. 이 말은 P^{45} D Θ Ω 등에서 생략되었는데 생략된 독법이 옳은 듯하다.

[31] 유다사람들. 이 유다인들에 대해서 그들의 위로나 슬픔이 위선적인 것이었음을 암시하는 말이 전혀 언급되어 있지 않다.

마리아를 …보고. "마리아를"(*Τὴν Μαριάμ*)은 *ὅτι*절(that 구문)에 이어지면서 주문장에도 유도된다. 이 같은 주사의 예기적 빈사법(賓辭法; 주문장의 주사를 미리 빈사로 예시하는 수법)은 "어느 정도 일반적인 관용

14) *Mart. Pol.* 17, 3 (하느님의 아들 또는 왕의 칭호와 함께 사용), *Ep. Diog.* 9, 6(구원자, 의원, 마음, 빛, 그 밖에 다른 칭호들과 함께 사용) 참조. Ignatius, *Eph.* 15, 1; *Mag* 9, 2)

어"이다.[15)]

급히. 29절의 "급히"(ταχύ)를 참조하라. 이 두 말(이 귀절에서의 "급히" ταχέως와 ταχύ)에서 의미상 차이는 없다. ταχέως는 신약성서에서 ταχύ가 좀더 많이 사용되긴 하지만(12회 내지 10회 ; 그러나 묵시록에서만 6회 사용) 보다 일반적인 어형이다. 이 말은 요한복음서의 그 밖의 곳에서는 사용되지 않는다. 그러나 13장 27절에서의 "속히"(τάχειον)를 참조하라.

무덤으로. 헬레니즘적인 그리이스어에서 "…에로"(εἰς)는 "…향하여"라는 의미의 전치사 ἐπί와 πρός의 용법으로도 사용되었다(Robertson, 596 ; *B.D.* §207). 유다인들은 마리아가 무덤 "안으로"가 아니라 무덤 "에로" 가는 것으로 생각하였다.

울려고 그 곳으로. 지혜서 19장 3절 : "죽은 자들의 무덤에서 애곡하는 자들"을 참조하라.

[32] 엎드려. 마리아는 마르타에 비해서 보다 깊은 애정을 담고 덜 자제한 채 행동한다. 그러나 그녀의 말은 마르타의 말과 거의 동일하다. 일인칭 대명사 μου의 바뀌어진 위치는 별로 중요하지 않은 것같다. 똑같은 말의 반복은 두 자매의 확신을 강조하는 것인데, 그것은 비록 부분적이긴 하나 방관자들의 성급한 질문과 대조를 이루고 있다(37절).

[33] 예수께서 마리아도 울고 (따라온) 유다사람들도 우는 것을 보시고…. 마리아와 유다인들의 태도와 슬픔이 예수를 비분케한 계기가 되었음이 분명하다(아래 참조). 그러나 예수가 애곡하는 것을 보고 왜 화내게 되었는가는 전혀 분명하지 않다. 예수는 유다인들이 슬퍼하는 것을 보고 그것은 마리아의 슬픔과는 달리 위선적인 것이었기 때문에 분노를 느꼈다는 설명을 우리는 즉시 배제할 수 있다. 이 유다인들에 대해서 나쁘게 말하고 있지 않은데, 그들은 두 자매를 위로하기 위해서 자발적으로 예루살렘으로부터 온 사람들이었기 때문이다(19절). 그들의 슬픔은 마리아의 슬픔과 대조를 이루는 것이 아니라 말하자면 마리아의 슬픔에 덧붙여진 것이다. 더구나 요한은 (공관복음서 기자들과는 달리) 유다인들에게 위선을 돌리지는 않았다("위선자" ὑποκριτής와 동일 어원의 말들이 요한복음에는 빠져 있다). 예수의 격분을 일으킨 것은 바로 유다인들과 마리아의 불신앙이었다는 제안을 우리는 보다 진지하게 고려해야 한다. 예수가 라자로를 죽음

15) Robertson, 1034; 충분한 일련의 참조 목록에 대해서 W.M. 781-82 참조.

의 잠에서 깨우리라는 가능성이 그들에게는 떠오르지 않았다. 그들은 오로지 희망이 없는 사람들로서 슬퍼하였다. 예수는 37절의 회의적인 말에 곧이어 38절에서 다시 격분하고 있음을 지적할 수 있다. 그러나 37절을 회의적인 말로만 간주할 필요는 없다(그 주석 참조). 따라서 (가능하긴 하지만) 예수가 비분하게 된 이유를 불신앙으로 받아들일 필요는 없다. 예수는 구체적인 죽음(또는 죄)의 사실 때문에 깊은 감정의 동요를 느꼈다거나, 아니면 그 안에서 끓어오르는 자연적인 인간의 감정들을 엄격하게 제어하였다는 제안들은 예수께서 "…보셨을 때 충격을 받으셨다"는 진술과 잘 맞지 않는다. 다음에 나오는 주석을 참조하라.

심령에 충격을 받으시고. 38절의 "마음에 충격을 받으시고"를 참조하라. "심령에"(τῷ πνεύματι)는 성령과 관련이 있는 것이 아니라 "마음에"(ἐν ἑαυτῷ)와 동의어이다. 13장 21절을 참조하라. 샌더스에 의하면 "심령에"(τῷ πνεύματι)는 "어떤 외적인 표현을 배제하는 듯하다." 그러나 예수가 자기 감정을 억제하였다는 것은 35절에서 암시하고 있지 않다. "충격을 받다"(ἐμβριμᾶσθαι; 그 철자에 대해서는 아래 참조)는 분노를 의미하는 것임이 확실하다. 이러한 사실은 그 말 자체의 성서적 용법(예. 다니 11, 30 : "그가 낙심하고…분노하여 언약을…")과 다른용법(예. Lucian, *Menippus* 20, "브리모라는 여자는 충격을 받았고 케르베로스라는 남자는 고함을 쳤다")에서 암시되며, 또한 여기서 하나의 강세형일뿐의 ἐμβριμᾶσθαι의 단순한 형태인 βριμᾶσθαι의 용법 사용(참조. L.S. 해당항목)과 동일어원의 말의 용법(예. 애가 2, 6 : "진노하사" ἐμβριμήματι ὀργῆς) 에서도 암시된다. 예수의 분노에 대한 틀렸거나 잘못된 몇가지 해석들에 대해서는 앞의 주석에서 논의한 바 있다. "충격을 받다"는 이같은 문맥에서 다시 나온다(38절). 신약성서의 그 밖의 곳에서는 마르코복음 1장 43절과 마태오복음 9장 30절에서만 나온다. 그리고 마르코복음 14장 5절에서 그 주어는 예수가 아니다. *P. Eg.* 2, 51을 참조하라. 마르코복음 1장 43절과 마태오복음 9장 30절에서 이 말(ἐμβριμᾶσθαι)은 기적 이야기들에서 나오는데, 거기서 예수는 사람들이나 치유받은 사람에게 방금 일어났던 일을 누설하지 않도록 경고하였다. 즉 그것은 강력한 용어로 "메시야 비밀"이라는 마르코의 주제를 분명히 드러낸 것이다. 그것은 요한복음에서도 동일한 방식으로 사용되었을지도 모른다는 제안은 그럴 듯한 것이다. 요한복음에 "메시야 비밀"이 들어있음에 대해서는 이 책 I권 113—115면을 참조하라. 예수는 (라자로의)

자매들과 유대인들의 태도나 슬픔이 그에게 기적을 강요하는 것과 다름 없다고 생각하였다. 또한 2장 4절에서 기적행위에 대한 요청이 예수로 하여금 무뚝뚝하고 거칠기조차 한 대답을 하게 하였듯이 여기서도 긴장이 고조된 상황에서 기적의 요청은 그를 격분하게 하였다. 이 기적은 아마 비밀로 해둘 수는 없을 것이다(참조. 28·30절). 그리고 이 기적은, 예수가 인식한 바대로, 그의 죽음의 직접적인 계기가 될 것이다(49—53절). 4장 48절과 6장 26절을 참조하라. 이같은 해석은 다음에 나오는 말들에 의해서 뒷받침된다. 그러나 Hoskyns, 473을 참조하라.

안타깝게 여기셔서. 예수는 12장 27절, 13장 21절에서처럼 그의 선교의 "끝장"(dénouement)이라는 전망 때문에 근심하였다. 요한복음에서 ταράσσειν은 언제나 이같이 두려워하는 불안을 의미한다(참조. 14, 1·27). 그러나 예외적으로 5장 4절과 7절에서 이 말은 심리적인 것이 아니라 신체적인 것으로 사용되고 있다. 예수는 "스스로 초조해" 했다고 말한다. 만일 이말이 요한의 유사한 표현방식(예. "내 마음이 초조하니": 12, 27 ; "심령이 불안하여" : 13, 21)에 있어서 하나의 변형에 불과한 것이 아니라고 한다면 그 말 속에는 예수는 항상 자기자신과 그의 환경의 지배자였다는 내용을 강조하려는 의도가 담겨있음이 분명하다.

지금까지 33절의 본문을 네슬판(Nestle; 역주 : 네슬이 편집한 희랍어 신약성서)의 본문대로 상세히 설명해왔다. 네슬판의 33절 본문은 전체적으로 납득할 만한 의미를 주는 것 같으나 이 귀절은 추측을 불허한다. P45(P66) D θ sah의 독법("충격을 받은 것같이 심령이 불안하여)은 예수가 "충격을 받았다"(ἐνεβριμήσατο)는 진술을 피했기 때문에 보다 쉬운 본문이며 또한 이 본문은 예수의 인격에 대한 존중에서 행해진 하나의 편집상의 개정이므로 배제해야 한다.[16] 이 절의 난해한 그리이스어는 원래의 아람어에 대한 추측을 불러일으켰다. 그 말의 어근 רגז (r—g—z)은 불분명한 것으로 설명되었다(Torrey, 39, 41—3). 그 말(ἐνεβριμήσατο)은 흔히 "분노하다"를 의미하며 때때로 "(마음이) 깊이 동요하다"를 의미하기도 한다. 요한복음 11장 33·38절의 번역자는 틀린 의미를 채택하였다. 이같은 단순한 제안에 대해서 다음과 같이 이의가 제기되었다. "만일 regaz가 그 원어라면 번역자가 일부러 이와 같이 색

16) ἐμβριμούμενος는 38절과 마르 14, 5의 일부 본문들에서 그러하듯이 ἐμβριμέομαι(혹은—όομαι) 형을 전제한다 ; —άομαι 형과—έομαι(혹은—όομαι) 형 사이의 변형에 대해서는 *B.D.* §90 참조.

다른 그리이스어 표현을 채택했던 이유는 무엇인가?"(Black, 240). 블랙의 전반적인 논의(240—43)는 매우 중요한 것이지만 여기서는 단지 그 결론만 인용하겠다. "이 두 가지 표현들('심령에 충격을 받아'와 '안타깝게 여기사')이 '번역상의 변형들'이라는 아람어 자료의 전제에 의해서 요한의 이 그리이스어를 설명할 수 있다. 아람어와 동일한 표현인 '안타깝게 여기다'는 '끓어오르다'(za')의 재귀동사형이다. 에스델 4장 4절에서 에스델은 유다인들에 대한 하만의 포고를 들었을 때 '여왕은 심히 근심하였다'라는 말이 나온다. 여기 사용된 동사는 히브리어에서 매우 강력한 동사이다. 그것은 직역하여 '그녀는 불안으로 괴로와했다'를 의미한다. 타르굼에서는 그 동사가 마찬가지로 강력한 표현인 동사 za'로 번역된다. 70인역은 '불안해하였다'(ἐταράχθη)로 번역한다. 70인역의 번역은 그리이스어 역자에 의해서 요한복음 11장 33절의 아람어 동사에 대한 번역으로 채택되었다. 그러나 그는 그 동사를 아람어에 보다 가까운 표현이기도 한 시리아어적 표현 '심령에 충격을 받았다'와 병행하여 사용하였고, 38절에 나오는 동일한 동사 za'를 이와 유사한 시리아어 'eth'azaz에 해당하는 그리이스어로 번역하였다. 라자로 이야기의 번역자는 그리이스어와 시리아어가 둘다 통용되었던 시리아 안티옥과 같은 두 가지 언어권 출신이었음이 분명하다" (242—43). 이러한 사실은 아람어뿐 아니라 시리아어의 도입 때문에 약간 복잡해진 것이긴 하지만 어떤 언어상의 문제가 실제로 있는 것이라면 그 문제에 대한 가장 좋은 해결점일 것이다. 만일 앞서 제시된 해석이 맞는 것이라면 그리이스어역 자체는 뜻이 통하는 것이므로 어떤 다른 해결책을, 아무리 착상이 좋은 것일지라도, 필요로 하지 않을 것이다. "안타깝게 여기다"(ἐτάραξεν ἑαυτόν)에서 재귀대명사의 목적격(ἑαυτόν)은 아람어의 품성적 여격어(*za' leh*)를 나타낸다는 제안(Torrey, 76, 80)에 대해서도 마찬가지로 말할 수 있다.

[34] 그를 어디다 두었느냐? "두다"(τιθέναι)는 다음과 같은 귀절들에서 시신의 처분을 나타내는 말이다[17](19, 41·42 ; 20, 2·13·15 : "어디에 두었는지"). 이 동사의 용법은 고전적인 것이고(예. Sophocles, *Ajax*, 1108—10 : 나는 그 무덤에 반듯하게 놓여 있을 것이다) 아주 자주 사용되는 말이기 때문에 구태여 "무덤"이라는 말이 없어도 무방하다. 따라서 우리는 여기서 "당신네들이 그를 어디다 묻었는

17) 이와 유사하게 나타난 구별들로는 마태 27, 60; 마르 6, 29; 15, 46·47; 16, 6; 루가 23, 53·55; 묵시 11, 9; 사도 9, 37 참조.

가?"라고 번역할 수 있다.

와 보십시오. 1장 46절에 나오는 말과 동일한 말이다(참조. 1, 38). *S. B.*(Ⅱ, 371)는 매우 일반적인 라삐적 관용어에 주의를 끌게 하였지만 이같은 참조문을 여기서 언급할 필요는 없다.

[35] 예수께서 눈물을 흘리셨읍니다. δακρύειν(참조. *L.S.* 해당 항목)은 일반적으로 어떤 불행이나 슬픔 때문에 "눈물을 흘리다"를 의미한다. 이 말은 마리아와 유다인들이 우는 데 대해서 사용된 용어(κλαίειν)와는 다른 것이다. 단순과거형(aorist)은 아마도 "갑자기 눈물을 흘리다"라는 의미일 것이다(샌더스의 제안). 여기 표현된 감정은 33절의 감정표현과는 다른 것이다. 그리고 예수가 마리아와 유다인들의 슬픔에 함축되어 있는 불신앙을 보고 분노했다기 보다는 눈물을 흘렸다는 말이 보다 정당한 표현이라고 할 수 없다. 오히려 그는 그들편에 가담하였다. 예수의 눈물은 유다인들로부터 두 가지 해석을 제기하게 하였다. 반어법이 두드러진 이 복음서에서 수차례 나오는 예수의 눈물은 진실을 감지하지 못하면서도 진실을 표현하는 유다인들로부터 두 가지 평가를 불러일으킨다.[18](특히 50절에 나온 가야파의 진술 참조). 여기서 또한 유다인들의 해석은 바르게 이해된 것으로 그 장면에 대한 충분한 설명을 제공해준 것이다.

[36] 그가 얼마나 라자로를 사랑하셨는가! 3절("사랑하다" φιλεῖν)과 11절("친구" φίλος)을 참조하라. 유다인들은 예수의 슬픔도 그들 자신의 슬픔이나 마리아와 마르타의 슬픔과 같이 인간적인 애정 때문인 것으로 생각하였다. 이것은 실은 틀린 말은 아니지만 진실의 일부일 뿐이다. 왜냐하면 예수가 받은 사랑은 이같은 사랑을 훨씬 능가하는 것이기 때문이다. 참조. 15장 9절 : "아버지께서 나를 사랑하신 것같이 내가 너희를 사랑한다."

[37] 맹인의 눈을 뜨게 하신 분이. 9장 1—7절, 9장 32절, 10장 21절을 참조하라. 치유의 사실이 전제되어 있으며 거기에 대한 의심이 조금도 없다.

…하도록 하다(ποιῆσαι ἵνα). 골로사이서 4장 16절, 요한묵시록 3장 9절, 13장 12·16절, 그리고 라틴어 "…하도록 하다"(facere ut)를 참조하라. "그들 가운데 어떤 사람들"이 한 이 말은 회의를 나타내는 것으로 자주 이해되었다. 만일 예수가 그의 주장대로 그러한 존재라면

---

18) 그리고 3, 2; 7, 35; 8, 22·53; 10, 33등 참조.

그는 라자로가 죽지 않도록 하기 위해서 어떤 행동을 취했을 것이다. 그들은 여전히 부활의 가능성을 전혀 고려하지 않고 있다. 예수는 이와같이 할 수 없었기 때문에 아무런 행동도 취하지 못할 것이다. 하지만 이러한 의미가 그들이 뜻한 바였는지 전혀 확실치가 않다. 그들은 지금까지 드러난 예수의 능력에 대해서 의심하지는 않는다. 그들은 마리아와 마르타가 이미 한 말밖에 하지 않았다(21·32절). 그러나 그들은 좀더 주저하면서 그들의 생각을 표현하였고, 확실히 온당치 못하고 잘못된 것이기조차 했지만 우리가 위선적인 신앙으로 간과해 버리기에는 불공정한 그러한 신앙을 보여주었다. 그들은 예수를 빛이요 생명인 하느님의 아들로서가 아니라(이것은 그들의 말 속에 내포된 비의도적인 진실이기는 한데; 참조. 36절) 기적을 행하는 자로 생각하였다. 기적을 행하는 자로서 그의 능력이 눈 먼 사람의 치유에 의해 입증된 것이라면 상상으로라도 라자로를 살려내는 것과 같이 극단적인 일이 일어날 것으로 기대할 수도 있었을 것이다.

[38] 다시 마음에 충격을 받으시고. "다시"에 대해서는 33절을 참조하라. "마음에"는 33절의 "심령에"(τῷ πνεύματι)를 이렇게 번역한 것이다. 예수를 격분하게 한 것은 37절에서 불신앙에 있었던 것이 아니라 불충분한 믿음에 있었다. 그는 결정적인 특징을 지닌 공적인 기적이 요구되리라는 것을 알고 있다.

무덤. μνημεῖον은 (후대 그리이스어에서) 일종의 무덤을 뜻하는 일반적인 용어이다. 이 말은 계속적인 묘사를 요구하다.

동굴. σπήλαιον(참조. 히브 11, 38 ; 묵시 6, 15)은 "동굴"을 말한다. 이 말이 "무덤"으로 사용된 데 대한 금석문학적인 증거가 있다. 또한 이 말이 매장에 사용된 자연동굴(더우기 인위적인 수단에 의해 마련된 동굴, *Baba Bathra* 6, 8)을 가리켰다는 데 대한 충분한 유다적 증거가 있다(*S.B.* I, 1049—51에 나오는 상세한 설명 참조). 동굴의 입구가 수직이었는지 여기에 언급되어 있지 않다. 그러나 고고학적인 증거나 미쉬나의 여러 규정들(특히 바로 관련된 인용귀절들)은 동굴의 입구가 수평으로 되어 있었음을 시사한다.

그 문은 돌로 막혀 있었읍니다. 돌은 무덤을 봉하는 데 사용되던 일반적인 수단이나(예. *Oholoth* 2, 4). 요한복음 20장 1절을 참조하라. 만일 무덤의 입구가 수직이었다면 ἐπί는 "위에"를 뜻할 것이고, 그것이 수평이었다면 "맞서서"를 뜻할 것이다.

[39] 돌을 옮겨놓으라. 여기서 설화는 매우 극적인 말로 전개된다. 요한은 예수의 무덤을 봉했던 돌에 대해서도 "옮겨지다"(αἴρειν)란 말을 사용한다(20, 1). 다른 복음서기자들은 "굴려버리다"(ἀνακυλίζειν, ἀποκυλίζειν)라는 말을 사용한다.

죽은 사람의 누이 마르타. "죽은 사람의 누이"란 말이 Θ it sin에는 생략되어 있다. 따라서 이 말을 하나의 삽입귀로 볼 수 있다. 44절의 "죽었던 사람"을 참조하라. 요한은 라자로에 대해서 "죽은"(νεκρός) 사람이라고 말하지 않는다. 그러나 이것이 무슨 의미가 있는 것인지 의심스럽다. 마르타는 이제 그녀의 자매와 함께 있게 되었다. 우리는 그녀가 28절에서 마리아에게 말을 건넨 이후 그녀가 취한 행동에 대해서 아무 말도 듣지 못하였다.

벌써 냄새가 납니다. sin 사본은 이 말앞에 "주님, 어찌하여 저들이 돌을 옮겨놓읍니까?"라는 말을 덧붙였다. 이같은 부언은 돌이 그때는 이미 옮겨졌다고 하는 40절의 진술에 모순되는 것 같다. 40절이 원문일 수도 있다. 부패가 이미 시작되었다는 마르타의 확신에 찬 말은 시신이 썩지 않게 보존되지 못했음을 암시한다. 하지만 44절은 그 반대임을 암시한다. 그 절에 대한 주석을 참조하라.

죽은 지가 나흘이나 되어서.[19] "사흘이 지난 죽음의 상태는 유다인의 일반적인 관점에서 볼 때 생명에서의 절대적인 이탈을 의미하였다. 사흘이 지나면 얼굴은 알아보기 힘들고, 시신은 부패하기 시작하며, 그때까지 시신 주변을 배회하였던 영혼은 육체로부터 이탈한다"[20] (*Eccl. R.* 12, 6; *Lev. R.* 18, 1). 다른 귀절들도 인용하려면 인용할 수 있다. 라그랑쥐 (Lagrange, 307)는 이같은 신념이 예수 당시에 존재했느냐에 대해서 의심하였지만 그것이 여기서 의도된 바인 것 같다. 마르타의 말은 이 이야기의 극적인 분위기를 고조시키며 동시에 라자르가 참으로 죽었음을 입증해준다. 21—27절에서 그녀가 한 말에도 불구하고 마르타는 직접적인 부활을 기대하지 않았다.

[40] 내가 네게 말하지 않았느냐? 예수는 라자로의 병이 "하느님의 영광을 위한 것"(4절)이라고 제자들에게 선포하였다. 그러나 마르타와의 대화에서는 "영광"이란 말이 나오지 않는다. 이 인용문은 26절에 관련된 것이다. 죽은 자를 다시 살려내는

19) 참조. 6·17절 ; 또한 Herodotus Ⅱ, 89(τεταρταῖος γενέσθαι "죽은 지 나흘째 되다").
20) G. Dalman, *Jesus—Jeshua*(E. T., 1929), 220.

것은 하느님의 영광을 드러내기 위한 것일 뿐이다.

네가 믿으면. 간접화법에서 의존적인 가정법 동사들을 기원법으로 바꾸는 것은 고전 그리이스어에서 중요한 것이 아니었고 헬레니즘적인 그리이스어에서 사라져가는 경향이 있다. 여기서 믿음은 하느님의 영광을 보는 조건이 되고 있다. 2장 11절에서 믿음은 그리스도의 영광을 보게 된 후의 결과이다. 여기에 모순은 없다. 이 두 진술 모두 사실이다. "영광"에 대해서는 1장 14절을 보라. 다드(Dodd, *A. S.*, 40, 84)는 이사야 40장 5절이 여기에 반영되고 있음을 암시하고 있다("주의 영광을 보리라…").

[41] 눈을 들어. 기도하는 자세이다. 17장 1절, 마르코복음 6장 41절, 루가복음 18장 13절, 사도행전 7장 55절을 참조하라. 유다의 관습에 의하면 예루살렘 성전의 성역을 마주하고 기도를 올렸던 것 같다.[21] 그러나 시편 120(121)편 1절, "내가 산을 향하여 눈을 들리라"를 참조하라.

아버지. "아버지"는 요한복음에서 예수가 자주 특징적으로 하느님에 대해 말하는 용어이다. 기도문에 나오는 호격은 17장 1절에서 다시 나온다. 17장 11절에서 우리는 "거룩하신 아버지"를 읽게 되며, 17장 25절에서는 호격 대신 주격으로 쓰인 "의로우신 아버지"를 읽게 된다. 루가의 주기도문 형식에서(루가 11, 2) 부름말은 "아버지"(πάτερ)이며, 마태오복음에서는(마태 6, 9) "우리들의 아버지"(πάτερ ἡμῶν)이다. 또한 아빠(Abba)의 사용을 참조(마르 14, 36 ; 로마 8, 15 ; 갈라 4, 6)하라.[22] 그러나 요한복음은 그리이스어로 된 책이다. 기도문에서 신의 칭호에 대해 호격이 사용된 것은 전혀 이상한 일이 아니다. 또한 아람어 용법에 입각하여 내려진 결론들을 요한의 그리이스어에 적용해서는 안된다.

감사하옵니다. 요한복음의 그밖의 곳에서 "감사하다"(εὐχαριστεῖν)란 말은 오천 명을 먹이신 기적과 관련해서만 사용되는데(6, 11·23), 거기서는 성찬식을 연상하려는 의도가 분명히 들어 있었다(그 주들 참조). 여기서 그 의미는 단순히 "감사를 올리다"이다. 이 말의 단순한 용법은 그리스도교 문헌에서 전문적인 용어와 함께 계속 사용되었다.

내 말을 들어주신. 본장에서 앞 부분에는 예수의 기도가 기록되어 있지 않다. 아마도 우리는 그 기도가 대단한 감정의 동요를 겪은 후에

---

21) *S.B.* Ⅱ, 246-47; E. Peterson, *Th. Z.* 3 (1947), 1-15.
22) 이 말에 대해서는 J. Jeremias, *Abba*(1966), 15-67 참조.

(33·38절) 드려졌던 것으로 생각해야 할 것 같다. 그러나 다음 절에 나오는 말들(아래 참조)에 비추어 볼 때 훨씬 더 그럴 듯한 것은 기도의 특별한 때를 (요한이) 염두에 두지 않았다는 것이다. 예수는 그의 아버지와 지속적인 연합 가운데 있다. 아버지는 털어놓지 않은 그의 속생각까지도 항상 들어주므로 이미 라자로에 대한 그의 간구를 "들어"주었다. 이것이 사실이라고 해서 우리는 단순과거형 "들어주었다"(ἤκουσας)로부터 기적이 이미 일어났고 바로 이 순간에 라자로가 무덤에서 살아났다는 것을 추론해낼 필요는 없다. 오히려 단순과거형은 그의 기도가 응답받으리라는 예수의 절대적인 확신을 표현하는 것이다.

[42] 아버지와 아들 사이의 완전한 하나됨에 비추어 볼 때 말로 기도를 올릴 필요는 전혀 없다.

둘러선 무리를 위한 것이며. 현재로선 "겉보기에 예수는 남에게 보이려고 기도한다"라는 말(Loisy, 353)이 사실이다. 앞서 한 말은 예수나 아버지를 이롭게 하는 것이 아니라 오직 무리를 이롭게 하기 위한 것이다. 그런데 예수가 그 자신의 영광을 얻기 위해서 기도를 드린 것으로 결론짓는 것은 옳지 않다. 사실상 기도의 의도는 이것과는 정반대이다. 우리는 공관복음서에서 익숙한 하나의 경향성, 즉 초자연적인 지식과 권능으로 비범한 일들을 수행할 수 있는 기적 행위자로서 예수를 생각하는 그러한 경향성을 이미 고찰한 바 있다(특히 33·37절에 대한 주석 참조). 기도의 목적은 이것이 사실이 아님을 보여주는 데 있다. 예수는 아버지에 대해 독립적인 권위를 갖고 있지 않다. 그 이유는 아버지가 그를 보냈고 그가 죽은 자를 소생케 하도록 그에게 권위를 부여해 주었기 때문이다. "예수는 그 자신의 권능을 힘입어 활동하고 그 자신의 영광을 추구하는 마술사도 아니고 신적 인간도 아니다"(불트만). 하느님은 예수가 표면에 나서지 않는 데서 보여진다는 이러한 믿음이 복음서의 사상에 있어서 기본적인 것이다. 이 책 I권 152—154면과 논문 "Theocentric"을 참조하라. 또한 5장 19—30절을 참조하라. 이 귀절들은 예수가 혼자서는 아무 일도 할 수 없고 그가 하는 일마다 아버지가 하는 일을 보고 행하는 것이라는 두 가지 주제를 다룬 담론으로 현재의 이야기에 대한 가장 중요한 주석이다. 방관자들이 믿어야 할 가장 중요한 진리는 다음과 같다.

나를 보내신 것을. 아들의 소명—바로 그 때문에 아들은 그의 권위를 부여받은 것이다—사상은 요한복음의 중심사상이다. 20장 21절을 참조하라. 여기서 일단 하느님에 대한 예수의 완전한 의존성과 그에 따른 예수의 절대적인 권위가 분명해졌으므로 기적은 즉시 진행되며 단순하고 사실적인 언어로 묘사된다.

[43] 이리로 나오라. δεῦρο는 신약성서에서 자주 나오는 부사어인데, 요한복음에서는 여기서만 감탄사나 명령의 강세어와 함께 사용된다: 이리로! 5장 28·29절과 또한 10장 3절("그는 자기 양들의 이름을 부르신다")을 참조하라.

[44] 죽었던 사람은. 39절의 "죽은 사람의"라는 귀절과 그 주를 참조하라.

천으로 손발이 감긴 채. 19장 40절과 20장 5·7절을 참조하라. κειρία(신약성서에서 이곳에서만 사용되고 비그리스도교적인 그리이스어에서는 일반적인 용어가 아님)는 여기서 파피루스에서 입증된 의미인 "붕대"(잠언 7장 16절에서의 그 의미는 침대보이다)를 뜻하는 것임이 분명하다. 이와 같이 시신에 감싼 헝겊조각들은 유다 관행에서 사용되었던 것 같다. 예. *Shabbath* 23, 4: "…시체…그것의 관과 덮개들(takhikhin)." 이 절과 유사한 귀절들에 비추어 볼 때, "시신의 손발을 싸는 데 사용된 천조각들(κειρίαι)은 라삐 문헌에서 언급되어 있지 않은 것 같다"는 이 진술(*S.B.* Ⅱ, 545)은 다른 부위가 아니라 특히 손발을 지시하는 것으로 간주해야 한다. 이런 관행에 대한 좋은 예를 제시하였던 라반 가말리엘 2세(Rabban Gamaliel Ⅱ, A.D. 90)시대 이전에는 죽은 자들에게 매우 화려한 옷이 입혀졌었다.

그의 얼굴은 수건으로 싸매어져 있었읍니다. 이 구문은 히브리어에서 부대상황을 나타내는 절의 구문을 연상하게 한다. 7장 24절에서 ὄψις는 "겉모양"을 의미한다. 그러나 여기서는 아마도 요한묵시록 1장 16절에서처럼 "얼굴"을 의미한다. σουδάριον("수건")은 라틴어 sudarium("네프킨": 직역하여 "땀을 닦아내는 데 사용되는 천")에 대한 음역이다. 이 말은 음역이 아닌 라삐적 표현 "머릿수건", "터번"(sudar)과 혼동되어서는 안 된다. 복음서 시대에 가난한 자들의 얼굴만이 이런 식으로 싸매어졌다고 생각할 만한 이유가 있다(*S.B.* Ⅱ, 545).

따라서 동여매진 라자로의 출현을 구체적으로 묘사하기란 어렵다. 호스킨스(Hoskyns, 475)는 바질(Basil)의 견해대로 우리는 "기적 중의 기적"을 보게 된다고 제안한다.

그를 풀어놓아 다니게 하라. 라자로는 붕대로 감긴 채 무덤에서 살아나왔다. 요한이 이 진술에서 알레고리적인 의미를 생각하였을 것 같지는 않다. 이 이야기는 여기서 갑자기 끝을 맺는다. 더 이상 할 말도 없다.

2. 예수를 죽이려는 陰謀 11장 45—54절

45 마리아에게 왔다가 예수께서 행하신 일을 본 많은 유다사람이 예수를
믿었읍니다. 46 그러나 그 중의 몇 사람은 바리사이파 사람들에게 가서 예수
가 행하신 일을 알렸읍니다. 47 그래서 대사제들과 바리사이파 사람들이 의
회를 소집하고 말했읍니다 : "이 사람이 많은 기적을 행하고 있으니 어떻게
하면 좋겠읍니까? 48 이 사람을 그대로 두면 모두 그를 믿을 것이요 그렇
게 되면 로마사람들이 와서 우리의 땅과 민족을 빼앗아갈 것입니다." 49 그
들 중의 한 사람으로 그 해의 대사제이었던 가야파가 그들에게 말했읍니
다 : "당신들은 아무것도 모르오. 50 한 사람이 백성을 위하여 죽어서 민족
전체가 망하지 않는 것이 당신들에게 유익하다는 것을 생각하지 못하고 있
소." 51 이 말은 가야파가 자기 생각대로 말한 것이 아니라 그 해의 대사제
로서 예언한 것입니다. 그 뜻은 예수가 민족을 위하여 죽을 것이요 52 민
족을 위할 뿐만 아니라 흩어져 있는 하느님의 자녀들을 함께 모아서 하나
가 되게 하기 위하여서도 죽을 것이라는 말입니다. 53 그들은 그날부터 예
수를 죽이려고 모의했읍니다. 54 그래서 예수께서는 그 이상 더 드러나게 유
다사람들 가운데 다니시지 않고 거기를 떠나 빈들에서 가까운 지방 에프라
임이라는 동네로 가셔서 그곳에서 제자들과 함께 지내셨읍니다.

이 짤막한 부분에는 요한의 특징이 매우 잘 나타나 있으며 몇 가지 점들이 초기 전승에 근거한 것이라고 하더라도 요한의 창작이라는 사실은 의심할 여지가 없다. 본장은 세 부분으로 나뉘어진다.

45·46절 : 45절은 라자로의 부활의 결과를 서술하고 있다. 요한복음에서 기적들은 고정적으로 신앙 아니면 불신앙을 초래한다. "기적" ($\sigma\chi i\sigma\mu\alpha$)에 대해서는 7장 43절을 참조하라. 바리사이인들은 예수의 행위를 알게 되었다. 여기서 요한은 라자로의 이야기를 그가 그것을 해석하는 데 사용했던 자료와 결부시키고 있다.

47—53절 : 예수의 공적인 활동에서 야기된 상황을 논의하기 위하서 의회가 소집되었다. 여기서 그를 체포하고 죽이려는 모의가 이루어졌다. 요한은 그의 가장 반어적인 화법으로 기술하였다. 유다인들이

피하고자 했던 유감스러운 결과들은 사실상 그들이 예수를 배척함으로써 뒤따르게 될 (요한과 대개의 그리스도인들이 믿었던 바와 같은) 결과들이었다. 가야파는 그들 자신의 율법이 그밖의 곳에서 그들에게 불리한 증거를 하게 되듯이(예 5,45) 자기 자신과 자기 민족에 불리한 예언을 하게 된다. 이 단락에 대해서 다드(특히 *Interpretation*, 367—68)는 요한이 첨가한 전승자료를 라자로의 이야기에 대한 일종의 부록으로 간주하였다.[1] 이 단락은 그 자체로서 역사적인 것일 수도 있고 또는 (린다스가 제안하듯이) 후에 유다인들에 의해 받아들여졌고 그리스도교인들과의 논쟁에서 사용되었던 예수의 체포에 대한 정당화일 수도 있다. 그러나 이 단락은 특징적으로 요한적인 것이므로 그것을 요한 자신의 저작으로 보는 것이 가장 타당하다.

54절 : 음모가 예수에게 알려지자 그는 빈들로 물러난다. 요한은 본장을 두 가지 목적에서, 즉 역사적인 목적과 교리적인 목적에서 이용하였다. 역사적으로 요한은 예수를 죽이려는 유다인들의 마지막 결의를 보여주었는데, 여기서 그는 대사제 앞에서의 예수의 재판에 대한 공관복음서의 기술 대신에 현재의 설화를 채택하였음이 분명하다. 현재의 설화는 하나의 절정에 대한 복음서의—수난설화에서만 해결되는—극적인 긴장을 야기시키고는 있지만 그 역사적인 가치는 모호하다. 요한은 그가 이제 막 진술하려고 하는 예수의 죽음이 지닌 참된 의미를 신학적으로 밝히고 있다. 라자로의 이야기가 보여준 바대로 예수는 죽은 자들에게 생명을 준다. 그러나 예수는 다른 사람들이 멸망치 않도록 스스로 넘겨준 그 자신의 생명의 대가를 치르고서야 그렇게 할 수 있었다.

[45] **마리아에게 왔던 사람들.** 6장 19절을 참조하라. 이 분사절(οἱ ἐλθόντες)을 엄격하게 이해한다면 마리아에게 왔던 유다인들이 예수를 믿었던 많은 사람들이었음을 알 수 있다. 이 말은 46절에서 직접 제한되기는 하지만 그러나 우리는 여기서 하나의 느슨한 구문(Brown, Lindars; 참조. D의 독법 : "왔던 사람들의") 보다는 요한의 관용어를 보게 된다. 전반적인 언급을 하고 나서 그것을 한정짓는 것이 요한의 특징이다. 참조. 1장 11·12절 : "자기 백성들이 그를 영접하지 않았읍니다 ; 그러나 그를 영접한 사람들은…" ; 12장 37·42절 : "그들은 예수를 믿지 않았읍니다… 그럼에도 많은 사람들이 예수를 믿었읍

1) 또한 X. León-Dufour, *The Gospels and the Jesus of History* (J. McHugh편; 1968), 101 참조.

니다…"

믿었읍니다. 6장 15절을 참조하라. 이같이 표징에 근거한 믿음에 대해서는 2장 23절을 참조하라. 휀톤(Fenton)은 믿음으로 이끄는 계시의 일회성을 표시하는 45절의 (단수형) 즉 "그가 행하신 일"(ὃ ἐποίησεν)과 별 의미가 없는 것으로 앞뒤가 맞지 않는 잡다한 행위들을 표시하는 46절의 (복수형) "그가 행한 것들"(ἃ ἐποίησεν)을 서로 구분한다.

[46] **몇 사람.** 대체로 기적의 결과 목격자들은 두 집단으로 나뉘어지게 되었다. 바리사이인들에게 기적을 보고하는 것은 요한의 이야기를 전개하는 데 있어서 결정적인 점이다. 성전 정화가 이와 유사한 위치를 점하고 있는 것으로 보이는 마르코복음 11장 18절을 참조하라. 요한과 마르코의 차이에 대해서는 이 책 I권 79—81면을 참조하라.

바리사이파사람들에게. 바리사이파사람들에 대해서는 1장 24절을 참조하라. 여기서 요한은 그들을 사제들, 관원들, 혹은 의회원들과 같은 공적인 집단으로 말하는 것같다. 만일 그가 그들에 대해 이와 같이 말했다고 한다면 그는 주후 70년 이전의 유다교에 대해서는 잘 알지 못한 것이 분명하다. 이같은 판단은 서기관들이 의회에 있어서 하나의 구성요인이었고 대개의 서기관들이 바리사이인들이었다는 관찰에 의해서 부분적이긴 하지만 완화된다.

[47] **대사제들과 바리사이파사람들이.** "대사제들"은 주도적인 사제가문의 성원들이었고 그들 가운데 대부분이 사두가이파인들이었다. 3장 1절을 참조하라.[2]

의회. 말하자면 그들은 유다민족의 지배적인 의회이며 중심 법정이었던 산헤드린 공의회를 소집하였던 것 같다. 산헤드린에 대해서는 Schürer II, i, 163—95를 참조하라.

…어떻게 하면 좋겠읍니까?. "우리가 하다"(ποιοῦμεν)라는 말 다음에 의문부호를 붙이는 것이 더 좋을 것이다. 이것은 토론적인 가정법, 즉 "우리가 무엇을 해야 하는가?"라는 말과 구분되어야 한다. 이 말은 "우리는 '지금' 무얼 하고 있는 걸까?"를 의미하며 "아무것도 하지 않고 있다"라는 대답을 함축하고 있다. 따라서 ὅτι는 "…이니까," "때문에"를 의미한다. 우리는 이 사람이 이러이러한 일을 행하고 있기 때문에 어떤 조처를 (사실상 현재로선 그렇지 못하지만) 취해야 한다는

---

2) 또한 Jeremias, *Jerusalem*, 160-81.

것이다. 그러나 직설법의 토론적 용법이 불가능한 것은 아니다.[3]

…많은 기적을…. "많은"(πολλά)에 대해서 D it는 "이와 같은"(τοιαῦτα)으로 읽는다. "이와 같은"이라는 말은 "많은"에 비해 보다 어색한 표현이다. 이 말은 9장 16절에 대한 동화인 것으로 생각되나 원문대로의 말일 수 있다. 또한 그것은 요한이 많은 표징들을 이야기하고 있다고는 생각하기 어렵다는 사실을 반영하는 말일 수도 있다. 이와 같은 표징들이 요한전승의 초기 발전단계에 있어서 예수의 승리의 입성과 성전정화를 포함했을 것이라는 사실이 암시되어 왔다. 유다인들이 말하는 표징(σημεῖα)은 요한적인 의미를 완전히 갖출 수 없다. 이 점에 대해서는 이 책 I권 120—125면을 참조하라. 그 말은 여기서 단지 "기적들"을 의미할 뿐이다. 3장 2절에서의 그 말의 용법을 참조하라(7, 31 ; 9, 16)

[48] 그대로. "만일 우리가 그를 그대로 (자유롭게) 두면." 4장 6절을 참조하라.

모두 믿을 것이요…로마사람들이 와서…. 요한의 반어법에 있어서 눈길을 끄는 한 예이다. 유다인들은 예수를 홀로 있게 두지 않았고 오히려 그를 십자가에 못박아 죽였다. 그리고 그 결과는 분명히 그들이 피하기를 원했던 것이었다. 이 복음서가 기록되었을 당시 세계 도처에서 사람들이 믿음으로 예수에게로 나아왔고(12장 32절 : "모든 사람을 [내게로] 이끌 것이다"), 한편 로마인들은 성전을 파괴하고 유다인들을 굴복시켰다.

땅. 땅은 일차적으로 성전, 즉 성역을 의미한다.[4] 아마 더 포괄적인 의미로는 예루살렘이 내포되었던 것같다. 이와같은 모호함이 *Bikkurim* 2, 2에도 나타난다. (둘째) 십분의 일세와 첫 열매는 성역(מקום), 즉 대부분의 해석가들이 가정하듯이 예루살렘 혹은 성전(Schlatter, 257에도 이와 같이 제안함)에서 봉헌되도록 요구되었다. 적어도 성전의 파괴—공관복음서의 재판 설화(마르 14, 5·6 ; 15, 29)에서 중요한 부분을 차지하는 주제—가 마음에 떠오르게 된다.

민족. 현재의 형태에 있어서 이같은 이중 예언은 사후예언(事後豫言: uaticinium ex eventu)임이 분명하다. 그러나 주후 70년 이전 세대에 있어서 대개의 총명한 사람들은 메시야운동으로 인한 소요와 같은 과격

3) *B.D.* § 366과 Radermacher, 155; 또한 Schlatter와 Lagrange와 관련하여 Brown 참조.

4) 참조, 예레 7, 14; 느헤 4, 7; 마하 5, 19; 요한 4, 20; 사도 6, 14; 21, 28.

한 도발로 인해 로마인들이 결정적인 조처를 취했으리라고 생각했음이 분명하다. 그러므로 산헤드린 공회가 예수를 이런 식으로 국가에 대한 위험인물로 간주하지 않았으리라는 이유는 없다. 이 절과 다음 절, 또는 에스델 3장 8·9절, 4장 1절 사이에 언어상의 병행귀들이 있다는 것은 흥미있는 일이다(Guilding, 168—69). 그러나 요한이 그 병행귀들을 중요시했는지에 대해서는 매우 의심스럽다.

[49] 가야파. 가야파는 18장 3·14·24·28절에서 다시 언급된다. 그의 이름은 마르코복음에는 나와 있지 않지만 마태오복음 26장 3·57절과 루가복음 3장 2절, 사도행전 4장 6절을 참조하라. 가야파는 로마의 행정장관 그라투스에 의해서 아마도 주후 18년 혹은 그 무렵에 대사제로 임명받았다. 시리아의 지방총독 비텔리우스는 주후 36년에 빌라도와 가야파의 관직을 박탈하였다. 요한(18, 31)만이 가야파와 안나스와의 관계를 언급하고 있다. 다른 세부적인 설명에 대해서는 Josephus, *Ant*. XVIII, 35, 95를 참조하라.

그 해의. 가야파는 주지한 바대로 약 이십 년 간 대사제로 있었다. 더구나 사제직은 일년 임기가 아니라 유다율법에 의하면 평생직이었다. 몇몇 로마의 행정장관들은 사제의 임기가 일년으로 보일 정도로 자주 대사제들을 임명하고 퇴위시켰다는 것은 사실이다. 그러나 이런 경우에서도 유다인들은 민족종교의 기본 원칙들과 모순되도록 기술할 수는 없었을 것이다. 만일 요한이 이 절에서 언급한 (51절과 18장 13절에서 강조하기 위해 반복한) 말들이 대사제는 해마다 임명되었다는 사실을 의미한다면 우리는 그가 유다인이 아니었던 것으로 결론지어야 한다. 그러나 그의 말들은 반드시 이같은 의미를 지니고 있지는 않다. 아마 요한이 오직 강조하고자 한 바는 가야파는 주의 수난을 기념할 만한 그 해에 대사제였다는 점이었을 것이다. 이것은 그의 무의식적인 예언에 대한 분명한 설명이 될 것이다(51절).

당신들은 아무것도 모르오. 마지막 말("아무 것도 아니다" οὐδέν)은 강조어이다. 버나드(Bernard, 404)는 Josephus, *Bel*. Ⅱ, 166에 나오는 다음과 같은 말을 적절하게 비교하였다 : "사두가이파 사람들은… 그들 가운데서조차 그들의 행동이 다소 막되어 먹었고 그들과 동등한 사람들과의 교제에 있어서도 이방인들에 대한 태도만큼 무례한 자들이 있다." 이것은 물론 어떤 바리사이파 사람에 의해서 기록된 것이었다. 본절의 이 말과 다음에 나오는 질문형식의 문장들에 대해서 제시된 이유들은 (Torrey, 61, 63) 설득력이 없다.

[50] …생각하지 못하고 있소. 즉 "당신들은 이러이러한 사실을 고려하지 못하고 있소"라는 뜻이다.

당신들에게 유익하다. P[45] P[66] B D (it)와 몇몇 사본들에는 "당신들에게"(ὑμῖν)로 되어 있고, Θ λ φ Ω sin pesh와 다른 사본들에는 "우리들에게"(ἡμῖν)로 되어 있다. 또한 ℵ와 몇 개의 다른 사본들에는 이 인칭대명사가 모두 생략되어 있다. 그러한 생략은 여러 변형들에 의해서 뒷받침되며 아마도 생략된 것이 옳은 것 같다. 그렇지 않다면 "당신들에게"(ὑμῖν)가 채택되어야 한다. 가야파가 뜻하지 않았던 어떤 의미에서 예수의 떠나가심은 유익한 것이다. 16장 7절("유익하다" : Fenton)을 보라. 이중적인 의미들이 계속해서 본 단락의 특징을 이룬다(Cullmann, *V. EA.*, 185).

한 사람이 백성을 위하여 죽어서. 참조. 창세기 대 미드라쉬 94장 9절: "(유다) 공동체가 그로 인해 멸망하게 되는 것 보다는 차라리 이 사람을 죽이는 것이 더 낫다." 요한의 반어법은 거의 정점에 닿지 못하고 있다. 예수는 죽게 되었다 ; 그리고 (정치적으로) 그 백성은 멸망하였다. 그러나 그는 백성을 위해 죽었으므로 그를 믿었던 그 민족의 백성들은 멸망하지 않고 영생을 얻게 되었다(3, 16). "백성을 위해" (ὑπὲρ τοῦ λαοῦ)를 생략할 만한 타당한 본문상의 이유가 없다. 또한 (형식적으로) 올바른 신학이 가야파의 입을 통해 진술되었다는 사실은 요한의 방식과 일치하는 것이다. 더 나아가서 Derrett, *Law*, 418—23을 참조하라. 그러나 요한이 뜻한 바는 그 유다인의 제안이 예수는 무죄하였고 그의 죽음은 의인의 죽음처럼 백성들에게 유익을 끼치리라는 것이었을 것 같지는 않다.

[51] 자기 생각대로 말한 것이 아니라. 이 표현에 대해서는 14장 10절을 참조하라. 하느님은 자발적인 대리자(예수)뿐 아니라 비자발적인 대리자(가야파)를 통해서도 말씀할 수 있다.

그 해의. 49절을 참조하라. 가야파가 예언을 하게 된 것은 그의 대사제직 때문이라기 보다는 예수와 그의 수난에 대한 그의 관련성 때문이다(그러나 아래 참조). 따라서 우리는 "그 해의"란 말을 생략하는 소수의 저작자들을 따라서는 안 된다.

예언한. 가야파는 진리의 무의식적인 전달수단이 되었다. "화자의 지식이나 의도가 배제된 채 행해진 예언들이 라삐 문헌에서 자주 언급되었다"(*S.B.* II, 546 ; 제시된 예들). 부지불식간에 행해진 예언에 대해서는 Philo, *Mos.* I, 274, 277, 283, 286을 참조하라. 예언자로서 대사제에 대해서는 Josephus, *Bel.* I, 68—69를 참조하라.[5)]

민족을 위하여. 50절을 참조하라. "민족"과 "백성"은 분명히 동의어로 사용되었다.

[52] 흩어져 있는 하느님의 자녀들을 함께 모아서 하나가 되게 하기 위하여서도. 유다작품에서 이 말은 메시야 시대에 흩어진 이스라엘인들이 그들 자신의 땅으로 함께 모여들리라는 것을 자연히 의미하였다. 참조. (여러 인용문들 가운데) 이사야 43장 5절: "…서방에서부터 너를 모을 것이며"; 예레미야 23장 2·3절: "…너희가 내 양무리를 흩으며… 내 백성의 남은 자를 모아서…"; 에제키엘 34장 12절: "…내가 내 양을 찾아서… 그곳에서 흩어버리지 않으리라"; 37장 21절: "…내가 그들을 모아서"; 솔로몬의 시편 8장 34절: "내가 흩어진 이스라엘인들을 모았다"; 에스드라 4서 13장 47절: "평화롭게 모여드는 무리들". 또한 Philo, *Praem.*, 163—72를 참조하라. 고려되었을 다른 구약성서 귀절들은 이사야 49장 5절과 예레미야 31장 10절이다. 이방인들을 시온으로 모아들임에 대해서는 이사야 2장 3절, 56장 7절, 60장 6절, 즈가리야 14장 16절을 참조하라. 신약성서 기자들은 디아스포라 유다교의 언어를 그들 자신의 용도에 맞게 제때에 사용하였다(예. 야고 1,1; 베전 1,1). 그러나 요한은 흩어진 그리스도인들이 마지막 날에 모이리라고 생각하였을 것 같지는 않다. 오히려 사람들이 그리스도의 "한" 몸인 교회로 모여들 것이라고 생각했을 것이다. 참조. 17장 6절: "그들도 모두 우리 안에." 6장 12·13절에는 이와 동일한 동사("모으다")의 사용과 함께 이 말에 대한 형이상학적인 암시가 있을 수 있다.

지금까지의 문제는 하느님의 흩어진 자녀들이란 무엇을 의미하는가라는 물음에서 제기되었다. 한편으로는 그리스도의 죽음은 본성상 하느님의 자녀들인 사람들이 한데 모이는 데 영향을 미칠 것으로, 또 한편으로는 그리스도의 죽음은 먼저 사람들로 하여금 하느님의 자녀가 되게하고 나서 그들을 교회 안에서 하나되게 하는 것으로 우리는 생각할 수 있다. 전자의 견해는 누군가가 요한의 사상을 강조하려고 믿게

5) 참조. *Ant.* XI, 327; XIII, 299-300; philo, *Spec.* Leg., IV, 192. ("진리를 위하는 사제가 곧 예언자다" *ὁ πρός ἀλήθειαν ἱερεὺς εὐθύς ἐστι προφήτης*); *Tos. Sotah* 13, 5·6; 또한 Dodd, ***Neotestamentica et patristica*** (*Festschrift* O. Cullmann, 1962), 134-43.

된 스토아적인 "종자 로고스"(σπερματικὸς λόγος)라는 신념과 잘 부합하며 또한 여기서 거의 확실하게 연상되는 영지주의적인 언어와도 부합한다. Dodd, *Interpretation*, 108은 Clement ; *Exc. ex Theodoto*, XLIX, I을 적절하게 인용하고 있다 : "그가 하느님의 자손을 모을 때." 그러나 후자의 견해만이 이 복음서에 모순되지 않는다. 1장 12·13절과 3장 3·5절은 그리스도를 영접함으로써, 즉 물과 성령으로 거듭남으로써만이 사람들은 하느님의 자녀가 "될 수 있다"는 것을 분명히 한다. 그러나 하느님의 자녀로 예정된 자들도 있다(참조. 10, 16와 그 주석). 예수는 유다교 내에서 또는 유다교 밖에서 그에게 속한 자들을 불러 모은다. 그리고 그들을 위해서 자기 목숨을 내어놓는다. 그래서 지상에서 성립된 교회의 통일성은 하늘에서 완전히 완성될 것이다. 요한은 이같은 종말론적 기대를 보유하고 있다. 이 절은 아마도 솔로몬의 송가 10장 5·6절에 반영되어 있는 것 같다. "도처에(מבדרין) 흩어져 있었던 이방인들이 함께 모였고… 그들은 영원히 나의 백성이 되었다."

[53] 그날부터. 이 표현에 대해서는 19장 27절을 참조하라. 그리고 이 절 전체에 대해서는 마태오복음 26장 4절을 참조하라.

모의했읍니다. 12장 10절, 46절에서 시작된 이 과정이 곧 결실을 맺게 된다. 47절의 회의로부터 예수를 죽이려는 계획이 드러났다. 라자로의 부활이라는 주목할 만한 기적이 예수를 죽이는 직접적인 계기가 되었다는 사실을 요한이 암시하고 있음을 다시 한번 주의하게 된다.

[54] 드러나게. 이 말은 요한의 일반적인 용어인데, 이 말에 대해서는 7장 4절을 참조하라.

유다사람들 가운데 다니시지. 7장 1절을 참조하라. 예수는 예루살렘 근처 베다니아로 돌아왔다(11, 17·18). 이 절에서의 "거기"는 베다니아를 가리킨다.

지방. D는 삼프레인(Σαμφουρειν; d *sapfurim*)을 덧붙였다. 이 지명은 shᵉmeh 'ephraim("그의 이름은 에브라임이었다")의 오역인 것으로 추측되어 왔다. 복음서의 어떤 셈어적 형태에 있어서(그것이 원래 아람어역이든 시리아역이든지간에) 중복 오사(重復誤寫)가 일어났고 따라서 중복문자가 D에서 잘못 필사되었다. "삼푸림"(Samphurim)이 원문에 속한 것이라고 주장할 수는 없지만 그러나 D의 출처에 관한 것을 드러내준다. "삼푸림"(Samphurim)이 셉포리스(Sepphoris)라는 다른 제안은 보다 개연성이 적은 것 같다. 셉포리스는 갈릴래아에 있는 지방으로 나자렛과 드톨레마이스 중간의 도로변에 있다 ; 그것은 하나의 "마을"(χώρα)이 아니라 도회지이었다.

에브라임. Josephus, *Bel.* IV, 551에서 "매우 작은 마을"(πολίχνιον)인 에브라임이 언급되어 있음을 참조하라. 이곳은 베델 근처에, 따라서 "빈들에서 가까운" 곳에 있다. 이곳은 아마 베델에서 동북쪽 4마일 거리에 있는 현대지경 엘—타이베(Et-Taiyibeh)와 동일시할 수 있을 것이다 ; 그러나 올브라이트는 이 지명 대신에 아인 사미에(Ain Samieh)를 택한다. 상세한 설명에 대해서는 Brown을 참조하라. 에브라임이란 지명은 알레고리적이거나 다른 목적에서 사용되지 않으며 아마도 전승에 따른 것이리라.

그 곳에서 지내셨읍니다. "지내셨읍니다"(ἔμεινεν)가 "머무르셨읍니다"(διέτριβεν)로 되어 있는 P45 P66 D Θ it vg 사본은 3장 22절에 대한 동화에서 그렇게 된 것 같다. 단순과거형 ἔμεινεν은 확정적인 것이다. 예수는 이제 과월절에 이루어질 그의 때를 위해서 잠시 물러나서 기다린다.

3. 香油를 바른 이야기 11장 55절—12장 11절

11,55 유다사람의 과월절이 가까와오자 많은 사람이 몸을 성결하게 하려
고 과월절 전에 시골에서 예루살렘으로 올라왔읍니다. **56** 그들이 예수를 찾
으려고 성전 안에 서서 서로 말했읍니다 : "당신들은 어떻게 생각합니까? 그
가 명절은 지키러 오지 않겠읍니까?" **57** 대사제들과 바리사이파사람들은 예
수를 잡기 위하여 누구든지 그가 있는 곳을 알거든 알리라는 명령을 내려두었
던 것입니다. **12,1** 과월절 엿새 전에 예수께서 베다니아에 가셨읍니다. 그곳
은 예수께서 죽은 자들 가운데서 다시 살리신 라자로가 사는 곳입니다. **2** 예
수를 위한 잔치를 거기서 베풀었는데 마르타는 시중을 들고 라자로는 예수
와 함께 식사하는 손님들 가운데 앉아 있었읍니다. **3** 그때 마리아가 매우 값
진 순수한 나르드 향유 한 리트라를 가지고 와서 예수의 발에 붓고 자기 머
리털로 그의 발을 닦았읍니다. 그러자 온 집 안에 향유 냄새가 가득 찼읍니
다. **4** 제자 중의 하나이며 장차 예수를 잡아 줄 가리옷사람 유다가 말했읍
니다. **5** "왜 이 향유를 삼백 데나리온에 팔아 가난한 사람들에게 주지 않았
는가?" **6** 그가 이렇게 말한 것은 가난한 사람을 생각해서가 아니라 그가 도
둑이어서 돈자루를 맡아가지고 있으면서 거기 넣은 것을 잘 훔쳐내고 있었

기 때문이었읍니다. 7 예수께서 말씀하셨읍니다. "그 여인이 하는 대로 가
만 두어라. 그는 나의 장사날을 위하여 그렇게 한 것이다. 8 가난한 사람들
은 언제나 너희와 함께 있지만 나는 언제나 너희와 함께 있는 것이 아니다."
9 거기에 예수가 계시다는 것을 알고 유다사람의 큰 무리가 몰려왔읍니다.
그것은 예수를 보려는 것만이 아니라 그가 죽은 자들 가운데서 다시 살리신
라자로도 보기 위해서였읍니다. 10 그래서 대사제들은 라자로도 죽이려고
의논했읍니다. 11 그것은 라자로의 일로 많은 유다사람이 떨어져 나가서 예
수를 믿었기 때문입니다.

이 장면은 예수의 선교의 마지막 과월절 동안에 펼쳐지며 여기서 관심은 사람들의 기대에 의해 일깨워진다. 과월절 축제 엿새 전에 예수는 그가 죽음 가운데서 일으켰던 라자로와 그의 누이들인 마리아와 마르타와 함께 식사를 했다. 이 기회는 적어도 반은 공적인 것으로 요한에 의해 묘사되었고, 라자로의 등장은 대단한 주의를 끌었다(9절). 식사 도중에 마리아는 예수의 발에 향유를 부었다. 그녀가 향유를 낭비하는 것을 보고 제자들이 불평했을 때 예수는 그녀를 옹호하였다. 이 사건은 라자로의 부활로 인해 야기된 예수에 대한 믿음과 예수뿐 아니라 라자로를 죽이려고 했던 대사제들의 결정에 대한 언급으로 끝을 맺는다.

루가복음 10장 38—42절에서 예수는 마리아와 마르타의 집에서 대접을 받았다(라자로에 대한 언급은 없다). 향유를 부은 이야기는 마르코복음에서도 나오며(14,3—9 ; 마태 26,6—13), 루가복음에 의하면 달리 묘사되어 있다(7,36—50). 두 가지 회상이 요한복음에 나타난다. 3·4·5·7·8절에 대한 주석들을 참조하라. 향유를 부은 이야기들의 상호관계와 예수의 매장에 대한 설화들과의 관계에 대한 매우 가치있는 논의에 대해서는 D. Daube, *N.T.R.F.* 301—24를 참조하라. 여기서 다음과 같은 사실이 논의되었다. 즉 이 모든 설화들 배후에는 예수의 몸이 예의를 갖춰 경건하게 다루어졌음을 보여주려는 의도가 들어있다는 것이다. 향유는 예수의 장사시에 정식으로(요한 19,39·40), 혹은 예수가 여전히 살아있는 동안 미리 선취적으로(마르 14,8 : "향유를 부어 미리 준비한 것이다") 예수의 몸에 발라진 것이었다. 이같은 동기가 전승의 공식화에 작용하였다는 것은 별다른 의문의 여지가 없는 것 같다. 그러나 이것은 요한의 향유를 바른 이야기에 직접 적용되지는 않는데 요한은 예수의 시신에 향유를 바른 이야기를 다른 식으로 전해주기 때문이다(19,39·40). 요한은 아마 전승자료에서 나온 설화를 수집하였던

것 같다. 그리고 이 문제에 대해 확고한 증거를 댈 수는 없지만(참조. 이책 I권 72—79면) 요한이 마르코와 루가를 거쳐서 이 전승을 접했다는 가설 만큼 신빙성 있는 가설은 없을 것이다. 이러한 견해에 대해서 요한이 이같은 자료의 편집에 의해서 뒤섞인 설화를 산출해냈음을 뜻한다는 주장을 제시하고자 하는 사람들은 다음과 같은 사실을 간과하는 경향이 있다. 즉 요한의 설화는 그 설화가 어디에서 유래했든지간에 뒤섞여 있으며, 그러한 혼란의 한 원천이 다른 원천에 비해서 반드시 우선적으로 고려될 필요는 없다는 것이다. 루가의 설화는 명백한 사건을 기록하고 있는 것이고 반면에 요한의 특별한 특징들은 부차적인 것으로 생각되는지에 대한(브라운과 린다스에 의해 긍정적으로 대답된) 문제를 여기서 논의할 필요는 없다. 여기서 요한의 관심은 유다교의 여러 사상과 관습의 범위 내에 있는 것이 아니라 예수의 승리의 예루살렘 입성을 예비하기 위하여(12, 12—16) 예수의 왕다운 품위를 표현하는 수단으로서 향유를 바름에 있다. 요한이 이 두 가지 사건들의 마르코복음상의 순서를 서로 바꾸고 있다는 점은 특히 중요한 것이다. 예수가 기름부음받은 왕으로서 예루살렘으로 들어가듯이 또한 그는 기름부음받은 왕으로서 죽는다(18, 33—40 ; 19, 1—6 ; 12—16·19). 메시아됨의 주제가 분명하게 언급되어 있지 않고, 마리아가 향유를 부은 것은 예수의 머리가 아니라 발이었다(3절. 비교. 마르 14, 3)는 점은 사실이다. 이것은 요한이 그리는 왕이 죽음에서 영광을 받고 매장용 향유로 발라지기 때문이다. 이 점에서 마르코복음에 대한 요한의 변형이 나타난다. 불트만에 의해 인용된 하이트뮐러(Heitmüller)의 언급을 참조하라. 죽음을 맞게 될 예수는 승리자 예수에 앞서 등장해야 한다. 또한 Schnackenburg II, 464—67을 참조하라.

[55] **과월절이 가까와오자.** 2장 13절을 참조하라. 이 말(ἦν δὲ ἐγγὺς τὸ πάσχα)은 축제가 다가옴을 알리는 요한의 통상적인 표현이다. 이 과월절은 요한에 의해 세 번째로 지칭된 것이다(2, 13·23 ; 6, 4). 만일 5장 1절에 나오는 무명의 축제가 과월절이라면 여기 나오는 과월절은 그의 선교활동 가운데 나오는 네 번째 과월절이다.

올라왔읍니다. 이 말은 2장 13절에서처럼 순례에 대한 말이다. 과월절은 세 가지 "순례의 축제" 가운데 하나였다.

시골에서. 이 말은 54절에서 언급된 지방, 혹은 보다 그럴듯한 것으로 "마을"을 말하며 일반적으로는 "모든 지방"을 가리킨다.

몸을 성결하게 하려고. 참조. Josephus, *Bel.* I, 229 : "축제기간에 지

방민들은 '그들 자신을 성결하게 하였다'"; Ⅵ, 290 : "사람들은 무교병 절기(=과월절)를 치르기 위해서 (요세푸스에 의해 니산월과 동일한 것으로 취급된) 크산티쿠스(Xanthicus) 8일째 되는 날, 즉 과월절 일주일 전에 모여들었다." *Pesahim* 9, 1에서 해석된 민수기 9장 6—12절을 참조하라.

[56] **그들이…찾으려고.** 7장 11·13절을 참조하라. 브라운에 의하면 이 병행귀는 새 단락으로 바뀌는 데 영향을 미치도록 요한이 전승자료를 다시 사용했었을 것임을 암시한다. 55절 이하는 어쨌든 편집상의 연결부분이다.

성전 안에 서서. 성전은 회합과 토론이 벌어진 공공장소였다.

당신들은 어떻게 생각합니까? 이 헬라어 본문 τί δοκεῖ ὑμῖν에는 구두점(;)이 따라붙어야 한다. ὅτι절에는 (예수를 죽이려는 음모에서) "그가 명절을 지키러 오지 않겠읍니까?"라는 질문이 나온다. 부정어 "아니"(μή)의 강조문을 판단하기란 어렵다. 이것은 하나의 의문의 요소로 도입할 수도 있다 : "그는 오지 않겠는가?" 혹은 μή를 "아니"(οὐ)와 밀접하게 연관시켜 받아들인다면 그것은 매우 강력한 부정문 형식을 띨 수도 있다. 전자가 보다 취할 만한 것 같다.

[57] **내려두었다.** "내려두었다"(δεδώκεισαν)는 접두모음이 없는 과거완료형 동사이다. 이 동사는 신약성서에서 보통 사용되는 용어이며 코이네 헬라어에서는 일반용어이다. 그리고 일부 다른 저자들, 예를 들어 헤로도투스의 일반적인 용어이긴 한데 아티카 지방의 헬라어에서는 일반용어가 아니다(*M.* Ⅱ, 190 ; *B,D.*, § 66, 1).

대사제들과 바리사이파 사람들. 47절을 참조하라. 그리고 7장 11·32절과 9장 22절을 참조하라.

위하여. 설명적인 ἵνα("위하여")의 용법 : "…한 결과를 위하여."

잡다. 7장 30·32·44절과 8장 20절, 10장 39절을 참조하라.

[12, 1] **과월절 엿새 전에.** 이 구문에 대해서는 *M.*I. 100—101과 Moule, *Idiom Book*, 74를 참조하라. "데켄브리온 달력의 십이일 전에"와 같은 번역들이 인용될 수 있기는 하지만 이 구문을 예컨대 "로마달력의 삼일 전에"에 근거하여 그것을 라틴어적인 표현으로 간주할 필요는 없다(Dittenberger, *Syll*. 866, 38 이하). 다른 원래의 헬라어 인용문이 인용될 수 있다. 그 예로 Dittenberger, *Syll*. 736. 70(주전 92) : "밀교의식(密敎儀式)의 십일 전에"와 *P. Fay*. 118. 15—16

(주후 2세기) : "그 축제 전에 이틀 동안 새 을 사들이다", 혹은 아마도 "그 축제를 위해서 이틀 전에 미리 새들을 사들이다" 등이 있다.

요한은 과월절을 다음 금요일 저녁에 시작되는 것으로 서술하였다(13, 1 ; 18, 23 ; 19, 31·42). 과월절 엿새 전을 참작해 보면 우리는 토요일 이전을 생각하게 된다(아래 2절 참조). 이제 예수의 때가 되었다(23절). 유다인들은 예수를 죽이기로 이미 결의하였고(11, 53·57), 본장 전체는 예수의 선교를 이젠 지나가버린 하나의 에피소우드로 회고케 하며 예수의 십자가 처형을 예기하게 한다. 요한은 예수의 십자가 처형을 과월절의 맥락에 둠으로써 강조하였다. 그리고 요한은 이러한 관련성에 있어서 예수의 죽음을(참조. 1, 29) 희생적이고도 하느님의 백성의 구원을 가져오는 것으로 해석하였다. 마지막 사건들이 일어났던 육일 동안의 기간에 대해서는 1장 29·35·43절과 2장 1·13절에 있는 시간에 대한 언급들과 2장 1절에 대한 논의를 참조하라. 중요한 주간의 이런 구분들 배후에는 어떤 예배 의식적인 동기가 들어 있을 법도 하다. 만일 그렇다면 그 동기는 요한 자신의 관심사에 있었다기 보다는 그가 입수했던 자료의 관심사에 있었을 것이다. 왜냐하면 요한은 그러한 동기에 대해서 아무런 지적이 없기 때문이다.

라자로가 사는 곳인 베다니아로 가셨읍니다. 11장 1절을 참조하라. (라자로에 대한) 언급들이 반복된 것은 어색하며 브라운에 의하면 그것은, 라자로 이야기가 다소 뒤늦게 현재대로의 연대기적 순서로 짜여졌다는 것을 암시한다. 보다 그럴듯한 결론은 요한이 향유를 바른 이야기를 마르코복음으로부터 빌어왔고 라자로의 부활을 또 다른 자료로부터 빌어왔다는 것이다. 이 본문은 두 이야기를 모두 연결시키고 있다. 마르코복음 14장 3절을 참조하라. 다음에 나오는 몇 귀절을 고려해 볼 때 요한은 마르코복음의 향유를 바른 이야기를 익히 알고 있었던 것 같다. 만일 그가 마르코의 이야기를 몰랐다면 그는 이 사건을 이 시점에서, 또는 베다니아에서 일어났던 것으로 설정하였던 하나의 전승을 확실히 따랐을 것이다. 루가복음 7장 36—50절에서 향유를 바른 일이 아주 다른 상황에서 벌어지고 있음을 대조하라. 라자로라는 이름 다음에 "죽은"(ὁ τεθνηκώς)이란 말이 P⁶⁶ D Θ W vg에 의해 첨가되었다. 이것은 하나의 주석이다. 예수의 이름을 반복하는 것은 어색하기 때문에 "예수께서 죽은 자들 가운데서 다시 살리신"(ὃν ἤγειρεν ἐκ νεκρῶν Ἰησοῦς)은 또 다른 주석적 삽입일 수 있다. 그러나 이러한 사실은 그 절을 삭제하는 데 대한 타당한 이유가 못 된다.

[2] (그들이) 예수를 위해 잔치를 베풀었다. "잔치를 베풀다"에 대해서는 마르코복음 6장 21절과 루가복음 14장 12·16절을 참조하라. 요한복음에서 "잔치"(δεῖπνον)라는 말은 이곳 외에 최후의 만찬에 대해서만 사용된다(13, 2·4 ; 21, 20). 여기서도 이 말은 "만찬"을 의미하는 것 같다. 신약성서 외에 헬라어법에서 이 말이 어떤 식사를 의미하는가는 확실하지 않다. 이 말은 아침식사, 점심식사 및 저녁식사를 의미할 수도 있다. 루가복음 14장 12절에서 이 말은 점심 식사를 의미하는 ἄριστον보다 늦은 식사를 나타내는 말이다. δεῖπνον이 "만찬"의 의미라면 우리는 여기서 토요일 저녁식사(참조. 1절)를 생각하게 되는데, 토요일 저녁식사는 안식일을 그 주간의 다른 날들과 "구별하는 것"(habdil)을 지시하는 구별의식(Habdalah), 혹은 예배의식과 관련된 것이었다. 이 예배의식은 아마도 예배순서가 등불, 향료, 음식, 그리고 구별의식(Habdalah)순이 되어야 하는가 아니면 등불, 음식, 향료, 그리고 구별의식순이 되어야 하는가에 대해서 또는 등불에 대해 행해지던 축복의식의 형식에 대해서 힐렐 학파와 샤마이 학파 사이에 논쟁이 있었던 것으로 비추어보아 예수시대에 이미 식사와 결부되었을 것으로 보인다(*Berakoth* 8. 5). 또한 Singer, 216—17를 참조하라. 한 주간이 시작하는 첫날에 메시야의 오심과 관련된 엘리야에 대한 전설들은 구별의식(Habdalah)과 연관짓게 되었다.[1] 그러나 우리는 전설들의 연대가 언제인지 알 수 없다. 향료의 사용은 분명히 고대에 속한 것이고 아마 향유를 바르는 것과 무관한 것 같지는 않다. 여기서 부언해야 할 사실은, 요한 자신은 구별의식에 대해서 약간의 지식이나 관심도 보여주지 않으므로 그는 그러한 의식이 있는지조차 몰랐었으리라는 것이다.

그들이 베풀었다. 동사(ἐποίησαν)에 대한 주어가 나와 있지 않으므로 만찬을 누가 베풀었는지가 분명하지 않다. 라자로가 식탁에 앉아 있었다고 해서 그가 주인이 아니었음을 의미하지는 않는다. 또한 마르타가 시중을 들었던 것도 그녀가 여주인이 아니었음을 의미하지는 않는다(참조. 루가 10, 38—42). 가장 그럴듯한 견해는 라자로, 마리아, 마르타가 식사를 제공했던 것으로 생각해야 한다는 것이다. 요한은 단지 마르코의 "나병환자 시몬"과 루가의 "바리사이인 시몬"을 빠뜨리고 있으며, 독자들이 라자로의 형제 자매들의 자리를 배정하도록 하는 것을

1) I. Abrahams, *Annotated Edition of the Authorised Daily Prayer Book* (1964), clxx-xii.

당연하게 여기고 있다.

마르타는 시중을 들고. 참조. 루가복음 10장 40절 : "그러나 마르타는 여러 가지로 접대하는 일에 분주했읍니다." 마르타의 이같은 면모와 마리아에 대한 대조적인 언급은 요한이 루가를 알고 있었음을 강력하게 시사한다.[2)]

라자로는…가운데 앉아 있었읍니다. 라자로는 이 이야기에서 아무런 역할도 하지 않으며 9절 이전까지는 다시 언급되지 않는다. 이 사실은 요한이 여기서 독립적인 설화를 갖지 않았으며, 베다니아에 배경을 둔 마르코의 이야기에 나오는 인물들을 그가 이미 거기에 살았던 것으로 언급하였던 (라자로의) 가족과 동일시하였을 뿐임을 암시한다.

[3] **그때 마리아가 매우 값진 순수한 나르드 향유 한 리트라를 가지고 와서.** 루가복음 7장 37절 : "향유를 담은 옥합을 가지고 와서" ; 마르코복음 14장 3절 : "한 여인이 매우 값진 순수한 나르드 향유를 담은 옥합을 가지고 와서"에 나오는 훨씬 더 현저한 병행귀를 참조하라. 이 모든 말들 가운데 가장 눈길을 끄는 것은 "순수한" (πιστικός)이란 말의 용법인데, 이 말은 앞의 인용문들과 확실히 그 인용문들에 의존하고 있는 저자들에게서만 나타난다. 이 말의 유래와 의미는 불분명하다. 이러한 사실은 D와 몇몇 다른 사본들에서 이 말이 빠져 있는 이유를 설명해주는 것 같다. 요한복음에 나오는 "나르드"(νάρδου)란 말이 P⁶⁶ D에서 빠져 있다는 사실에 대해서 진지하게 고려할 수는 없다. 만일 그 말이 요한이 마르코에 의존해서 사용한 것이라면 여성형 πιστικῆς를 설명할 다른 방도가 없을 것이라는 사실은 증명된 것이나 다름없다. L.S.는 이 말(πιστικῆς)이 πίνειν으로부터 유래한 것으로 보고 따라서 그것을 "액체의"라고 번역한다. 다른 헬라어 어원은 πιστός인데 그 경우에 그 의미는 "순수한"이 될 것이다. Pliny, *Historia Naturalis* XII, 43(26)은 불순한 나르드 향유의 가능성을 언급하고 있다. 마르코복음과 요한복음에서 모두 현재의 본문이 훼손되었고 원래 라틴어 Spicatum(Spicare "날카롭게 하다"의 완료, 수동, 중성분사)의 한 형태로 읽은 것이라는 사실은 그럴듯하지 않다. 하지만 이 말(Spicatum의 한 형태)이 마르코복음 14장 3절에 대한 불가타역에서 나타난다. πιστικός를 지방명이나 상품명(상품 명일 경우 우리는 "피스틱의 나르드 향유"로 음역해야 한다)으로 추측하는 것은

2) "시중들다"(διηκόνει)에 대한 논의에 관해서는 Rutherfold 83, 86; *M.* II, 192, 303; *B.D.* §69 참조.

하나의 자포자기적인 생각이긴 하지만 반드시 틀린 생각은 아니다. 요한은 단지 이 말을 마르코복음에서 빌려왔고 아마도 그 의미를 "순수한"으로 이해하였지만 그러나 마르코복음에서 이 말은 아람어 *pistaqa* 즉 피스타치오 열매에 대한 음역이었다는 사실이 아마 가장 타당한 해답인 것 같다.[3] 향유는 그 당시 미로발란(Myrobalanum)으로 알려진 것이었다. 또한 *M.* Ⅱ, 379—80과 파피루스 문서상의 리트라(λίτρα)에 대한 *M.M.* 항목을 참조하라. 여기서 리트라는 분명히 고대 로마의 파운드(libra), 즉 약 12온스(oz.)에 맞먹는 것이다. "나르드향유"(νάρδος)는 구약성서의 "내르드"(נרד; 70인역—"나르드" νάρδος; 솔로몬의 송가 1, 12 ; 4, 13·14)로서 동방의 향유를 말한다. 보다 상세한 설명에 대해서는 *E. Bib.* 감송향유(Spikenard)항목을 참조하라.

발에 붓고. 참조. 마르코복음 14장 3절 : "예수의 머리에 부었읍니다" ; 루가복음 7장 38절 : "예수의 발 곁에서…그리고 향유를 (즉 예수의 발에) 발랐읍니다." 여기서 요한은 마르코의 설화보다 루가의 설화를 따랐다. "붓다"(ἀλείφειν)는 목욕 후 혹은 체조하는 동안에 "기름을 바르는 것"을 의미할 뿐이다(참조. 마태 6, 17).

자기 머리털로…닦았읍니다. 참조. 루가복음 7장 38절 : "머리카락으로 닦고." 마르코복음에는 병행귀가 없고, 요한은 그 여인이 울면서 예수의 발을 적시고 그 발에 입을 맞추었다는 루가의 상세한 묘사를 생략하고 있다. 이러한 생략 때문에 우는 행위는 알 수가 없다. 더우기 다음과 같은 사실을 주목해야 한다. 여인의 풀어진 머리와, 예수의 (머리보다는) 발에 향유를 바르는 행위는 그 여인이 라자로의 누이로 나오는 (그리고 분명히 마르타와 함께 여주인으로 행세하는) 요한복음에서보다는 그 여인이 참회하는 죄인으로 나오는 루가복음의 문맥에서 훨씬 더 쉽게 설명될 수 있다는 것이다. 요한은 마르코의 설화와 루가의 설화를 각기 그 자신의 자료와 결합시켰기 때문에 약간의 혼동이 생겼다. 요한은 마르코복음에서 언급된 예수의 머리에 기름부은 이야기가 예수에 대한 그의 이해와 불일치하는 그런 부류의 메시야적 왕의 기름부음을 너무 노골적으로 드러냈기 때문에, 마르코의 이야기를 채택하지 않고 그의 다른 자료인 루가에 의해 제시된 암시를 채택한 것으로 보인다.

그러자 온 집안이 향유 냄새로 가득찼읍니다. ἐκ가 "…으로"라는 의미

3) J. Lightfoot, 마르코복음 14장 3절에 대한 *Horae Hebraicae*(1699년 판 〈*Utrecht*〉 Ⅱ, 456)를 따르는 Black, 223 이하.

로 쓰인 데 대해서는 마태오복음 23장 25절과 요한묵시록 8장 5절을 참조하라. 오리겐(*Ev. Ioannis* 1, 11)은 이같은 상세한 묘사는 그 여인의 행위가 전 세계에 알려져야 한다는 마르코에 나오는(마르 14, 9, 그러나 요한에 의해 보도되지 않은) 예언을 지시하는 것으로 보았다. 이러한 사실은 라삐 자료들에 나타난 향기에 대한 은유의 용법에 의해서 어느 정도 지지될 수 있다. 집회서 대 미드라쉬(*Ecclesiastes R.*) 7장 1절: "좋은 향유는 그 향기가 침실로부터 식당으로 퍼져 나간다. 그러나 명성은 세계의 한 끝에서 다른 끝으로 전해진다"; 아가 대 미드라쉬(*Song of Songs R.*) 1장 22절(1장 3절에 대한 것)은 이 절을 아브라함과 관련하여 설명하고 있다. 아브라함은 그가 소명을 받기 전에는(창세 12, 1) 한 구석에 놓인 향유단지와 같았으므로 그의 명성은 알려지지 않았다. 하느님께서 아브라함을 불러내어 그 앞에 나오게 했을 때 그의 선행이 알려지게 되었고 하느님의 이름이 찬미받는 것은 마치 향유단지가 널리 알려지게 되자 사람들이 그 향기를 알게 되는 것과 같다." 요한이 (후대의) 라삐적인 인용문을 알고 있었는지에 대해서는 매우 의심스럽다. 또한 요한이 마리아의 행위가 빨리 알려지게 되었다는 것 이상의 말을 하려고 했는지에 대해서도 의심스럽다. 그러나 요한이 마르코의 설화를 알았더라면 마르코복음 14장 9절을 생략했을리가 없으므로 요한이 마르코의 이야기를 알지 못했으리라는 브라운의 논증에 대한 해답을 여기서 찾아볼 수 있을 것이다. 린다스는 집안에 향기가 가득찼다는 말은 여인의 행위의 지나침을 강조하는 것이라고 생각하였다. Ignatius, *Eph.* 17, 1("주님이 그의 머리에 기름을 붓게 하신 것은 교회에 썩지 않음을 가져다 주기 위함이다. 악취나는 기름을 바르지 말라")에는 이 절에 대한 그럴 듯한 암시가 들어있다. 이러한 암시는 이그나티우스가 요한복음을 사용했다는 사실이 다른 근거에서 확인될 경우에 있을 법하다. 그러나 사실은 그렇지 않다(이 책 I권 171—173면 참조).

[4] 가리옷사람 유다. 그의 이름인 유다와 그 이름이 언급되는 데서 나타나는 본문의 변형들에 대해서는 6장 71절을 참조하라. 마르코복음 14장 4절에서는 몇 사람들(τινές)이 불평을 한다. 마태오복음 26장 8절에서는 제자들(οἱ μαθηταί)에게서 불평이 나온다. 6절을 참조하라.

제자 중의 하나이며 …유다가. 요한복음 6장 71절과 마르코복음 3장 19절, 14장 10·18·20·43절, 또한 병행귀들에 나오는 이와 유사한 묘사를 참조하라. 복음서들은 모두 배신자가 제자들 가운데 한 사람이었음을 강조하고 있다.

[5] 마르코복음 14장 4·5절 : "왜 이렇게 향유를 낭비하는가? 이 향유를 팔면 삼백 데나리온 이상을 받을 수 있고 그 돈을 가난한 사람에게 줄 수 있을 것인데"를 참조하라. 이 병행귀는 본절과 매우 유사하며 숫자상의 일치는(ϕ에는 "이백"으로 나오는데, 이것은 우연한 잘못인 것 같다) 특히 눈길을 끄는 것이다. 요한이 마르코를 알고 있었다는 사실은 매우 그럴 듯하다. 마르코가 분명히 앞선다. 마르코복음에서 "삼백 데나리온"은 대략적인 평가로서 제시된 것이다. 하지만 요한복음에서의 그 숫자는 향유의 값을 나타내는 것으로 추측된다.

[6] 가난한 사람을 생각해서가 아니라. 이 구문과 또한 그 의미에 대해서는 10장 13절을 참조하라. 참된 목자들 가운데서 유다는 삯군이요 나쁜 목자이다. 이 절은 요한이 작성한 것일 수도 있다.

도둑이어서. 유다가 배신함으로 뇌물을 받았다고 기록되어 있긴 하나 그를 도둑으로 간주할 만한 어떠한 근거도 없다. 요한은 독립적인 전승을 취했을 수도 있다. 그러나 보다 그럴듯한 사실은 그가 유다라는 인물에 대한 전통적이고 점진적인 악평을 반영한다는 점이다.

돈자루. 프리니쿠스[4]는 이 말(γλωσσόκομον)의 바른 형태가 γλωττοκομεῖον이고, 이 말은 플루우트의 입에 무는 부분들(γλῶτται)을 감싸는 용기로 사용된 일종의 상자를 가리키는 것이어야 한다고 언급하면서 그렇지만 이 말이 또한 책, 옷, 돈 등을 집어넣는 다른 용기들을 가리키는 것으로 잘못 사용되었음을 덧붙여서 말한다. 파피루스 문서들을 통해서 이 말의 의미가 돈궤라는 사실이 충분히 입증되었다. 이 말은 또한 유다가 회계로 나오는 13장 29절에서 다시 사용된다.

넣은 것을 잘 훔쳐내고 있었다. 여기 나오는 두 동사는 부수적인 의미들을 지니고 있다. 본래 "던지다"를 의미하는 βάλλειν은 흔히 헬레니즘적인 그리이스어에서 "놓다"라는 의미로 약화되고 있으며 βαστάζειν은 원래 "나르다"를 의미한다. 그러므로 그 의미는 "집어올리다", "탈취하다", "훔치다"이다. 훔치다라는 마지막 의미가 파피루스 문서들

4) Phrynichus, LXXIX, Rutherford, 181; 또한 *M.* II, 272 참조.

에서 잘 입증된다.[5)]

[7] 마르코복음 14장 6·8절 : "가만 두어라…내 몸에 향유를 부어 내 장사를 미리 준비한 것이다"를 참조하라. 마트코의 이 말은 요한의 말에 비해 보다 분명하다. 마르코의 말은 "그 여인을 편안히 두어라…그녀는 내 몸에 향유를 바름으로써 미리 장사 준비를 한 것이다"를 뜻한다. 십자가 처형 이후 예수의 몸에 향유가 발라졌다는 이야기가 마르코복음에는 나오지 않는다. 그리고 이러한 사랑의 행위는 예수의 친구들이 그의 부활로 인해 수행하지 못하게 되었던 마지막 장례의식을 오로지 대신하는 것이다. 아리마태아 요셉과 니고데모가 예수의 시신에 정성스럽게 향유를 바른 이야기(19, 38—42)를 복음서 기자가 나중에 보도하고 있다는 사실로 보아 요한의 설화는 뒤섞여 있다. 적절히 가공된 이야기에 의해서 장례의식을 수행하는 단순히 선취적인 향유바름에 대한 이야기가 요한복음에는 나오지 않는다. 그러나 이러한 혼동은 요한이 계속해서 그의 마르코 자료를 따르고 있는 데서 기인하였던 것으로 잘 설명될 수 있으므로 이러한 혼동은 요한이 마르코복음을 사용했다는 사실에 대한 강력한 논증으로 판명된다. 여기서 두 가지 난점이 제기되기는 하지만 한 가지 난점은 다른 난점과 관계가 있다. 하나는 구문과 관련된 난점이며 다른 하나는 τηρεῖν의 의미에 대한 문제이다. 헬레니즘적 그리이스어에서 "내버려 두라"는 의미의 명령형 동사 ἄφες(2인, 단수)와 ἄφετε (2인, 복수)는 명령의 의미를 지닌 일인칭 가정법을 도입하는 조동사들로 거의 사용되었다. 아마 이와 유사한 어법이 여기서 채택될 것 같다. 만일 그렇다면 우리는 "그녀로 하여금 그것을 간직하게 하라"로 번역해야 할 것이다(참조. *M.I.* 175). 이와는 달리 우리는 다음과 같이 번역할 수 있다. (ㄱ) (실제적으로 동일한 의미를 지닌) "그녀가 그것을 간직하도록 내버려 두어라…." (ㄴ) (ἵνα를 명령적인 것으로 취하여—*M.I.* 178—79, 248) "그녀를 내버려 두어라 ; 그녀가 그것을 간직하도록 하라." ; (ㄷ) "그녀를 내버려 두어라 ; 이렇게 하는 것은 그녀가 그것을 간직하도록 하기 위함이다…." ; (ㄹ) 우리는 τηρήσῃ("지켜보다")를 τετηρηκυῖα ᾖ("그녀로 하여금 그것을 간직하게 하라")와 마찬가지로 해석해야 한다는 가능성을 다드는 불확실하게나마 암시하였다. 이러한 번역들 가운데 어느 것도 순전히 문법적인 이유에서 간과해 버

5) G. A. Deissmann, *Bible Studies* (*E.T.* 1901), 257 참조.

릴 수는 없으며, 이 구문은 여전히 불확실하고 불명료한 채로 남아있다. 두 번째 문제인 τηρεῖν의 의미를 이해하기란 훨씬 더 어렵다. 여인은 그녀가 이미 사용하였던 향유를 어떻게 보유할 수 있을까? 그 변형인 τετήρηκεν("보존하다" τηρέω의 완료형)은 난해성을 완화시키려는 분명한 시도이다. 향유의 소량만 사용하였고 그 나머지는 보존되었을 것임을 암시한다면 그것은 본 설화의 정신을 파악하지 못한 것일 뿐만 아니라 3절c를 무시한 것이기도 하다. 요한이 기적적인 것으로 끊임없는 향유의 공급을 생각하였다는 가정 역시 마찬가지로 본 설화에 일치하지 않는 것이다. 가장 단순한 제안은 여기서 τηρεῖν이 "보유하다"가 아니라 "마음에 간직하다", "기억하다"를 의미한다는 것이다. 따라서 "…그녀로 하여금 나의 장례일에 그것을 (향유 혹은 향유바른 행위를) 기억하게 하라"로 우리는 해석해야 한다. 복음서의 본문 그대로라면 이것은 "그녀로 하여금 요셉과 니고데모가 나의 시신에 향유를 바를 때, 그녀가 이미 이와 같은 경건한 행동을 예시하였고 따라서 그러한 행동에 동참하였음을 기억하게 하라"를 뜻하는 것이리라. 그러나 그 말(τηρεῖν)은 요셉과 니고데모가 향유를 바른 이야기가 언급되지 않았던 요한 이전의 전승단계를 반영하는 것일 수도 있다(참조. Daube, 앞글 인용문 참조). 그리고 이 전승단계에서 그것을 추측컨대 "내 시신이 정성스런 보살핌 없이 무덤에 안치될 때 그녀가 선취적으로 내 몸에 향유를 발랐던 것임을 그녀로 하여금 기억하게 하라"를 의미했을 것이다. 이같은 번역에 대한 이의는—그것은 심각한 것인데—τηρεῖν이 "기억하다"를 의미하지 않는다는 것이다. 이 말은 특히 요한복음에서 자주 나오는것으로 "보존하다"(예. 좋은 포도주를), 혹은 "준수하다"(예. 예수의 말이나 명령; 혹은 안식일을)를 의미한다. 그러나 루가복음 2장 19·51절을 참조하라("마음에 담아두었읍니다""…주의하여 지켰읍니다". 그러나 여기서는 '그녀의 마음 속에'라는 말이 첨가되어 있다). 더 나아가서 한 가지 대안이 언급되어야 한다. 그 헬라어 본문에서 유추해 볼 수 있는 가능한 아람어 원문(Torrey, 61—3)은 하나의 질문으로서 "그녀를 내버려 두어라; 그녀가 내 장례일까지 그것을 보관해 두겠느냐?"로 취할 수 있었다. 이것은 바음을 끄는 가설이기는 하지만 그러나 희랍어 역자가 그의 본문의 의미를 바꾸어 놓는 데서 범한 실수에 대하여 어떤 설명도 주어지지 않으며 또 주어질 수도 없다. 가장 가능한 제안들은 나음과 같다. (ㄱ) 우리는 어휘적인 증거를 무시하고 "그녀로 하여금 기억하게 하라…"로 번역해야 한다는 것이다; (ㄴ)

우리는 *αἰτό*를 향유바르는 행위와 관련시켜서 "그녀로 하여금 내 장례일을 위하여 지금 마지막 의식을 거행토록 하라"로 번역하는 그다지 자연스럽지 못한 견해를 채택해야 한다는 것이다 ; (ㄷ) 5절을 기억하고 이 문장을 다음과 같이 완결지어야 한다 : "그녀가 향유를 팔아서 그 소득을 가난한 자들에게 나누어 주지 못한 것은 그녀가 …한 일을 하도록 하기 위함이었다." 이 모든 제안들 가운데 어느 하나가 전적으로 만족할 만하다고 말할 수 없다.

[8] 마르코복음 14장 7절 : "가난한 사람들은 늘 너희와 함께 있으니 언제든지 너희가 하려고만 하면 그들을 도울 수 있다. 그러나 나는 언제까지나 너희와 함께 있지는 않을 것이다"를 참조하라. 마르코복음에서 이 절은 여인을 내버려 두라는 명령과 장사에 대한 말씀 사이에 위치한다. D sin 사본에는 요한복음의 이 절이 모두 생략되어 있는데 아마도 옳게 생략된 것 같다. 왜냐하면 여기서 8절은 (5절에 대한 답변이 7절에서 주어지고 그 사이에 6절이 삽입된) 현재의 맥락과 직접적인 연관성이 없고 동화된 것으로 돌릴 수 있기 때문이다. 가난한 자들에 대해서는 신명기 15장 11절 : "땅에는 언제든지 가난한 자가 그치지 않으리라"를 참조하라. 자선을 베푸는 행위 보다 더 뛰어난 선행으로서 죽은 자를 돌보는 행위에 대해서는 *T Peah* 4. 19 (24) ; *Sukkah* 49b를 참조하라.

[9] 큰 무리가 알고. 11장 56절을 참조하라. 이들은 요한복음에서 일반적으로 "유다사람들"이 예수의 적들로 나오고 있긴 하지만(참조. 1, 19) 분명히 지배계층의 유다인들(다음 절에 나오는 대사제들 참조)은 아니었다. "큰 무리"(관사가 붙는 ὁ ὄχλος πολύς)는 요한복음에서 12절에서만 다시 나오는데, 거기서 그 말은 절기를 지내기 위해서 예루살렘으로 올라왔던 다수의 무리를 함축하고 있다. 9절에서 그 말은 달리 말하자면 일반 대중('amme ha'arets; 참조. 7, 49)을 의미하였다는 암시가 보다 자연스러울 것이긴 하지만 이와 동일한 의미를 지니고 있음이 분명하다.

[10] 그래서 대사제들은…의논했읍니다. 대사제들은 7장 32·45절에서 (바리사이인들과 함께) 예수의 체포를 모의하였던 자들로 언급되어 있다. 그러나 그들의 계획은 11장 47—53절에서 보다 구체화된다. 예수를 믿게 되는 원인이 다시 살아난 라자로로 판명됨으로 말미암아 그도 역시 제거할 필요가 있었다.

[II] 떨어져나가서. "멀어져나가다"(ὑπάγειν)는 요한복음에서 일반적인 용어이다. 여기서 이 말은 많은 유다인들이 이전에 취했던 유다교에 대한 충성과 생활방식을 버리고 예수의 제자들이 되었음을 의미한다. 6장 67절에서 대다수 제자들이 예수의 곁을 떠났고 그와 함께 다니지 않았음을 참조하라. 따라서 "가서 믿었다"라는 말이, "점점 많은 사람들이 믿게 되었다"로 번역되어야 했었던 ומהמנין אזלין를 나타내는 것이라는 가설(Torrey, 30, 39—40, 43—44)을 내세울 필요는 없다. 앞서 추론된 아람어를 취한다고 해도 "그들은 더욱 더 믿게 되었다"로 번역되어야 할 것 같다. 유다인들 가운데 많은 사람들이 믿었던 사실에 대해서는 2장 23절을 참조하라. 또 표징들의 증거상의 가치에 대해서는 20장 30·31절을 참조하라.

4. 예루살렘 入城 12장 12—19절

12 다음 날 명절을 지키러 와 있던 군중이 예수께서 예루살렘으로 들어오
신다는 말을 듣고 13 종려나무 가지를 들고 맞으러 나가 외쳤습니다: "호산
나, 주의 이름으로 오시는 이에게 복이 있으라. 이스라엘의 왕에게 복이 있
으라." 14 예수께서 나귀 한 마리를 얻어 타셨는데 그것은 기록된 말씀과 같
았습니다. 15 "딸 시온아, 두려워하지 말라. 보라, 너희 임금이 오신다. 어
린 나귀를 타고 오신다." 16 제자들이 처음에는 이것을 깨닫지 못했으나 예
수께서 영광을 받으신 후에야 이것이 예수에 대하여 기록된 것이며 또 그대
로 사람들이 예수에게 행했다는 것을 비로소 깨닫게 되었습니다. 17 또 예
수께서 라자로를 무덤에서 불러내어 죽은 자들 가운데서 다시 살리실 때 함
께 있던 사람들이 그 일을 증거했읍니다. 18 그래서 군중이 예수를 맞으러
나왔읍니다. 그것은 그들이 예수께서 기적을 행하셨다는 말을 들었기 때문
입니다. 19 이것을 본 바리사이파 사람들이 서로 말했읍니다: "당신네들이
유익하지 않은 일을 하고 있소. 보시오, 온 세상이 그를 따라가고 있소."

예수가 나귀를 타고 군중의 환호를 받으면서 예루살렘에 입성하였다는 설화는 공관복음서에도 나온다(마르 11, 1—11 ; 마태 21, 1—11 ; 루가 19, 29—38). 요한의 설화와 공관복음서의 설화가 실로 동일한 것은

아니지만 그렇다고 해서 요한의 설화가 마태오나 루가의 설화에 비교하여 마르코의 설화와 보다 크게 다르다고는 말할 수 없다. 만일 요한이 즈가리야 9장 9절에 대한 명백한 인용문을 도입하고 있다면(15절) 이와 마찬가지로 마태오도 그 인용문을 도입하고 있다(21,5). 만일 요한이 예수가 왕으로 환영받았던 것으로 말하고 있다면(13절) 루가도 이와 마찬가지이다(19,38). 마르코와 요한 사이의 가장 중요한 차이점은 마르코복음에서 예수는 한 동물을 구해서 타고 갈 계획을 미리 세워서 먼저 행동을 취한 것으로 나타나 있는 반면에, 요한복음에서 예수는 먼저 군중의 갈채를 받은 후에 한 어린 나귀를 "발견하고"(14절) 그것을 탄 것으로 나타나 있다는 점이다. 이 점에 대해서는 아래를 참조하라. 요한 설화의 핵심 내용은 마르코 설화의 내용과 동일하다. 또한 요한이 마르코복음을 읽었다는 사실이 증명될 수는 없다고 하더라도 요한이 마르코처럼 기술하였고 또 그 설화를 그의 신학적인 관심들에 비추어서 변형시켰다는 사실만큼 간단하고 명료한 가설은 없다. 이 책 I권 72—78면을 참조하라. 요한이 마르코에 근거했든 안했든간에 이 설화의 내용은 전승을 따른 것이고 또 요한은 그 내용을 크게 바꾸지 않았다. 그러나 요한은 그에게 특별히 중요하였던 두 가지 신학적인 주제들에 강조점을 둔다. 첫째, 요한은 예수가 "이스라엘의 왕"(ὁ βασιλεὺς τοῦ 'Ισραήλ: 13절), 즉 그의 나라에 어울리는 방식으로 영접받은 메시야적인 왕임을 강조하고 있다. 요한은 예수가 실제로 사형에 처하게 된 혐의는 (로마의 통치자에 의해서 잘못 해석되었는데) 왕이라는 그의 주장이었음을 알고 있었다. 이 점을 그는 수난설화에서 충분히 발전시켰고(18,33—40 ; 19, 1—6· 12—16·19) 현재의 사건을 수난설화를 도입하는 데 사용하였다. 둘째로, 제자들은 (예수의 예루살렘) 입성이 지닌 왕적인 의미를 후에야 비로소 이해하였지만, 그 당시에는 그러한 의미로 이해하지 못하였음을 요한은 지적하고 있다(16절 ; 그 주석 참조). 복음서의 또 다른 중심 주제인 예수의 영화롭게됨은 제자들의 이해에 있어서 필수적인 조건이었다.

요한은 이 두 가지 주제에 대한 그의 서술이 역사로서는 거의 불가능함을 알지 못하였다. 아니면 그가 그러한 사실을 알았다고 해도 역사에 대한 세부적인 묘사에 거의 관심이 없었기 때문에 그가 그의 설화로 끌어들였던 것으로 보이는 모순을 수정하지는 못했을 것이다. 만일 제자들이 예수의 (입성의) 메시야적인 의미를 이해하지 못했다면 군중은 "더군다나"(a fortiori) 그러한 의미를 이해하지 못했을 것이다(마태 21, 11). 그러나 만일 군중이 그 사건을 이런 식으로 이해하지 못했다면 그들은 예수를 이스라엘의 왕으로 환호하며 맞이하지는 않았을 것이다. "오시는 분"(ὁ ἐρχόμενος)은 원래 다른 의미를 지녔을 것이다(참조. 6, 14 : "세상에 오시기로 된 예언자").

요한은 설화에서 군중의 환호와 나귀에 대한 언급이 나오는 순서를 사려깊게 뒤바꾸었을 법도 하다(앞의 해설 참조). 최근의 여러 주석가들에 의하면(예. Dodd, Sanders, Brown, Lindars), 왕의 칭호가 군마가 아닌 나귀를 타고 오실 즈가리야의 평화의 왕이라는 용어로 규정되었을 때만, 예수는 왕이라는 칭호를 받아들일 수 있었고 또 받아들였을 것이라는(참조. 6, 15) 사실을 제시하는 데 요한의 의도가 있었다고 한다. 이러한 주장은 예수의 입성이 민족주의자의 등장에 대한 암시로서 의도된 것이었다는 견해(13절에 대한 주석 참조)에 비해 보다 그럴듯한 것임이 분명하다. 민족주의자의 등장에 대한 암시가 그 사건에서 본래 의도된 바였다고(그럴 것 같지는 않은데) 하더라도 요한은 그것을 지지하지 않는다. 요한은 마르코의 상세한 설화에는 관심이 없었고 나귀를 소개하면서도 그가 즈가리야를 인용하는 데 필요했을 때 가급적 간결하게 언급하였다는 것은 있을 법한 일이다.

바리사이파 사람들은 예수에게 행해진 열광적인 환영을 주시하고 군중이 상황을 제대로 다루지 못한 데 대해서 요한의 반어법이 충분히 드러나 있는 말로 말한다 : "온 세상이 그를 따라가고 있소."

[12] 다음 날. 때에 대한 주석에 대해서는 1장 29절을 참조하라. 이 절은 12장 1절을 생각나게 한다. 이 절의 날(과월절 닷새 전)과 13장 1절의 날(과월절 전날) 사이의 시간적 간격은 36절, "(예수께서) 떠나서 몸을 숨기셨읍니다"에서 설명된다. 마르코복음에서 승리의 입성은 향유를 바른 이야기보다 앞에 나온다(11, 1—11 ; 14, 3—9). sin 사본은 "다음 날"(ἐπαύριον)이란 말 다음에 "그는 감람산으로 떠나 그곳에 이르셨다 ; 그리고…"라는 말을 덧붙였다. 이 삽입구는 마르코복음 11장 11·19절과 루가복음 21장 37절을 연상케 한다. 그러나 그 독법의 기원은 불분명한 채로 남아 있다.

명절을 지키러 와 있던 군중이. 과월절은 연례적인 세 가지 순례축제들 가운데 하나였고 이 절기에 매우 많은 사람들이 예루살렘으로 모여들었다. 요세푸스(*Bel.* Ⅵ, 422—5)는 케스티우스 갈루스(Cestius Gallus; 유다 전쟁 발발시에 시리아의 통치자)의 명령을 받아 행해진 인구조사에 대해서 언급하였는데, 그 당시 과월절 축제에 참석한 인파는 이백 칠

십만으로 추산되었다. 이와 같이 거대한 숫자의 사람들을 예루살렘 도시권 내에 (비록 그러한 목적을 위해서 확대되었기는 하지만) 수용할 수 있었다고는 믿어지지 않는다. 그러나 무수히 많은 군중이 참석하였다는 것만은 확실하다.

들고. 이 말은 "군중"(ὄχλος)에 걸리는(ad sensum) 말이다. 9절을 참조하라.

[13] 종려나무 가지. βάϊον(*L.S.*, 신판에는 이와 같이 강세 표시가 되어 있음)은 콥트어 ba(i)("대추 야자의 가지")라는 말에서 파생된 말이다. 이 말의 보다 일반적인 어형은 βαΐς(βάϊς)인데 요한이 사용한 말(βαΐα)은 파피루스 문서(참조. *M.M.* 해당 항목)와 마카베오상 13장 51절에서도 확인된다. 마카베오상 13장 51절에서(그러나 그리이스 성서의 그밖의 곳에서는 나오지 않음) 그 어형인 βαΐων(소유격, 복수)이 아마 βάϊς에서 파생된 것일 가능성이 있다고 하더라도 요한의 말은 확인된다. 요한복음에서처럼 마카베오상에서도 종려나무 가지들이 개선 행진에 사용되었다. 때때로 종려나무 가지들(예. 묵시 7,9)로 사용되는 φοίνιξ란 말은 여기서는 "종려나무"를 의미할 것이다. 따라서 생략되지 않은 표현인 βάϊα τῶν φοινίκων은 필요 이상의 표현어구이다. 그러나 이 말이 *T. Naph.* 5.4에서 (관사없이) 나온다. 종려나무 가지의 사용은 아마도 저명인사에게 보내는 환호섞인 환영을 단지 의미하는 것으로 보인다. 이와같이 마르코복음 11장 8절에도 "다른 사람들이 생나무 가지를 꺾어다가 길 위에 [깔았읍니다]"로 나와 있다. 그러나 요한은 lulab(직역하여 "종려나무 가지")를 표현하고자 했을 거라는 사실은 있을 법한 것이다. 이 히브리어는 레위기 23장 40절("…아름다운 종려나무 가지를…")의 절기의 이행에 나오고 초막절 축제에 사용되었던 종려나무와 도금양과 버드나무 가지로 묶여진 한 다발의 나무가지를 말하는 것이다(*Sukkah* 3). 이 "종려나무 가지들"(lulabs)은 시편 118편이 초막절에 낭송되었을 때 호산나라는 말이 나오면 그때 흔들어졌던 것이다(*Sukkah* 3,9). 마카베오하 1장 9절과 10장 6절에 의하면, 성전 수복절(참조. 10,22)은 초막절과 유사한 방식으로 기념되었다.[1] 전

---

1) 예수의 예루살렘 입성은 새로운 성전 봉헌의 의미를 지닌 것이었다는 제안에 대해서는 F.C. Burkitt, *F.T.S.* 구판 17(1916), 139-49, 또한 C. G. Montebiore, *The Synoptic Gospels* (1927), I, 259-60. 더 나아가서 주석서들에 덧붙여서 W.R. Farmer, *F.T.S.* 신판 3 (1952), 62-6과 B.A. Mastin, *N.T.S.* 16 (1969), 76-82 참조.

문가들은 종려나무가 예루살렘 시에서 자랐고 또 쉽게 사용될 수 있었는가라는 문제에 대해서 의견을 달리하는 것같다. 다음과 같은 예레미아스의 견해를 따르는 것이 대체로 무방해 보인다. "예루살렘에는 오늘날에도 몇 그루의 종려나무가 있으며 또 Pseudo-Aristeas 112에는 예루살렘 생산품들간의 연대를 나열하고 있다는 점을 우리가 유념한다면… 요한의 설명은 가능한 것같다"(*Jerusalem*, 43). 그렇다면 미리 고려해볼 만한 요소는 "손에 들었다"(ἔλαβον)와 관사 τά에 한정될 수 있는데, 그러나 여기서 관사 τά는 "그들은 '그' 종려나무 가지들, 즉 절기에 사용할 목적에서 (아마도 예리고로부터) 가져왔던 가지들을 취했다"로 확대 해석될 수도 있다. 종려나무만이, 비록 그것이 (앞서 설명한) lulab의 하나의 요소가 아니라고 하더라도 예루살렘 입성의 장면에 민족주의적인 분위기를 다소 풍기고 있다. 그러나 민족주의와 종교가 제휴한 것은 흔히 1세기의 일이었다. 요한복음에 나타난 상세한 묘사는 사변을 넘어서는 확실한 증거를 제시하지 못하며 또한 그것은 결국 마르코복음에 나타난 바와 같이 자발적인 군중의 환영의 표징들로 잘 설명될 수 있다. 그러나 상징들로서 종려나무는 군중의 입을 통해 듣게 된 말들과 일치한다. 아래를 참조하라.

맞으러 나갔읍니다. 이 말은 군중이 이미 예루살렘에 있었고 그러던 중에 예수를 만나러 나갔음을 암시한다. 17·18절은 두 부류의 군중을 암시하는데, 한 부류는 예수를 따라 다녔던 자들이었고, 다른 부류는 예수를 만나기 위해서 예루살렘에서 나온 자들이었다.

호산나. 이 말은 히브리어 הוֹשִׁיעָה נָּא에 대한 음역이거나 아니면 시편 118편 25절에 나오는 이에 상응하는 아람어 הוֹשַׁעְנָא에 대한 음역으로 봄이 더 그럴 듯하다. 70인역은 σῶσον δή("우리가 기도하오니 이제 구원하소서")라고 정확하게 번역하였다. 요한복음에는 마르코복음에서 이 말이 사용된 데(11, 10)서 제기된 난점들이 없다. 여기 나오는 시편은 과월절에 "찬양"(Hallel) 그룹에 의해 마지막으로 불려진 노래였다. 그러나 이것은 특별한 초막절 축제 행사의 일부이기도 했다(참조. *Sukkah* 3,9 ; 4,5). 이 말은 이미 그 본래적인 의미를 많이 상실하였고 찬양의 환호소리로만 사용된다는 것은 그럴듯한 사실이다.

주의 이름으로 오시는 이에게 복이 있으라. 마르코복음 11장 9절에도 이와 같이 나온다. 시편 118편 26절에는 ברוך הבא בשם יהוה("주의 이름으로 오시는 자가 복이 있음이여")라고 나오는데, 여기서 "주의 이름으로"는 확실히 "복이 있다"를 받는 것이어야 한다. 그러나 요한은 그 이전의 마르코와 마찬가지로 "그 이름으로, 즉 주님의 일과 권위를 갖고서 오시는 이에게 복이 있으라"를 뜻하였다. 70인역은 마르코복음이나 요한복음과 동일한 말들로 번역되어 있기 때문에 우리는 요한이 마르코복음에서 빌려온 히브리어를 번역한 것이거나 아니면 70인역을 인용한 것인지에 대해서 말할 수 없다. 엘리야에 대한 언급이 있을 법하기는 하지만 그럴 것 같지는 않다(Daube, *N.T.R.J.*, 20—3).

이스라엘의 왕. 참조. 마르코복음 11장 10절 : "다가오는 우리 조상 다윗의 나라여, 복이 있으라." 루가복음 19장 38절은 "주의 이름으로 오시는 왕이여, 복이 있으라"고 나와 있다. 여기서 "왕"은 확실히 "오시는 이"에 대한 해석이다. 이 점은 요한복음에서도 사실임이 분명한데, 왜냐하면 *καί*는 (만일 이 말을 읽는다면) "말하자면"을 의미할 것이고 두 가지 칭호를 한 칭호로 결합하는 것이기 때문이다. "오시는 이"는 (엘리야가 아니라) 메시야이다. 이 언급은 아마도 요한 자신의 해석적인 주석인 것 같은데, 15절에서 인용하게 될 즈가리야 9장 9절 (참조. 스바 3, 15)에 근거한 마르코의 귀절을 명시하는 것이다. 유다인의 왕으로서가 아닌(참조. 18, 33·39 ; 19, 3·14·19) 이스라엘의 왕으로서의 예수에 대해서는 1장 49절, 18장 37절, 19장 19절과 그 주들을 참조하라.

[14] **예수께서 나귀 한 마리를 얻어.** 예수가 나귀를 얻어타는 상황이 훨씬 더 상세하게 묘사된 마르코복음 11장 1—7절을 참조하라. 요한이 마르코의 이야기를 수정할 의도였다고 가정하는 것은 불필요하다. *εὑρών*은 "찾은 후 얻게 되다", "다른 사람들의 주선으로 얻게 되다"를 의미하였을 수도 있다. 여기서 요한은 이렇다 할 특별한 의미를 발견하지 못했던 이야기를 짧게 단축하였다. 요한은 예수에 대해서 투시력을 지닌 신적 인간의 범주보다 더 고차원적인 범주들을 설정하고 있다(이책 I권 118—120면 참조). 그러나 마르코와는 달리 요한은 예수가 환영받은 후 그 동물을 발견한 것으로 설정하고 있다는 것은 타당한 관찰이다. 요한은 군중의 민족주의적인 열광을 정정하기 위해서 나귀를 선택하려고 했던 것 같다. 그러나 마찬가지로 가능한 사실은(앞의 설명 참조), 요한이 단지 그 이야기를 구약성서적인 요소들에 의하여 정돈하고 있다는 점이다. 예수는 시편 118편의 언어인 오시는 왕으로서 환영을 받는다. 그런 다음 예수는 한 나귀를 발견하고 이로써 즈가리야 9장의 예언을 성취한다. 신약성서에서 단 한번 나오는 "나귀"(*ὀνάριον*)란 말은 요한이 15절에 나오는 같은 말인 "어린 나귀"(*πῶλον ὄνου*)를 생략형으로 쓴 말이다.

기록된 말씀과 같았읍니다. 6장 31절을 참조하라.

[15] 즈가리야 9장 9절에 대한 요한의 인용은 다음의 두 가지 점에서 히브리어 성서나 70인역과 다르다. 첫째, 요한복음에는 "두려워하지 말라"(μὴ φοβοῦ)로 되어 있으나, 히브리어 성서에는 "크게 기뻐하라" גִּילִי מְאֹד로 되어 있으며 70인역은 이 히브리어역을 적절하게 표현하여 "크게 기뻐하라"(χαῖρε σφόδρα)로 되어 있다. 요한의 번역이 어떤 자료에 근거한 것인지 확실하지 않으며, 그 초기의 자료가 구약성서에 대한 충분한 번역에서건 아니면 모세의 율법책에 나오는 것이건간에 그것에 대한 증거가 없다. 요한이 기억에 의하여 엉성하게 인용하였던 설명보다 더 나은 설명을 입수하기란 어렵다. 이사야 40장 9절("두려워 말고…너희 하느님을 보라")과 같은 귀절이 요한의 연상에 영향을 미쳤을지도 모른다(참조. 이사 44, 2 ; 즈바 3, 16). 둘째, 요한의 인용문은 "어린 나귀를 타고 오신다"라는 말로 끝난다. 히브리어 성서에는 "나귀, 그것도 나귀 새끼인 망아지를 타고"(רכב על חמור ועל עיר בן אתנות)로 되어 있다. 70인역은 "당나귀와어린 나귀 새끼를 타고"로 나온다. 여기서 다시 한번 요한이 부주의하게 인용한 것임이 드러날 수도 있다. 아니면 아마도 히브리어의 대귀법이 요청되었고 (또 마태오복음에서 기인했던 것이기도 한데) 그러한 대귀법에 의하여 언어적인 정확성보다는 그 의미를 보다 고려하여 난해한 말들이 간단하고 명료하게 다시 기록되었다는 오해를 요한이 알고 있었던 것 같다. 요한은 담론에서보다 설화에서 자주 구약성서를 증거로 사용한다. 물론 여기서도 그는 전승자료를 재생하고 있다. 우리는 여기서 전도서 대 미드라쉬(*Eccles. R.*) 1장 8절에 나오는 세 가지 메시야 표징들 가운데 한 가지 표징을 보게 되는데, 거기서 즈가리야 9장 9절은 출애굽기 4장 20절에 대한 대응부로 나타난다고 마르틴(98 이하)은 지적하였다(참조. 6, 1—14 ; 7, 37·38 ; 4, 3). 미드라쉬에서 메시야는 모세와 비교되고 있다. 그러나 요한복음의 이 귀절에서는 이러한 비교가 나오지 않는다.

딸 시온아. 이러한 표현은 (70인역은 호격으로 사용하고 있지만 그러나 그밖의 곳에서는 동일한 격으로 사용됨) 여성형 집합명사에 대한 히브리어법에서 나온 것이다(G.K., 414).

[16] 깨달았다. D Θ는 "그들은 깨달았다"(ἐνόησαν)로 읽는다. "깨닫다"(νοεῖν)란 말은 요한복음의 그밖의 곳에서는 (인용문인) 12장 40절에서만 나오며 당연히 이 말이 원어이다.

이 말(νοεῖν)을 매우 일반적인 용어인 γινώσκειν으로 바꾸는 것이 자연스러울 것이다. 이 절의 사상에 대해서는 2장 22절과 13장 7절을 참조하라. "영광을 받으셨다"에 대해서는 7장 39절, 12장 23절 등을 참조하라. 예수의 선교를 증거하는 성령(참조. 7, 39)에 대해서는 15장 26절과 16장 13·14절을 참조하라. 간혹 요한복음에서 제자들은 마르코복음에서와 같이 이해가 더딘 것으로 나타난다. 특히 16장 29—32절을 참조하라. 여기서 제자들은 예루살렘 입성이 지닌, 요한 자신이 분명히 강조했던 메시야적이고 왕적인 의미를 알지 못하였는데, 그들은 예수가 나귀를 사용한 데서 예언이 성취되었음을 깨닫지 못하였다. 제자들의 몰이해를 강조함으로써 요한은 아마도 예수의 가장 가까운 추종자들조차도 그를 이해하기 전에 예수의 영광받음의 필연성(또는 함축적으로 성령의 선물)을 밝히려고 하였던 것 같다. 또한 그럴듯한 사실은, 이렇게 함으로써 요한은 의도적으로나 비의도적으로 오래된 믿을 만한 전승을 재생하였다는 것과, 제자들은 그들이 목격하였던 바를 사실상 이해하지 못하였다는 것이다. 그러나 만일 이러한 견해가 옳다면 거기에 따르는 결과들이 언급되고 채택되어야 한다. 만일 제자들이 예수의 입성에서 메시야의 입성을 보지 못했다면 하물며 군중이 그렇게 했을리는 만무하다. 그들이 어떻게 구약성서의 암시를 빨리 이해할 수 있었겠는가? 그러나 요한은 그들이 예수를 이스라엘의 왕으로 환영한 것으로 묘사하고 있다(13절). 이 설화는 실제로 자체 모순적인 것이다. 그 귀절에 메시야적인 해석을 가하지 않고, 말하자면 예수 자신을 메시야로 간주하지 않고 군중이 예수를 오시는 분으로 환영하였다면 모순이 없을 것이다. 그러나 요한은 첫째 즈가리야 9장 9절의 영향을 받아서, 또는 예수를 참된 이스라엘의 왕으로 표현하는 데 그의 의도가 있었기 때문에 "이스라엘의 왕"이라는 칭호를 도입하였다. 둘째 그는 예수의 사역의 완성 이전에는 제자들은 예루살렘 입성을 이해하지 못하였고 따라서 그가 의도적으로 제시하였던 모순을 인식하지 못하였다는 사실을 아마 아주 정확하게 언급하였다.

그대로 사람들이 예수에게 행했다. 요한복음에서가 아니라 공관복음에서만 그들이(제자들이) 이 사건에 기여하였다. 요한의 말들(ταῦτα ἐπόιησαν)은 보다 오래된 전승, 아마도 마르코복음을 그가 알고 있었음을 보여 준다.

[17] 그들은 예수의 권능에 대한 증거로서 행해진 일들을 선포하였다. 표징들 자체가 지니고 있는 증거에 대해

서는 그 예로 5장 36절을 참조하라.

…하던 때. "때"(ὅτε)가 P66 D it sin pesh 등에는 "때문에"(ὅτι)로 되어 있다. 이것은 아마 장면을 단순화시키고자 한 시도인 것 같다. 다음 절을 참조하라.

[18] 그래서 군중이 예수를 맞으러 나왔읍니다. 13절을 참조하라. 이 말은 어떤 군중은 예수를 따라다녔고 기적을 선포하였음을 암시하며 또 다른 군중은 그들이 선포된 말을 들었기 때문에 예루살렘에서 예수를 맞으러 나왔음을 암시한다.

그것은 예수께서 기적을 행하셨다는. "그것"(τοῦτο)은 강조의 위치로 제시된다. 이 기적은 요한이 그 밖의 곳에서(특히 11장 45·46절) 암시하듯이 기본적이고 결정적인 중요성을 지닌 것이다.

[19] 이것을 본 바리사이파 사람들이 서로 말했읍니다. 11장 47절에 나오는 "대사제들과 바리사이파 사람들"을 참조하라. 요한이 대사제와 바리사이파의 두 집단을 분명하게 구분했는지가 의심스럽다. 블랙(103)은 "서로"(πρὸς ἑαυτούς)란 말이 아람어의 품성격 여격을 표현하는 것이라고 제안하며, 샌더스는 이 말을 "그들 편에서"라고 번역한다(그러나 *B.D.* § 287 참조). "그들 자신"(ἑαυτούς)이란 말은 "서로"(ἀλλήλους)란 말 대신에 사용된 것이다.

당신네들이 유익하지 않은 일을 하고 있음을 보시오. "보시오"(θεωρεῖτε)는 서술법이긴 하지만 아마 명령법일 것이다. "유익을 주다"(ὠφελεῖν)란 말의 사용에 대해서는 마태오복음 27장 24절을 참조하라. 요한복음 6장 63절 : "너희는 아무런 유익도, 소용도 없는 일을 행하고 있다."

세상. D Θ φ it vg sin pesh에는 "온"(ὅλος)이란 말이, 혹은 이와 유사한 말이 첨가되어 있는데, 옳은 것 같다. P66 P75 ℵ B 등은 세상이란 말을 생략하고 있다. כל העולם (아람어에서 유사한 표현들과 같이)은 "모든 사람"(tout le monde)이란 의미의 일반적인 관용어이다. 그 용법은 그리이스어적인 것이 아니라 셈어적인 것이다. 이 복음서에서 7장 4절, 14장 22절, 18장 20절을 참조하라. 바리사이파 사람들이 한 말은 "모든 사람이 예수의 편에 서 있소"를 의미할 뿐이다. 그러나 요한은 그 자신만의 특징적인 헬라어로 기술하고 있으며, 그가 유다인들에게 돌리는 이 말들을 통하여 반어적으로 다음의 두 가지 진리를 암시한다. 즉 예수는 세상을 구원하기 위해서 세상에 보내심을 받았다는 것과 (3, 17), 또 하나는 이방 세계의 대표자들, 다시 말하여 이방 교회의 선구자들이 바로 그 때에 몰려들었다는 것이다(20절). 또한 11장 52절과 12장 32절을 참조하라. 보편주의는 이미 즈가리야 9장 9절에 함축되어 있다. 린다스는 이 단락 다음에는 본래 성전 정화(현재는 그 위치가 2장 13—25절로 옮겨진 것)와 11장 47·48절이 이어진다고 생각한다.

5. 祝祭에 참석한 헬라 사람들 12장 20—36절

20 명절에 예배하러 올라온 사람들 중에 헬라사람 몇이 있었는데 21 그들
이 갈릴래아 베싸이다사람 필립보에게 가서 "선생님, 예수를 뵙게 해주십시
오"하고 청했읍니다. 22 그래서 필립보가 안드레아에게 가서 말하고 안드레
아와 필립보가 예수께 와서 그 말을 전했읍니다. 23 그러자 예수께서 그들에
게 대답하셨읍니다: "사람의 아들이 영광을 받을 때가 되었다. 24 내가 진정
으로 진정으로 너희에게 말한다. 밀 알 하나가 땅에 떨어져 죽지 않으면 한
알 그대로 있고 죽으면 많은 열매를 맺는다. 25 자기 목숨을 사랑하는 사람은
잃을 것이요 이 세상에서 자기 목숨을 미워하는 사람은 영원한 생명에 이르
기까지 그 목숨을 보전할 것이다. 26 누구든지 나를 섬기려면 나를 따라야
한다. 내가 있는 곳에 나를 섬기는 사람도 있을 것이다. 누구든지 나를 섬기
면 내 아버지께서 그를 높이실 것이다." 27 "지금 내 마음이 초조하니 내가
무슨 말을 하겠는가? 아버지시여, 이 시간에서 나를 건져주옵소서. 그러나
나는 바로 이 일을 위하여 이 시간에 이른 것이옵니다. 28 아버지시여, 당
신의 이름을 영광스럽게 하옵소서." 그때에 하늘에서 소리가 들려왔읍니다:
"내가 이미 영광스럽게 하였고 또 다시 영광스럽게 하리라." 29 거기 서서
듣고 있던 무리 가운데 어떤 사람은 천둥치는 소리라 하고 또 다른 사람들
은 천사가 그에게 말한 것이라고 했읍니다. 30 예수께서 대답하셨읍니다:
"이 소리가 난 것은 나를 위한 것이 아니라 너희를 위한 것이다. 31 지금은
이 세상이 심판받을 때이며 지금이야말로 이 세상의 통치자가 쫓겨날 때이
다. 32 내가 땅에서부터 높이 들려 올라가게 될 때에 나는 모든 사람을 내
게로 이끌 것이다." 33 이것은 예수께서 자기가 당하실 죽음이 어떠한 것인
지를 암시하여 하신 말씀입니다. 34 그때에 사람들이 예수께 말했읍니다:
"우리는 율법에서 그리스도가 영원히 살아계시다는 것을 배웠읍니다. 그런
데 어떻게 당신은 사람의 아들이 높이 들려야 한다고 말씀하십니까? 사람
의 아들이 누구입니까?" 35 예수께서 그들에게 대답하셨읍니다: "아직 얼
마 동안은 빛이 너희 가운데 있을 것이다. 빛이 있는 동안에 다니고 어두움
이 너희를 이기지 못하도록 하라. 어두움 속을 다니는 사람은 자기가 어디

로 가는지 모른다. 36 빛이 있는 동안에 너희는 그 빛을 믿고 빛의 아들이 되라." 예수께서 이 말씀을 하신 후에 그들을 떠나서 몸을 숨기셨읍니다.

필립보에게 가서 "선생님, 예수를 뵙게 해주십시오"라고 청한 헬라인들의 등장은 이 복음서의 첫 부분의 말미와 12장 19절의 완결을 특징짓는다. 세상이 예수를 뒤따르게 된다. 요한은 헬라인들(이방인들)을 위해서 기술하고 있다. 그리스도교의 메시지가 이미 그들에게 알려졌고 그리스도교 교회가 그들을 받아들이고 있다는 사실을 요한은 알고 있지만 그러나 그들은 복음서 자료 자체에서는 별로 중요하지 않은 자리를 차지하는 것으로만 나타난다. 예수를 뵙고자 한 헬라인들이 예수 앞에 직접 나타나지 않는다는 사실은 우연한 결과이거나 잘못 기술한 데서 연유한 것이 아니며, 또한 이러한 사실은 정확한 역사에 대한 사려깊은 고려에서 기인한 것도 아니다. 헬라인들은 아직 예수를 만나뵐 수 없다. 그러나 그들의 등장은 예수의 죽음과 영광의 때가 임박했음을 지시하는데, 이 복음서에는 십자가 처형 이후에만 유다인과 헬라인이 함께 나오기 때문이다. 하느님의 목적에 있어서 그 역할을 본질적으로 거부해 왔던 유다교에서 예수는 더 이상 머물 자리가 없다. 보지 않고도 믿는 자들에게 복이 있다(20, 29). 바울로는 이런 식으로 이스라엘이 특별한 소명을 보유했다는 신앙을 포기하지 않았다(로마 9—11장).

헬라인들의 몰려옴을 도입하였던 자료는 주로 공관복음 전승에 근거한 것이다. 죽어야만 열매를 맺을 수 있는 씨앗에 대한 언급은 (24절) 씨앗과 씨뿌림에 대한 공관복음서의 비유들을 연상케 한다.[1] 자기 목숨을 잃음으로써 얻게 된다는 잇따른 말들은 마르코복음으로부터 약간의 변형을 가미하여 취해진 것이다.[2] 27—30절은 게쎄마니에서의 예수의 고뇌에 대한 공관복음서의 설화들에서 빌려온 것이다.[3] 그리고 종결부분은 사람의 아들 칭호를 다루고 있으며 빛과 어둠의 상징으로 다시 돌아간다. 사람의 아들 칭호에 대해서는 이 책 I권 114—115면과 1장 51절에 대한 주석을 참조하고, 빛과 어둠의 상징에 대해서는 8장 12절에 대한 주석을 참조하라. 따라서 요한이 그의 복음서에서 이와같이 중요한 요지를 지적하기 위해서 채택하였던 자료를

1) 마르 4, 3-9·26-29·30-32; 마태 13, 3-9·24-30·31·32: 루가 8, 4-8; 13, 18·19.
2) 마태 10, 39; 루가 9, 23·24; 17, 33.
3) 마르 14, 32-42; 마태 26, 36-40; 루가 22, 40-46.

주시하는 것은 중요하다. 그것은 대체로 복음서의 주된 경향과 조화를 이루고 있다. 그 핵심은 아버지에 대한 예수의 완전한 복종에 있다. 이 주제는 재차 반복해서 강조된 것으로서 오직 이것에 의해서만이 예수의 선교에서 이루어질 하느님의 계시가 가능하게 된다. 이러한 사실은 여기서 게쎄마니 자료에 의해서 설명될 수 있긴 한데, 그러나 이것은 공관복음서에 비해 보다 일반적인 용어로 사려깊게 서술되어 있다. 예수가 이제까지 살아온 것은 다른 목적에서가 아니라 하느님 앞에 자기 자신을 온전히 바치는 데 있었기 때문에 예수에게는 수난과 죽음의 "때"가 항상 예비되어 있음을 발견하게 된다. 예수의 죽음은 그의 복종적인 삶의 절정으로 간주되어 다음과 같은 의미를 지닌다. (ㄱ) 이 세상에 대한 심판(31절); (ㄴ) 사람의 아들의 올리워짐(23·32절); (ㄷ) 전체 선교의 절정이며 수확(24절); 그리고 (ㄹ) 이스라엘에 대한 도전(35·36절). 이러한 요지들은 요한의 사상에 있어서 대우 특징적인 점이다. 본 단락은 유다인들이 직면한 상황의 긴박성을 강조하면서 끝을 맺는다. 그들을 위해서 잠시동안만 빛이 비추인다. 이제 곧 예수는 모습을 감출 것이다(36절). 그리고 나서 그 빛이 다시 비추게 될 때, 그것은 "이방인들을 비추기" 위함에서이긴 하지만 다른 한편으로 이스라엘을 심판하기 위함에서이기도 하다. 그러나 이 점은 영원한 타당성을 지닌 것이며 요한의 독자들에게도 적용되는 것이다. 그들 역시 지체하지 말고 빛을 받아들여야 하는 일은 중요하다.

[20] **헬라사람 몇이.** "헬라사람"(ἕλλην)이란 말은 엄격하게 말해서 헬라종족에 속한 사람이 아니라 비유다계 출신의 사람을 의미한다. 7장 35절을 참조하라. 그리고 마르코복음 7장 26절에서 "헬라사람"으로 묘사된 여인이 나중에 또한 수로보니게인으로 묘사되어 있음을 참조하라. 로빈슨(*N.T. S.*6[1960], 120)에 의하면 "이 헬라인들은 이방인들이 아니라, 헬라말을 하는 유다인들이다"라고 한다. 이러한 견해를 따른다면 요한이 왜 그들을 헬라사람이라고 하였는지 그 이유를 알기가 어렵다. 이 헬라사람들은 이 절과 다음 절에서 언급되고 나서는 더 이상 나오지 않는다. 설화는 그들에 대한 언급없이 전개된다. 그들은 요한과 그의 독자들이 속한 이방 교회의 대표자들로서 말한다.

예배하러 올라온 사람들 중에. 전문용어로서 "올라오다"에 대해서는 2장 13절을 참조하라. "올라오다"(단수형 ἀναβάντων이 아니라 복수형

ἀναβαινόντων)는 반복의 효과를 지닌 말인 것 같다. "그 절기를 지키기 위해 올라왔던 사람들"이 아니라 "그 절기를 지키기 위해 올라오곤 했던 사람들"이다. 그들은 개종자였을지는 모르지만 그들이 개종자들이었다고 확실히 추론할 수는 없다. 참조. 사도행전 8장 27절 : (결코 개종자가 될 수 없었던) 이디오피아의 내시가 "예배드리러 왔다." 또한 Josephus, *Bel.* Ⅵ, 427 : "…어떤 이방인들이 모두 예배를 드리려고 왔다" ; 이 사람들은 과월절에 참가하는 것이 허용되지 않았기 때문에 분명히 완전한 개종자들은 아니었다. 그러나 요한이 이 사람들의 신분에 대해서 머리 속에서 분명하게 규정하였다고 생각할 필요는 없다. 그들이 유다인이 아니었다는 사실만으로 충분하였다.

[21] 갈릴래아 베싸이다사람 필립보. 필립보의 헬라식 이름과 출신지에 대해서는 1장 44절을 참조하라. 베싸이다가 실제로는 갈릴래아가 아니라 가울라니티스에 위치하였다는 사실은 이방인들이 열두 제자 가운데 필립보에게로 다가갔던 것으로 요한이 묘사했어야 했던 이유로서 관련된 것은 아니다. 왜냐하면 요한은 그곳이 갈릴래아에 있는 것으로 분명히 (잘못) 생각하였기 때문이다. 그곳은 실로 변방지역의 바로 맞은 편에 위치하였다. 따라서 갈릴래아의 베싸이다로 알려지지 않은 다른 지명을 추측할 만한 이유가 없다. 요한은 이사야 9장 1—7절을 염두에 두었던 것 같다(Lightfood).

주님. 여기서는 물론 "선생님"으로 번역되어야 한다.

예수를 뵙게 해주십시오. ἰδεῖν("보다")이 "…와 면담하다"라는 뜻으로 쓰인 것에 대해서는 루가복음 8장 20절, 9장 9절, 사도행전 28장 20절을 참조하라. 이 말의 용법은 고전적인 것이다(L.S. εἴδω 항목 참조). 추측컨대, 면담은 이루어지지 않았고 또한 꼭 필요한 것도 아니었다(20, 29).

[22] 안드레아에게…말하고. 필립보처럼 안드레아(참조. 1, 40)도 헬라식 이름을 갖고 있으며, 이와 같이 다른 이름을 갖고 있는 사람은 열두 제자 가운데서 필립보 외에 그가 유일한 사람이었던 것 같다. 바르돌로메오의 이름은 헬라적인 요소와 셈어적인 요소가 혼합되어 있는 것 같다 : 톨레미의 아들(아람어로는 bar). 상징적인 이야기로 생각되는 내용에서 이 두 제자를 언급하는 이유들은 다만 다음의 두 가지 사실에 있다. 하나는 그들의 이름이 암시해 주는 (그러나 증명될 수 없는) 헬레니즘적인 배경, 그리고 또 하나는 추측컨대 그들과 교회—복음서는 교회 안에서, 혹은 교회를 위해서 씌어졌는데—

간의 연관성이다. 필립보와 아시아 지역과의 연관성에 대해서는 이 책 I권 157·158면을 참조하라.[4)]

[23] 그러자 예수께서 대답하셨읍니다. 예수는 어떤 헬라인들이 그를 뵙고자 했다는 특수한 진술에 대해서 답변한 것이 아니라 그것으로 야기된 상황에 대해서 답변한 것이었다. 예수가 말하는 바는 바로 그의 죽음에 대한 것이다(다음의 주석 참조). 이방인 전도는 예수의 지상선교에 속한 것이 아니다(참조. 마태 10,5·6). 이방인 전도의 길은 예수의 십자가 처형과 부활 또는 교회의 선교를 통하여 열려 있다. 요한의 사상의 흐름은 로마서 9—11장에 나타난 사상의 흐름과 비교될 수 있다. 이스라엘이 대체로 (소수의 남은 자를 제외하고는) 먼저 메시야를 거부하였다. 게다가 예수의 죽음과 올리워짐을 통하여 이전의 계약에서 배제되었던 사람들("이 우리"에 속하지 않은 양들)이 (예수께로) 가까이 나아오게 되었다. 여기서 요한은 예수가 헬라인들과 직접 대화를 나눈 것으로 서술하고 있지 않다. 그러나 이러한 사실에 대해서 요한의 부주의한 기술이라고 할 수는 없다. 왜냐하면 본장의 나머지 부분은 예수의 유다인들에 대한 선교로 끝맺고 있는데, 그것은 헬라인들과 나눌 예수의 진실한 영적 대화가—십자가 처형의 다른 측면에서—시작되도록 하기 위함에서이기 때문이다.

때가 되었다. 요한복음에서 "때"의 용법에 대해서는 2장 4절, 4장 21·23절을 참조하라. 2장 4절, 7장 30절, 8장 20절(거기서 때는 아직 오지 않았다)과 12장 27절, 13장 1절, 17장 1절(거기서 때는 임박한 것으로 전망되고 있다)에서와 같이 여기서도 때는 예수의 죽음의 때이다.

영광을 받을. 그러나 예수의 죽음은 그의 영광을 의미한다. 16절을 참조하라. 그리고 "영광"(δόξα)과 "영광돌리다"(δοξάζειν)에 대해서는 1장 14절을 참조하라. 또한 "높이다"(ὑφοῦν)의 용법과 T. Joseph 10, 3 : "그를 높이고 찬양하다"를 참조하라. 이 귀절(ἵνα δοξασθῇ "영광받을")에서 ἵνα는 "때"를 규정짓는 시간적인 불변사로서 사용되었다. 버네이(Burney, 78)는 이 말을 셈어법으로 간주하였다. 그러나 참조. *M.* II, 470 : "…그러므로 이 용법은 기껏해야 부차적인 셈어법일 뿐이며 또

4) 안드레아에 대해서는 Eusebius *H.E.* III, i, I ("그러나 안드레아는 스구디아인을 [즉, 얻었다]" ἀνδρέας δὲ [즉, εἴληχεν] τὴν Σκυθίαν)와 McGittert의 지방민에 대한 주해 참조, 또한 안드레아 행전(M.R. James, *The Apocryphal New Testament* 〈1924〉, 337-63) 참조.

그것은 '일반적'(κοινή)으로 이미 매우 유동성을 띠게 되었던 이 불변사를 저자가 특별히 좋아했다고 보면 아주 쉽게 설명될 수 있다. 다드(*A.S.*, 92)는 여기서 이사야 52장 13절 : "종이 존귀하게 되리라"는 언급을 보았다. 그러나 요한이 말하고 있는 것은 종에 대한 것이 아니라 사람의 아들에 대한 것이다.

사람의 아들. 이 칭호에 대해서는 이 책 I권 114—115면과 1장 51절을 참조하라. 그리스도교 이전의 용법에 있어서 사람의 아들의 영광과, 하늘과 땅을 하나로 화합해야 하는 존재로서 그의 기능은 현저하게 묵시적—종말론적인 용어로 생각될 수 있다. 또한 초기 그리스도교 전승에서도 그와 같이 생각될 수 있다. 그러나 요한은, 상술한 용법을 그가 모조리 포기하지는 않았다고 하더라도, 오히려 사람의 아들을 하느님과 인간 사이의 화해를 가져온 그의 비천함에서 그의 영광이 성취된 자로 보고 있다.[5]

[24] 밀 알 (ὁ κόκκος τοῦ σίτου). 관사의 사용은 일반적인 것이다—대표적인 한 낟알. 그러나 여기서 (관사의 용법은) 알레고리적인 의미가 있는 것 같다—죽어서 열매를 맺을 "그" 낟알은 바로 그리스도이다. 씨뿌림과 씨앗의 상징은 공관복음에서 발견된다(마르 4,3—9·26—29·31·32 ; 마태 13,24—30). 또한 바울로에서도 (고전 15,36—38) 그러한 상징이 발견된다. 요한은 이 비유의 두 가지 용법을 모두 알고 있었음이 분명하다. 즉 그는 이 비유를 확실히 부활과 관련시키고 있으며, 하느님의 나라에 대한 공관서의 가르침은 그것이 지닌 그리스도론적 의미가 특징적으로 강조됨으로써 여기서 재현된다—요한에게 있어서 하느님의 통치는 왕의 인격에 집중되어 있다. 다드(*Tradition*, 366—9)는 밀알에 대한 요한의 비유의 말과 공관복음서의 비유들 사이의 형식적인 유사성을 지적하였다. 현재의 문맥만으로도 밀알의 비유는 특징적으로 요한의 역점을 담고 있는 것이다.

죽으면 많은 열매를 맺는다. 자연의 파멸이나 소생과 더불어 계절의 순환은 고대의 여러 지엽적인 다산 종교들과 일부 밀의 종교들의 토대를 이루었다. 이러한 순환은 신의 죽음과 부활의 신화에서 재생되었다. 요한이 이같은 자료들에 직접 의존하였다고 가정하는 것은 매우 불필요한 일이다. 요한이 설명하였던 예수의 죽음과 부활의 사실들을 담은 초기 그리스도교 전승만으로도 요한의 언어를 충분히 설명할

5) Higgins, *Son of Man*, 177이하 참조. 또한 S. S. Smalley, *N.T.S.* 15 (1969), 296 참조.

수 있다. 그러나 그밖의 곳에서처럼 여기서도 요한은 그의 (헬레니즘 시대의) 독자들에게 의미가 있었던 상징을 사용하기로 결정하였던 것 같기도 하다. "열매를 맺다"(καρπὸν φέρει)에 대해서는 15장 1—8절을 참조하라.

[25] 마르코와 Q자료에 모두 나와있는 공관복음서의 말(마르 8, 35와 병행귀들 ; 마태 10, 39=루가 17, 33 ; 루가 14, 26)을 참조하라. 다드(*Tradition*, 338—43)가 이 귀절이 여러 문헌에 많이 나오고 있다고 강조한 것은 옳다. 그러나 요한복음에서처럼 마르코복음에서도 이 말은 수난의 예고 다음에 바로 나오며 요한이 이 말에 대한 마르코의 형식을 염두에 두었을 가능성이 크다. 그것은 그가 계속해서 마르코복음 8장 34절에 대한 병행귀를 진술하고 있기 때문이다(26절). 24절은 제자직에 대한 말들로 넘어가는 적절한 이행귀를 이루고 있는데, 그것은 24절의 진술이 예수 자신에게 특히 해당되면서도 일반적인 용어로 언급되어 있고 보편적인 포괄성을 지녔기 때문이다. 공관복음서에서 예수의 수난 예고는 자주 제자들의 수난 예고와 함께 나온다(예. 마르 8, 34 ; 10, 39). 또한 바울로의 말 "그리스도의 남은 고난을 채워가고 있다"(골로 1, 24)를 참조하라. 흥미있는 라삐 문헌의 병행귀(*Taanith* 32a)가 다우베(*N.T.R.J.* 137)에 의해 제시된 바 있다.

자기 목숨을 사랑하는 사람. ψυχή("목숨")는 נפש (nephesh)처럼 생명이란 의미와 영혼을 결합시키는 말인데, 여기서 영혼은 인간의 육체와 대조되는 것으로서 실재로 살아있는 인간의 일부를 말한다. 앞서 인용된 공관복음서의 귀절들에서 ψυχή의 원래 의미는 재해석되는 경향이 있었던 바, 그것은 "생명"이다. 그리고 마르코복음 8장 35절은 "자기 몸(skin)을 구하려고 하는 자…"라고 관용어적으로 번역될 수 있을 것이다. 24절에 의해 요한복음에서 이와 유사하나 약간 확대된 의미가 결정된다 : "(자기 자신 안에서 또는 자기 자신을 위해서) 살고자 하는 자는 죽으리라."

목숨을 잃을 것이다. 이 말은 그 자신의 완전한 파멸의 원인을 지시한다. "잃다"(ἀπολλύναι)와 동일어원의 말들에 대해서는 3장 16절을 참조하라. 마르코복음 8장 35절에는 특징적으로 그 동사의 미래형(ἀπολέσει)이 나온다. 그러나 요한의 미래형 동사 "보존할 것이다"(φυλάξει)에 비추어 볼 때 이러한 차이를 강조하는 것은 잘못일 것이다.

자기 목숨을 미워하는 사람. 즉 자기 목숨을 부차적인 가치와 중요성을 지닌 것으로 생각하는 사람을 뜻한다. 여기서 "미워하다"(μισῶν)란 동사의 용법은 셈어적인 것이다. 그 예로 신명기 21장 15절과 창세기 29장 31·33절에 나오는 "미워하다"(שׂנא)의 용법을 참조하라.

이 세상에서. 마르코복음 10장 30절, "지금 이 세상에서…박해도 겸하여…오는 세상에서는 영원한 생명을"을 참조하라. 히브리어 העולם הזה (ha'olam ha-zeh)에 해당하는 요한의 이 어구의 원뜻은 시간적인 의미로서—현재의 세대를 말한다. 그러나 그 말 속에 준(準) 공간적인 요소가 들어 있다(참조. 8, 23).

영원한 생명에 이르기까지 그 목숨을 보존할 것이다. "영원한 생명"(ζωὴ αἰώνιος)에 대해서는 1장 4절과 3장 15절을 참조하라. 그 말은 원래 "다가오는 세대에 누리게 될 생명"이란 의미이므로 "이 세상"(앞의 주석 참조)에 상응하는 말이다. 그러므로 εἰς("…에")의 의미는 시간적인 의미만을 지니고 있는 것은 아니지만 여기서는 주로 시간적인 의미를 지니고 있다. 그 말은 (미래에) "…을 기대하여"일 뿐만 아니라 "…을 목적으로"를 의미한다. 인간은 실로 그가 포기하기 마련인 육적 생명을 위해서가 아니라 그가 결코 빼앗길 수 없는 영원한 생명을 위해서 자기 "목숨"(ψυχή)을 보존할 것이다.

[26] 마르코복음 8장 34절과 병행귀들, 또한 마르코복음 9장 35절, 10장 43—45절, 루가복음 22장 26·27절을 참조하라. 25절에서와 같이 다드(*Tradition*, 352—53)는 26절의 말이 여러 전승 줄기에 속한 것임을 강조한다. 마르코복음 8장에서 34·35·36절의 병행귀들이 한데 몰려있음은 의미있는 것이다. 이 διακονία라는 말이 어떤 형태의 봉사를 의미하는가는 그 말이 자기 목숨을 미워함에 대한 말 다음에 나오고 또 그것을 설명해 준다는 사실에 비추어볼 때 이해할 수 있다. 예수를 섬긴다는 것은 그를 따르는 것인데(중요한 말인 "따르다" ἀκολουθεῖν에 대해서는 1장 37절 참조), 예수는 지금 죽으러 가고 있다.

내가 있는 곳에. 즉 "생명 혹은 죽음, 비천과 영광이 있는 곳에"를 뜻한다. 14장 3절과 17장 24절을 참조하라.

아버지께서 그를 높이실 것이다. 요한은 "높이다"(τιμᾶν)란 말을 이외의 곳에서는 하느님을 주어로 삼아 사용하지 않는다. 그러나 5장 23절을 참조하라. 아마도 여기에는 마르코복음 10장 30절의 뒤따르는 보상에 대한 암시가 들어있는 것 같다. 10장 35—45절(10, 43)에서 제자들 사이에서 논의된 가장 큰 보상은 "봉사자"(διάκονος)에게 주어지는 것이다.

[27—30] 이 인용문은 게쎄마니에서의 예수의 고뇌에 대한 공관복음서의 이야기에 일치하는 것인데, 이보다 더 정확한 병행귀가 요한복음에는 없다(또한 18장 11절의 "이 잔" *τὸ ποτήριον* 참조). 마르코복음 14장 32—42절과 병행귀들을 참조하라. "예수의 고뇌"가 이 시점에서 취해진 이유는 이같은 불안이 17장의 결과를 망쳐놓을까봐 요한이 두려워했기 때문이 아니라, 본장에서 요한은 예수의 선교를 봉사와 죽음이라는 용어로 요약하였기 때문이다. 공관복음서의 설화가 이 세상에서 자기 목숨을 미워하는 자의 헌신을 더 잘 설명해주지는 못한다. 그리고 요한의 이야기 형식은 약한 데서 완전케되는 하느님의 능력을 설명해주기도 한다. 따라서 요한은 예수의 지상생애의 비천함과 영광의 결합을 보여주는데, 여기서 예수의 비천함과 영광은 십자가에서 함께 성취될 것이었다. 다드(*Tradition*, 69 이하)는 이 귀절들(27—30)과, 그가 보기에, 요한의 독자성을 보여주는(즉 요한이 마르코에 의존하지 않았음을 보여주는) 마르코의 설화 사이의 차이점에 주목을 했다. 이 차이점들이 실제로 있긴 하지만 그러나 대부분의 차이점들은 요한의 용법과 관심에 비추어서 설명될 수 있으므로 그러한 차이점들 때문에 일반적인 유사성이 무시될 수는 없다.

[27] 지금. 때가 이르렀고 죽음이 임박한 지금.

내 마음이 초조하니. 마르코복음 14장 34절 : "내 마음이 괴로와 견딜 수 없다"를 참조하라. 요한은 독자적으로 시편 42(41)편 6·7·12절 : "내 영혼아, 네가 어찌하여 낙망하며 어찌하여 나를 불안하게 하는고… 너 영혼이 내 속에서 불안해하였다"의 내용에 도달하는 것 같다. 또한 요한복음 11장 33절 : "안타깝게 여기셔서"를 참조하라. "불안하게 하다"는 요한의 말이며, 이 시편에 대한 마르코의 언급은 요한의 주의를 시편 전체로 돌리기에 충분했을 것이다. 예수에게서조차 죽기까지 복종한다는 것은 값비싼(희생적인) 것이다. 그러나 그 값은 즉 구약성서의 언어로 표현된 그러한 대가는 하느님의 계획 안에 있다.

내가 무슨 말을 하겠는가?. 이 문장은 토론적인 가정법이다. 공관복음서 설화에서 제공된 예수의 간구가 여기서는 조심스럽게 소개된다. 마르코복음 14장 36절에서 예수의 간구는 "나의 원대로 마옵시고 당신의 원대로 하옵소서"라는 말로 한정된다.

아버지시여, 이 시간에서 나를 건져주옵소서. 이 문장에 완전히 종지점을 찍든가(Nestle은 이렇게 제안한다. 즉 이 기도는 즉시 재고되어야 하긴 하지만 실제로 드린 간구라는 것이다) 아니면 의문부호를 찍는 것(그럴 경우 이 간구는 결코 들어줄 수 없는 것으로 생각된다)이 가능하다. "내가 무슨 말을 하겠는가?"에 대한 토의는 아마 후자를 암시하는 것 같지만 그러나 차이점은 거의 없다. 예수가 하느님을 부르는 칭호로서의 아버지는 요한복음에서 매우 일반적인 말이다. 그러나 여기서 (또는 28절에서) 마르코복음 14장 36절에 나오는 "아빠 아버지"('Αββὰ ὁ πατήρ)의 주목할 만한 사용을 연상할 수 있다. "때"에 대해서는 23절을 참조하라. McNamara, *T. & T.*, 143—44는 창세기 38장 25절에 입각하여 익명의 요나단을 언급하고 있지만 그러나 그 병행성은 긴밀하지 않다. X. Léon-Dufour(Cullmann, Festschrift, 1972; 157—65)는 다음과 같이 번역한다: "나로 하여금 이 시간을 안전하게 지나가게 하소서." 이 문장과 "당신의 이름을 칭송하게 하소서"는 동의적인 병행을 이루고 있다.

이 일을 위하여. 즉 "내가 내 목숨을 바치기 위하여"라는 뜻이다. 구원을 비는 기도는 따라서 불가능한 것이다. 십자가 처형이 아버지의 뜻이라면 예수는 십자가 처형을 거부하지 못하긴 하겠지만 마르코의 설화는 최후의 순간까지도 십자가 처형을 피할 방도가 있었을지도 모른다는 인상을 준다.

[28] **아버지.** 27절을 참조하라.

당신의 이름을 영광스럽게 하옵소서. τ λ φ boh에는 "이름을" 대신 "아들을"로 되어 있는데, 이것은 아마 우연히 그렇게 된 것으로서 17장 1절에 대한 동화로 보인다. 지금까지는 "영광을 돌리다"(δοξάζειν)가 아들에 관해서 사용되었다. 그러나 이제부터는 이 말이 매우 일반적으로 아버지에 대한 말로 사용된다(13, 31·32; 14, 13; 15, 8; 17, 1·4; 21, 19). 이 기도문에서 예수는 다만 그의 삶을 주도해 왔던 원리를 반복하고 있다(7, 18; 8, 50). 불트만이 관찰한 바대로 "건져 주옵소서"와 "영광스럽게 하옵소서"를 동의적인 것으로 기대했을 사람도 있을 것이다. 그러나 사실상 하느님은 그의 종의 완전한 복종에서 영광을 받았고, 자의대로가 아니라 그를 보내신 자의 의지대로 행한 종은 오직 하느님의 영광만을 구한다.

그 때에 하늘에서 소리가 들려왔읍니다. "소리"라는 말의 도입은 소리의 딸(역주: 소리를 나타내는 은유적 표현), 혹은 신의 음성이 다수의 라삐 이야기들에서 들려지는 방식을 연상하게 한다. 이 구문에 대해서는 *H.S.G.T.* 39—40을 참조하라. 또 한편으로 라삐 문헌에서는 이 소리들이 예언보다 열등한 것으로 간주되고 있는 반면, 신약성서에서는 일반적으로 직접 들려진 하느님의 음성으로 간주되고 있음을 주목해야 한다—즉 (메아리를 의미하는) bath qol은 엄격하게 말해서 그 소리들에 대한 정확한 묘사가 아니다.

내가 이미 영광스럽게 하였고 또 다시 영광스럽게 하리라. 이 귀절에서 "내가 이미 영광스럽게 하였다"는 말은 표징들에서 현저하게 드러났으며(예. 11,40), "또 다시 영광스럽게 하리라"는 예수의 죽음과 올리우심에서 드러날 것이다. 이와 다른 해석으로는 "내가 이미 영광스럽게 하였다"를 예수의 사역이 죽음에서 완성됨을 뜻하는 것으로 받아들이고(참조. 19,30 : "다 이루었다") "영광스럽게 하리라"를 결과적으로 예수는 그에게로 모든 사람을 끌어들이리라는 것을 언급하는 말로 받아들이는 것이다. 또한 13장 31·32절을 참조하라.

[29] **서서 듣고 있던 무리.** 이 같은 "서다"($i\sigma\tau\acute{\alpha}\nu\alpha\iota$)의 용법에 대해서는 1장 35절, 3장 29절, 6장 22절, 7장 37절, 11장 56절을 참조하라. 이 말은 정확하게 말해서 없어도 좋은 말이라고 할 수는 없지만 요한의 문체상 매우 독징적인 말이다.

천둥치는. 무리 가운데 전부는 아니지만 일부는 말씀이 이미 들려졌다는 것을 깨닫지 못하였다. 오해는 요한복음에서 매우 일반적인 것이다. 3장 4절을 참조하라.

천사가 그에게 말한 것이다. 추측컨대 이렇게 언급하였던 사람들은 들려온 소리가 단지 소음이 아니라 말이었다고 인정하였다. 하지만 그들은 그 소리가 어디서 나온 것인지 알지 못하였다. 이 점에 비추어 볼 때 다음 절에 나오는 예수의 말은 납득하기가 어려워진다. 왜냐하면 그 소리를 이해하지도 못하였고 누가 말하고 있었는지조차 몰랐던 사람들을 위해서 소리가 들려왔다고 생각하기는 어렵기 때문이다. 루가의 게쎄마니 이야기(이 이야기는 22장 43절에 나오는 것으로 B W φ sin sah boh 등에서는 생략되었다)에는 "천사가 그에게 나타났다"로 나와 있다. 요한의 말들은 이 루가의 진술을 회상한 데서 나왔을 것이다.

[30] **예수가 그의 신앙을 강화할 필요는 없었지만 그러나 군중은 그와 아버지와의 하나됨을 확신할 필요가 있었다.** 그러나 군중이 천둥소리나 천사의 목소리를 들었던 것으로 생

각하였다면 어떻게 해서 그들이 이 점을 확신할 수 있게 되었는가에 대해서는 밝혀져 있지 않다. 아마도 요한은 그 소리의 원천과 의미를 알고 있었던 제 3의 집단(아마 제자들)을 염두에 두었던 것 같다. 아니면 천둥소리가 하느님의 음성으로 받아들여졌을지도 모른다.[6]

[31—32] 이 귀절에서 요한은 이제까지 수난에 대해 주어졌던 가르침을 상기하게 한다. 그 가르침은 세상에 대한 심판, 악의 전복, 예수의 죽음과 영광받으심의 동시성, 그리고 모든 사람을 그에게로 이끄심 등을 의미한다.

[31] 지금은. 27절을 참조하라. 이 귀절에서 이 말이 반복된 것은 지금이라는 때에 대단한 강조점을 두었기 때문이다. "지금"은 십자가 처형이라는 매우 중요한 위기에 처해 있는 때이다. 24—28절에서 우리는 예수가 십자가 처형에 직면했을 때 겪었던 도덕적 갈등에 대해 알게 된다. 요한은 적어도 이러한 역사를 기록하는 데 관심이 있었다. 요한은 예수의 도덕적 갈등과 나란히 여기서 예수와 이 세상의 왕 사이의 신화론적 대결을 제시함으로써 그 도덕적 갈등을 해석한다. 이 도덕적 승리를 통하여 신화론적 승리와 악의 세력으로부터 세상의 구원이 보장된다.

이 세상이 심판받을 때이며. 심판은 5장 22—30절에서 상세하게 언급되어 있다. "심판"($\kappa\rho\acute{\iota}\sigma\iota\varsigma$)에 대해서는 또한 3장 19절, 7장 24절, 8장 16절과 3장 17절에 대한 주석을 참조하라. 3장 19절은 심판이 나중에 즉 "마지막 심판"의 때에 일어날 것이긴 하지만 그것은 그리스도가 빛의 비추임으로 세상에 오신 결과이며 사람들은 그들의 행위에 따라서 빛을 사랑하거나 미워하게 될 것임을 분명히 밝히고 있다. 바로 이러한 의미에서 십자가는 심판의 경과(passing)를 의미한다. 십자가에로 이끌림을 받지 않는 사람들(참조. 32절)은 십자가에 의해서 거절당할 것이다. 이와 밀접한 병행귀에 대해서는 고린토전서 1장 18—31절을 참조하라. 9장에서 유다인들이 나면서 눈 먼 자를 내쫓음으로써 그들 자신의 심판을 초래하였던 것과 같이 세상은 예수를 십자가에 못박아 죽임으로써 심판을 초래하였다. "이 세상"은 세속적인 동시에 종교적인 인간 사회의 조직화된 전(全) 상태를 말한다. 1장 10절을 참조하라.

예수는 세상에서 배척받은 것처럼 나타나지만 사실은 그렇지 않다:

---

6) 예. 출애 19, 19; 시편 29, 3 이하 ; 샌더스는 Vergil, *Aeneid* Ⅱ, 692—93을 첨가하고 있다.

"이 세상의 통치자가 쫓겨날 것이다." 14장 30절과 16장 11절에서 세상의 통치자는 악마를 의미하며 또 그렇게 묘사되고 있다. 그 정확한 어구는 특별히 요한에게 해당하지만 이와 유사한 표현은 일반적이다(에페 2, 2; 6, 12; 고후 4, 4; 마태 4, 8·9=루가 4, 6·7).[7] "세상의 왕"은 히브리어(קוזמוקרטור)로는 죽음의 천사를 지시하는 것으로 번역된다. 또한 라삐의 저술들에서 "세상의 왕" (שר העולם)은 자주 나오는 말이긴 하지만 사탄을 지시하는 것은 아니다. 브룬스 (J.E. Bruns, *J.B.L.* 86[1967], 451 이하)는 여기서 죽음(의 천사)이 의도되었다고 생각한다. 그는 예수가 신적인 승리자로—더 부언해서 말하자면—참된 "세상의 왕"으로 묘사된 것으로 본 점에서 옳다. 요한은 여기서 영지주의 사상에 매우 가깝다. "죽은 자의 승천이 세상과 그 통치자 (혹은 통치자들)의 파멸을 의미하는 것은 영지주의 신화의 원리이다"(Bultmann, 330, n. 3. 독일어판). 이 점에 비추어 볼 때 영어판은 틀린 것이다. 또한 여기와 Bauer의 이곳에 나오는 증거를 참조하라. 그러나 예수가 사탄을 물리치심은 오래된 그리스도교 전승에 있어서 본질적인 요소이기도 하다. 공관복음서의 전승에 대해서는 *H.S. G.T.* 46—68을 참조하라. "쫓겨날 것이다"에 대해서는 6장 37절과 9장 34·35절, 또한 14장 30절과 16장 11절을 참조하라. 악마는 직위나 권위를 벗어나게 될 것이다. 그는 더 이상 "왕"이 아니다; 사람들은 그의 세력권에서 벗어날 것이다. 그의 뒤따르는 운명에 대해서는 언급되어 있지 않다. 원리의 독법으로 보이는 귀절인 "쫓겨날 것이다"(ἐκβληθήσεται ἔξω)에서 두 가지 변형체가 파생되었다. 첫째, "밖에 던지다"(βληθ. ἔξω: P66 D)는 단순화된 표현이다—부사 "밖에" (ἔξω) 앞의 복합동사는 불필요한 것이다. 둘째 "아래로 던지다"(βληθ. κάτω; Θ it sin)는 첫째항에서 파생된 것이다. ἔξω는 더 이상 접두사 "밖으로"(ἐκ)로 고정되지 않으며 루가복음 10장 18절과 요한 묵시록 12장 7—12절, 20장 3절의 영향을 받아 "아래로"(κάτω)로 바뀌어진 것이다.

[32] 내가 땅에서부터 높이 들려 올라가게 될 때에. "높이 올리다"(ὑψοῦν)에 대해서는 3장 14절을 참조하라. 이 말은 애매한 말이고 그 때문에 요한이 채택한 것이다. 예수는 십자가상의 처형에서 들리워졌고 또 그것에 의하여 영광 가운데 올리워졌다.

7) Ignatius, *Eph* 17, 1; 19, 1; *Magn* 1, 3; *Trall.* 4, 2; *Philad.* 6, 2; 로마 7, 1; 이사야의 승천(*Ascension of Isaiah*) 1, 3; 10, 29; 이사야의 순교(*Martyrdom of Isaiah*) 2, 4.

"높이 올리다"(ὑψοῦν)와 "영광돌리다"(δοξάζειν: 28절)의 배열에 대해서는 이사야 52장 13절 : "(주의 종이) 높이 들려서 지극히 존귀하게 되리라"를 참조하라. "땅에서부터"는 십자가상의 죽음과 승천에 관한 사상을 강조하는 말이다. 여기서 표현된 확신에 따라서 (요한이 이 점을 지적하기 위해서 중단하고 있지는 않지만) 예수가 헬라인들과 대화를 나눈 것은 아니다. 높이 들리워짐으로써 예수는 사람들을 그에게로 이끌 것이다.

나는 모든 사람을 이끌 것이다. 그 밖의 곳에서(6장 44절과 거기에 나오는 "이끌다"는 말 자체에 대한 주석 참조) "이끌어 내다"의 주어는 아버지로 되어 있다. 사상의 차이가 의도된 것은 아니다. 이끄는 행위는 아버지와 아들에게 동시에 속한 것이다(5, 19). "모든 사람"(πάντας; 참조. 마르 16, 15)은 "유다인들만이 아님"을 의미하며 헬라인들의 질문에서 예기된 것이다(20절).

[33] 어떠한 죽음. 예수의 승천은 수난과 죽음을 통해서만 성취될 수 있는 것이었다. 그러나 예수가 한 말은 돌에 맞아 당하는 죽음에는 아주 부적합한 표현으로 보인다. 21장 19절을 참조하라.

[34] 율법에서. 즉 성서, 특히 구약성서에서. 이와 같이 율법의 광범위한 어법에 대해서는 10장 34절을 참조하라. 그러나 구약성서의 어떤 귀절도 구체적으로 언급되어 있지 않다. 여기서 시편 110편 4절과 이사야 9장 6절이 제시될 수 있다. 시편 88(89)편 37절은 더 나은 귀절로 제시될 수 있다(W.C. von Unnik, *Nov. T.* 3 [1959], 174—9). 그러나 요한 자신이 십자가 신학에 의해서 수정되어야 했던 일반적인 메시야의 영광의 신학에 상당하는 특정한 귀절들을 생각하였는지는 의심스럽다. 이 절에서 언급된 요지에 대한 유다교의 견해는 초기와 후기에 있어서 분명한 차이를 보여주었다. 초기의 견해에 의하면 메시야 시대는 완성의 시기를 가져왔고, 따라서 메시야는 영원히 살아있는 것으로 생각될 수 있었다.[8] 후기의 견해에 의하면 메시야 시대는 종말 이전에 종식될 시대였다. 초기 시대는 확실히 요한의 시대까지 지속된 시기이다. 저스틴의 *Trypho* 32(Trypho가 말한 내용)를 비롯하여 주 8)에서 언급된 성구들과 이와 유사한 성구들은 우리로 하여금 다음과 같은 기대를 갖게 한다. 즉 "영광스럽고 위

8) 에녹 1서 49, 1; 62, 14; *Orac. Sib.* Ⅲ, 49—50; 솔로몬의 시편 17, 4.

대하신…예로부터 사람의 아들로서 영원한 왕국을 인수하신 분."

높이 들려야 한다. 3장 14절을 참조하라. "요한복음에서 보통 방관자들은 요한의 관용구를 이해한 것으로 나타나 있다"(Sidebottom, 72). 그들은 예수의 말을 죽음의 예고로 옳게 이해하긴 하였지만 그 말이 동시에 영광의 예고라는 것을 깨닫지 못하였다. "군중(ὄχλος)은 유다교적 국시의 기대들과 상징들을 지지하고 있다"(불트만).

사람의 아들. 요한복음에서 "사람의 아들"의 의미에 대해서는 이 책 I권 114·115면과 1장 51절을 참조하라. 여기서 요한은—적어도 순간적으로나마—청중들이 이해하기에는 어려운 것으로 확인된, 사람의 아들과 메시아의 동일성을 가정하고 있다.

사람의 아들이 누구입니까? 당신이 사람의 아들이라고 말하는 것은 참으로 메시아를 의미하는 것이냐? 당신이 의미하는 바가 무엇인가? 딜렘마는 다음과 같은 점에서 시작될 수 있다.

(ㄱ) 메시아는 영원히 살아계실 것이다.

(ㄴ) 사람의 아들은 죽게 될(들리워지게 될) 것이다.

(ㄷ) 그러나 사람의 아들은 메시아이다.

(ㄱ)항은 율법에 의해 입증되는 것이기 때문에 (ㄴ)항과 (ㄷ)항을 의문시할 수 있다. 사람의 아들이 (요한의 생각에서 볼 때) 생소하거나 모호한 칭호였다고 추론해서는 안 된다. 요한은 유다교의 용법이나 술어학에 조명해 볼 의사가 없었으며 오히려 그는 예수의 일이 참으로 구약성서를 성취한 것이긴 하지만 당대의 유다교의 메시아적 전제들과는 일치하지 않는다는 점을 강조하고 있다.

[35] 34절의 질문에 대한 예수의 답변이 직접적이고 분명한 답변은 아니다. 예수의 답변은 31·32절과 비교하여 선교에 대한 또 다른 요약으로 받아들여져야 하며 또한 34절에 대한 답변으로서가 아니라 대체로 유다인의 반대에 대한 답변으로 받아들여져야 한다. 이제까지 말해온 바대로 본장 전체는 확대된 요약이요 결론이다.

아직 얼마 동안은. 이러한 표현에 대해서는 16장 16—19절을 참조하라. 여기서 "얼마 동안"이라는 말은 분명히 결단이 긴급하게 요구되는 선교를 지시하는 말이다.

빛이 너희 가운데 있을 것이다. 다시 한번 이 말은 선교하고 있는 예수를 지시하는 말이다. 1장 14절 : "우리 가운데 계셨읍니다"를 참조하라. 세상의 빛으로서의 예수에 관해서는 8장 12절을 참조하라. 그러나 이러한 표현에서 우리는 은유적인 의미보다는 직유의 의미를 보게 된다.

빛이 있는 동안에 다니라. "동안"이란 의미의 ὡς의 용법(ἕως의 대용 ; Radermacher, 164)과 그 사상에 대해서는 9장 4절과 이사야 50장 10절을 참조하라. 빛은 곧 사라질 것이다. 요한복음에서 "다니다"란 말이 엄격하게 말해서 문자적이 아닌 의미로 사용될 경우에 그 말이 빛과 어둠에 관련하여 사용되고 있다는 점은 주목할 만하다(8,12 ; 11, 9·10 ; 12,35). "다니다"란 말이 8장 12절에서 예수를 따라다니는 것과 분명히 관련되어 있듯이 여기서도 그 말은 믿음과 관련되어 있다(다음 절 참조). 따라서 이 명령은 예수의 선교를 목격하였던 유다인들에 대한 마지막 부탁(36절b)으로 간주되어야 한다. 이 부탁이 이런 식으로 주어질 수 있는 것은 요한이 예수의 죽음과 부활 이후에 그를 믿는 것—이러한 믿음은 요한 자신이 가장 직접적으로 관심을 가졌던 것인 바(17,20 ; 20,29·31)—이 불가능하다고 생각했기 때문이 아니라 다음과 같은 이유에서이다. 즉 첫째 그것이 복음서의 역사적 관점에 부합하기 때문이고, 둘째 복음서의 설화는 대체로 그리스도를 세상에 소개하는 한 범례로서 간주되며, 그러한 소개의 긴박함이 제한된 선교 기간에 의해 표현되고 있기 때문이다.

어둠이 너희를 이기지 못하도록 하라. 1장 15절과 종도의 규례(*1QS*) 3장 20·21절("어둠의 천사가 사악한 아들들에 대한 모든 권위를 장악하고 있으며, 그들은 어둠의 길로 다닌다")을 참조하라. 또한 4장 11절도 보라.

다니는 사람은…가다. 11장 10절과 3장 8절("영으로 난 사람만이 빛에 있으며 그는 어디서 와서 어디로 가는지를 안다")을 참조하라.

[36] 그 빛을 믿고. 즉 "빛을 영접하고 빛 가운데로 나가라"라는 의미를 내포하고 있다.

빛의 아들이 되라. 빛을 믿는 것이 곧 빛의 아들이 되는 것이다.[9] 루가복음 16장 8절과 데살로니카전서 5장 5절을 참조하라. 에페소서 5장 8절에는 이와 유사한 "빛의 자녀"(τέκνα φωτός)란 말이 나온다.[10] 스스로 예수를 믿는 사람들은 빛의 성질을 지니게 됨으로써 결코 어

---

9) "……의 아들"(……בֶּן)이라는 히브리적 표현들에 대해서는 G. Dallman, *The Words of Jesus*(*E.T.* 1909), 115—16; *B.D.B.* '아들'(בֵּן)항목, 8; K.B., 133—34; G.K., 437—38을 참조하라.

10) 또한 '살아라' περιπατεῖτε란 말과 함께 나옴 ; 원시 그리스도교 교리문답전승의 하나의 요소로서 이 '빛의 자녀'(Filii Lucis)에 대해서는 E. G. Selwyn, *The First Epistle of St. Peter* (1946), 375—82 참조.

둠 속을 다니지 않는다. 신자는 자신 안에 솟아나는 샘물을 갖고 있기에 영원히 목마르지 않을 것이라는 말이 나온 4장 14절을 참조하라. "빛의 자녀들"(בני אור)이란 말은 종도의 규례(1QS) 1,9; 2,16; 3,13·14·25와 전쟁 두루마리(1QM) 1,1·3·9·11·13 등에 나오는 것으로서 쿰란 공동체에 속한 사람들을 지칭하는 말이다.

숨기셨읍니다. 이 말은 8장 59절에서도 사용된 말이지만(참조. 10,59·60; 11,54), 그러나 특히 이 귀절에 부합하는 말이다. 빛이 비추이므로 믿고 "걸어다닐" 마지막 기회가 사람들에게 주어진다. 그런데 그 빛이 가리워져 있다. 예수의 공적인 선교는 이제 막을 내린다. 44—50절을 36절a와 b 사이에 끼워 넣을 필요는 없다. 44—50절은 예수가 처음에 한 말의 연속이 아니다. 44—50절은 더 이상 복수 이인칭으로 표현되어 있지 않으며 유다인들을 향한 직접적인 말로 되어 있다. 오히려 이 절들은 이제까지 완벽하게 제시해 온 증거를 마지막으로 법적인 견지에서 요약한 것이다. 더 나아가서 불트만의 재배열에 대한 설명(43절)을 참조하라. 재귀동사의 수동태의 사용에 대해서는 8장 59절을 참조하라. 일부 주석가들은 36절b를 다음 단락에 속한 것으로 본다. 사실상 36절b는 12장 20—36절의 결론이면서 동시에 12장 37—50절의 시작이기도 하다.

6. 公的인 宣教의 終結 12장 37—50절

37 예수께서 그렇게 많은 기적을 사람들 앞에서 행하셨으나 그들은 예수를
믿지 않았읍니다. 38 이것은 예언자 이사야가 "주여, 우리가 전한 것을 누가
믿었으며 주의 팔이 누구에게 나타났읍니까?"한 말을 이루려 한 것입니다.
39 그들이 믿을 수 없었던 것은 또 이사야가 이렇게 말한 때문입니다. 40
"주께서 그들의 눈을 멀게 하시고 그들의 마음을 무디게 하셨다. 그것은 눈
을 가지고도 보지 못하고 마음을 가지고도 깨달아 돌이키지 못하며 내게 고
침을 받지 못하게 하시려는 것이다." 41 이사야가 이렇게 말한 것은 예수의
영광을 보았기 때문이요 예수를 가리켜 한 말입니다. 42 의회원 중에서도 예
수를 믿는 사람이 많이 있었으나 바리사이파 사람들을 꺼려 고백은 하지 않
았읍니다. 그들이 회당에서 쫓겨날까 두려워했기 때문입니다. 43 그들은 하
느님의 영광보다도 사람의 영광을 더 사랑했던 것입니다. 44 예수께서 큰 소

리로 말씀하셨읍니다 : "나를 믿는 사람은 나를 믿는 것이 아니라 나를 보내
신 이를 믿는 것이요 45 나를 보는 사람은 나를 보내신 이를 보는 것이다.
46 나는 빛으로 세상에 왔다. 그것은 나를 믿는 사람은 누구나 어두움 속에
있지 않게 하려 한 것이다. 47 내 말을 듣고 지키지 않는 사람이 있더라도
나는 그를 심판하지 않는다. 내가 온 것은 세상을 심판하려는 것이 아니라
구원하려는 것이다. 48 나를 배척하고 내 말을 받아들이지 않는 사람을 심
판할 자가 따로 있다. 내가 말한 이 말이 마지막 날에 그를 심판할 것이다.
49 나는 내 마음대로 말했던 것이 아니라 나를 보내신 아버지께서 내가 무
엇을 말해야 하고 또 어떻게 말해야 할 것을 친히 내게 명령하신 그대로 한
것이다. 50 나는 그의 명령이 영원한 생명인 것을 안다. 그러므로 내가 말
하는 것은 아버지께서 내게 말씀해주신 그대로이다."

예수의 공적 선교는 끝이 났다. 예수는 세상을 향한 그의 마지막 말을 하기 위해서 등장했던 곳을 떠나(12장 36절b는 앞 단락의 끝이면서 동시에 이 단락의 시작이다 ; 참조. 11, 54 ; 12, 1) 분명하게 알려지지 않은 곳으로 되돌아간다. 이제부터 예수는 그의 제자들과 사적인 접촉만을 갖는다. 37—43절은 복음서저자에 의한 논평이다. 44—50절에 나오는 설교는 연극의 주요부분에 나오는 대사라기 보다는 에필로그이다.

본장 전체는 서막에 나오는 1장 10·11절에 일치하는 것이라고 할 수 있는 부분으로서 유다교의 불신앙에 대한 논평이다. 이러한 불신앙은 우연히 일어난 것은 아니었다. 그것은 유다인들이 그들의 희망을 걸었던 바로 그 성구들에서 예고된 바였다. 다시 한번 요한의 가르침에 있어서 예정론적 요소가 드러난다 : "그들은 믿을 수 없었다"(39절). 그들은 하느님의 칭찬보다 사람의 칭찬을 더 좋아했기 때문에 어떤 피상적인 충동이 그들로 하여금 믿게끔 자극을 주었다고 해도 참으로 믿을 수 없었다. 예수에 대한 신앙과 불신앙의 완전한 의미는 다음에 밝혀진다. 예수는 자기 자신에 대해서 말하지 않는다. 그는 다만 그를 보내신 분인 아버지 하느님의 말씀들만을 말한다. 하느님은 그분 자신의 명령을 말하는 예수를 통하여 세상에 영생을 주시기 때문에 예수를 믿는 것이 곧 하느님을 믿는 것이다. 또한 예수는 그의 완전한 복종에서 하느님을 계시하기 때문에 예수를 보는 것이 곧 하느님을 뵙는 것이다. 이와 반대로 예수와 그의 말들을 거역하거나 그 말들을 듣고 지키지 않는 것은 반드시 심판을 자초하게 된다. 예수는 심판하려고 온 것이 아니라 구원하려고 온 것이다. 그러나 예수가 말하는 하느님의 말씀은 그 말씀을 받아들이지 않는 사람들을 심판할 수밖에 없

다. 또 그가 신적인 말씀을 말한다는 사상은 그 자신이 신적인 '말씀' 이라는 사상과 동떨어진 것이 아니다. 심판은 빛과 어두움의 구분만큼 분명하고 확실한 것이다.

이 모든 재료가 특징적으로 요한의 형태를 띠게 되었다. 이 요한적인 형식은 요한이 기술하였던 상황들을 어느 정도 반영하는 것일 수도 있지만 그 내용은 공관복음서와 바울로에게서 공통적인 것이다. 마르코복음(4, 11·12)에서도 이사야 6장 9·10절의 중요한 말들은 유사한 효과를 나타내는 데 사용되고 있다. "하느님 나라의 신비"를 갖지 못했던 다른 사람들은 깨닫지도 이해하지도 못할 것이다. 예수의 말을 듣고 지키는 것이 사람들을 심판하는 가장 중요한 판단기준이다(마태 7, 24—27 ; 루가 6, 47—49). 예수와 그의 선교 배후에는 그를 보내신 아버지가 있다(예. 마태 10, 40 ; 루가 9, 48 ; 10, 16). 이와 마찬가지로 바울로에게서도 믿음은 어떤 인간적인 활동이 아니며, 또한 스스로 의롭게 되려는 노력은 하느님의 의로우심을 배척하는 것을 함축한다. 요한은 다시한번 극적인 강조와 기교를 최대로 동원하여 하느님의 전체 활동에서 예수의 선교가 지니는 중심적이고 결정적인 의미를 자비로 또는 심판으로 설명하고 있다. 요한복음에서의 예정론에 대해서는 Schnackenburg Ⅱ, 328—46을 참조하라.

[37—43] 유다인들의 불신앙이 전반적으로 선언되며 그와 더불어 그 불신앙의 원인과 신앙을 지녔던 예외적인 소수에 대한 선언이 나온다. 이 선언은 두 가지 역사적인 사실에 의해 뒷받침된다. 그 하나는 배척과 십자가 처형으로 나타난 선교의 실제적인 결과이며 다른 하나는 이스라엘인들이 당한 뚜렷한 배척과 처벌(참조. 로마 9—11)이 그것이다. 다시 말해 전자의 사실은 하느님의 백성의 예기치 못한 실패가 구약성서에 기록된대로 사실상 하느님의 영원한 목적의 일환이라는 확신이며, 후자는 유다인들이 인간적인 영광을 추구하느냐 아니면 하느님의 영광을 추구하느냐의 양자택일에서 잘못을 범했던 선택의 속성에 대한 인식이다.

[37] **예수께서 그렇게 많은 기적을 행하셨으나….** 표징 (혹은 "일들")에 근거한 믿음에 대해서는 2장 11절과 14장 11절을 참조하라. "그렇게 많은"이라는 말은 표징들을 적절하게 선택해서 수록한 복음서 전체를 지시하는 것이다(20, 30·31). 또한 브라운이 주의를 끌게 한 신명기 29장 2절 이하를 참조하라. 하느님이 사람들에게 표징들을 볼 수 있는 눈을 주지 않는다면 그것들만으로는 사

람들을 충족시키지 못하는 것이다.

[38] …한 말을 이루려고(ἵνα ὁ λόγος…πληρωθῇ). ἵνα가 완전히 목적에 합치하는 효력을 내게 될 경우, 이 절은 가장 절대적인 형태의 (저주에 대한) 예정을 의미한다. 문법상 이 ἵνα를 결과를 나타내는 것으로 받아들일 수도 있을 것이다("이와 같은 그들의 불신앙의 결과는 말씀의 성취였다…"). 목적이 들어있지 않은 ἵνα의 용법은 요한복음의 다른 곳에서 확인되긴 하지만(예. 1,27 ; 17,3) 그러나 여기서 그러한 용법이 적용될 수 없음은 39절에 제시된다("그들이 믿을 수 없었던 것은…"). 요한은 이스라엘의 완악함이 하느님에 의해 의도된 바였음을 말하고자 했다는 것은 거의 의심할 여지가 없다. 반면에 요한의 말들은 철학적 신학의 진부한 진술이 아니었다는 사실은 42절("그러나…할지라도")에서 직접 도입된 예외들과 베드로와 다른 사랑받은 제자들처럼 유다 그리스도교인들이 실로 있었다는 사실에 비추어 볼 때, 즉시 드러난다. 또한 12장 32절에 나오는 단언인 "모든 사람을 내게로 이끌 것이다"를 참조하라. 여기서 사용된 표현형식(일종의 제한에 뒤따르는 절대적인 진술)은 특징적으로 요한에 속한 것인데, 그 예로 1장 11·12절을 참조하라. 대부분의 이스라엘인들에 대한 요한의 언급은 공관복음서에 기록된 사건들에 의해서 역사적으로 정당화되었고 교회와 회당 사이의 끊임없는 적대감정으로 인해 확실히 날카로와졌다. 신학적으로 그러한 언급은 전체 복음서가 가르치고 있는 진리를 전달한다. 역사적인 이스라엘은 그 자체의 수준에 머무를 수밖에 없었고 따라서 하느님의 나라에 들어갈 수 없었다(3,3—5 참조). 이스라엘은 하느님의 말씀과 영을 통하여 거듭나야 했다. 그러나 이스라엘은 이러한 거듭남을 거부하였다. 그러므로 옛 이스라엘은 하느님의 심판 아래 놓이게 되었고 이후부터 옛 이스라엘은 하느님의 심판을 의미하게 되었다.

주여, …누구에게 나타났읍니까? 요한은 이사야 53장 1절에 대한 70인역을 정확하게 따르고 있는데, 70인역의 그 귀절은 (말문을 여는 "주여"라는 말 외에는) 현재의 히브리어 본문을 매우 정확하게 나타낸다. 로마서 10장 16절을 참조하라. 인용문에서 "전한 것"은 예수의 담론을, "팔"은 그의 행위를 나타내는 말이다. 이 인용문은 효과적인 것이 되지도 못하였고, 본질적으로 효과적일 수도 없었다. 앞의 37절을 참조하라.

[39] 이 말 때문에(διὰ τοῦτο). 이 말은 요한복음의 그밖의 곳에서 처럼 ὅτι절에서 쓰여지거나 설명될 수 있다. 유다인들은 이러한 이유로 해서, 즉 이사야가 말했던 것 때문에 믿을 수 없었다. 43절에서 제시된 이유를 이러한 불신앙의 이유에 덧붙여야 한다. 신의 예정은 인간이 도덕적인 책임을 져야 하는 도덕적인 선택을 통하여 이루어지는 것이다.

[40] 이 인용문은 이사야 6장 10절에서 빌어온 것이다. 요한의 인용문과 히브리어 성서 및 70인역은 각기 다르지만 그러나 요한의 인용문은 70인역 보다는 히브리어성서에 보다 가까운 것 같다. 요한의 역본은 70인역의 특징적인 말들—"순종하였다"(ἐπαχύνθη), "눈을 감았다"(ἐκάμμυσαν), "깨달았다"(συνῶσιν)—이 빠져 있고, 귀들과 들음에 대한 언급이 생략된 것(물론 이 점은 70인역과도 차이가 있다) 외에는 동사 השמן—"무디게 하였다"(ἐπώρωσεν)와 השע—"멀게 하였다"(τετύφλωκεν)의 법과 인칭에 있어서 히브리어 성서와 거의 차이가 없다. 가장 단순한 가설은 한번 더 요한이 아마 기억에 의존하여 그의 구약성서 자료를 엉성하게 인용하였고 또 그 구약성서 자료를 자신의 목적에 맞게 개작하였다는 것이다. 요한이 "귀"에 대한 언급을 생략한 것은 잘한 일 같은데, 그는 바로 이 대목에서 특히 예수가 행하였고 유다인들이 목격하였던 표징들(참조. 37절)에 대해 말하였기 때문이다. 상술한 차이점들(명령법 대신에 완료형)은 우연한 것일른지 모른다. 그것은 이 두 가지 형태가 동일한 자음들로 쓰여질 수 있었기 때문이다. 하지만 "그러한 수정들이 하느님의 행위로서 심판을 강조하려고 한 복음서 저자의 의도에 의해서 가장 잘 설명될 수 있다"는 사실은 보다 그럴 듯하다. 호스킨스(502)도 이와 같이 말하기는 하지만 그는 요한의 "내가 그들을 고칠 것이다"가 70인역에 의존하였음을 지시해 준 말이라고 생각하였다. 요한은 이 말들을 사용하면서 예수의 치유의 기적들이 지닌 내면적 의미를 암시하고자 했을지도 모른다. 이사야 6장의 인용문이 신약성서에서 차지하는 중요성은 과장되어서는 안 될 것이다. 그 인용문은 마르코복음 4장 11·12절(또는 그 병행귀들)과 8장 17·18절, 사도행전 28장 26·27절 등에서 사용되거나 암시되었다. 이스라엘은 예수의 선교에서만이 아니라 그 전체 역사를 통하여 반복해서 위로부터 거듭날 필요성에 직면해왔지만 예언의 말씀과 하느님의 영을 오직 거부하기만 했을 뿐이다. 초기 그리스도인들이 구약성서에서 발견하였던 이 반복 유형은 예수의 선

교와 죽음에서 유일회적이고 분명하게 밝혀졌다. 하느님의 말씀에는 필연적으로 자연인을 거슬리게 한 것이 들어 있었다.

무디게 하였다. 이 말은 B Θ의 독법이다. ἐπήρωσεν(P66 P75 ℵ Ω)은 다소 보다 적절한 동사를 나타내려는 독법이며, 완료형 동사 πεπώρωκεν(ω)은 보다 적절한 시제를 나타내고 또한 "멀게 하였다"(τετύφλωκεν)에 동화시키려는 독법이다.

[41] 예수의 영광을 보았기(ὅτι εἶδεν τὴν δόξαν αὐτοῦ). ὅτι(접속사, "…하는 것")는 P66 P75 ℵ B Θ λ e sah boh Origen의 독법이다. ὅτε(부사, "…때")는 D W it vg sin pesh의 독법이다. ἐπεὶ(접속사, "…할 때")는 W의 독법이다. 의미상의 차이는 근소하다. 이것은 어쨌든 이사야의 예언과 사역의 출발점이 된 이사야 6장의 환상이었다. ὅτε는 아마 쉬운 독법으로 보이므로 그 말 대신 ὅτι를 택할 수도 있다. 그러나 ὅτι는 시간을 나타내는 분사로서 의도된 아람어 ד의 오역이라는 견해를 가능케할 정도로 난해한 것은 아니다(*M.* II, 469). 요한의 말들은 평이하고 설명이 필요없다. 이사야 6장에 묘사된 신의 현현은 "하느님의 영광"이란 말로 잘 표현될 수 있었을 것이다. 그러나 타르굼의 이사야 6장 5절에서 이사야는 그가 본 것은 "주인들 가운데 주이신 왕"이 아니라 "영원한 왕의 보좌(Shekinah)의 영광"(יקר שכינת מלך עלמיא)이었다고 선포하고 있음을 주목해야 한다. 요한이 이와 같은 환상에 대해서 알고 있었을 가능성은 있지만 그러나 요한은 하느님의 보좌에 대한 언급에 입각해서 대부분의 신약성서 저자들처럼 모든 구약성서가 그리스도에 대해 말하였던 것으로 판단했을 것이다.[1)]

[42] …있었으나. 38절을 참조하라. 유다교 역사에서 이전에 그런 일이 있어왔듯이 그들의 믿음이 약하고 용기가 없는 남은 자였긴 하더라도 믿음을 지닌 남은 자가 있었다.

의회원 중에서도 예수를 믿는 사람이 많이 있었다. 19장 38·39절을 참조하라. 그리고 불완전한 믿음에 대한 요한의 언급에 대해서는 다른 귀절들 가운데서 2장 23절, 4장 48절, 8장 30절, 11장 36·37절, 12장 29절을 참조하라. "의회원들"(ἄρχοντες)에 대한 요한의 언급과, 1세

1) 8장 56절(Abraham)과 A.T. Hanson, *Jesus Christ in the Old Testament*(1965), 특히 104—8 참조. Philo, *Som.* I, 229—30("그의" αὐτοῦ 대신에 θ φ sah 사본은 "하느님의" τοῦ θεοῦ로 읽고 D사본은 "그의 하느님의" τοῦ θεοῦ αὐτοῦ로 읽는다).

기 유다교의 종파들과 집단들 사이를 그가 분명히 구분하지 못한 데 대해서는 3장 1절, 1장 19·24절을 참조하라. 많은 사제들이 믿게 된 데 대해서는 사도행전 6장 7절을 참조하라. 이 두 가지 진술 모두 그 역사성이 의심스럽다. 아마 요한은 "그들은 고백은 하지 않았다"라는 말의 부언에 미루어 보아 어떤 직접적인 증거가 없는 것으로 그가 알았던 한 진술을 의도적으로 덮어두려고 했던 것 같다. 이와 유사한 "고백하다"란 말의 사용에 대해서는 9장 22절을 참조하라. 여기서 "그리스도를"("그가 존재하심을" εἶναι)이란 말이 첨가될 필요가 있다.

회당에서 쫓겨날까봐. 9장 22절을 참조하라. 이 귀절의 역사적 배경에 대한 상세한 재구성이 마틴에 의해서 시도되어 왔는데, 그는 다음과 같이 이 절에 대한 의역을 제안한다(76): "장로회(ἄρχοντες)의 많은 사람들이 믿었다. 그러나 그들은 그들의 신앙을 고백하지 않았다. 왜냐하면 바리사이파 사도들(οἱ φαρισαῖοι=השלוחים)은 얌니아(Jamnia)로부터 이단자들에 대항하는 개정된 축복문을 가지고 왔고 다수의 장로들(바리사이파 사도들)은 그 축복문을 본래의 의도대로 회당에서 그리스도인들을 쫓아내는 데 사용하였기 때문이다." 또한 Martyn, 21—22, 24, 105을 참조하라. 이 절의 역사적 배경에 대한 이러한 재구성은 당연히 옳은 것이긴 하지만 그것이 실질적으로 추론의 근거가 되기도 한다는 것은 분명하다. 어쨌든 부연해야 할 사실은, 요한은 예수의 선교의 틀 속에 그 당시의 상황들을 끼워 넣음으로써 단지 부주의한 시대착오를 범한 것이 아니라 그러한 상황들에 절대적인 신학적 배경을 부여해주고 그렇게 함으로써 신학적인 해석을 부가했다는 점이다. 요한은 일시적인 논쟁을 일삼는 것이 아니라 영속적인 의미를 지닌 신학을 기술하고 있다. 이 책 I권 211—221면을 참조하라.

〔 43 〕 **사람의 영광을 사랑했던 것입니다.** 이 말 속에는 이사야가 본 그리스도의 영광에 대한 암시가 분명히 들어 있다(41절 : 또한 5,44 참조). 그러나 (여기서 "즐기다" 또는 "보다" ἤπερ란 말이 덧붙여진 "좋아하다"라는 의미의) ἀγαπᾶν과 함께 쓰인, 목적격으로 된 "영광"(δόξα)이란 말은 사람으로부터 아니면 하느님으로부터 나온 영광(찬양)임이 분명하다. 그리하여 이들 통치자들은 사람들의 칭찬을 더 좋아했으므로 바리사이파 사람들의 비위를 건드리지 않기로 결정하였다(참조. 1,24). 이러한 행위는 빛보다 어두움을 더 사랑하는 행위이다(Dodd, *Interpretation*, 380). 그것은 신앙의 결단이 인간적인 안전에의 욕망으로 인해 영향을 받도록 허용하는 것이기도 하다. 마

태오복음 6장 1—21절과 로마서 2장 29절을 참조하라. 사람들의 칭찬을 바라는 행위는 우상숭배의 한 형태이다.

보다도…더(ἤπερ). 이 말이 (P^{66}) א λ 565 등에는 ὑπέρ로 나온다. 이 두 단어(ἤπερ와 ὑπέρ)는 발음에 있어서 거의 동일한 말이었다.

이 절은 불트만이 이 복음서를 나눈 큰 단락들 가운데 네 번째 단락("세상에 대한 계시자의 감추어진 승리")의 말미에 속한다. 세째 단락처럼 이 단락은 매우 복잡한 하나의 자료군으로서 다음과 같이 구성되어 있다 : 10장 40—42절 ; 11장 1—44·45—54절 ; 11장 55절—12장 19절 ; 12장 20—33절 ; 8장 30—40절 ; 6장 60—71절 ; 12장 37—43절. 불트만은 44—50절을 세상의 빛에 대한 담론에 끼워넣는다(8, 12 ; 12, 44—50 ; 8, 21—29 ; 12, 34—36), 복음서 본문에서의 위치변경의 문제에 대해서는 이 책 I권 44—48면과 이 주석의 여러 곳을 참조하라.

[44—50] 35·36절에서 예수는 유다인들에게 마지막 부탁을 했다. 현재의 말씀은 그러한 부탁의 연속이 아니라 독립적인 단편인데, 이 단편은 또한 일종의 호소가 아니라 예수의 선교의 결과들 또는 그 동기들과 주제들에 대한 하나의 요약이다. 이 절들에서 나타나는 거의 모든 사상들과 실로 거의 모든 일들이 이미 복음서에 언급되어 있다. 그것들은 아버지로부터 위탁받은 예수의 선교 ; 아버지의 계시 ; 세상의 빛 ; 심판 ; 영생 등을 포함한다. 그러나 13—17장에서 가장 적합한 병행귀들 가운데 일부를 발견할 수 있는데(그 예로 12장 45절의 병행귀로는 14장 9절 참조 ; 12장 50절의 병행귀로는 14장 31절 참조), 거기서 예수는 그를 영접하였던 사람들에게 말하고 있다고 라이트후트가 지적한 것은 옳다. 이 절들에 대한 주들은 전후문맥에 대한 고찰 정도로 한정될 수는 있지만 그렇다고 해서 이 절들이 하나의 요약으로서 이 복음서의 나머지 부분에 비해 뒤떨어지는 작문이라고 말하는 것은 옳지 않다. 채택된 요지들과 그것들이 결합된 방식을 주목하는 것은 중요하다. 이 절들은 예수의 이야기가 지닌 신학적 의미를 분명하게 해준다.

[44] 큰 소리로 말씀하셨읍니다. 1장 15절과 7장 28·37절을 참조하라. 다드(*Interpretation*, 382)는 "큰 소리로 말하다"(κράζειν)와 "선포하다"(κηρύσσειν)가 קרא 에 대한 70인역의 양자택일적인 번역들이므로 뒤따르는 내용은 예수의 케리그마로 간주될 수 있다고 주장한다. 이러한 결론은 옳긴 하지만 קרא가 다른 말들로, 특히 "부르다"(καλεῖν)로 보다 자주 번역되기 때문에 설득력이 없

는 주장이다. 이 절의 내용에 대해서는 마태오복음 10장 40절을 참조하라. 이 절에 담긴 사상은 요한의 사상일 뿐만 아니라 공관복음서의 사상이기도 하다. 하느님의 특사로서의 예수와 이와 같은 그의 권위에 대해서는 20장 21절을 참조하라.

나를…믿는 것이 아니라. 예수에 대한 믿음은 그가 아무리 거룩하다고 하더라도 한 특정 인간에 대한 믿음은 아니다. 그것은 특별 계시에 의해 지시된 하느님을 믿는 신앙이다. 그렇지 않다면 그것은 적어도 믿음이 아니다.

[45] **나를 보는 사람은 나를 보내신 이를 보는 것이다.** 정확하게 말해서 예수는 복종적인 아들이고 아버지의 특사이기 때문에 그를 믿는 것이 곧 하느님을 믿는 것이듯이 그를 보는 것이 곧 아버지를 보는 것이다. 1장 18절과 14장 9절을 참조하라.

[46] **나는 빛으로 세상에 왔다.** 8장 12절을 참조하라. 거기서 "나는 세상의 빛이다"라는 등식은 절대적인 것이었지만 반면에 여기서 우리는 "나는 빛으로 왔다"(참조. 35절)를 비유로 받아들인다. "나는 세상의 빛이다"와 "나는 세상에 빛으로 왔다"라는 두 가지 표현 사이에 어떤 본질적인 차이는 없다.

누구나 어두움 속에 있지 않게 하려 한 것이다. 36절("빛의 아들이 되라")에서 동일한 진리가 긍정적으로 서술되어 있다. 신자는 어두움을 지나 빛에로 이른다. 8장 12절과 9장 39절을 참조하라. 또한 *C.H.* 1, 32, "나는 생명과 빛에로 이를 것임을 믿고 증거한다"라는 귀절을 참조하라. 이 사상은 헬레니즘적 종교의 특징이다. "…한 사람은 누구나 …하지 않을 것이다"는 셈어적 화법이 아니다. *M.* Ⅱ. 434, 6장 39절, 11장 26절을 참조하라.

[47] **내 말을 듣고 지키지 않는 사람이 있더라도.** 마태오복음 7장 24—27절(=루가 6,47—49)을 참조하라. 게다가 이 사상은 공관복음서에 친숙한 것이다. 예수의 말은 들어야 할 뿐만 아니라 지켜야 한다. 복종은 필수적인 것이다. P[66] D에는 부정어 μή가 생략되어 있다; 추측컨대 필사자들은 예수가 (아마도 그들에겐 명령으로 이해된) 그의 말들을 지키지 않았던 사람들을 심판하지는 않았을 것이라고 기록할 의사는 없었던 것 같다.

나는 그를 심판하지 않는다. 요한복음의 다른 귀절들에서 예수는 심판자로서 행동한다(5,22·27; 8,16·26)라고도 하며 그는 심판하지 않는다(3,17; 8,15)라고도 한다. 요한이 이런 분명한 모순을 몰랐을 것이라든가 그러한 모순은 고의적인 것이 아니었을 것이라는 사실은 거의 신빙성이 없다. 이 점은 바울로에게서도 나타난다(참조. 로마 8,33·34 ; 병행귀 고후 5,10). 바울로와 요한 모두에게서 그 의미는 정죄와 칭의가 동일한 과정의 양면이라는 것이다. 그리스도 안에서 의롭게 하는 하느님의 사랑을 거부하는 것이 곧 심판을 불러일으키는 것이다.

…심판하려는 것이 아니라 구원하려는 것이다(ἵνα κρίνω...ἀλλ' ἵνα σώσω). 부정사들은 예상된 바였긴 하지만 이미 헬레니즘적 그리이스어에서 가정법과 함께 쓰이는 ἵνα는 목적격 부정사의 위치를 차지하였다. 현대 헬라어에서 이런 과정은 완결된 것이다. (심판하려는 것이 아니라 구원하려는 것이라는) 사상에 대해서는 3장 17절과 루가복음 9장 56절(장문)을 참조하라. "세상"에 대해서는 1장 10절을 참조하라.

[48] 나를 배척하고. 루가복음 10장 16절, "너희를 배척하면 나를 배척하는 것이다. 그리고 나를 배척하면 나를 보내신 이를 배척하는 것이다"를 참조하라. 49·50절에서 제시하는 바대로 이 사상은 요한복음에도 들어 있다. 예수의 말이 곧 아버지의 말씀이다.

내 말을 받아들이지 않는. "말"(ῥήματα)은 예수가 지닌 로고스인데 그것은 이 로고스가 구체적인 발언을 통해서 나뉘어진 것들이다. 로고스는 "말"(ῥήματα)에 대한 일종의 집합명사이다.

이 말이…그를 심판할 것이다. 이 진술에 꼭 들어맞는 병행귀가 없는 것 같다. 5장 45절과 비교하라. 이와 유사한 표현이 7장 51절("우리의 율법으로는…판단할 수 없다")에 나오는데, 이것이 현재의 말씀의 기원을 지시하는 것일 수도 있다. 유다교 사상에 의하면 심판은 율법에 따라 행해진 것이었고 간혹 율법은 심판의 과정에서 보다 능동적이고 인격적인 역할을 하는 것으로 생각되었다는 것은 두말할 나위가 없다. 바룩 2서 48장 47절, "이 모든 사람들[죄인들]에 관하여 그들의 종말이 그들로 하여금 죄를 깨닫게 할 것이고 그들이 범하였던 당신의 율법이 당신의 날에 그들을 보복하리라"라는 귀절을 참조하라. 또한 제4 에스드라서 13장 38절(라틴역이 아닌 시리아역), "그때 그는 불로 비유되는 율법에 따라 쉽사리 그들을 멸망시키리라"도 참조하라. 지혜서 9장 4절에서 지혜는(자주 율법과 동등한 것으로 생각됨) "당신의 왕좌에 자리를 같이하는" 것으로 묘사되어 있는데, 이것은 지혜가 심판하는 하느님의 보좌역을 의미하는 것으로 보인다. 필로는 이와 유사한 표현("하느님의 보좌인")을 "처벌"에 관해서 사용하였다(*Mos.* II, 53). 그

때서 요한의 말은 마르코복음 8장 38절, "누구든지 나와 내 말을 부끄럽게 여기면…사람의 아들도 (그를) 부끄럽게 여길 것이다…"와 같은 공관복음서적인 표현이 발전된 것으로 생각할 수는 있지만 그러나 이러한 발전이 예수의 말씀을 새로운 율법으로 간주하는 경향의 영향 하에서 이루어졌다는 점도 사실일 것이다. 그리스도론적인 칭호로서 로고스와 율법 사이의 연관성에 대해서는 1장 1절을 참조하라.

[49] 예수의 말은 그것이 예수의 말일 뿐만 아니라 아버지의 말이기도 하기 때문에 마지막 날에 심판자로서 입증될 것이다. 5장 22절을 참조하라. 예수는 아버지가 그에게 모든 심판을 위임했기 때문에 심판할 것이다.

나는 내 마음대로 말했던 것이 아니라. 여기 나오는 단순과거는 완결된 전체로서의 사역활동을 회고하는 것이다. 요한복음의 그밖의 곳에서는 의미상 별 차이가 없는 "내 마음대로"란 말이 나온다. 특히 7장 17절을 참조하라.

나를 보내신 아버지께서. 요한의 일반적인 용어이다(5, 23·37 ; 6, 44 ; 8, 16·18 ; 14, 24).

명령하신. 10장 18절과 다른 귀절들을 참조하라.

내가 무엇을 말해야 하고 또 어떻게 말해야 할 것을. 동의어의 사용은 요한의 특징적인 문체이다. 이 두 동사(앞의 "말하다" εἴπω와 뒤의 "말하다" λαλήσω)를 구분하기란 불가능하다.

[50] 그의 명령은 영원한 생명이다. 유다교 신앙에서 생명의 원천으로서의 모세의 율법에 대해서는 5장 39절과 신명기 32장 45절 이하를 참조하라. 이러한 견해가 예수의 교훈에 반영되어 있다(루가 10, 28 ; 마르 10, 17·18). 그러나 여기서 예수가 내리고 또한 그가 몸소 실행한 하느님의 명령이 옛 율법의 자리를 대신한다. 예수 자신은 하느님의 명령에 대한 그의 복종으로부터 생명을 얻는다(4, 34). 그리고 비록 명령에 따라 예수가 자기 목숨을 바쳐야 할지라도 그러하다(10, 18).

그러므로 내가 말하는 것은…그대로 이다. 8장 26·28절과 현재의 전체 문맥을 참조하라. 요한은 이러한 언급에서 예수의 공적 선교에 관한 그의 마지막 요약을 끝맺고 있다는 점은 특별히 주목할 만한 일이다. 예수는 독자적인 위대성을 지닌 인물은 아니다. 그는 하느님의 말씀일 뿐이지 그밖에 다른 존재가 아니다. 여기서 끝맺는 복음서의 첫부분에서 예수는 아버지에 대한 완전한 복종 안에서 산다. 둘째 부분에서 그는 이와 동일한 복종 안에서 죽을 것이다.

7. 유다의 背反을 알리는 저녁식사 13장 1—30절

1 과월절 전날이었읍니다. 예수께서는 이 세상을 떠나 아버지께로 가야 할
자기의 때가 온 것을 아시고 세상에 있는 자기 사람들을 극진히 사랑하셨읍
니다. 2 저녁 식사 중이었읍니다. 악마는 유다가 그[예수]를 배반하도록 이
미 결심하였읍니다. 3 예수는 아버지께서 모든 것을 자기 손에 맡기신 것과
자기가 하느님께로부터 오셨다가 하느님께로 돌아가실 것을 아시고 4 저녁
식탁에서 일어나 겉옷을 벗고 수건을 허리에 두르셨읍니다. 5 그리고 대야
에 물을 담아다가 제자들의 발을 씻기시고 그 두르신 수건으로 닦아주시기
시작하셨읍니다. 6 이리하여 시몬 베드로에게 이르렀을 때에 베드로가 예수
께 "주님, 당신께서 제 발을 씻기시렵니까?"하고 말하니 7 예수께서 그에
게 대답하셨읍니다: "내가 행하는 일을 지금은 네가 알지 못하나 후에는 알
게 될 것이다." 8 베드로가 다시 예수께 말했읍니다: "아닙니다. 제 발은 절
대로 못 씻기십니다." 예수께서 또 대답하셨읍니다: "내가 너를 씻기지 않
으면 너는 나와 상관이 없게 된다." 9 그래서 시몬 베드로는 "주님, 그러시
다면 제 발뿐만 아니라 손과 머리까지도 씻겨주십시오"하고 말했읍니다.
10 예수께서 대답하셨읍니다: "이미 목욕한 사람은 온몸이 깨끗하니 발 밖
에 더 씻을 필요가 없다. 너희가 깨끗하지만 다 그런 것은 아니다." 11 예
수께서는 자기를 넘겨줄 자를 알고 계셨던 것입니다. 그래서 "다 깨끗한 것
은 아니다"하고 말씀하신 것입니다. 12 예수께서 제자들의 발을 씻기신 후
에 옷을 입고 다시 앉아 그들에게 말씀하셨읍니다: "내가 너희에게 행한 일
을 알겠느냐? 13 너희가 나를 선생이라고도 부르고 주라고도 부르는데 그
것은 옳은 말이다. 사실 그렇다. 14 그러면 주요 또 선생인 내가 너희의 발
을 씻겼으니 너희도 서로 남의 발을 씻겨야 한다. 15 내가 너희에게 행한 것
같이 너희도 행하도록 내가 본을 보여준 것이다. 16 내가 진정으로 진정으
로 너희에게 말한다. 종이 주인보다 높지 못하며 보냄을 받은 사람이 보낸
이보다 높지 못하다. 17 너희가 이것을 알고 그대로 행하면 복이 있다. 18
나는 너희를 다 가리켜 말하는 것이 아니다. 나는 내가 택한 사람들이 누구
인지를 알고 있다. 그러나 '내 떡을 먹는 자가 내게 발굼치를 들었다'고 한
성경 말씀이 이루어질 것이다. 19 이제 일이 일어나기 전에 내가 너희에게
미리 말하는 것은 일이 일어날 때 내가 바로 그라는 것을 너희가 믿도록 하

려는 것이다. 20 내가 진정으로 진정으로 너희에게 말한다. 내가 보내는 자
를 영접하는 사람은 나를 영접하는 것이요 나를 영접하는 사람은 나를 보내
신 이를 영접하는 것이다." 21 예수께서 이 말씀을 하신 후에 심령이 불안
하여 "내가 진정으로 진정으로 너희에게 말한다. 너희 가운데 하나가 나를
넘겨줄 것이다"하고 밝히 말씀하셨읍니다. 22 제자들은 그것이 누구를 두
고 하시는 말씀인지 몰라서 서로 바라다보았읍니다. 23 제자들 중의 한사람
곧 예수께서 사랑하시는 제자가 예수 품에 기대있었읍니다. 24 시몬 베드로
가 그에게 머릿짓을 하고 나서 "누구를 두고 하시는 말씀인지 알아보오"하
고 말했읍니다. 25 그 제자가 예수께 기대며 "주님, 그가 누구입니까?"하
고 물었읍니다. 26 예수께서 대답하셨읍니다. "내가 이 떡을 적셔 주는 사
람이 그다." 그리고 그 떡조각을 적셔서 시몬의 아들 가리옷사람 유다에게
주셨읍니다. 27 그가 떡조각을 받은 후 사탄이 그에게 들어갔읍니다. 그때
예수께서 유다에게 말씀하셨읍니다: "네가 할 일을 어서 하라." 28 그러나
어찌하여 예수께서 이런 말씀을 하시는지 거기 앉아 있던 사람들 가운데 이
것을 아는 이가 하나도 없었읍니다. 29 어떤 이들은 유다가 돈자루를 맡아
가지고 있었으므로 예수께서 그에게 명절에 쓸 물건을 사라고 하셨거나 또
는 가난한 사람들에게 무엇을 주라고 하신 말씀인 줄 생각했읍니다. 30 유
다는 그 떡조각을 받고 곧 나갔읍니다. 때는 밤이었읍니다.

과월절 전날 예수와 그의 제자들이 저녁식사를 함께 하였다. 음식은 과월절 음식이 아니었고 또한 식사가 행해진 그 날짜는 유다교 달력에서 어느 날인지 확인되지 않는다. 예수는 식사 중에(혹은 이후에—2절에 대한 주석 참조) 제자들의 발을 씻겼고 그런 다음 씻음에 대한, 또는 겸손과 사랑에 대한 대화가 나온다. 소수의 동료 집단의 화합은 친밀하긴 하였지만 완전한 것은 아니었다. 예수는 유다가 그와 함께 식사를 하였을지라도 그를 배반하리라는 것을 예고하였다. 이러한 예견을 예수는 "그가 사랑했던" 제자에게 알려주었다.

이와 같이 간결하게 요약될 수 있는 이 설화는 비판적이고도 역사적인 주목할 만한 난점들을 제기한다. 이 설화는 한편으로 공관복음서의 설화들과 밀접한 병행을 이루는 자료—저녁식사는 예수의 생애의 마지막 밤에 베풀어졌고 이 저녁식사에서 유다의 배반이 예고되었다는 사실—를 포함하고 있다. 이 자료는 저녁식사와 배반이 모두 고린토전서 11장 23절 이하에서 입증되므로 비공관복음서 전승에서도 발견될 수 있었다고 하더라도 공관복음서 전승을 반영하는 것 같다. 다른 한편 요한은 공관복음서 저자들이 제시한 날과는 다른 날로 저녁

식사를 배치시켰고, 저녁식사("성만찬의 제정")시에 떡과 포도주를 먹고 마심을 설명해주는 공관복음서의 말들을 모두 생략하였으며, 다른 복음서에 들어 있지 않은 발 씻기는 설화를 포함시켰다. 최후의 만찬과 십자가 처형의 연대에 관해서는 이 책 I권 80—85면을 참조하라. 성만찬의 귀절이 빠져 있는 데 대해서는 이 책 I권 89·131—5면을 참조하라. 발을 씻김은 예수가 그의 제자들 가운데 "섬기는 자"(루가 22, 27)로 와있다는 공관복음서 전승에 근거하여 요한이 구상한 것으로 간주될 수 있을 것이다. 사람의 아들의 겸손한 섬김은 이와 같이 인상적인 설화에서 밝혀진다. 그 사건이 요한 이전의 전승에서 이미 발견되었을 가능성이 없지는 않다. 그러나 그것은 현재의 형태에 있어서 요한 사상의 흔적을 분명히 보여 준다. 이 점은 실은 본 단락에 대체로 들어맞는 사실인데, 본 단락에서는 1—12장에서 묘사된 예수에 대한 배척이 신자들이 받게 될 축복에 대한 서술과 균형을 이루고 있다(Dodd, *Interpretation*, 403). 이러한 관찰은 여러 사실을 밝혀주는 것이긴 하지만 이 장들에서 전제된 신앙이 부분적이고 부적합한 것이므로 한정지을 필요가 있다(특히 13, 21·38 ; 14, 9 ; 16, 12·31·32 참조). 린다스의 견해대로 13장 이후의 장들이 제자직과 관련된—우리가 덧붙여 말할 수 있다면, 축복과 수치가 뒤따르는 제자직에 관한— 것이라고 말하는 것이 보다 타당하다.

현재의 사건 양식—행동, 물음, 그리고 해석—에 대해서는 Daube, *N.T.R.J.*, 182를 참조하라. 발을 씻기는 행위를 과월절의 준비로 보고 몸을 정결케 하는 것(11, 55)과 연관지을 수 있는 근거는 없다. 13—17장이 그 다음에 나오는 수난설화에 대한 설명으로 간주될 수 있다는 사실은 이미 시사한 바 있다(이 책 I권 33·34면 ; 또한 II권 280면 이하 참조). 이 설명에서 13장 1—30절이 특히 중요한 부분을 차지한다. 상징적인 설화인 제자들의 발을 씻기는 행위가 먼저 나옴으로써 십자가에 못박힘이 예시되며 또 그렇게 함으로써 십자가에 못박힘에 대한 해석방법이 제시된다. 갈보리상에서 보여준 예수의 공적인 행동들과 제자들의 면전에서 보여준 그의 사적인 행동은 각각의 행동이 겸손과 섬김의 행동이라는 점에서 서로 같으며 또 각각의 행동이 자의적으로 예수의 사랑에서 우러나온 것이라는 점에서 서로 같다. 제자들의 발을 깨끗게 함은 그리스도의 희생의 피로 그들을 죄에서 정결케 함을 나타낸다(1, 29 ; 19, 34). 베드로는 현재 일어나고 있는 행동의 의미가 그에게 설명되자 "주님, 제 발 뿐만 아니라 손과 머리까지도 씻겨주십시요"라고 외친다(9절). 이와 같이 십자가상에 들리워진 예수는 모든 사람을 그에게로 이끌 것이다(12,32). 세상에 그를 보내신 아버지로부터 와서 이제는 다시 세상으로부터 아버지에게로 돌아갈 그리스도의 영원한 이동을 십자가가 일시적으로 현시한 것과 마찬가지로 발을 씻김은 이와 같은 사실을 완전히 인식한 예수에 의해 행해진 것이다(1·3절). 아마도 이차적인 방식으로 세례와 성찬의 성례전들이 또한 예시된 것 같다. 10·18절에 대한 주석을 참조하라. 여하튼 씻기는 행위는 십자가에 못박힘이 그러하듯이 사람들을 죄로부터 구하는 신적 행위임과 동시에 사람들이 본받아야 할 하나의 모범이다. 발을 씻김에 대한 성례전적 해석들과 비성례전적 해석들의 충분한 목록을 브라운이 제시하였다. 성례전적 의도가 들어있든지 들어있지 않든지간에 현재의 단락에서 씻기는 행위가 효과적이고도 모범적인 것으로 나타난다는 사실은 의심할 나위가 없다. 하나의 행위에 대한 이같은 이중적인 해석은 편집상 두 가지 자료를 결합한 데서 기인한 것으로 간주될 수 있다. 그래서 브와마(Boismard, *R.B.* 71[1964], 5—24)는 1·2·4·5·12—15·17·18·19절에 나오는 도덕적인 기사와 3·4·5·6—10(11)·21—30절, 또는 16·20절에 나오는 성례전적 기사가 편집적인 것임을 알아냈다. 요한이 두 가지 자료를 사용했다는 사실은 확실히 가능하긴 하지만 그러나 (아마 해결될 수 없을 듯한) 자료비판의 문제가 주석가의 연구과제의 전부는 아니다. 그것은 두 가지 주제의 결합이 요한신학의 특징적인 일부이기 때문이다.

발을 씻김과 예수의 죽음에 대한 이러한 이중의 의미에서 또한 다음의 두 가지 점이 제시된다. (ㄱ) 하느님은 그리스도의 사역을 통하여 한 백성을 스스로 정결케 하였다. 그러나 그 사람들이 모두 정결케 된 것은 아니다. 사탄은 열두 제자 가운데 하나인 유다 속에 들어가 그를 충실한 도구로 삼았다. 앞서 언급한 바대로 요한은 여기서 공관복음서 자료를 사용하고는 있지만 그러나 그는 그것을 자신의 사고 틀 속에 끼워 맞췄다(10·11·18·19절). 유다의 궁극적인 변절과 같은 죄도 여전히 가능하다(참조. 요일 5,16). (ㄴ) 사도들, 즉 선생이요 주이신 예수의 제자들과 종들은 그의 모범을 따라야 한다. 그들은 예수가 보여준 것과 같이 겸손을 보여주어야 하며, 실제로 십자가상의 예수를 따라가야 한다. 그들이 이렇게 하는 한 그들은 예수의 권위에 동참할 수 있다. 그리스도에 의해 보냄받은 자를 영접하는 것이 곧 그리스도를 영접하는 것이며, 그리스도를 영접함이 곧 하느님을 영접하는 것이다(20절). 따라서 교회는 그의 존귀함을 함께 지닌 겸손과 섬김의 자세를 본받아야 하는 그리스도의 책임있는 사절이다. 교회의 권위에도 불구하고 교회는 열두 제자 가운데 하나일지라도 배신자로 판명될 수 있으므로 어떤 절대적인 안정을 누릴 수는 없다.

본 장의 끝부분에서 유다는 어두움 가운데로 나간다. 이때부터 예수는 신실한 자들하고만 있다. 제자들은 마음이 무디고 또 그들의 충성이 곧 그 기초마저 흔들리게 되지만 그러나 그들에게도 하느님의 신비는 드러날 수 있다.

[I] 과월절 전날. 12장 1절을 참조하라. 요한이 사실 과월절 전날이란 말에서 뜻하고자 한 바는 18장 28절과 19장 14·31·42절 등에서 제시된다. 이 주석에 의하면 요한은 마지막 만찬과 유다교의 과월절을 분명하게 구분하고 있다. 이렇게 구분함으로써 요한복음에는 마지막 만찬이 과월절 식사였던 것으로 되어 있으므로 예수가 요한이 인정하는 것보다 하루 뒤에 죽은 것으로 되어 있는 공관복음서 설화에 일치하지 않는다. 이러한 차이점과 십자가에 못박힘의 날짜에 대해서는 이 책 I권 81—85면을 참조하라. 요한은 이렇게 변경 함으로써 또 만찬의 빵과 포도주에 대한 어떤 언급도 생략함으로써 성만찬이 단지 그리스도교적인 혹은 그리스도교화된 과월절은 아니었음을 강조하고 있다. 요한은 또한 "비밀 훈련"(disciplina arcanorum)에 의해 영향을 받았을지도 모르며 그리스도교 의식의 기원과 실행에 대한 사실적인 세부사항들을 드러내기를 꺼렸을지도 모른다. 그러나 이런 주장은 확실한 것으로 간주될 수 없으며 그럴 법하지 않다.

아시고. 이 말이 아람어 분사에 대한 오역이라고 추측할 이유는 조금도 없다. 그 아람어 분사는 완료형으로서 동일한 자음들을 갖고 있다 ; Torrey, 44—45, 47—48에는 과거완료 "알았다"로 번역되어 있음을 참조하라. 이 절에 나오는 "알다"(εἰδώς)와 3절에 나오는 "알다"(εἰδώς)가 서로 맞지 않고 예수의 사랑에 대한 분명한 시간 설정이 어색하다는("과월절 전날에…사랑하셨읍니다") 점에서 불트만은 본문이 뒤섞여 있다고 생각하며 13장 1절(혹은 그 일부는)은 원래 17장 1—26절의 기도를 소개한 것이었다고 주장한다.

자기의 때가 왔다.[1] "자기의 때", 즉 예수의 죽음과 올라감의 때. 2장 4절을 참조하라.

1) ἦλθεν("오다" ἔρχομαι의 2 과거) ; ἐλήλυθεν(완료), ω; παρῆν, D; ἥκει("이르렀다" ἥκω 의 현재 p66), αὐτοῦ ἡ ὥρα.

가다 할(ἵνα μεταβῇ). 설명의 ἵνα는 요한복음의 특징적인 것이다. 이 ἵνα를 여기서 때를 나타내는 분사로서 의도된 아람어 ד에 대한 오역으로 간주할 필요는 없다(*M.* Ⅱ, 470). "가버리다"(μεταβαίνειν)는 한 세계에서 다른 세계로 옮겨감을 표현하는 데 잘 쓰이는 말이다. 이 말은 죽음을 떠나감으로 보는 사상에 대해서 또 하늘로 올라감에 대해서 똑같이 적용될 수 있다. 5장 24절을 참조하라.

이 세상을 떠나. "세상"(κόσμος)에 대해서는 1장 10절을 참조하라. 이 말은 이 복음서 전체를 통해서 일반적인 것이긴 하나 ("이" οὗτος) "세상"이라는 말은 마지막 담론에서 40회 나온다. 그 강조점은 세상과 그곳에서 선택받은 (교회를 대표하는) 제자들을 구분하는 데 있다. 이러한 구분은 자연히 질적인 구분이다. 기억해야 할 점은 원시 그리스도교 전승에서 "이 (영원한) 세상" (ὁ κόσμος [αἰών] οὗτος)은 "이 세대"(ha'olam ha-zeh)를 나타내는 말로 종말론적인 표현이며 그러한 질적 구분 배후에는 시간적인 구분이 들어있다. 종말론적인 술어용법에 있어서 예수와 그에게 속한 사람들의 완전한 현시는 실제로 연대순의 미래에 일어나는 것이라고 말해져 왔다. 요한은 이러한 미래적 시각을 잃지는 않지만 예수의 성육한 삶의 중요성, 특히 그의 죽음과 올라감의 중요성에 대한 그의 강조는 한편으로 예수와 그에게 속한 사람들, 다른 한편으로 이 세상 사이의 존재론적 구분을 가능하게 한다. 이 세상의 영역으로부터 떠나감이 임박했음에 비추어 볼 때 예수는 그에게 속한 사람들의 삶을 통제하게 되는데, 그들은 그에게 속한 자들로서 영원히 그와 연합할 것이긴 해도 아직 세상적인 생활을 계속해야 하고 따라서 이중적인 존재로 살아나갈 것이기 때문이다.

세상에 있는 자기 사람들을 사랑하시기를. 마지막 주석을 참조하라. "자기 사람들"(οἱ ἴδιοι)에 대해서는 1장 11절을 참조하라. 그러나 거기서 그 표현은 다른 의미로 쓰여졌다. 10장 3·4·12절은 밀접한 병행귀를 이루지만 그 의미는 아마도 15장 19절에서 가장 잘 밝혀지는 것 같다. 예수는 자기에게 속한 사람들을 사랑하며, 이와 마찬가지로 세상도 "자기 사람들"(τὸ ἴδιον)을 사랑하고 예수에게 속한 자들을 미워한다. 요한은 예수와 세상 사이의 대조를 강조함으로써 13—17장 전체의 전개가 가능해진다. 제자들은 예수에게 속한 자들이지만 그럼에도 불구하고 그들의 주인이 그들 곁을 떠나는 "세상에 속한" 자들로서 그와 연합하면서 동시에 그로부터 떨어져 나가는 자들이다. "물론 아들의 사랑은 아버지의 사랑과 같이 전체 세상을 향한 것이며 모든 사람으로 하여금 세상 자체를 이기도록 하려는 것이다. 그러나 이같은 사랑은 사람들이 그 사랑에 대해 그들 자신을 개방할 경우에만 실현된다. 그리고 이 단락의 주체는 이와 같이 그들 자신을 개방하였던 일군의 사람들이다. 과거의 실제적인 상황에서 볼 때 이 집단은 열 두 명(열 하나)인 것으로 나타났다. 그러나 여기서 "제자들"(μαθηταί)이란 용어를 쓰지 않고 "자기 사람들"(ἴδιοι)이란 용어를 쓴 것은 의미가 있다. 그것은 그들이 모든 신자들의 대표자들임을 보여준다"(불트만).

그들을 극진히 사랑하셨읍니다. εἰς τέλος("극진히")는 헬레니즘적 그리이스어에서 "완벽하게", "몹시"라는 의미를 지닌 부사어일 수 있다(*M.M.* τέλος 항목 참조). 이 말은 여기서 만족할 만한 의미를 제시할 것이다. 자기 사람들에 대한 사랑 때문에 예수는 섬김이나 수난의 어떤 행동이든 취할 수 있었다. 그러나 여기서(또는 마르 13, 13과 병행귀들 ; 데전 2, 16) τέλος는 "끝"이라는 일차적인 의미를 지닌 것 같다. 예수는 자기 사람들을 그의 생명이 다하는 순간까지 사랑했다. 더구나 τέλος는 초기 복음서들의 종말론을 연상하게 한다. 예수의 '때', 다시 말하여 그의 수난의 때는 마지막 사건들의 선취였다. εἰς τέλος에서 이중적인 의미를 알리는 것이 요한의 특징일 것이다.

[2] 저녁식사 중이었읍니다. "저녁식사"(δεῖπνον)에 대해서는 12장 2절을 참조하라. 여기서 그것은 확실히 저녁식사(30절)를 의미한다. 고린토전서 11장 20절에서 그 말은 애찬식과 성만찬과 관련하여 사용되고 있다. γινομένου("일어나다" γίνομαι의 현재 분사)가 γενομένου(γίνομαι의 분사, 2 과거)로 자주 나온다([P66] ℵc D Θ λ it vg pesh sah boh). 그러나 저녁식사는 아직 진행 중이었으므로(26절) γενομένου는 γινομένου만큼 문맥에 부합하는 말은 아니다. 요한은 "성만찬"과 관련된 사건들을 의도적으로 빠뜨리고 있음이 분명하기 때문에 그러한 사건들이 어떤 점들에서 그의 설화에 부합하는지를 물을 만한 타당한 이유가 없다.

악마는 유다가 그[예수]를 배반하도록 이미 결심하였읍니다. *R.V.*의 번역("유다의 마음 속에 이미 들어갔던 악마는 …그를 배반하도록")은 유다의 이름이 D Θ W a e sin pesh sah 등에서처럼 속격으로 읽게 될 경우에만 지지될 수 있다.[2] 그러나 이것은 아마 단순화한 주석인 것 같

2) 본문의 헬라어는 τοῦ διαβόλου ἤδη βεβληκότος εἰς τὴν καρδίαν ἵνα παραδοῖ αὐτὸν Ἰούδας로서 "마음"(καρδίαν)이 악마의 마음을 의미

으므로 배제해야 한다. 다른 한편 고대 라틴어역에는 "악마가 그의 마음 속으로 들어갔읍니다…"(cum diabolus se misisset[혹은 misisset se] in cor...)로 되어 있음을 주목해야 한다. 이 구문에 대해서는 욥기 22장 22절, 직역하여 "네 마음에…두라"(ἀνάλαβε… ἐν καρδίᾳ σου)와 사무엘상 29장 10절, "네 마음 속에 품지 말라"(μὴ θῇς ἐν καρδίᾳ σου, 70인역에 일치하지 않음)를 참조하라. 또한 루가복음 21장 14절(또는 *H. S.G.T.*, 131에서 인용된 병행귀들)을 참조하라. 이러한 사상에 대해서는 27절과 6장 70절, '너희 가운데 하나는 악마이다"와 루가복음 22장 3절, "사탄이 유다에게 들어갔읍니다"(루가는 유다의 배신을 사탄과 직접 연결시키는 다른 유일한 복음서 저자이다)를 참조하라. παραδοῖ ("배반하다" παραδίδωμι의 3인, 단수, 2 과거, 가정, 능동)는 ℵ B사본에서 다음과 같이 나오는 동사의 형태이다. 즉 "그것은—파피루스의 기록이 제시하듯이—분명히 방언형태이다—이런 사실을 가정한 것은 확실히 옳은 것일 수 있다. 기원사(祈願詞)의 후대 형태가 παραδοῖ와 일치하긴 하지만 그렇다고 해서 신약성서에서 이 동사가 항상 가정법으로 되어 있음을 의심할 만한 구문상의 이유는 전혀 없다"(*M.* Ⅱ, 211). 마르코복음 14장 10절을 참조하라. 이 병행귀 역시 유다의 배신을 다루고 있다는 것은 우연으로만 돌릴 수는 없다. 유다라는 이름의 본문상의 전승에 대해서는 6장 71절을 참조하라.

[3] 예수는 아버지께서 모든 것을 자기 손에 맡기신 것을 아시고 (εἰδὼς ὅτι πάντα ἔδωκεν αὐτῷ ὁ πατὴρ εἰς τὰς χεῖρας).

이 구문은 서툰 구문이다. "그에게"(αὐτῷ), 혹은 "그의 손에"(εἰς τὰς χεῖρας) 가운데서 어느 하나만으로도 충분했을 것이다(헬라어 본문에 이 두 귀절이 모두 나온다). 이 절과 다음 절의 원래 의도는 그의 종들을 섬기기까지 자기 자신을 낮추신 주님과 예수 그리스도의 겸비함을 강조하는 데 있다. 예수는 그가 하느님의 아들임을 완전히 알면서도 그들의 발을 씻긴다. "맡겼다"(ἔδωκεν)는 단순과거이다 : "아버지께서 그의 소명에 아들의 권위를 부여해주셨다"(16, 20). 3장 35절, "아버지께서… 모든 것을 그의 아들에게 맡기셨다"와 이보다는 덜 일반적인 진술들이 씌어 있는 5장 22절과 26절을 참조하라.

자기가 하느님께로부터 오셨다가 하느님께로 '돌아가실' 것을 (아시고). 1

하여 앞에 나오는 동사 βεβληκότος와 더불어 (악마가) "결심하다"라는 뜻이 되나 *R.V.*의 번역대로 하려면 "마음"(καρδίαν) 뒤에 'Ιουδα가 첨가되어 "마음"이 "유다의 마음"을 뜻해야 한다.

절을 참조하라. 떠나가야 할 때가 임박하였고, 사실 예수는 발을 씻기는 수치스러운 행위에서 의도적으로 예시된 십자가상에서 받을 수치를 통하여 아버지와 함께 그의 영원한 영광에로 돌아갈 것이다. 수치스러운 행위에서 받게 될 이러한 영광이 13—17장의 핵심적인 주제들 가운데 하나이며, 먼저 모범을 보인 비유는 그 점을 아주 분명하게 진술하고 있다. 브라운에 의해 인용된 Ignatius, *Magn.* 7, 2는 본절과 밀접한 병행귀를 이루고 있지 않다.

〔 4 〕 **저녁식탁에서 일어나 겉옷을 벗고.** τίθησιν("벗다" τίθημι의 현재, 직설)보다 ἀποτιθέναι("옷을 벗다" ἀποτίθημι의 현재, 부정사)가 더 자연스런 말이었을 것이다. 10장 11·15·17·18절과 13장 37·38절에서("목숨을" ψυχήν과 함께 쓰인) τιθέναι("버리다")의 용법을 참조하라. 예수가 그의 겸허하고 정결하게 하는 행위를 보여주기에 앞서 그의 옷을 벗어 두었을 때 그는 자기 목숨을 바칠 것을 미리 예시한 것이다. 19장 23절과 루가복음 12장 37절을 참조하라.

수건 (λέντιον). 이 단어는 신약성서에서 이 절과 5절에서만 나온다. 이 말은 라틴어법으로 린네르(linteum)에 대한 음역인데, 후대 헬라어에서 흔한 말이다(*L.S.* 그 항목 참조). 칼리굴라는 원로원 의원들로 하여금 그렇게 차려 입고 자기를 시중들게 함으로써 그들을 모욕하였다(Suetonius, *Caligula*, 26).

〔 5 〕 **담다**(βάλλει). 이 말은 물론 헬레니즘적 그리이스어에서 흔히 볼 수 있는 약한 의미(the weak sense)로 사용된다. D φ sin 등에서 "취하여"(λαβών)란 말을 첨가한 것은 4절에 나오는 "수건을 두르셨읍니다"(λαβὼν λέντιον)란 말에 대한 동화에서 기인한 것이다.

대야에. 이 말(τὸν νιπτῆρα)은 신약성서 단 한번 나오는(hap. leg.) 것으로 그밖의 곳에서는 입증되지 않는다(전도서의 그리이스어역본에서는 예외임). νιπτῆρα("대야")는 (고전어 νίζειν에 대한) νίπτειν("씻다")에서 규칙적으로 조성된 말이다. —τηρ에 붙는 명사상당어구들은 "주로 도구들이나 대행자의 이름들이다"(Palmer, 108). "발씻는 대야"(ποδανιπτήρ)란 말도 여기에 해당될 수 있다.

시작하셨읍니다. 이 말에 비추어서 다음 절에 나오는 "이르다"(ἔρχεται)란 말의 참뜻을 알 수 있다. 그는 차례로 한 사람씩 닦기 시작했다. 그러므로 이 말은 보조동사로서 "시작하다"란 의미의, 없어도 좋은 셈어적 용법은 아니다.

제자들의 발을 씻기시고. 주인의 발을 씻기는 것은(다른 민족의 노예들과는 구별되는) 하인이 하는 행위로서(*Mekhilta* 출애 21, 2 [נזיקין § 1]) 유다인 노예에겐 요구되지 않았다. 그러나 이 일이 천한 일이라는 점이 과장되어서는 안된다. 아내들은 그들의 남편과 친정식구들의 발을 씻기었다. 제자들은 그들의 율법 교사들(라삐들)을 인격적으로 섬기는 행위를 하도록 요구되었다. 예. *Berakoth 7b:* "라삐 요하난[A. D. 150]은 라삐 시므온 요카이[주후 150경]의 이름으로 말하였다 : 율법을[즉 율법 교사들을] 섬기는 일이 율법을 배우는 것보다 더 중요한 것이다." 또한 열왕기하 3장 11절을 참조하라 : "엘리야의 손에 물을 붓던 사밧의 아들 엘리사가 여기 있나이다." 여기서 "배웠던"이라고 말하지 않고 "물을 부었던"이라고 말한다. 이것은 섬기는 일이 더 중요하다는 사실을 가르쳐준다. 본 절의 요지는 자연스런 관계(6·8절에서 베드로의 반대가 보여주듯이)가 필요 이상의 놀랄 만한 겸손의 행위에서 뒤바뀌졌다는 것이다. 요한이 이해한 바에 의하면 그러한 행위는 모범적이고도 계시적이며 자혜로운 것이다. 제자들도 서로의 발을 씻겨야 한다(14·15절). 사랑을 나타내는 겸손의 행위가 몸소 보인 예수의 사랑을 계시하듯이(1절) 제자들간의 상호애는 그들과 그리스도와의 관계를 드러낼 것이다(35절). 그리고 발을 씻기는 것은 반복할 필요가 없었던 참된 정결의 행위를 나타낸 것이었다(8·10절).

[6] **여수께 말하니.** 여러 사본들은 주어가 바뀌어 있다. D Θ W에는 "저 사람"(ἐκεῖνος)으로, 시리아역 사본에는 시몬으로, 라틴어역에는 베드로로 나온다.

당신께서 제 발을 씻기시렵니까? (σύ μου νίπτεις τοὺς πόδας). 이 귀절에 해당하는 헬라어 문장에 있어 인칭대명사들이 모두 강조의 위치에 놓여 있다. 즉 μου("제")가 πόδας("발") 뒤에 위치하지 않고 σύ("당신") 바로 다음에 나옴으로써 "당신께서 어찌 제 발을 씻으시려 합니까"라는 뜻을 강조한다. 다른 견해에 대해서는 *B.D.* § 473을 참조하라.

[7] **이 일을 지금은 네가 알지 못하나 후에 알게 될 것이다.** 2장 22절과 12장 16절에서 요한은 이 말을 함으로써 예수의 죽음과 부활 이후에야 비로소 제자들은 성전 정화와 승리의 입성이 지닌 완전한 의미를 깨닫게 되었다는 점을 지적하고 있음을 참조하라. 이처럼 제자들의 몰이해가 요한에게서 강조되고 있으며 거기에 대한 이유가 7장 39절, 14장 26절, 16장 13절 등에서 밝혀진다. 오직 성령에 의해서만 사람들은 예수를 완전히 이해할 수 있다. 그리고

유다인들이 반대하는 것도 그 때문이지만 예수의 제자들도 성령에 의하지 않고서는 예수를 이해할 수 없다. 이 귀절에서 "알다"라는 의미의 동의어들인 εἰδέναι와 γινώσκειν에 해당되는 οἶδας와 γνώσῃ를 주목해야 한다.

[8] D Θ는 6절에 동화하여 베드로의 말에 호격의 "주님" (κύριε)이란 접두어를 덧붙인다.

…절대로 못 씻기십니다. 이 구문에 대해서는 11장 26절을 참조하라. 여기서의 부정은 매우 강력한 것이다. 그의 스승에게 적합한 일이라고 베드로가 생각한 것이 다음 귀절에서 완전히 묵살당한다. 마르코복음 8장 32절(또는 병행귀들)을 참조하라. 이 마르코의 말에 직접 해당하는 말이 요한복음에는 없다. (이미 언급한 바대로) 발을 씻기심이 십자가에 못박히심을 예시하는 것이므로 요한이 여기서 의도적으로 간청을 제시하였다는 것은 있을 법하다. 마르코의 귀절과 이 귀절 둘다에서 우리는 "구원의 행위를 비천함 속에서, 하느님을 종의 모습에서" 보기를 거부하는 것을 엿볼 수 있다(불트만).

내가 너를 씻기지 않으면 너는 나와 상관이 없게 된다. 마르코복음 8장 33절(앞에서 인용된 베드로의 말에 대한 답변), "…사탄아 물러가라, 너는 하느님의 일을 생각하지 않고 도리어 사람의 일만 생각하는구나"를 참조하라. 베드로는 그가 예수에게 분명히 헌신하고 있음에도 불구하고 잘못된 길로 빠질 위험에 빠져 있다. 그가 예수의 사랑과 섬김을 받고자 하지 않은 것은 실은 사탄의 교만이다. "관계를 갖다" (μέρος ἔχειν)에 대해서는 마태오복음 24장 51절(=루가 12장 46절)과 사도행전 8장 21절을 참조하라. 만일 베드로가 씻김을 받지 않는다면 그는 예수의 수난이 가져다 줄 유익을 나누지 못할 것이고 또 그의 백성에 속하지도 못할 것이다. 여기서 그리스도교의 세례에 대한 언급이 자주 제시되어 왔다; 3장 5절과 비교하라. 그리고 Schweitzer, 360—2와 이 책 I권 132—3면을 참조하라. 요한이 세례에 관해 익히 알고 있었다는 것은 거의 의심할 여지가 없으며, 그가 세례시 씻는 것과 제자들의 발을 씻는 것 사이의 어떤 연관성을 보았을 수도 있지만 그러나 이러한 연관성은 요한이 다음과 같이 주장하는 것처럼 너무 엄격하게 설명되어서는 안된다: "모든 그리스도인들은 세례를 받아야 합니다; 사도들도 그리스도인들이므로 그들 역시 분명히 세례를 받았을 겁니다. 세례는 정규적인 방식이 아닐 경우에는 어떤 다른 방식으로 행해져야 합니다." 오히려 요한은 교회의식으로서 세례의 형식적인 의미 이상을 간파해냄으로써 개종자들이 세례받을 때 연합하게 될 주님의 죽으심과 관련시켜 세례를 이해하였다(참조. 로마 6, 3). 따라서 요한은 수난 이전에 주님의 죽음이 예시되었던 겸비한 사랑의 행위에로 세례를 결합하였다. 6장에 나오는 성만찬에 대한 요한의 언급을 참조하라. 이 책 I권 462—463면도 참조하라.

[9] 아니라. "씻겨 주십시요"(νίψης)가 덧붙여져야 한다. 씻김을 받는 것이 그리스도와 교제를 나누는 유일한 방법이라면 베드로는 씻김을 받지 않은 곳이 하나도 없이 온 몸이 씻겨지기를 원했다.

[10] 이 귀절에는 중요한 형태의 두 가지 전승이 들어 있다(또한 여기서 언급할 필요는 없는 소수의 변형들이 들어 있다). (ㄱ) 긴 본문은 "이미 목욕한 사람은 발 밖에 더 씻을 필요가 없다"이다. (ㄴ) 짧은 본문은 "이미 목욕한 사람은 더 씻을 필요가 없다"이다. 긴 본문은 B W(P[66] D Θ)와 대부분의 역본들을 포함하여 대다수 사본들에서 뒷받침된다. 짧은 본문은 몇몇 고대 라틴어 본문들과 오리겐을 포함하여 ℵ vg(원문—참조 W.W.)에서만 뒷받침된다. 본문상의 문제는 대체로 그 귀절에 대한 해석과 분리될 수 없다. 앞의 두 가지 독법 모두 고대에 속한 것이며 문맥에 비추어 보다 이해가 잘 되는 독법이 채택되어야 한다. 여기서 사용된 두 동사가 의미상 동일한 것은 아니지만(λούεσθαι "목욕하다" ; νίπτεσθαι "씻다") 요한은 한 쌍을 이루는 단어들(예, εἰδέναι와 γινώσκειν)을 즐겨 사용했으므로 그가 이 두 동사를 분명히 구분하였음에 틀림없다고 생각하기는 어렵다는 사실을 우선 주목해야 한다. 이 점은 물론 (ㄴ)에만 해당된다. (ㄱ)에서는 부가어들이 붙어서 이 두 동사를 분명히 구분하고 있다. 둘째로 예수가 방금 행한 일이 사소한 것으로 간주될 수 없음을 8절b가 말해줌을 주목해야 한다. 예수가 행한 일은 근본적으로 중요하고 필수적인 것이다. 즉 그것은 먼저 행한 "목욕"에 뒤따라서 하는 부차적인 "씻음"이 아니다. 세째로 적어도 일부 지역에서 식사에 초대받은 손님들은 집을 떠나기 전에 목욕을 하고 초대한 주인의 집에 도착해서는 발을, 다만 발만을 씻는 것이 관습이었던 것 같다. 이와 같은 관습에 대한 지식을 통해서 (ㄴ)항이 (ㄱ)항으로 확대되었을지도 모른다. 네째로 동사 λούειν은 신약성서에서 일반적인 용어는 아니지만 종교적으로 씻는 행위와 관련되어 있다. 이것은 비그리스도교적인 그리이스어에서 사실이다(Bauer, *Wörterbuch* 해당 항목 참조). 히브리서 10장 22절에는 그

리스도교의 세례에 대한 비유적인 암시가 들어 있다("맑은 물에 몸을 씻었으니"). 에페소서 5장 26절과 디도서 3장 5절에 나오는 명사 "목욕"(λουτρόν)의 용법을 참조하라.

이러한 사실들이 의도되어 있다면 이 귀절의 의미는 아마 다음과 같을 것이다. 요한은 (ㄴ)의 형태로 본문을 기술하였다. 그는 "목욕하다"란 동사를 "씻다"의 동의어로 도입하였고 그러면서도 이 말을 종교적으로 씻는 행위들의 배경과 그러한 예인 세례 의식을 보다 명백하게 암시하였던 말로 제시하였다. 10절에 나오는 말의 의도는 베드로의 어리석은 오해를 지적하는 데 있었다. 베드로의 오해는 그의 발을 씻는 예수의 행위가 그의 죽음에 의한 겸비한 사역을 나타낸 것이기 때문에 물로 씻는 것 자체가 마치 종교적인 은혜를 입는 것인양 그의 손과 머리까지도 씻김을 받음으로써 보다 큰 유익을 얻게 되리라고 생각하였던 데에 있다. 이러한 오해에 반해서 예수는 그의 사랑과 죽음을 통해서 이미 은혜를 입은("그의 죽으심으로 이미 세례를 받은") 자는 "완전히 깨끗한" 자임을 지적하였다. 이외에 씻는 행위들은 무의미한 것이다. 제자들은 이제 그의 죽음에 가담하게 되었으므로 그 이상은 할 일이 없다. 그러나 이 진술은 부분적으로 λούειν과 νίπτειν이 동의어들임을 파악하지 못했기 때문에 그리고 부분적으로는 앞서 언급된 사회적 관습 때문에 오해되었다. 그래서 이 진술은 발을 씻는 일이 목욕하는 과정의 비교적 중요하지 않은 일부로서 행해졌다는 암시를 제시하였다는 사실과 관계없이 확대되었다. 이러한 견해에 반대해서 샌더스는 예수가 베드로를 설득하여 그의 발을 씻도록 하고 있기 때문에 (긴 본문에서처럼) 발에 대한 언급이 필요하다는 점을 지적한다. 그러나 이 점은 사실이 아니다—예수는 그의 발뿐만 아니라 그의 손과 머리도 씻겠다는 베드로의 그릇된 요구에 대해서 답변하고 있다. 라이트후트는 이 귀절과 발에 기름붓는 행위가 몸 전체에 기름붓는 행위에 대한 충분한 상징이 되고 있는 12장 3절을 비교한다. 발을 씻김은 성만찬을 나타내고 반면에 목욕은 분명히 되풀이할 수 없는 것으로서 세례를 나타낸다는 견해는 지나친 억설이며 또한 그것은 행위로 보인 비유를 너무 지나치게 성례전적으로만 해석한 것이다. 앞의 주석을 참조하라. 또한 요한이 쿰란종파에서 행해진 씻는 관습에 반대하는 논쟁에 가담했을 것 같지는 않다(브라운 참조). 요한의 의도는 여느 때처럼 그리스도교의 전승과 관행이 지닌 충분한 신학적 의미를 밝히는 데 있다. 참으로 정결하게 하는 동인은 예수가 말한 말씀 또 바로 예수 자신인 말씀이다. 15장 3절을 참조하라. 6장 63절을 참조하라. 여기서는 사람의 아들의 살과 피를 먹고 마시는 것과 (그가 몸소 행한 것이기조차한) 물로 씻음은 "행해진 행위"(opus operatum)를 통해서가 아니라 말해진 말씀을 통해서 효력이 나타난다.

온 몸이 깨끗하니. ὅλος는 여기서 (발, 머리, 손 등과 같은) 몸의 "모든 지체에서"를 의미한다. "깨끗한"(καθαρός)에 대해서는 요한복음에서 이 말이 사용되는 (11절에 덧붙여서) 다른 유일한 귀절인 15장 3절을 참조하라.

다 그런 것은 아니다. 이 언급은 물론 다음 절에서 지시하는 유다를 가리킨다. 유다도 다른 제자들과 함께 씻김을 받았다. 그러므로 세례에 의해서건 다른 어떤 것에 의해서건 구원을 자동적으로 얻게 될 가능성은 완전히 배제된다. 6장 63·64절 ; 또한 하늘 나라로 몰려드는 사람들 가운데는 좋은 사람들과 나쁜 사람들이 뒤섞여 있음을 강조하는 마태오의 비유들(밀과 가라지의 비유 : 13, 24—30·36—43 ; 그물의 비유 : 13, 47—50)과 고린토전서 10장 1—13절을 참조하라. 유다는 발을 씻기웠음에도 불구하고 예수의 겸손과 사랑의 행위의 의미를 이해하지 못하였다.

〔 11 〕 …계셨던 것입니다. D에는 이 귀절이 생략되어 있다. 이 말들은 설명적인 귀절로서 다소 필요없는 것이며 아마 여백의 삽입구로 본문에 삽입되었을 것이다.

〔 12 〕 옷을 입고. 4절("옷을 벗고")을 참조하라. 또한 10장 17·18절("목숨을 얻다")을 참조하라.

앉아. 6장 10절을 참조하라.

내가 너희에게 행한 일을 알겠느냐? 7절을 참조하라. 예수의 행동에 대한 해석이 이제 달라지는 것 같다. 선행절들에서 그것은 예수로 인해 사람들의 마음이 정화되었음을 나타내는 것으로서 (구약성서의 예언자들의 행위들처럼) 상징적인 행위였다. 여기서 예수의 행동은 하나의 겸손의 모범이 되고 있다. 그러나 이 두 가지 해석은 여기서 배타적인 것이 아니라 오히려 서로를 함축하는 것이다. 예수가 실행한 정결은 그가 몸소 보인 겸손함에서 이루어진 것이다. 그로 말미암아 이미 깨끗하게 된 자들은 실제로 서로 사랑하고 섬길 것이며 또한 서로 사랑하고 섬기는 이 일을 통해서만 그들이 깨끗하게 되었음을 알 수 있다(35절 ; 요일 3, 16·17·23 ; 4, 11 등 참조). 그리스도의 죽음은 사람들이 죄로부터 정결케 되는 수단임과 동시에 이제부터 그들이 따라가야 할 거듭난 삶의 모범이다. 더구나 발을 씻기는 행위가 예수의 전체 구속사를 나타내는 한, 제자들도 이 일에 동참해야 한다. "예수는 모방을 위한 모범은 아니다 ; 그러나 그의 섬김을 받음으로써 새로운 존재의 기회가 제자들에게 모두 개방되어 있다"(불트만). 이런 사실에 뒤따르는 사실은, "이러한 사귐을 통해 깨닫게 되는 불결함의 유일한 형태는 유다가 여기서 보여주었듯이 이기심이다"(웨톤)는 것이다.

[13] 선생이요 주라고. 이 말들은 대격("너희가 부른다" φωνεῖτε의 간접 목적어)이 아니라 주격이다. 그러므로 이 말들은 호격 대신 사용된 접속 주격이다. *M.* I, 70, *B.D.*, §§143, 147를 참조하라. "선생"(διδάσκαλος)이란 말은 라삐(라보니)의 칭호를 가리킨다(1장 38절 ; 20장 16절 참조). "주님"(κύριος)은 요한복음에서 예수의 명칭으로 자주 나온다. 한(Hahn, *Titles*, 73—89)은 하나의 칭호로서 "주님"(κύριος)이 예수를 선생으로 지칭하는 데서 연유한 것이라고 옳게 지적하였다(라삐의 생도가 자기 선생을 가리켜 부르는 말, "라삐요 논쟁자" רבי ומרי—*S.B.* Ⅱ, 558 참조). 그러나 1세기 말에 기술한 것인 한, 그리스도교 저자가 주님이란 말을 통해 선생 이상을 의미했을 거라고 생각할 수는 없다. 라삐는 그의 제자들이 자기 발을 씻겨주리라고 기대했을 것이다(5절 참조). "주님"(κύριος)은 그가 신적이든 인간적이든간에 통치자로서 아래 사람들로부터 어떤 섬김을 기대했을 것이다("주님" κύριος이란 말의 상대어는 "종" δοῦλος이다).

[14] 너희도…해야 한다. "소전제로부터 대전제를 이끌어내는"(a minori ad maius) 이런 종류의 논증들은 라삐 문서들에서 매우 일반적인 것이다. 또 거기서 그러한 논증들은 "가벼운 (전제)와 무거운 (전제)"로 알려져 있다. 그러나 이런 논증이 요한의 문체가 유다교적인 혹은 라삐적인 특징을 말해주는 것이라는 주장은 터무니없는 것이리라. 이런 논증들은 사람들이 논리적으로 생각하고 말하는 곳이면 어디서나 사용된다. 유다교의 가벼운 전제로부터 무거운 전제를 끌어냄(קל וחומר)은 헬레니즘적 논리학이나 수사학과 관련되어 있다(D. Daube, *H.U.C.A.* 22 [1949], 251—7). 디모테오전서 5장 10절은 요한이 기록했던 당시에 "성도들의 발을 씻기는 일"이 그리스도인의 봉사를 나타내는 하나의 비유로 받아들여졌음을 보여준다. 요한의 사건은 그러한 비유에서 기인하였을 것이지만 그러나 그 비유 자체도 어떤 기원에서 유래했음에 틀림없고 이러한 기원은 아마 요한이 사용했던 전승이었을 것이다.

[15] **본.** 이 말에 대해서는 히브리서 4장 11절, 8장 4절, 9장 25절, 야고보서 5장 10절, 베드로후서 2장 6절을 참조하라. 이 말은 "본보기"와 "모범", 혹은 "그러한 예"를 의미하며 묘비명들에 "미덕의 본보기"란 말이 나옴을 주목하는 것은 흥미있는 일이다(L.S. 그 항목 참조). "본"(ὑπόδειγμα)은 코이네 그리스어에서 잘 입증되었지만 그러나 프리니쿠스를 처벌의 본보기로 삼는 데도 이 말이 쓰였다.[3)]

"~하도록"(ἵνα)은 요한의 일반적인 설명적 ἵνα로서 모범을 보인 목적과 내용을 지시한다.

[16] **보냄을…보낸 이보다 높지 못하다.** 이 말은 14절의 주장에 상응하는 것이다. 마태오복음 10장 24절, "제자가 선생보다 높지 못하며, 종이 그 주인보다 높지 못하다"를 참조하라. 아버지에 의한 예수의 보내심과 예수에 의한 사도들의 보냄 그리고 보낸 자와 보냄을 받은 자와의 관계들에 관한 일반적인 문제에 대해서는 20장 21절을 참조하라. 여기서 그 의미는 명백하다. 즉 제자들은 주님이 받으신 것보다 더 좋은 대우를 기대할 수 없으며 그들은 주님이 행한 봉사의 행위들을 실행할 수 없을 정도로 자신들을 중요하게 생각할 수도 없다. ἀπόστολος("사도")와 동일어원의 동사인 ἀποστέλλειν("사도를 보내다")이 πέμπειν("보내다")과 같이 일반적인 용어이긴 하지만 ἀπόστολος는 요한복음에서 여기에만 나온다. 이말은 여기서 (신약성서에서 자주 그러하듯이) 전문적인 용어가 아니라 단지 "보내심을 받은"이란 의미의 ἀποσταλείς 혹은 ἀπεσταλμένος와 거의 같은 수동형 동사의 명사로서 사용되는 말이다. 사도란 말이 "그를 보내신 분의"란 말과 함께 사용되고 있다는 사실로 보아 우리는 요한이 이 말들의 두 가지 어근(ἀποστέλλειν과 πέμπειν)과 어군(그 두 단어의 변형들)을 구분하지 않았음을 분명하게 알 수 있다.

[17] **너희가 이것을 알고 그대로 행하면.** "이것"이 지시하는 바가 분명하지 않다. 그것은 첫째로 종이 그의 주인보다 크지 못하고 보냄을 받은 자가 보내신 자보다 크지 못하다는 사실을 지적하는 것으로 보인다. 그러나 이런 사실들을 "행함"(ποιῆτε)이라고 말할 수는 없다. 아마 이 구문은 시각에 호소하는(ad sensum) 것이며 요한의 말은 "이런 생각들과 너희가 보았던 것에 비추어 볼 때 서로

---

3) Ⅳ; Rutherford, 62; 고전적인 '본보기' παράδειγμα란 말이 여기에 채택되어야 한다.

발을 씻겨 주는 것은 선한 일이라는 것을 너희가 알고 그렇게 행하면 너희에게 복이 있다"를 의미한다. 16절은 거의 없어도 좋은 삽입귀이다. 요한은 그밖의 곳에서(12.47·48) 예수의 말을 들을 뿐만 아니라 행해야 할 필요성을 강조한다. 신약성서가 대체로 이와 같이 강조하고 있음은 사실인데, 그러한 예로 마태오복음 7장 21·24—27절을 둘 수 있다. 이 절에서 sin 사본은 "만일 너희가 이런 일들을 알고 그대로 행하면 너희에게 복이 있다"로 되어 있다. e 사본에는 "너희가 알면 너희에게 복이 있다"(haec scientes beati eritis)로 되어 있다. e 사본이 옳은 것 같으며, "행하면"에 대한 언급은 다른 귀절들에서 유추하여 삽입된 것이지만 서로 다른 위치에 삽입되었을 것 같다.

[18] 나는 너희를 다 가리켜 말하는 것이 아니다. 발을 씻김이 지닌 의미에 대한 토론은 예수의 사랑과 연합한 공동체로부터 스스로 떨어져 나간 배신자에 대한 생각으로 중단된다. 방금 한 말들이 그에게는 해당되지 않았다. 그러나 예수는 열두 제자의 집단에서 그를 인정하는 실수를 범하지는 않았다. 그는 오히려 성서를 완성하고 따라서 신앙을 약화시키기 보다는 향상시키는 방식으로 행동하였다.

나는 내가 택한 사람들이 누구인지 알고 있다. 이 말들의 의미와 다음 문장과의 연관성이 분명하지 않다. 이 말들은 첫째 "나는 내가 참으로 택한 사람들을 알고 있고 물론 참으로 유다를 택하지는 않았음을 알고 있다"를 의미할 수 있다. 혹은 둘째 "나는 내가 택한 사람들(그들의 인품)을 알고 있으므로 내가 그를 택하였긴 하지만 유다가 나를 배신하리라는 것을 알고 있다"를 의미한다. 의문대명사 "누구인가"(τίνας)는 둘째항보다 오히려 첫째항을 암시하긴 한다. 그러나 브라운이 말한 대로, 공관복음서 저자들처럼 요한이 열두 제자만이 저녁식사에 참석하였다고 믿었다는 사실을 암시하는 6장 70절과의 상응 관계는 둘째항을 암시하며 아마 문법적인 논증보다 더 중요한 것 같다. 둘째항에 보다 적합한 관계대명사 "~한 사람들"(οὕς), P[66] D θ W의 독법이다. 둘째항이 채택된다면 "그러나 …할 것이다"(ἀλλ' ἵνα) 앞에 상당한 부분이 생략되었음이 분명하다 : 나는 내가 택한 자들을 알고 있다 : "그러므로 나는 유다가 배신자임을 안다. 그러나 내가 그를 택한 것은 …하도록 하기 위함이다." "성경말씀이 이루어질 것이다"에 대한 보다 가능성이 적은 또 다른 설명은 가정법과 함께 쓰인 ἵνα가 명령법 대신으로 사용된다는 것이다—"그러나 성경말씀이 이루어지도록 하리라.ˮ 이와 같이 Turner, *Insights*, 147—48에 되어 있다. *M.* Ⅰ, 178—79, 248를 참조하라.

내 떡을 먹는 자가 내게 발꿈치를 들었다. "내 떡을"이라는 귀절이 P[66] ℵ D Θ Ω it vg sin boh에는 "나와 함께"로 되어 있는데 "내"(즉 "나의" μου)라는 말이 70인역에 대한 동화에서 기인했을 것이므로 "나와 함께"가 옳은 것 같다. 이 인용문은 시편 41(40)편 10절을 빌려온 것이다. 대체로 요한의 이 말은 70인역의 그리이스어("내 떡을 먹는 자가 내게 발꿈치를 높였다")보다 히브리어역(אוכל לחמי הגדיל עלי עקב)에 더 가깝지만 그는 70인역이 히브리어를 문자적으로 번역하는 데서("들어올리다" הגדיל에 대해서 "높이다"로) 히브리어역과 달리한다. 아마 요한은 자유롭게 고쳐 썼던 것 같다. "먹다"(τρώγειν)는 생명의 떡의 담론(6, 54·56 이하)에서 요한 자신이 사용한 말이며, 단수로 된 "떡"(ἄρτον)은 (마소라 본문의 laḥmi에서 지시된 대로) 히브리어에 일치할 뿐만 아니라 추측컨대 유다가 어울리지 않게 참여하였던 성만찬의 떡조각을 암시한다. 70인역의 마지막 네 단어는 "경멸하다"란 관용적 의미로 서투르게 번역된다. 요한이 달리 사용한 이 단어들은 호스킨스(518)에 의하면 말의 갑작스런 걸어참을 암시한다. 이 단어들을 "발에 붙은 먼지를 털어내는" 사람의 행위로 다르게 보는 견해가 더 타당한 것 같다. 브라운과 린다스에게서 다른 제안들을 볼 수 있다. "식탁에서 걸려 넘어진"(Aeschylus, *Agamemnon*, 1601)은 흥미있는 언어의 일치일 뿐이다. 이 인용문의 용법에 대해서는 Dodd, *A.S.*, 100을 참조하라.

이제. 이 말은 요한복음에서 여기와 14장 7절에서만 나온다. 그러나 1장 51절에 나오는 변형귀도 참조하라. 이곳에서의 그 의미는 14장 29절의 병행귀("이제 나는 그 일이 일어나기 전에 너희에게 말했다")가 보여주듯이 "지금"임에 틀림없다. 예수의 말들은 그가 말한대로 이해될 수는 없지만(참조. 7절) 그러나 나중에 그 말들은(성령의 영향하에 : 14, 26) 기억될 것이고 믿음의 계기가 될 것이다.

일이 일어나기 전에. 주어는 유다의 배신이며, 이것은 또한 "일어났다"(γένηται)의 주어이기도 하다.

내가 바로 그라는 것을. 이와 유사한 말에서 단지 "…너희가 믿도록 하기 위한 것이다"(ἵνα...πιστεύσητε)로 되어 있는 14장 29절을 참조하라. 술부가 없는 "내가 그다"(ἐγώ εἰμι)에 대해서는 8장 24절을 참조하라. 8장 24절에는 이사야 43장 10절과 매우 밀접한 병행귀가 나오는데("…너희로 나를 알고 믿으며 내가 그인줄 깨닫게 하려 함이라"), 거기서 화자는 하느님이다.

[20] 이 절에 담긴 사상을 배신에 대한 예고로 볼 수도 있고 또한 그리스도와 그의 신실한 제자들 사이에 내재하는 친밀한 연합으로도 볼 수 있다. 현재의 말씀에 대해서는 마태오복음 10장 40절과 병행귀들을 참조하라. 현재의 말씀은 ἐγώ εἰμι(19절)의 용법에 함축된 주장에서 암시된 것일 수 있다. 사람들은 예수의 인격에서 참으로 하느님을 만날 것이다.

내가 보내는 자를. 이 구문에 대해서는 20장 23절을 참조하라.

영접하는 사람은…영접하는 것이다. 16절에 나오는 이와 반대의 진술을 참조하라. 예수가 아버지로부터 받은 선교와 제자들이 예수로부터 받은 선교에 대해서는 20장 21절을 참조하라. 이 두 위임 사이의 정확한 병행성이 특히 언급될 것이다. 이와 유사하지만 결코 동일하지 않은 병행귀들이 이그나티우스에게서 발견된다(*Mag*. 6, 1 ; *Trall*. 3, 1 ; *Smyrn*. 8, 1). 12장 45·50절에서처럼 결과적으로 예수의 선교와 교회의 선교는 절대적인 신학적 의미를 지니게 될 것이다. 이 두 가지 선교를 통하여 세계는 하느님 자신과 대면하게 된다. 예수의 활동은 아버지의 활동과 동일한 것이며(5, 19) 그를 보는 것이 곧 아버지를 보는 것이나(1, 18 ; 14, 9). 제자들은 그들의 차례가 오면 예수보다 더 큰 일들을 할 것이며(14, 12) 그들의 상호애는 아버지와 아들의 연합을 드러낼 것이다(13, 35 ; 15, 9·10).

[21] 이 절의 생각은 열두 제자 가운데 불신이 있었음을 상기시킨다. 그러나 이제 배신 행위가 특별히 언급된다.

심령이 불안하여. 이 언급은 성령에 대한 것이 아니라 예수 안에 깃들인 인간적인 영, 또는 감정의 자리에 대한 것이다. 12장 27절에서의 "마음"의 용법과 특히 11장 33절, "심령에 충격을 받으시고 안타깝게 여기셔서"를 참조하라. 이 절에 대한 주석도 참조하라. 다드는 여기서 시편 42편 6절에 대한 언급을 본다. 불트만은 예수가 예언자로서 말하고 있다고 말한다.

밝히 말씀하셨읍니다. "밝히 말하다"와 그 동일 어원의 말들은 요한복음에서 일반적이고 중요한 말들이다(참조. 1, 7). 그러나 여기서 이 말은 중요하고도 엄숙한 선언을 한다는 의미로 사용된 것 같다(참조. 1, 32 ; 4, 44).

내가 진정으로 진정으로 너희에게 말한다. 너희 가운데 하나가 나를 넘겨줄

것이다. 이 전체 문장에 대해서는 마르코복음 14장 18절, "내가 진정으로 너희에게 말한다. 너희 중의 한 사람 곧 나와 함께 먹고 있는 사람이 나를 배반할 것이다"(참조. 마태 26,21; 루가 22,21)를 참조하라. 요한은 이미 시편 41편 10절에 대한 마르코의 언급을 보다 충분히 제시하였다(18절을 참조). 그가 여기서 마르코에 의존했을 수도 있다.

[22] 마르코복음 14장 19절을 참조하다.

[23] 예수의 품에. 식사에 자리를 함께 한 사람들은 왼편으로 기대었다. 왼팔로는 몸을 받쳤고 오른팔은 사용하기에 자유로왔다. 따라서 예수의 오른편에 앉은 제자는 그의 머리를 예수에게 직접 맞대었을 것이므로 그의 품에 안긴 것으로 말해졌을 것이다. 분명히 그는 예수와 친근하게 말하는 자세를 취했을 것이긴 하지만 그의 자리가 가장 영예로운 자리는 아니었다; 주빈석은 주인의 왼편에 있었다. 사랑받는 제자가 앉은 자리는 그럼에도 불구하고 신임받은 친구의 자리였다.[4] 그러나 "품에"라는 표현이 이 단순한 고찰로 다 설명되는 것은 아니다. 1장 18절에서 외아들은 "아버지의 품속에 계신 분"으로 묘사되어 있다. 하느님과 그리스도, 또는 그리스도가 보낸 사람들 사이의 관계를 강조하는 13장 20절은 특히 편애받은 제자가 아버지에 대한 그리스도의 관계와 똑같은 관계를 그리스도와 맺고 있는 것으로 나타나 있는 특수한 경우를 지시한다. 더우기 주목해야 할 점은 예수와 제자들이 식탁에 기대고 있었다는(그리고 앉지 않았다는) 사실은 문제의 식사가 기대는 것이 의무로 부과된 과월절 식사였음을 지시해준다는 것이다.[5] 즉 이 세부묘사(참조. 26·29·30절)는 만찬에 대한 요한의 일반적인 날짜 추정과 맞지 않으며(참조. 1절) 마르코의 추정을 지지한다. 이 책 I권 80—85면을 참조하라. 그러나 이 점은 요한에게서 보다는 공관복음서 저자들에게서 더 설득력이 있다. 과월절 식사 때 기대는 관습은 아마 로마세계에서 비롯된 것으로 보이며 그 세계에 친숙했던 요한은 그가 생각하였던 바가 최후의 만찬에 대한 어떤 역사적인 전승과는 상관없이 어떠한 식사에서

4) Pliny, *Epist.* Ⅳ, XXii, 4, "네루아는 음식을 조금" 먹곤 한다; 그는 우에이엔토에게 가장 가까이서 그의 품에 기대곤 한다." Cenabat Nerua cum paucis; Veiento proximus atque etiam in sinu recumbebat.

5) 참조. Jeremias, *Eucharistic Words*, 22—6.

나 일어날 수 있었던 것으로 간단히 묘사했을 것이다. 아니면 그것과 반대로 요한은 단지 공관복음서 자료에 의존했을지도 모른다. 어쨌든 예수와 그의 제자들이 앉지 않고 기대었다는 요한의 진술에 역사적인 가치를 부여할 수 있는 한, 만찬이 과월절 '전날'에 베풀어졌다는 그의 진술(1절)은 그 역사적인 가치가 감해질 수밖에 없다.

예수께서 사랑하시는 제자. "사랑받는 제자"는 여기서 처음으로 언급되고 있다.[6] 여기서 다음과 같은 점들이 지적될 수 있다. 첫째, 그 제자는 마지막 만찬에 참석하였다. 요한은 아무데서도 열두 제자만 만찬에 참석하였다고 말하지는 않지만 이 점을 분명하게 언급하고 있는 마르코의 보도(14, 17)를 알고 있었던 것 같고 또 그것과 상반되는 점이 없다. 그러므로 그 제자는 아마 열두 제자 가운데 한 사람이었던 것 같다. 그러나 사랑받는 제자가 열두 제자를 대신하였다는 슈바이처의 견해(*C.O.N.T.* 11, i)를 주목하라 ; 사랑받는 제자가 유다를 대신한다고 하는 다소 기발한 제안(*F. & Q.*, 193)을 주목하라. 둘째, 이 제자에 대한 구체적인 언급을 내포하고 있는 설화의 일부는 부차적인 자료이다. 그것은 배신자가 전체 동료가 듣는 데서 지명되었다는 마태오의 전승(난해한 전승)과 일반적인 예고에 대한 마르코의 기술을 결합한 것이다. 요한은 이 사람이 특별히 예수와 가까운 제자로만 불리워졌다고 말한다. 그러나 요한은 왜 그 제자가 아무런 행동도 취하지 않았는가를 밝히지 않고 있다. 세째, 그 제자는 베드로보다 더 높은 자리를 차지하였다. 어떤 이는 최고 영예의 자리는 주인의 왼편에 있었지만 베드로가 그 자리에 앉아 있었던 것으로 볼 수는 없는데, 그가 그 자리를 차지했더라면 그 제자에게 몸짓을 하고 그에게 질문했을 것 같지는 않고 또 그렇게 할 필요도 없었을 것이라고 지적한다. 만찬이 "에쎄네파의 공동식사에 관한 문체로 묘사되어 있다"는 제안[7]은 14·15·16장에 나오는 대화방식이 고려된다면 성립되지 않는다. 더우기 13장 12—16절은 이같은 서열에 대한 고려를 배제한다(브라운). 그러므로 예수의 왼편에 있는 영예의 자리를 누가 차지했는가라는 문제에 대한 고찰은 무익한 것이다. 네째 사랑받는 제자를 전혀 역사적인 특성에 부합하지 않는 순전히 "이상적인" 제자로 간주해야 한다고 생각

---

6) 또한 19, 26·27; 20, 2(거기서 동사는 "사랑하다" φιλεῖν이다) ; 21, 7·20; 일반적인 문제에 관해서는 이 책 Ⅰ권 180—186면 참조.

7) Stendahl, *Scrolls*, 69에서 언급된 K.G. Kuhn의 견해 ; 참조. 1*Qs* 6, 10, 아무도 자기 형제가 말을 끝마치기 전에 다른 사람의 말을 중단시켜서는 안되며 또한 자기의 서열을 벗어나서 말해서도 안된다.

할 만한 근거가 이 귀절에 들어있지 않다. 이 귀절은 그에게 일치하는 특별한 표출이 아니라 사실에 대한 단순한 진술이다.

[24] 머릿짓을 하고. 사도행전 24장 10절을 참조하라. 분명히 베드로는 그가 직접 물을 만한 위치에 있지는 않았다. 그는 사랑받는 제자에게 몸짓을 할 수 있을 뿐이었다.

누구를 두고 하시는 말씀인지…하고 말했읍니다. 이 귀절은 이와 다른 독법인 P⁶⁶ D Θ W (sin)의 "그가("이 사람" οὗτος: D) 누구인지를 물었읍니다"보다 요한의 문체상 더 간단하고 특징적인 것이다. ℵ는 이 두 가지 독법을 결합하였다.

[25] 기대며. 6장 10절을 참조하라. 저자는 그의 머리를 뒤로 젖힘으로써 예수의 "품"(στῆθος)에 실제로 기대었을 것이므로 아주 조용하게 말했을 것이다. 부사 οὕτως("마침내")에 대해서는 4장 6절을 참조하라.

[26] 내가 이 떡을 적셔 주는 사람이 그다. 그리고 그 떡조각을…유다에게 주셨읍니다. 마르코복음 14장 20절과 마태오복음 26장 23절을 참조하라. ψωμός의 지소사(指小辭)인 ψωμίον이 반드시 떡을 가리키는 것은 아니다. 공관복음서에서 이것은 과월절 식사에 나온 쓴 나물을 질그릇 항아리에 담긴 양념에 적시는 것을 지시한다고 보는 것이 가장 자연스럽다; 과월절 규례 Haggadah: "쓴나물(מרור)의 황록색 줄기를 집어들어 그것을 질그릇 항아리 ḥaroseth에 적셔낸(טבל) 다음 축복의 말을 말한다." 요한은 만찬이 과월절 전날 베풀어졌던 것으로 서술하고 있으므로 쓴나물들과 질그릇 항아리에 대해서 생각했을 것 같지는 않다. 그러나 그가 "적시다"와 "떡조각"(טבל과 מרור를 암시하는 βάπτειν과 ψωμίον)이란 말을 사용한 것은 만찬이 과월절 식사였다는 초기 공관복음서 전승의 흔적으로 간주될 수 있다(23절 참조). 과월절 규례(Haggadah)에 의하면 과월절 식사는 "다른 날 저녁에 우리는 한번도 적시는 일이 없지만 이 날 저녁에만 두번 적신다"는 사실을 포함하여 여러 면에서 다른 식사들과 구분된다.

"집어 드시고"(λαμβάνει καί)란 말은 P⁶⁶ ℵ* D Θ W it vg sin pesh 등에 생략되어 있는데, 아마 생략된 것이 옳은 것 같다. "집어 들다"(λαμβάνει)란 말은 예수가 마지막 만찬에서 떡을 나누어 주시기 전에 성례전에서 재현되는 주목할 만한 행동을 상기시키려고 첨가되었을 것 같다.

시몬의 아들 가리옷 사람 유다. 이 이름과 본문에 대해서는 6장 71절을 참조하라. 사랑받는 제자는 유다가 배신자였음을 이해하였음에 틀림없다는 것을 이 설화를 통해서 알 수 있다. 그가 예수의 몸짓이 나타내는 의미를 파악하지 못했다고 한다면 그는 우둔한 사람이었을 것이다. 그가 뒤따라 아무런 행동도 보이지 않음은 납득할 수 없으며 앞서 제안한 바대로 요한의 설화를 의심하게 된다.

[27] **그때 사탄이 그에게 들어갔읍니다.** 2절과 루가복음 22장 3절을 참조하라. 불트만이 인용한 브레데는 일종의 사탄적인 성례전에 관해서 말하였다. 사탄이란 명칭은 요한복음의 그밖의 곳에서는 사용되지 않는다. 6장 70절, 8장 44절, 13장 2절 등에서는 "악마"(διάβολος)로 나온다. 십자가에 못박힘은 비록 그것이 하느님의 목적에 들어있는 것이긴 하지만 사탄에 의해서 이루어졌다. "그때"(τότε)는 사탄이 그의 계획을 이행할 때(2절) 유다를 조정하게 된 정확한 순간을 지시한다(이것은 6장 70절과 확실히 일치하지 않는다). "후에"(μετά)는 인과적 관계가 아니라 시간적인 사후관계를 나타낸다. 떡한 조각을 받은 것이 유다를 사탄의 도구로 만들지는 않았다. 참조. T. Simeon 2.7 : "나는 그에게 반감을 품고서 그를(요셉) 파멸시켰다. 왜냐하면 거짓의 왕(ὁ ἄρχων τῆς πλάνης)이 질투의 영을 보내사 내 마음을 어둡게 했기 때문이다."

네가 할 일을 어서 하라. ποιεῖς는 행동의 시작을 나타내는 현재형 동사이거나("네가 하려고 하는 일을 하라") 아니면 "네가 하려고 작정한 일", "하지 않고 버려 둘 수 없는 일"을 의미한다. 후자의 의미에 대해서는 (Bauer, 175) *Epictetus* Ⅳ, ix, 18: "…네가 하려고 한 바를 하라. 너는 아직 누가 구원해 줄 수 있는지 보지 못한다"를 참조하라. "어서"(τάχιον)에 대해서는 *M.* Ⅱ, 164—65와 *B.D.*, §§ 61, 244를 참조하라. 이 말은 아티카어 θᾶττον(θᾶσσον)에 해당하였다. 여기서 이 말의 의미는 분명하지 않다. 그것은 원기를 불어넣는 것으로 "빨리"를 뜻할 수 있다. 또한 "가급적 빨리"를 뜻할 수도 있다. 그러나 그것을 단지 비교를 뜻하는 (네가 현재 하려고 한 것보다) "더 빨리"로 이해하는 것이 가장 타당한 것 같다. 20장 4절에서 이 말은 단지 비교를 뜻한다.

[28] **이것을 아는 이가 하나도 없었읍니다.** "이것"(τοῦτο)은 "그가 말하다"(εἶπεν)의 직접목적어이다. πρός τί("어찌하여")는 "어떤 의도에서", "어떤 목적에서", 아니면 단순히 "왜"를

뜻한다. 동료들 가운데 아무도 예수가 한 말을 이해하지 못하였다. "이해하다"란 의미의 γινώσκειν에 대해서는 7절을 참조하라. 추측컨대 사랑받는 제자와 베드로도 이해하지 못하였던 것 같다. 그러나 적어도 사랑받는 제자는 예수의 행동을 이해했음에 틀림없다. 본 설화가 지닌 헛점은 그것이 부차적인 가치를 지닌 것임을 암시한다. 요한은 유다의 죄에 공모한 책임을 열한 제자에게 돌리지 않는다.

[29] 그러나 열한 제자는 예수가 한 말을 듣고서 그 말에 대해 설명해야 했다. 가장 자연스런 설명은 유다가 재정을 맡았다는 데서 제시되었다.

돈자루. 12장 6절을 참조하라.

명절에 쓸. 이 말은 마지막 만찬이 과월절 하루 전날 베풀어졌다는 —공관복음서 전승과 불일치하는—요한의 묘사와 일치한다. 요한이 기술한 과월절 전날 밤에 일을 하는 것이 허용되었는가(이런 일이 있었던가)에 대한 문제는 그 당시 논쟁 중이었다. Pesahim 4, 5 : "현인들은 이렇게 말한다 : 유다지방에는 과월절 전날 정오까지 일을 하는 습관이 있었지만 갈릴래아 지방에서는 아무 일도 하지 않는 습관이 있었다. 어떤 관심들로 인해서 샤마이 학파는 (니산월 13일과 14일 사이의) 저녁에 [어떤 일도] 하는 것을 금지하였지만 힐렐 학파는 해뜨기 전에는 일하는 것을 허용하였다.

가난한 사람들에게 무엇을 주라고 하신. 이 구문은 갑작스럽게 바뀐 것이다. "그가 말하다"(λέγει)는 (예수가) 처음에 한 직접적인 말씀("사라" ἀγόρασον…) 다음에 간접 명령("주라고 하신…" ἵνα …δῷ)을 이끌어 낸다. 이러한 설명적인 ἵνα의 용법은 요한복음에서 일반적인 것이다. 구문뿐만 아니라 역사적인 상황이 바뀐 것이다. 가난한 사람들에게 무엇을 주라는 명령은 과월절 저녁에 특히 부합되는 것이었다.[8]

[30] 유다는 … 곧 나갔읍니다. 27절 참조. 유다는 이제 사탄의 종일 뿐이었고 또 전적으로 그러했다. 그렇다 할지라도 또 그가 더 이상 열한 제자와 동등한 지위에 있지 못할지라도 그는 즉각 예수의 말에 복종하여 그가 받은 명령대로 나갔다. 블랙(*N.T. Essays in Memory of T.W. Manson*, 32)은 유다가 불법적인 과월절 행사가 행해진 증거로서 유다교 당국에 떡조각을 제시하였다고 제안한다. 이러한 제안은 가능하긴 하지만 본문을 벗어난 지나친 해

8) 참조. Jeremias, *Eucharistic Words*, 54, 82 ; 23절을 참조하고 그 마지막 주석과 대조하라.

석이다.

때는 밤이었읍니다. 여기서 밤은 예수의 일이 끝나는 시간이다(9, 4 ; 11, 10 ; 12, 35). 유다가 나갔을 때 밖은 어두웠다(마태 8, 12 ; 22, 13 ; 25, 30). 그때는 어둠이 지배하는 시간이다(루가 22, 53). 요한은 물론 때가 저녁이었음을 알고 있었다(2절 : "저녁식사" δεῖπνον과, 고전 11, 23 : "밤에" ἐν τῇ νυκτί 참조). 그러나 그의 말은 단지 역사적인 것이라고 할 수 없다. 유다가 어둠 속으로 나간 것은(1, 5와 그밖의 곳 참조) 그가 제 위치로 돌아간 것이었다. 요한의 말이 역사적인 것인 한, 이것은 그 사건이 (마르코의 전승에 일치하여) 과월절 저녁에 일어났음을 암시한다. 보통 팔레스틴에서는 정찬이 저녁이 아닌 늦은 오후에 베풀어졌지만 "그러나 과월절 음식물은 그날 저녁이 되어야만 또는 밤 12시까지만 먹도록 되어 있었다"(*Zebahim* 5, 8). 23절을 참조하라. 또한 Jeremias, *Eucharistic Words*, 44, 54도 보라.

8. 마지막 談論에로의 移行 13장 31—38절

31 유다가 나간 후에 예수께서 말씀하셨읍니다 : "이제는 사람의 아들이 영
광을 받게 되었고 하느님께서도 그를 통하여 영광을 받게 되셨다. 32 하느
님께서 그를 통하여 영광을 받게 되셨으니 하느님께서도 자기 안에서 그에
게 영광을 주실 것이요 이제 곧 주실 것이다. 33 내 자녀들아, 아직 잠시동
안은 내가 너희와 함께 있겠다. 그러나 너희가 나를 찾을 것이다. 내가 일
찌기 '내가 가는 곳에 너희는 올 수 없다'고 유다사람들에게 말한 것과 같
이 지금 나는 너희에게 말해둔다. 34 이제 내가 새 계명을 너희에게 준다.
서로 사랑하라. 내가 너희를 사랑한 것같이 너희도 서로 사랑하라. 35 너희
가 서로 사랑하면 모든 사람이 그것으로 너희가 내 제자인 줄을 알게 될 것
이다." 36 시몬 베드로가 예수께 물었읍니다 : "주님, 어디로 가십니까?" 예
수께서 대답하셨읍니다 : "내가 가는 곳에 네가 지금은 따라올 수 없으나 후
에는 따라올 것이다." 37 베드로가 다시 "주님, 왜 지금은 제가 따라갈 수
없읍니까? 저는 주님을 위하여 목숨이라도 바치겠읍니다"하고 말했읍니다.
38 예수께서 대답하셨읍니다 : "네가 나를 위하여 목숨이라도 바치겠다는 말
인가? 내가 진정으로 진정으로 네게 말한다. 너는 닭 울기 전에 세 번이나
나를 모른다고 말할 것이다."

유다의 떠남과 더불어 오래 기다렸던 예수의 떠나가심과 영광의 때가 이르렀고 예수는 즉시 "이제는 사람의 아들이 영광을 받게 되었다" 고 선언한다. 제자들이 남게 된 것은 그들의 상호애를 통해서 예수와 그들의 관계를 보여주고자 함에서였을 것이다. 베드로조차 즉시 예수를 따를 수는 없었다. 실로 그는 그날 밤에 그리스도를 부인하게 되었다.

이 단락에서 예수의 출발과 영광이라는 요한의 분명한 주제는 마지막 담론들을 통해서 발전된 것으로서 베드로의 부인에 대한 공관복음서의 예고와 결합된 것이다. 그런데 베드로의 부인은 아주 극적인 형태로 공관복음서에 도입된 것으로 예수의 완전한 복종과 대조를 이루고 있다. 베드로는 13장 8절에서 예수가 표현한 예수에 대한 태도를 여실히 보여준다. 그는 스스로 너무 교만하여서 예수의 겸손을 지지할 수 없다. 베드로가 자기 목숨이라도 바치겠다고 한 말은 그가 예수의 수난과 영광에 함께 할 것임을 의미한다. 베드로가 품은 좋은 의도들이 불충분하였음은 그가 예수를 따라가기도 전에 분명히 드러났다(21,15—22). 이 짧은 단락에서 베드로에 대해 말해진 바는 전체 제자들에 대해서도 다시 말해진다. 16장 29—32절에서 제자들의 신뢰는 그들이 곧 주님 곁을 떠나리라는 예고와 함께 나온다. 따라서 현재의 단락은 14—16장에 나오는 주제들과 그 형식까지도 선취한 것이다. 이 사실에 비추어 볼 때 현재의 단락은 14—16장과 그 형식에 있어서 일치한다는 논증이 성립된다. 그러나 이 책 280—82면을 참조하라. 브라운은 13장 31—38절이 병행귀들을 갖고 있으며 이 복음서의 다른 부분들과 연결되어 있음을 지적하였다. 이와 같이 31·32장=12절 23·27·28절 ; 33절=7장 33절 ; 8장 21절 ; 34·35절=15장 12절 등으로 병행을 이루며, 이에 덧붙여서 우리는 36절=7장 35절 ; 8장 21절을 첨가할 수 있다. 현재의 단락은 요한이 이 자료를 베드로의 부인에 관한 (아마 공관복음서의) 전승과 결합함으로써 작성한 것 같다.

[31] 만찬에서 일어난 행동은 이제 끝이 나고 마지막 담론이 시작된다. 대체로 이 담론의 특징으로 볼 수 있는 때와 장면과 해석상의 난해점은 이 절과 다음 절에서 "이제"(νῦν)의 용법—"영광을 받게 되었다"(ἐδοξάσθη), "영광을 받을 것이다"(δοξάσει)—과의 시제들에 비추어 볼 때 즉시 발견된다. 참으로 이 장들의 배경을 이루는 것은 일세기 말의 그리스도교인의 삶이다. 그러나 간혹 요한은 그 당시의 교회의 삶과 그것의 토대를 이루었던 역사를 결합

시키는 데 그의 의도가 있었으므로 그의 설화에서 표면상 그것의 본래 장면으로 보이는 예수가 배신당했던 밤을 의식적으로 연상시키고 있다.

예수께서 말씀하셨읍니다. Fitzmyer, *Essays*, 371—72는 예수의 말씀이 P. Oxy. I에서 제시한 말씀과 동일한 방식으로 도입된 것임을 지적하고 있다.

이제는 사람의 아들이 영광을 받게 되었고 하느님께서도 … 영광을 받게 되셨다(νῦν ἐδοξάσθη...καὶ ὁ θεὸς ἐδοξάσθη). 1절을 참조하라. 이제 접어들게 된 때는 죽음을 맞이할 예수의 출발의 때임과 동시에 그의 영광의 때이기도 하다. 단순과거인 "영광을 받게 되었다"는 방금 일어난 일을 지시하는 것임이 분명하지만 그러나 이것은 유다의 결정적인 출발이 아니라[1] 예수의 행동을 지시하는 것이다. 수난은 이미 시작된 것으로 간주된다. 그것은 발을 씻기는 행위에서 생생하게 묘사된 바 있다. 그리고 수난을 통해서 예수의 영광이 계시되었다(참조. 12,23). 본문을 재배열한 불트만에 의하면 "이제"(νῦν)는 17장의 기도 다음에 직접 연결되는데, 17장이 아주 다른 방식으로 수난을 서술하고 있다고 해서 그 해석이 본질적으로 다른 것은 아니다. 이사야 49장 3절과 Dodd, *A.S.*, 91을 참조하라. 예수가 영광을 받게 된 것과 마찬가지로 하느님도 예수가 완전한 복종을 바침으로써 예수를 통해 영광을 받게 되었다. 이러한 진술은 G.B. Caird가 쓴 논문(*N.T.S.* 15 [1969], 265—77)에서 다음과 같이 논의되고 있다. 즉 "인간에 의한 혹은 하느님에 의한 훌륭한 행위를 드러내기에 적합한 헬라어 단어를 찾아내려고 하였던 어떤 유다인이—그 헬라어는 그의 모국어인 히브리어로는 단순 수동형인 נכבד("영광을 받다")로 표현될 수 있었는데—그가 정한 헬라어로 그의 의미를 정확하게 식별할 수 있으리라고 기대하고서 동사 δοξάζεσθαι("영광 들리다" δοξάζω의 미래, 수동)를 이런 (단순 수동) 용법에 적용시키는 것을 정당하다고 생각했을 거라고 가정하는 것은 타당하다(277). 이와 같이 요한은 '하느님께서 예수 안에서 영광을 받게 되셨다'는 말을 예수가 한 것으로 서술하였을 때 그는 그의 독자들이—유다인이든 헬라인이든 간에—하느님이 사람의 아들의 인격 안에서 이미 그의 영광을 완전히 드러냈다는 뜻으로 이해하리라고 자신있게 기대할 수 있었다"라고 씌어 있다.

1) G. Delling, *Der Kreuzestod Jesu in der urchristlichen Verkündigung*, 1971, n. 574.

사람의 아들. 요한복음에서 이 칭호의 용법에 대해서는 이 책 I권 116·117면과 1장 51절을 참조하라. 신약성서 이외에 사람의 아들은 영광의 인물로 통용된다(다니 7, 13 ; 에녹서의 여러 곳). 공관복음서가 분명하게 기여할 점은 그가 수난을 받아야 한다는 점이다. 요한은 수난받는 사람의 아들과 영광받는 사람의 아들이라는 두 가지 개념을 결합함으로써 마르코복음에서 연대기상으로 구분될 수 있는 수난과 영광이라는 두 개의 경험을 하나로 결합하였다.

[32] 이 절 앞에 다음과 같은 말들이 Θ W vg와 Origen에는 삽입되어 있다.

하느님께서 그를 통하여 영광을 받게 되셨으니. 그러나 P[66] ℵ* B D W it sin에는 이 말들이 생략되어 있다. 이 말들은 이 귀절에 새로운 의미를 부여하지 않는다. 이 말들을 첨가한다면 그것은 중복오사(重復誤寫)로 설명될 수 있고 생략할 경우에는 중자탈오(重字脫誤)로 설명될 수 있다. 사정이 이러하므로 대부분의 초기 저자들을 따라 짧은 본문을 채택하는 것이 불가피한 것으로 생각된다. 일반적으로 긴 본문이 채택된 것은 아마 오리겐 때문인 것 같다. 이를 반대하는 견해에 대해서는 샌더스와 린다스를 참조하라.

하느님께서도 자기 안에서 그에게 영광을 주실 것이요. 요한이 예수의 생애의 마지막 밤이라는 역사적인 설정으로 되돌아가듯이 단순과거인 "영광을 주었다"(ἐδοξάσθη)라는 말은 이제 미래로 바뀌진다. 이 점은 다음 절에서 충분히 논의될 것이다. 예수는 (일반적으로 믿어졌듯이) 그의 부활과 승천과 내림을 통해서 영광을 받게 될 것이다. "자기 안에서"(ἐν αὐτῷ)[2]는 분명히 "하느님 안에서"를 의미한다. 예수가 십자가상의 그의 죽음을 통해 성취한 영광은(다음 주 참조) 그가 세상이 있기 전에 아버지와 함께 누렸던 영광에로 올리워짐으로써 확증된 것이다(17, 5). 하느님은 스스로 성별하는 예수의 시간적인 행동을 통해 영광을 받았다. 예수는 아버지 하느님의 영원한 본질을 통해 영광을 받게 되며, 어떤 의미에서 그는 부활과 승천을 통해 아버지 하느님의 영원한 본질을 다시 얻게 될 것이다. 토레이(75, 77—78)는 "자기 안에서"를 이어지는 절의 끝으로 옮겨 그 말은 "그의 생명의 대가로"(bᵉnaphsheh)를 나타내는 것이라고 가정한다. 예수는 "자기 목숨을 바치는 최대의 행위를 통해 아버지께 영광을 돌렸다." 이 점을 암시하는 언급

2) 이와 같이 쓰인 αυτω는 강조를 나타내는 것임이 분명하다 ; D Θ W는 "그 자신" ἑαυτῷ로 읽는다.

이 거의 없다.

곧. 그리스도가 아버지의 영광에 이르기 전에는 "내림"에 대한 대망은 아무런 유익이 없다. 그리스도의 영광은 부활과 성령의 선물에서, 그리고 그의 사람들 사이에서의 영원한 현존에서 곧 나타날 것이다. 그것은 또한 볼 수 있는 눈을 가진 사람들에게는 십자가에 못박힘 자체를 통해서 나타날 것이다. 이런 사실이 다음의 세 장에서 계속 기술되고 있다.

[33] 내 자녀들이여($\tau\epsilon\kappa\nu\acute{\iota}\alpha$). 이 말은 요한복음의 그밖의 곳에서는 사용되지 않는다. 이것은 요한일서에서 자주 나오는 말이다(7회 ; 또한 갈라 4, 19, *si v.l.*). 요한이 그의 독자들을 염두에 두었을 것 같기도 하다. 그는 21장 5절에서는 "친구들아"($\pi\alpha\iota\delta\acute{\iota}\alpha$)라는 말을 사용한다(요한일서에서는 2회).

아직 잠시동안은 내가 너희와 함께 있겠다. "잠시동안"에 대해서는 14장 19절, 16장 16—19절, 7장 33절, 12장 35절을 참조하라. 그리스도의 떠나감과 그를 찾는 일의 무익함에 대해서는 8장 21절을 참조하라. 이 말들은 현재의 문맥상 죽음을 통한 그리스도의 떠나감을 예견한 말임이 분명하지만 그러나 이 말들은 승천을 통한 그리스도의 떠나감에도 똑같이 해당되는 것이다. 제자들은 예수의 죽음이나 영광 중 어느 쪽에도 아직은 동참할 수 없다.

너희가 나를 찾을 것이다. "찾다"($\zeta\eta\tau\epsilon\tilde{\iota}\nu$)는 요한복음 1—12장에서 자주 나오는 말이다. 마지막 담론들에서 이 말은 이곳에서와 16장 19절에서만 나온다. 이 말이 나오는 빈도수의 차이는 주제상의 변화에 의한 것으로 적절하게 설명할 수 있는 것 같다.

내가 말한 것과 같이. 7장 33절, 8장 21절, 또한 잠언 1장 28절을 참조하라. 여기에는 부활절에 예수의 몸을 찾는 일의 무익함에 대한 암시가 들어 있을 수도 있다(20, 15 ; Fenton).

내가 가다. 7장 33절을 참조하라. 이 말은 이 복음서의 나머지 부분에서보다 마지막 담론들에서 비교적 훨씬 더 일반적인 용어이다. 17장에서 이 말이 자연스럽게 "오다"($\check{\epsilon}\rho\chi\epsilon\sigma\theta\alpha\iota$)로 바뀐다. 이 말 속에 죽음을 통한 예수의 떠나감과 아버지의 영광에로 그의 올리워짐을 동시에 내포하려는 의도가 들어있음은 의심할 여지가 없다. 이 말이 어떻게 사용되고 있는지는 셈어적 어근 אזל에 대한 해석이나 모방을 통해서가 아니라 예수의 죽음에 관한 요한의 특징적인 사고를 통해서 알 수 있기는 하다. 그러나 이 어근이 그리이스어 $\acute{\upsilon}\pi\acute{\alpha}\gamma\epsilon\iota\nu$보다 "이 생에서 떠나다"(=죽다)란 의미로 훨씬 더 자주 사용된다는 것은 사실이다. 그러나 가르코복음 14장 21절과 마태오복음 26장 24절을 참조하라.

너희는 올 수 없다. 이 말은 모호하다. 제자들은 (다음의 절들에서 나타나듯이) 예수를 죽기까지 따를 수는 없다. 이와 마찬가지로 그들은 아버지가 계시는 곳에로 예수를 즉시 따라갈 수도 없다.

지금 나는 너희에게 말해둔다. 제자들은 그들이 유다인들보다 낫다고 생각해서는 안된다. 그들의 신앙과 지식은 모두 부적합한 것이다. 그들은 여전히 이 세상에 속한 자들이다.

[34] 제자들은 그리스도의 죽음에 동참할 수 없다. 그들은 이 세상에서 살도록 남아있어야 한다(1절). 예수는 이 새로운 상황(메시아의 오심과 다시 오심 사이의 기간을 살아가는 메시아적 공동체) 속에서 그들이 지향해야 할 생활지침으로 하나의 새로운 계명을 준다.

새 계명을. "계명"(ἐντολή)이란 말은 특히 요한서신들(요일 : 14회 ; 요이 : 4회 ; 이 귀절들의 대부분은 사랑의 명령과 관련되어 있다)과 마지막 담론들(요한 13—17, 7회[혹은 6회] ; 요한복음의 나머지 부분에서 4회)에서 특징적인 것이다. 사람들, 특히 이스라엘 민족이나 제자들의 집단이 서로 사랑해야 한다는 계명은 그 계명이 이전에는 전혀 공포된 적이 없다는 의미에서 새로운 것은 아니었다. 참조. 레위기 19장 18절과 *P. A.both* 1, 12: "힐렐은 이렇게 말하였다 : 아론의 제자가 되려는 자들은 평화를 사랑하고 또 평화를 추구해야 하며 인류를 사랑하고 율법을 가까이 해야 한다." 불트만은 비성서적, 비유다교적인 다른 영역에서 이와 동일한 교훈을 말해 주는 예들을 제시하였다. 하지만 그 계명은 예수와 아버지 사이의 관계를 규정하는 계명에 일치한다는 점에서 새 계명이다(10, 18 ; 12, 49·50 ; [14, 31] ; 15, 10). 서로에 대한 제자들의 사랑은 단지 교화시키기 위한 것이 아니라 아버지와 아들을 드러내는 것이다. 15장 12·13절을 참조하라. 예수의 계명은 또한 그의 생애와 죽음을 통해 시작된 새 세대 안에서 또 새 세대를 위해서 주어졌다는 점에서 새 계명이기도 하였다.[3] 만찬에서 새 계약이(고전 11, 25 ; 참조. 루가 22, 20) 개시되었다는 사실에 대한 구체적인 언급이 있

3) 요한일서 2장 3절, "새 계명을…… 그것은 어두움이 지나가고 참 빛이 벌써 비치고 있기 때문입니다"(ἐντολὴν καινὴν... ὅτι ἡ σκοτία παράγεται καί τὸ φῶς τὸ ἀληθινὸν ἤδη φαίνει)와 G. Klein, *Zeitschrift für Theologie und Kirche* 68(1971), 304—7을 참조하라.

을 수도 있다(린다스). 그러나 요한의 설화는 계약에 대한 언급뿐만 아니라 새 술에 대한 공관복음서와 바울로의 언급이 생략되어 있으므로 이러한 사실을 강조할 수는 없다. 다음에 나오는 "내가 너희를 사랑한 것같이"에 대한 주석을 참조하라. 공동체를 이루는 동료들끼리 서로 사랑해야 한다는 이전의—어느 정도 신중한—계명은 이제 새로운 근거에서 제시된다.

다음에 나오는 ἵνα절은 계명의 내용을 지시한다.

너희도 서로 사랑하라(ἀγαπᾶτε ἀλλήλους). 요세푸스(*Bel*. Ⅱ, 119)는 에쎄네파가 특히 "서로 사랑하는 자들"(φιλάλληλοι)이라고 말하였다. 종도의 규례(1*QS*) 8장 2절, "자기 이웃과 더불어 모든 사람에게 자비로운 사랑(אהבת חסד)과 겸손(ענו)을 행하라"라는 귀절을 참조하라. 또한 Thomas 25, "네 형제를 네 영혼과 같이 사랑하고 그를 네 눈동자처럼 사랑으로써 보살피라"라는 귀절을 참조하라. 레위기 19장 18절은 어느 정도 이 모든 인용문의 직접적인 자료가 되는 것 같다. 원수 사랑에로까지 확대된 산상수훈의 보편적인 사랑을 요한이 편협한 종파적인 애정으로 축소시킨 것이라는 주장이 있어 왔다(예. Fenton, 27). 이것은 공정한 판단이라고 할 수는 없다. 3장 16절, 4장 42절, 17장 9절을 참조하라. 하느님은 세상을 사랑하시고 그의 아들은 세상의 구주이다. 그러나 그는 세상을 위해 간구하지 않는다. 왜냐하면 세상이 사랑의 공동체 안에 들어오면 세상은 더 이상 세상에 속하지 않기 때문이다. 그리스도의 제자들간의 상호애는 어떤 다른 사랑과 다른 것이다. 그것은 아버지와 아들의 상호애를 본받은 것이며 또 그것을 어느 정도 드러내는 것이다. 아버지의 아들에 대한 사랑은 죄인에 대한 그의 사랑과는 달리 그 대상이 지닌 가치와 무관한 것은 아니다. 왜냐하면 아버지와 아들이 서로 사랑해야 한다는 것은 양자가 모두 지닌 신적 탁월함의 일부이기 때문이다. 이와 유사하게 그리스도인의 삶의 본질을 이루는 것은, 모든 그리스도인들이 서로 사랑해야 한다는 것이며 그들이 그렇게 하지 못하는 한, 그들을 고무시키고 그들을 통해 세상에 보여줘야 할 책임이 있는 신적인 삶을 재현할 수 없다는 것이다. 예수가 사람들을 위해서 행한 일(13, 8·10)을 받아들이고 믿음에는 반드시 사랑이 따르기 마련이므로(13, 14·15) 그들이 서로를 사랑하지 못한다면 제자들이 될 수 없다(참조. 35절). 요한복음에서 "사랑하다"(ἀγαπᾶν)와 "사랑"(ἀγάπη)에 관한 일반적인 언급에 대해서는 3장 16절을 참조하라.

내가 너희를 사랑한 것같이. 이런 직접적인 언급은 발을 씻김을 지시하는 것이다(참조. 14·15절). 그러나 이 말은 돌이켜 볼 때 그리스도의 죽음을 가리키는 것이므로 이 최후의 말은 그리스도인들의 사랑에 대한 궁극적인 표준으로 간주되어야 한다(참조. 15, 13). 그러나 "…과 같이"(καθὼς)는 정도나 강도를 함축하는 것이 아니라 "사랑하는 행위의 근거"를 함축하는 것이다(불트만). 이미 사랑의 봉사를 받아들인 믿음은 사랑 안에서만 완전해질 수 있다.

〔 35 〕 그것으로. 이 말은 접속사 ἐάν("만일…한다면")이 이끄는 절에 이어진다. 요한복음의 그밖의 곳에서는 ἵνα나 ὅτι절에 이어진다. 그러나 요한일서 2장 3절에서는 ἐάν이 이끄는 절에 이어진다.

모든 사람이…너희가 내 제자인 줄을 알게 될 것이다. 상호애는 그리스도의 제자임을 보이는 증거요 또 그것의 분명한 징표이기도 한다. 앞의 절과 15장 12·13절을 참조하라. "사랑은 신자가 이제 더 이상 옛 세계에 속한 자가 아님을 스스로 알 수 있는 유일한 평가기준이다"(불트만, *P.C.*, 205). 요한일서 3장 14절을 참조하라.

〔 36 〕 사랑의 계명에 만족하지 못한 베드로는 즉시 그리스도를 따르려는 그의 요구에서 33절의 이야기를 다시 꺼낸다. 지식과 종교적인 경험들은 복종에 비해 보다 관심을 끄는 것이다.

어디로 가십니까? 7장 35절에 나오는 유다인들처럼 베드로는 예수의 출발에 대한 말을 이해하지 못하였다. 하지만 37절에서 보여주듯이 그는 그 말 속에 죽음이 함축되어 있을지도 모른다는 생각은 갖고 있었다. 16장 5절에서 제기된 문제("너희 중에 아무도 나더러 어디로 가느냐고 묻지 않는다")에 대해서는 그 절에 대한 주석을 참조하라.

네가 지금 따라올 수 없으나 후에는 따라올 것이다. "가다"(ὑπάγειν)란 말이 지닌 모호성이 여기서 계속되며 좀더 분명해진 것 같다. 베드로는 그의 확신에 찬 단언에도 불구하고 후에 결국 그가 그렇게 할것이긴 하지만(21, 18·19) 현재로선 그리스도를 위해 자기 목숨을 바칠 각오가 되어 있지 않다. 그는 지금은 하늘에 계신 하느님의 면전에로 나아갈 수 없지만 이것 역시 결국 그에게 허락될 것이다(참조. 14, 3). "따르다"(ἀκολουθεῖν)는 요한에게 있어서 중요한 말이다. 1장 37절을 참조하라. "따름"은 예수의 제자가 되려고 하는 사람에 대한 기본적인 요청이며 예수를 따른다는 것은 궁극적으로 그의 죽음과 영광에 이르기까지 따르는 것을 분명히 의미한다.

[37] 주님. 이 호칭이 첨가된 것은(ℵ* vg sin에는 생략됨) 아마 36절에 대한 동화에 의한 것 같다.

왜 지금은 제가 따라갈 수 없읍니까? 베드로는 "지금"과 "그때"의 구분, 즉 요한에게서 영적 구분이기도 한 종말론적 구분에 충실하려고 하지 않는다. 3장 3—8절을 참조하라. 예수를 따르는 일은 하느님의 나라에 들어가는 것과 마찬가지로 오직 인간적인 결단에서 좌우되는 인간적인 가능성에 불과한 것이 아니다. 그것은 성령에 의해 보장된 미래에서만 가능한 것이다. 베드로가 품은 의도는 훌륭하다고 할 수 있지만 그는 여전히 죄와 무지와 불신앙의 세계에 머물러 있다.

저는 주님을 위하여 목숨이라도 바치겠읍니다. 베드로의 자만에 대해서는 마르코복음 14장 29절과 병행귀들을 참조하라. 그러나 이 말("목숨을 바치다" $\psi v \chi \hat{\eta} v\ \tau \iota \theta \acute{\epsilon} \nu \alpha \iota$)은 요한적인 것이다(참조. 10,11). 즉 요한은 특히 예수가 한 것으로 볼 수 있는 말을 베드로가 한 것으로 하였다는 것이다. 그러나 이 말은 조리가 서지 않는 말이다. 예수가 자기 목숨을 바친다는 의미에서 자기 목숨을 바치는 일은 (비록 후에 그리스도교인들은 서로를 위해 그들의 목숨을 바칠 것이긴 하지만 : 15,13) 베드로에게서는 둘다 찾아볼 수 없는, 아버지에 대한 완전한 복종과 사람들에 대한 완전한 사랑을 의미하기 때문이다. 사실은 베드로가 생각하는 바와는 정반대이다.

[38] 닭 울기 전에. 마르코(14,30. 마태오나 루가는 아니다)는 여기에 "두번"($\delta \acute{\iota} \varsigma$)이란 말을 첨가하였다. 프리니쿠스(CC Ⅶ; Rutherford, 307—308)는 수탉을 나타내는 단어로서 $\dot{\alpha} \lambda \acute{\epsilon} \kappa \tau \omega \rho$가 아닌 $\dot{\alpha} \lambda \epsilon \kappa \tau \rho \upsilon \acute{\omega} \nu$의 용법을 제안한다.

세 번이나 나를 모른다고 할 것이다. 이 예고는 18장 17·18·25—27절에서 이루어진다. 이 사건은 예고 자체와 같이 공관복음서적인 것이다. 마태오복음과 마르코복음에서 이 예고는 만찬 후에 알려졌으나 루가복음(22,34)과 요한복음에서는 만찬 중에 알려진다. 이것은 요한이 루가를 알고 있었다는 표시일지도 모른다. 이 문제에 대해서는 이 책 Ⅰ권 78면을 참조하라. 요한은 마르코에 비해 "열 둘이란 말을 잘 사용하지 않은 것 같다." 16장 31·32절을 참조하라.

V. 告別 談論 14장 1절—17장 26절

1. 希望과 確信의 根據로서의 예수의 떠남
14장 1—31절

1 "너희는 마음에 근심하지 말라. 하느님을 믿고 또 나를 믿으라. 2 내 아
버지의 집에 있을 곳이 많다. 그렇지 않다면 내가 벌써 너희에게 그렇게 일
러주었을 것이다. 내가 너희를 위하여 있을 곳을 마련하러 간다. 3 내가 가
서 너희를 위하여 있을 곳을 마련하면 다시 와서 너희를 데려다가 내가 있
는 곳에 같이 있도록 하겠다. 4 내가 어디로 가는지 그 길을 너희가 알고 있
다." 5 토마가 예수께 말했읍니다: "주님, 주님께서 어디로 가시는지도 우
리가 알지 못하는데 어떻게 그 길을 알겠읍니까?" 6 예수께서 대답하셨읍
니다: "내가 곧 길이요 진리요 생명이다. 나로 말미암지 않고는 아무도 아
버지께로 올 사람이 없다. 7 너희가 나를 알았더면 내 아버지도 알았을 것이
다. 이제는 너희가 내 아버지를 알았고 또 보았다." 8 필립보가 예수께 말
했읍니다: "주님, 우리에게 아버지를 보여주십시오. 그러면 우리가 만족하
겠읍니다." 9 예수께서 대답하셨읍니다: "필립보야, 내가 이렇게 오랫동안
너희와 함께 지냈는데 아직도 나를 모르느냐? 나를 본 사람은 이미 아버지
를 보았다. 그런데 어찌하여 네가 아버지를 보여달라고 하느냐? 10 내가 아
버지 안에 있고 아버지께서 내 안에 계신 것을 너희가 믿지 않느냐? 내가
너희에게 말하는 것은 내 마음대로 하는 것이 아니라 아버지께서 내 안에 계
셔서 자기의 일을 행하시는 것이다. 11 내가 아버지 안에 있고 아버지께서
내 안에 계시다고 하는 내 말을 믿으라. 믿지 못하겠거든 내가 행하는 그 일
을 보고 믿으라. 12 내가 진정으로 진정으로 너희에게 말한다. 나를 믿는 사
람은 내가 행하는 일을 그도 행할 것이요 이보다 더 큰 일도 행할 것이다.
그것은 내가 아버지께로 가기 때문이다. 13 너희가 내 이름으로 구하는 것
은 무엇이든지 다 이루어주겠다. 이것은 아들을 통하여 아버지께서 영광을

받으시도록 하려는 것이다. 14 무엇이든지 내 이름으로 구하면 내가 다 이
루어 주겠다." 15 "너희가 나를 사랑하면 내 계명을 지킬 것이다. 16 나도
아버지께 간구하겠다. 그리하면 아버지께서 다른 보혜사를 너희에게 보내셔
서 영원히 너희와 같이 계시게 하실 것이다. 17 그는 진리의 영이시다. 세
상은 그를 볼 수도 없고 알 수도 없기 때문에 그를 맞아들일 수가 없다. 그
러나 너희는 그를 알고 있다. 그것은 그가 너희와 함께 계시고 또 너희가 그
안에 있기 때문이다. 18 내가 너희를 고아와 같이 버려두지 않고 너희에게
다시 오겠다. 19 조금 있으면 세상이 나를 보지 못하게 된다. 그러나 너희
는 나를 보게 될 것이다. 내가 살아있고 너희도 살겠기 때문이다. 20 그 날
에 너희는 내가 내 아버지 안에 있고 너희가 내 안에 있으며 또 내가 너희
안에 있음을 알게 될 것이다. 21 내 계명을 받아 행하는 사람은 나를 사랑
하는 사람이요 나를 사랑하는 사람은 내 아버지의 사랑을 받을 것이다. 그
리고 나도 그를 사랑하고 그에게 나를 나타낼 것이다." 22 가리옷 사람 아
닌 유다가 "주님, 주님께서 우리에게는 자기를 나타내려 하시고 세상에는 나
타내려 하시지 않는 것은 무슨 까닭입니까?"하고 물었읍니다. 23 예수께서
그에게 대답하셨읍니다: "누구든지 나를 사랑하는 사람은 내 말을 지킬 것이
다. 그리하면 내 아버지께서 그를 사랑하실 것이요 아버지와 나는 그에게
가서 그와 함께 살 것이다. 24 그러나 나를 사랑하지 않는 사람은 내 말을
지키지 않는다. 너희가 듣고 있는 이 말은 내 말이 아니라 나를 보내신 아
버지의 말씀이다." 25 "내가 너희와 함께 있는 동안 나는 너희에게 이 모든
것을 말했다. 26 그러나 보혜사 곧 아버지께서 내 이름으로 보내실 성령이
너희에게 모든 것을 가르치시겠고 또 내가 너희에게 말한 것을 모두 생각나
게 하실 것이다. 27 내가 평안을 너희에게 남겨두고 간다. 나는 내 평안을
너희에게 준다. 이것은 세상이 주는 평안과 같은 것이 아니다. 너희는 마음
에 근심하지 말고 두려워하지도 말라. 28 '내가 갔다가 너희에게 다시 오겠
다'고 한 말을 너희가 들었다. 너희가 나를 사랑하고 있다면 내가 아버지께
로 가는 것을 기뻐할 것이다. 내 아버지께서는 나보다 크시기 때문이다. 29
지금 나는 그 일이 일어나기 전에 미리 너희에게 말했다. 이것은 그 일이 일
어날 때에 너희가 믿도록 하기 위한 것이다. 30 나는 너희와 더 많은 말을
하지 않겠다. 이 세상 통치자가 가까이 오고 있기 때문이다. 그러나 그는 내
게 대하여 아무런 권한도 없다. 31 다만 내가 아버지를 사랑하고 있다는 것
을 세상에 알리기 위하여 나는 아버지께서 내게 분부하신 그대로 행할 따름
이다. 일어나라. 여기서 떠나가자."

예수는 그의 죽음이 이제 아주 임박했으므로 그의 생애와 선교의 의미를 요약해주며 그가 아버지에게로 떠나는 것이 제자들에게 유익

을 주리라고 설명한다. 예수의 떠나감은 비록 다른 방식으로 이긴 하지만 제자들이 계속 하느님의 임재를 경험할 것이므로 완전한 이별을 의미하지는 않는다.

본 장에는 예수가 만찬을 함께 나눈 집에서 제자들에게 한 말씀이 모두 들어 있다는 사실을 30·31절이 강력하게 암시한다. 그리고 이어지는 세 장들(15—17장)에서도 담론이 계속되고 있음에 비추어 볼 때, 상당한 난점들이 제기되며 그러한 난점들에 대한 여러 가지 해결점이 제시된 바 있다. (ㄱ) 15—17장에 담겨진 자료는 예수가 18장 1절에서 언급된 동산에로 들어가는 도중 예루살렘 거리나 성전 부근지역에서 말씀한 것으로 생각해야 한다는 제안이 있었다. 이러한 제안은 요한의 원래 관심이 그의 담론들에 있었지 그것들의 배경에 있었던 것이 아니라는 사실로 미루어서 받아들일 수 있다고 하더라도 믿기는 어려운 것 같다. (ㄴ) 3절에 나오는 예수의 말인 "다시 와서 너희를 데려다가"(ἐγείρεσθε, ἄγωμεν ἐντεῦθεν)는 "저녁식탁에서 일어나 이 집을 떠나자"라는 뜻이 아니라 "일어나서 아버지께로 가자, 혹은 일어나 이 세상의 통치자와 대결하러 가자"를 의미한다는 제안이 있다. 그러나 이런 제안들은 주석상 받아들일 수 없다(주석 참조). 토레이는 독창적인 제안으로 이 난점을 제거한다. 그러나 이럴 경우 다른 두 가지 난점들, 일반적으로 이 복음서의 본래 원문이 아람어였다는 전제와, 번역자가 상당히 서툴렀다는 전제에 대한 난점이 초래될 수 밖에 없다. (ㄷ) 보다 일반적인 견해는 본 장의 위치가 바뀌어졌고 13—17장의 자료는 다음과 같이 배열되어야 한다는 것이다 ; 13장 1—31절a ; 15장 ; 16장 ; 13장 31b—38절 ; 14장 ; 17장.[1] 이러한 견해에 의해서 이미 언급한 난점들과 13장 36절, 16장 5절의 난점을 피할 수는 있다. 그러나 이러한 견해가 실제로 자료상의 연관들을 진전시킬 수 있는지가 문제인 것 같다. 14장에서 특징적으로 나오는 질문들(5·8·22절)은 15장과 16장이 14장에 앞서 말해졌고 14장 16·17절이 보혜사를 처음으로 소개하는 것으로 읽을 수 있다고 우리가 가정할 경우에 좀 더 쉽게 이해될 수 있다. 이 복음서의 그밖의 곳의 위치변경에 관한 주장들과 그러한 주제를 제시하는 일반적인 고려들에 관해서는 이 책 I권 44—48면을 참조하라. (ㄹ) 가장 그럴듯한 설명은 14장 (혹은 13, 31—14, 31)과 15—17(16)장에서 마지막 담론에 관한 다른 역본들

---

1) 버나드는 이 제안을 따름 ; 불트만은 13, 1—30 ; 17 ; 13, 31—35 ; 15 ; 16 ; 13, 36—14, 31의 순서로 본다 ; 다른 제안들도 제시된 바 있다.

을 취할 수 있다는 것이다. 이 가설은 복음서의 자료가 일정한 기간 동안 수집된 것으로 생각할 경우, 쉽게 믿을 수 있으며 또한 그 자료의 일부가 처음에는 구전으로 전해진 것이라고 할 경우 특히 믿을 만한 것이다. 이점은 14장과 15·16장 사이에 나오는 주목할 만한 일련의 병행귀들에 의해 확증된다. 모든 자료군에서 예수는 다음과 같은 주제로 말한다. 그와 아버지와의 관계 : 14, 6·7·9이하 · 28 : 15, 10·23·24 ; 16, 15 ; 17, 1·2·4·5·8·10·21—26. 그의 아버지에게로 떠나감과 그의 재림에 대해서 : 14, 2·3·18—20·22·23·28 ; 16, 5—7·16·22·28 ; 17, 11·13. 그의 아버지에 대한 계시에 관해서 : 14, 9 ; 17, 6·26. 그의 이름으로 하는 기도에 대해서 : 14, 13·14 ; 16, 23·24·26, 참조. 15, 7. 그의 계명들의 준수에 대해서 : 14, 15·21·23 ; 15, 10·12—14·17. 보혜사에 관해서 : 14, 16·17·26 ; 15, 26 ; 16, 7—15. 그가 주는 평화에 관해서 : 14, 27. 참조. 14, 1 ; 16, 33. 그리고 이 세상의 통치자가 받을 심판에 대해서 : 14, 30 ; 16, 11 ; 참조. 16, 33. 예수는 말한다. 이 두 단락(14장과 15·16장)은 내용상 동일한 배경을 내포하고 있다. 이런 병행귀들이 있다는 사실은 15—17장에 나오는 "제2의" 고별 담론 역시 부차적인 것이라는 베커(*Z.N.T.W.* 61 [1970], 215—46)의 주장을 어느 정도 반증하는 것임이 분명하다.

대체로 고별담론은 공관복음서에서 그 병행귀를 찾아볼 수 없다. 가끔 공관복음서의 말을 반영하고 있는 귀절들에 대해서는 주석을 참조하라. 요한복음의 마지막 담론은 마르코(13장)의 종말론적 담론과 동일하지는 않지만 어떤 점에서 유사한 것이다. 이런 유사성에 비추어서 요한의 담론이 지닌 의도를 밝혀내고 또 그 담론을 해석할 수 있다. 요한의 고별담론은 예수의 떠나감과 재림의 사상이 지배적이긴 하지만 예수의 재림은 마르코복음에서처럼 더 이상 묵시적인 용어들로 생각되지 않는다. 예수는 그의 죽음을 통해 즉시 아버지와 함께 영광에 이를 것이지만, 그 후에는 하늘의 구름을 타고 올 사람의 아들로서 세상에 자기자신을 드러내기 위해서가 아니라 신자들에게 자신의 모습을 나타내기 위해서 역시 아버지와 함께 다시 올 것이다. 예수의 오심은 다른 방식으로 이해되었다. 예수는 그가 십자가에 못박힌 후에 곧 바로 부활한 모습으로 제자들에게로 다시 온다(18절 이하). 그는 성령, 보혜사의 인격으로 온다(15절 이하). 그는 아버지와 함께 와서 그를 사랑하는 자들과 함께 살 것이다(23절). 참으로 종말론적인 사상이 포기된 것이 아니다. 예수는 하늘에서 그가 거할 자리를 마련하며 그를 사랑하는 자들을 예비된 처소로 영접할 것이다. 그러나 여기서 종말론은 변형된 것이다. 예수가 추측컨대 그의 죽음을 통해 신자에게 다시 올 것이고 또 그를 하늘의 처소로 영접하리라는 것은 "실현된" (종말)이 아니라 개인주의화된 종말이다. 이것이 (불트만의 견해대로) 영지주의적 종말론으로 서술되어야 하는지는 불분명하다. 유다교의 종말론은 A.D. 70년 이후에 이와 유사한 변형을 겪게 되었다 (*Judaism*, 42—6). 요한은 하늘의 집에 대한 희망을 지상의 집의 실재로 변형시켰다고 마틴(139)은 말하지만 오히려 요한은 이 두 가지 개념을 똑같이 보유하고 있는 것 같다. 이 담론에 대해서 방금 서술한 바와 같이 어느 정도의 분석은 할 수 있지만 비록 그렇다고 할지라도 분석하는 데서 매우 중요한 요소들이 빠지게 되었다. 그 요소들은 길이요 진리요 생명이신 예수, 아버지에 대한 계시, 보혜사라는 용어 등이다. 그러나 비록 콘첼만(*Theology*, 355)이 이 담론의 주제를 "이 세상 속의 공동체"로 서술하였다고 해도 그것의 중심적인 주제는 그리스도의 오심이다. 예수가 신자에게로 온다는 사상은 하느님의 임재를 현실화시키는 보혜사의 개념으로 보완되었다. 예수가 죽음을 통해 떠나감으로써만 예수의 영적인 임재와 성령의 사역은 보장된다. 그러므로 예수의 십자가 처형은 처음에 그의 친구들이 생각하기에는 아연실색케 하는 충격임에 틀림없었지만 사실 그것은 그들에게 하나의 축복이었다. 십자가 처형으로 말미암아 이 세상의 통치자는 패배하고 아버지는 영광을 받을 것이며 하느님의 계시는 예수의 완전한 복종에서 완성되고 제자들은 평화를 선물로 받게 될 것이다.

[I] D사본은 이 귀절 앞에 "그가 그의 제자들에게 말씀하셨다"(sin사본에는 "예수가 말씀하셨다")를 덧붙인다. 확실히 이러한 접두어를 대체로 마지막 담론들의 적절한 서문으로 쓰려는 의도가 있었다(아마 예배의식 때 낭송할 성구로 사용할 의도에서). 복음서의 이 귀절 서두에 성 필립보와 성 야고보의 날을 위해 이와 유사한 귀절이 첨가되어 있음을 참조하라.

너희는 마음에 근심하지 말라. 이 말에 대해서는 27절과 제 4 에스드라서 10장 55절, "그러므로 너는 두려워 하지 말라, 그러면 네 마음은 두려움이 없어진다"라는 귀절을 참조하라. 이 시점에서 현재의 담론은 13장 33절에서 분명하게 진술된 주제인 예수의 떠나감을 계속 이어받아 상세하게 고사하고 있다. 예수는 곧 제자들 곁을 떠날 것이지만 그들은 두려워해서는 안 된다. 떠나 있음은 잠시 동안이며 궁극적으로 그들에게 유익을 줄 것이다. 그들은 현재 느끼는 비통함을 통해서 보다 충분한 믿음을 갖게 될 것이다.

하느님을 믿고(πιστεύετε) 또 나를 믿으라(πιστεύετε). 이 문장은 여러 측면으로 받아들일 수 있다. 여기 나오는 두 동사를 모두 명령법으로, 혹은 직설법으로 받아들일 수 있다. 아니면 앞의 동사를 직설법으로, 뒤의 동사를 명령법으로 취하거나, 앞의 동사를 명령법으로 뒤의 동사를 직설법으로 취할 수도 있다. 이런 여러 변형들은 다음과 같은 번역들을 제시한다. (ㄱ) 하느님을 믿고 또 나를 믿으라; (ㄴ) 너희는 하느님을 믿으며 또 나를 믿는다; (ㄷ) 너희는 하느님을 믿는다. 또 나를 믿으라. 혹은(불트만) 너희는 하느님을 믿느냐? 그러면 또한 나를 믿으라(너희는 나를 통해서 하느님을 믿을 수밖에 없기 때문이다!); (ㄹ) 앞의 절을 명령적 조건문으로 취하고 이어지는 절을 καί로 유도되는 귀결로서 취한다면, 그 의미는(만일 너희가) 하느님을 믿는다면 (그러면) 너희는 나를 믿게(될 것이다)가 된다. 이 네 가지 번역들 가운데 어느 것도 대체로 본 귀절의 의미에 거슬린다고는 할 수 없다. 그러나 명령형 ταρασσέσθω는 뒤에 나오는 동사들도 명령형일 가능성을 암시해 주므로 거의 모든 고대 라틴역본들과 대다수 초대 교부들은 그 동사들을 명령형으로 해석하였다. "믿다"(πίστεύειν εἰς)는 하느님 혹은 그리스도를 "믿다"를 지시하는 요한의 일반적인 용어이다. 1장 12절을 참조하라. 믿음은 아버지와 아들 사이의 관계들에 근거한 것이며 또 이 담론에서 계속 서술하고 있는 아들의 사역에 근거한 것이기도 하다.

[2] 내 아버지의 집에는. 루가복음 2장 49절, "내 아버지의 집에"와 요한복음 2장 16절을 참조하라. 이 두 귀절은 모두 성전을 지시하는 것이다. 8장 35절을 참조하라. 하늘이 하느님의 거처라는 사상은 물론 대개의 종교들에 내포된 아주 광범위한 사상이다. 전도서 5장 1절과 구약성서의 여러 귀절들을 참조하라. Philo, *Som.* I, 256, "왜냐하면 이와 같이 너는 아버지의 집으로 돌아갈 수 있기 때문이다"에 나타난 사상(육체에 갇혀 있던 상태에서 영혼이 하늘에로 되돌아간다는 사상)은 당시의 종교철학에서 취해진 것이다. 예수는 하느님을 특별한 의미에서 그의 아버지라고 말한다. 그의 아버지의 집은 그가 이제 죽음을 통해 돌아갈 그 자신의 집이기도 하다. 그 이상의 해설에 대해서는 다음 주석을 참조하라.

있을 곳이 많다. 퍼세이니에스(예. x, xxxi, 7)가 말하는 μονή란 "숙박소", 혹은 "역"을 의미한다. 다른 증거에 대해서는 *L.S* 해당항목과 라틴어 "역"(mansio)을 참조하라. 고대나 현대의 일부 주석가들은 이 귀절에서 이 말이 생명이 하늘에서도 계속됨을 뜻하는 것으로 이해하였다. 그러나 이런 해석은 틀린 것이 거의 확실하다. 23절이 보여주듯이 μονή는 요한에게서 일반적이고도 중요한 동사인 "머물다"(μένειν)에 상응하는 명사이므로 그 의미는 잠깐 머무는 거처(혹은 아마 거처 양식)가 아니라 영속적인 거처일 것이다. 이러한 의미는 70인역에 나타난 μονή의 한가지 용법(마상 7, 38 : "한 칼로 죽이십시요…그들에게 거처를 주지 마시요")에서, 또 하늘에 있는 방들 혹은 거처들에 대한 유다교 신앙의 지시들(에녹 1서 39, 4 ; 참조. 에녹 2서 61, 2)에서 확증된다. 그러나 요한은 방들 혹은 거처들을 생각한 것이 아니라 "머무는" 행위 혹은 상태를 생각한 것이다. 이것은 "하늘"이란 말이, 만일 그 용어가 주의깊게 이해되지 않는다면 "아버지의 집"을 잘못 해석한 것임을 의미한다. 아버지와 친교를 나눔은 영속적이고 보편적인 가능성이다.

그렇지 않다면. 11절을 참조하라. "만일 이와 같은 거처들이 없다면," 즉 "그렇지 않다면." 레위기 2장 5·16절과 마르코복음 2장 21·22절을 참조하라. 또한 신약성서에서 일반적으로 나오는 εἰ δὲ μήγε(μη의 강조형)도 참조하라.

너희에게 일러주었을 것이다. 여기서 문제는 ὑμῖν("너희에게") 다음에 종지점을 찍어야 하느냐 아니면 이 문장을(P66* Θ W it에서 잘못 생략된) ὅτι절에 연결지어야 하느냐에 있다. 종지점을 찍지 않을 경우 우리는 이 문장을 "…그렇지 않다면 내가 너희를 위하여 있을 곳을 마련하러 간다고 말했을 것이다"라는 사실 진술과 연결짓거나 아니면 하나의 의문문, 즉 "그렇지 않다면 내가 너희에게 …한 것을 말했을 것인가…?"의 문장과 연결지을 수 있다. 사실 진술을 택할 경우 뜻이 잘 통하지 않는 것 같다. 의문문을 택할 경우 요한의 설화에서 예수는 제자들에게 그들을 위해 처소를 마련하러 간다고 아직 말하지 않았다는 난점에 봉착하게 된다. "그렇지 않다면 내가 너희에게 일러주었을 것이다"라는 귀절을 하나의 삽입귀로 받아들이고 ὅτι절을 2절a와 연관짓는 것이 가장 타당한 것 같다 : "있을 곳이 많을 것이다(그렇지 않다면 내가 너희에게 그렇게 일렀을 것이다). 왜냐하면 내가 너희를 위해 처소를 마련하러 가기 때문이다." 그러나 불트만은 ὅτι절을 우연한 결과로 취급하는 것을 신통치 않은 것으로 생각한다.

간다. 13장 33절에 나오는 ὑπάγω("내가 간다")를 참조하라. 의미상 차이가 없다. 예수의 떠나감은 그의 죽음과 아버지의 집에로, 혹은 보다 간단히 말해서, 아버지에게로 돌아감(17, 11)을 의미한다.

있을 곳을 마련하면. 에녹 1서 42장 1·2절과 마르코복음 10장 40절을 참조하라. 그러나 요한은 여기서 예수의 수난과 영광의 전과정을 신자들이 천상적인 삶에 이르는 수단으로 간주하고 있다. 또한 히브리서 11장 16절을 참조하라. 브라운은 『요한복음』 68, 2에 나오는 어거스틴의 말, "그는 이제 어떻게든 예비된 거처들로 손님들의 거처를 마련한다"(Parat autem quodam modo mansiones, mansionibus parandomansores)라는 귀절을 인용한다. McNamara, *T. & T.*, 142—43에는 출애굽기 33장 14절에 관한 아람어 역본(Neofiti Targum)이 "내 보좌의 영광이 너희를 에워쌀 것이며 너희를 위해 있을 처소를 예비하리라"로 되어 있다는 언급이 있다.

[3] 다시 와서 데려갈 것이다. 설명절인 "…너희가 있도록"과 연결되는 미래형 동사 παραλήμψομαι("데려갈 것이다") 때문에 현재형 동사 ἔρχομαι("오다")도 미래적인 의미가 요구된다. 예수는 다시 와서 그가 곧 마련하러 갈 천상의 거처들로 그의 제자들을 데려갈 것임을 약속한다. ἔρχομαι가 본래 지시하는 바는 예수의 종말론적인 사건, 혹은 어쨌든 그가 죽음 이후에 그의 제자들에게로 돌아오리라는 것이다. 이것은 공관복음서의 만찬 설화들과 데살로니카전서 4장 17절, "주님과 함께"(σὺν κυρίῳ)에 나타난 종말론적 요소를 연상하게 한다. 그러나 "가고 옴"이라는 주제가 계속 반복되고 있는 이어지는 담론은 내림에 관한 요한의 사상이 "내림"에 관한 이전의 공관복음서 개념을 그대로 따온 것이 아님을 분명하게 보여준다. 예수와 그의 제자들과의 교제, 즉 예수가 그들 안에, 그들이 예수 안에 있음(μονή-μένειν)은 마지막 날로, 혹은 제자들이 죽는 날까지 연기될 수 없다. 린다스는 예수의 가심이 죽음을 통한 떠나가심이므로 그의 다시 오심은 부활을 지시하는 것이 분명하다고 주장하긴 하지만 요한은 담론의 서두에서 예수의 다시 옴이라는 주제를 일반화시키고 있는 것 같다. 1—3절에 관해서는 *Z.N.T.W.* 58 (1967), 68—72에 나오는 R.H.Gundry의 주석을 참조하라.

[4] 내가 어디로 가는지 그 길을 너희가 알고 있다. 이것은 P[66c] ℵ B W의 독법이다. 이것은 문법에 맞지 않고 불명료한 구문이다(Bernard, 해당 항목을 참조하라). 그러나 좀더 긴 독법, 즉 "내가 어디로 가는지 너희가 알며 그 길도 너희가 안다"(P[66*] D Θ W it

vg sin pesh boh)는 단순화시켜 개작한 것이므로 배제해야 한다. 4절의 이 말은 5절에 나오는 토마의 질문에 근거한 것인데, 그러나 어쨌든 토마의 질문은 좀더 짧고 난해한 본문의 의미를 제시하는 것으로 이해해야 한다. 제자들은 예수가 아버지에게로 돌아갈 것이고 그 길은 십자가에 못박히심의 수치와 부활의 영광을 통해 열려 있다는 사실을 알아야만 한다. Thomas, 12 : "제자들은 예수에게 우리는 당신이 우리 곁을 떠나게 되리라는 것을 알고 있소라고 말했다."

[5] **토마가 예수께 말했읍니다.** 토마(참조. 11, 16 ; 20, 24)는 요한복음에서 충성스럽긴 하나 우둔한 제자로 나타나는데, 그의 몰이해가 진리를 밝히는 데 도움이 된다. D사본은 "토마"(θωμᾶς)라는 이름에(11장 16절에 나오는) "디두모라고도 하는"이란 말을 덧붙였다.

어떻게(πῶς). "그리고 어떻게"(καὶ πῶς)는 D Θ W it vg의 독법이다. 9절을 참조하라.

[6] **나가~이다.** 6장 35절을 참조하라.

길. 이 귀절의 후반절("… 올 사람이 없다")은 예수가 사람들이 하느님에게로 가는 길이라는 것이 가장 중심적인 사상임을 보여준다. 즉 예수가 이제 곧 가야할 길은 그의 추종자들도 가야할 길이다. 그는 십자가에 못박히심과 부활의 길을 통해 아버지에게로 간다. 미래에 그리스도교인들은 그를 통해 죽음과 부활을 경험할 것이다. 이러한 표현은 또한 그리스도교인의 믿음과 삶이 "길"(ἡ ὁδός)로 묘사되고 있음을 연상하게 한다(사도 9, 2 ; 22, 4 ; 24, 14). 그리고 유다교의 용어인 율법 해석(*halakah*)을 연상하게 한다. 또한 이시스의 주장(*I.G.* XII, V, I, 14. 17), "내가 별들의 길을 보여주었다"는 귀절을 참조하라. Brown, 629에는 종도의 규례(*1QS*) 9장 17·18·21절과 다마스커스 문서(*CD*) 1장 3절에 나오는 "길"(derek)의 용법에 관한 훌륭한 논의가 나와 있다. 그러나 쿰란문서는 ὁδός의 해석에 별 도움을 주지 못하며 의의 교사나 종파의 교리가 길로 묘사되어 있지도 않다. 목표와 길(둘 다 예수를 지칭함)을 구별하기를 부인함으로써 요한은 가고음에 내포된 "신비주의적 사상을 수정하였다"(불트만). Sidebottom, 146을 참조하라.

진리와 생명. 요한복음에 나타난 "진리"에 대해서는 1장 14절을 참조하라. 다른 곳에서는 "내가 진리이다"라는 말이 나오지 않는다. "생명"에 대해서는 1장 4절과 3장 15절과 특히 11장 25절, "나는 부활이요(생명이다)"라는 귀절을 참조하라. 진리와 생명이란 말은 여기서 길에 대한 설명으로 삽입된 것이다. 예수는 모든 진리와 생명의 원천인 하느님에게로 이르는 수단이기 때문에 그 자신이 곧 사람들에게 진리와 생명이 된다(7·9절). 진리와 생명은 각기 이 복음서의 첫째 부분과 둘째 부분의 특징적인 주제들이다. "생명": 1—12장에서 32[31]회, 13—21장에서는 4회 나온다. "진리": 1—12장에서 13회, 13—21장에서 12회 나온다. 말씀의 특징들로서의 진리와 생명에 대해서는 솔로몬의 송가 8, 8 ; 12, 3·12 ; 32, 2 ; 38, 1과 10, 2 ; 15, 10 ; 41, 11을 각기 참조하라.

나로 말미암지 않고는 아무도 아버지께로 올 사람이 없다. 요한이 이곳·저곳에서 그 당시 종교들의 개념과 용어의 일부를 사용하였다고 할 때, 다음과 같은 점들을 짐작해 볼 수 있다. 즉 그러한 개념들과 용어들을 잘 알고 있었을 것이라는 점과 또한 그 종교들이 무력하여 하느님에게 이르는 어떤 종교적이거나 신비적인 접근도 그 목적을 달성할 수 없다는 사실을 그가 확신하였을 것이라는 점이다. 하늘로부터 내려온 사람의 아들 이외에는 하늘로 올라간 자가 없다(3, 13). 사람의 아들만이 하느님과 사람 사이를 연결지을 수 있다(1, 51 참조). 그러므로 그를 통해서만 하느님에게로 이를 수 있다.

[7] **너희가 나를 알았더면**(ἐγνώκειτε) **내 아버지도 알았을**(ᾔδειτε) **것이다.** 이것은 B의 독법이다. (Θ) W에는 ᾔδειτε (주절에 나오는 "알다") 대신에 ἐγνώκειτε로 되어 있는데, 내용상 차이는 없다. 그러나 P[66] ℵ D에는 그 동사들이(ἄν이 생략된) ἐγνώκατε("알다"γινώσκω의 2인칭, 복수, 완료, 직설, 능동)와 γνώσεσθε(γινώσκω의 미래 2인칭, 복수, 직설, 중간)로 나온다. 이 두 가지 독법은 이 귀절에 아주 다른 의미를 제공한다. B의 독법은 하나의 비난을 말하는 것이다 : 그래야 했음에도 불구하고 너희는 그렇지 못하였지만, 만일 너희가 나를 알았더라면, 내 아버지도 알았을 것이다. P[66] ℵ D의 독법은 하나의 약속을 나타내는 것이다 : "만일 너희가 나를 알게 되었다면, 그럼으로써 너희는 내 아버지도 알게 될 것이다." 7절 b는 후자의 의미를 암시한다. 전자의 독법은 8장 19절에 동화한 것이다. 혹은 보다 더 그럴듯한 것은 필립보의 질문과 9절에 나오는 (예수의) 답변에 비추어 볼 때 제자들은 예수도 아버지도 알지 못했다는 사실에서 기인한 것 같다. sin의 독법("너희가 나를 알지 못했다면 어떻게 내 아버지를 알겠는가?")은 해석상 우연한 실수를 한 것으로 볼 수는 있지만 그러나 P[66] ℵ D의 독법을 다소 지지해주는 것 같다.

이제는. 이 귀절은 예수가 아버지의 계시를 완성한 후 영광 가운데 떠날 순간을 지시하는 것이다. 마지막 담론들은 대체로 이 완성의 "순간"을 서술하고 있다(또한 19장 30절 : "다 이루어졌다"라는 귀절 참조). 13장 19절을 참조하라. 샌더스는 "지금 너희는 그를 알게 될 것이다"라고 번역한다. 그러나 담론들은 이와 같이 지속적인 인식의 과정을 암시하지는 않는다.

[8] 필립보. 필립보가 한, 특별한 말들과 행동들이 요한복음에만 나온다. 1장 44절을 참조하라. 그의 몰이해를 나타내는 질문은 요한의 방법에 의하면 여기서 단지 논증을 진전시키는 데 도움을 줄 뿐이다. 그의 질문은 예수가 아버지 안에 아버지가 예수 안에 있다는 진실과 상반되는 양자 사이의 분리를 암시하는 것이다.

우리에게 아버지를 보여주십시오. 그러면 우리가 만족하겠읍니다. 필립보는 종교적인 인간의 보편적인 갈망을 말한 것이다. 출애굽기 33장 18절(70인역). "당신 자신을 내게 보이소서"라는 귀절을 참조하라. *C.H.* I, 27 에서 계시는 '하느님의 본질과 가장 위대하심(하느님의 통찰력)을 모든 사람이 가르침을 받는"이란 말들로 서술되어 있다. 같은 책 VII, 2 : "바라는 것들이 보여지도록 마음으로 주시하는" ; *Berakoth* 17a : "다가오는 세상에는 먹고 마시는 일, 혼인관계, 용무, 시기, 미움, 분쟁이 없을 것이다. 그러나 의인들은 다음의 기록대로 쉐키나(Shekinah: 하느님의 면전)의 눈부신 빛을 즐기며 머리에 화환을 두른 채 앉아 있다 : '그리고 그들은 하느님을 보고 먹고 마셨다(출애 24, 11)'". 오직 참되신 하느님을 뵙는 것이 요구될 뿐이다. 그러나 예수 이외에는 하느님에게로 가는 길이 없고 하느님을 알 수 있는 다른 방도가 없다. 이런 진술을 통해서 요한은 예수의 사역을 계시자로서 설명한다. 문장 형식은 명령을 나타내는 조건문의 형식이다. 이 문장은 "만일 당신이 보여주신다면…그것은 만족을 줄 것이다"와 동일한 의미이다. 샌더스는 ἄρχει를 명령형으로 강조하여 이와 같이 해석한다 : "우리에게 보여주시고 우리를 만족시켜 주십시요." 의미상 어떤 실제적인 차이점은 없다.

[9] 이렇게 오랫동안(τοσοῦτον χρόνον). 목적격(일반적으로 때의 기간을 나타내는 격)이 더 쉬운 독법이며 ℵ D의 독법(여격의 τοσούτῳ χρόνῳ)이 채택되어야 한다. 여격은(요한이 그가 사용한 말들의 格을 주의깊게 다루었다고 가정한다면) 선교의 전체 기

간이 때의 한 단위, 또는 한 시점으로 간주될 수 있음을 암시한다.

나를 본 사람은 이미 아버지를 보았다. 필립보의 질문은 필요 없는 것이었고, 또 그의 질문은 서막에서처럼 일찌기 하느님의 계시를 드러내는 것으로서 선포된(1,18) 예수의 인격과 일을 그가 이해하지 못한 데서 제기된 것이다. 예수를 보는 것이 곧 아버지를 보는 것인데, 그것은 아버지가 예수 안에 계시고 또 사실 그의 일들의 대행자가 되시기 때문이다(참조. 13,20). 예수는 하느님의 사절 혹은 대행자(Shaliah)이며 "한 인간의 대리인은 그 자신과 같다"[2] (예·*Berakoth* 5.5). 하느님을 찾는 것은 오직 예수 안에 계시된 결정적인 계시를 주시하여야 하는 것이므로 필립보의 질문은 이제 요지에서 벗어나게 됨이 당연하다.

어찌하여. D Θ W. 5절을 참조하라.

[10] 너희가 믿지 않느냐? 여기 나오는 제자는 이런 신앙을 가져야 하는 것으로 생각된다.

내가 아버지 안에 있고 아버지께서 내 안에 계시다. 17장 21절과 17장의 기도문에 나오는 다른 귀절들을 참조하라. 아버지와 아들 사이의 관계는 완전히 상호적인 것은 아니지만 그러나 양자는 (약간 다른 의미에서) 서로 안에 내주하는 것으로 말할 수 있다. 아들 안에 거하는 아버지는 그의 일들을 한다. 아들은 아버지의 존재 안에 영원히 머문다.

내가 너희에게 말하는 것은…행하시는 것이다. 12장 49절을 참조하라. 요한은 그의 고양된 그리스도론을 통해서 예수의 활동은 초월적인 하느님과 상관없이 이해될 수 있는 것이 아님을 암시하고자 하였다. 5장 19절을 참조하라. 요한은 예수의 말들로부터 그의 일들로 쉽게 넘어갈 수 있었는데, 그것은 예수의 말들과 일들이 똑같이 계시적인 것이고 권능으로 충만한 것이기 때문이다.

[11] *πιστεύετέ μοι*는 "나를 믿으라"가 아니라 "다음의 진술을 진리로 인정하라"이다. 1장 12절을 참조하라.

믿지 못하겠거든…그 일을 보고 믿으라. 사람들은 예수가 한 말을 믿어야만 한다. 그들이 이런 말들을 믿기를 거부한다면 그들은 그의 일들을 고려해야 한다. 이 복음서 전체를 통해서 "일들"(*ἔργα*) 혹은 "기적들 혹은 표징들"(*σημεῖα*)은 믿음을 이끌어내야 하고 또 때때로 믿음을 이끌어내기도 하는 사건들로 서술되고 있다(예. 2,11). 이러한 언급과 예수가 공관복음서에서 표징을 보여달라는 요구를 수락하지 않

2) *Religions in Antiquity*(Ed. J. Neusner, 1968), 137—48에 나오는 보겐(P. Borgen)의 견해를 참조하라.

은 일 사이의 대조는 겉보기에 드러나는 것만큼 현저하지는 않다. 이 책 I권 87—88·120—122면과 2장 11절을 참조하라. 또한 마태오복음 11장 21절=루가복음 10장 13절을 참조하라.

[12] 나를 믿는 사람은. "믿다"(πιστεύειν)란 말과 함께 쓰인 구문이 바뀌어졌다. 여기서 대격을 받는 εἰς는 그리스도를 믿는 참된 신자를 지시하는 것으로 받아들일 수 있다.

내가 행하는 일을 그도 행할 것이요 이보다 더 큰 일도 행할 것이다. 일반적으로 사도들과 그들의 동시대인들이 기적을 행하는 능력을 가진 것으로 믿어졌으며 또한 그러한 능력은 후대에 이르러서도 특히 귀신축출의 능력으로 지속되었던 것 같다. 그러나 요한은 그 당시 행해진 기적들을 확실히 인정하긴 하였지만 "일들"(ἔργα)을 주로 하느님의 능력과 특성이 인식되는 행위들로 생각하였다. 13장 15·35절을 참조하라. 그러므로 더 큰 일들은 제자들의 활동을 통해서 교회로 많은 개종자들을 불러모을 것이지만(참조. 17, 20 ; 20, 29) 제자들의 활동은 예수의 말씀의 지속적인 능력과 성령의 활동(15, 26·27)을 통해서만 효력을 발휘할 수 있다. 또한 다음의 주석을 참조하라.

그것은 내가 아버지께로 가기 때문이다. 예수의 죽음과 승천은 교회의 선교에 있어서 조건이 된다. 쿨만(*Christology*, 233)은 예수가 아버지에게로 돌아감과 마태오복음 28장 18절, "나는 모든 권세를 받았다"를 옳게 비교하였다. 예수가 영광받으실 때 성령이 주어질 것이다(7, 39). 그가 하늘에 계실 때 그는 자기 제자들의 기도를 들으시고 응답하실 것이다. 예수가 아버지에게로 올라가심으로써 그의 사역을 완성하기 전까지는 그가 행한 모든 일은 필연적으로 불완전한 것이기 때문에 이와 같이 "보다 큰 일들"은 예수의 "돌아감"에 직접 의존해 있다. 다른 한편 제자들의 사역은 (예수의) 사역이 완성되는 순간 이후에 이루어질 것이다. 16장 8—15절을 참조하라. 그들의 일들은 그들 자신이 보다 우대하기 때문이 아니라 예수의 사역이 이제 완성되었기 때문에 더 위대한 것이다.

[13] 나 이름으로. 15장 16절과 16장 23절을 참조하라. "내 이름으로"는 "내 이름을 부름으로"를 암시한다. *Beginnings* V. 121—34, 주석 XI을 참조하라. 그러나 요한의 사상은 결코 주술적인 것은 아니다. 요한일서 5장 14절("우리가 그의 뜻을 따라 구하면")과 제자들은 그리스도를 사랑할 것이고 그의 계명을 지킬 것으로 추정되어 있는 15절을 참조하라. 제자는 그리스도의 일을 하고

있는 동안에 "그의 대표자로서" 기도할 것이다(샌더스).

이 일을 이루어 주겠다. 그리스도 자신이 기도를 듣고 응답해주실 것이다. 하느님이 간청을 들어준다는 데 대해서 방금 언급한 귀절들을 참조하라. 요한은 아버지가 아들 안에서 또 아들을 통해서 활동한다는 진술에 어떤 모순이 내포되어 있다고 인정하지는 않았을 것이다.

이것은 아들을 통하여 아버지께서 영광을 받으시도록 하려는 것이다. 매사에 아들은 그의 아버지의 영광을 추구하기 (또 성취하기) 때문에 아버지는 아들의 활동을 통해서, 동시에 아들 자신과 그를 따르는 자들을 통해서 영광받을 것이다(5, 41 ; 7, 18 ; 8, 50·54).

[14] 이 전체 귀절이 λ b sin에는 생략되어 있는데, 그것은 이 귀절이 13절 다음에 나오는 없어도 좋은 말로 생각되었기 때문에 생략된 것임이 분명하다. 두 가지 다른 변형들이 있다. (ㄱ) "구하면"(αἰτήσητε) 다음에 "나를"(με)이라는 말이 첨가된 것이 P[66] B W Θ vg pesh의 독법이다. 그 말은 D W it sah boh에는 생략되어 있다. 여기서 με는 있어야 한다. 16장 26절과의 모순을 제거하려는 의도에서 이 말이 생략되었을지도 모른다. 이 점은 이 전체 절을 생략하는데 대한 또 다른 동기를 제시하는 것일 수도 있다. (ㄴ) "이것을 이루어주겠다"(P[75] B ψ it vg) 대신에 D W Θ에는 "내가 이루어주겠다"로 되어 있으며(P[66]에도 이와 같이 되어 있으며 여백에 "이것을" τοῦτο이란 말을 덧붙이고 있다) 이 독법이 채택되어야 한다. "이것"(τοῦτο)은 13절과 일치하며 또한 기도를 응답하는 데 있어서 예수 자신의 행동에 대한 강조를 약화시키는 것이다. 그리스도의 이름에 대한 강조와, 기도자들은 그의 이름을 부를 것이고 그가 그들에게 응답하리라는 사실에 대한 강조는 그리스도의 일들이 곧 하느님의 일들임을 강조하는 문맥(10—14절)에 비추어서 설명되고 이해되어야 한다.

[15] **너희가 나를 사랑하면.** 이 조건절이 다음의 두 귀절(15—17절a)의 문법과 이어지는 여섯 귀절(15—21절)의 사상을 지배한다. 성령에 의해 맺어질 예수와 제자들간의 관계는 그들의 상호애로 표현되어 있다.

내 계명을 지킬 것이다. 21·23절을 참조하라. 또한 요한일서 5장 3절, "하느님을 사랑하는 것은 우리가 그의 계명을 지키는 것이기 때문입니다"와 클레멘스 1서 49장 1절, "그리스도의 사랑을 받은 사람은 그리스도의 계명들을 지켜야 한다"라는 귀절을 참조하라. 요한은 사랑이 일종의 감상이나 감정으로 되는 것을 허용하지 않는다. 사랑에 대한 표현은 항상 도덕적인 것이고 복종 가운데 드러난다. 이것은 심지어 아버지에 대한 아들의 사랑에 대해서도 해당된다 : 15장 10절을 참조하라. 또한 3장 16절을 참조하라. "너희는 지킬 것이다"(τηρήσετε [B])는 명령의 "너희는 지켜라"(τηρήσατε [D Θ W])에 비해 문맥에 더 잘 부합한다. "너희는 지킬 것이다"는 조건절을 받으면서 "나도"(κἀγώ: 16절)라는 말로 시작되는 결구로 연결된다. 브라운은 P66 ℵ의 독법을 받아들이는데, 그럴 경우 본문에 빠져 있는 "그리고"("그리고 내 계명들을 지키라")를 삽입해야 한다.

[16] 나도 간구하겠다. 그리스도에 대한 제자들의 사랑의 결과 그들은 그의 계명들을 지킬 것이다 ; 또 다른 결과는 그리스도가 자기 편에서 그들을 위해 보혜사를 선물로 주시리라는 데 있다. 이런 점에서 보혜사는 아들의 요구에 따라 아버지가 주신 것으로 진술된다. 26절에서 아버지는 보혜사를 그리스도의 이름으로 보내신다. 15장 26절에서 그리스도는 아버지로부터 그를 보내며 보혜사는 아버지로부터 온다. 16장 7절에서는 그리스도가 그를 보내신다. 요한은 이러한 표현들 사이에 어떤 중요한 차이점을 의도하지 않았다.

다른 보혜사를. ἄλλον("다른")이나 παράκλητον("보혜사")를 형용사적으로 취할 수 있으며 이에 따라 우리는 다음과 같이 번역할 수 있다. 그는 (ㄱ) 다른 보혜사, 혹은 (ㄴ) 보혜사라고 하는 다른 인격을 보내실 것이다. (ㄱ)항은 예수 자신이 보혜사임을 암시한다. 요한일서 2장 1절에 나오는 "보혜사"의 유일한 용법과, 요한복음 이외의 신약성서에서 "보혜사를…의로우신 예수 그리스도를"로 표현된 귀절을 참조하라. 이러한 진술은 이 복음서의 그밖의 곳에서는 언급되지 않는다. 그러나 현재의 문맥상(또는 "보혜사"가 달리 언급된 문맥상) 예수의 직능과 보혜사의 직능 사이에 매우 강력한 연속성이 제시되므로 (ㄱ)항의 번역이 조금도 주저함이 없이 채택될 수 있다. 요한의 사상에서 성령이 차지하는 비중에 관해서는 이 책 I권 139—144면을 참조하라.[3] 이 그리이스어의 원래 의미는 "법적인 보조자, 지지자"이며(*L.S.*의 해당 항목 참조) 이러한 의미로 그 말은 히브리어나 아람어로 음역되었다 ;

3) "보혜사"(παράκλητος)란 말에 관해서는 *J.T.S.* 신간 I (1950), 7—15 ; 또 여러 기고들 가운데서 N. Johansson, *Parakletoi*(1940) ; *F.T.S.* 4 (1953), 35—8에 언급된 J. G. Davies의 견해 ; Bornkamm Ⅲ, 68—89, 90—103 ; *N.T.S.* 18(1972), 450에 언급된 H. Riesenfeld의 견해 ; O. Betz, *Der Paraklet*(1963) ; G. Johnston, *The Spirit-Paraclete in the Gospel of John*(1970)을 참조하라.

예. *P. Aboth* 4,11: "한 가지 규칙을 이행하는 그가 자기 자신을 위해 한 지지자(Pᵉraqliṭ)를 얻는다." 유다교 역사와 신앙에 나타난 많은 인물들이 이 용어로 묘사되었다; Johannsson과 Betz를 참조하라. 그러나 이런 의미가 요한의 어법에서 부각되는 것 같지는 않다. 보혜사의 임무에는 법적인 측면이 있지만(16; 8—11) 그는 변호하는 변호사라기 보다는 검사이다. 요한복음에서 παράκλητος의 의미는 신약성서에서 "위로하다"(παρακαλεῖν)와 다른 동일어원의 말들의 용법을 고려해 봄으로써 가장 잘 밝혀진다. 이것은 이중의 의미를 갖는다. 첫째, παρακαλεῖν과 παράκλησις는 둘 다 그리스도의 예언적인 설교(또는 사도의 서신에서 전해진 동일한 설교)와 관련된 말이다; 예. 사도행전 2장 40절; 고린토전서 14장 3절. 이것은 παρακαλεῖν이 "권면하다"를 의미하는 통상적인 그리이스어법과 일치하는 것이다. 둘째 이 두 단어는 다른 의미로도 사용되는데, 그러한 의미는 히브리어 성서에 의거하지 않은 그리이스어성서에서 거의 나타나지 않거나 전혀 근거가 없는 것으로 생각된다. 이 단어들은 위로를 지시하는 것으로서 특히 메시야 시대에 기대되는 위로를 지시한다. 이러한 어법은 구약성서에서(예. 이사 40,1) 일반적인 것이고 신약성서에서(예. 마태 5,4; 루가 2,25) 반복해서 나타나며 라삐적 용어인 neḥamah(예. Makkoth 5b)인 메시야의 이름으로 사용된 mᵉnaḥem("우뢰소리" 참조. Bousset-Gressmann, 227)에서 그 병행성을 찾을 수 있다. 첫째 항과 둘째 항의 두 가지 어법은 구분되긴 하지만 밀접하게 연관된 것이다. παράκησις(예언자적 권면)의 중요한 책임은 예수의 일을 통해 이루어진 παράκλησις(메시야적 구원)에 사람들이 이르도록 하거나 (그러한 구원을) 받아들이도록 하는 데 있다(참조. 고린토전서 14장 24·31절).

보혜사에 관해 진술하고 있는 요한복음 14—16장의 귀절들을 비교해 볼 때 그의 기능들은 방금 서술한 점들에 밀접하게 부합한다는 것이 드러난다. 보혜사는 그리스도에 대해 증거한다. 그는 "그리스도의 일들"을 위탁받아 그 일들을 선포한다(15,26; 16,14). 이런 선포의 의미에 대해서는 2장 22절과 12장 16절을 참조하라. 그는 또한 "다가올 일"(τὰ ἐρχόμενα; 16,13)을 선포한다. 그는 미래의 종말론적 심판을 실현함으로써 불신의 세계를 비난하거나 드러낸다("밝히 드러낸다" ἐλέγχει: 16,8—11). 그는 그리스도교의 설교자들과 같은 방식으로 이런 일을 행한다. 그는 그리스도가 아버지에게로 돌아감(요한에게서 이것은 그의 죽음과 부활과 승천을 내포한다), 사탄에 대한 심판, 그리고 신앙의 필요성을 선포한다. 보혜사(성령)는 그리스도교적인 권면(παράκλησις)의 영(靈)이다. 성령을 "예언의 영"으로 표현한 매우 일반적인 라삐적 묘사를 참조하라. 이외에 "보혜사"가 언급된 모든 귀절들(14, 16·17·25·26 ; 15, 26 ; 16, 7—15)과 "진리의 영"(τὸ πνεῦμα τῆς ἀληθείας)에 관한 아래의 주석을 참조하라. 여기서 제시된 견해는 존스톤과 마틴이 발전시킨 것이다. 특히 Martyn, 135—42에서 이 책의 가장 중요한 결론들 가운데 일부가 언급되어 있음을 참조하라. "그가 아버지께로 돌아갈 것이기 때문에 지상에서 그의 활동이 계속되리라는 예수의 약속에 나타난 역설은 그가 보혜사의 인격을 입고 다시 옴으로써 '해결될' 것이다. 그러므로 두 차원의 드라마를 조성하는 분이 바로 보혜사이다. 이 두 차원의 드라마가 말씀이 우리 가운데 거하고 우리가 그의 영광을 보게 됨이 단지 과거에 일어났던 사건들이 아님을 분명히 밝혀준다…요한이 증거하는 이러한 사건들은 드라마의 과거적(einmalig)인 차원과 현재적인 차원에서 모두 일어난 것이다. 그렇지 않다면 전혀 일어나지 않은 것이다. 요한의 견해에 의하면 그러한 사건들이 드라마의 두 가지 차원에서 일어난다는 것이 대체로 복음 자체이다"(Martyn, 140, 142). 이러한 사실로 인해서 인격들(그리스도의 인격과 보혜사의 인격) 사이의 구별이 약화될 수도 있다. 보혜사에 관한 귀절들이 마지막 담론들에 끼어 들어갔다는 견해에 대한 고찰에 대해서는 이 책 I권 141—142면을 참조하라.

너희와 같이 계시게 하실 것이다(ἵνα ᾖ μεθ' ὑμῶν). ἵνα ᾖ를 아람어의 관계대명사절, "너희와 함께 계실 (분)"을 잘못 번역한 것이라고 가정할 필요는 없다. E. Ullendorf, *N.T.S.* (1955—9), 50이하를 참조하라. 승천 이후에도 하느님이 제자들과 영원히 함께 계시도록 하기 위해서 성령이 주어진 것이다.

[17] **진리의 영.** 이러한 표현은 3회 나오는데 (14, 17 ; 15, 26 ; 16, 13) 언제나 보혜사의 규정으로서만 나온다. 이 장에서 이미 (6절) 예수는 자신을 가리켜 진리(ἡ ἀλήθεια)라고 선언하였다. 진리의 영은 예수가 이미 말하고 행한 바를 기억하게 함으로써 제자들을 오직 진리에로 이끌 것이다(16, 13). 요한이서 4장 6절("진리의 영과 미혹의 영") ; 5장 6절("성령이 곧 진리이다")을 참조하라. 가끔 인용되는 유다의 유훈서(*T.Judah*) 20장 1·5절("진리의 영과 미혹의 영…진리의 영은 모든 일을 증거하고 또 모든 일을 비난한다")은 거기서 "영들"이 선과 악의 "성향들"로 생각될 수 있으므로 관련이 없다. 이 점은 종

도의 규례(1QS) 3장 18절 · 19절과 4장 23절에 나오는 진리와 악의 영들에도 해당된다. 종도의 규례(1QS) 4장 12절에 나오는 "진리의 영"(רוח אמת="성령" רוח קודש)은 (브라운의 지적대로) 가르침의 작인이 아니라 정결의 작인이다. 그리고 빛들의 왕(שר אורים, IQS 3, 20)과 보혜사는 관련성이 없다. τῆς ἀληθείας("진리")는 (예를 들어 15장 1절에서 "참된" ἀληθινή에 해당되는) 한정적인 속격에 불과한 것도 아니며 단지 예수(그 자신이 진리인 예수의 영)를 대신하는 것도 아니다. 요한이 뜻한 바는 "진리를 전달하는 영"이었다. 앞서 παράκλητος에 귀속시켰던 의미와 밀접한 병행을 이루는 이러한 의미는 특히 유다교와 초대 그리스도교 문헌에서 ἀλήθεια가 자주 선교사에 의해 선포되고 그의 개종자들에 의해 받아들여진 진리를 의미하였다는 점을 염두에 둘 경우에 그러하다(예. 고후 4, 2). 요한복음에서 일반적으로 "진리"(ἀλήθεια)에 대해서는 1장 14절을 참조하라.

세상은 그를 맞아들일 수가 없다. 요한복음에서 "세상"에 대해서는 1장 10절을 참조하라. 고린토전서 2장 14절에서 세상은 하느님에 대항하는 인류를 의미하며 규정상 영은 세상에 낯선 것이다. 14—16장에서 빈번하게 나오는 주제인 제자들과 세상 사이의 대조가 이제 강력하게 밝혀졌다.

너희는 알고 있다…그가 함께 계시고. B D it Cur pesh와는 달리 P66P75vid ℵ D² vg에는 "그가 계시다"(ἐστίν)대신에 "그가 계실 것이다"(ἔσται)로 되어 있는데, 아마 이 독법이 옳은 것 같다. 이것은 요한이 기록하였던 당시를 반영한 것이다. "너희는"(ὑμεῖς)이란 제자들과 불신의 세계 사이의 대조를 다시 강조한 것이다. μένειν은 아버지가 아들 안에, 아들이 아버지 안에 있고, 아들이 제자들 안에, 제자들이 아들 안에 있음을 나타내는 데 사용되는 말이다. "너희 곁에"(παρ' ὑμῖν)는 "너희와 함께"(μεθ' ὑμῶν)와 마찬가지로 성령이 교회에 내재함을 암시하며 "너희 안에"(ἐν ὑμῖν)는 성령이 각 그리스도교인에게 임함을 암시한다.

[18] ὀρφανούς는 직역하여 아버지가 없이 남겨진 자녀들, 즉 고아들이다. 그러나 이 말은 스승이 없이 남겨진 제자들에게도 사용되었다. Plato, *Phaedo* 116a에서 소크라테스의 친구들은 그의 임종시에 "아버지가 고아들이 앞으로의 삶을 살아가도록 격려하는 것처럼 참으로 지도받는 자들"로 묘사되어 있다는 것과 루시안의 『죽은 유랑자에 대하여』(*de morte Peregrini* 6)에서 스승은 "우리를 고아와 같이"남겨 두었다는 귀절을 참조하라. *S.B.* Ⅱ, 562에서

Y. Hagigah I, 75d, 40이 인용되어 있다.

너희에게 오겠다. 3절에서 예수의 "다시 오심"은 그의 "내림"을 지시하는 것으로 보는 것이 가장 자연스러운 것 같기는 하지만 이 절에 나오는 "오심"이 반드시 그와 동일한 오심을 지시하는 것으로 추론해서는 안된다. 부활현시(顯示)에서의 예수의 오심(참조. 20, 19 : "예수께서 오셨다"; 20장 26절 : "예수께서 오시다")과 성령의 인격 안에서의 예수의 오심이라는 다른 해석들이 있다. 이 두 해석 가운데 후자는 그럴 법하지 않은데 그것은 요한이 단순히 예수와 성령을 혼동하고 있다고 우리가 생각해서는 안되기 때문이다. 다음 절들에 비추어 볼 때 전자의 해석이 지지된다. 그러나 부활과 내림에 동시에 적용할 수 있는 말을 요한이 의식적으로 또 사려깊게 사용함으로써 부활의 종말론적 특성을 강조하였다는 것은 전혀 불가능하지는 않다. 다음에 나오는 "내가 살아있고…"(ὅτι ἐγὼ ζῶ...)를 참조하라. Richardson, *Theology*, 372에 의하면 여기서 성만찬 시에 그리스도의 오심에 대한 언급을 발견할 만한 근거가 없다.

[19] **조금 있으면.** 16장 16—19절(ἔτι가 없이 나옴)을 참조하라. 이러한 표현에 대해서는 히브리서 10장 37절("조금 더 있으면" : 이사야 26장 20절에는 ἔτι가 첨가되어 있다)과 12장 26절(하깨 2장 6절에서 따온 "한번 더")을 참조하라.

세상이 나를 보지 못하게 된다. 그러나 너희는 나를 보게 될 것이다. 이 말들의 가장 단순한 언급과 문맥상 또는 16장 16절 이하에 나오는 병행귀에서 암시된 언급은 십자가에 못박히심과 부활을 지시하는 것이다. 예수가 죽어 매장될 때 세상은 더 이상 그를 보지 못하게 될 것이지만 제자들에게는 그가 부활한 몸으로 나타날 것이므로 그들은 그를 보게 될 것이다. 그럼에도 불구하고 이 말들이 또한 적용될 수 있고 또 추측컨대 요한이 적용되도록 의도한 바는, 그리스도교의 전체 역사이며 그러한 전체 역사를 통하여 세상은 그를 알지 못하나 교회는 예수와 연합하게 될 것이다(22·23절 참조).

내가 살아있고 너희도 살겠기 때문이다. 이 말들은 앞 문장과 연결되는 것일 수 있다—"…너희는 나를 보게 될 것인데, 그것은 내가 살아 있고 너희도 살겠기 때문이다." 아니면 이 말들을 독립적인 문장으로 받아들일 수도 있다—"내가 살아있기 때문에 너희도 살게 될 것이다." 전자의 해석이 문맥에 더 잘 부합하므로 채택될 수 있다. 후자의 해석은 그리스도교인들의 삶이 그리스도의 삶에 달려 있다는 참신한 사상을 제시하는데, 그러한 사상은 철저히 요한적인 것이긴 하지만 여기서 문제되는 것은 아니다. 반면에 전자의 해석에 나타난 사상은 분명한 것이다. 예수가 비록 죽더라도 제자들은 그를 보게 될 것인데, 그것은 그가 죽음 가운데서 부활하여 살아있을 것이고 제자들도 영적으로 다시 살아 그를 볼 수 있게 될 것이기 때문이다. "너희에게 오겠다"(18절)에 대한 해석은 다음과 같이 확증된다 ; 이 말은 본래 부활절 경험을 지시하는 것이다. 그러나 부활절 경험은 내림의 약속의 성취로서(참조. 16,20이하) 간주할 수 있다고 한 불트만의 말은 옳다. 내림의 약속은 그것의 신화적인 특성을 배제하며 부활절 경험은 그리스도교인의 삶을 지속시키는 가능성으로서 확인된다. 샌더스는 θεωρεῖτέ με ὅτι ἐγὼ ζῶ가 "너희는 내가 살아있음을 보게 될 것이다"(참조. 9,8)를 의미하는 것으로 받아들였다. 그러면 καὶ ὑμεῖς ζήσετε는 "그리고 너희도 살게 될 것이다"라는 새로운 문장을 시작하는 것이 된다.

[20] 그 날에. "그날"은 종말론적 어법에서 나온 용어이다(참조. 마르 13,32). 그러나 여기서 이 말은 18절의 "너희에게 오겠다"란 말을 상기시킨다. 이 두 곳에서 원래 지시하는 바는 부활이지만 그 사상은 그리스도가 자기 사람들과 함께 영원히 있게 됨으로까지 확대되었다(참조. 특히 20절b). 마지막 담론들에서 자주 그러하듯이 여기서도 시간적인 연속성 안에서 일어나는 이러한 사건들을 묘사하기 위해 종말론적인 언어가 채용되었다는 것은 중요하다. 그 사건들은 영속성을 지닌 중요한 사건들이다. 예수가 자기 사람들과 함께 있음으로 해서 삶의 완전한 의미가 밝혀진다.

내가 내 아버지 안에. 11절을 참조하라. 예수가 죽음을 극복하고 본래의 그의 사람들에게 돌아왔을 때 이 진술에서 신앙의 문제로서 요구되는 바가 분명히 제자들에게 드러날 것이다.

너희가 내 안에 또 내가 너희 안에. 아버지와 아들의 연합은 예수와 제자들 사이의 연합에 근거해서만 인식될 수 있었다(참조. 19절b). 예수가 부활하사 자기 사람들과 함께 계심은 아버지로부터 비롯하여 아들을 통해 교회에까지 이르는 신적인 삶의 연속성을 확실히 지시하는 것이다.

[21] 내 계명을 받는…사람은. 이 사상은 15절을 이어받은 것이다. ἔχειν은 여기서 "확고하게 파악하다"를 의미한다. 그것은 특수한 용법은 아니다. 그 예로 Sophocles, *Philoctetes* 789, "너희는 행동을 취하라"를 참조하라.

행하는. 그 계명들을 알고 이해할 뿐만 아니라 그 계명들을 행하는.

그 사람은 나를 사랑하는 사람이요. 복종은 사랑의 표시이다. 이것은 15절을 뒤집어 말한 것 뿐이다.

내 아버지의 사랑을 받을 것이다. 요한의 말은 하느님의 사랑이 인간의 복종에 따르는 조건적인 것임을 암시하는 것으로 이해될 수 있을지라도 여기서 요한이 그러한 의미를 뜻하지는 않았다. 그의 말은 예를 들어 3장 16절, 13장 34절, 15장 9·12절, 17장 23절 등과 모순되지 않는다. 요한의 사상은 이곳에서 (그리고 자주 마지막 담론들에서) 아버지와 아들과 신자들 사이의 상호관계에 집중되어 있다(참조. 13장 34절). 제자들은 서로 사랑하기 때문에 사람들에게는 신성한 가족의 성원들로 보여질 것이다. 그리스도에 대한 그들의 사랑과 그와의 연합은 아버지가 그 안에 있는 그들을 사랑함을 의미한다. 그들은 단지 그의 피조물로서 아버지의 사랑을 누린다(참조. 요일 4, 10). 그러나 그리스도교인들로서 그들은 아버지와 아들을 하나되게 하는 동일한 상호적인 사랑에로 들어갔다.

나도 그를 사랑하고 그에게 나를 나타낼 것이다. 제자를 향한 그리스도의 사랑은 자기 현시를 통해 선포된다. "나타내다"(ἐμφανίζειν)는 다음 절에서 다시 나온다. 요한복음과 신약성서의 그밖의 곳에서 ἐμφανίζειν이 이런 의미로 사용되지는 않는다. 그 말은 신의 현시에 사용되기 때문에 적합한 말이다: 예. 출애굽기 33장 13·18절, "내게 당신을 보이소서"(philo, *L.A.* Ⅲ, 101에서 인용); 지혜서 1장 2절 "[주님은] 그를 불신하지 않는 사람들에게 나타내 보이신다."[4] 현시의 방식이 이 절에서 분명히 나타나 있지 않다. ἐμφανίζειν은 부활 이후에 나타남이라든가 그리스도의 영적 계시를 지시하는 것일 수도 있다. 그 말이 마지막 날에 영광 중의 그리스도의 출현을 지시하는 데 부적합한 것도 아니다. "현현"(ἐπιφάνεια)의 용법을 참조하다.[5]

[22] 가리옷 사람이 아닌 유다가. 가리옷(Iscariot) 사람 유다(그의 이름은 D에서 여기서처럼 정식으로 나옴)에 관해서는 6장 71절을 참조하라. 공관복음서는 예수의 형제들 가운데 한 사람인 유다를 언급한다(마르 6, 3 ; 마태 13, 55 ; 참조. 유다 1). 루가—행전만이 이 이름을 가진 사도를 언급하고 있다. 루가복음 6장 16절("야고보의 아들 유다"가 열혈당원이라고도 하는 시몬과 제자열거의 마지막에 언명

4) Josephus, *Ant.* XV, 425, "신의 현시"(ἐμφάνεια τοῦ θεοῦ)를 참조하라.
5) 데후 2, 8 ; 디전 6, 14 ; 디후 1, 10 ; 4, 1·8 ; 디도 2, 13.

된 가리옷 사람 유다 사이에 언급되어 있다)과 사도행전 1장 13절("야고보의 아들 유다"는 열혈 당원 시몬 다음에 마지막으로 언급되어 있다)을 참조하라. 그를 마르코의 제자 목록에 나오는 다대오(Thaddaeus)나 마태오에 나오는 레배오(Lebbaeus)와 동일시할 만한 근거가 없다. 요한은 공관복음서에서와는 다르게 열거된 열두 제자의 목록을 입수했던 것 같다. "가라옷 사람이 아닌 유다"에 대해서 sah사본은 가나안사람 유다로 되어 있고, sin사본은 토마로, cur사본은 토마 유다로 되어 있다. 시리아어권의 교회에서 유다와 토마를 분명히 동일시함에 대해서는 11장 16절을 참조하라. b사본에는 "가리옷사람이 아닌" 대신에 "그러나 다른 사람"으로 되어 있다는 사실에 비추어 볼 때 원문에는 유다라고만 나와 있을 가능성이 있다. 그러나 이 점에 대해서 확실히 결론지을 수는 없다. Cullmann, *V. & A.*, 217—20을 참조하라.

주님, …나타내신 것은 무슨 까닭입니까? (κύριε, τί γέγονεν ὅτι) Radermacher, 159를 참조하라. P66: ℵ 사본은 의문대명사 τί 앞에 "그리고"(καί)가 나와 있다. 이것은 원문에 따른 독법일 수도 있다. 이와 유사한 구문에 대해서는 9장 39절을 참조하라. 접속사 καί는 의문문에 강세를 더해준다: "그래요, 하지만 어찌하여…합니까?" 그러나 καί는 중복오사(重復誤寫)에서 기인한 것일 수 있다. κύριε는 언설체(역주: 기원 300—900년의 필사본에 쓰인 큼직하고 모가 없는 필사체)로 쓴 사본에서 *KE*로 표기되었을 것이다. 만일 *KE*의 두 철자가 반복된다면 αι 대신 ε로 표기하는 것이 매우 일반적인 ι대용법(iotacism)이므로 καί와 동일한 것으로 쉽게 받아들여졌을 것이다.

우리에게는 자기를 나타내려 하시고 세상에는 나타내려 하시지 않는다. "우리에게는"(ἡμῖν)은 우선 강조하기 위한 것이고 이 문장의 끝에 나오는 "세상에는"(τῷ κόσμῳ)과 대조를 이루고 있다. 어찌하여 "우리에게는" 당신 자신을 나타내려 하시고 "세상에는" 나타내려 하시지 않습니까? 사도행전 10장 41절, "모든 사람에게가 아니라 미리 택하신 증인들에게"라는 귀절을 참조하라. 사도행전에서 이 말은 분명히 부활시의 현시를 지시하는 것이다. 신자들만이 부활하신 그리스도를 보게 되었다. 이러한 의미는 18절과 19절에서 요한이 암시한 바이기도 하다(주들 참조). 그러나 요한의 사상은 단순하거나 정적인 것이 아니었으므로 이 점에서 한 걸음 더 나아가야 그의 사상에 미칠 수 있다. 요한의 사상은 예수의 죽음과 모든 세상이 보는 앞에서 나타날 그의 영광의 출현(마르 13, 26; 묵시 1, 7) 사이의 오랜 시간적 간격을 개재해야 했던 교회의 최초의 대망들과 상반되는 것이었다. 이러한 하늘의 구름 가운데 나타날 영광의 현시는 일어나지 않았으며 또한 유다가 한 질문은 분명히 당황한 많은 그리스도교인들이 질문하였던 것이기도 하다. 참조. 베드로후서 3장 4절 : "그리스도가 다시 오신다는 약속이 어디에 있느냐?" 여기서 요한은 문제의 해결을 제시한다. 한편으로 내림의 사실은 예수가 부활시에 그를 따르는 자들에게 나타나 있고, 다른 한편으로는 마지막 날에 기대한 바대로 그가 오심에 진리가 나타나 있다(요한은 이같은 희망을 결코 부인하지 않으며 이따금 확증해준다). 그러나 이 두 가지 오심 사이에는 다른 형태의 내림과 현시가 들어있다.

[23] 누구든지 나를 사랑하는 사람은 내 말을 지킬 것이다. 15절과 21절을 참조하라. 예수의 말(단수)은 그가 전한 말씀 전체이다 ; 예. 5장 24절 : "내 말을 듣고…영원한 생명을 얻고."

그에게 가서. 복수형 동사만으로도 (D cur사본의 독법인 단수형 동사 ἐλεύσομαι와 ποιήσομαι는 내림에 관해 더 잘 알려진 사상을 따른 것이다) 요한이 부활시의 현시나 마지막 날의 내림을 염두에 두지 않았다는 점을 드러내기에 충분하다. 그리스도교인이 된 사람에게(회심의 개념에 대해서는 21절에서 인용된 지혜 1,2참조) 아버지와 아들이(그들의 동등성이 암시되어 있다) 함께 올 것이다. 이것은 요한의 관심이 집중되어 있는 내림을 말하며, 내림은 요한이 설명하려고 한 부활과 종말 사이의—묵시적 그리스도교는 예견하지 못한—시간적 간격이다. (내림에 대한) 설명은 하느님이 신자와 함께 하는 "신비적인" 내재라는 용어로 되어 있다.

그와 함께 살 것이다. 이러한 표현에 대해서는 Josephus, *Ant.* XIII, 41 : "요나다스는 예루살렘에 그의 거처를 마련하였다"를 참조하라. "거처"(μονή)에 대해서는 2절을 참조하라 ; 그 말은 요한의 특징적 언어인 "머물다"(μένειν)라는 동사에서 파생된 동명사일 뿐이다. 아버지와 아들은 그리스도교인들과 함께 영원히 살 것이다. 구약성서는 원래 하느님이 인간과 함께 거함에 관심이 있다 ; 참조. 열왕기상 8장 27절 : "하느님이 참으로 인간들과 함께 땅에 거하시리이까?" 즈가리야 2장 10절 : "내가 임하여 네 가운데 거할 것임이니라." 1장 14절에서 기본적인 해결점을 진술하였던 요한은 여기서 그 인격적인 진술에 이르게 된다. 하느님과의 친밀한 연합은 적잖은 밀의 종교들과 영지주의적 신지학(神知學)은 물론 고대의 여러 종교들이 지향하는 목표였다. 주술종교의 정점은 "선택받은 영혼들이 하느님 안에서 능력을 얻게 된다"(*C.H.I*, 26)라는 데 있다. 그들은 이와 같이 하느님과 긴밀히 연합함으로써 신격화(θεωθῆναι)될 수 있다. 여러 곳에서 필로는 인간 속에 내재하는 하느님과 말씀에 대해서 말한다(여러 참조문들에 대해서는 Bauer, 186 참조). 요한의 사상은 다음의 두 가지 점에서 그의 동시대인들의 사상과 구별된다. 첫째 그는 그리스도교의 역사적 틀을 주장하고 있다. 둘째 그는 하느님의 내주의 전제 조건과 수반되는 것으로서 도덕적인 복종과 사랑을 강조하고 있다.

[24] 나를 사랑하지 않는 사람은 내 말을 지키지 않는다. 23절a의 역(逆)진술이다. "말을(23절a)…말들을(24절)" (τὸν λόγον…τοὺς λόγους) 사이에 하나의 대조가 의도되었을 법하다. 그리스도에 대한 사랑이 부족함은 그의 교훈들을 지키지 않는 데서 나타날 것이다. 그러나 이 절의 중반부에 나오는 (단수형) "말"(ὁ λόγος)을 돌이켜 보건대 아무런 차이도 의도되지 않았던 것으로 생각할 수 있다.

너희가 듣고 있는 이 말은. 아마도 대체로 예수의 메시지거나 혹은 방금 말하고 듣게 된 말인 것 같다. 예수의 말은 그의 행위와 마찬가지로 그 자신으로부터 나온 것이 아니다. 아버지와 아들의 행위가 완전히 일치함에 대해서는 5장 19절과 이 복음서의 여러 귀절을 참조하라. 그것은 요한이 이 복음서에서 제시하고자 한 본질적인 것이다.

[25] 이 모든 것을 말했다. 이 말은 예수가 방금 말한 위로의 말들을 가리킨다; 그러나 그 말들은 보혜사의 미래의 사역을 통해서만 효력을 갖게 될 것이다(26절).

내가 너희와 함께 있는 동안. 예수가 처음에 그의 제자들과 함께 "있음"이 그의 죽음으로 인해 분명히 단절된다.

[26] 성령 (τὸ πνεῦμα τὸ ἅγιον: 거룩한 영). 대다수 사본들이 이렇게 되어 있다. 소수의 사본들은 17절, 15장 26절, 16장 13절 등에 나오는 "진리의 영"(τὸ πνεῦμα τῆς ἀληθείας)에 동화했음을 보여주며 sin사본은 "거룩한"이란 말을 생략하고 있다. 이 짧은 독법이 원문대로일 수 있다. 그것은 이 두가지 변형을 설명해 줄 것이다.

아버지께서 내 이름으로 보내실. 16절에서 "내 이름으로"는 "너희가 내 이름으로 간구하기 때문에"를 거의 의미하지 않음을 참조하라. 아마 "내 이름으로"는 "내가 간구하기 때문에" 혹은 "나와 관련하여, 내 편에서, 나의 권위를 힘입어 행동하다"를 의미하는 것 같다. 마르코복음

13장 6절에서 그리스도("내가 이다" ἐγώ εἰμι)라고 주장하는 자들이 "내 이름으로" 나타날 것으로 기록되어 있음을 참조하라.

그가 너희에게 모든 것을 가르치시겠고. 참조. 15장 26절 : "그가 증거하실 것이다" ; 16장 13·14절 : "인도하실 것이다", "일러주실 것이다", "알려주실 것이다." 보혜사의 가장 중요한 기능들 가운데 하나는 가르치는 일이다. 이 말들이 사용된 데 대해서는 시편 25(24)편 5·9절, "주의 진리로 나를 지도하시고 교훈하소서…온유한 자를 공의로 지도하심이여 온유한 자에게 그 도를 가르치시리로다"를 참조하라. 또한 느헤미야 9장 20절과 요한일서 2장 20·27절을 참조하라.

너희에게 생각나게 하실 것이다. 이 말들에 대한 하나의 병행귀가 *C.H.* XIII 2에 들어 있다 : "이와 같이 자손은 그의 자녀라면 (후손에 대한 교훈을) 가르침을 받지 않을 것이고 바랄 때마다 하느님께서 생각나게 하실 것이다." 그러나 이 병행귀는 요한의 의미를 밝히는 데 도움이 되는 사상에 있어서 병행을 이루기 보다는 대조적인 것이다. 헤르메스 문서에서 기억은 인간과 우주의 감추어진 근원과 참된 본성에 대한 것이고 또 그것은 내면으로부터 회상됨을 말한다. 요한복음에서 보혜사는 신자로 하여금 그 자신의 내면의 어떤 것을 상기시키는 것이 아니라 비록 완전히 이해되지는 못하더라도 이미 말해진 예수의 말들을 상기시킨다. 보혜사를 통한 어떤 독자적인 계시가 있는 것이 아니라 예수 안에 있는 계시의 적용이 있을 뿐이다. 보혜사는 "내가 너희에게 말한 것을 모두" 생각나게 하실 것이고 그럼으로써 예수의 선교의 특징을 이루었던 심판과 결단의 상황을 재현시키고 또 영속시킬 것이다. ἐγώ는 매우 강조적인 의미를 담고 있는데 P75 ℵ D Θ W 등에는 생략되어 있다. "내가 말했다"(εἶπον)에 대해서 D사본은 "내가 말한 것" (ἂν εἴπω)으로 되어 있다. 이것은 (이 독법에 따르면) 예수로부터 새로운 가르침을 받아서 그 가르침을 교회로 전달하는 보혜사의 일에 대해 전적으로 다른 의미를 제시한다. 이것은 대체로 이 귀절의 의미와 상반적인 것이다.

[27] 평안을. 예수는 그의 제자들을 남겨두면서 의례적인 작별인사인 평안이 있으라(Shalom)는 말을 한다. "평안" (εἰρήνη)이란 말은 요한복음에서 이곳과 16장 33절에서만 (유사한 의미로) 사용되며, 20장 19·21·26절에서는 인사말로 나온다. 그러나 이 말은 의례적으로 사용되는 것보다 훨씬 더 심오한 의미로 이미 사용된 바 있다. 이와 같은 경우로는 구약성서에서는 민수기 6장 26절, 시편

28편 11절, 이사야 54장 13절, 57장 19절, 에제키엘 37장 26절 등을 들 수 있고, 신약성서에서는 로마서 1장 7절, 5장 1절, 14장 17절과 기타 다른 여러 귀절들을 들 수 있다. 필로에게서 이와 유사한 용법이 발견된다 ; 특히 *Mos.* I, 304 : *δωρησάμενος ὁ θεός φινεεῖ τὸ μέγιστον ἀγαθόν, εἰρήνην, ὃ μηδεὶς ἱκανὸς ἀνθρώπων παρασχεῖν*를 참조하라. 이 절의 나머지 부분을 통해서 평화는 두려움이 없고 마음의 동요가 없음을 의미하며 또 그것은 그리스도만이 줄 수 있는 선물이라는 것을 알 수 있다. 본장은 (또는 아마 마지막 담론들의 한 형식) 결미에 가까와질수록 새로 시작하는 절들의 주제를 다시 계속한다.

너희에게 남겨두고 간다. "남기다"란 의미(*L.S.* 에서 인용되지 않은 의미)로 쓰인 *ἀφιέναι*에 대해서는 시편 17(16)편 14절, "그는 그 남은 사업을 그 어린 아이들에게 유전하는 자니이다"를 참조하라. 집회서 2장 18절과 마르코복음 12장 22절도 참조하라.

세상이 주는 평안과 같은 것이 아니다. "나의 평안은 세상이 지닌 평안과 같지 않다." 왜냐하면 그는 더할나위 없는 곤경과 위험에 처한 순간에도 평안을 지녔기 때문이다. 따라서 그는 새로운 방식으로 평안을 준다. 박해의 때에도 보장해 준다는 공관복음서의 약속을 참조하라(마르 13,11 : "미리 염려하지 말라").

근심하지 말라. 1절을 참조하라.

[28] 너희가 들었다. 2—4·12·18—19·21·23절을 참조하라. 이 담론은 핵심적인 말들인 "가다"(*ὑπάγειν*), "다시 오다"(*ἔρχεσθαι*)를 반복함으로써 요점을 되풀이하고 있다. 예수는 죽음을 통해서 아버지의 영광에로 돌아갈 것이다. 그러나 그는 제자들에게로 다시 와서 이전보다 그들과 가까이 지낼 것이다. 담론이 이런 식으로 되풀이되고 있다는 사실은 14장 자체가 하나의 완전한 담론이라는 견해를 어느 정도 뒷받침해준다. 그러나 이 점은 요한의 일반적인 반복 문체에 비추어 볼 때 강조될 수는 없다.

너희가 나를 사랑하고 있다면 기뻐할 것이다. 미완료의 조건문이다. "만일 너희가 나를 사랑한다면 (현재는 그렇지 않지만) 너희는…할 것이다". 이 귀절은 D *φ*에서 조건의 성취에 대해 아무런 암시도 없는 "너희가 사랑하면"으로 약화되어 있다. 보다 엄격한 독법이 원래적인 것이다. 제자들이 참으로 이해가 빨랐다면 예수의 출발이 그들에게 유익을 주기 위함이었다는 것을 알았을 것과 마찬가지로 그들이 아직 소유하지는 못했지만 예수에 대한 진실한 사랑이 있었다면 그의 승천을 기뻐했을 것이다.

아버지께서는 나보다 크시기 때문이다. 아버지는 아들의 존재의 근원이 되는 "신성의 원천"(fons divinitatis)이다. 아버지는 보내시고 명령하는 하느님이시고 아들은 보내심을 받고 복종하는 하느님이다. 여기서 요한의 사상은 아들이 그의 지상생애에서 보여준 겸손, 즉 이제 그의 죽음을 통해서 절정과 결말에 이른 겸손에 집중되어 있다.[6)]

[29] 13장 19절을 참조하라.

[30] **나는 너희와 더 많은 말을 하지 않겠다.** 이 말들은 31절이 원래 이 담론의 종결로서 의도된 것이었는지에 대한 문제, 즉 14·15·16장의 원래 순서에 관한 문제를 유력하게 제기한다. 280면 이하를 참조하라. 그러나 이 말들이 그러한 문제를 해결하지는 못한다. 이 복음서가 현재의 본문대로라면 공적인 가르침이 더 이상 계속해서 나오지 않으므로 이 말들이 타당하다는 주장은 이치에 맞는 것일 수도 있다. sin사본에는 *πολλά*("많은")가 생략되어 있다. 그 말이 첨가된 것은 분명한 난점을 완화하기 위해서였을 가능성이 있다. 이 말이 빠져 있는 본문은 14장 31절이 담론의 원래 종결이었음을 보다 강력하게 암시했을 것이다.

이 세상 통치자가 오고 있기 때문이다. 즉 우선적으로 수난의 사건들이 곧 일어날 것이다(앞의 주석 참조). "세상의 왕"에 대해서는 12장 31절을 참조하라. 예수의 죽음을 재촉하는 악마에 대해서는 6장 70절, 13장 2·27절을 참조하라. 수난 자체는 예수와 사탄 사이의 갈등으로 간주할 수 있다.

그는 내게 대하여 아무런 권한도 없다. D a 사본에는 "그는 아무 것도 얻지 못한다"(*οὐκ ἔχει οὐδὲν εὑρεῖν*)로 되어 있으며 "그는 아무 것도 얻지 못할 것이다"(*εὑρήσει οὐδέν*)는 또 다른 변형이다. 그러나 본문은 히브리적 표현인 אין לו עלי: "그는 내게 대해 권리가 없다"를 연상하게 한다. 8장 46절을 참조하라. 예수는 이 세상에 속한 분이 아니기 때문에(8, 23 ; 참조. 18, 36) 이 세상의 통치자는 그에 대해 아무런 권리주장도 할 수 없다. (속죄에 관한 후대의 일부 이론들에서처럼) 악마가 속임을 당했다는 암시는 없다. *οὐδέν* 다음에 콤마나 콜론을 찍어

6) 교부들의 해설에 대해서는 M.F. Wiles, *The Spiritual Gospel*(1960), 122—5 ; T. E. Pollard, *Johannine Christology and the Early Church* (1970), (색인 참조)를 참조하라.

야 할지 분명하지 않다. 이 문장은 다음과 같이 해석할 수 있다: (ㄱ)…내게 아무 것도…하지 못한다, 하지만 [이런 일이 있는 것은] 세상에…알리기 위함이다…일어나라…. (ㄴ)…내게 아무 것도…하지 못한다. 그러나 세상에 알리려는 것은…, 일어나라…. 어떤 독법도 불가능하지는 않다. (ㄱ)의 해석이 보다 채택할 만한 것 같다. 다음 귀절을 참조하라.

[31] 다만 … 위하여. 앞서 제안한 바대로 잠정적으로 구두점을 찍는다면 ἵνα 앞에 첨가어가 있어야 한다. 이것은 요한의 문체와 일치하는 것이다. 이와 유사한 생략 구문들에 대해서는 9장 3절, 13장 18절, 15장 25절, 요한일서 2장 19절을 참조하라. "이런 일들이 일어나고 있다"라든가 "나는 이런 식으로 행동하고 있다"라는 말이 첨가되기가 쉬울 것이다. 보다 개연성이 적은 대안은 ἵνα를 명령법으로 간주하는 데 있을 것 같다: "세상이…알도록 하라."

내가 아버지를 사랑하고 있다는 것을 세상에 알리기 위하여. 명령들을 지킴으로써 사랑이 드러난다(15·21·23절); 아들이 아버지의 명령들을 지킴으로써 그가 아버지의 사랑 안에 있다는 것이 입증된다(15, 10). 아들의 복종과 사랑은 그가 자기 목숨을 바치기까지 기꺼이 명령을 따랐다는 데서 가장 잘 입증된다(10, 17·18). "명령을 내리셨다"(ἐντολὴν ἔδωκεν)는 B와 다른 소수의 사본들만의 독법이고, 나머지 사본들은 "당부하셨다"(ἐνετείλατο)로 되어 있는데, B의 독법은 문맥상 본문을 여러 귀절들에 동화시킨 것이므로 아마 나머지 사본들의 독법이 옳은 것 같다.

일어나라. 여기서 떠나가자. 마르코복음 14장 42절, (만찬이 베풀어진 방에서가 아니라 체포 직전의 게쎄마니에서 하신 말씀인) "일어나 가자"를 참조하라. 요한은 여기서 그리스도가 아버지에게로 올라가심을 언급하고 있다기 보다는 마르코의 말들을 반영하고 있다는 것이 더 그럴 듯하다. 하지만 30절b의 구두법(앞의 주석 참조)에 의하면 그리스도가 아버지에게로 올라가심이라는 견해를 암시하는 것일 수도 있다: "나로 하여금 죽음과 승천을 맞이하게 하여 세상이…을 알게끔 하도록 하라." 14·15·16장의 구문에 관한 문제가 다시 제기되는데, 그것은 이 말들을 예수의 출발과 체포 직전에 나오는 다락방 담론의 결론으로 이해하는 것이 가장 자연스럽기 때문이다. 이 문제에 관해서는 이 책 280면 이하를 참조하라. 아람어로 번역함으로써 그러한 난점이 제거될 수 있다(Torrey, 135, 138—40). "나는 그대로 행할 따름이다.

일어나라, 여기서 떠나가자"를 "…나는 그대로 행할 따름이다. 나는 일어나서 여기서 떠날 것이다"로 바꾸는 아주 근소한 수정이 요구될 뿐이다; 현재의 헬라어 본문: כן עבד אנא קומו נאזל מכא; 추론된 원문: כן עבד אנא אקום ואזל מכא. 그러나 이 가설은 요한의 헬라어 본문에 근거한 아람어 본문을 인정하는 것이 요구된다. 왜 상술한 바와 같은 잘못이 있어야 했는지에 대한 타당한 이유가 없다. Guilding, 89는 신년에 낭송되던 성구들에 관련하여 이 말들을 설명하고 있다. 다드는 *Interpretation*, 409에서 이 말들을 다음과 같이 이해한다: "이 세상의 통치자가 다가오고 있다. 그는 내게 대해 아무런 권리주장을 할 수 없다; 다만 내가 아버지를 사랑하고 있다는 것과 그가 내게 분부하신 그대로 행할 따름이라는 것을 알리기 위하여—일어나서 그를 만나러 가자!" 15장과 16장이 계속 이어지고 있다는 것은 여전히 하나의 난점으로 남아 있다. ἐντεῦθεν은 "그를 만나자"는 것이 아니라 "여기서 떠나가자"를 의미한다.

2. 참 포도나무 15장 1—17절

1 "나는 참 포도나무요 내 아버지는 농부이시다. 2 내게 붙은 가지로서 열
매를 맺지 못하는 모든 가지는 아버지께서 다 찍어버리시고 열매를 맺는 가
지는 더 많은 열매를 맺도록 깨끗이 손질하신다. 3 너희는 내가 너희에게 말
한 그 말로 이미 깨끗해졌다. 4 언제나 내 안에 있으라. 그리하면 나도 너
희 안에 있겠다. 가지가 포도나무에 붙어있지 않으면 스스로 열매를 맺을 수
없다. 5 나는 포도나무요 너희는 가지다. 사람이 내 안에 있고 내가 그 안
에 있으면 그는 열매를 많이 맺을 것이다. 나를 떠나서는 너희가 아무것도
할 수 없다. 6 사람이 내 안에 있지 않으면 그는 내버려진 가지처럼 말라버
린다. 사람들은 그것을 모아 불에 던져 태운다. 7 너희가 내 안에 있고 내 말
이 너희 안에 있으면 무엇이든지 원하는 것을 구하라. 그대로 이루어질 것
이다. 8 너희가 열매를 많이 맺어 내 제자가 되면 이것으로 내 아버지께서
영광을 받으실 것이다. 9 아버지께서 나를 사랑하신 것같이 나도 너희를 사
랑했다. 내 사랑 안에 있으라. 10 너희가 내 계명을 지키면 내 사랑 안에 있
게 될 것이다. 그것은 마치 내가 내 아버지의 명령을 지키고 그의 사랑 안에
있는 것과 같다. 11 내가 너희에게 이러한 말을 한 것은 내 기쁨이 너희 안

에 있고 또 너희의 기쁨이 넘치게 하려는 것이다. **12** 내 계명은 이것이다. 내가 너희를 사랑한 것 같이 너희도 서로 사랑하라. **13** 사람이 친구를 위하여 목숨을 버리면 이보다 더 큰 사랑은 없다. **14** 내가 너희에게 명령한 것을 다 행하면 너희는 내 친구다. **15** 이제부터는 내가 너희를 종이라고 부르지 않겠다. 종은 주인이 무엇을 하는지 알지 못한다. 나는 너희를 친구라고 불렀다. 내가 내 아버지에게서 들은 것을 다 너희에게 알려주었기 때문이다. **16** 너희가 나를 택한 것이 아니라 내가 너희를 택한 것이다. 내가 너희를 세운 것은 너희가 가서 열매를 맺고 그 열매가 언제나 남아있게 하려는 것이요 또 너희가 내 이름으로 아버지께 구하는 것은 무엇이나 받을 수 있게 하려는 것이다. **17** 내가 이러한 것을 너희에게 명하는 것은 너희가 서로 사랑하게 하려는 것이다.

14장 31절에서 야기된 문제에 비추어 볼 때 4장과 15—16(17)장은 예수가 그의 제자들에게 말씀하신 "마지막 담론"에 관한 다른 역본들로 간주될 수 있다는 제안이 앞서 제시된 바 있다(454—55). 만일 이 견해가 옳다면 15장의 새로 시작되는 절들은 13장에서 서술된 만찬과 직접적인 관련이 있는 것으로 생각해야 한다. 어쨌든 14장 31절이 만찬이 베풀어졌던 방에서 떠나는 것을 의미한다고 우리가 가정하지 않는다면 15장의 내용들은 만찬에서 일어난 것으로 볼 수 있다. 이러한 관련성에서 본다면 포도나무의 상징은 부분적으로 성만찬을 지시한다는 견해를 어느 정도 지지해야 한다. 성례전에 대한 요한의 태도는 앞서 논의된 바 있다(이 책 I권 131—5면과 460—6면). 요한은 여기서 상징적인 언어를 사용하여 성례전의 신앙과 의식에 관한 상세한 설명을 전달하고자 했다고 암시할 정도로 성례전에 대한 요한의 태도가 분명한 것은 아니다. 더구나 본 장에는 불트만이 고찰한 바대로 신자들이 (마태 26, 29 ; 마르 14, 25 ; 루가 22, 18에서 포도주가 묘사되어 있는 바처럼) 포도나무의 열매즙을 마신다는 언급이 없다. 그리스도 자신이 포도나무이고 신자들은 가지들—스스로 포도열매를 맺어(2절) 그 열매로부터 포도주를 얻게 될 가지들이다. 신자들은 그리스도와 연합해 있으므로 그를 떠나서는 아무 것도 할 수 없다는 요한의 말에 진리가 들어 있다. 그리스도가 그들을 위해 죽음으로써 개시하고 보장한 데서 이루어진 이러한 연합은 신자들의 응답적인 사랑과 복종을 통해 완성되는 것으로서 그리스도교의 본질이다. 예수가 떠난 이후에도 영속적으로 존재하는 문제는 14장과 동일한 방식으로 다루어져 있지 않다 ; 주제는 더 이상 "오심"에 있지 않고 함께 "있음"에 있다. 원 포도나무에서 떨어진 가지는 열매를 맺을 수 없으며 무익하고도 무용한 것이다. 이 상징 자체는 타당한 것이다 ; 그러나 요한이 완전히 고립된 상태로 살지 않은 한, 그는 그리스도교인들이 가끔 만나서 떡(사람의 아들의 살)을 먹고 포도주(그의 피)를 마셨다는 사실을 몰랐을리가 없다. 그러므로 6장에서 요한이 성만찬의 용어들을 생명의 떡에 관한 담론에 끌어들이고 있는 것과 마찬가지로(6장에 대한 주석, 특히 I 권 486—8면 참조) 여기서도 그는 포도나무의 상징에서 제시된 좀더 관계가 먼 암시들을 받아들이고 있다고 생각하는 것이 타당하다. 그러나 그의 주제는 삶과 죽음과 부활에 이르는 그리스도의 전체 사역에서 현시된 신자들과 그리스도와의 연합에 있다. 이같은 연합이 본 장과 다음 장의 주제이다. 그리스도 안에서만이 그리스도교인들은 살 수 있다. 그리스도 안에 있을 때만이 하느님에 대한 진정한 봉사, 기도의 응답, 그리고 사랑 안에서의 복종이라는 결실을 맺을 수 있다. 그리스도 안에 있는 자들은 모두 그의 친구들이며 그들은 필연적으로 사랑 안에서 서로 연합해 있다. 포도나무와 포도원에 근거한 상징적 언어는 공관복음에서도 발견된다(마르 12,1—9 ; 마태 21,33—41 ; 루가 20,9—16 ; 마태 20,1—16 ; 21,28—32 ; 참조. 루가 13,6—9). 이 모든 비유들을 통해서 포도원 혹은 거기에 속한 사람들은 이스라엘, 혹은 이스라엘의 일부를 나타낸다는 일반적인 사실을 알 수 있다. 하느님의 포도원으로서 혹은 그의 포도원에서 일하는 일꾼들로서 이스라엘이 노동을 함으로써 획득하거나 산출해야 할 결실과 실제로 나타난 빈약한 결과가 대조를 이루고 있다. 이러한 대조점을 지적하는 데 있어서 신약성서는 구약성서의 단계들을 따르고 있다 ; 예. 이사야 5장 1—7절. 구약성서의 다른 많은 언급들에 대해서는 아래의 주석을 참조하라. 여기서 주목해야 할 점은 전승자료가 두 가지 면에서 변형되었다는 데 있는데, 그러한 변형은 요한에 의해 이루어진 것이고 비유의 형식과 내용에서 모두 볼 수 있는 것이다. (ㄱ) 요한은 비유의 요지에서 예수의 선교의 종말론적인 위기를 배제하고 그러한 요지를 교회의 지속적인 삶에 적용시키고 있다. (ㄴ) 포도나무는 요한이 자료를 다루는 데 있어서 더 이상 이스라엘을 나타내지 않으며 그것이 곧 예수 자신을 지칭한다는 그리스도론적 정의를 지니게 된다. 비유적인 자료의 형식에 있어서 변화는 다음의 사실들에서 나타난다 ; (ㄱ) 어떤 분명한 이야기가 기술되고 있지 않다. 특정한 포도나무나 포도원의 운명이 아니라 오히려 포도재배에 대한 어떤 일반적인 관찰들을 볼 수 있다. (ㄴ) 전체 상징의 내용이 "내가 이다"

(ἐγώ εἰμι)라는 말문을 여는 말들로 지배된다. 예수는 참 포도나무가 상징하는 모든 것이다.

구약성서와 공관복음서만이 요한의 포도나무 상징에 대한 병행귀들을 찾을 수 있는 유일한 자료들은 아니다. "헬레니즘적인 복음서의 독자라면 하느님의 모습을 아주 친숙한 '농부'(γεωργός)로 보았을 것이다"(Dodd, *Interpretation*, 137 ; 참조. 136—37). 불트만(아래 참조)은 만데아 문헌과 솔로몬의 송가에서 병행귀들을 찾아냈고 포도나무 비유(자주 포도나무와 동일시된)가 생명의 나무에 관한 동방의 신화를 반영하고 있는 것으로 보았다. 길딩은 15—16장이 7—9장과 같이 초막절 축제에 주로 관련되어 있다고 생각한다. "초막절 축제에서 하느님은 풍요—강우, 햇빛, 포도나무의 결실 등—를 가져다 주시는 분으로 제시되었다. 초막절에서 예수는 자기 자신을 가리켜서 생수를 주시는 분, 세상의 빛, 참 포도나무…등으로 말한다. 만찬 담론의 주제는 과월절, 초막절, 성전봉헌절이 예수와 그의 교회 안에서 실현되었다는 것과, 단 하나의 그리스도교의 축제인 성만찬이 유다교의 모든 축제 제도를 완성한 것이라는 데 있다. 이러한 이유로 해서 만찬 담론들에는 최후의 만찬의 역사적 배경이 되었던 유다교 축제들이 반복해서 나오고 있다. 더 나아가서 15장 1절, '나는 참 포도나무요'라는 말은 분명히 성만찬의 포도주를 지시하는 것이긴 하지만 초막절 절기에 비추어서 이렇게 볼 수 있으며, 이 귀절에서 원래 암시된 바는 가을 축제의 포도주이며 또한 이스라엘을 열매없는 포도나무로 말하는 초막절 성구들이다"(Guilding, 118). 그러나 이러한 병행귀들 가운데 어느 것도 구약성서나 공관복음서에 나오는 병행귀들만큼 중요하지 않다. 브라운은 형식상 이 자료가 비유나 알레고리가 아니라 격언(mashal)이라고 주장한다. 이 자료에서 요한이 전승적인 상징을 반영하고 있다고 보는 것이 보다 알기 쉽고 타당하다.

[I] 내가~이다. 6장 35절을 참조하라.

참 포도나무. 요한은 갑자기 그의 중요한 상징들 가운데서 하나를 제시한다. 목자의 상징에 대해서는 10장 1절 이하를 참조하라. 포도나무는 가장 높이 평가받는 식물들 가운데 하나이므로 알레고리적 용법에서 자연히 민족들과 사람들 사이에서도 가장 큰 특권이 주어지는 민족이나 사람을 상징하는 것이다. 이러한 용법은 이스라엘이 포도나무로 묘사되어 있는 구약성서에서 볼 수 있다. 그 예로 예레미야 2장

21절, "참 포도나무"(שורק כלה)를 참조하라. 이 인용귀는 아마도 초막절 기간에 낭송되던 하나의 성구였던 신명기 9장에 대한 haphtarah(역주 : 안식일이나 祭日에 유다교회에서 parashah[오경의 한 대목]에 이어서 낭송되는 구약예언서의 성귀집)이기 때문에 보다 중요한 귀절이다. (Guilding, 95)[1]. 이 인용귀들에서 이스라엘은 순수하고 편애를 받는 혈통이 서술되지만 자주 이스라엘의 타락과 위기가 서술되고 있다. 이와 동일한 용법이 라삐문헌에도 나타나 있다 ; 가장 좋은 예는 *S.B.* Ⅱ, 563—64에서 길게 인용된 레위기 대미드라쉬 36장 2절이다. 포도나무가 모든 식물들 가운데 가장 보잘 것 없는 것 같으나 모든 식물의 왕이 됨과 마찬가지로 이스라엘은 이 세상에서 낮게 보이지만 미리 (즉 메시야 시대에는) 전세계를 소유한다는 것이다. 후기 유다교에서 지혜(집회 24,27)와 데시야(바룩 2서 39,7)는 포도나무의 모습으로 나타난다. 시편 80편에서 포도나무와 사람의 아들이 함께 나온다는 점에 비추어 볼 때 포도나무를 이스라엘 민족보다는 예수와 동일시하는 것이 보다 의미가 있다. 필로는 특징적으로 포도원에 대한 비역사적인 해석을 제시하는데, 그는 이사야 5장 7절("만군의 주의 포도원은 이스라엘의 집이다")을 인용하면서 "이스라엘"은 "하느님을 보는 것"(θεὸν ὁρῶν)을 의미한다고 직접적으로 설명한다. 그러므로 여기서 하느님을 바라보는 마음의 거처인 영혼은 "그 결실로서 신적인 성장과 덕을 지니는 가장 거룩한 포도원이다"(*Som.* 172—73). 포도나무 상징은 다른 몇몇 비그리스도교 자료들에서 현저하게 발견된다 ; 예. 디오니소스의 제의와 만데아 문헌 ; 그러나 후자는 여기서 분명히 그리스도교적인 상징에 의존해 있는 것 같다. 그러나 이러한 자료들은 여기서 특별한 관련성은 없다. 헤로데성전의 장식 중에 눈부신 황금의 포도나무가 있었다는 것과[2] A.D. 70년 이후에 야브네(얌니아)사람인 요하난 자카이의 제자들은 "야브네의 포도원"(kerem bᵉyabhneh; *Ketuboth* 4,6 그밖의 모든 곳)으로 불리웠다는 것은 주목할 만한 보다 흥미있는 것이다. ἄμπελος가 "포도원"을 의미하는 것으로 받아들였던 팔리스의 견해(Pallis, 32)를 우리가 따른다면 이 마지막 관점은 보다 흥미있는 것이 될 것이다. "현대 그리이스어에서 ἀμπέλι(ον)과 κλῆμα는 대체로 '포도원'과 '포도나무'를 지시하는 특수한 용어들이다"(해당 항목 참조). 몇몇 파피루스문

1) 또한 이사 5,1—7 ; 27,2 이하 ; 예레 12,10 이하 ; 에제 15,1—8 ; 17,5 이하 ; 19,10—14 ; 시편 80,9—16을 참조하라.
2) *Middoth.* 3,8 ; Josephus, *Bel.* V, 210 ; Tacitus, *Historiae* V, 5,

서들에서 ἄμπελος는 포도나무란 의미를 지닌 것으로 지지된다 ; M.M. 해당 항목을 참조하라. 그러나 가장 중요한 것은 구약성서에서 포도나무가 이스라엘을 상징하는 것으로 사용되고 있다는 것과, 본 장이 마지막 만찬에 대한 공관복음서의 기술과 관련되어 있다는 것이다. 본래 15장은 14장이 삽입되지 않고 직접 만찬 설화에 이어지는 것으로 의도되었을 가능성이 있다(281면 이하 참조). 마르코의 이야기에서 중요한 특징들 가운데 하나는 나중에 "이것은 많은 사람을 위해 흘린 내 계약의 피다"라는 말과 함께 제자들에게 주어질 한 잔의 포도주가 지니는 축복이다(마르 14,24 ; 참조. 마태 26,28). 또한 루가복음 22장 20절을 참조하라. 이 귀절은 루가의 원문의 일부가 아닐 수도 있다. 다음 귀절에서 포도주는 "나는 하느님의 나라에서 새로 마시게 될 그 날이 오기까지는 포도나무의 열매를 마시지 않겠다"라는 종말론적인 말에서 "포도나무의 열매"로 묘사되어 있다(참조. 루가 22,18 : "…하느님의 나라가 임하기 까지는"). 이것은 포도주에 대한 일반적인 유다교의 축복문, "포도나무의 열매를 맺게 하신(פרי הגפן)…오, 주여, 당신에게 복이 있으라"를 연상하게 한다. 공관복음서 설화들에서 포도나무의 열매는 이와 같이 제자들로 하여금 그리스도의 희생적인 죽음과 다가오는 시대의 삶의 선취에 동참하게 하는 수단이다. 그리스도와의 연합(또 그것을 통한 다른 세계와의 접촉은)은 15장 전체의 기조와 주제를 이루고 있다. 아버지와 아들과 제자들간에 상호내주가 있다. 이러한 관계의 역사적인 근거는 그리스도의 택하심에 있고("내가 너희를 택한 것이다" : 16절) 그 결과는 그리스도교인들이 서로 사랑함에 있다(13절). 역으로 세상이 교회를 미워하는 것은 세상이 그리스도를 미워함에서 비롯되는 것이다(23·24절. 참조. 9·10절). 아들의 사명은 사랑을 불러일으킬 뿐만 아니라 미움을 불러일으킴으로써 필연적으로 빛의 자녀와 어둠의 자녀 사이의 분열을 초래한다. 이 신적 사명은 보혜사와 교회의 증거에서 지속된다(26·27절과 16장). "참된"에 대해서는 1장 9절을 참조하라. 자주 그러하듯이 여기서도 이 형용사는 요한이 서술하고 있는 대상(예수)에 비해서 참되지 않은 다른 대상과 대조를 이루게 하는 것이다. 지금까지 이스라엘은 포도나무로 불리워졌다. 그러나 참된 포도나무는 배교자들이 아니라 예수 자신이며 또한 가지들로서 예수 안에서 접붙임을 받은 자들이다. 이것은 앞에서(이 책 I권 475—9면)"내가～이다"가 예수를 가리킨다고 말한 바와 일치한다. 다른 포도나무들이 의미하고 암시하는 단편들은 예수를 중심으로 집약

되어 있고 그를 통해 분명해진다. 그는 "참된" 포도나무이다. 포도나무 상징의 다른 용법에 대해서는 12사도 교훈집(*Didache*) 9장 2절과 토마의 행전(*Acts of Thomas*) 36, 146(Lipsius-Bonnet Ⅱ, ii 154, 2—3 ; 253, 19—22)을 참조하라. 만데아 참조문들의 상세한 목록에 대해서는 Schweizer, 40—41를 참조하라.

내 아버지는 농부이시다. 이 말은 이 민담의 전체 진행에 제동을 거는 중요한 진술이다. 고린토전서 3장 6—9절("…여러분은 하느님의 밭…입니다")을 참조하라. 마르코복음 12장 1—12절의 비유에는 달리 묘사되어 있는데, 거기서 포도원 주인은 "농부들"에게 세로 내준 것으로 되어 있다. Lucian, *Phalaris* Ⅱ, 8에서 하느님은 사람들의 도움을 받지 않는 "농부"로 행동한다. 휀톤은 농부와 포도나무의 관계는 아버지와 아들의 관계와 같은 일종의 종속관계라고 지적하였다.

[2] 모든 가지는 κλῆμα란 말은 일반적인 용법이 있긴 하지만 특히 포도나무 "가지"를 지시하는 것이다 ; *L.S.*에서 "모든…아니다"(πᾶν…μή)항목은 셈어법이 아님을 참조하라 ; 그 어순은 특징적인 셈어의 כל לא의 어순과 같지 않다(*M.* Ⅱ, 434). 열매와 열매맺음의 상징은 솔로몬의 송가에서 일반적인 것이다[3)](1, 2·3 ; 8, 2 ; 10, 2 ; 11, 1·2·12·23 ; 12, 2 ; 14, 17 ; 16, 2 ; 17, 13 ; 38, 17).

내게 붙은. 열매맺지 못하는 가지들은 두 가지로 해석될 수 있다. 하느님의 포도나무에 붙은 원가지들은 유다인들이었다. 이들은 열매맺지 못하는 (불신앙의) 가지들로서 하느님이 제거했다. 이와 매우 유사한 사상이 마태오복음 21장 41절에 나타나 있고 또한 로마서 11장 17절, "가지가 몇개 잘리고…"와 마태오복음 15장 13절, "나무는 모두…뽑힐 것이다"에도 나타나 있음을 참조하라. 이 사상은 포도나무 상징에 관한 가장 초기의 그리스도교적인 해석이었던 것 같으며 요한은 그러한 사상을 염두에 두었음이 분명하다. 그러나 "내게 붙은"이라는 말이 있는 것으로 보아 요한은 변절한 그리스도교인들을 생각하고 있음을 알 수 있다.

쯔어버리시고…깨끗이 손질하신다. 여기서 동음이의어("찍어버리다" αἴρει와 "깨끗이 손질하다" καθαίρει)를 익살맞게 쓴 것(Paronomasia)은 셈어 원문에 대한 번역이 아니라 원래의 그리스어 작법을 암시하는 것이다. "깨끗이 손질하다"(καθαίρειν)는 농사방법과 종교적인 정화에

3) 또한 토마행전 61(Lipsius-Bonnet, Ⅱ, ii, 178, 10, "참된 열매들" καρποὺς ἀληθινούς).

도 부합하는 말이다. 이 말은 키질함으로써 알곡을 가려내는 일(Xenophon, *Oeconomicus* XVIII, 6)과 씨뿌리기 전에 땅에서 잡초를 제거하는 일(같은 책 XX, 11)을 지시하는 것이다. 또한 이 말은 종교적인 의식(*Iliad* XVI, 288, 헌주에 쓰일 잔을 깨끗케 하는 것)과 도덕적인 의미(Plato, *Phaedo* 114c, "지혜에 대한 사랑에 의해서 충분히 깨끗해진 사람들")로도 사용된다. 필로는 경작 방식을 도덕적인 알레고리로 사용하였다 ; *Som*, Ⅱ, 64 : "…농부들이…끊고 베어내는 것은…풍요를 낳는다." 그러나 요한에게서 "깨끗이 손질하다"(καθαίρειν)와 "머물다"(μένειν)는 경작방식으로가 아니라 복음서 저자가 가르치는 데 관심을 가졌던 그리스도교의 진리로 결정된 용어이다(Dodd, *Interpretation*, 136). 정화의 의미들에 대해서는 다음 귀절을 참조하라. 깨끗이 손질하는 목적은 "더 많은 열매를 맺도록"하는 데 있다. 열매맺는 일은 그리스도의 제자로서의 삶을 사는 데 있을 뿐이며(5·8절 참조) 아마도 특히 서로에 대한 사랑을 실천하는 데 있을 것이다(12절).

[3] 너희는 이미 깨끗해졌다. 형용사 καθαροί("깨끗한")는 동일어원의 동사와 마찬가지로 농사에 사용되는 용어로 특히 포도나무의 성장과 관련하여 인용되기도 한다 ; Xenophon, *Oeconomicus* XX, 20 : "…포도나무를 깨끗이 손질하는 것은 포도가 열리도록 하기 위함이다." 처음으로 하느님의 새로운 백성에 속한 자들로서 제자들은 이미 정결케 되는 과정을 경험하였다. 13장 10절을 참조하라.

너희에게 말한 그 말로. 예수의 말이 지닌 활동력에 대해서는 12장 48절("그를 심판할 것이다")과 15장 7절, 17장 8절("말들")을 참조하라. 어떤 특별한 말이 의도되어 있지 않다(아마 7절과 대조를 이룸). 13장 10절과 불일치하지는 않으며 또한 요한은 의도적으로 물리적 수단(세례)으로 활성화된 정결과 단지 말해진 말씀만으로 이루어진 정결을 대비시키려고 하지 않았다. 13장과 15장에서 요한은 예수가 그에게 속한 자들을 위해서 존재하였고 행했던 바가 초래한 전체 결과를 생각하고 있다. 13장에서 씻기는 과정은 주지한 바대로 예수가 사람들에게 베푼, 그의 죽음에서 절정에 이른 사랑의 봉사 전체를 나타낸 것이며, 15장에서 예수의 "말씀"은 그가 전달한, 또 그 안에 존재하는 구원의 메시지이다. 6장 63절에서 요한은 살을 먹고 피를 마시는 것을 영이요 생명인 예수의 "말들"(ῥήματα)에로 이행시키고 있음을 참조하라. 소위 세례라고 하는 물로 적심과 같은 하나의 형식에 의해 사람들이 도덕적으로나 영적으로 깨끗하게 된다고 가정하는 것(요한의 견해에 의하면)은 잘못일 것이다. 깨끗하게 하는 분은 말씀하시고 행동하시는 그리스도이지만 그의 행동의 의미는 그의 능동적인 말씀에 의해 계시된 것이다.

내 안에 있으라. 그리하면 나도 너희 안에 있겠다. 이것은 본장의 기본적인 사상이다. 1절을 참조하라. 이 문장은 다음의 세 가지 면으로 받아들일 수 있다. (ㄱ) 접속사 καί("그리하면")는 일종의 비교를 지시하는 것이다: "내가 너희 안에 있듯이 너희도 내 안에 있으라." (ㄴ) καί는 조건문, 즉 명령으로 표현된 조건절의 결구를 이끄는 것이다(Robertson, 948—49): "너희가 내 안에 있으면 나는 너희 안에 있겠다." 그러나 5절은 (ㄷ) 서로 대응하는 두 절을 매우 긴밀하게 연관된 것으로 받아들여야 함을 암시한다: "상호 내주하도록 하라. 그리스도교인의 삶이란 그리스도와의 연합을 떠나서는 생각할 수 없다." 그러나 그리스도와의 연합을 요한이 일종의 정적인 상태로 생각하였던 것은 아니다. "있다"(Μένειν)라는 행위는 한 번 내려진 결단을 성실하게 관철시키는 것이다. 이 결단은 사실 언제나 새로 수행되는 것으로만 관철될 것이다. 그리고 마찬가지로 '나도 너희 안에'(κἀγὼ ἐν ὑμῖν)도 그리스도교 문화권과 교회에서 세속사적으로 또는 정신사적으로 작용한다는 의미에서 예수의 지속적인 영향력을 말하지는 않는다. 그것은 그가 언제나 생명의 가능성의 근거와 근원으로서 변하지 않는다는 약속을 뜻한다"(불트만).

μένῃ(μένω"있다"의 3인, 단수, 현재): B ℵ 독법; μείνῃ(μένω의 3인 단수, 1과거): P66 D Θ W의 독법. 이와 유사하게 μένητε(μένω의 2인, 복수, 현재): B ℵ θ의 독법: μείνητε (μένω의 2인, 복수, 1과거): D W의 독법 등이 있다. 현재 (지속적인) 시제들이 문맥에 더 잘 부합하는데, 바로 이러한 이유 때문에 (원문대로라면) 단순과거형들이 바뀌어졌을지도 모른다. 현재 시제들은 7절에 동화해서 그렇게 된 것일 수도 있으므로 B ℵ의 독법을 채택하는 것이 가장 타당한 것 같다.

[5] 전 귀절의 사상이 다른 말로 반복되어 있다. 이와 같은 반복은 요한의 특징적인 것이다. 1장 2절을 참조하라.

[6] 내버려진…말라버린다. 이 무시간적인 단순과거들에 대해서는 이사야 40장 7절 ("풀은 마르고 꽃이 시듦은")과 M.I., 134, 247, 또한 B.D., § 333을 참조하라. 이 용법은 고전적인 것이다. Euripides, *Alcestis* 386 : "정녕 나를 떠나면 죽으리라"(ἀπωλόμην ἄρ',

εἴ με δὴ λείψεις)를 참조하라. Radermacher, 124와 Moule, *Idiom Book*, 12—13에서 단순과거동사들은 직접적인 행동을 지시하는 것으로 간주되고 있다.[4] 마태오복음 3장 10절과 루가복음 3장 9절, 또한 Thomas 40("아버지에 의해 심기워지지 않은 포도나무는 마치 그것이 심기워지지 않은 것처럼 뿌리 채 뽑혀 말라버릴 것이다")을 참조하라. 뒤따라 나오는 동사들은("모아" συνάγουσιν...) 어떻게 해서 단순과거동사들을 받아들일 수 있는지를 보여준다. 불신앙의 그리스도교인은 열매맺지 못하는 가지의 운명에 처하게 된다.

모아…던져. 의미가 바뀐 것이 아니라 구문과 시제가 바뀌었다 ; 수동태 동사들 대신에 3인칭 복수 능동태 동사들("모아"συνάγουσιν…"던져" βάλλουσιν)이 사용되었는데, 이러한 표현방식은 히브리어적이고 아람어적인 용법을 연상하게 한다. 20장 2절과 *M*. Ⅱ, 447—48를 참조하라. 따라서 이 동사들의 주어가 누구인가를 묻는 것은 전혀 쓸데없는 일이다. 시제에 대해서는 앞의 주석을 참조하라.

불에 태운다. 이 말은 원래 비유적인 것이다. 말하자면 열매맺지 못하는 나무가지들은 불에 던져 태워질 것이라는 것이다. 그러나 아마 요한은 신앙이 없는 그리스도교인들도 이와 비슷한 운명에 처하게 될 것임을 부인하지는 않았을 것이다 ; 5장 29절과 마태오복음 13장 37—42절을 참조하라. 브라운에 의하면 6절은 7절의 대응부가 아니라 5절의 대응부이다. 6절을 5절과 7절의 대응부로, 즉 긍정적인 두 진술 사이의 부정적인 진술로 받아들여서는 안 될 이유는 없는 것 같다.

[7] 너희가 내 안에 있고 내 말이 너희 안에 있으면. 예수와 신자의 상호내주에 대해서는 4·5절을 참조하고 그의 말(λόγος)의 깨끗케 하는 효력에 대해서는 3절을 참조하라. 3절에서의 "말"(ῥήματα)은 예수가 한 구체적인 말씀, 교훈을 가리키는 것 같다. 이것은 그리스도교인의 머리나 마음 속에 새겨져 있어야 한다.

무엇이든지 원하는 것을 구하라.[5] 14장 3절(또 그 주석)과 16장 23절을 참조하라. 참으로 복종적인 그리스도교인의 기도는 그가 하느님의 뜻에 위배되는 간구를 할 수는 없으므로 반드시 응답받을 것이다. "너희에게 이루어질 것이다"(γενήσεται ὑμῖν)에 대해서는 마르코복음 11장 24절, "그대로 이루어질 것이다"(ἔσται ὑμιν)를 참조하라.

---

4) Epictetus, Ⅳ, Ⅹ, 27 ; Ignatius, *Ephesians* 5, 3. 참조하라.
5) ὃ ἐὰν θέλητε αἰτησασθε(B φ it의 독법) P[66] A D의 독법인 αἰτησασθαι는 변형된 철자로 받아들일 수 있다 ; αἰτήσεσθε는 ℵ Θ vg의 독법이다.

[8] 이것으로 내 아버지께서 영광을 받으실 것이다. 단순과거(ἐδοξάσθη "영광을 받다")에 대해서는 6절을 참조하라. 요한복음에서 일반적으로 영광을 받으실 분은 아들이다. 그러나 12장 28절, 13장 31절, 14장 13절, 17장 4절을 참조하라. 아버지는 아들을 통해서—그의 복종과 그의 사역의 완전한 수행을 통해서—영광받으신다. 그러므로 아들과 연합하게 될 사람들은 그들의 복종과(신앙의) 결실을 통해 곧 아버지의 영광을 보게 될 것이다. "이것으로"(ἐν τούτῳ)는 요한의 표현방식에 있어서 설명의 ἵνα에 연결되는 것이다.

내 제자가 되면. 이것은 보다 다듬어지지 않은 독법이므로 채택되어야 한다(샌더스). 린다스는 γένησθε("되다" γίνομαι의 2인, 복수, 2과거 ; P[66] B D Θ it vg sah의 독법)가 φέρητε("산출하다" φρω의 2인, 복수, 현재)에 대한 동화에서 기인했을 것이라고 제안한다. 여하튼 의미상 차이는 거의 느낄 수 없다—불트만은 γένησθε를 미래 직설법으로 읽는다면 그것을 단순과거 가정법에 해당하는 것으로 받아들여야 한다고 생각한다. 브라운은 Ignatius, *Romans* 5.3("이제부터 나는 제자가 된다"—정말로 그러한가?)과 비교하고 열매맺는 일과 제자가 되는 것은 서로 분리되지 않는다고 주장한다. 양자는 실로 불가분리한 것이지만 그러나 요한은 제자됨의 겉으로 볼 수 있는 표징이 열매맺는 일이라고 생각하는 것 같다. 13장 35절에서 상호애는 제자됨의 표징으로 나오고 12절에서 동일한 사상이 계속되고 있음을 참조하라.

[9] 사랑하신(ἠγάπησεν) 것같이…나도…사랑했다(ἠγάπησα). κἀγώ는 결구인 "이와 같이 나도…"를 이끈다. 아버지와 아들의 관계와 아들과 제자들의 관계 사이의 상응개념이 특히 13—17장에서 자주 나온다. 단순과거인 "사랑했다"(ἠγάπησα)는 예수가 그의 제자들에게 아낌없이 주었고 또 그의 죽음에서 완성된 모든 사랑의 행위를 함축한다. 아버지의 아들에 대한 사랑은 3장 35절, 5장 20절, 10장 17절 등에서 연속적인 시제들로 표현되어 있다. 이곳과 17장 24·26절에서 단순과거(ἠγάπησα)는 제자들에 대한 예수의 사랑을 나타내는 데 사용된 단순과거와 유사하게 사용되었고 아버지와 아들의 선재적인 관계들과 관련해서도 사용되는 것 같다. *W.H.*는 다른 구두법을 채택하였는데, 그는 ἠγάπησα 다음에 콤마만을 찍는다. 이러한 구두법을 따르면 "내 아버지가 나를 사랑하고 내가 너희를 사랑했듯이 …있으라(μείνατε)"로 번역해야 한다. 이것이 앞서 제시한 번역보다 더 나은 것 같지는 않다.

있으라. 단순과거 명령법은 강조를 위해서 사용된 것일 수 있다 (Bernard, 해당부분 참조). 보다 정확히 말해서 이것은 제자들에게 예수의 사랑에로 들어와서 그 사랑 안에 거하라고 하는 명령인 것 같다.

내 사랑 안에. 참조. 솔로몬의 송가 8장 22절, "기도하라. 그리고 주님의 사랑 안에 항상 거하라 ; 가장 사랑받는 분 안에서 사랑받는 자들로 있으라." 그러나 요한이 예수의 사랑 안에 거한다는 말을 어떻게 이해했는가는 다음 절에서 알 수 있다.

[10] 너희가 내 계명을 지키면. 14장 15·21절과 그 주석들을 참조하라.

마치…. 이 병행귀는 사랑과 복종이 상호 의존적인 것임을 보여준다. 사랑은 복종에서 일어나고 복종은 사랑에서 일어난다.

[11] 내가 이러한 말을 한 것은. 14장 25절을 참조하라.

내 기쁨이 너희 안에 있게 하려는 것이다. 예수의 기쁨은 아버지에 대한 그의 복종과, 사랑 안에서 그와 연합함에서 넘쳐나는 것이다. 예수의 복종과 사랑은 그가 아버지에게로 올라감으로써 보장받을 것이고 이것은 그의 제자들에게 기쁨이 될 것이다(14, 28 ; 16, 20—24 ; 17, 13). 그러나 부수적으로 그들은 또한 상호애와 복종의 기쁨을 체험할 수 있다.

넘치게 하려는. 이 말은 완전한 (상태)를 가리킬 수 있다. 이 표현 ("넘치게 하다" πληρωθῇ)은 요한적인 것이다(3, 29 ; 16, 24 ; 17, 13 ; 요한 1서 1, 4 ; 요한 2서 12장).

[12] 내 계명은 이것이다. (여기서 단수로 되어 있고 10절에 언급된 모든 계명을 요약하는) 이 계명은 그것을 준수하는 자들이 계속해서 하느님의 사랑 안에 있도록 하는 것으로서 사랑의 계명 자체이다. 사랑은 말하자면 아버지와 아들과 신자들 사이의 연합 안에 있는 존재의 결속이다(성령이 여기에 의도되어 있지는 않다).

내가 너희를 사랑한 것같이 너희도 서로 사랑하라. 13장 34·35절을 참조하고 후반절에 대해서는 9절을 참조하라. 죽음을 통한 그의 영광을 포함하는 예수의 전체 사역(참조. 마르 10, 45)은 그것으로 말미암아 구원받게 될 사람들에 대한 사랑의 봉사로 요약된다. 모든 그리스도교인들은 이와 같은 사랑의 봉사를 서로에게 해야 할 의무가 있다. 그들이 그들의 원수도 사랑해야 한다는 말이 없으므로(참조. 마태 5, 44) 요한은 그리스도교의 사랑의 이상을 편협하게 만들었다는 비난을 받아왔다. 13장 34절에 대한 주석을 참조하라. 요한복음에 의하면 하느님이 세상을 사랑하지 않았다고 말할 수는 없다(참조. 3, 16). 그러나 세상에 대한 그의 사랑은 세상과 "친구들"($\varphi i\lambda o\iota$: 14절)의 집단을 분리시키는 결과를 초래하였다. 특별한 의미에서 예수의 사랑은 이들 "친구들" 가운데 또 그들 마음 속에 사랑이 자라나도록 하기 위해서 그들에게 아낌없이 주어진 것이었다. 원수에 대한 사랑은 그것이 도덕적 성취가운데 하나의 최고의 형태라고 하더라도 그리스도교만의 이상은 아니다. 그 현저한 예로 Sophocles, *Antigone*, 522—23을 참조하라. 그리스도교의 사랑은 그 근원과 기반에 있어서 새로운 것이며(참조. 이책 I권 150—1면), 그리스도교인들의 상호애는 그들에 대한 예수의 사랑, 더 나아가서 아버지와 아들 사이에 영속하는 상호애를 반영하는 것이다. 영원한 하느님의 사랑은 동시에 자기 친구들을 위한 한 인간의 죽음이기도 하였던 그리스도의 죽음에서 그 완전하고도 비길 데없는 표현을 보게 된다.

[13] **이보다 더 큰 사랑.** 이 말은 방금 암시한 점을 명시하는 것이다. 이것은 친구에 대한 사랑이 원수에 대한 사랑보다 더 나음을 주장하는 것은 아니다. 다만 네가 친구를 위하여 목숨을 버리면 이보다 더 큰 사랑이 없음을 주장하려는 것이다. 죽기까지 목숨을 바치는 일은 사랑의 최고의 선물이며 또 사랑의 표시이다. 브라운은 플라톤의 *Symposium*, 179b를 인용한다 ; "사랑하는 사람들은 참으로 의롭기 죽을 날을 고대한다."

사람이 목숨을 버리면. $\acute{\iota}\nu\alpha$("~하면")와 가정법 구문은 바로 다음 말인 "이것"($\tau\alpha\acute{\upsilon}\tau\eta\varsigma$)을 설명하는 것이다. "목숨을 버리다"($\psi\upsilon\chi\grave{\eta}\nu\ \tau\iota\theta\acute{\epsilon}\nu\alpha\iota$)에 대해서는 10장 11절을 참조하라.

그의 친구($\varphi\acute{\iota}\lambda\omega\nu$)를 위하여. 요한은 $\grave{\alpha}\gamma\alpha\pi\tilde{\alpha}\nu$("사랑하다")과 $\varphi\iota\lambda\varepsilon\tilde{\iota}\nu$("좋아하다") 사이에 어떤 차이점을 끌어내려고 하지 않은 것 같다. 따라서 여기서 "그가 사랑하는 사람들을 위해서…"라고 번역할 수 있다. $\varphi\acute{\iota}\lambda o\varsigma$의 일반적인 수동의 의미(사랑받는)에 대해서는 L.S.의 이 항목을 참조하라. 더 나아가서 특별히 그리스도교적인 $\varphi\acute{\iota}\lambda o\varsigma$("친구")의 의미는 이어지는 귀절들에서 밝혀질 것이다. 그룬트만(W.Grundmann, *Nov.T.* 3 [1959], 62—9)은 "친구들"($\varphi\acute{\iota}\lambda o\iota$)이란 말에 성만찬의 암시가 들어있는 것으로 보았다. 이러한 견해는 훨씬 덜 구체적인 견해로 보이며 오히려 사랑의 계명과 구원의 행동을 특히 밀접하게 관련시켰던 콘첼만의 견해(*Theology*, 278)에 주목하는 것이 나을 것이다.

[14] **내가 너희에게 명령한 것을 행하면.**[6] 친구라는 위치가 순종적인 봉사를 방해하는 것은 아님이 분명하다. 오히려 순종적인 봉사가 요청된다. 10절과 거기에 언급된 병행귀들을 참조하라. 그리스도의 "친구"(φίλος)가 되는 것과 그의 "사랑"(ἀγάπη) 안에 거하는 것 사이에 어떤 본질적인 차이는 없다.

[15] **이제부터는 내가 너희를 종이라고 부르지 않겠다…나는 너희를 친구라고 불렀다.** 이러한 대조는 분명한 것이며 필로의 예문에서도 볼 수 있다. 참조. *Mig.* 45 : "하느님의 친구들보다 앞서 그 종들이 덕의 지위를 차지한다고 생각하는 것은 어리석기 때문이다." 여기서 하느님의 친구는 모세이다. 또한 *Sob.*, 55, "지혜로운 사람은 하느님께 대하여 종이 아니라 친구(이다)"라는 문장을 참조하라. *Sob.*, 56에서 필로는 아브라함을 "내 친구"(τοῦ φίλου μου; 70인역은 "내 종" τοῦ παιδός μου으로 되어 있고 이에 해당하는 히브리어는 없음)로 묘사한 시편 18편 17절을 인용한다. 이 독법은 이사야 41장 8절에 의거한 것일 수 있다. 지혜서 7장 27절에서 지혜는 사람들로 하여금 하느님의 친구가 되게 하는 것이라고 한다 : "거룩한 사람들의 마음 속에 들어 가서 그들을 하느님의 친구가 되게 하고 예언자가 되게 한다." 70인역에서 φίλος는 간혹 궁정에서 높은 지위에 있는 관리를 가리키는 데 사용되는 용어이다(마상 2,18 ; 3,38 ; 10,65와 그 밖의 모든 곳). 그 말은 프톨레미 궁정에서도 이와 유사하게 사용되었다. 그러한 증거에 대해서는 *L.S.*의 I.I.d.항목을 참조하라. 아마 이와같은 에집트의 용법이 70인역의 그 헬라어에 영향을 미친 것 같다. 그러나 요한에게 가장 중요한 요소들은 φίλος와 φιλεῖν-ἀγαπᾶν("사랑하다")의 관련성과 친구와 종의 대조에 있으므로 이 용법이 요한에게 강력한 영향을 미쳤다고 가정할 필요는 없다(Deissmann, 383). "하느님의 친구"라는 말에 대해서는 Epictetus, Ⅱ, xvii, 29를 참조하라. 요한에 의하면 "종"과 "친구"의 차이점은 하느님의 뜻을 행하느냐 행하지 않느냐에 있는 것이 아니라 그 뜻을 이해하느냐 이해하지 않느냐에 있다. 예수가 제자들에게 하느님의 모든 계획을 선언하였으므로 그들은 "친구들"이다(참조. 16,12). 갈라디아서 4장 1—7절과 히브리서 3장 5·6절에 나오는 종과 아들 사이의 대조들을 참조하라. 요한에 의하면 친구

6) ἐὰν ποιῆτε ὃ (B의 독법 ; 중성 관계대명사 ἃ는 P66 ℵ D의 독법 ; "모두" ὅσα는 Θ ω의 독법). ἐγὼ ἐντέλλομαι ὑμῖν.

와 종을 구별하는 것은 지식에 근거한 것이며, 그 지식은 사랑과 매우 밀접하게 관련된 것이어야 한다는 점이 요한의 특징이다. "종들"과 구별되는 상위의 "친구들"집단이 있다는 것은 영지주의와 밀의종교들을 연상하게 한다. 알렉산드리아의 클레멘트, *Storm*, Ⅶ, Ⅱ에서 γνωστικός는 완전한 자들(τέλειος), "친구들"(φίλος), 또는 "아들들"(υἱός)이다. 그러나 항상 유념해야 할 점은, 요한복음에서 친구들이 된 사람들의 현저한 표시는 예수가 몸소 보여준 복종과 겸손에 있다는 것이다. 친구들은 "그리스도인들"을 가리키는 전문용어가 된 것 같다(참조. 11장 11절).

알려 주었다. 이 단순과거(ἐγνώρισα)는 그리스도의 완전한 일을 생각나게 한다. "알게 하다"(γνωρίζειν)에 대해서는 17장 26절을 참조하라.

[16] 너희가 나를 택한 것이 아니라 내가 너희를 택한 것이다.

얼핏 보기에 주의를 끄는 영지를 전수받은 사람들의 집단과의 유비가 다시 깨어진다. 영지주의 집단에 가입한 사람들은 그들 나름대로의 생활방식을 선택하였다. *Stobaei Hermetica*, Excerpt xviii, 3 (W. Scott, *Hermetica* I [1924], 446) : "그가 그를 위하여 선택할 것을 우리가 취한다" ; C.H. Ⅳ, 6 : "선택받기를 원하는 사람들에게는 다른 선택이 남아 있다" ; 그리고 이와 유사한 여러 귀절들을 참조하라. 그러나 복음서 설화에서 (이 점은 요한복음과 같이 공관복음서에서도 사실이다) 예수는 그의 제자들을 선택하고 부르고 임명한다는 것이다. 그가 전적으로 주도권을 취한다. "내가"는 강조어이다. 이 강조점에 다라서 전체 귀절의 해석이 좌우된다. 사람이 예수의 친구가 되는 것은 그들이 그와 어떤 자연적인 친화력을 지녔기 때문이 아니라 그가 그들을 가리켜서 친구들이라고 불렀기(εἴρηκα) 때문이다. 만일 그들이 사랑 안에서 그들의 목숨을 내어놓는다면 그것은 그가 먼저 그들을 위해 자기 목숨을 바쳤기 때문이다. 요한 사상에 있어서 예정의 요소에 대해서는 이 책 Ⅰ권 128—129면을 참조하라.

내가 너희를 세운 것은. 이 "세우다"(τιθέναι)의 용법은 아마 셈어법을 따랐을 것이다(린다스). 그리이스어에서 목적어는 보통 명사나 동격의 형용사적 술어를 취한다. 참조. 사도 13,47 ; 20,28 ; 로마 4,17 ; 고전 12,28 ; 데전 5,9 ; 디전 1,12 ; 2,7 ; 디후 1,11 ; 히브 1,2 ; 베전 2,8. 이 모든 귀절들에서 "세우다"(τιθέναι)란 동사는 특정인을 목적어로 삼아 능동적으로 사용되고 있거나 아니면 한 특정인 주어와 함께 수동적으로 사용되고 있다. 이 귀절들 가운데 두 귀절(사도 13, 47 ; 로마 4, 17)은 구약성서(이사 49, 6 ; 창세 17, 5)를 인용하고 있으며 여기서 히브리어 동사는 נָתַן("허락하다, 주다")로 나와 있다. 이 동사는 (달리 말하자면 그 히브리어 동사나 그것에 대한 그리스어 번역들 가운데 하나의 번역을 반영하는) 본 귀절의 배후에 놓여 있을 수 있다. 아니면 아마 ἔθηκα는 원래 "접근하다", "결합하다", 또는 이 의미로부터 나온 "(누구의 머리에) 손을 얹다", 즉 "성직을 주다"(이 말은 학자나 라삐의 임명에 쓰인 상용어였다)라는 의미를 지닌 סמך를 번역한 것이거나 그 동사를 반영한 것이다.

너희가 가서 열매를 맺고. 이 비유는 본장의 서두에 나온 포도나무의 비유를 상기시킨다. "가다"(ὑπάγητε)라는 말은 사도들을 세상에 파송함을 지시한다. 이 성구는 그것이 "너희가 더욱 더 많은 열매를 맺도록"으로 번역되어야 했을, 잘 알려진 셈어적 관용구의 오역이라는 견해(Torrey, 40, 44)에 의거하지 않고도 충분히 설명될 수 있다.

너희의 열매가 남아있게 하려는 것이요. 4장 36절을 참조하라. 사도파송의 결실은 쌓여져서 없어지지 않을 것이다.

…너희가 받을 수 있게 하려는 것이다. 14장 13절을 참조하라. 여기서 아버지 자신이 수여자이다. 이 ἵνα("～하려는 것")절은 그 앞에 나오는 "…언제나 남아 있게 하려는 것"이라는 ἵνα절에 이어지는 것이 아니라 그 ἵνα절과 동격관계에 있는 것 같다. 예수의 (사도) 임명으로부터 나온 두 가지 특권은 열매맺는 일과 응답이 보장된 기도이다.

[17] 이 귀절은 다음 단락에로의 이행을 이룬다. 그것은 10·12절과 다른 귀절들의 사상을 반복해서 서술한다. "너희에게 명하는 것"이라는 ἵνα절은 ταῦτα("이것은")를 설명해 주는 것으로서(참조. 13절) 그 의미는 "내가 너희에게 준 계명들은 너희가 서로 사랑하도록 하기 위함이다"가 된다. 그러나 P[66] D 사본에는 ἵνα가 생략되어 있는데, 이 독법이 옳은 것 같다. 그것은 12절에 대한 동화에서 기인한 것일 수 있으며 ἵνα가 빠진 문장은 더 강력한 의미를 지니게 된다 : "내가 너희에게 명하는 바는 이것이니 서로 사랑하라."

3. 世上이 미워함 15장 18—27절

18 "세상이 너희를 미워하거든 세상이 너희보다 먼저 나를 미워했다는 것
을 알라. 19 너희가 세상에 속했더면 세상이 너희를 자기사람이라고 하여 사
랑했을 것이다. 그러나 너희가 세상에 속하지 않고 도리어 내가 너희를 세
상에서 택해냈기 때문에 세상이 너희를 미워하는 것이다. 20 내가 너희에게
'종이 주인보다 높지 못하다'고 한 말을 기억하라. 사람들이 나를 박해했으
면 너희를 또한 박해할 것이요 또 그들이 내 말을 지켰으면 너희의 말을 또
한 지킬 것이다. 21 그러나 그들은 내 이름 때문에 이런 모든 일을 너희에
게 행할 것이다. 그것은 그들이 나를 보내신 이를 알지 못하기 때문이다. 22
내가 와서 그들에게 말하지 않았더면 그들에게 죄책이 없었을 것이다. 그러
나 이제는 그들이 자기 죄에 대하여 핑계할 길이 없게 되었다. 23 나를 미워
하는 사람은 아버지까지도 미워한다. 24 전에 아무도 하지 않았던 일을 나
도 그들 가운데서 행하지 않았더라면 그들에게 죄책이 없었을 것이다. 그러
나 이제는 그들이 나의 한 일을 보았을 뿐만 아니라 나와 내 아버지를 미워
하기까지 했다. 25 이것은 그들의 율법에 '그들이 까닭없이 나를 미워했다'
고 기록된 말씀을 이루게 한 것이다. 26 내가 아버지께로부터 너희에게 보
내려는 보혜사, 곧 아버지께로부터 오는 진리의 영이 오시면 그가 나를 증
거하실 것이다. 27 그리고 너희도 증언한다. 그것은 너희가 처음부터 나와
같이 있기 때문이다.

전 장에서 사상의 핵심은 예수의 친구들의 소집단, 그들이 사랑 안에서 그들끼리 그리고 예수와 함께 연합함, 그들의 복종, 그들의 기도 등이 있었다. 요한은 이제 그들이 처한 환경을 고려해보기 위해 시선을 밖으로 돌린다. 그들은 세상 한복판에 살고 있다(1장 10절과 3장 16절에 대한 주석 참조). 신자들의 집단 내에서 넘쳐흐르는 사랑에 대응하여 세상의 미움이 일어나는데, 세상은 그 자신 이외에는 사랑할줄 모르므로 먼저 예수를 미워하였고 이에 따라 자연히 그에게 속한 사람들까지도 미워한다. 그리스도의 본성이 사랑이듯이 참으로 세상의 본성은 미움이다. 그리스도교인들은 그리스도 안에 있는 자들이기 때문에 그들을 미워하는 것이 곧 그리스도를 미워하는 것이며, 그리스도를 미

워하는 것이 곧 그를 보내신 아버지를 미워하는 것이다. 그리스도교인들이 세상에서 인기를 못얻는 이유는 궁극적으로 하느님에 대한 세상의 태도에서 기인한 것이다. 요한은 이러한 사실을 신학적인 근거에서 인식하였다. 이사야 66장 5절(초막절에 낭송된 예언적인 성구의 일부 : Guilding, 54, 113—14)이 요한의 통찰에 많은 영향을 미쳤을 것 같지는 않다. 쿰란문서(참조. *J.* & *Q.*, 33)는 그다지 중요하지 않은 병행귀를 제공한다. 라이트후트(284—85)는 9장(예수가 불러일으킨 저항감)과 15장 18절—16장 11절(예수에 대해 증거하는 그의 제자들이 불러일으킨 저항감) 사이에 하나의 병행성이 있다고 보았다. 이것은 (어느정도 마틴의 견해를 먼저 제시한 ; 참조. 이 책 I권 211—2면) 보다 중요한 관찰이다.

그리스도교인들에 대한 세상의 미움은 공관복음서의 주제이기도 하다. 그것은 마르코복음의 묵시록에 나타난다 ; 마르코 복음 13장 9—13절. 이 자료와 관련된 마태오복음의 병행귀들 가운데 일부가 전도명령에 나오며(마태 10, 17—22) 이와 동일한 맥락에서 루가복음 12장 2—9·51—53절, 14장 26—27절, 17장 33절의 병행귀들을 지닌 또 다른 자료가 있다(마태 10, 23—39). 또한 마르코복음 8장 34·35절, 마태오복음 16장 24·25절, 루가복음 9장 23·24절 등에 나오는 말들을 참조하라. 마태오에 의해 이루어진 재배열에도 불구하고 (적어도) 이 말들의 대부분은 원래 종말론적인 예고들이었을 개연성이 크다. 마지막 날들에는 메시아와 그의 종들에 대해 적대감을 품게할 악의 세력들의 저항이 특징적으로 나타날 것이다. 이 종말론적 기대는 공관복음서 저자들에 의하면 그들 자신과 그들의 동시대인들이 겪게 될 고난의 경험에서 성취되는 것으로 간주되었다. 그래서 가령 마르코복음 13장의 독자들은 네로의 박해와 같은 사건들에 대해서 그 사건들은 실제적인 결과를 가져왔던 신학적인 의미를 그들에게 제시하는 것이라고 이해하고 또 그렇게 해석하였을 수도 있다. 로마의 그리스도교인들은 신앙을 고수해야 하며 끝까지 인내해야 한다. 그들이 그렇게 한다면 그들은 구원받고 고통에 뒤따르는 기쁨을 맛보게 될 것이다. 요한은 또한 박해의 예고에 대해 절대적인 의미를 부여하긴 하지만 그 장면을 바꾸고 있다. 세상이 그리스도에 속한 사람들을 미워하는 것은, 이미 주지한 바대로, 하느님 자신을 미워하는 것이다. 이런 식으로 요한은 빛과 어두움 사이의 상충이라는 공관복음서의 개념을 원시 그리스도교의 종말론을 해석하는 데 사용하였다.

본장의 종결부분에서 보혜사가 다시 제시된다. 제자들이 세상의 미움을 사는 것은 그리스도에 대한 그들의 증거 때문이라는 데 그 연관성이 있다. 그러나 그들의 증거는 성령의 증거와 연속성을 지닌다. 대다수 주석가들은 현재의 단락이 16장에 이어지는 것으로 보는데 16장 4절에 이어진다고 보는 학자들도 있고 16장 11절에, 또는 16장 15절에 이어진다고 보는 학자들도 있다. 실로 여기서 단절은 볼 수 없다 : 16장은 세상의 미움이 취하게 될 특수한 형태들을 인식하고 있으며 어떻게 보혜사의 증거와 제자들의 증거가 세상에 전달되는가를 보여준다. 그러나 미움과 심판의 주제들이 상세히 서술되기 전인 15장의 말미에서 일단락짓는 것이 (그렇게 할 필요는 없지만) 편리할 것이다.

[18] **세상이 너희를 미워하거든.** 세상의 미움은 요한이 기록하기 오래 전부터 그리스도교인의 경험을 통해 알려진 사실이었다. Tacitus, *Annales* xv, 44, "Per flagitia inuisos"를 참조하라. 이것은 셈어적 관용구와 같이(참조. 12,25) 덜 좋아한다는 내용이 아니라 실제로 미워하는 것이다.

너희는 알라(γινώσκετε). 이 말은 직설법으로도 명령법으로도 받아들일 수 있다. 어느 것을 취해도 뜻이 통한다. 오래된 역본들은 명령형을 제시하며(예. it vg:"알라" scitote), 다른 논증이 없는 한, 이것을 따르는 것이 타당하다.

너희보다 먼저 나를. πρῶτος("먼저")가 비교를 나타내는 데 사용된 것은 잘못이다. ℵ D it사본에는 "너희"(ὑμῶν)가 생략되어 있음으로써 다소 이런 잘못을 수정해준다. 그러나 1장 15절을 참조하라. 이 요지는 요한일서 3장 13절의 요지이다. 제자들은 그들이 받게 될 미움 때문에 놀래서는 안된다. 또한 Ignatius, *Romans* 3·3을 참조하라.

미워했다(μεμίσηκεν). 7장 7절을 참조하라. 이 완료형 동사는 그리스도에 대한 세상의 미움이 지속됨을 나타낸다.

[19] **너희가 세상에 속했더면.** 이 조건문은 앞 귀절의 조건문과는 달리 현재 그러하다는 것은 아니다. 제자들은 "세상에 속한" 자들이었고 또 계속해서 "세상에"(17,11) 있게 될 것이지만 그들은 세상에서 선택받은 자들로 존재해 왔다. 17장 14절을 참조하라.

중성의 τὸ ἴδιον이라는 말은 "그것에 속한 것"이다. 사람들의 집단을 나타내는 중성명사에 대해서는 6장 37·39절, 17장 2절, 그리고 아마도 1장 11절을 참조할 수 있을 것이다. 그러나 여기서는 "속한 것들"(τὰ ἴδια)과 "속한 사람들"(οἱ ἴδιοι) 사이에 대조가 보이는 것 같다.

내가 택해냈다. 16절과 그 주석을 참조하라. 요한의 사상과 공관복음서 체계 사이의 또 다른 차이점이 밝혀진다. 제자들은 본래 세상과는 이질적인, 본질적으로 상위 집단은 아니었다. 다만 그들은 세상에서 택함받은 자들이었다.

…때문에(διὰ τοῦτο). 이 말은 앞에 나온 ὅτι절을 다시 계속하는 것으로서 요한의 일반적인 어순(διὰ τοῦτο...ὅτι[혹은 ἵνα])을 뒤바꾼 것이다.

[20] 말을 기억하라. 13장 16절을 참조하라. 현재의 담론을 13장의 전승자료에 대한 언급으로 생각해야 할 것 같다(브라운 참조). 15장 15절 이후에 나오는 "종"(δοῦλος)의 용법은 다소 놀랄 만한 것이지만 그 절에 비추어서 제자들은 더 이상 주님에게 복종과 봉사를 바칠 의향이 없었다고 결론짓는 것은 잘못일 것이다.

사람들이 나를 박해했으면 너희를 또한 박해할 것이요. 여기서 (예수가 한) "말"(λόγος)의 특별한 적용이 언급되었다. 확실히 요한의 독자들은 경험을 통해서 그러한 사실을 알았다고는 하지만 박해에 대한 언급은 너무 애매한 것이어서 요한복음의 연대를 추정하는 데 별 도움을 주지 못한다. 16장 1·2절을 참조하라. 그리고 박해의 주제에 대해서는 솔로몬의 송가 5장 4절, 23장 20절, 28장 8절 이하, 42장 5·7절을 참조하라.

그들이 내 말을 지켰으면 너희의 말을 또한 지킬 것이다. 요한의 말은 "만일 너희를 박해하는 사람들이 있으면 또 한편 너희 말을 지킬 다른 사람들도 있을 것이다"를 의미한다. 교회의 사명은 예수 자신의 일과 동일한 두 가지 반응을 불러일으킬 것이다(특히 12, 44—50참조). 참조. 구약성서 예언자들의 일 : 대체로 그들의 말씀에 대한 사람들의 배척과 남은 자의 형성 ; 이와 마찬가지로 헤르메스 예언자들의 일—특히 *C.H.* 1, 29 : "한편으로 어리석은 말을 하는 사람들을 멀리하는 자들… 다른 한편으로 가르침받기를 청하는 자들"을 참조하라.

[21] 내 이름 때문에. 즉 "나 때문에." 제자들은 그들 자신 때문이 아니라 그들을 파송한 그리스도 때문에 미움을 사거나 신뢰를 받게 되지는 않을 것이다. 추측컨대 여기서 "그 이름 때문에" 받게 될 박해에 대한 암시가 있을 법하긴 하지만 그러나 신약성서에서 "이름"(τὸ ὄνομα)의 일반적인 용법(그리고 히브리어와 아람어의 לשם, לשמא"그 이름 때문에"="누구를 위해서")은 이런 견해를 뒷받침해주지 않는다. 예수의 이름은 그가 계시자로서 제시하는 도전장이라고 말하는 것은 이러한 단순한 해석에 일치하는 것이다(불트만).

예수가 신적인 이름을 지니고 있기 때문에 세상이 그의 제자들을 미워할 것이라고 말하는 것은 지나치다(브라운).

그들이 나를 보내신 이를 알지 못하기 때문이다. 14장 7절과 17장 3절, 특히 16장 3절을 참조하라. 하느님을 아는 것, 즉 예수 안에서 그를 인식하는 것은 세상으로부터 예수의 친구들에로 또는 교회에로 전환하는 것을 말한다. "나를 보내신 이"(ὁ πέμψας με)는 아버지를 묘사하는 매우 일반적인 요한의 용어이다.

[22] **그들에게 죄책이 없었을 것이다.**[1] (과거시제인 미완료 조건문에 이어지는) 이 결구에서 불변사 ἄν("만일")을 (24절에서처럼) 기대할 수 있었을 것이다. 그러나 헬레니즘적 헬라어에서 "결구에 ἄν을 덧붙이는 것은 더 이상 요구되지 않는다"(*B.D.*, §360). 8장 39절과 19장 11절을 참조하라. 이 귀절의 사상에 대해서는 9장 39—41절과 거기에 대한 주석들을 참조하라. 예수의 오심으로 인해 그에 대한 불신앙의 죄(16,9)가 궁극적으로 그리고 확실하게 드러나게 된다. 따라서 예수의 오심은 세상에 심판을 가져온다. 요한이 말하는 죄는 의식적이고 고의적으로 빛을 거부를 뜻함이 분명하다.

그러나 이제는 그들이 핑계할 길이 없게 되었다. πρόφασις("핑계")는 요한복음의 그밖의 곳에서는 사용되지 않는 용어로서 이 말에 대한 신약성서의 다른 용법들(마르 12,40[=마태 23,13 ; 루가 20,47] ; 사도 27,30 ; 필립 1,18 ; 데전 2,5)은 여기서와 같은 의미를 거의 설명해 주지 않는다. πρόφασις에 대한 가장 좋은 번역은 "핑계"이다 ; *L.S.*의 해당항목을 참조하라. 또한 그 예로 Xenophon, *Cyropaedia* Ⅲ, 1, 27 : "그는 우리들의 죄에 대하여 핑계한다"라는 귀절을 참조하라. 예수를 보고 그의 말을 들었던 사람들은 (그들의 죄에 대하여) 핑계할 수 없다. 왜냐하면 예수는 죄를 폭로할 뿐만 아니라 죄를 구제해 주는 분이기도 하기 때문이다. 이 사상은 또한 16장 8—11절에도 들어 있다.

[23] **나를 미워하는 사람은 아버지까지도 미워한다.** 13장 20절에 나오는 이에 상응하는 긍정적인 진술을 참조하라. 예수의 일은 하느님의 지속적인 활동을 떠나서는 생각할 수 없다는 것이 요한이 항상 주장하는 바이다. 예수가 행하는 일은 하느님에 의해

---

1) P⁶⁶ ℵ B의 독법 ; εἶχαν은 D*의 독법 ; εἴχοσαν의 형태는 70인역에서 매우 일반적으로 나오는 것으로 이 곳과 24절에서 보다 나은 것인데, 이에 대해서는 *M*, Ⅰ, 52 ; Ⅱ, 194 ; Robertson, 335—36 ; *B.D.* § 84를 참조하라.

이루어지는 것이므로 그에 대한 사람들의 모든 태도는 곧 하느님에 대한 태도를 나타내는 것이다

[24] 일들. 예수의 일들에 대해서 또한 믿음에 대한 그것들의 가치에 대해서는 4장 34절과 5장 36절을 참조하라. 예수의 일들 속에서 하느님의 활동이 분명히 드러났다. 그러므로 그의 일들은 사람들로 하여금 그들의 불신앙에 대하여 변명하지 못하게 한다. 9장 32절을 참조하라.

그들에게 죄책이 없었을 것이다. 본문, 어형론, 구문법, 의미에 대해서는 22절을 참조하라.

그러나 이제는 그들이 보았고. 접속사 καὶ("그러나")에도 불구하고 ἑωράκασιν("보았다")의 목적어로 τὰ ἔργα μου("나의 한 일")을 보충시키는 것이 가장 타당한 것 같다.

미워했다(μεμισήκασιν). 이 말은 시제상 (완료) ἑωράκασιν("보다" ορáω의 완료시제)을 따르고 있으며 또한 유다인들의 지속적인 미움에 주의를 끌게 한다.

나와 내 아버지를. 23절에 연결되는 귀절이다.

[25] 이루게 할 것이다. 이 표현은 생략구문("이런 일들은 말씀이 이루어지도록 하기 위해서 일어난 것이다")이거나 가정법과 함께 쓰인 ἵνα가 명령법적으로[2]("그러나 말씀이 이루어지도록 하라") 사용된 것이다. 생략구문이 아마 보다 그럴 듯하다; 참조. 9장 3절, 13장 18절과 거기서 제시된 참조문들. 성서의 말씀과 관련하여 "이루다"(πληροῦν)에 대해서는 12장 38절, 13장 18절, 17장 12절, 19장 24·36절을 참조하라. 구약성서에 나오는 단순한 언어상의 일치에 대한 분명한 언급들이 요한복음에는 비교적 드물게 나오며 (참조. *J.T.S.* 옛 시리즈 48, [1947]155—69) 그러한 언급들이 나오는 경우에 일반적으로 특수한 의미를 지닌다. 여기서 요지는(다음의 주석 참조) 예수를 미워하는 유다인들이 그들 자신의 율법에 입각하여 죄를 깨닫게 되리라는 것이다.

그들의 율법에. 오경 이상을 포함하는 "율법"(νόμος)에 대해서는 10장 34절을 참조하라. 예수는 "그들의 율법"이라고 말함으로써 자기 자신과 제자들을 유다인들로부터 구별한다. 10장 34절에 나오는 "너희의 율법"을 참조하라. 예수에 대한 유다인들의 미움은 그들 자신의 율법에 의하면 까닭없는 것으로 언급되고 또 서술되어 있다. 그들은 스

2) 마르 14, 49와 Turner, *Insights*, 147—48을 참조하라.

스도를 정죄하므로 핑계할 도리가 없다.

그들이 까닭없이 나를 미워했다. 이 인용문은 시편 35(34)편 19절이나 시편 69(68)편 5절을 따온 것이다. 이 두 귀절에서 "나를 까닭없이 미워하는 자들"이란 말이 나온다. 버나드(해당 항목 참조)는 시편 69(68)편 5절이 메시야적인 내용으로 간주되었다는 이유에서 그 귀절을 요한이 염두에 두었다고 제안한 것은 옳다. 린다스는 시편 69편이 신약성서에서 광범위하게 사용되었다는 고찰을 여기에 덧붙인다. *Yoma* 9b에 나오는, 성전은 "부당한 미움 때문에" 파괴되었다는 진술에 대해서는 J. Jocz, *The Jewish People and Jesus Christ* (1949), 43을 참조하라.

[26] **보혜사가…오시면.** "보혜사"(παράκλητος)란 말에 대해서 또 그것과 관련된 가르침에 대해서는 14장 16절을 참조하라. 박해의 내용이 담긴 공관복음서의 귀절들에도 성령에 대한 언급이 있다. 그 예로 마르코복음 13장 11절을 참조하라(브라운).

너가 아버지께로부터 너희에게 보내려는. 참조. 14장 26절 : "아버지께서 내 이름으로 브내실." 요한이 이 두 진술 사이에 관계대명사의 성(性)을 달리하거나 동사의 주어를 달리함으로써 어떤 차이점을 의도하였는지는 확실하지 않다.

진리의 영. 14장 16절을 참조하라. 종도의 규례(*IQS*) 3, 18·19 ; 4, 21·23을 참조하라.

아버지께로부터 오는. 성령의 보냄은 아들의 보냄과 밀접한 병행을 이루고 있다. 참조. 8장 42절 : "내가 하느님에게서 왔기 때문이다" ; 13장 3절 : "하느님께로부터 왔다" ; 16장 27절 : "내가 아버지께로부터 왔다" ; 28·30절. 참조. 17장 8절 : "당신께로부터 왔다."

그가(ἐκεῖνος). 성(性)이 바뀌었다 ; 앞 절에서 중성의 관계대명사 ὅ가 나온 것은 단순히 "그"(ἐκεῖνος)가 보혜사에 문법적으로 일치하기 위해서 성이 바뀐 것이 아님을 보여준다. 성령은 인격적인 용어로 생각된다.

그가 나를 증거하실 것이다. 증거는 복음서의 가장 중요한 주제들 중의 하나이다 ; 1장 7절을 참조하라. 여기서만이 성령이 증거하는 것으로 언급된다. 이런 관점에서 본 성령의 일이 16장에 ("증거하다" μαρτυρεῖν란 말이 쓰이고 있지는 않지만) 보다 상세하게 서술되어 있다. 문맥상 연관성이 중요하다. 예수는 그를 미워하는 유다인들에 대해서 증언하며 유다인들 자신의 성서에 관련해서 그의 증거를 확증한다. 보혜사는 계속해서 예수를 증거할 것이다. 제자들도 역시 증거하며 (27절)

이것이 박해라는 주제를 도입한다(16, 1—2) ; 16장 8절에서 요한은 심판을 내리는 보혜사의 일로 다시 돌아간다. 전체 단락이 이와같이 통일성을 강력하게 표시하기 때문에 보혜사에 대한 귀절들이 이미 준비된 자료에 삽입되었을 것 같지 않다.

[27] 그리고 너희도 증거한다. 사도행전 5장 32절을 참조하라. 성령과 제자들이 모두 예수의 일을—당연히 서로 의존적으로—계속한다. "성령은 공동체 안에서의 선포의 능력이다"(불트만). 라이트후트는 여기서 9장에 나오는 눈먼 사람의 증거를 비교한다. 이사야 43장 10절을 참조하라.

그것은 너희가 처음부터 나와 같이 있었기 때문이다. 그들의 자격은 그들이 오랫동안 예수와 연합해 있었다는 데 있다. 사도행전 1장 22절과 10장 37절을 참조하라. ἀρχή("처음")의 이런 용법에 대해서는 16장 4절을 참조하라 ; 요한복음의 그밖의 곳에서 ἀρχή는 선교활동의 시작을 지시하는 것이 아니라 창조의 시작 혹은 시간의 시작을 지시한다. ἐστε("있다")는 지속성을 암시한다. 제자들은 예수와 함께 있어왔고 또 그가 말하는 이 순간에도 그와 함께 있다. 실로 그들과 예수와의 연합은(마지막 담론들에서 반복되는 것으로) 영원히 해체될 수 없는 것이다.

4. 世上에 대한 審判 16장 1—15절

1 "내가 너희에게 이 말을 한 것은 너희로 걸려넘어지지 않게 하려한 것이다. 2 사람들이 너희를 회당에서 쫓아낼 것이다. 그리고 너희를 죽이는 사람들이 그 죽이는 행위가 하느님을 섬기는 일이라고 생각할 때가 올 것이다. 3 그들은 아버지와 나를 알지 못하기 때문에 그와 같은 일을 행할 것이다. 4 내가 너희에게 이 말을 해두는 것은 그들의 때가 올 때 내가 한 말을 생각나게 하려는 것이다. 또 내가 이 말을 처음부터 하지 않은 것은 내가 지금까지 너희와 함께 있었기 때문이다. 5 그러나 나는 지금 나를 보내신 이에게로 간다. 그런데 너희 중에 아무도 나더러 어디로 가느냐고 묻는 사람이 없고 6 도리어 내가 이 말을 한 까닭에 너희 마음 속에 슬픔이 가득차 있다. 7 그러나 내가 사실을 말한다면 내가 떠나가는 것이 너희에게 유익하다. 내가 떠나가지 않으면 보혜사가 너희에게 오시지 않을 것이며 내가 가면 그분을 너희에게 보낼 것이다. 8 그가 오시면 죄에 대하여, 의에 대하여, 심판

에 대하여, 잘못 생각하고 있음을 세상 사람들에게 깨우쳐주실 것이다. 9 죄
에 대해서라 함은 세상이 나를 믿지 않기 때문이요 10 의에 대해서라 함은
내가 아버지께로 가고 너희가 나를 더 보지 못하게 되기 때문이요 11 심판
에 대해서라 함은 이 세상 통치자가 심판을 받았기 때문이다. 12 아직도 내
가 너희에게 할 말이 많으나 너희가 그것을 감당하지 못할 것이다. 13 그러
나 보혜사 곧 진리의 영이 오시면 너희를 모든 진리 가운데로 인도하실 것
이다. 그는 자기 마음대로 말씀하시지 않고 들을 것만 일러주실 것이요 앞으
로 올 일을 너희에게 알려주실 것이다. 14 또 그는 나를 영광스럽게 하실 것
이다. 그가 내것은 받아가지고 너희에게 알려주실 것이기 때문이다. 15 아버
지께서 가지신 것은 다 내것이다. 성령이 내게서 받은 것을 너희에게 알려
주실 것이라고 내가 말한 것은 이 때문이다."

앞의 단락(15,18—27)이 현재의 단락에 계속 이어진다는 것을 앞서 지적한 바 있다(이 책 323면 이하). 불가피하게 교회는 세상과 분리되며 세상의 미움을 불러일으킨다. 여기서 세상은 예수가 행한 진리의 증거를 거부하였고 제자들과 보혜사가 진리를 드러낼 때, 동일한 증거를 마찬가지로 거부한다. 교회와 세상과의 이와같은 분리와 교회에 대한 세상의 미움은 순전히 사회학적 현상으로 설명될 수 있었다. 배타적이고 다소 신비적인 집단은 세속적인 인기를 얻을 가망이 거의 없다. 그러나 그러한 현상은 단순히 사회학적인 것이 아니다 ; 그것은 신학적인 현상이며, 또한 그것의 신학적인 의미는 새로운 단락이 일단 역사적인 용어(회당에서 축출함, 순교)로 분리를 재진술하고 나서 계속 표현하고자 하는 것이다. 세상의 공격이 가져 올 실제적인 위험은 죽음의 가능성에 있는 것이 아니라 신앙을 포기하게 할 수 있다는 데 있다. 이러한 공격에 대항하여 예수는 그의 제자들을 계속 보호할 것이다. 공격은 미워함에서 연유한 것이 아니라 예수 안에서 드러난 하나님의 계시를 인정하려고 들지 않는 데서 일어나는 것이다. 교회의 증거에 대한 세상의 태도는 그것의 하느님에 대한 태도를 드러낸다. 이것은 세상 자체가 심판을 받는다는 것을 의미한다. 이미 언급된(15장 18—27절에 대한 서론 참조) 공관복음서의 묵시들은 심판의 주제를 지향하며 또 그 주제에서 절정에 이른다. 요한의 담론들도 이와 마찬가지이다. 그러나 이 주제는 다시 한번 바뀌어졌다. 심판은 더 이상 주로 미래적인 것이 아니라(그러나 13절과 그 주석 참조) 교회 안에서 보혜사의 활동을 통하여 지속적으로 진행되는 것이다. 보혜사는 진리, 즉 예수 안에서 현시된 하느님의 진리(1,18)를 교회에 대하여 직접적

으로 증거하며 세상에 대하여 중개적으로 증거한다. 보혜사를 통하여 예수의 선교는 지속된다. 죄, 의, 심판의 관점에서 판결을 내리는 과정은 예수의 사역뿐 아니라 교회의 사명을 분석하는 데 도움을 준다. 세상의 죄, 하느님의 의, 그리고 이 양자가 만나는 데서 일어나는 심판이 폭로된다. 그러나 예수가 아버지와 함께 하려고 떠나가심을 통하여, 또 그의 영광받음에 뒤이어 성령을 선물로 주심을 통하여, 전 과정이 결정된다. 이것이 바로 예수가 떠나려는 이유인데, 그의 떠나심 자체는 고통스러운 것일지라도 제자들에게 유익을 주는 것이다. 이러한 미래의 선취는 역사의 단계에서 일어나는 것이므로 암시된 역사적인 상황들을 어느정도 재구성할 가능성이 있다(특히 마틴의 재구성을 참조하라). 그러나 요한의 사상은 상황적이라기 보다는 그 동기가 신학적인 데 있으므로 하나의 역사적인 상황을 넘어서는 것과 연관이 있다. 이 단락의 주제들은 다음 단락에서도 계속 전개된다.

[I] 내가 너희에게 이 말을 한 것은. 14장 25절을 참조하라. 여기서 ταῦτα는 세상의 미움을 지시하는 것인데(15, 18—27), 세상의 미움은 다음 귀절에서 좀더 상세하게 다시 언급되고 한편으로 보혜사에 의한 세상의 심판이 연결된다.

너희로 걸려넘어지지 않게 한 것이다. 요한복음에서 "걸려넘어지다" (σκανδαλίζειν)란 말(이 말은 특히 마태오의 특징적인 용어이다)은 다른 곳에서는 6장 61절에서만 사용된다. 거기에 대한 주석도 참조하라. 이 두 곳에서 그 말은 중요한 의미를 지닌 것으로서 "그리스도교의 신앙을 포기하게 하는 것"을 뜻한다. 이러한 용법은 후대 그리스도교 문헌들, 예를 들어 열 두 사도 교훈(*Didache*) 16, 5; Hermas, *Vis.* Ⅳ, i, 3; *Mand.* Ⅷ, 10에서 볼 수 있다. 그러나 헤르메스 문서의 귀절들에서 ἐσκανδαλισμένοι는 배교자들이라기보다는 동요하는 사람들을 뜻한다. 요한은 그리스도교인들이 박해 아래 그들의 신앙을 포기하게 될 가능성을 확실히 생각하고 있었고 아마 이런 가능성이 실현되었다는 것을 알 만한 이유가 그에게 있었던 것 같다. 이와 같은 잘못이 실제로 행해졌다 : 요한묵시록 21장 8절 ; 또한 거의 동시적으로 박해 아래 행해진 배교(背敎)—이것은 당연한 것일 수도 있다—를 언급하는 Pliny, *Ep.* x, xcvi, 6 : "20년 전(즉 A.D. 92년)은 물론 수년 전까지만해도 많은 사람들이 실로 [그리스도교인]이었으나 이제는 아니다"를 참조하라. 제자들은 박해에 놀래서 그들의 신앙이 동요하지 않도록(참조. 베전 4, 12 : "놀라지 마시오") 미리 경고를 받았다. 마르코복음 14장 27—31

절이는 "걸려넘어지다"(σκανδαλίζεσθαι)의 용법을 포함하여 다소 유사한 경고가 나와 있다. 현재의 경고와 마찬가지로 이 경고는 마지막 만찬의 맥락에서 제시되며, 요한은 아마 마지막 만찬에 관한 전승 자료를 실제적인 박해에 비추어서 발전시킨 것 같다(참조. 린다스). 왜 요한이 마르코의 형태대로 그 전승을 알아서는 안 되었는지에 대한 타당한 이유는 없다.

[2] 사람들이 너희를 회당에서 쫓아낼 것이다. 9장 22절을 참조하라. 요한의 교회에 속한 회원들을 "쫓겨난 사람들"(ἀποσυνάγωγοι)로 보는 것은 그럴 듯하다(Martyn, 20 ; 참조. 24, 148).

그리고. ἀλλά("그리고")의 이런 함축성있는 용법("그렇게 할 뿐만 아니라 더 나아가서…")에 대해서는 고린토전서 3장 2절과 고린토후서 7장 11절, 필립보서 1장 18절을 참조하라. *B.D.*, §448도 참조하라.

때가 올 것이다. 이 어구에 대해서는 4장 21·23절을 참조하라. 여기서 이 말은 실재적인 미래를 지시하는 것이다. 예수 생애의 마지막 밤에 비추어 볼 때 박해의 때가 다가오고 있다. 동일한 말("때" ὥρα)이 예수의 수난과 관련해서 사용되듯이(예. 13, 1) 제자들의 수난과도 관련해서 사용된다는 것은 제자들의 수난 역시 신학적으로 중요한 것임을 암시한다.

ἵνα절("때"를 설명해주는 형용사절)은 설명적인 것이다. 그것이 때를 나타내는 불변화사로서 의도된 아람어 ㄱ를 잘못 표현한 것이라고 생각할 필요는 없다(참조. 12, 23 ; 13, 1 ; 16, 32 ; 참조. *M.* Ⅱ, 470).

너희를 죽이는…생각할. 예수를 죽이려는 보다 초기의 위협들을 참조하라. 마틴(47—48, 52)이 다음과 같이 주장한 것은 옳다. 즉 "추방하려는" 움직임(9·10장)을 다시 다루고 있으며 2절b가 그를 죽이려는 시도(5·7장)를 다시 서술하고 있다는 것이다. 그리스도교에 대한 유다교의 반대가 일어난 동기의 중요성을 인식케 한 것은 요한의 공적으로 인정할 만하다. 참조. *Sanhedrin* 9, 6 : "만일 어떤 사람이 신성한 그릇을 훔치거나 코셈(kosem)의 이름으로 저주를 퍼붓거나 또는 한 아람여인을 그의 정부로 삼는다면 열혈당원들이 그를 공격해도 좋다. 만일 사제가 부정한 상태에서 그의 형제들을 위해 [제단에서] 제사를 드린다면 사제들은 그를 법정으로 데려가지 못하지만 사제들 가운데 젊은이들이 그를 성전뜰 밖으로 쫓아내어 그의 머리를 곤봉으로 때릴 수 있다." 또한 (민수기 25장 13절과 관련하여) 민수기 대 미드라쉬 21장 4절 : "속죄하는 능력이 제사를 드리는 자에게 있다면 누가 제사를 드리겠는가? 이것은 불경한 자의 피를 뿌리는 자마다 제사를 드리는 자와 같다고 너희들에게 가르치는 셈이다." 물론 이 인용문들 중에 어느 귀절이 마구 살해하는 것을 일반적으로 시인했다거나 아니면 그것을 매우 진지하게 받아들였다고 생각하는 것은 중대한 잘못일 것이다. 요한은 여기서 11장 50—52절에서처럼 반어적으로 기술하고 있다. 참으로 박해로 인한 그리스도교인들의 죽음은 하느님에게 바치는 제물이다. "섬김"(λατρεία)이란 말은 요한복음의 그밖의 곳에서는 나오지 않으며 신약성서에서 다른 네 곳에서만 나온다. 세 곳(로마 9, 4 ; 9, 1·6)에서 그 말은 성전예배를 지시하며 히브리어 ʿbodah에 일치한다. (유다인) 그리스도교인들에 대한 유다교의 박해에 관한 다른 언급들에 대해서는 (공관복음서에서) 마태 5, 10·11 ; 10, 21·22·28 ; 24, 8 ; 마르 13·12·13 ; 루가 6, 22 ; 12, 4 ; 21, 12를 참조하라. 바울로는 이같은 그리스도교인들에 대한 박해자였다(사도 8, 3 ; 고전 15, 9 ; 갈라 1, 13·23 ; 필립 3, 6). 요한의 말들이 단지 상상에서 나온 것 같지는 않지만 그러나 그리스도교인들이 유다인들의 손에 죽임을 당한 사실에 대한 증거는 많지 않다.[1)]

〔 3 〕 전체 귀절이 sin사본에는 생략되어 있는데, 아마 (3. 4절이) 같은 말로 시작하기 때문인 것 같다. 4절은 halen으로(ἀλλά라는 말이 생략된 채) 시작되고 그 원래 형태에 있어서 3절도 halen(혹은 pesh사본에서처럼 wᵉhalen)으로 시작되었을 것이다. "행할 것이다"(ποιήσουσιν) 다음에 "너희에게"가 ℵ D a Augustin에는 첨가되어 있다.

알지 못하기 때문에…. 15장 21·23·24절을 참조하라. 단순과거 "알다"(ἔγνωσαν)라는 말이 완전한 의미를 지닐 경우, 다음과 같은 뜻이 된다. 즉 유다인들은 그들이 예수의 인격과 활동에서 하느님을 인식하지 못했기 때문에 그리스도교인들을 박해하리라는 것이다.

〔 4 〕 1절을 참조하라. 박해의 때가 오면 제자들은 예수가 박해를 미리 예고했었다는 사실을 기억할 것이므로 그들의 신앙은 약해지지 않고 오히려 강해질 것이다. 왜냐하면 그들은 박해 가운데서 그의 말씀의 성취와 그의 초자연적인 지식의 확증을 보

1) 사도행전 7장 54—60절 ; (12, 2·3) ; Josephus, *Ant.* XX, 200 ; *Mart. Pol.* 13, 1 ; Justin, *Trypho* 110, 4 ; 131. 2 ; 133. 6 ; 또한 D.R.A. Hare, *The Theme of Jewish Persecution of Christians in the Gospel According to St. Matthew*(1967)을 참고하라.

게 될 것이기 때문이다.

그들의 때. 참조. 루가복음 22장 53절 : "바로 너희의 때가 되었다." 번역하면 (이미 내가 예고한) "이런 일들의 때"가 아니라 "그들(너희의 박해자들)의 때"이다. 예수의 "때"는 그의 실패를 의미하는 것으로 보이지만 사실은 그의 올리워짐과 영광을 말한다 ; 그의 적들의 때는 그들의 승리를 의미하는 것 같으나 사실은 그들의 패배를 말한다.

처음부터. 6장 64절에서처럼 ἐξ ἀρχῆς("처음부터")이다. 참조. ἀπ' ἀρχῆς("처음부터") : 15장 27절.

너희와 함께 있었기 때문이다. 예수가 제자들과 함께 있는 동안 그들은 그의 직접적인 보호 아래 있었기 때문에 예수가 그들에게 위험을 경고할 필요는 없었다 ; 참조. 18장 8·9절 : "…이 사람들을 가게 하라… 그들 가운데 하나도 잃지 않았읍니다."

[5] **나는 지금 나를 보내신 이에게로 간다.** 이 말은 요한의 독특한 표현이다. "돌아가다"(ὑπάγειν)에 대해서는 특히 7장 33절과 13장 33절을 참조하라.

그런데 너희 중에 아무도 나더러 어디로 가느냐고 묻는 사람이 없고. 현재시제인 ἐρωτᾷ("묻다")를 강조하는 것이 필요하고도 정당한 것 같다. ἠρώτησε(ἐρωτάω "묻다"의 1 과거)가 13장 36절과 14장 5절에 매우 모순되는 것이므로 요한은 현재시제를 쓰고 있다. 여기서 그는 단지 예수의 말에 대한 제자들의 즉각적인 반응을 다루고 있을 뿐이다. 예수가 떠나가리라는 생각 때문에 그들은 슬픔에 잠긴다. 그러나 그들이 예수가 어디로 가는지를 묻기만 했다면 그래서 그가 아버지에게로 간다는 것을 알게 되었다면 그들은 슬퍼하지 않고 오히려 그의 떠나감이 그들에게 유익을 주리라(7절 : "너희에게 유익하다" συμφέρει ὑμῖν)는 것을 깨닫았을 것이다. 그들이 슬퍼하는 이유는 그들 자신의 일에만 몰두해 있었기 때문이다(참조. 열하 6, 15). 그러므로 그들은 왜 그들이 홀로 남겨져야 하는가를 이해함으로써 그들의 슬픔을 극복해야 한다(참조. 불트만). 다드(*Interpretation*, 412—13)는 이 귀절과 13장 36절, 14장 5절 사이의 분명한 모순에 대해서 다르게 설명한다. 그는 다음과 같이 결론짓는다. "예수가 제자들을 꾸짖는 것은 그들이 그의 목적지에 대해 묻지 않았기 때문이 아니라 그가 아버지에게로 돌아갈 것임을 알고 있음에도 불구하고 그들이 미래에 대해 낙심했기 때문이다"(413).

[6] 슬픔. 이 단어는 본장의 특징적인 용어이다. 20·21·22절을 참조하라.

가득 차 있다. 헬라어 원문에는 πληροῦν(능동의 타동사 : "가득 채우다")로 되어 있는데 이 말이 주어가 목적어를 가득 채우는 것으로 이해되는 경우는 흔치 않다. 결과적으로 "슬픔"은 거의 인격적인 의미를 지니게 된다 : "슬픔이 너희의 마음을 가득채우고 또 너희의 마음을 사로잡았다." 시편 47편 7절(70인역)을 참조하라.

[7] 내가 사실을 말한다. "사실"(ἀλήθεια)에 대해서는 1장 14절을 참조하라. 여기서 ἀλήθεια는 단지 거짓에 반대되는 사실을 의미한다는 것이 거의 확실하다. "나는 바로 사실을 너희에게 말하는 것이다 ; 나의 떠나감이 너희에게 유익하리라는 것은 참으로 사실이다." 그러나 좀더 완전한 의미가 의도되었을 것 같기도 하다. 예수의 떠나감은 그의 죽음, 그가 하늘에로 올라감, 성령의 오심을 의미하기 때문에 복음 자체는 예수가 떠나간다는 사실에 있다.

너희에게 유익하다. 11장 50절, 18장 14절(요한복음에서 "위로하다" συμφέρει의 유일한 다른 용례들)을 참조하라. 이 두 귀절은 죽음을 통한 예수의 떠나감과 거기에 따르는 유익함을 언급하고 있으며, 가야파가 한 말이긴 하지만 요한은 그 말을 부지불식간에 또한 반어적으로 사실로 간주했다. συμφέρει는 (관사가 붙든 붙지 않든지 간에) 보통 부정사가 뒤따른다. 요한은 그의 문체에 맞게 (이 말에) 설명의 ἵνα절을 대치시키고 있다.

보혜사가 오시지 않을 것이며. "보혜사"(παράκλητος)에 관해서는 14장 16절을 참조하라. 이 사상은 7장 39절의 사상과 일치하는 것이다 ; 성령이 오심으로써 예수의 영광받음이 기대된다. 성령은 교회를 세우고 세상을 구원하는 대행자이다. 이러한 의미에서 성령의 오심은 그리스도의 활동의 완성에 달려 있다.

내가 그분을 보낼 것이다. 14장 16절을 참조하라.

[8] 세상사람들에게 깨우쳐주실 것이다. 이 책 1권 143면을 참조하라. ἐλέγχειν("깨우치다")은 가령 죄 혹은 잘못을 "드러내다"를 의미한다. 따라서 그 의미는 "깨닫게 하다"이다. 레안니(A.R.C. Leaney, *J. & Q.*,45)는 הוכיח(יכח의 hiphil형)이 사해사본들에서 다소 유사한 의미("비난하다")로 사용되고 있음을 지적하면서 어떤 사람이 다른 사람을 비난한다는 내용이 들어 있는 인용귀들에 덧붙여서 다음의 사실에 주목한다. 감사의 시편 9장 23절에서 하느님

이 그 동사의 주어로 나오며, 종도의 규례 9장 16·17절에서는 소송의 대상이 단지 상대자를 틀렸다고 판명하는 것이 아니라 그가 틀렸음을 설득시켜 그로 하여금 그의 마음을 바꾸도록 하는 데서(이것은 문제삼을 수도 있지만) 그 동사가 나온다는 것이다. 그러나 그 동사의 이러한 용법은 두루마리 사본들에 한정되는 것은 아니며(Jastrow 참조) 요한의 헬라어가 지닌 의미를 거의 설명해 주지 못한다. ἐλέγχειν은 양심조인 희랍의 도덕주의자들이(예. 필로) 주로 사용하던 용어였다. 많은 예들이 제시될 수 있었다. 몇몇 중요한 귀절들에서 필로는 말씀(그리고 유사한 존재들)을 "폭로자"(ἔλεγχος)로 말한다. 이와 같은 예로는 *Det.*, 146(하느님은 우리를 처벌하시지만 그의 자비로 우리의 잘못을 고쳐주신다); "폭로하는 권고, 즉 그 자신의 말을 깨닫도록 당신이 보냈다"; 그러나 필로는 이미 "양심에…책망받은" 사람들에 대해서 말하고 있음을 주목해야 한다. 이와 같이 하느님의 말씀의 효력은 양심의 작용을 정화시키는 데서 나타난다. 따라서 현재의 귀절에서 보혜사의 기능 가운데 세상의 양심에 영향력을 행사하는 일을 볼 수 있다는 것은 비록 요한이 어떤 식으로 이런 영향력이 미칠 것이라고 말하고 있지는 않지만 당연한 일이다. 그러나 요한은 이미 14장 17절에서 세상은 보혜사를 영접할 수 없다고 말한 바 있으므로 우리는 보혜사의 일을 교회를 통해 중재되는 것으로 생각해야 하는데, 오직 교회만이 그를 영접할 수 있고 특히 세상의 죄를 깨닫게 하는 그리스도교 설교가들의 성령의 영감을 받은 말씀을 통해서 그렇게 할 수 있다는 것이다. 여기서(또한 "보혜사"라는 말에서) 성령의 도우심이 심판의 때에 제자들에게 약속된다는 공관복음서의 말들(마르 13, 11과 병행귀를)을 연상할 수 있다. 사실이 그러하다면 요한은 특징적으로(참조. 9, 18, 19장) 그러한 사상을 강조하였던 것이므로 결과적으로 성령은 신자들을 방어하는 데 만족하지 않고 세상에 대해 공세를 취할 것이다. 이것은 "진행 중인 교회의 복음주의적 활동의 상(像)"에 해당되는 것이다(샌더스). 그밖의 곳에드 이러한 과정에 대한 상세한 설명의 암시들(Johnston, Martyn)이 나올 수 있지만 여기서 요한은 그것을 상황적인 용어라기보다는 신학적인 용어로 다루고 있다.

죄에 대하여, 의에 대하여, 심판에 대하여. 죄, 의, 심판에 관해서는 요한이 그 말들의 의미를 밝히고 있는 이어지는 귀절들을 참조하라. 현재의 귀절이 시나이 시리아 사본에는 "그것의 죄에 대하여, 그것의 (혹은 그의) 의에 대하여, 그리고 심판에 대하여"라고 되어 있다. 이 독법을 원문대로의 독법으로 받아들일 수는 없지만 그 명사들에 대한 해석을 고려한다면 염두에 두어야 한다.

[9] 죄에 대해서라 함은…때문이요. 문장구조는 περί("대해서")와 ὅτι("왜냐하면")를 어떤 식으로 받아들이냐에 달려 있다. 중요한 가능성들은 다음의 세 가지이다. 첫째 περί는 "…에 대하여"를 의미한다. 그러면 이 문장은 이렇게 의역할 수 있다. "그는 나를 믿지 않음이 곧 죄인 것을 세상에 알림으로써 죄에 대하여(그것의 잘못에 대하여) 세상을 깨우쳐주실 것이다." περί가 이런 식으로 번역된다면 ὅτι는 의역하는 데 있어서 그 말 자체에 해당되는 의미밖에 지닐 수 없다. 둘째, ἐλέγχειν περί는 "무엇에 대하여 죄를 깨닫게 하다"를 의미한다. 이럴 경우 ὅτι는 두 가지 의미를 가질 수 있다. 하나의 의미는 "때문에"이다. "죄는 사람들이 나를 믿지 않는 데서 그 완전한 정의를 얻게 되기 때문에 그는 그 죄에 대하여 세상을 깨우치실 것이다." 세째, 둘째항에서 제시된 ἐλέγχειν περί의 번역을 채택하고 ὅτι에 "~한 점"(that), "~한 점에서"(in that)라는 의미를 부여하는 것도 역시 가능하다. 이럴 경우 "그는 사람들이 나를 믿지 않는다는 점에서 (혹은 즉 그들이 나를 믿지 않는다) 그 죄에 대하여 세상을 깨우치실 것이다"로 의역할 수 있다. 이러한 해석들 가운데 어느 것도 불가능한 것으로 간과해 버릴 수는 없다. 첫째항의 해석이 특히 주의를 끄는데, 그것은 세 단어, 즉 죄, 의, 심판에 대하여 쉽게 적용할 수 있기 때문이다. 세상은 죄, 의, 심판 모두에 대한 그릇된 개념을 갖고 있다. 세상은 예수가 죄인이었으므로 그가 십자가 처형을 받은 것은 당연하다고 생각한다. 다른 한편으로 세상은 그 자체의 의만이 전부라고 믿으며, 또한 이같은 견해에 비추어서 예수와 그 자체를 판단한 것이 옳고 그러한 판단은 신적인 확증을 받게 될 것이라고 믿는다. 그러나 성령의 일은 이러한 그릇된 개념들을 수정하는 데 있다. 또한 성령의 일은 죄란 예수를 배척하는 것이고, 그만이 아버지의 오른편에 올리워졌으므로 오직 예수의 의만을 인정할 수 있다는 점을 알게 하는 데 있으며, 심판을 받을 이는 예수가 아니라 이 세상의 통치자임을 제시하는 데 있다. 이러한 해석이 "요한적인" 것이라는 데 대해서 논박할 수는 없지만 그 해석을 받아들일 경우 ἐλέγχειν περί에 대하여 8장 46절에서의 그것의 의미와는 다른 의미를 부여해야 한다는 이의가 제기된다. 8장 46절에서 ἐλέγχειν περί는 "너희 중에서 누가 죄에 대하여 나를 깨우쳐줄 것인가 (내가

죄인임을 알게 해 줄 것인가)?"를 의미해야 하며 "너희 중에 누가 죄에 대한 잘못된 견해를 갖고 있음을 나에게 깨우쳐줄 것인가?"를 의미할 가능성은 없다. 그러므로 둘째 항과 세째 항의 해석 가운데 어느 하나를 채택하는 것이 필요하다. 주지한 바대로 이 두 가지 해석은 첫째 항의 해석이 그러하듯이 이어지는 귀절과의 연관성을 당연한 것으로 제시하지는 않지만 그 난점은 사실 중요하지 않다; 10·11절에 대한 주석을 참조하라. 그 의미는 다음과 같다. 그는 (사람들 속에 있는) 죄의 사실에 대하여, (내 안에 있는) 의의 사실에 대하여 그리고 죄와 의가 병존하는 심판의 사실에 대하여 세상을 깨우쳐줄 것이다. 세상은 이런 사실들을 인정할 수밖에 없을 것이다. 둘째 항이 세째 항에 비해 더 채택할 만한 것 같다. 요한은 죄(또는 의와 심판)의 내용을 진술하고 있다기 보다는 죄(또는 의와 심판)를 뉘우치게 하는 기본적인 근거를 제시하는 것 같다. 그렇다면 현재의 귀절은 다음과 같은 의미를 지닐 것이다. 성령은 (설교가 교회의 증거의 가장 분명한 표현이긴 하지만 설교에 국한되지 않는) 교회의 증거를 통하여 사람들의 양심에 영향력을 미치는 것으로서 그들의 죄에 대하여 그들을 깨우쳐줄 것이다. 8절에 대한 시나이 시리아 사본의 독법에서 여기에 대한 확증을 얻게 된다. 현재의 귀절에서 그 독법은 "죄들"이다("죄인들"은 가능하긴 하지만 그럴 것 같지 않은 독법이다—Merx). 그것은 아마 자연스런 독법이었던 것 같은데 복수를 사용하는 잘못을 범하였다. 세상의 죄들은 세상이 예수를 배척하는 데서 가장 두드러지게 나타난다. 빛이 어둠 속에 비쳤으나 사람들은 어두움을 더 좋아했다 (3, 19—21). 예수를 배척하는 것이 유일한 죄라는 것이 아니라 그것이 모든 죄의 전형이요 완결이며 궁극적으로 그러한 세상의 죄는 그리스도를 십자가에 못박기까지 한다.

[10] 9절을 참조하라. 요한복음에서 "내가 아버지께로 간다"와 "너희가 나를 더 보지 못하게 된다"가 지닌 일반적인 의미에 유념하는 것이 중요하다. 이 두 말은 참으로 죽음임과 동시에 영광스런 올리워짐이었던 한 사건에 있어서 예수의 떠나감과 사라짐을 동시에 지시한다. 이 복합적인 사건은 신약성서를 통해서 볼 때 예수의 의와 하느님의 의를 보증하는 것으로 간주된다; 특히 로마서 3장 21—31절을 참조하라. 요한은 그 복합적인 사건에서 두 가지 요소를 분리하고 있지 않으며 오히려 예수의 죽음은 하느님의 뜻에 대한 그의 완전한 복종을 입증한 것이고, 그의 올리워짐은 그의 의가

인간의 열광적인 동의 이상으로 승인받은 것임을 입증할 것이라고 말할 수 있다. "의"(δικαιοσύνη)라는 말은 요한복음에서 이러한 문맥에서만 나온다. 그러나 이 말은 심판의 주제에 의해, 또는 "죄"(ἁμαρτία)와의 필연적인 상호관련성에 의해 결정된 문맥에서 나오는 것으로 첫째로 예수의 무죄를 의미한다(히브리어 "죄" רשע 와 "의" צדק 참조). 앞서(8절) 언급된 시리아 사본의 독법은 아마 이같은 의미를 분명히 해주는 것 같다. 그러나 그것은 성령이 세상의 의가 잘못된 것임을 증명해 준다는 의미일 수도 있었다. 하지만 소유격대명사는 원래적인 것이 아니며 요한은 명사 "의"에서 칭의와(그러한 사상에 대해서는 바울로를 참조하고 몇몇 쿰란문서들에도 그러한 사상이 나타나 있는 것 같다. 예를 들어 IQH 4, 30—7 ; 7, 16—19·28—31 ; IQS 11, 10—15), 신자들에 대한 변호를 뜻하는데, 여기서 세상은 신자들에게 공격을 가함으로써 자체의 경건을 드러낸다고 생각한다(2절).

[11] 이 세상의 통치자가 심판을 받았다. 12장 31절과 14장 30절, 그리고 거기에 대한 주석을 참조하라. 예수의 죽음은 사탄의 멸망을 내포하였다(완료형 κέκριται "심판을 받았다"는 교회의 입장에서 기술한 것이다). 이런 역사적인 사건에 입각해서 사람들은 성령을 통해 심판의 사실을, 따라서 하느님에 의한 그들 자신의 심판을 깨닫게 될 것이다.

[12] 아직도 내가 너희에게 할 말이 많으나. 4절b를 참조하라. 예수가 그의 선교를 펴나가는 과정에서 말하지 않았던 것들이 있었다 ; 개중에는 그가 끝까지 말할 수 없었던 것들이 있었다. 그러나 다른 의미에서 볼 때 보혜사조차 새로운 것을 더해주지 않고 다만 예수가 이미 한 말만을 기억하게 할 것이므로 예수는 모든 것을 말했다고 할 수 있다[2](14, 29 ; 16, 13 이하).

너희가 그것을 감당하지 못할 것이다. βαμτάζειν= "인내하다", "지탱하다"에 대해서는 사도행전 15장 10절, 갈라디아서 5장 10절, 요한묵시록 2장 2·3절을 참조하라. βαστάζειν의 이러한 용법은 일반적인 용법이 아니다 ; *M.M.*의 해당 항목을 참조하라. 히브리어의 נשא ("인내하다")의 용법 참조(참조, *B.D.B.* 해당 항목, *Qal*, 2. d). 가르침으로는 전달될 수 없고 하느님의 직접적인 행위로만 전달되는 진리에 관한 사

2) 예수의 선교의 미완성이라는 주제에 대해서는 "Theocentric" X 364—8 ; 또한 E. Bammel의 논문, "*Christ and Spirit in the New Testament* (Festschrift C.F.D. Moule, 1973), 199—217을 참조하라.

상에 대해서는 *C.H.* XIII, 2(갱생에 대한 진리), "그는 가르침을 받지 아니하고…하느님을 통해서 기억한다"를 참조하라. 14장 26절을 참조하라.

[13] 진리의 영. 14장 16절을 참조하라.

너희를 인도하실 것이다. "인도하다"(ὁδηγεῖν)는 시편의 특징적인 말이다. 예를 들어 시편 25(24)편 5절, "당신의 진리로 나를 인도하소서"; 143(142)편 10절, "당신의 영이 선하시니 나를 바르게 인도하소서"를 참조하라. *Philo. Mos.* Ⅱ, 265, "…만일 그를 진리로 인도하는 영이 신에게 속한 것이 아니라면"이라는 귀절을 참조하라. 그 (영감받은) 헤르메스의 예언자는 사람들에 대하여 그들이 그를 통해 하느님의 구원을 받도록 하기 위해 "인도자처럼"(καθοδηγός) 되라는 소환을 받았다(*C.H.* 1, 26 ; 또한 4, 11 ; 7, 2 ; 9, 10 ; 10, 21 ; 12, 12). 또한 지혜서 9장 11절과 10장 10·17절을 참조하라. 어떤 밀의 종교들에서는 신비에 몰입하려는 지원자들을 지도하는(ἄγειν) "신비의 지도자"(μυσταγωγός)가 있었다. 불가타와 몇몇 고대 라틴역본들은 ὁδηγήσει ὑμᾶς 대신에 διηγήσεται ὑμῖν으로 읽었던 것 같다. 이것은 의도적인 개정인 것 같다. 여기서 쿰란의 "의의 교사"의 일과 근소한 병행성이 있을 뿐이다. 이사야 43장 19절 ; 초막절 성구인 창세기 35장 9절에 일치하는, 제의 때 낭송되던 예언서 성구(haphtarah)로부터 나온 44장 7절을 참조(Guilding, 115)하라.

모든 진리 가운데로(εἰς τὴν ἀλήθειαν πᾶσαν). 이것은 B의 독법인데, W의 독법이 εἰς πᾶσαν τὴν ἀλήθειαν으로 되어 있다고 하더라도 B의 독법은 여기서 거의 지지할 수 없다. 그러나 "모든 진리 안에"(ἐν τῇ ἀληθείᾳ πάσῃ)가 가장 잘 입증되며(ℵ D W 등—θ는 ἐν.π.τ.ἀλ.로 되어 있다) 아마 더 나은 독법일 것이다. ὁδηγεῖν("인도하다") 뒤에 자주 ἐν("안에")이 나오는 70인역의 용법에 대한 하나의 수정으로 보아 그 독법을 간과해 버릴 필요는 없다. 왜냐하면 요한은 확실히 70인역을 알았고 바로 그러한 이유에서 ἐν을 썼을 것이기 때문이다. 이 두 독법의 의미상 차이는 근소하다. 그러나 εἰς τὴν ἀλήθειαν은 성령의 인도 아래 제자들은 모든 진리를 알게 되리라는 것을 암시하는 반면에 ἐν τῇ ἀληθείᾳ는 모든 진리의 영역 안에서의 인도를 암시한다 ; 그들은 예수의 선교를 통해 보장된 하느님의 진리 안에 머물게 될 것이다(참조. 1, 14). 그러나 브라운이 그 두 전치사(εἰς와 ἐν) 사이에 대단한 차이점이 있을 법하다고 말한 것은 물론 옳다. 샌더스에 의하면 εἰς가 원래의 독법이었다가 그것이 신학적으로 위험시되었기 때문에 제거된 것이라고 한다. 종도의 규례(IQS) 4장 2절에 의하면 "(빛과 어둠의 영들로 이루어진) 세상에서 행할 길들은 바로 이것이니, 즉 사람의 마음을 밝게 하고 그 앞에 참된 의(צדק אמת)에 이르는 모든 길을 곧게 하는 것이다." 여기서 어떤 병행성을 찾을 수는 있지만 브라운이 그 강조점은 의에 있는 것이고 참된(אמת)은 다만 의를 참된 것으로 한정지을 뿐이라고 지적한 것은 옳다.

그는 자기 마음대로 말씀하시지 않고. 예수가 자기 마음대로 말하지 않았던 것처럼(7, 17 ; 12, 49 ; 14, 10) 요한은 예수의 모든 말과 행위가 현명하고 선한 사람이나 반신반인(半神半人)의 말이나 행위와 같지 않았음을 거듭 강조한다. 예수의 말과 행위는 오직 참된 하느님으로부터 온 것이었다. 이와 마찬가지로 성령의 가르침은 일상적인 의미로 단지 영감을 말하는 것이 아니라 그것은 하느님 자신의 가르침이다.

(ㄱ) ὅσα ἀκούει(들은 만큼) : ℵ.b.
(ㄴ) ὅσα ἀκούσει(듣게 될 만큼) : B D* W vg.
(ㄷ) ὅσα ἂν ἀκούσῃ(들었던 것만큼) : ω a.
(ㄹ) ὅσα ἂν ἀκούσει(듣게 될 만큼) : D[c] Θ.

이들 독법 중에서 (ㄱ)의 독법은 네슬(Nestle)의 독법이지만 (ㄴ)의 독법이 채택되어야 한다. (ㄹ)의 독법은 아마 (ㄷ)에 대한 철자법상의 변형에 지나지 않는 것 같다. (ㄷ)의 독법은 문법적인 개정이고 (ㄱ)의 독법은 (ㄴ)에 대한 교리적인 개정이다. 현재 시제는 신적인 인격들의 영원한 관계들을 암시한다. (ㄴ)의 독법에서 미래형 동사는 성령의 미래 활동에 대한 요한의 주의깊은 강조에서 기인한 것이다 ; 7장 39절과 14장 16절(δώσει "주실 것이다") ; 14장 26절(πέμψει "보내실", διδάξει "가르치실", ὑπομνήσει "생각나게 하실") 등의 미래 시제를 참조하라. 성령을 통해 교회와 세상에 전달되는 말씀은 곧 하느님의 말씀이다 ; 참조. 8장 26절 : "나는 그에게서 들은 대로 세상에 말하고 있는 것이다."

앞으로 올 일을 너희에게 알려주실 것이다. "알려주다"(ἀναγγέλλειν)는 4장 25절 ; (5장 15절) ; 16장 13·14·15절에서 사용되고, 아마 16장 25절(변형된 독법 ἀπαγγέλλειν)에서도 사용된 것 같다. 4장 25절(또는 16장 25절)에서 이 말은 신적인 진리의 계시에 적용되었는데, 여기서도 이와 같이 사용되었음이 분명하다. "앞으로 올 일"(τὰ ἐρχόμενα)이 무엇인가를 증명하는 데서 난점이 제기된다. 두 가지 해석을 제시할 수 있다. 첫째 "예수가 배반당했던" 밤의 시점에서 본다면 τὰ ἐρχόμενα는 곧 일어나게 될 수난의 사건들을 가리키는 것이며 아마 십자가형과 부활을 모두 포함할 것이다. 둘째 복음서저자의 관점에서 볼 때 τὰ ἐρχόμενα는 아마 종말론적인 사건들로서 미래에 일어날 것이어야 했다. 대체로 마지막 담론들을 살펴볼 때 그 담론들에 나타난 관점이 곧 저자의 관점으로 생각된다는 것은 의심할 여지가 없다. 따라서 τὰ ἐρχόμενα는 참된 미래적 사건들이다. 이 사실에 비추어서 여기 서술된 성령의 일은—확실히 요한이 (바울로처럼) 이것을 하나의 참된 은사(χάρισμα)로서 받아들였을 것이긴 해도—영감을 주는 예고적인 예언과 같은 일에 불과하다고 추론할 수는 없다. Clement, *Stromateis* Ⅵ, 6에 보존된 베드로의 설교 단편을 참조하라. 거기서 보면 사도들은 사람들이 심판의 때에 변명하지 않도록 하기 위해서 "다가올 일"(τὰ μέλλοντα)을 선포하였다고 되어 있다. 마지막 종말론적 사건은 죄와 의를, 따라서 심판을 드러내는 일이다. 그리고 바로 이러한 기능이 요한이 방금 성령의 일로 돌렸던 것이다. 성령이 앞으로 올 일들을 선포할 때 그는 그 일들이 이미 이루어지고 있는 것으로 선포한다. 최후의 심판이 보혜사를 통한 세상의 뉘우침으로 선취된다. 그러나 (ㄴ)의 독법을 채택하는 것이 반드시 (ㄱ)의 독법을 배제하는 것은 아니다. 요한은 그 두 가지 사상의 흐름을 염두에 두었을 법한데, 그것은 (가고 옴, 봄과 보지 못함의 언어가 보여주듯이) 그가 예수의 죽음과 부활을 종말론적인 사건들로 생각하였기 때문이다. 마지막 담론, 특히 보혜사의 말들이 지닌 의미는 예수 생애의 마지막 밤과 복음서기자 자신의 날 사이의 시간적 간격이 신앙을 통해 완전히 없어져 버렸다는 것이다. 전 교회가 만찬의 방으로 들어가서 그의 죽음과 부활을 통히 현시되었고 또 실현된 사건으로서 종말론적으로 현시될 그리스도의 영광에 동참하게 된다.

[14] 그는 나를 영광스럽게 하실 것이다. 영광은 메시야가 마지막 날에 오실 때 그에게 자연히 뒤따르는 것이다 ; 마트코복음 13장 26절과 유다교 문헌, 그리고 그리스도교 문헌상의 여러 귀절들을 참조하라. 성령은 그리스도의 종말론적 기능들을 실현시킴으로써 이런 영광을 선취적인 방식으로 그에게 준다. 7장 39절을 참조하라. 그 귀절에서 ἐδοξάσθη는 하나의 단순한 사실, 즉 성령이 오시기 전에 그리스도의 올라가심을 지시하며 이 귀절에서 δοξάσει는 그리스도의 영광을 세상에 납득시키는 성령의 일을 지시한다. 어떻게

이런 일이 이루어지는가는 바로 다음에 나오는, 이유를 설명하는 ὅτι절에서 서술된다.

그는 내것을 받아가지고 너희에게 알려주실 것이기 때문이다. ἐκ τοῦ ἐμοῦ("내것")에 대해서는 다음 귀절에서(교대로 단수를 대신하는) 복수형태(ἐμά "내것들")를 참조하라. ἐκ τοῦ ἐμοῦ의 의미는 ἀναγγελεῖ("알려주다")의 용법과 앞 귀절들의 내용에 의해 결정된다. 성령이 결과적으로 세상에 대한 그리스도의 심판을 초래할 때 선포하는 것은 단지 그리스도의 가르침에 관한 진리가 아니라 그리스도의 선교와 그리스도 자신에 관한 진리이다. 그러나 사람들에 의해 이해되는 계시가 신적인 진리의 전부는 아니다. 그러므로 계시는 부분적인 것(ἐκ τοῦ ἐμοῦ "내것")이며 아들이 아버지께 속한 것을 거의 갖고 있다는 다음 귀절을 연상시킨다.

[15] 아버지께서 가지신 것이다. 3장 35절과 5장 20절과 거기에 대한 주석을 참조하라.

받다. 14절에서의 "받다"는 λήμψεται로서 미래형으로 되어 있으나 15절에서의 "받다"는 λαμβάνει로서 현재형으로 되어 있다. 그러나 이러한 시제의 변화는 중요하지 않은 것 같다.

5. 멀고도 가까운 未來 16장 16—33절

16 "조금 있으면 너희가 나를 보지 못하게 된다. 그러나 또 조금 있으면
나를 보게 될 것이다." 17 제자들 중 몇 사람이 서로 말했읍니다: "'조금 있
으면 나를 보지 못하게 되고 또 조금 있으면 보게 될 것이다' 또 '내가 아
버지께로 간다'고 하신 말씀은 무슨 뜻일까?" 18 그래서 그들은 "도대체
그가 말씀하시는 '조금 있으면'이라는 말씀이 무엇을 말하는 것일까? 우리
로서는 그 뜻을 모르겠다" 하고 의문을 일으켰읍니다. 19 예수께서는 제자
들이 자기에게 묻고자 하는 기미를 아시고 그들에게 말씀하셨읍니다: "조금
있으면 너희가 나를 보지 못하게 되고 또 조금 있으면 보게 될 것이라고 한
말에 대해 서로 논의하고 있느냐? 20 내가 진정으로 진정으로 너희에게 말
한다. 너희는 울고 애통하겠으나 세상은 기뻐할 것이다. 그러나 너희가 슬
픔에 싸여도 그 슬픔이 기쁨으로 변할 것이다. 21 여인은 해산할 때 고통을
당한다. 그것은 해산할 때가 왔기 때문이다. 그러나 아이를 낳으면 인간이

세상에 출생한 기쁨 때문에 그 고통을 잊어버린다. 22 이와 같이 지금은 너
희가 수심에 싸여 있지만 내가 다시 너희를 보게 될 때에는 너희의 마음이
기쁠 것이며 너희의 기쁨을 빼앗을 사람이 없을 것이다. 23 그 날에는 너희
가 내게 아무것도 묻지 않을 것이다. 내가 진정으로 진정으로 너희에게 말
한다. 너희가 아버지께 구하는 것은 무엇이나 그가 내 이름으로 주실 것이
다. 24 지금까지는 너희가 아무것도 내 이름으로 구하지 않았다. 구하라, 그
리하면 받을 것이요 너희의 기쁨이 넘치게 될 것이다." 25 "지금까지는 내
가 너희에게 이것을 비유로 말했으나 더 비유로 말하지 않고 아버지에 대한
것을 밝히 너희에게 일러줄 때가 올 것이다. 26 그 날에는 너희가 내 이름
으로 구할 것이다. 내가 너희를 위하여 아버지께 구하겠다고 말하지는 않는
다. 27 아버지께서 친히 너희를 사랑하시기 때문이다. 아버지께서 너희를
사랑하시는 것은 너희가 나를 사랑하고 내가 하느님께로부터 온 것을 너희
가 믿었기 때문이다. 28 나는 아버지께로부터 와서 세상에 들어왔다가 이제
는 다시 세상을 떠나 아버지께로 간다." 29 제자들이 예수께 말했읍니다:
"보십시오. 이제는 주께서 밝히 말씀하시고 비유로 말씀하시지 않으니 30 이
제 우리는 주께서 모든 것을 알고 계심을 확실히 알았읍니다. 그래서 아무
것도 여쭈워볼 필요가 없읍니다. 그러므로 우리는 주께서 하느님께로부터
오신 것을 믿습니다." 31 예수께서 대답하셨읍니다: "이제는 너희가 믿느
냐? 32 보라, 너희가 나를 혼자 버려두고 제 각기 자기 곳으로 흩어져 갈
때가 올 것이다. 사실은 그 때가 이미 왔다. 그러나 아버지께서 나와 함께
계시니 내가 혼자 있는 것은 아니다. 33 내가 이렇게 말한 것은 너희가 내
안에서 평안을 얻게 하려는 것이다. 너희가 세상에서 시련을 당할 것이나
용기를 내라. 내가 세상을 이겼다."

이 단락에는 마지막 담론들의 눈길을 끄는 말들—가고 옴, 슬픔과 기쁨, 고난과 평화, 요청과 수락, 봄과 보지 못함, 비유와 공개적인 말, 불신앙과 신앙, 세상과 하느님—이 집약되어 있다. 이러한 사실은 본 단락의 현재의 위치가 옳음을 확증해준다. 본 단락이 다른 곳에 놓였다면 그것은 잘못된 위치였을 것이다. 이 특징적인 말들의 대부분에는 일부러 모호한 의미가 깃들어 있다. 예를들어 가고 옴에 대한 말들은 각각 예수의 죽음과 부활을 통한 그의 떠나감과 돌아옴으로 해석할 수 있다. 그러나 그 말들은 마찬가지로 승천시의 아버지에게로 떠나감과 "내림"(parousia) 시의 돌아옴으로 해석될 수 있다. 이러한 모호성은 죽음과 부활이 마지막 사건들을 미리 나타냄과 동시에 선취한 종말론적 사건들 자체였음을 전달하고자 한 요한의 의도를 잘 나타내준다. 요한 당시의 교회는 "앞으로 올 일들"을 기대하며 살았으

며 그것을 선포하는 것이 성령의 일이었다. 16장 8—15절과의 연관성은 밀접하고도 적합한 것이다. 14장 19—24절과 그 주석들을 참조하라.

25—33절에서 담론은 체포와 십자가처형 직전의 시간들인 만찬이 베풀어진 장소의 상황에로 되돌아간다. 그러나 이 귀절들은 하느님과 예수의 친교에서만 또 영원성의 빛에서만 의미를 지니는 이 시대에서의 삶의 "잠시동안"을 나타내기 위해 언명되는 이러한 시간들의 의미를 보편화하는 방식으로 상황전환을 한다. 요한은 공관복음서의 두 가지 주제—비유들에 관한 주제(참조. 마르 4, 10—12)와 예수가 제자들에게서 버림받음에 관한 주제—를 사용하고 있다(29·32절에 관한 주석들 참조). 이 두 가지 주제는 서로 밀접하게 관련되어 있는데, 그것은 열두 제자조차 예수의 생애와 가르침의 의미를 파악할 수 없었고 예수에 대한 하느님의 목적—죽음을 통한 사람의 아들의 영광받으심—을 완전히 이루느냐 못이루느냐에 좌우되는 하느님의 도우심을 떠나서는 그에게 굳게 충성할 수 없었다는 것을 그 두 주제가 모두 의미하기 때문이다. 마르코복음에서 이 주제는 메시야 비밀이라는 용어로 서술되어 있다. 현재의 담론들에서 요한의 신학적인 주된 소재는 보혜사에 관한 교리이다.

[16] 조금 있으면. 14장 19절을 참조하라. 또한 이사야 26장 20절 : "주의 분노가 지나기까지 잠깐 숨을찌어다"를 참조하다. 그리고 이사야 26장 16—21절의 전 귀절을 참조하라. 거기서 다른 부분들이 21절에 인용되어 있다. 여기서 언급된 잠시동안은 신약성서의 다른 부분들에 나타난 임박한 종말론의 긴장과 견줄 만한 긴장을 제시한다.

너희가 나를 보지 못하게 된다. 14장 19절, 16장 10절, 17장 11절을 참조하라. 분명히 예수의 사라짐을 그의 매장이나 그의 승천으로 인한 사라짐으로 간주할 수 있다.

나를 보게 될 것이다. "보다"(ὁρᾶν)의 미래형은 여기서 다만 "이 삼일 후에, 즉 내가 부활한 후에 너희는 나를 다시 볼 것이다"를 의미할 수 있다는 점이 분명하다. 20장 15·18절에서 부활한 예수를 보는 것이 완료시제로 서술되어 있음을 참조하라. 그러나 미래형은 마르코복음 13장 26절, 14장 62절과 같은 귀절들을 연상하게 하는데, 거기서 그 미래형은 사람의 아들의 오심이라는 묵시적 환상을 나타내는 데 사용되고 있다. 또한 요한복음 1장 50·51절, 11장 40절에서 엄밀히 말해 예수에게 달려있는 영광을 보는 일이 전적으로 종말론적인 것은 아니라고 하더라도 부분적으로는 종말론적인 용어로 언급되어 있음을 참조하라. 이와 같이 여기서도 "잠시" 후에 예수를 보게 됨에 대한 두 번째 해석이 제시된다. 역사적인 사건으로서의 부활에 덧붙여서 역사를 넘어서는 오심이 있다. 예수와 아버지가 단순히 부활을 통한 오심이나 내림을 통한 오심과 같지 않은 방식으로 "오신다"는 14장 23절을 참조하라. 하느님을 보는 것은 요한복음에 반영된 유다교에 의하면 현재의 삶에서 경험할 수 없는 것으로서(1, 18 : 일찌기 하느님을 본 사람이 없다") 헬레니즘적 종교의 목표이며 실로 대다수 종교의 목표이기도 하다. 예를 들어 *C.H.* XIII, 13 : "아버지여, 내가 마음으로 내 자신을 들여다 보는 것마다—그가 그의 자녀라면 그에게 거듭남이 있을 것이다"라는 귀절을 참조하라. 요한이 이런 헬레니즘적인 언어를 구사할 수 있었던 것은 다가오는 세대의 조건들의 완전한 성취가 아니라 부분적인 성취임을 확언하는 특수한 그리스도교적 종말론에 의한 것이다(3, 3 참조). 그는 부활과 내림에 대한 원시 그리스도교의 확언들을 보유하고 있지만 그 양자 사이의 간격을 없애버렸다. 더 나아가서 21절을 참조하라.

이 귀절 다음에 "(내가) (내) 아버지께로 가기 때문이다"가 Θ W vg sin pesh에는 첨가되어 있다. 그것은 아마 17절에 나오는 질문의 마지막 부분을 미리 제시하기 위해 첨가된 것 같다.

[17] 이 귀절에 나오는 질문은 요한 자신의 견해에서 볼 때 새로운 가르침이 주어졌고 그것도 애매하게 표현되었음을 분명히 지시하는 것이다.

제자들 중 몇 사람이. 7장 40절을 참조하라.

내가 아버지께로 간다. 16절의 긴 독법을 배제한다면 우리는 5절과 본 담론의 앞부분을 상기해야 한다.

[18] 무엇을 말하는 것일까? 이것은 (D) Θ의 독법으로서 B에는 생략되어 있다. B의 독법이 아마 옳은 것 같다. 여기에 대한 두 가지 다른 보충이 있다는 사실에 비추어 볼 때 그러한 생략을 지지할 수 있다.

[19] 아시고. 아마 ἀκούειν("듣다")보다 γινώσκειν("알다")을 사용한 것은 요한이 예수의 편에서 초자연적인 식별력을 생각했음을 암시한다. 그러나 제자들이 서로 말하고 있었으므로 예수가 그들의 말을 듣지 못했을 이유는 없다. 30절을 참조하라. 그들은 물을 필요가 없었다.

묻고자 하는. 23절을 참조하라.

이것에 대해(περὶ τούτου). 이 말은 요한의 어법에 의하면 ὅτι절을 예상하게 하거나 또 그 절로 설명된다.

[20] 너희는 울고 애통하겠으나. "애통하다"(θρηνεῖν)는 요한복음의 이 귀절에서만 볼 수 있다. "울다"(κλαίειν)는 죽음과 관련해서만 사용되는 용어이다(11, 31·33 ; 20, 11·13·15). 이 두 동사의 결합에 대해서는 루가복음 7장 32절, "우리가 울고 애곡하였다"를 참조하라. 또한 죽은 자들을 위해 슬퍼한다는 문맥에서 예레미야 22장 10절을 참조하라. 이인칭 대명사 ὑμεῖς는 강조어로서 제자들과 세상 사이의 대조를 밝히는 것이다.

세상은 기뻐할 것이다. "세상"(κόσμος)에 대해서는 1장 10절을 참조하라. 여기서 세상은 그리스도의 죽음을 기뻐하므로 믿는 그리스도교인들에 대해서 또 그리스도 자신에 대해서 대립해 있다.

너희가 슬픔에 싸여도. 이 귀절에서 "너희"는 세상과 대조를 이루고 있다. λύπη는 반드시 그런 것은 아니지만(참조. 로마 9, 2 ; 고후 2, 1) 죽음으로 인한, 혹은 죽음을 예기함으로써 자주 느끼게 되는 "슬픔"이다. 이와 유사한 용례로는 λυπεῖν과 λυπεῖσθαι가 있다. 그 말은 원래 예수의 죽음으로 인한 제자들의 슬픔을 지시하는 것이다. 비록 그들이 그들 자신에게 가해 올 위협을 두려워 하는 것은 당연하다고 하더라도 그렇다(16, 2).

기쁨으로 변할 것이다. 20장 15·16·20절을 참조하라. "무엇으로 되다"(γίνεσθαι εἰς)는 신약성서에서 일반적인 구문이다 ; 예. 마르 12, 10(과 병행귀들) ; 루가 13, 19 ; 사도 5, 36. 그것은 히브리어 ל היה에 해당한다. 참조. *M.* Ⅱ, 462 ; *B.D.*, § 145.

[21] 여인은 해산할 때 고통을 받는다. 여기에는 특정한 여인에 대한(2, 4를 위시하여 ; 19, 25 이하 ; 창세 3, 15·16 ; 혹은 묵시 12) 혹은 회당에 대한 언급이 없다. 관사(ἡ)는 성(性)을 나타내는 것이다—어떤 대표적인 여인을 말한다. "인간"(ἄνθρωπος)에 대해서는 아래를 참조하라.

고통을 받는다. 병행귀는 본래 하나일 뿐이다 : 잠시동안의 해산의 고통은 아이를 낳았다는 만족감으로 사라진다—성 금요일의 잠시동안의 슬픔은 다음 날 부활절의 기쁨으로 바뀌어질 것이다. 그러나 이러한 유비는 심오한 의미를 지니고 있다. 그것은 구약성서에 속한 것이다. 참조. 특히 이사야 26장 16—19절 : "…진통하는 여인이 산기가 임박하여…같이…우리가 잉태하고…죽은 자들은 살아나고 무덤에 있는 자들이 일어나고 티끌에 거하는 자들이 기뻐할 것이다…"; 66장 7—14절 : "진통을 당하기 전에…보고 너희의 마음이 기뻐서…." 이 인용귀들에서 백성의 고통을 제거하는 메시야의 구원은 해산에서 받는 위안과 기쁨에 비교되며 그것들로부터(또는 유사한 인용귀들에서) "메시야의 산고"(產苦 : heble ḥamashiah), 또는 마지막 성취 이전에 있어야 할 고통의 시기라는 후대 유다교의 교리가 형성되었다. 이러한 사실들의 의미는 예수의 죽음과 부활이 적절하게 종말론적인 언어로 묘사되었다는 데 있다. 즉 요한은 예수의 죽음과 부활을 종말론적인 사건들의 유형과 선취로서 다루고 있다는 것이다. 부활은 선취적인 방식으로 메시야적 구원을 실현한 것을 의미한다. "부활절과 내림의 용어를 결합함으로써 복음서 기자는 그의 입장에서 부활절과 내림이 동일한 것을 의미함을 제시하고 있다"(불트만)고 말하는 것은 좀 지나치다. 그는 보혜사와 관련된 귀절들에 비추어서 "오순절은 부활절에도, 내림에도 속하는 것이라"는 말을 덧붙인다. 요한은 부활절과 내림을 동일시하지 않으며 오히려 그는 양자의 상호관련성을 주시하고 그러한 상호관련성에 의해서 양자 사이의 시간적 간격을 설명한다.

그 때가 왔기 때문입니다. 요한복음에서 자주 나오는 예수의 "때"에 대한 언급들을 참조하고 그 예로 17장 1절, "때가 왔사옵니다"를 참조하라. ἡμέρα("날" : P66 D it sin pesh의 독법)는 "주의 날"을 보다 일반적으로 지시하려는 시도일 수 있다.

인간. ἄνθρωπος("인간")는 이 말의 보다 적절한 의미인 인간존재(성인남자를 의미하는 ἀνήρ와 비교)를 나타내는 것이다. 이 표현은 언어상 아람어적인 것도 메시야적인 것도 아니다. 진통하는 여인의 상은 감사의 시편 3장 6—18절에도 나온다. 특히 이사야 9장 6절에 대한 언급이 들어있는 3장 10절을 참조하라 : "그 분의 영웅적인 능력으로 임신한 여인의 자궁에서 한 놀라운 위로자가 (나올 것이다)." 그러나 이 인용문은 인격적인 의미에서 메시야적인 것이 아니며(Lohse의 해설 해당항목 참조 ; 또한 Braun 참조) 요한의 유비와 관련성이 없다.

세상에. 라삐적 문귀인 "세상으로 온 자들"을 참조하라. 인간에 대해서는 1장 9절을 참조하라. 그러나 그 문귀는 자명한 것이며 요한의 사상이 특히 유다교적인 방식으로 형성된 것이라는 견해에 대한 근거를 여기서 찾아볼 수 없다.

[22] **이와 같이 지금은 너희가 수심에 싸여 있지만.** 5·6절을 참조하라. 예수가 그의 떠남을 단지 예고하는 것만으로도 제자들은 슬픔에 잠기게 되었다. 그런데 νῦν("지금은")은 원래 예수가 떠나는 시간을 지시하며 또한 부활과 내림 사이의 기다리는 시간적 간격을 지시한다. 33절을 참조하라. ἕξετε (ἔχω "있다"의 미래 P[66] D W Θ it의 독법)는 하나의 단조로운 개정이므로 배제되어야 한다.

내가 다시 너희를 보게 될 때에는 너희의 마음이 기쁠 것이며. 참조. 이사야 66장 14절 : "너희가 보고 마음이 기쁠 것이며." 요한이 구약성서의 이 인용문을 암시하고 있음이 확실한 것 같으며 그가 "너희는 볼 것이다"를 "내가 볼 것이다"로 바꾼 것은 우연으로 돌리기가 어렵다. 참조. 갈라디아서 4장 9절 : "그러나 지금은 여러분이 하느님을 알 뿐 아니라 하느님의 아시는 바가 되었읍니다" ; 고린토전서 13장 12절. 요한은 교회의 종말론적인 상황을 포착하는 데서 "그리스도를 봄"과 "그리스도 안에서 하느님을 봄"에 대해 말할 수 있었다(참조. 16절 ; 14, 9 : 1, 18) ; 그러나 요한은 하느님의 불가시성(그리스도 안에서의 하느님의 자기 계시를 제외하고)에 대한 기본적인 성서적 신앙을 아주 분명히 견지함으로써 여기서 다음의 중요한 진리를 주장하고 있다 : "내가 너희를 보게 될 것이다" ; 참조. 15장 16절 : "내가 너희를 선택했다."

너희의 기쁨을 빼앗을 사람이 없을 것이다. 요한의 사상은 본장을 새로 시작하는, 박해를 다루고 있는 귀절들로 돌아간다. 이와 동일한 사상이 33절에서 반복된다.

[23] **그 날에는.** 신약성서에서 "그 날" 혹은 "그 날들"은 종종 마지막 날들, 시대의 종말을 지시한다 ; 이와 같은 예로 마르 13, 11·17·19·24·32 ; 14, 25 ; 사도 2, 18 ; 디후 1, 12·18 ; 4, 8 ; 히브 8, 10 ; 10, 16(=예레 31(38), 33) ; 묵시 9, 6을 들 수 있다. 요한은 이 같은 그리스도교의 용법을 알고 있었음이 분명하다. 솔로몬의 송가 41장 4절에는 "날"을 종말론적 상황으로부터 현재의 경험으로 이전시키는 유사한 예가 있다(불트만).

너희가 내게 아무것도 묻지 않을 것이다. 이 귀절에 대한 해석은 ἐρωτᾶν의 의미에 좌우된다. 고전적인 용법에서 ἐρωτᾶν은 그것이 "질문하다"를 의미하고 반면에 αἰτεῖν은 "무언가를 요청하다"를 의미한다는 점에서 부분적인 동의어인 αἰτεῖν과 구별된다. 그러나 후기 그리이스어에서 ἐρωτᾶν은 여전히 그 원래의 의미가 보유되긴 하지만 때때로 αἰτεῖν

과 동일한 의미로 사용된다. (ㄱ) 여기서도 이러한 의미로 사용될 수 있다. 요한은 ἐρωτᾶν을 "무언가를 요청하다"라는 의미로 사용하고 있으며(참조. 4, 31·40·47 : 14, 16 : 16, 26 : 17, 9) 또한 그에게는 쌍을 이루는 동의어들(예. ἀγαπᾶν과 φιλεῖν "사랑하다")을 활용하는 습관이 있다. 만일 이런 견해를 받아들인다면 현재의 귀절의 요지는 ἐμὲ οὐκ ἐρωτήσετε...αἰτήσητε τὸν πατέρα 사이의 대조에 있다. 그 의미는 "너희는 나에게가 아니라 아버지께 요구할 것이다"이다. 제자들은 아버지와 직접적인 접촉을 갖게 될 것이고, 아버지는 그들을 사랑하고(27절) 그들의 요구를 들어주실 것이다. (ㄴ) 그러나 이 귀절에서 ἐρωτᾶν과 αἰτεῖν을 구별하는 것이 보다 그럴 듯한 것 같다. 요한은 항상 αἰτεῖν을 "무언가를 요청하다"라는 의미로 사용하며(참조. 4, 9·10 : 11, 22 : 14, 13·14 : 15, 7·16 : 16, 23·24·26) 때때로 ἐρωτᾶν을 "질문하다"라는 의미로 사용한다(참조. 1, 19·21·25 : 9, 2·19·21 : 16, 5·19·30). 이것이 특히 본 장에서 유력한 용법이다. 더구나 요한은 현재(선교의 때)와 미래("그 날") 사이의 대조를 이끌어내고 있다. 제자들은 예수에게 아무것도 요구하지 않았지만 13—16장에서 그들은 여러 가지 질문을 했다(13, 24·25·37 ; 14, 5·8·22 : 16, 17·18). 성령이 보냄을 받아 신자들을 모든 진리에로 이끌게 될 때가 오면 이와 같은 질문, 즉 예수가 말하는 "잠시동안"이 무슨 의미인가?를 그들은 더 이상 묻지 않으리라는 것이 요한이 뜻하는 바일 것이다. 참조. 요한일서 2장 20절 : "그대들은 모든 것을 알고 있읍니다." 그리스도교인들은 참된 영지자들이다. 그러나 요한은 전통적으로 영지주의의 노선을 따라 이런 결론에 이른 것은 아니다. 21절에 대한 주석을 참조하라. "그것은…종말론적인 상황이다…즉 더 이상 물어볼 말이 없다는 것이다!"(불트만). οὐδέν 다음에 완전한 종지부를 찍는 것이 옳다. 이어지는 말들은 새로운 요지를 제시한다.

내가 진정으로 진정으로 너희에게 말한다. 1장 51절과 마지막 주석을 참조하라. 이 정해진 문구는 일반적으로 일종의 대조를 이끈다기 보다는 새로운 사상을 제시하는 것이다.

너희가 아버지께 구하는 것은 무엇이나. 이 구문과 사상에 대해서는 14장 13·14절과 15장 16절을 참조하고(ἐάν 대신 ἄν이 쓰인), 구문에 대해서는 20장 23절을 참조하라.

[24] **지금까지는 너희가 아무것도 구하지 않았다.** 그들이 아무 질문도 하지 않았다고 말하는 것은 맞지 않을 것이다

너희의 기쁨이 넘치게 될 것이다. 15장 11절을 참조하라. 그러나 기쁨

의 상태는 이제 보다 엄밀하게 규정된다 ; 그것은 구함과 들어주심으로 서술된 하느님에로의 접근에 있다.

내가 너희에게 이것을 비유로 말했으나. "내가 너희에게 이것을 말했다"(*ταῦτα λελάληκα ὑμῖν*)에 대해서는 14장 25절을, "비유"(*παροιμία*)에 대해서는 10장 6절을 참조하라. 여기서 *παροιμία*를 *παρρησία*와 비교해 볼 때(아래 참조) 그것은 숨기워진 말, 즉 난해한 말을 의미한다는 것임이 분명해진다. 여기서 이것(*ταῦτα*)이 지시하는 것은 21절에서 언급된 해산하는 여인의 비유만은 아닌 것 같다. 그것은 오히려 마지막 담론들 전체이거나 요한이 사람들이 이해하지 못했던 것으로 확실하게 서술한 모든 예수의 교훈을 지시하는 것이다(예. 14,9).

때가 올 것이다. 4장 21·23절을 참조하라. "때"는 직접 이어지는 문장들 속에 나오는 때가 아니라 부활 이후 성령이 주어지는 기간에 속한 때이다. 예수의 가르침은 그의 사역이 완성되기까지 그의 사람들에게 드리워져 있었던 감추임 때문에 애매한 것일 수밖에 없었다. 이와 대조적으로 이제 십자가에 못박히고 영광을 받은 예수의 모습에 강조점을 둔 교회의 선포는 명백한 것이었고 적어도 영광을 받은 예수가 현시된 사람들에게는 명백한 것이었다(14, 22).

더 비유로 말하지 않고 밝히. "밝히"(*παρρησίᾳ*)에 대해서는 7장 4절을 참조하라. 현재의 귀절에 대한 가장 밀접한 병행귀들은 10장 24절과 11장 14절이다. 이같은 대조는 마르코복음 4장 11절의 대조를 연상하게 한다 : "너희에게는 하느님나라의 비밀을 알게 해주었으나 다른 사람에게는 모든 것을 비유로 말했다." 마르코복음에서 대조점은 두 집단 사이에서 유도된 것이다. 즉 한 집단은 예수의 가르침에 어리둥절해 있었지만 다른 집단은 비유의 참된 의미를 파악하고 있었는데, 그것은 궁극적으로 예수의 인격의 비밀인 하느님 나라의 비밀이 그 집단에 주어졌기 때문이다. 요한은 예수의 가르침과 활동에 의해 생겨난 이같은 근본적인 구분에 대해서 잘 알고 있다. 그러나 그는 끝가지 이해하지 못한 사람들 속에 심지어 열두 제자가 끼어 있었음을 암시한다는 점에서 마르코에 비해 보다 사실에 충실한 것 같다. 요한에게서 그 대조점은 한편의 무리들과 예수에게 직접 속한 다른 한편의 집단 사이에 있는 것이 아니라, 예수의 선교활동기간 동안의 무리들이나 제자들과, 부활 이후의 제자들 사이에 있다 ; 참조. 2장 22절 ; 12장 16절 ; 13장 7절 ; 그리고 이어지는 귀절들에서 예수가 다가오는 배신과 부인에 대해 충격적으로 강조하고 있음을 참조하라. 제자들은 (그 "때"가

오면) 그들을 가르치는 성령과 함께 있음으로써만 진리를 알고 또 믿게 될 것이다.

아버지에 대하여 너희에게 일러주겠다. 예수의 성육한 삶 전체가 아버지의 계시였다(1,18 ; 14,9). 그의 영광의 시대에도 어떤 새로운 주제가 있을 수 없다. *ἀπαγγελῶ*("일러주다")는 P66 B D W Θ의 독법이며 이것이 맞는 독법임이 거의 분명하다. *ἀναγγελῶ*("알려주다" W의 독법; ℵ는 *ἀπαγγέλλω* "선포하다"로 되어 있는데, 아마 우연한 실수인 것 같다)는 13·14·15절에 대한 동화에서 기인한 것이다.

[26] **그 날에는 너희가 내 이름으로 구할 것이다.** 이 문장의 두 부분에 대해서는 23절을 참조하라.

…말하지는 않는다. 신의 위격 사이에 어떤 구분도 없다. 공의로우나 진노하는 아버지와 대조되는 자비로운 아들이라는 사상은 배제된다 : 실은 "말하지 않는다"(*οὐ λέγω*)는 이와 같은 견해에 상충되는 것임을 암시할 수 있다. 그러나 요한의 말이 아들의 천적인 중재(*ἐντυγχάνειν*)에 대해서 말하는 로마서 8장 34절이나 히브리서 7장 25절에 상반된다고 말하는 것은 옳지 않을 것이다. 왜냐하면 이 두 귀절은 간청의 기도를 다루고 있지 않고 하느님 앞에서 그리스도교인의 지위, 즉 그리스도의 사제적 활동의 영원한 결과에 전적으로 달려있는 지위를 다루고 있기 때문이다. 요한일서 2장 1절을 참조하라.

[27] **아버지께서 친히 너희를 사랑하시기 때문이다.** *αὐτός*("친히")는 아랍어의 예기적인 대명사[1](proleptic pronoun)를 나타내며 별로 강조적인 성격을 띠지 않은 것 같다. 그러나 휠드(Field, 104)의 견해대로 *αὐτός*("친히")와 proprio motu(자발적으로)의 고전적 용법을 비교해 보는 것도 좋을 것이다—"아버지께서 친히 자발적으로 너희를 사랑하시므로 나의 간청을 필요로 하지 않는다."

너희가 나를 사랑하고 믿었기 때문이다. 이 말들을 현재의 내용대로 받아들인다면 하느님의 사랑은 사람들의 사랑과 믿음 여하에 달려있는 것임을 암시하는 말로 볼 수 있다. 예수를 사랑하고 믿는 자들만이 하느님의 사랑을 받는다. 이것은 3장 16절과 같은 다른 귀절들과 모순될 수 있고 비록 요한의 말들이 확실히 오해의 여지가 있기는 하지만 이것을 요한의 의도로 볼 수는 없다. 그는 사실상 15장 13—15절의 언

1) 이 귀절에 해당하는 헬레어 문장은 *αὐτὸς γὰρ ὁ πατὴρ φιλεῖ ὑμᾶς*인데 *αὐτὸς*(친히)라는 말이 문장 맨앞에 나와서 뒤에 나오는 실명사 ("아버지")를 미리 알게 한다.

어와 사상을 다시 다듬어서 서술하고 있는데, 거기서 제자들은 그들이 예수와 더불어 유일한 사랑의 공동체를 형성함으로써 예수의 "친구들"(φίλοι)로 불리워지고 있다. 이 귀절에서 요지는 아버지께서 친히(실로 15장 9·10절에서 암시된 바대로) 이러한 공동체 안에 계신다는 것이다.

이 귀절의 말미와 다음 귀절의 서두에서 본문은 다소 혼동되어 있다. 다음의 점들은 주목할 만한 것들이다. (ㄱ) "아버지께로부터 왔다"가 D W b sin에는 생략되어 있다. 따라서 이 두 귀절(27·28절)은 결합할 수 있다: "너희는 내가 하느님께로부터 와서 세상에 들어왔다는 것을 믿었다." 이것은 강력하게 입증되며 그 독법은 원문대로일 수 있다(참조. 14장 4절). 14장 4절에서처럼 여기서도 짧은 독법은 다소 서투르며 확대된 독법이 그것을 "개정한다". 그러나 긴 독법은 약간 변형을 가하여 반복하는 것이 요한의 특징이라는 사실로 미루어 지지할 수 있다(린다스). (ㄴ) 만일 28절에서 짧은 독법을 채택한다면 우리는 아마 27절에서 "아버지에게서"(παρὰ τοῦ πατρός [B D])를 읽어야 할 것이다. 그렇지 않으면 28절과 다른 독법인 "하느님에게서"(παρὰ θεοῦ [P66 ℵ Θ의 독법; τοῦ θεοῦ, W의 독법])가 더 나은 독법인 것 같다. (ㄷ) 28절에서 긴 독법에는 변형들인 ἐκ τοῦ πατρός (B)와 παρὰ τοῦ πατρός(ℵ Θ W)가 내포되어 있다. 전체 귀절을 무시하지 않는다면 27절에서 παρά와 구별되는 ἐκ가 채택되어야 한다.

[28] 이 귀절의 긴 본문은(앞의 주석 참조) 요한의 방식대로 그리스도교 신앙에 관한 완전한 요약이다. 그것은 그리스도를 통하여 하느님께서 세상에 오심; 겸비와 계시의 순간("세상에 들어왔다"); 그분의 영광의 성취임과 동시에 세상의 구원인 그리스도가 아버지께로 돌아감을 서술한다. 여기서 그리스도가 아버지께로 돌아감은 13—16장의 담론들이 제시하고자 작성되었던 것과 같이 그것이 성령의 오심에 대한 조건이요 신호였고 또한 지식과 생명의 새로운 분여의 시작에 대한 조건이요 신호였기 때문에 서술된 것이다. 보다 짧은 본문을(앞의 주석 참조) 채택한다면 우리는 "너희가 믿었다"(πεπιστεύκατε)에 의거해서 이와 같은 요약을 받아들이거나 아니면(πάλιν 앞의 하나의 휴지점을 찍는다면) 예수가 하느님으로부터 파송을 받았다는 데 대한 제자들의 믿음에 관한 진술 또는 그가 아버지께로 돌아감이라는 주제를 다시 취하게 된다.

[29] 본 장과 마지막 담론들은 요한의 현저한 반어법으로 마무리된다. 명백히 말해진 때가 다가오고 있었다(또

는 25절에서 아직 오지 않았다)는 데 대한 예수의 경고에도 불구하고 제자들은 그들이 정통적인 믿음을 이미 가졌기 때문에(27·28절) 그의 의미를 충분히 이해하였다는 결론으로 건너 뛰었다. 그들은 그들 자신에 대해 진리를 아낌없이 드러내는 예수의 답변을 듣게 되었다.

밝히 말씀하시고 비유로 말씀하시지 않으니. 이같은 대조에 관해서는 25절을 참조하라.

[30] **이제 우리는 알았습니다.** "이제"(νῦν)는 29절에서부터 강조적으로 반복되고 있다. 제자들은 예수의 죽음과 승천 이전에, 또 성령의 오심 이전에 이제 이미 그들이 알게 되었음을 확신한다. 그러므로 그들의 노출(31·32절)은 그리스도교의 계시 밖에 토대를 둔 영지주의적인 주장들을 드러내는 데 도움이 된다.

모든 것을 알고 계시다. 이것은 일반적으로 받아들일 수 있다 : "당신은 모든 것을 알고 있다."

그러나 다음 절인 "아무것도 여쭈어볼 필요가 없읍니다"는 19절에 대한 특별한 언급을 필요로 하는 것 같다. 예수는 제자들이 질문을 하기도 전에 그들의 질문에 대답했다. 예수는 사람들의 마음에 품은 생각들을 알고 있다 ; 참조. 2장 24·25절. 현재의 귀절에서 그 원래의 독법은 πάντας("모든" πᾶς의 목적, 복수)였고 πάντα(πᾶς의 목적, 단수)는 일종의 훼손된 형태였다고 추론하는 것이 주의를 끈다—이와 유사한 훼손에 대해서는 요한 일서 2장 20절을 참조하라. 그러나 현재의 문맥상 19절을 넘어서는 일반화가 필요하다. 예수가 진리를 드러냄은 그와 아버지의 주도권에 따라 이루어진 것이었고 인간의 질문에 따른 것은 아니다 ; 즉 그것의 동기는 자발적인 사랑이었다(27절의 특별한 의미와 비교 ; 그 주석 참조). "οἶδας πάντα는 기본적으로 '당신은 계시자이다'를 의미하며 27절에 나오는 예수의 진술과 같은 의미이다. 신자를 성가시게 할 수 있는 모든 질문에 대한 대답은 처음부터 계시에 내포되어 있었다"(불트만). ἵνα는 요한복음에서 자주 그러하듯이 설명적인 말이다.

그러므로(ἐν τούτῳ). 이 말은 그들의 (형식적으로 매우 정확한) 믿음에 대한 약한 근거였다. 예수의 초자연적인 지식에 근거한 믿음에 대해서는 1장 48·49절과 4장 19·29절을 참조하라. ἐν은 그것이 원인을 나타내는 것이든 장소를 나타내는 것이든 간에, 반드시 그렇지는 않지만, 셈어의 ב를 나타내는 것일 수 있다(*M.* II, 463).

[31] 이제는 너희가 믿느냐? 이 질문은 아마 어떤 형태의, 또 어느 정도의 믿음을 인정하는 것 같다. 그러나 이것이 완전히 부적합한 질문이라는 사실이 다음 귀절에서 밝혀진다.

[32] 때가 올 것이다. 그 때가 이미 왔다. 25절과 대조를 이루는 것이 특징이다. 알게 될 때는 미래이다. 현재는 공격과 재난의 때이다. "종말론적 시간은 무엇보다도 낙담케하는 시간이다 ; 〔인간이〕 그 때의 기쁨을 감지하기에 앞서 그는 그 때의 슬픔을 경험해야 한다"(불트만). 이 절에는 자주 그러하듯이 설명의 ἵνα가 뒤따르는데, 그것이 때를 나타내는 분사로서 사용된 아랍어 ㄱ를 표현하는 것이라고 생각할 필요는 없다(*M.* Ⅱ, 470).

제각기 자기 곳으로 흩어져. 참조. 마르코복음 14장 27절 : "내가 목자를 치면 양들이 흩어지리라…너희는 모두 걸려 넘어질 것이다"(즈가 13, 7의 인용귀). 수난의 해석에 있어서 즈가리야를 인용했다는 것이 너무 일반적인 사실이어서 마르코의 용법을 추론할 여지가 없다. 이 예고는 마르코복음 14장 50절, "그들은 모두 그를 버리고 달아났읍니다"에서 즉각 성취되었음을 보게 되는데, 그러나 이에 대한 병행귀가 요한복음에는 없고 반대로 복음서기자는 십자가 처형시에 사랑받은 제자(19, 27·27)와 한 목격자(아마 사랑받은 제자와 동일인물 : 19, 35)가 나타난 것으로 애써 기술하고자 하였다. 그러나 21장 2절은 사랑받은 제자를 포함하여 제자들이 갈릴래아에 있는 그들의 집으로 돌아온 것을 전제하는 것 같다. 형식적인 모순은 19장 27절—사랑받은 제자도 자기 집으로 갔읍니다—에서 "자기 집으로"(εἰς τὰ ἴδια)의 용법에 의해 피할 수 있다. 그러나 요한은 다음의 두 가지 내용을 동시에 서술하려고 했다는 결론을 피하기는 어렵다. 즉 한편으로 예수의 혼자 남음과 제자들조차 성령이 오시기 전에는 그를 완전히 이해하고 믿지 못함을 서술하고자 했고, 다른 한편으로 예수와 이상적인 사도의 인격에서 주님의 죽으심과 승천의 가장 중요한 순간이 드러났다고 보는 교회 사이의 연속성을 서술하고자 했다는 것이다. 앞의 주제는 보다 역사적이고 신학적이기도 하다는 것이 거의 분명하다 ; 십자가에 못박히심, 부활, 그리고 성령의 선물은 역사적 근거일 뿐만 아니라 교회의 신학적 근거이다. 십자가 처형시에 예수는 과거의 모든 교회를 대표한 것이었다.

아버지께서 나와 함께 계시니. 8장 16·29절을 참조하라. 여기서 마르코복음 15장 34절의 오해를 반박하는 것일지도 모른다. 예수의 일들은 모두 가장 위대한 일을 포함하여 아버지와의 조화와 연합에서 이루어진 것이었다. 그가 홀로 남음은 아주 분명한 사실이다.

[33] 내가 너희에게 말한 것은. 14장 25절을 참조하라. ταῦτα는 앞의 귀절을 단지 지시하는 것일 수 있다 : 내가 너희의 버팀을 예고한 것은 너희가 그러리라고 미리 알지 못했음을 알도록 하고 그리하여 너희가 뉘우침으로 괴로와하지 않고 평안을 얻도록 하기 위함이다. 보다 그럴듯한 견해는 ταῦτα("~한 것")가 그것의 참된 맥락에서 제자들이 감수해야 하고 그럼으로써 평안을 얻게 될 "환난"(θλῖψις)을 제시하는(특히 16장 1절에서 이끌어낸) 담론 전체를 지시한다는 것이다.

평안을. 14장 27절과 그 주석을 참조하라.

세상에서. 제자들과 "세상"(κόσμος) 사이의 관계에 대해서는 특히 15장 13—25절을 참조하라.

시련을. 21절을 참조하라. 신약성서에서 "시련"(θλῖψις)은 다음의 두 가지 중요한 의미로 사용된다. 첫째 종말론적인 재난으로 인한 시련(예. 마르 13,19·24 ; 로마 2,9), 둘째 고난, 특히 교회에 대한 박해로 인한 시련(예. 마르 4,17 ; 사도 11,19 ; 에페 3,13)이 그것이다. 이 두 가지 의미는 분명하게 구분되지 않는데, 그것은 초대 교회가 그 고난을 종말론적인 의미를 지닌 것으로 간주하였음이 분명한 것 같기 때문이다. 요한묵시록 7장 14절은 특히 θλῖψις가 두 가지 의미로 동시에 사용된 분명한 예이다. 이것은 여기서 21절이 제시하는 바대로 요한의 사상이다. 교회를 통하여 특히 교회의 사랑과 성령 안에서의 기쁨과 교회가 받는 온갖 박해를 통하여, 십자가에 못박히심과 부활에서 선취되고 마지막 날에 기대되어질 종말론적 구원이 지속적으로 세상에 주어진다.

내가 세상을 이겼다. "이기다"(νικᾶν)는 요한복음에서는 여기서만 나오지만 요한일서의 특징적인 용어이다(2,13·14 ; 4,4 ; 5,4·5). 요한일서 5장 4·5절에서 "세상을 이긴"이란 말이 나온다 ; 참조. 4장 4절 : "적그리스도들을 이긴." 또한 지혜서 10장 2절 ; 고린토전서 15장 57절 ; 솔로몬의 송가 9장 11절 ; 10장 4절을 참조하라. 십자가에 못박히심에 나타난 예수의 겸비를 그가 영광 중에 아버지께로 떠나감과, 13—17장에서 특히 명료하게 예수와 교회의 적대자로서, 또 하느님에게서 떠나 조성된 인류로서 서술된 세상의 전복으로(또한 1,10 참조) 간주하는 것이 보다 옳다. 일반적으로 예수의 적으로 눈에 띄는 것은 이

"세상의 통치자"이다. 12장 31절을 참조하라. 공관복음에서도 예수의 죽음은 그와 악의 세력들 사이의 투쟁이었다고 하는 견해의 흔적을 엿볼 수 있지만(참조. *H.S.G.T.*, 66 이하) 이러한 사상은 요한복음에서 분명해진다. 그러나 현재의 귀절은 예수의 적이 "통치자"가 아니라 곧 패배하게 될 세상 자체라는 점에서 다른 귀절들과 다르다. 이것의 의미하는 바가 분명하지 않다. 언뜻 보기에 요한은 신자들과 세상을 아주 엄격하게(어떤 영지주의 체계나 이와 유사한 체계들에서처럼) 구분하는 것 같으므로 그 최종적인 결과는 승리의 신에 의한 세상의 완전한 파멸에 있을 뿐이다. 그러나 분명히 요한은 세상으로부터 교회에로의 귀의가 있었을 것이라고(확실히 그는 이러한 귀의를 악히 알고 있었다) 생각하였다(17, 20 ; 20, 29). 그럼에도 불구하고 세상에는 다만 패배당하고 근절될 악의 원리가 여전히 남아 있다(17, 15). 사실상 패배와 파멸이 이미 일어났다. 악은 그리스도에게 속한 사람들에게 더 이상 해를 끼칠 수 없다 ; 악은 보혜사에 의해 폭로된다 ; 그리고 결국 하느님의 자녀들은 모두 안전하게 한데로 모여들 것이다.

6. 예수의 기도 17장 1—26절

1 예수께서 이 말씀을 마치시고 눈을 들어 하늘을 우러러보시며 말씀하셨
읍니다 : "아버지, 때가 왔사옵니다. 아들을 영광스럽게 하셔서 아들이 아버
지의 영광을 나타내게 하옵소서. 2 아들에게 주신 모든 사람에게 영원한 생
명을 주시려고 아버지께서는 모든 사람을 다스리는 권세를 아들에게 주셨사
옵니다. 3 영원한 생명은 오직 한 분이신 참 하느님을 알고 또 아버지께서
보내신 예수 그리스도를 아는 그것이옵니다. 4 나는 아버지께서 내게 하라
고 맡기신 일을 완성하여 땅에서 아버지를 영광스럽게 하였사옵니다. 5 아
버지, 창세 전에 내가 아버지와 함께 누리던 그 영광으로 지금 아버지 앞에
서 나를 영광스럽게 해주옵소서. 6 나는 아버지가 세상에서 택하여 내게 주
신 사람들에게 아버지의 이름을 알렸사옵니다. 그들은 본래 아버지의 사람
이었사온데 아버지께서 그들을 내게 주셨옵니다. 그리고 그들은 아버지의
말씀을 순종하였사옵니다. 7 지금 그들은 내게 주신 모든 것이 아버지께로

로부터 왔음을 알고 있사옵니다. 8 내가 아버지께로부터 받은 말씀을 다 그들에게 주었사옵고 또한 그들은 그 말씀을 받았사옵니다. 아버지께로부터 온 것을 그들이 참으로 알았사옵고 또 아버지께서 나를 보내신 것을 그들이 믿었사옵니다. 9 내가 그들을 위하여 구하옵니다. 내가 세상을 위하여 구하옵는 것이 아니옵고 아버지께서 내게 주신 사람들을 위하여 구하옵니다. 그들은 모두 아버지의 사람이옵니다. 10 내것은 모두 아버지의 것이옵고 아버지의 것은 모두 내것이옵니다. 나는 그들로 말미암아 영광을 받았사옵니다. 11 나는 이제 세상에 더 있지 않사오나 그들은 세상에 있겠사옵고 나는 아버지께로 가옵니다. 거룩하신 아버지, 내게 주신 아버지의 이름으로 그들을 지키셔서 우리가 하나인 것같이 그들도 하나가 되게 해주옵소서. 12 내가 그들과 함께 있을 동안은 아버지께서 내게 주신 그들을 아버지의 이름으로 지켜 보호하였사옵니다. 그들 중에 하나도 멸망하지 않았사옵고 오직 멸망할 자식만 망하여 성경 말씀이 이루어졌사옵니다. 13 이제 나는 아버지께로 가옵니다. 내가 세상에서 이 말을 하옵는 것은 내 기쁨이 그들 가운데 차고 넘치게 하려는 것이옵니다. 14 내가 그들에게 아버지의 말씀을 주었사온데 세상은 그들을 미워하였사옵니다. 그것은 내가 세상에 속하지 않은 것같이 그들도 세상에 속하지 않았기 때문이옵니다. 15 내가 아버지께 구하옵는 것은 그들을 세상에서 데려가시기를 원함이 아니옵고 오직 악한 자에게서 그들을 건져주시기를 원하는 것이옵니다. 16 내가 세상에 속하지 않은 것같이 그들도 세상에 속하지 않았사옵니다. 17 아버지의 진리로 그들을 거룩하게 해주옵소서. 아버지의 말씀은 진리이옵니다. 18 아버지께서 나를 세상에 보내신 것같이 나도 그들을 세상에 보냈사옵니다. 19 그리고 내가 그들을 위하여 나 자신을 거룩하게 하옵는 것은 그들도 진리로 거룩하여지게 하려는 것이옵니다". 20 "내가 구하옵는 것은 이 사람들만을 위한 것이 아니옵고 이 사람들의 말을 통하여 나를 믿는 사람들도 위한 것이옵니다. 21 아버지여, 그것은 아버지께서 내 안에 계시고 내가 아버지 안에 있는 것같이 그들도 모두 하나가 되어 우리 안에 있게 하여 이것으로 아버지께서 나를 보내셨다는 것을 세상이 믿게 하려는 것이옵니다. 22 나는 아버지께서 내게 주신 영광을 그들에게 주었사옵니다. 그것은 우리가 하나인 것같이 그들도 하나가 되게 하려는 것이옵니다. 23 내가 그들 안에 있고 아버지께서 내 안에 계신 것은 그들이 완전히 하나가 되게 하려는 것이옵고 또 아버지께서 나를 보내시고 나를 사랑하신 것같이 그들도 사랑하셨다는 것을 세상이 알게 하려는 것이옵니다. 24 아버지, 원하옵기는 아버지께서 내게 주신 사람들을 나 있는 곳에 같이 있게 하옵시고 창세 전부터 아버지께서 나를 사랑하셔서 내게 주신 내 영광을 그들도 보게 해주옵소서. 25 의로우신 아버지, 세상은 아버지를 알지 못하옵니다. 그러나 나는 아버지를 아옵고 이 사람들도 아버지께서 나

를 보내셨다는 것을 아옵니다. **26** 내가 이미 그들에게 아버지의 이름을 알
게 하였사옵고 앞으로도 알게 하겠사옵니다. 그것은 아버지께서 나를 사랑
하신 그 사랑이 그들 안에 있고 나도 그들 안에 있게 하려는 것이옵니다."

본 장은 네개의 문단으로 나뉘어진다. 첫째 문단(1—5절)에서 예수는 아버지를 부르면서 성육을 통해 그에게 맡겨진 일을 그가 복종함으로써 완성하였다고 말한다. 또한 다가오는 (그의 수난의) 때야말로 그가 아버지를 영광스럽게 하고 아버지도 그를 영광스럽게 하는 결정적인 기회라는 점을 밝히고, 신적인 은혜와 인간적인 복종을 동시에 드러내는 행위를 통해서 그가 처음부터 아버지와 함께 누렸던 영광의 상태로 들리워질 것을 간구한다. 둘째 문단(6—19절)에서 예수는 그의 주변에 몰려들었던 제자들을 위해 기도한다. 그들은 함께 세상 밖으로 나오게 되었고 세상의 공격을 받게 될 것이다. 이제부터 예수는 자기 자신을 보호하고 제자들을 깨우쳐 준다 ; 그는 그의 부재시에 그들이 하느님의 진리를 끝까지 지킬 수 있게 되기를 기도한다. 그들은 서로간에 예수 안에서, 또 하느님 안에서 언제까지나 하나가 된 상태로 있어야 한다. 그리고 그들이 계속 살아나갈 세상에 대한 사명이 그들에게 맡겨져 있다. 세째 문단(20—24절)에서 기도의 범위는 확대되는데, 그것은 세상에 대해서가 아니라 사도들의 말씀에 의존해 있는 신자들의 후세대들에로 확대된다. 그들 역시 하나가 되어야 한다. 그들의 하나됨이 세상을 납득시키고 설득시키는 수단이 될 것이다. 모든 신자들의 최종적인 운명은 영원한 세계에서 그리스도와 함께 사는 데 있고 또한 그의 영광을 보는 데 있다. 마지막으로(25·26절) 예수는 그의 선교의 결과를 재고한다. 세상은 하느님을 알지 못하였다. 그러나 신자들은 아버지께로부터 받은 예수의 사명이 무엇인가를 알게 되었고 또한 그 점에서 지식과 사랑을 발견하게 되었고 또 영원히 그것을 발견할 것이다.

복음서의 현재의 상태대로 본장은 앞서 나온 다락방 담론들과 (예수의) 체포 사이에 끼어들었다. 불트만은 본장의 위치를 13장 30절과 (본장의 도입귀인 13장 1절의 몇마디 말이 담긴) 13장 31절 사이에 두는데, 이럴 경우 본장은 (고별) 담론들에 선행한다. 어쨌든 본장은 그 담론들과 밀접하게 관련되어 있다. "거의 모든 귀절이 (14—16장에 나오는) 고별담론을 담고 있다"(Dodd, *Interpretation*, 417). 고별담론들이 어떤 사람이 그가 떠나기 전에 그의 친구들이나 자녀들을 하

느님께 부탁하는 기도와 함께 흔히 끝난다는 것은 전혀 놀랄 일이 아니다. 우리가(Dodd, *Interpretation*, 419에서처럼) (예수의) 기도가 "장차 십자가 상에서 역사적인 현실로 행해질 사람의 아들의 '올라감'(ἀνάβασις) 혹은 들리워짐(ὕψωσις)의 영적이고 윤리적인 실재"라는 주장을 더 발전시키든지 부연시키든지 하는 것은 별개의 문제이다. 기도는 (사실이 그러하긴 하지만) 십자가에 못박히심과 부활에 관한 단순한 해설이 아니라 오히려 그것은 예수의 이야기에서 특수한 장소에 맞춰지고 있는 것과 같이 십자가에 못박히심과 부활에 뒤따르게 될 상황들을 고려하고 있다.

공관복음서는 예수의 기도에 대해서 자주 언급하고는 있지만[1] 그러나 다만 드물게 그의 기도의 내용을 소개하고 있다. 가장 현저한 예외들로는 게쎄마니에서의 기도와 십자가 상에서 하신 기도를 들 수 있다. 요한복음 11장 41·42절에서 예수는 라자로를 다시 일으키기 위해 기도를 드린다. 12장 27절(그 주석 참조)에는 게쎄마니 이야기(마르 14, 35·36)를 연상케 하는 기도가 나와 있다. 현재의 기도는 (게쎄마니) 이야기에 있어서 게쎄마니 기도와 동일한 위치에 놓여있긴 하지만 그러나(특히 이것에 대한 휀톤의 주장 참조) 공관복음서상의 기도는 막대한 대가를 치른 복종에 비추어서 수난의 의미를 밝혀주는 반면 요한의 기도는 대가, 슬픔, 고통에 대한 언급이 없다. 그러나 현재의 기도는 아버지께 대한 예수의 복종, 죽기까지 복종하심을 강조하고 있다. 또한 그 강조점은, 그의 죽음이 하느님의 영광을 드러내는 수단이라는 사실, 제자들을 세상에서부터 선택함, 예수의 인격 안에서 그들에게 하느님을 계시함, 세상을 향한 그들의 선교, 사랑을 통한 그들의 궁극적인 연합, 그리고 그들이 그리스도와 하느님 안에서 상호내주함에 있다. 이러한 요약이 기도의 형식에 들어간 것은 결과적으로(다드가 지적하듯이—앞의 주석 참조) 마지막 담론들의 주제인 하느님에 대한 예수의 활동을 완결짓고 십자가에로 그의 들리워짐을 선취시키는 것이다. 이 점은 어떤 다른 헬레니즘적 계시 담론들도 『헤르메스 문서집』(*Corpus Hermeticum*) 가운데 나오는 첫째 논문(Poimandres)과 같이 기도로 끝맺고 있다는 사실보다 중요하다(*C.H.* I, 31—32). 이 헤르메스 문서의 병행귀들이 지닌 관련성과 제한점들에 대해서는

1) 마르 1, 35 ; 6, 46 ; 14, 32—39 ; 15, 34 ; 마태 14, 23 ; 19, 13 ; 26, 36—44 ; 27, 46 ; 루가 3, 21 ; 5, 16 ; 6, 12 ; 9, 18·28·29 ; 11, 1 ; 22, 41—45 ; 23, (34)·46.

Dodd, *Interpretation*, 442—23을 참조하라.

본장에 대한 이같은 설명을 통해서 현재의 기도를 (알렉산드리아의 시릴 Cyril에 의해 이미 암시된 바 있는) "대사제적 기도" 혹은 "봉헌의 기도"라고 일반적으로 표현하는 것 때문에 그 기도에 포함된 자료의 전범위가 정당화되지는 않는다는 것을 알 수 있다. 이 기도는 성육과 성육에 내포된 잠정적인 (또 분명한) 분리와 관련하여 아버지와 아들의 영원한 연합을 설명하고 있다. 따라서 이미 언급되었던 주제들이 다시 제기된다. 그 주제들은 이 복음서의 그 밖의 곳에서 (예수의) 가르침과 행위에서 다루어지고 있다. 그러나 여기서 그 주제들은 아들의 아버지에 대한 영원한 관계에 있는 것으로 나타나도록 되어 있는데, 그것은 하느님의 아들이 참된, 가시적인 인간으로 여전히 존재하면서도 기도를 통해서 하느님과 그의 연합이 가장 분명하게 보여지기 때문이다. 이것은 요한의 그리스도론(참조. "아버지께서는 나보다 크시다")에서 볼 수 있는 종속주의의 요소를 부분적으로 설명해 주는 것으로서 더 상세한 설명에로 나아가게 한다. 이와 동시에 아들의 아버지에 대한 관계는 사변을 통해서가 아니라 오직 세상을 향한 구원의 역사 속에서 하느님의 행위를 통해 알게 되므로 현재의 기도는 하느님과 세상에 대한 그리스도교인의 관계에 비추어서 그리스도교인의 삶의 본질과 의미를 드러내고 있다.

본장에는 성령에 대한 언급이 없다(대조 14—16장)는 점을 유의해야 한다. 요한복음에서 성령은 근본적으로 종말론적인 개념이었으며(참조. 이 책 I권 139—44면) 하느님 안에서의 영원한 관계성에 비추어서 아직 표현되지 않았던 것 같다(참조. 7,36).

현재의 기도는 요한이 그것을—마지막 담론들과 수난의 이야기 사이에—배치시켰던 문맥에 비추어서 가장 잘 이해되고 해석될 수 있다. 다른 문맥들은 덜 중요한 것이긴 한데 진리의 여러 요소들을 내포하는 것일 수 있다. 그래서 예수의 기도와 『12사도 교훈』 10에 나오는 성만찬의 기도 사이에 병행귀들이 있고, 따라서 예수의 기도가 성만찬 의식을 배경으로 하여 발전된 것으로 볼 수 있는 여지가 있다. 그러나 어떤 미사집전 신부도 이렇게 그 자신을 주님과 동일시할 수 없었고 그가 배신당한 밤에 일인칭 단수로 "나를 영광스럽게 하소서… 나는 지금까지 당신의 이름을 알렸사옵니다…나는 당신으로부터 왔고…당신에게로 돌아갈 것입니다" 등을 실제로 말했을 때 주님이 처한 입장과 동일시할 수 없다는 것이 항상 주목받지는 못했다. 주기도문에 병행귀들이 있지만(마태 6,9—13=루가 11,2—4) 이 병행귀들이 현재의 기도 전체를 포괄할 정도로 광범위한 것은 아니다 ; 솔로몬의 송가, 특히 31장 4·5절("그는 소리 높여 지존자를 불렀고 그분께 자기가 맡았던 자녀들을 드렸읍니다. 그리하여 그는 의롭다 여김을 받았읍니다. 이와 같이 그의 거룩하신 아버지께서 〔그의 자녀들을〕 주셨기 때문입니다")에도 병행귀들이 나오지만 이 병행귀들은 기도문의 일반적인 발전된 형태를 지시하는 것에 지나지 않는다(참조. *J. & Q.*, 128). 본장이 ("성전헌당 기념일"[Hanukkah] 성구인) 창세기 48장과 관련이 있다거나 그것이 시적인 구조를 지니고 있다고 하는(Brown, 748—51) 견해에 대해서는 별로 할 말이 없다.[2)]

〔 I 〕 **예수께서 이 말씀을 마치시고.** 14장 25절을 참조하라. ταῦτα("이 말씀")는 13—16장에 나온 담론들을 지시하는 것이다. 요한은 제자들을 향한 예수의 말이 끝났음을 강조하고 그것을 그의 아버지께 대한 말과 분명하게 구분한다. 양자 사이의 연관성에 대해서는 앞의 주석을 참조하라.

눈을 들어 하늘을 우러러보시며. 11장 41절을 참조하라.[3)] *C.H.* V,10에서 저자는 하느님을 향한 공간적인 방향("위로" ἄνω; "아래로" κάτω; "안으로" ἔσω; "밖으로" ἔξω)을 바라보면서 탄원하고 있음을 또한 주목하라.

아버지. 11장 41절과 12장 27절을 참조하라. 하느님에 대한 이 이름은 요한복음에서 매우 자주 나오며 예수가 기도할 때 가장 자연스럽게 부르는 이름이다. 참조. 11절 : "거룩하신 아버지"(π. ἅγιε) ; 25절 : "의르우신 아버지"(π. δίκαιε).

때가 왔사읍니다. 2장 4절과 12장 23절을 참조하라. 12장 23절에서처럼 아주 오랫동안 기다려왔다가 이제 당도한 때는 아들의 영광의 때이다. 마찬가지로 그것은 그의 죽음의 때이기도 하다. 복음서 전체는 이 때를 지향해 왔으며 이때로부터 요한은 그리스도교 신앙의 가능성을 보며 그리스드교 교회가 등장함을 본다.

아들의 영광을 나타내셔서. 이 말은 12장 23절에 비해 보다 분명하다.

---

2) 또한 B. Rigaux, *Revue théologigue de Louvain* I (1970), 289—319 ; J. Becker, *Z.N.T.W.* 60(1969), 56—83 ; Käsemann, *Testament*를 참조하라.

3) 사람들이 기도할 때 바라보았던 방향들에 대한 여러 언급들에 대해서는 A.D. Nock와 A.J. Festugière, *Corpus Hermeticum*(1945) Ⅱ, 398—99(n. 342)를 참조하라.

아들의 영광은 아버지로부터 오는 것이며 아들의 복종의 결과이다. 다드(*A.S.*, 91)는 여기서 이사야 49장 3절에 대한 언급을 보았다. 이 절과 다음 절 사이의 연관성에 대해서는 솔로몬의 송가 10장 4절, "나는 강해졌고 권능을 입었고 세상을 사로잡았다 ; 그리고 이를 통하여 지존자요 내 아버지인 하느님을 찬양하게 되었다"라는 귀절을 참조하라.

아들이 아버지의 영광을 나타내게 하옵소서. 만일 아버지가 아들의 복종에 따른 수난을 인정하고 또 그러한 수난을 통해 아들을 하늘에로 올리움으로써 아들을 영화롭게 할 경우, 이것은 아들이 복종함으로써 아버지의 인정을 받고 동시에 그에게 영광를 돌리도록 하기 위함이다. 11장 4절이 인용된 종교적인 파피루스는 다음의 이유에서 여기서 고려할 만한 가치가 있다. 즉 (ㄱ) 그것은 요한의 언어를 아주 훌륭하게 해명하고 있기 때문이며, (ㄴ) 그것은 정반대의 사상의 진전을 정확하게 드러내기 때문이다. 파피루스에서 이적행위자는 그가 호루스의 이름을 영예롭게 하였기 때문에 영광받기를 간구한다. 그러나 예수는 그가 아버지의 영광을 나타내기 위하여 영광받기를 간구한다. 하지만 4·5절에서 요한의 사상은 파피루스에 나타난 사상에 보다 근접하고 있음을 참조하라.

[2] 그가 차지하였던 지위와 성육 이전에 그에게 부여된 권위는 예수가 간구하는 영광에 상응하는($\kappa\alpha\theta\acute{\omega}\varsigma$) 것이다.

모든 사람을 다스리는 권세를 아들에게 주셨사옵니다. 셈어법인 "모든사람"($\pi\tilde{\alpha}\ \sigma\varpi\acute{\alpha}\rho\xi$)은 요한복음에서 여기만 나온다. "권세"($\dot{\epsilon}\xi o\upsilon\sigma\acute{\iota}\alpha$)에 대해서는 1장 12절을 참조하고, 권위의 부여에 대해서는 "그에게 심판하는 권위를 주셨다"를 참조하라. 그러나 여기서의 권위는 이어지는 말들에서 설명되듯이 보다 광범위한 것이다. 참조. 지혜서 10장 2절 : "[지혜는]그에게 만물을 지배할 힘을 주었다." 또한 마태오복음 28장 18절과 Dodd, *Tradition*, 361, 이하를 참조하라—그런데 만일 요한이 "사람의 아들"이란 용어를 염두에 두었다면 그는 그 칭호를 사용했을 것이다. 단순과거(" 주었다"$\ddot{\epsilon}\delta\omega\kappa\alpha\varsigma$)는 화육하신 아들의 지상선교에 대한 특별한 권한부여를 지시하며 혹은 하느님의 본성에 적합한 영원한 행동을 지시한다. 아들은 "신성의 원천"(fons diuinitatis)인 아버지로부터 권위를 받았다. 후자의 견해에 있어서 단순과거는 엄격한 의미로 무시간적인 것이리라. 그러나 전자의 견해가 더 맞으며 우리는 1장 32·33절과 비교해야 한다 : 아들은 그가 영으로 세례를 주도록 영을 받는다. 참조. *C.H.* 1, 27. 이 귀절에서 예언자는 신적인 계시를 받은 후에 그것을 "만물의 본질과 신적인 위대함이 부여되고 알려진 것"으로 선포하도록 보냄을 받는다.

아들에게 주신 모든 사람에게 주시려고. ἵνα("~하려고")절은 한편으로 목적을 나타내는 것("…그가…주시려고…그에게 권위를 주셨다")이며 다른 한편으로 설명을 제시하는 것("…그에게 권위를 주신 것은…주고자 함이다")이다. 다른 해석으로는 ἵνα는 1절의 (아들을) "영광스럽게 하다"(δόξασον)에 의거한 것일 수 있다 : "그를 영광스럽게 하옵소서… 그가 주시려고." 이러한 해석은 보다 거리가 멀고 따라서 별로 그럴듯해 보이지 않는다. 브라운은 여러 다른 해석들을 결합할 것을 제안하였다. "줄"(δώσ ειδίδωμι:"주다"의 3인칭 미래 : B의 독법)은 아마 단지 "준"(δώσ ηδίδωμι의 3인칭 제 1과거)의 바른 철자법에 따른 변형인 것 같다 ; δώσω(δίδωμι의 일인칭 미래 : ℵ의 독법)는 화자의 인칭에 따른 동화이다. 단순과거는 특별한 선물—예수의 일의 완성을 통한 영원한 생명의 수여를 지시한다. "그들에게 주시다"(δώσ αὐτοῖς) 대신에 "가시다"(ἔχῃ)로되어 있는 D의 독법은 구문을 부드럽게 하는 것으로서 확실히 이차적인 독법이다.

그에게 주신 모든 사람. 이어서 나오는 αὐτοῖς("그들에게")는 πᾶν ὃ ("모든 사람")가 중성단수이긴 하지만 제자들을 지시함을 보여준다. 그들의 연합은 이와 같이 가능한 강력한 방식(πάντες "모든"이 아니라 "전체")으로나타나 있다. 24절을 참조하라. 하나됨의 주제는 본장에서 계속해서 반복된다(11·12·20 이하·24·2 6) 이 주제는 그밖의 곳에서는 기도의 주제로 나오지만 여기서는 하나의 사실로서 가정된다. 제자들은 하느님이 그리스도에게 주신 사람들임이 여기서 진술되고 있고 후에도 반복해서 나온다(6·9·24절). 이 복음서의 그밖의 곳에서도(예. 12,37—41 ; 15,16) 나타나는 예정론의 사상이 본장에서 두드러지게 나타난다. 미리 하느님에 의해 선택받고 또 그분에게 알려진 제자들의 소집단은 세상과 대립해 있다. 다음의 두 관점에 비추어 볼 때 요한의 개념은 영지주의자들의 소집단이 지식과 생명을 미리 예정받은 것이라고 하는 대다수 영지주의 체계들의 개념과 구별되는 것이다. 요한복음에서 신자들의 지위는 전적으로 하느님의 행위와 선물에 달려있고 또한 예수의 역사적인 일과 부름에 달려있다.

영원한 생명을. 예수의 일의 완성은 따라서 아버지의 영광을 나타냄과 영원한 생명을 사람들에게 줌을 의미한다. "영원한 생명"(ζωὴ αἰώνιος)에 대해서는 1장 4절과 3장 15절을 참조하라. 이 용어는 1—13장에서 매우 일반적으로 나온다. 14—17장에서는 이 곳과 다음 귀절에서만 나온다(참조. 14, 6 : "생명" ζωή). 이러한 차이가 있는 이유는, 복음서의 앞 부분에서 요한은 세상을 향한 복음의 말씀과 모든 신자들에게 영원한 생명을 줌을 서술하고 있고, 마지막 담론들에서 그는 세상으로부터 이미 선택받은 신자들의 집단에 중점을 두고 그리스도교인의 사랑의 필요성을 강조하고 있기 때문이다.

[3] 이 귀절은 삽입귀로 간주해야 하긴 하지만 이것이 하나의 주석임을 의미하지는 않는다. 요한은 영원한 생명에 관한 정의를 내릴 필요성을 느꼈지만 그것에 합당한 각주를 문법적으로 맞춰진 기도문("너를…보내셨다" σὲ...ἀπέστειλας)에 끌어들일 수 없었다.

…영원한 생명은 하느님을 알고. "영원한 생명"(αἰώνιος ζωή)에 관해서는 1장 4절과 3장 15절을 참조하라. 하느님을 아는 것이 생명(구원)의 필수요건이라는 개념은 히브리 사상과 헬레니즘 사상에서 일반적인 것이다(이책 I 권 57—65면 · 128—31면 참조). 구약성서에서 지식은 지혜문학의 특징적인 용어이다 ; 예. 잠언 11장 9절 : "지식"(דעת)을 통하여 의인은 구원을 받으리라." 그러나 예언서들에서 이 말의 용법은 보다 중요한 것이다. 예를 들어 하바꾹 2장 14절에 나오는 선한 시대에 관한 예언인 "주님의 영광을 아는(τοῦ γνῶναι τὴν δόξαν κυρίου) 지식(דעת)이 땅에 가득하리라"와, 호세아서 4장 6절에 나오는 중요한 부정적인 진술인 "내 백성이 지식이 없음으로(מבלי הדעת, οὐκ ἔχων γνῶσιν) 망하는도다"를 참조하라. 이와 유사한 귀절들을 라삐적 유다교에서 볼 수 있다. 이와 같이 Berakoth 63a에서 Bar Qappara(A.D. 220)는 이렇게 말하였다 : "율법의 모든 요소를 담고 있는 성서의 가장 작은 부분은 무엇인가?" 그것은 잠언 3장 6절, "그를 인정하라(직역하여 "그를 알라" דעהו). 그리하면 그가 네 길을 지도하시리라"이다. 이와 유사한 말이 *Makkoth* 24a에 나온다 ; "아모스는 가서 그것들〔율법의 계명들〕을 한마디로 이렇게 요약하였다 ; (아모스 5, 4) '너희가 나를 구하라. 그리하면 너희가 살리라'〔하느님을 구하는 것은 물론 그를 알려고 하는 것을 의미한다〕." 유다교에서 하느님에 대한 지식은 원래 율법을 통해 오는 것이며 율법이 곧 생명이다(참조. 5, 39). 율법과 지식의 동일시에 대해서는 예를 들어 호세아서

4장 6절("너희가 지식을 거부하였으므로 나도 너희들을 거부하리라")이 의역되어 있는 아가 대 미드라쉬(*Song of Songs R.*) 1장 24절, "너희가 너희 하느님의 율법을 잊어버렸으므로 나 역시 너희 자손을 잊어버리리라"를 참조하라. 쿰란의 종도의 규례 2장 2·3절, 4장 22절, 9장 3·4절, 다마스커스문서 3장 20절 등이 여기서 인용되어왔지만 그 귀절들 가운데 어느 것도 만족할 만한 병행귀를 제시해 주지 못한다(브라운). 유다교 밖에서는 그 입회자들이 헬레니즘적인 동방종교들에서 받아들였던 하느님에 대한 환상이 생명과 구원의 원천이었다. 다양한 형태를 지닌 이 개념은 영지주의에서 다시 나타나며 실로 영지주의의 기초였다. 이것은 『헤르메스문서집』(*Corpust Hermeticum*)에서 특히 다듬어진 형태로 나타난다 ; 참조. 이 문서집 서론 38—39와 특히 *C.H.*1, 3 : "나는 참으로 존재하는 것들을 배우고 싶고 이것들의 본성을 인식하고 신을 알고 싶다" : "그러므로 인간에게 구원을 주는 유일한 것은 하느님의 지식이다." 하느님에 대한 지식은 유다교와 헬레니즘에서 모두 중심적인 사상이므로 그것이 헬레니즘적 유다교에서도 발견된다고 해서 놀랄 일은 아니다. 참조. Philo의 이곳저곳 ; 예를 들어 *Deus* 143, "지혜의 길은 하느님에 관한 앎과 깨달음에 있다."

그러므로 분명히 구원의 근거로서 지식의 개념은 매우 널리 퍼진 것이다. 그러나 인용된 모든 자료에서 "지식"이 동일한 것을 의미한다고 가정해서는 안된다. 이 문제에 관한 논의에 대해서는 1장 10절과 이 책 I권 130—1면을 참조하라. 이 귀절에서 암시된 다음의 점들을 여기서 주목할 수 있다. 첫째 하느님과 그리스도에 관한 지식이 생명을 준다 ; 그러나 이와 동일한 결과가 믿음으로부터 나온다(20,31). 지식과 믿음은 서로 상반적인 것이 아니라 서로 관련된 것이다. 이 점은 요한의 지식에 관한 개념이 구약성서의 개념에 가까운 것임을 암시한다. 둘째 지식은 또한 대상적이고 사실적인 측면을 지닌 것이다. 사람들은 오직 참되신 하느님을 알아야만 한다(참조. 8,32 : "진리를 알게 될 것이요"). 이러한 대상성은 부분적으로 그리이스 (사상)에 속한 것이지만 하느님이 자기 자신을 계시하고 구체적인 역사적 사건들을 통해 알려지게 되었다는 본래의 유다교적 개념에서 빌려온 것이기도 하다. 세째 하느님에 관한 지식이 그의 성육하신 아들에 관한 지식과 단절될 수 없다 ; 참조. 14장 7절 ; 20장 31절과 여러 다른 귀절들. 이러한 사실에 비추어 볼 때 지식에 관한 그리이스 개념들과 히브리 개념들의 독특한 결합이 가능하다. 구원을 가져오는 지식은 한 역사적 인간에 관한 지식에 근거해 있다. 그러므로 그것은 대상적인 것이며 동시에 인간적인 관계에 있다.

오직 한 분이신 참 하나님을. 참조. Philo. *Spec.* I, 332 : "한 분이신 참 하느님을" ; Leg. ad Gaium 366 : "참 하느님을" ; 마카베오 3서 6장 18절 : "…참되신 하느님께서" ; 데살로니카전서 1장 9절 ; 요한일서 5장 20절. μόνος("오직")의 용법은 (이곳과 그밖의 곳에서) ἀληθινός ("참된")의 의미를 설명하는 데 도움을 준다. 하느님을 아는 것이 곧 영생을 얻는 길이며 그 하느님은 다음과 같이 적절하게 묘사될 수 있는 유일하신 분이다. 즉 그 분은, 다음의 말이 반드시 뒤따라야 하는데, 그분만이 참으로 "하느님"이시라는 것이다. 1장 9절을 참조하라.

(아버지께서) 보내신 예수 그리스도를. 앞의 귀절—"오직 한 분이신 참 하느님을"—과 병행을 이룸은 "그가 보내신"이 설명적인 동격관계에 있는 예수 그리스도('Ἰησοῦν Χριστόν)를 직접 목적어로 받는 것이어야함을 암시한다 : "…당신께서 보내신 그를, 말하자면 예수 그리스도를… 그들이 알아야 하는 그것이옵니다." 아버지께서 예수를 보냄에 대해서는 20장 21절을 참조하라. 하느님과 그의 사절이라는 사상에 대해서는(Betz, 129에서 언급된) 루시안의 *Alexander* 22, "나와 내 예언자인 알렉산더"라는 귀절에서 그저 평범한 하나의 병행귀를 볼 수 있다.

[4] **나는 땅에서 아버지를 영광스럽게 하였사옵니다.** 과거시제("영광스럽게 했다" ἐδόξασα)는 1절의 미래 가정법("아들이 아버지의 영광을 나타내게 하옵소서 ἵνα…δοξάσῃ)과 대조적인 것이다. 다른 형태의 영광을 여기서 볼 수 있다. 1절(참조. 2절)에서 아들은 사람들에게 생명을 주심으로써 아버지의 영광을 나타낼 것이다 ; 여기서 영광의 의미는 다음 절—"일을 완성하여"에서 밝혀진다. 분사("완성하다" τελειώσας)는 "일을 완성함으로"로 번역되어야 한다. 아들은 그가 맡은 일에 완전히 복종함으로써 또 그의 일을 충실히 성취함으로써 아버지를 영화롭게 한다. τελειώσας는 예수의 완전한 삶과 역시 그의 죽음을 연상케 한다(참조. 19,30 : "다 이루어졌다" τετέλεσται). "일을"(ἔργου)에 대해서는 4장 34절을 참조하라. 토마행전 145, "내가 당신의 일과 명령을 완성하였고 다 이루었다"에서 아마 서로 의존적인 동사의 밀접한 병행을 볼 수 있다. 예수의 "일"에 관한 상세한 언급이 다음 귀절들에서 나온다. 또한 5장 21·22절을 참조하라. 아들의 일은 "심판하는 일"(κρίνειν)과 "생명을 주는 일"(ζωοποιεῖν)이다(불트만).

하라고(ἵνα ποιήσω). "설명의" ἵνα가 부정사로 쓰였다.

[5] 지금 나를 영광스럽게 해주옵소서(καὶ νῦν δόξασόν με σύ). 부사 νῦν("지금"), 단순과거 명령법("영광스럽게하다" δόξασόν), 그리고 병렬이 분명한 인칭대명사들("나를" με: "당신이" σύ)은 한 대조점을 나타내려는 의도가 들어있다. 예수는 그의 복종적인 선교활동을 통해 아버지를 영광스럽게 하였다. 이제 그의 복종과 선교활동에서 보장받은 죽음에 따라서 아버지는 그를 영광스럽게 해줄 것이다.

아버지와 함께. 즉 내가 성육 이전에 누렸던 위치로 내가 돌아가게 함으로써 ; 이 귀절에 해당하는 헬라어 παρὰ σεαυτῷ와는 달리 "아버지와 함께"(παρὰ σοί)를 참조하고 이 두 어구에 대해서는 1장 1절, "하느님과 함께"(πρὸς τὸν θεὸν)를 참조하라. 영광은 다시 말하면 그리스도가 하늘에서 누릴 영광이다. 이 기도는 올라감과 승천에 대한 기도이다. 십자가에 못박힌 이후 사람의 아들은 그가 전에 있었던 곳에로 올라갈 것이다.

창세 전에. 이 귀절에 대해서는 8장 58절을 참조하라.

[6] 본 절의 사상은 이제 그리스도의 완성된 일의 첫 열매인 제자들에게로 돌아간다.

아버지의 이름을 알렸사옵니다. 본문에서의 "알렸다"(ἐφανέρωσά)에 대해서는 26절의 "알게 하였고"(ἐγνώρισα)를 참조하라. 하느님의 이름을 알리는 것은 본장에서 요한의 특수한 개념이다. 하느님의 이름을 알리는 것과 하느님을 영광스럽게 하는 것 사이의 관계에 대해서는 Sidebottom, 40을 참조하라. 이름과 말씀은 밀접한 관련은 있지만(참조. Charlesworth, *J. & Q.*, 149—55) 동일한 것은 아니다. 단순과거 ἐφανέρωσα는 선교활동의 요약을 나타내는 말이다(ἐδόξασα "영광스럽게 하였사옵니다" : 4절). 참조. 시편 22(21)편 23절 ; "내 믿음의 형제들에게 당신의 이름을 알리리라"(διηγήσομαι τὸ ὄνομά σου τοῖς ἀδελφοῖς μου). 하느님의 (계시된) 특성을 나타내는 것으로서 "이름"에 대해서는 *B. D.E.* 1023a,b와 거기에 나오는 언급들을 참조하라. 출애굽기 3장 15절과 특히 이사야 52장 6절에서 하느님의 이름을 알게 되리라는 것이 미래의 약속으로 되어 있음을 참조하라("내 백성이 내 이름을 알게 되리라"). 후대 유다교 문헌에서 하느님의 이름은 넉자로 된 신성한 단어(YHWH)를 지시하는데, 그 단어는 대사제가 성전의 지성소에서 말하는 것 외에는 입 밖에도 내지 못하게 되어 있었다. 때때로 "그 이름"

(השם)은 신이라는 말에 대한 존경을 표시하는 대용어였다. 예수가 하느님의 이름을 알리는 일은 그가 볼 수 없는 하느님을 선포하는 것과 같다(1, 18). 우리는 특수한 이름의 표현들에 대해서는 고려하지 않을 것이다. 브라운은 "나는 스스로 있는 자다"를 제시하고 다드는 이와 유사하게 "내가 그다" 혹은 "나와 그"(*Interpretation*, 417)를 제시하고 있긴 하지만 이에 대한 언급은 생략하겠다. 그 (하느님의 이름이란) 말은 성서적이고 영지주의적인 표현이다.

세상에서. 5장 19절을 참조하라.

그들은 아버지의 사람이었사온데 아버지께서 그들을 내게 주셨사옵니다. 제자들은 처음에 하느님에게 속한 자들이었는데, 그것은 처음에 하느님이 그들을 그의 자녀들로 예정했기 때문이다. 하느님은 그가 예수에게 모든 권위를 부여해 주시는 일환으로(2절), 또 그의 계시의 행위를 뒷받침해주는 것으로서 그들을 예수에게 주사 그의 제자가 되게 하셨다. 자기에게 속한 사람들을 위해 목숨까지 바친 사실에서 보여준 예수의 자기 사람들에 대한 사랑과 제자들의 상호애는 하느님의 본질적인 사랑 안에 있는 하느님의 참된 계시이다.

아버지의 말씀을 순종하였사옵니다(τὸν λόγον σου τετήρηκαν). 3인칭 복수 완료교리인(-ασι 대신) -αν은 주전 2세기에 사용되기 시작한 독법인데, 여기서는 이 독법이 확실히 옳은 독법이다(참조. 7절에 나오는 "알다" ἔγνωκαν).[4] 요한복음의 다른 어느 곳에서도 사람들이 하느님의 말씀을 지켰다는 말이 나오지 않는다. 예수는 하느님의 말씀을(8, 55 ; 참조. 15, 10 : "계명들을") 지키며 그의 제자들에게도 그의 말을(8, 51·52 ; 14, 23 ; 참조. "말들을" λόγους: 14, 24 : "계명들을" ἐντολάς: 14, 15·21 ; 15, 10) 지키도록 명령한다. 14장 23·24절에 비추어 볼 때 말(단수)과 말들(복수)은 구별해야 한다. 말은 대체로 예수가 전한 하느님의 말씀을 의미하는 것으로 이해되며, 말들은 의미상 "계명" (ἐντολαί)에 더 가깝다. 제자들이 하느님의 말씀을 지켰다는 것은 그들이 예수 안에 있는 하느님의 진리를 충실하게 받아들여서 신실하게 선포하였음을 의미한다. 이것은 선교활동의 시기에 —특히 16장 31·32절과 이와 유사한 귀절들에 비추어 볼 때—해당한다고 볼 수 없다. 요한은 사도들의 일을 (아마 1세기 말엽으로 소급시켜) 회상하고 있다.

---

4) W.H. Introduction, *Notes on Orthography*, 166 ; *M.I*, 52 ; Ⅱ, 221 (이곳에서 Moulton의 견해가 달라진다) ; *B. D.*, §83을 참조하라.

[7] 지금. 이 의미는 5절, 13절의 의미와는 다른 것 같다. "영광의 순간인 지금"이 아니라 "선교활동의 마지막인 지금"이다. 16장 30절을 참조하라.

알았다(ἔγνωκαν). 이것은 맞는 독법인 것 같다. 동사의 이런 형태에 대해서는 6절의 τετήρηκαν을 참조하라. 여러 변형들이 있다. "순종하였다"(ἔγνωσαν: 3인칭 복수 2 과거 : φ 33)는 아마 8절에 동화해서 그런 것 같다. ἔγνωκα(일인칭 단수 완료: W)는 아마 우연한 잘못일 것이다. ἔγνων(3인칭 단수 2 과거: ℵ it sin pesh sah)은 쉽게 간과해서는 안 되지만 아마 6절의 서두에 나오는 "알렸다"(ἐφανέρωσα : 일인칭)의 인칭을 잘못 따름으로 생겨난 것 같다. 여전히 예수는 제자들에 대해 말하고 있다. 현재의 귀절과 다음 귀절은 마지막 절을 설명해주는 것이다. 제자들은 "모든 것"이 아버지로부터 예수에게 왔던 것으로 알고 있었다 ; "모든 것"에는 ῥήματα("말들")이 들어있다. 예수의 말들을 받아들인다는 것은 하느님의 말씀을 지키는 것을 의미한다.

내게 주신 모든 것이 아버지께로부터 왔음을. 만일 요한이 "당신이 내게 주신 모든 것은 당신께로부터 온 것이다"라고 하지 않고 "내가 가진 모든 것은 당신께로부터 왔다"라고 기술하였다면 좀더 간단하고 필요없는 반복을 피했을 것이다. 그러나 요한은 예수의 구체적인 선교(incarnate mission)에 있어서 예수가 아버지에게 의존해 있음을 강조하고 있다.

[8] 8절 전체는 ὅτι("~때문에")절로 연결되어 있다. 즉 제자들이 그 사실을 알고 있는 것은 오직 예수가 그것을 제자들에게 알려주었고 또한 제자들이 그것을 인정하였기 때문이다.

말씀을. 예수의 구체적인 선교에 비추어 볼 때 6절에 나오는 "말씀"(λογος)은 반드시 여러 말들인 ῥήματα와 구별된다. 제자들은 예수의 말들을 받아들임으로써(ἔλαβον) 하느님의 말씀을 받았다. 6장 63절을 참조하라. 제자들은 예수의 말들을 받아들임으로써 생명을 받았다(2절).

참으로 알았사옵고. 그들은 또한 예수의 "말들"(ῥήματα)에서 지식을 얻고 진리를 터득하였다. 그리고 이와 같이 지식을 얻음으로써 그들은 생명을 받게 되었다. 여기서 진리는 예수가 그 자신의 이름으로 온 것이 아니라 하느님으로부터 왔다는 것이다. 이러한 표현에 대해서는 7장 26절을 참조하라. ἀληθῶς("참으로")는 ἐξῆλθον("나왔다")으로부터 주문장의 동사에 이르기까지 수식하는 것일 수 있다.

믿었사옵니다. 두 ὅτι절을 구별하려고 애쓰는 것은 무익한 일이다.

"아는 것"과 "믿는 것"은 가장 밀접한 병행을 나타낸다. 양자의 관계에 대해서는 17장 3절을 참조하라.

아버지께서 나를 보내신 것을. 20장 21절에서와 마찬가지로 이 기도문에서도 아들을 보내심이라는 말은 우리로 하여금 세상을 향한 제자들의 파송을 뒤따라 연상하게 한다(참조. 특히 18절).

[9] **내가 그들을 위하여 구하옵니다.** 도입부인 6—8절 다음에 제자들을 위한 기도가 시작되며 ἐρωτᾶν("구하다")은 여기서 확실히 αἰτεῖν("요청하다" "구하다")과 동의어이다. 기도의 내용이 이어지는 귀절들에서 분명히 나온다. 그러나 첫째로 그것은 다음 절의 대조를 통해 밝혀진다.

내가 세상을 위하여 구하옵는 것이 아니옵고. 이 어순은 다음의 말을 강조하는 것이다: "내가 기도하는 것은 세상을 위해서가 아니다." 5장 19절을 참조하라. 요한은 "세상"(κόσμος)에 대한 하느님의 사랑을 언급한 적이 있긴 하지만(3, 16) 그가 경건한 자들에 대한 편협한 애정을 지지하는 입장을 버리지 않고 있음이 한번 더 강조되어야 한다. 본장에도 역시 그것을 통해 사람들이 개종하고 예수의 공동체로 모여들게 될, 세상을 향한 사도교회의 선교가 고려되고 있음이 분명하다(특히 18절 참조). 그러나 "세상"(κόσμος)에 대한 유일한 희망은 정확하게 말해서 그것이 "세상"이기를 그쳐야 한다는 데 있으므로 "세상"을 위해 기도하는 것은 어리석은 일이다(참조. 1, 10).

내게 주신 사람들을 위하여. 6절을 참조하라.

그들은 모두 아버지의 사람이옵니다. 세상 자체가 하느님의 목적을 벗어나 있기 때문에 세상을 위한 기도는 할 수가 없다. 반면에 제자들은 그들이 그리스도에게 속함으로써 동시에 하느님에게 속해 있다. 복음서의 역설적인 예정론이 다시 한번 분명해진다. 제자들은 아버지에게 속해 있으면서 예수에게로 가는데, 그것은 아버지가 그들을 그에게 주었기 때문이다(6, 37·44). 그런데 그들은 예수에 대한 그들의 믿음을 통하여 또 예수의 말씀을 지킴으로써 아버지의 사람들이 된다.

[10] **내것은 모두 아버지의 것이옵고 아버지의 것은 모두 내것이옵니다.** 남성형(9절의 "사람들")으로부터 중성형("내것", "아버지의 것")으로 바뀐 데 대해서는 2절을 참조하라. 여기서 사상을 확대시킨 데에는 분명한 의도가 있는 것 같다. 여기서 드러난 사상은 제자들이 아버지와 아들에게 동시에 속한 자들이라는 것뿐만 아니라 아버지와 아들은 관심과 소유가 완전히 같다는 것이다. 이와 같이 아

버지와 아들은 동일하다. 그러나 그 동일성은 아버지의 선물로서 주어진 것이다.

나는 그들로 말미암아 영광을 받았사옵니다. αὐτοῖς("그들")를 아버지와 아들이 공동으로 가진 "모든 것"(πάντα)과 관련하여 중성으로 받아들이는 것이 가장 자연스러울 것이다 ; 그러나 "내것은 모두 ~모두 내것이옵니다"(καὶ τὰ ἐμὰ...ἐμά)는 하나의 삽입구로 생각해야 하므로 αὐτοῖς는 ὧν(9절의 제자들)을 연상하게 할 가능성이 있다. 보다 인격적인 후자의 해석은 아마 13장 31·32절, 14장 13절에 비추어 볼 때 좀 더 타당한 것 같다. 이 귀절들에서 아버지는 아들 안에서, 아들의 복종적인 헌신을 통해서 영광을 받는다. 전자의 해석에 있어서 강조점은 복종의 행위에 있는 반면 후자의 해석에 있어서 강조점은 그러한 행위(제자들에 대한 일반적인 기도)의 결실에 있다. 여기서 제자들은 그리스도가 영광을 받는 장소이며("말미암아"로 번역된 ἐν은 아마 수단을 나타내는 것이기도 하지만 여기서는 장소를 내타내는 것이다) 다음 귀절이 보여주듯이 그들의 충실한 선교의 수행을 통하여 그리스도는 영광을 받게 될 것이다. 완료시제인 "영광을 받았다"(δεδόξασμαι)를 주목해야 한다. 예수는 이미 그의 선교활동에서 그에 대한 열두 제자의 복종적인 믿음으로 인해 영광을 받았지만 그 말(δεδόξασμαι; 완료시제)은 복음서저자의 보다 후대의 관점을 반영하고 있다.

[II] 예수는, 마지막 담론들에서 매우 자주 그러하듯이 다시 한번 그의 다가오는 수난을 아버지에게로 가는 것으로 설명한다. 여기서는 예수가 기도할 때 아버지를 향해 말하고 있기 때문에 ὑπάγειν이나 πορεύεσθαι("떠나가다") 대신에 ἔρχεσθαι("가다")가 쓰여졌다. 제자들은 세상에, 즉 그가 차지하였던 자리에 남아있다. 그들은 이제 성령과 더불어 세상에 대해 증거해야 하며 세상의 적대감을 감수해야 한다.

나는 가옵니다. D사본은 이 말 다음에, 몇몇 고대 라틴역에 힘입어서, "나는 이제 세상에 더 있지 않사옵니다"를 첨가한다. 3장 14절 (긴 본문)을 참조하라. 이 독법은, 관심을 끄는 것이긴 해도, 아마 이 귀절의 앞의 두 절을 우연히 반복함으로써 그렇게 된 것 같다.

거룩하신 아버지. 1·5·25절을 참조하라. 또한 Singer, 36에 나오는 기도문과, 특히 "거룩하신 아버지"(πάτερ ἅγιε)란 말이 성만찬 기도에서 나오는 12사도 교훈 10장 2절을 참조하라. "그의 거룩하신 아버지"란 말이 앞서 인용된 솔로몬의 송가 31장 5절에 나온다. 형용어구인 "거룩한"이 뒤이어 나오는 간구와 특별한 관련이 있다고 생각하는 것은 당연하며 이것이 사실이기도 하다. 제자들을 위한 기도는 그리스도가 자기 자신을 성별하였듯이 그들도 그리스도 안에서, 하느님을 위하여 서로 연합함으로써 성별되도록 하기 위함이다. 아버지의 본래의 거룩하심으로 말미암아 예수와 교회의 성별을 알게 되며 또 그러한 성별이 가능하다. 이 점은 신약성서의 그밖의 곳에서 주로 윤리적인 의미로 재현된(베전 1, 16 ; 참조. 마태 5, 48) 구약성서의 "너희는 내가 거룩하므로 거룩해지리라"(레위 11, 44) 와 요한의 관점이 같은 것이다. 아무도 요한 이상으로 강렬하게 사랑 안에 있는 거룩함의 윤리적인 결과를 강조할 수 없었긴 하지만 요한은 거룩함의 근거를 하나의 관계성에서 설명하는 데는 조심스럽다.

아버지의 이름으로 그들을 지키셔서. D사본은 이 귀절을 12절, "내가 그들과 함께 있을 동안은 아버지의 이름으로 지켜 보호하였사옵니다"에 근거하여 첨가하고 있다. 즉 "그들을 현재의 상태대로, 하느님에게 속한 사람들로서 세상과 분리되는 사람들의 집단으로 보호해 주십시요"라는 뜻이다. "아버지의 이름으로"는 다만 이런 사상을 표현하는 것일지 모른다—"그들을 당신과 같이, 당신의 소유처럼 지켜주십시요." 혹은 ἐν(아버지의 이름"으로")은 수단을 나타내는 것일 수도 있다. 하느님의 이름은(참조. 6·26절) 그의 계시된 특성이다.

내게 주신. 하느님의 계시된 특성이 예수에게 위임되었다. 예수 자신은 제자들을 지켰고(다음 귀절 참조) 이렇게 함으로써 하느님의 특성에 따라, 그분의 권위를 입어 행동하였다. 이것은 하느님이 예수에게 그의 이름을 주셨다는 말로 서술된다. ὅς "그", "그녀", "그것" 등을 뜻하는 관계대명사의 중성여격 ᾧ는 "이름"(ὄνομα)을 지시하는 것이어야 하며 분명히 옳은 독법이다. οὓ와 ὃ는 몇몇 사본들에서 입증된 것으로서 수정된 독법들이다. οὕς(관계대명사 ὅς의 목적, 복수)는 제자들이 하느님께서 예수에게 주신 자들이라는 개념을 다시 제시하는 독법이다(참조. 2·6·9절). ὅ(관계대명사 ὅς의 목적, 단수)는 관계대명사의 견인(역주 : 가까이 있는 말에 끌리어 數나 格따위가 변화하는 현상)을 피한 독법이다. ᾧ가 οὕς로 번역되어야 했을 아람어 관계대명사 ד의 오역이라고 생각할 필요는 없다(B u ep. 102—1 0).3 οὓ가 특징적으로 요한의 사상을 보여준다는 것은 사실이다. 그러나 ᾧ도 이와 마찬가지이다.

그들도 하나가 되게 해주옵소서. 제자들은 하느님에 의해 독립된 개개인들로서가 아니라 연합된 하나로서(ἕν,중성) 보호를 받아야 한다. 제자들이 사랑 안에서 하나됨은 마지막 담론들에서 이미 강조된 바 있고(13,34·35 ; 15,13) 또한 예수의 기도(21절 이하)에서 다시 강조될 것이다. 이것은 복음서의 진리를 증명하는 것이다.

우리와 같이. 이것은 단지 인간적인 일치가 아니라 아버지와 아들의 일치가 그 모형이요 원천이기 때문에 하나의 증명과 같은 것이다. 사람들의 어떤 단체라도 유효한 것이 되려면 연합해야 하지만 그러나 그리스도교인들의 연합은 쿰란의 연합이나 공동체(yaḥad)를 포함하여—비록 이것이 하느님의 연합(yaḥad'l[*IQS* 1,12])이라고 하더라도 세속적인 연합과는 구별된다. 이 사상은 기도의 나머지 부분을 통해서 발전된다. 아래를 참조하라.

우리가 〔하나〕인(ᾧ...ἡμεῖς). 이 말들이 it sin 사본에는 생략되어 있고 끝의 다섯 글자가 P⁶⁶에는 생략되어 있다. 짧은 본문은 생략할 만한 어떤 타당한 동기를 찾기가 어렵기 때문에 어느 정도 택할 만하다. 그러나 짧은 본문을 취하기에는 또 다른 문제가 있어 보인다.

〔 12 〕 예수는 그의 선교기간 동안 하느님의 사람들을 친히 보호하였다.

ᾧ(내게 주신 "그것을") 대신에 D Θ W it vg는 οὓς(내게 주신 "그들을")로 읽는다. 앞의 주석을 참조하라. ᾧ δέδωκάς μοι("내게 주신")이 ℵ* sin에는 모두 생략되어 있다.

지켜 보호하였다(ἐφύλαξα). 이 말은 원래 τηρεῖν("지키다")보다 강력한 말이지만 그것의 군사적인 의미가 강조되어서는 안된다. 요한복음에서 이 말이 유일하게 나오는 12장 25·47절을 참조하라. 이것은 아마 요한의 문체상 τηρεῖν의 동의어적 변형에 불과한 것 같다. 이 단순과거는 미완료인 ἐτήρουν에서 표시된 과정을 요약하는 것이다.

그들 중에 하나도 멸망하지 않았사옵고. 예수의 주장의 성립에 대해서는 18장 9절을 참조하라. ἀπολλύναι, ἀπώλεια("멸망[하다]")에 관해서는 3장 16절을 참조하라.

오직 멸망할 자식만. 이 말은 유다 이스카리옷을 가리킨다. 신약성서에서 ἀπώλεια("멸망하다")는 일반적으로 종말론적인 완전한 파멸, 저주를 의미하며[5] 이와 유사한 셈어적 표현(υἱὸς τῆς ἀπωλείας=완전한 파멸의 운명에 처한 인간)이 데살로니카후서 2장 3절에 나오는데, 이 귀절은 그리스도의 내림이 일어나기 전에 "먼저 배교하는 일이 있겠

5) 마태 7,13 ; 사도 8,20 ; 로마 9,22 ; 필립 1,28 ; 3,19 ; 데전 6,9 ; 히브 10,39 ; 베후 2,1 ; 3,7 ; (3,16) ; 묵시 17,8·11.

고 불법자, 곧 멸망의 자식이 나타날 것이라"고 예고한 하나의 묵시이다. 아마 요한은 그리스도의 영광이 드러나기 이전에 나타나야 하는 이러한 종말론적인 인물을 유다로 보았던 것 같다. 가령 요한일서 2장 18·22절과 4장 3절에서 이단의 교사들은 적그리스도로 표현되어 있다. 셈어법은 요한적인 것이 아니라 전승에 따른 것임을 주목해야 한다. 그것은 셈어적 자료가 있었다거나 셈어적 사상이 들어가 있었음을 입증해줄 만한 것이 못된다. 오히려 그러한 자료나 사상의 흔적을 찾을 수 없다.

성경 말씀이 이루어졌사옵니다. 아마 여기 나오는 "성경 말씀"(γραφή: 시편 41편 10절)은 적그리스도에 대한 어떤 예고라기 보다는 13장 18절이나 시편 109편 8절(사도 1, 20)에서 인용된 것 같다. 유다는 이와 같이 "목적론적 사고의 한 희생자였다"(Derrett, *Law*, 427). 하지만 어떻게 목적론적 사고가 희생을 요구하게 되었는가는 요한도 현대의 저자도 설명해줄 수 없다.

[13] **이제 나는 아버지께로 가옵니다.** 여기에는 예수가 그의 지상의 삶 가운데서 자기 사람들을 보호할 수 있었던 때와 그가 떠나가는 때 사이의 대비를 분명히 밝히려고 예수가 아버지에게로 감이 다시 한번 강조되고 있다.

내가 이 말을 하옵는 것은… 그들이 …하게 하려는 것입니다. ταῦτα("이 말")는 마지막 담론 전체의 내용을 지시하는 것일 수 있다. 이런 경우에 대해서는 15장 11절을 참조하라. ταῦτα가 기도를 지시할 경우에 대해서는 예수가 소리를 내어 무리를 위하여 기도하고 있는 장면인 11장 42절을 참조하라. 예수 자신은 아버지와 끊임없이 교제하는 영원한 아들로서 형식적인 기도를 드릴 필요가 없다. 그러나 이런 인간적인 행위는 그가 나누는 교제가 인간적인 관찰로 입증되고 그의 제자들도 뒤따라 나누게 될 교제의 유형을 이루는 유일한 수단이다. 그러므로 그것은 아버지에게 아낌없이 바치는 복종과 그분과의 깨어질 수 없는 교제로부터 우러난 그의 기쁨—그들의 기쁨이 될 것이기도 한—을 그들에게 전달하는 데 도움을 준다. 이 점에 대해서 영지주의 시각이나 종말론적 시각에서 볼 수 있다. 솔로몬의 송가에서 기쁨은 자주 나오는 주제인데, 거기서는 영지주의 시각이 보다 두드러지게 나타난다.

가득 넘치게(πεπληρωμένην). 이런 표현에 대해서는 16장 24절을 참조하라.

[14] **내가 그들에게 아버지의 말씀을 주었사온데.** 6절을 참조하라. 그리고 예수가 그의 제자들에게 주었던 하느님의 말씀에 대해서는 17절, "아버지의 말씀은 진리이옵니다"를 참조하라. 예수는 그들이 참으로 받아들였던 그와 아버지의 관계에 관한 진리를 그들에게 전달하였다(8절). 이러한 진리를 아는 것이 곧 영원한 생명을 얻는 것이다(17, 3 ; 20, 31).

세상은 그들을 미워하였사옵니다. 세상이 본래적으로 그것과는 다른 것을 어쩔 수 없이 미워함에 대해서는 15장 18·19절을 참조하라. 단순과거 ἐμίσησεν("미워하였다")은 복음서저자의 관점에서 기술된 것이다. 만일 그것이 sane'(μισήσει로 번역되는 분사) 대신에 s^ena'(완료형, ἐμίσησεν)로 읽혀진 שׂנא를 잘못 지시하여 생겨난 독법이라고 가정한다면 (Torrey, 109, 114) 그 단순과거는 전혀 설득력이 없다.

내가 세상에 속하지 않은 것같이. 제자들은 이같은 예수의 "내세성"을 공유하고 있는데, 그 이유는 그가 그들을 세상으로부터 뽑아냈기 때문이며(15, 19) 또한 그들은 어떤 인간적인 방식으로가 아니라(1, 13) 영으로(3, 3—8) 난 자들이기 때문이다. 이러한 상응에 대해서는 Käsemann, *Testament*, 69—70을 참조하라. 이 말들은 P66* D it에는 생략되어 있는데, 그것은 아마 이 말들이 16절에 비추어서 없어도 좋은 말이라고 생각되었기 때문일 것이다. 아마 이와 비슷한 이유로 해서 몇몇 사본에는 이 귀절이 생략되어 있다.

[15] **그들을 세상에 데려가시기를.** 가정법과 함께 쓰인 ἵνα가 그 앞에 나와있는 "구하다"(ἐρωτᾶν: 여기서 αἰτεῖν "구하다"의 의미로 사용된)에 연결되어야 하는 가정법을 대신한다. 마르코복음 7장 26절, 루가복음 7장 36절, 16장 27절, 요한복음 4장 47절, 19장 31·38절, 요한이서 5장 등에도 이와 같이 되어 있다. 신약성서의 그밖의 곳에는 해당하는 귀절이 없다. 제자들은 세상에 속하지는 않았지만 여전히 그 안에 있다(11절). 세상에 머무는 것이 그들의 사명이다. 요한은 그리스도교인들이 조만간 내림시에 지상으로부터 올리워지리라(ἁρπαγησόμεθα: 데전 4, 17. 참조. ἁρπαγέντα; ἡρπάγη "이끌려 올라간" : 고후 12, 2·4)는 묵시문학적 견해를 수정하려고 했을 것이다. "아니다, 교회의 본질은 세상이 세상 안에서 무효화되어버린 종말론적 공동체가 되는 것을 내포한다"(불트만). 동시에 요한은 선택받은 자들이 세상으로부터 떨어져 나간다는 영지주의적 형태를 반대한다. 역사적으로 그의 말들은 의심할 바 없이 부분적으로 세상으로 물러나라

는 것이 아니라 그리스도교인들에 대한 하나의 경고로서 의도된 것이다.

오직 악한 자에게서 그들을 건져주시기를. 11·12절을 참조하라. 요한이 "악한 자"(ὁ πονηρός)를 뜻하였는지 아니면 "악"(τὸ πονηρόν)을 뜻하였는지가 분명치 않다. 복음서에서 πονηρός가 사용된 유일한 다른 예는 3장 19절과 7장 7절이다. 이 두 귀절에서 그 말은 모두 형용사적으로 사용되었다. 그러나 요한일서의 용법은(2, 13·14 ; 3, 12 · 18·19) 요한이 악에 대해서가 아니라 악한 자에 대해서 생각하고 있음을 강력하게 암시한다. 예수의 죽음은 이 세상 통치자에 대한 심판을 의미하지만(12, 31 ; 14, 30 ; 16, 11) 그러나 제자들이 하느님의 도우심이 없이 남겨질 경우에 세상의 통치자가 그들에게 해를 가하는 힘을 빼앗긴 것은 아니다. 마태오복음 6장 13절을 참조하라.

[16] 14절을 참조하라.

[17] **그들을 거룩하게 해주옵소서.** "거룩한"(ἅγιος)의 어군은 요한복음에서 자주 나오지 않는다. "거룩하게 하다"(ἁγιάζειν)는 10장 36절과 17장 17·19절에 나오고, "거룩한"(ἅγιος)은 6장 69절과 17장 11절에 나온다. 그리고 1장 33절과 14장 26절, 20장 22절에서는 "영"(πνεῦμα)이란 말과 함께 나온다. 이러한 용례들은 드물기는 하지만 그럼에도 불구하고 중요하다. 현재의 귀절은 ἁγιάζειν이 여기서 무엇을 의미하든지간에 "나 자신을 거룩하게 하옵는 것은"(ἁγιάζω ἐμαυτόν)이라고 예수가 말하는 19절과 그 말의 의미가 거의 같기 때문에 매우 중요한 것이다. 10장 36절에는 하느님이 예수를 거룩하게 하사 분명히 그를 세상에 보냈다고 기록되어 있다. ἁγιάζειν의 보통의, 매우 일반적인 용법은 다음과 같다. 한 사람이 신성한 임무로 성별되었다. 예를 들어 예레미야는 예언자로 성별되었다 ; 예레미야 1장 5절 : "네가 나오기 전에… 너를 성별하였고, 너를 열방의 선지자로 세웠노라" ; 아론과 그의 자손들이 사제가문으로 성별되었다—출애굽기 28장 41절 : "그들을 거룩하게 하여." 현재의 귀절의 배경은 10장 36절의 배경과 유사하다. 10장 36절에서처럼 "보내다"(ἀποστέλλειν)란 말이 문맥에 들어있다. 제자들은 교대로 세상에 보냄을 받기 위해 하느님에 의해 성별될 것이다. 그들이 죽음에로까지 성별되었다고 생각할 이유는 확실히 없다. 다른 문맥들에서는 의식적인 목욕재계(출애 19, 22)가 의도되었던 것으로 보인다(린다스). 종도의 규례(IQS)

4장 20·21절을 참조하라.

진리로. 요한복음에 나오는 "진리"(ἀλήθεια)에 대해서는 1장 14절을 참조하라. 이 조항은 달리 해석될 수도 있으므로 그것을 단지 "진실로", "진리로"라고 해석하기는 어렵다. 여기서 이 말은 8장 32절의 예에서처럼 또 다음 귀절에서 요구되는 바대로 예수의 가르침과 활동에 계시된 구원의 진리를 의미한다. 이러한 진리를 통해서 사도들은 그들의 선교를 위해 임명받고 흩어진다.

아버지의 말씀은 진리이옵니다. 하느님의 말씀에 대해서는 6절과 14절을 참조하라. "말씀"(λόγος)과 "진리"(ἀλήθεια)는, 요한이 강조하는 바대로, 그 자신이 곧 말씀이요 진리인 예수 자신의 인격에 근접하는 것이다.

[18] **나를 보내신 것같이 나도 그들을 세상에 보냈사옵니다.** καί로 결구가 이끌어지는 것은 셈어법일 수 있다. 이 사상에 대해서는 13장 20절과 20장 21절을 참조하라. 여기서 사도들의 파송은 아버지가 그에게 맡긴 임무를 완성케 하려고 아들을 보내는 절정의 순간으로 뒷받침된다. 단순과거 "보냈사옵니다"(ἀπέστειλα)는 제자들의 파송을 나타낸다. 하지만 사실상 20장 21절("내가 보낸다" πέμπω : 현재형)에 가서야 그들이 보냄을 받았다는 말이 나온다. 요한은 당대의 관점에서 기술하고 있기는 하지만 또한 아들의 선교가 실제로 완성된 것으로 보며 교회의 선교가 예수의 사랑과 복종과 영광이 충분히 나타났던 마지막 만찬에서 사실상 시작된 것으로 간주한다.

세상에. 예수와 제자들은 모두 세상에 대한 사명이 있다. 이러한 사실은 예수의 기도가 제자들(9절)과 또 그들의 말을 통하여 믿게 된 사람들만을 향한 것이라는 점과(20절), 그의 자기 사람들에 대한 사랑의 강조(13, 1과 그밖의 곳), 제자들이 서로 사랑해야 한다는 명령(13, 34 ; 15, 12·13)과 비교되어야 한다. 세상은 성령과 제자들의 증거를 통하여 이 기도와 사랑의 공동체로 들어가도록 초대받게 될 것이다. 케제만(*Testament*, 29—30)은 이 말("세상에")이 모든 제자들에게 적용됨을 주장하므로 모든 신자들의 사제직을 가정하는데, 그는 이런 개념이 이미 1세기에 있었다는 데 대해서 놀라움을 표했다. 그러나 20절은 요한이 원래의 증거 이상을 염두에 두었는가에 대해서 의심을 품게 하는 것임이 분명하다. 참조. 베드로전서 2장 9절 ; 요한 묵시록 1장 6절 ; 5장 10절 ; 20장 6절.

[19] **그들을 위하여 나 자신을 거룩하게 하옵는 것은.** 17절과 10장 36절을 참조하라. ἁγιάζειν이란 말 자체만으로는

예수의 죽음에 대한 언급이 필요없다. 이러한 언급은 오히려 문맥에, 특히 *ὑπέρ*("위하여")의 용법에 들어있다; 참조 11,50—52; 15,13; 10,11; 참조. 또한 1,29와 마르 10,45: "많은 사람을 위한 대속물로" (*λύτρον ἀντὶ πολλῶν*). 만일 마르코복음 14장 24절("많은 사람을 위하여 흘리는" *ἐκχυννόμενον ὑπέρ πολλῶν*)에 대한 암시가 있다면 요한은 전승에서 나온 성만찬의 언어를 비성만찬적인 틀에서 재해석한 것이리라. 6장 51—58절에 비추어 볼 때 이것은 그럴 듯하다. 자기 자신을 희생제물로 바치는 일은 하느님이 맡기신 일을 기꺼이 행할 준비가 되어있는 하느님의 종으로서의 행동이며, 직접 앞장서서 행한 예수의 일은 자기 친구들을 위해 목숨을 바치는 일이었다. 이 말은 사제의 준비와 희생제물의 준비에도 똑같이 들어맞는다. 따라서 그것은 그리스도에게 이중으로 들어맞는 말이다. 17절에 대한 주해에서 지적한 바를 제외하면 이런 사상을 설명할 만한 유다교의 자료가 거의 없다. "자신을 성별하다"(קדש עצמך)란 표현이 나오긴 하지만 그것은 일반적으로 윤리적인 의미를 갖고 있다. 감사의 시편 6장 6—9절은 "용서"(סליחה)라는 말로 이끌어가므로 엄격히 말해서 관련성이 없다. 참조. *C.H.* 1,32: "당신의 사람이 당신에 의해 성별되기를 원합니다"(*ὁ σὸς ἄνθρωπος συναγιάζειν σοι βούλεται*). *συναγιάζειν*의 의미가 분명하지는 않지만 그 헤르메스 예언자가 어떤 의미에서 하느님의 거룩함을 함께 지니기를 원하고 있음이 분명하다. 훼스뚜쥐레(A.D. Nock와 A.J. Festugière, *Corpus Hermeticum*]1945] I, 19에서)는 이렇게 번역한다; "그는 성별되게 하는 일을 당신이 돕기를 원한다"(...veut te prêter aide dans I'œuvre de sanctification). 여기에는 신격화 혹은 그와 유사한 것이 생각되고 있다. 신격화란 엄격하게 이해해서 요한의 사상과 다른 것이긴 하지만 현재의 귀절은 요한과 동일한 시각을 갖고 있다. 이제 영광받도록 기도드린 아들은 그가 제자들을 그와 함께 데려가도록, 말하자면 이렇게 함으로써 그들이 하느님과 연합하도록 하기 위해 신적인 생명에 그가 다시 들어가도록 해줄 것을 다른 말로 다시 구한다.

진리로. 여기에는(비교. 17절) 관사가 붙어 있지 않고, 만일 이 귀절이 독립적인 것이었다면 "참으로 성별되도록", "실로 성별되도록"이라고 번역해야 할 것이다. 그러나 17절에 나오는 병행귀에 비추어 볼 때 요한은 비록 그가 애매하게 표현하고 있기는 하지만 적어도 동일한 사상을 재진술하고 있을 가능성이 있는 것 같다.

[20] **이 사람들만을 위한 것이 아니옵고.** 이 귀절에서 이 사람들은 예수와 함께 만찬에 참석하였던 사람들, 아마 (이 점이 분명하게 진술되진 않았지만) 열 한 사람들이다. 이 귀절에 대한 병행귀가 신명기 29장 13·14절(70인역 14·15절)에 나온다—이런 언급은 다우베(D. Daube)의 견해를 따른 것이다.

이 사람들의 말을 통하여 믿는 사람들도 위한 것입니다. 요한은 이미 제자들을 "세상에" 내보냄에 대해 언급하였다(18절). 그들의 믿음이 예수가 세상에 보내심을 받은 데서 결과하였듯이 그들의 보냄도 믿음을 갖게 할 것이다. 요한은 이제 사려깊게 이러한 과정, 즉 교회의 역사에 대해 관심을 돌리고 있다. 그에게 있어서 주님의 부활 이후 지상의 공동체가 계속 존재하리라는 데에는 문제가 없다; 예수 자신은 그것을 원했고 그 공동체에 소속하게 될 사람들을 위해 기도하였다(참조. 20, 29). 현재분사인 πιστευόντων("믿는")은 무시간적인 것이며 이 말에서 아람어법을 찾을 필요는 없다.

나를. πιστεύειν εἰς("…를 믿다")는 요한의 일반적인 관용어이며(참조 1, 12) εἰς ἐμέ("나를")는 아마 πιστευόντων("믿는")에 연결되어 조성된 말이 분명하다. 그러나 어순에 비추어 볼 때 εἰς ἐμέ를 λόγου와 함께 두는 것이 보다 자연스럽다는 것을 인정해야 하며 또한 이것은 가능하다. 이같은 전치사구가 λόγος와 함께 쓰인 데 대해서는 고린토후서 1장 18절, "여러분에게 하는 우리의 말"을 참조하라. 이 구문이 채택된다면 그 의미는 "나를 증거하는 그들의 말"이 될 것이다.

[21] **모두 하나가 되어.** 15절에서처럼 ἵνα(이 귀절 이하는 ἵνα 절임)는 요구의 내용을 서술한다. 예수는 그가 이미 자기 제자들이 하나가 되도록 기도하였듯이(11절) 전 교회가 하나가 되도록 기도한다. 샌더스는 하나됨에 대한 요한의 강조로부터 이것이 이미 교회의 문제가 되었다고 추론했는데, 그러한 추론은 아마 옳을 것이다. 그러나 분명한 사실은, 하나의 제도로서의 교회에 별로 관심이 없었고 (이 책 I권 154—5면) 이그나티우스와는 달리 제도적인 용어로 교회의 하나됨을 호소하지도 않았다. 교회의 하나됨은 단순한 일치의 문제가 아니며 또한 회원들이 여러 면에서 그들의 주체성을 잃는 것을 의미하지도 않는다. 교회의 하나됨은 엄격하게 말해서 아버지와 아들의 하나됨과 유사하다. 아버지는 아들 안에서 활동하신다—그의 일을 행하시는 분은 아버지이시다(14, 10)—아버지를 떠난 아들의 행위는 무의미하며 실로 불가능한 것이다. 아들 역시 아버지 안에 있으며, 창조

와 구원에 똑같이 작용하는 신성의 통일성 안에 그분과 함께 영원히 있다. 아버지와 아들은 하나이면서 여전히 구별되어 있다. 신자들은 아버지와 아들—하느님과 구별되면서도 하느님 안에 있는—안에 있어야 하며 또 그들 안에서 하나가 되어야 한다. 그리고 그들 자신이 하느님의 활동 영역이 되어야 한다(14, 12). 불트만은 그러한 연합의 형태를 요한이 염두에 두고 있다는 점과, 그것이 이루어지게 하는 수단이 20절의 말들, 즉 "말을 통하여 믿게 된"에서 제시된다고 옳게 지적하였다. 그것은 "말씀과 믿음의 전통에 서 있는 연합"이다. 그는 계속해서 말한다: "이와 같은 연합은 아버지와 아들의 연합을 그 근거로 삼는다. 예수는 아버지와 아들의 이러한 연합 때문에 계시자이다; 그리고 공동체의 연합은 이런 사실에 근거해 있다. 그것은 교회의 연합이 자연적인 혹은 순전히 역사적인 자료에 근거를 둔 것이 아니며 또한 조직, 제도 및 교리를 통해 형성될 수도 없다는 것을 의미한다; 조직, 제도 및 교리는 기껏해야 참된 연합에 대해 증거하는 것일 뿐이며 다른 한편으로 그것들은 연합에 대한 그릇된 인상을 주는 것일 수도 있다. 비록 세상에 말씀을 선포하려면 모든 제도나 교리가 필요하다고 할지라도 이러한 것들이 참된 선포의 통일성을 보장해 주지는 못한다. 반면에 지나온 과정을 돌아볼 때 정확하게 말해서 그 제도들과 교리들의 결과라고 할 수 있는 교회의 실제적인 분열이 반드시 선포의 통일성을 깨뜨린다고 볼 수는 없다. 말씀은 전통이 지켜지는 곳에서는 어디서나 참으로 전파될 수 있다.

우리 안에. ἐν("안에")은 여기서 ℵ Θ W vg pesh boh에는 반복되어 있지만, P66 B D it에는 생략되어 있는데 그것이 옳다.

아버지께서 나를 보내셨다는 것을 세상이 믿게 하려는 것이옵니다. 하느님 안에서 교회의 연합은 예수가 하느님의 권위를 부여받은 사절이라는 주장이 사실임을 가장 잘 증언하는 것이다. 이같은 공동체의 존재는 초자연적인 원인의 결과로서만이 설명될 수 있는 초자연적인 사실이다. 더우기 그것은 복음서를 구성하고 있는 하느님의 활동의 유형을 드러낸다. 아버지는 아들을 보내시며 또한 아들은 항상 아버지와 사랑의 연합 가운데서 살기 때문에 그의 일들 속에서 인류에 대한 아버지의 사랑이 드러난다. 아들은 교회를 보내며, 교회의 연합에 내포된 상호적인 자비와 겸손에서 아들과 아버지와 삶이 반영되어 있음을 볼 수 있다. 말씀과 믿음으로 이루어진 교회의 연합은 세상이 신앙과 불신앙 사이에서 결단하도록 도전받고 있음을 의미한다. "세상"(κόσμος)

은 대체로 믿게 될 것이고 따라서 구원받을 것임이 여기서 암시된 것 같다. 이같은 분명한 보편주의와 함께 16장 33절을 비교하라. 요한은 신약성서에 나타난 보편주의와 선택받은 남은 자의 예정 사이의 통상적인 긴장을 견지한다. 사실상 교회의 불가피한 인간적 결점은 세상편에서 불완전한 신앙을 의미할 수밖에 없으며 교회와 세상은 똑같이 언제나 하느님의 심판과 자비의 대상으로 남아있다.

[22] 이 귀절과 다음 귀절들에서 연합의 주제가 반복되고 있긴 하지만 수많은 새로운 사상들을 제시하는 여러 가지 표현들로 반복되고 있다.

내게 주신 영광을. 이 진술이 1·5절의 기도에 대한 응답을 전제하지 않는다고 생각하기는 어렵다. 요한은 그리스도가 아버지께로 돌아갈 때, 그에게 하느님의 영광이 부여되었던, 완성된 그리스도의 일을 회고하고 있다.

그들에게 주었사옵니다. 그리스도는 영광을 받으셨고, 하느님 안에 있으므로 하느님의 영광을 함께 나눌 수 있었던 교회에 그의 영광을 전해 주었다. 그러나 이것은 엉성한 "영광의 신학"(theologia gloriae)을 가르치는 것은 아니다. 영광은 그리스도의 영광이며, 그의 영광은 십자가에 못박힘으로써 획득된 것이고 또 십자가에 못박힘에서 가장 완벽하게 표현된다. 교회는 정확하게 동일한 조건에서, 즉 믿음 안에서 예수의 죽음과 부활에 연합함으로써 영광을 받으며, 또 복종을 통하여 또는 겸손과 빈곤과 수난을 통하여 그 영광을 표현한다. 이것은 확실히 볼 수 있는 번영에 대한 하나의 약속은 아니다. 16장 33절을 참조하라.

우리가 하나인 것같이 그들도 하나가 되게 하려는 것입니다. 21절을 참조하라.

[23] 너가 그들 안에 [있고] 아버지께서 내 안에 [계신 것은]. 21절을 참조하라. "내가 그들 안에"와 "그들이 우리 안에" 사이를 뚜렷이 구별하기는 어렵다. 그리스도가 아버지 안에 있고, 아버지가 그리스도 안에 계시다는 진술은 똑같이 진리라고 말할 수 있으며, 제자들과 하느님의 관계는 이와 비슷하게 상호적인 관계이다.

그들이 완전히 하나가 되게 하려는 것이옵고. 요한복음에서 τελειοῦν(이 귀절에서는 "되다"에 해당한다)은 4장 34절과 5장 36절, 17장 4절 등에서는 일을 "수행하다", 혹은 "완성하다"란 의미로 쓰이고 19장 28절에서는 성서말씀의 "성취"를 나타내는 데 쓰인다. τέλειος("완성된") 어군에 속한 다른 말이 요한복음에는 나오지 않는다. 바울로는 때때로 이 말들을 신비종교들의 입회의식들을 염두에 두고서 사용했다고 생각할 만한 이유가 있는 것 같다(골로 1, 28에 대한 라이트후트의 주석 참조). 그러나 이런 견해를 요한과 관련시켜 생각할 근거는 없다. 완성의 사상은 이 귀절을 포함하여 모든 곳에 나타나 있다. 최종적인 완성과 연합은 물론 마지막 때에 선택받은 자의 숫자가 채워질 때에만 이루어질 수 있지만 그러나 이 말들이 교회가 그 성장의 모든 단계에서 완성될 수 있다는 개념을 배제하지는 않는다.

세상이 알게 하려는 것이옵니다. 참조. 21절 : "세상이 믿게 하려는 것이옵니다." 믿는 것과 아는 것 사이의 관계에 대해서는 이 책 I 권 130—131면과 1장 10절과 17장 3절을 참조하라.

사랑하셨다. 채택된 본문에는 ἠγάπησας(현재의 독법, 1인, 단수, 1과거)로 되어 있으나 D φ a b sin pesh에는 ἠγάπησα(2인, 단수, 1과거)로 되어 있다. 서방의 사본들은 단지 우연히 그렇게 된 것일 수 있다. a 사본에서 s의 생략은 특히 비슷한 다른 독법인 ἠγάπησας에서 저지르기 쉬운 실수이다. 그러나 그것은 또한 이 담론들에서 자주 그렇게 나타났던 구조, 즉 아버지와 아들과 교회 사이의 관계의 동일성을 반복하는 것이다. 요한 자신이 이런 구조를 반복할 의도를 갖고 있었을 법하므로 서방의 독법이 원래적인 것일 수 있다. 그러나 서방의 편집자는 아버지가 아들을 사랑하셨듯이 제자들을 사랑하셨다고 말하기를 주저했을지도 모른다. 16장 26·27절을 참조하라.

[24] **아버지.** 호격은 대다수 사본(B)들에서 1절에 동화하여 나타난 것이므로 여기서는 주격(B)으로 받아들여야 할 것 같다. 그러나 "아버지"(πατήρ)를 호격의 한 형태로 간주해야 할 듯하다. Robertson, 246, 461을 참조하라. 그리고 25절에서의 "아버지"(πατήρ)는 호격의 형용사와 결합되어 있음을 참조하라. 21절에서의 πατήρ는 실제적인 주격으로 간주할 수 있을 것이다.

ὃ(저것들 : 중성 ℵ B D sin boh)가 οὓς(저 사람들 : 남성)보다 확실히 나은 독법이다. 중성이 사실 요한적인 것이긴 하지만 중성을 "저 사람들"(ἐκεῖνοι)에 맞추어서 남성으로 바꾸기가 쉬웠을 것이다(예. 2절).

내가 원합니다. 말하자면 예수가 하느님 안에서 말하고 있기 때문에 기도의 일상적인 용어가 달라진다. 그는 자기의 의지를 표명하지만 그의 의지는 아버지의 의지와 동일하다(4, 34 ; 5, 30 ; 6, 38). θέλω("원하다") 다음에 나오는, 가정법과 함께 쓰인 ἵνα절은 바라는 내용을 표현하는 부정법으로 쓰여졌다. ἐρωτᾶν("구하다") 다음에 나오는 동일한 구문의 용법을 참조하라(15·21절).

나 있는 곳에 같이 있게 하옵시고. 13장 33·36절에서 예수는 제자들조차도 그가 "지금" 있는 곳에로 그를 따라올 수 없다고 말하고 있음을 비교하라. 그는 베드로에게 "너는 후에 나를 따를 것이다"라고 약속한다. 이 기도는 이와 같이 (예수를) 따르는 것이 가능해질 때를 염두에 둔 것이다. 즉 마지막 담론들의 사상은 결국 종말에는 교회가 하느님 안에 있는 그리스도와 함께 있게 되리라는 종말론적 희망에로 이른다. 만일 베드로가 예수를 따르게 된다면 그것은 영광의 자리에 이르기 전에 먼저 수난을 겪게 될 것이기 때문에 이러한 영광에 이르는 길은 수난을 통과하는 데 있다(참조. 21,18·19). 예수는 죽음을 통하여 곧 아버지의 영광에 이를 것이다 ; 제자들은 세상에 남게 될 것이기 때문에 지금 그를 따라갈 수는 없다(11절). 그러나 그들은 뒤따르게 될 것이고 "육신(σάρξ)의 장막을 벗어난 영광(δόξα)"을 보게 될 것이다(불트만).

내 영광을 그들도 보게 해주십시요. 이것은 하느님 안에 있는 그리스도의 영광, 즉 하느님으로서의 그의 영광을 의미한다. 고린토후서 3장 18절에서 그리스도교인들은 현세의 삶에서 그리스도의 천상의 영광을 마치 거울로 보듯이 볼 것이고 영광에서 영광에 이르는 환상을 통해 변모할 것이다. 그러나 이것은 요한의 견해로 생각되지 않는다. 그는 미래의 완성을 생각하고 있다. "내게 주신"(ἣν δέδωκάς μοι)에 대해서는 22절을 참조하라.

나를 사랑하셔서. 사람들의 마지막 희망의 궁극적인 근거는 거룩한 삼위일체의 본질로 볼 수 있는 영원한 사랑의 관계 안에 있는 아들에 대한 아버지의 사랑에 있다.

창세 전부터(πρὸ καταβολῆς κόσμου) 참조. 5절 : "창세 전에"(πρὸ τοῦ τὸν κόσμον εἶναι). 이 말은 요한복음의 그밖의 곳에서는 나오지 않지만 신약성서에서는 꽤 일반적인 용어이다.[6] 때의 시작과 끝은 여기서 예수의 역사적인 선교와 그 결과들에서 그것들의 의미가 무엇인가를 밝히려고 모두 제시된 것이다.

[25] **의로우신 아버지.** "아버지"의 이러한 형태에 대해서는 24절을 참조하라. 참조. 11절 : "거룩하신 아버지." 기

6) 마태 13,35 ; 25,34 ; 루가 11,50 ; 에페 1,4 ; 히브 4,3 ; 9,26 ; 베전 1,20 ; 묵시 13,8 ; 17,8.

도의 짧은 마지막 부분이 시작된다. 요한은 형용사 "의로운"(δίκαιος)을 하느님에게만 적용시키며, 이 말의 전체 어군은 자주 나오지 않는다. 여기서 이 말이 중요한 이유는, 하느님의 의로우신 심판에 따라 세상의 잘못이 드러나며, 예수와 그의 제자들은 하느님에 대한 그들의 지식에 비추어볼 때, 의롭다는 사실이 드러나기 때문이다.

세상은 아버지를 …것을 아옵니다. 다음 절의 말과 함께 이 말은 복음의 내용을 요약하는 것이고 또 의심할 바없이 요약하려고 했던 것이다. 세상(참조. 1, 10)은 하느님을 알지 못한다. 그러나 아버지와 아들은 독특한 방식으로 서로를 알고 있다. 영원부터 아버지의 품에 있었던 아들만이 마치 하느님이 모든 사람들을 알고 있듯이 그분을 안다. 제자들은 그리스도를 아는 것만으로 멈추지 않고 그리스도께서 그분을 아시듯이 하느님을 안다. 그러나 그들은 하느님이 그리스도를 보내셨고 따라서 그리스도는 하느님의 권위를 부여받은 대리자요 계시자라는 사실을 알고 있다. 그들의 하느님에 대한 지식은 그리스도를 통해 중재된 지식이다. 이것은, 요한이 알고 있는 한, 하느님이 친히 사람들에게 다가간다는 유일한 구원의 지식이다. 이러한 사상이 다음 귀절에서 발전되고 있다. 이 문장에서 앞에 나오는 *καί*("그리고": 새번역성경에는 번역되어 있지 않음)는 불분명하다. 그 말에는 아마 세상과 제자들에 대한 진술을 동격으로 취급하려는 의도가 들어있었을 것이다; "세상이 아버지를 알지 못하였고… 그리고 이 사람들은… 알았다는 것은 모두 사실이다." 이러한 사실에서 "나는 아버지를 아옵고"는 그것이 물론 매우 중요한 진술이긴 하지만, 하나의 삽입구로 취급되고 있다. 모울(Moule, *Idiom Book*, 167)은 서두의 *καί*를 이런 식으로 이해하는 것을 의심한다. 오히려 *καί*에 대해서는 샌더스의 해석 ("비록 세상은… 그러나 나는… 그리고 이들은…"을 취하는 것이 더 나은 것 같다.

[26] **내가 그들에게 아버지의 이름을 알게 하였사옵고.** 이 귀절의 "알게 하다"에 해당하는 헬라어 ἐγνώρισα와 6절에 나오는 ἐφανέρωσα 사이에는 의미상 별 차이가 부여되지 않았다. "알려주다"(γνωρίζειν)는 15장 15절에서 사용되었으며 요한복음의 그밖의 곳에서는 나오지 않는다. 예수는 그의 가르침에서뿐만 아니라 그의 행위와 그의 인격을 통해서 하느님의 계시된 특성을 전달하였다(14, 9 ; 1, 18).

알게 하겠사옵니다. 즉 인격적인 연합에서 또 성령의 일을 통하여 "알게 하겠사옵니다." "알게 하다"(γνωρίζειν)의 두 가지 시제는, 즉 상반절의 "알게 하였다"와 하반절의 "알게 하겠사옵니다"는 서로 필요한데, 그것은 과거시제가 단지 역사적인 기록이 되지 않게 하고 또 미래시제가 역사성을 잃지 않도록 하기 위해서이다.

아버지께서 나를 사랑하신 그 사랑이 그들 안에 있고. ἐν αὐτοῖς는 "그들 안에", 즉 "그들 중 각 사람 안에", 혹은 "그들 가운데"로 번역될 수 있다. 이 두 해석을 분명히 구별하기는 어려우며 각각의 해석이 다른 해석을 함축하고 있다고 말할 수 있다. 만일 우리가 전자의 해석을 받아들인다면 그것은 능동적인 신적 원리인 하느님의 사랑이 그리스도교인들의 마음 속에 작용함을 의미한다. 그러나 만일 이것이 사실이라면 이와 동일한 하느님의 사랑이 마찬가지로 영감받은 사람들 사이에 거하는 관계가 되지 말라는 법도 없다. 하느님의 사랑이 그들 안에 있기 때문에 사랑이 그들 가운데 필요한 것임이 분명하다; 그리고 그 역도 마찬가지이다. 교회는 심오한 지식을 가진 영지주의자들의 집단(côterie)이 아니라 사랑의 공동체이다.

나를 사랑하신. 24절을 참조하라. 교회를 고무시키고 다스리는, 또 그것 자체의 생명이 되는 사랑은 하느님의 본질적인 내면적 사랑, 즉 아버지가 영원히 아들을 사랑하는 사랑이다(하느님은 사랑이시다 : 요일 4, 8·16). 15장 12—17절을 참조하라.

나도 그들 안에. 여기서도 ἐν은 "안에"와 "가운데"를 모두 의미하는 것 같다. 하느님이 자기 백성 가운데 계시리라는 것은 메시아적 희망을 일반적으로 나타내는 특징이었다. 아버지는 아들을 사랑한다는 사실에서 오직 유일한 사랑의 대상은 아들이다. 예수가 제자들 안에 또 그들 가운데 있기 때문에 그들은 이러한 사랑을 나눈다고 말할 수 있다. 14장 20절에서 "너희가 내 안에, 내가 너희 안에"라고 이중의 관계가 표현되어 있음을 참조하라. 마태오복음 28장 20절을 참조하라. 예수의 현존에 대한 약속은 그리스도와 신자들 사이의 "상호내주"라는 바울로의 교리에 비추어서 해석할 수 있다. 예수가 세상을 떠나 아버지에게 가는 목적은 그의 제자들을 홀로 남겨두기 위해서가 아니라 그가 그들 안에 또 그들 가운데 있기 "위해서"(ἵνα)이다.

Ⅵ. 裁判과 處刑　　18장 1절—19장 42절

1. 예수의 逮捕　　18장 1-11절

1 예수께서 이 말들을 하신 후에 제자들과 함께 키드론골짜기 건너편으로
가셨읍니다. 거기에는 동산이 있어서 예수께서 제자들과 함께 그리로 들어
가셨읍니다. 2 예수를 넘겨준 유다도 그곳을 알고 있었읍니다. 그것은 예수
께서 제자들과 함께 가끔 거기 모이신 일이 있었기 때문이었읍니다. 3 유다
는 한 대의 군대와 또 대사제들과 바리사이파 사람들의 사환들을 데리고 등
과 횃불과 무기를 들고 그리로 왔읍니다. 4 예수께서는 그에게 다가올 일을
모두 아시고 앞으로 나가셔서 "누구를 찾느냐?" 하고 그들에게 물으셨읍니
다. 5 그들이 "나자렛 예수요" 하고 대답하니 예수께서 "내가 그 사람이다"
하고 말씀하셨읍니다. 예수를 넘겨준 유다도 그들과 함께 서 있었읍니다.
6 예수께서 그들에게 "내가 그 사람이다" 하고 말씀하셨을 때에 그들은 뒤
로 물러나 땅에 엎더졌읍니다. 7 다시 예수께서 그들에게 "누구를 찾느냐?"
하고 물으시니 그들이 또 "나자렛 예수요" 하고 대답했읍니다. 8 예수께서
다시 말씀하셨읍니다. "내가 그 사람이라고 말하지 않았느냐? 너희가 나
를 찾거든 이 사람들은 가게 하라." 9 이렇게 말씀하신 것은 예수께서 전에
'아버지께서 내게 주신 사람들을 내가 하나도 잃지 않았읍니다'고 하신 그
말씀을 이루려 하신 것입니다. 10 시몬 베드로가 차고 있던 칼을 빼어 그
대사제의 종의 오른쪽 귀를 쳤읍니다. 그러자 그 귀가 잘리어 떨어졌읍니다.
그 종의 이름은 말코스였읍니다. 11 그때 예수께서 베드로에게 말씀하셨읍
니다. "그 칼을 칼집에 꽂으라. 아버지께서 내게 주신 이 잔을 내가 어찌 마
시지 않겠느냐?"

마지막 만찬은 끝났고, 예수는 그의 제자들과 함께 특별한 이유 없이 키드론 건너편 공원(과수원 혹은 농원)으로 갔는데, 그곳은 그들

이 보통 만나는 장소였다. 배신자인 유다는 로마 병사들과 유다 경비병들이 합세한 동행을 그곳으로 인도하였다. 이와 같이 이 세상의 권력자들과 대면하게 된 예수는 즉시 주도권을 잡았다. 예수가 자기가 누구인가를 선언했을 때 그의 적대자들은 땅에 엎디어졌고, 그는 자기 친구들을 안전하게 물러나도록 하였다. 이와 같이 보호받기를 원치 않았던 베드로는 말코스라고 부르는 종의 오른쪽 귀를 쳤고 그래서 예수의 책망을 받았을 뿐이다. 어떤 내적인 위축도, 외적인 무력도, 그리고 그의 친구들의 당황함도 예수가 자기의 때에 아버지에 대한 복종과 또 세상의 구원을 목적으로 자기 목숨을 바치는 일을 막을 수는 없었다.

수난설화에 예수의 체포이야기가 끼어들어가야 했다는 것은 불가피했는데, 그것은 특히 체포가 배신과 결부되어 있었기 때문이다. 그러나 요한은 이 이야기를 제시하는 데 있어서 그의 선임자들의 작품, 특히 다르코복음에 의존했던 것 같다. 요한의 설화와 초기 설화들 사이의 유사성과 차이점에 관한 상세한 점들이 주석부분에서 언급될 것이다; 요한의 작품에서 다음과 같은 주된 경향들을 살펴볼 수 있다.

(ㄱ) 지리적인 위치에 관한 점과 그밖의 상세한 점들이 제시된다. 어떻게 해서 키드론, 베드로, 말코스라는 이름에 신학적인 의도가 개입할 수 있는가를 알기는 어렵다. 그러므로 요한은 공관복음서 자료에 첨가하여 전승자료 가운데 다른 중요한 자료들을 갖고 있었거나 아니면 시간적인 착오로 초기전승이 이와 같이 개인적인 세부묘사로 풍부해졌던 것이라고 가정할 수 있다. 외경의 복음서들 (참조. 베드로의 복음서 31 : 빌라도 행전 1, 1)과 비교해 볼 때 후자의 견해가 보다 그럴 듯한 제안인 것으로 생각된다.

(ㄴ) 로마인들이 수난설화의 시작부분에서 소개된다. 이것은 역사적으로 있을 법하지 않으며(참조. 3절에 대한 주석) 전 "세상"(κόσμος)이 예수를 적대하였음을 요한이 보여주고자 했기 때문에 그렇게 된 것 같다. "빛과 어두움의 투쟁이 단순히 개인적으로 일어날 수 없고 또한 우애회나 공적인 종교에서 이루어지는 논의들에서 일어날 수 없다는 것은 분명한 일이다. 세상은 예수의 공격을 받고 그 기초까지 흔들리게 되었으므로 세상은 질서를 유지하기 위해 그것을 지배하는 권력으로부터 도움을 구하게 되며 이런 식으로 국가 역시 종말론적인 사건에 끼어들게 된다. 그것은 단순히 그러한 관계를 무시할 수 없다" (불트만, 633).

(ㄷ) 게쎄마니에서의 고뇌를 담은 공관복음서 설화가 전적으로 생략되어 있지만 11절에는 그것에 대한 간단한 언급이 있다(참조. 12장 27—30절과 그 주석들). 우리는 요한이 이 전승을 알지못했다고 생각할 수는 없다. 그러나 요한이 어떤 점에서 그 문제를 회의적으로 나타내려고 했다는 것은 그의 목적에 부합하지 않는다.

(ㄹ) 설화전체를 통하여 예수의 권위에 대한 강조가 나온다. 유다나 로마총독이 아니라 예수가 주도권을 잡고 있다. 그는 교활한 입맞춤에 의해서가 아니라 바로 그 자신의 행동에 의해 체포를 받으러 나간다(1,4절). 그는 그의 체포자들에게 따져 물으며 그들을 한마디로 땅에 엎드러지게 한다. 그는 그의 제자들을 책망하면서도 그들을 보호한다.

(ㅁ) 예수는 제자들 중에 한 사람도 잃지 않도록 하기 위해 그들을 방어하여 행동하며 그들을 위해 고통을 감수한다(참조. 마르 10,45).

상술한 점들은 요한의 수난설화 전체를 통하여 반복되기 때문에 여기서 충분히 밝혔다. 요한이 (예수의) 고뇌를 생략하고 또한 로마군대를 등장시킨 점은 그가 공관복음서의 전승보다 더 오래되고 역사적으로 믿을 만한 전승을 따른 것이라고 주장되어 왔다. 이러한 주장은 그럴 듯하지 않다. 예수가 별다른 동기 없이 동산으로 간 데서 예수의 고뇌의 흔적을 찾아볼 수 있다. 이 점에서 우리는 요한이 하나의 자료를 따른 것이 아니라 분명이 마르코의 설화에 그가 가진 자료의 변형들을 도입했다는 것을 알 수 있다.

[1] **이 말들을 하신 후에** 이 말들은 수난설화를 마지막 만찬 담론들에 연결시킨다(참조. 14,25: 16,1: 17,1: 또한 16,25).

가셨읍니다. 만찬이 베풀어졌던 집에서 나와서. 그러나 14장 31절과 주석을 참조하라.

키드론골짜기 건너편으로. *χείμαρρος*(더 나은 독법은 *χειμάρρους*이다: 새번역 성서는 "골짜기"로 번역)는 형용사적 의미인 "겨울에 물이 흐르는"인데, 원래는 아마도 겨울에만 물이 고이는 "급류", "시내" 혹은 "하천"을 의미하는 명사로서 사용된 용어이다. 따라서 그 말은 히브리어 naḥal을 나타낸다. 사무엘하 15장 23절, 열왕기상 2장 37절, 열왕기하 23장 6·12절, 역대기하 15장 16절, 29장 16절 등에는 (nahal lidron)으로 나온다. 또한 30장 14절에는 *χείμαρρος*(보다 자주 사용되는 형태는 *χειμάρρους*) *Κεδρών*으로 되어 있다; 이 여러 곳들에서 (그리고 *νάχαλ κεδρών*이라고 나오는 예레미야 31(38)장 40절에서) *Κεδρών*은 분명히 naḥal 로부터 음역된 격변화를 하지 않는 명사이다. 그러나 열왕기상 15장 13절에는 ἐν τῷ χειμάρρῳ τῶν κέδρων ("키드론 골짜기에서")라고 나오는데, 거기서 관사는 κέδρων이 속격의 복수형인 κέδρος, "삼목"이 될 수 있음을 보여준다. 동일한 말이, 그 음역된 형태가 나오는 사무엘하 15장 23절의 다른 히브리본문들에 근거하지 않고 70인역에 삽입되어 있다. 요한의 사본들은(본문은 τοῦ κεδρών) 이 점에서 매우 다양함을 보여준다 : (ㄱ) τῶν κέδρων : ℵ^c B Θ W boh Origen 의 독법 ; (ㄴ) τοῦ κέδρου ℵ* D W a b sah 의 독법 ; (ㄷ)τοῦ κεδρών:A(Codex Alexandrinus) it vg sin pesh 의 독법. 이외에도 여기서 기록할 필요가 없는 약간의 변형들이 나온다. (ㄷ)의 독법은 헬라어로 충분히 지지받지는 못하지만 원래의 독법임이 분명한 것 같고, 또한 필사자들은 그들이 취한 독법이 잘못된 일치를 보여주고 있음을 발견하여 그 관사나 명사를 고쳤음이 분명한 것으로 보인다. 이러한 견해는 "캐다르 시내"가 예루살렘 부근에는 알려져 있지 않았고 오히려 키드론 시내가 (예를 들어 요세푸스에게) 잘 알려져 있었다는 사실에서 지지된다. 그곳은 바로 예루살렘 동편에 있었고 물로 채워진 적이 드물었다. 그러나 참조. M. II, 149 : "이 독법들 [앞의 (ㄱ)과 (ㄴ)]은 헬라어로 간주된 A사본의 독법을 통상화하려는 독립적인 시도들로 그럴 듯하게 보여질 것이다 ; 그리고 이와 같이 라이트후트는 실제로 읽었다(*Bibl. Essays*, 174) : 그러나 WH를 따라 τῶν κέδρων을 키드론(Kidron)에 대한 일반적인 헬라어 어원을 지닌 것으로 채택하는 것이 더 나은 것 같다 : WH에서 이러한 어원설명이 옳았다는 증거를 찾으려고 애쓰는 것은 무익한 일이다…… 흥미있는 병행귀가 시편 82편 10절에 나오는데, 몇몇 덜 중요한 사본들에는(라이트후트)이 귀절의 키손(Kishon)이 '담쟁이 넝쿨 시내'라는 의미의 τῶν κισσῶν으로 되어 있다."

거기에는 동산이 있어서. 요한은 설화에서 "동산"(κῆπος)이라는 말을 쓰는 유일한 복음서저자이다(참조. 루가 13, 19). 마르코와 마태오는 체포의 장소를 "농장"(χωρίον)이라고 말하고 그곳의 이름은 루가나 요한에 의해 언급되지 않았던 게쎄마니라고 한다. 루가는 예수가 감람산(즉, 키드론 시내 건너편에 있는)으로 갔다고 말한다. κῆπος는 만일 그 의미가 "과수원" 혹은 "농원"이라면 χωρίον과 충분히 잘 들어맞는다. 요한은 또한 그럴 듯하진 않지만 십자가처형과 매장이 "동산"(κῆπος)이서 일어났다고 말한다(19, 41). 각각 1절과 4절에 나오는 "들어갔다"(εἰσῆλθεν)와 "나아갔다"(ἐξῆλθεν)는 담으로 둘러싸인 울타리를 암시하며, 2절을 통해서 우리는 예수와 그의 제자들이 그곳에 자주 드나들었음을 알 수 있다. 그곳의 소유자 편에서 생각하면 이로운 일은 아니다. 게쎄마니라는 이름이 빠져있고 키드론이나 "동산"(κῆπος)이 첨가되어 있는 데 대해서 다드는 그 점이 요한이 마르코의 자료를 사용하지 않았음을 강력하게 증거하는 것이라고 한다. 그러나 이러한 사실들은 마르코가 요한의 유일한 자료의 원천이 아니었음을—이 점은 확실히 사실이다—입증해주는 것일 뿐이다.

그의 제자들. 요한은 예수의 고뇌를 생략하고 있으며 (참조. 11절과 12장 27절) 따라서 제자들 전체와 마르코복음 14장 33절에서 언급된 세 사람을 구별하지 않는다. 루가복음에서처럼 모두가 함께 있다 ; 여기서는 8·9절에 비추어 볼 때 그러하다.

〔 2 〕 유다도 알고 있었읍니다. 이 귀절은 유다가 유다 당국에게 누설한 것이 예수가 발견되어 쉽게 체포되도록 한 장소였음을 암시한다. 이와 같은 누설이 필요했는가 또는 도움이 되기조차 했는가에 대해서 의심을 품어왔지만(참조. A. Schweitzer, *The Mystery of the Kingdom of God*) 요한은 여기에 대해서 우리가 다른 설명을 하는 데 도움을 주지 못한다.

넘겨준(παραδιδούς). 이 분사는 복음서들에서 거의 전문적인 용어가 되었다.[1)]

가끔. 이것은 선교활동에 대한 요한의 설명을 가정한다면 가능하지만 마르코복음상의 한번의 짧은 예루살렘 방문과 일치하지 않는다.

모이신. συνάγειν("모이다")의 수동형(συνήχθη)은 보통 단수로 쓰이지 않는다. 오히려 집합명사와 함께 쓴다. 그리하여 우리는 "예수는 가끔 거기서……와 만났다"라고 번역해야 한다.

〔 3 〕 한 대의 군대를 데리고. 공관복음서에서 유다는 "무리"(ὄχλος; "많은 무리" πολὺς ὄχλος: 마태오)의 앞에 나타난다. 예수에게 대적하는 과정 가운데 이 단계에서 로마의 병력이 투입되었다는 것은 있을 법하지 않은데, 그 첫 단계는 분명히 유다인들이 협의를 걸어 그를 통치자 앞에 데려오도록 하고 로마병사들이 예수를 대사제가 아니라 빌라도에게로 즉시 잡아왔었던 일이였기 때문이다.

1) 마태 26, 25·46·48 ; (27, 3 ; 다른 변형 παραδούς); 마르14. 42·44 ; 루가 21 ; 요한 13, 11 ; 18, 2·5. 그리고 다른 형태들인 παραδοὺς, 마태오복음 10장 4절 ; 요한복음 19장 11절 ; παραδώσων, 요한복음 6장 64절 ; μέλλων ...παραδιδόναι, 요한복음 12장 4절을 참조하라.

이와 같이 헨첸이 *Die Bible und Wir* (1968), 187에서 18장 29절은 로마인들이 체포에 가담하지 않았음을 암시한다고 지적한 점은 옳다. 요한은 로마군대에 대한 언급을 삽입할 동기를 갖지 않았을 것이라는 이유에서 요한의 이야기가 지닌 역사성을 윈터가 옹호한 것은 앞서 은연중에 답변되었다. 요한이 신명기 28장 49절("독수리의 날음같이")에 영향을 받았다는 제안(Guilding, 167)은 불필요한 것이다. σπεῖρα는 보통 한 대(隊), (대개) 600명으로 구성된 로마군대의 한 단위를 의미한다. 그러나 그것은 또한 한 보병중대(200명)를 의미할 수도 있었으며 아마 마르코복음 15장 16절에 나오는 이보다 그 규모가 크지 않은 일군의 사람들을 의미할 수도 있다. 만일 요한이 그의 설화를 자유롭게 작성하였다면 그는 한 대를 의미했을 것이다. 이것은 12절에서 한 대(隊)의 지도자 즉 사령관이란 말이 나오므로 지지된다. 그러나 만일 요한의 진술이 어떤 역사적인 근거가 있는 거라면 보병중대가 보다 그럴듯하다 ; 보다 큰 지대(支隊)가 파견될 필요는 없었을 것이고 만일 지대가 파견되었다면 그 도시는 무방비상태로 위험스럽게 남겨졌을 것이다. 유다가 어떤 권위에서 어느정도 규모의 병사들의 지대를 "이끌고" 갈 수 있었는가를 묻을 수도 있다 ; 그러나 사령관은 있었기 때문에 요한은 아마 유다가 안내자로서 (물론 소송의 선동가로서) 행동했음을 의미했을 뿐이다.

사제들과 바리사이파사람들의 사환들을.[2] 이 구문에 대해서는 1장 24절을 참조하라. 또한 7장 32절과 그 주석을 참조하라. 대사제집단과 바리사이파집단은 여러 번 함께 언급되고 있다(7, 32·45 : 11, 47·57 : 18, 3). 요한에 의하면 "대사제"(ἀρχιερεῖς)는 분명히 사제 귀족을 의미한다. 바리사이파사람들은 (참조. 1, 24) 이곳 이후에 다시 나오지 않는다. 분명히 요한은 "대사제"를 예수를 죽게 한 "유다인들"의 공적 지도자로 간주한다. 그러나 요한이 바리사이파사람들을 제외시키려고 했다거나 그들이 이 결정적인 점에서 언급되지는 않았을 거라고 말할 수는 없다. 사두가이파사람들은 요한복음에서 언급되지 않는다. ὑπηρέται("사환")는 요한복음에서 항상 일종의 군대 경찰을 가리킨다.[3] 그것은 확실히 그들의 일반적인 기능이 밤에 성전을 지키는 데 있었던 성전관리

2) ἐκ τῶν ἀρχιερέων καὶ ἐκ τῶν은 (ℵ D a의 독법이며, τῶν은 B의 독법이고 ΘΩ에는 이 말이 생략되어 있다).
3) 7, 32·45·46 ; 18, 3·12·18·22 ; 19, 6 ; 참조. 18, 36, 예수의 '사환들' ὑπηρέται.

인(סגן הכהנים; 참조. 사도4, 1)의 명령에 따라 행동하였던 성전 수비대를 가리킨다(*Middoth* 1, 2). 그들의 무기와 규율은 다음의 "거리의 발라드" (street-ballad)에서 연상하게 된다(Klausner, 337):

> 화있을진저, 보에투스의 집이여! 화있을진저 그들의 몽둥이여!
> 화있을진저, 아나스의 집이여: 화있을진저, 중상모략을 하는 그들이여!
> 화있을진저, 칸드로스(Kantheras)의 집이여: 화있을진저, 그들의 펜이여!
> 화있을진저, 이스마엘(ben phiabi)의 집이여: 화있을진저, 그들의 장자여!
> 그들은 대사제들이며 그들의 자녀들은 금전출납원들이로다:
> 그들의 사위들은 성전 관리인이고 그들의 종들은 굽은 널조각으로 사람들을 때린다(*Pesahim* 57a; *T. Menahoth* 13, 21[533]).

등과 횃불과 무기를. 참조. Phrynichus XL(Rutherford, 131—32): "등을 뿔 위가 아니라 등 [경] 위에 두어라. 이렇게하여 등불받침을 놓아라"(φανὸς ἐπὶ τῆς λαμπάδος ἀλλὰ μὴ ἐπὶ τοῦ κερατίνου λέγε. τοῦτο δὲ λυχνοῦχον λέγε). 이것은 φανός와 λαμπάς가 보다 고대의 헬라어에서는 동의어였지만 후대의 헬라어에서 φανός는 등을 의미하게 되었음을 시사한다. 등과 횃불은 요한복음에서만 언급되어 있다. 그것들이 과월절 만월의 밤에는 부적당한 것이었다고 생각할 필요는 없다. 그것들은 숨기려고 할 때나 밤에 구름이 끼었을 때에 사용하려고 했었을 것이다. 그러나 요한이 이러한 희미한 불빛에 의하여 세상의 불빛이 잠시 꺼진 밤의 어두움을 강조하려고 했을 것 같기도 하다. ὅπλων ("무기")에 대해서는 앞의 주에서 인용한 귀절을 참조하라.

[4] 아시고 (εἰδώς : οἶδα "알다"의 주격, 단수, 남성, 분사) 대신에 ἰδών(ὁράω "보다"의 주격, 단수, 남성, 분사 ; D ϕ sin의 독법)이 옳을 것인데, ἰδών은 본 귀절에 보다 초자연적인 색채를 부여하려는 시도이다. 린다스는 ἰδών이 루가복음 22장 49절에 영향을 받은 독법일 거라고 암시하는데, 초자연적인 지식의 주제는 요한에 속한 것이다(참조. 1장 47·48절). 요한의 그리스도론적 방법들 가운데 하나는 예수를 "신적 인간"(θεῖος ἀνήρ)으로 묘사하는데 있을 것이지만(참조. 이 책 I권 119면) 그는 확실히 인류에게 속한, 한 비범한 인간이다 ; Philostratus, *Life of Apollonius* VIII, 5에서 아폴로니우스가 별 어려움 없이 그 황제의 궁궐에서 자취를 감춘 것과 비교하라.

그에게 다가오는 일들. 예수에게 곧 닥치게 될 일들. 이 복음서에서 ἐρχόμενα가 "다가오는 일들"이란 의미로 사용되는 유일한 다른 곳인 16장 13절을 참조하라.

나가셔서. "동산"(κῆπος)에서 나가셔서 ; 예수는 스스로 자기 자신을 죽음에 내던진다(참조. 10장 18절).

[5] 나자렛 예수요. 이 문맥 밖에서 요한은 그 형용사(나자렛의)를 단 한번(19, 19 : 십자가의 명패에 쓰인 "칭호"titulus로) 사용한다. 그 말은 마태오복음에서 2회(2, 23 : 26, 71), 루가복음에서 1회(18, 37), 그리고 사도행전에서 6회(또 그리스도교인들을 지칭하는 용어로서 1회 이상 : 24, 5) 발견된다. 요한은 단 한번 예수를 "나자렛에서 온"(ὁ ἀπὸ Ναζαρέθ)이라고 말한다(1, 45). 마르코는 "나자렛사람"(Ναζαρηνός)이란 말을 4회, 루가는 2회 사용한다. Ναζωραῖος의 의미가 무엇인가에 대해서는 논의되어 왔다 ; 그러한 견해들의 충분한 한 목록에 대해서는 Brown을 참조하라. 이 말이 다른 문맥들에서 다른 의미를 지니고 있음이 분명하지만(참조. Gärtner, 5—36) 요한은 마치 그 말이 "나자렛 출신"(ὁ ἀπὸ Ναζαρέθ)을 의미하는 것처럼 그 말을 출신지를 나타나는 데 사용했던 것 같다.[4] 이 말은 (신약성서의 사도서신, 요한묵시록, 사도교부들, 혹은 변론가들에 의해서가 아니라) 헬라어권의 교회에서 많이 사용하지 않았던 것 같으며, 요한복음에서 이 말이 나온다는 것을 복음서저자가 마르코에 내포된 전승자료보다 이 복음서의 다른 전승자료에 친숙하였던 증거로서 받아들일 수 있을 것이다.

내가 …이다. 내가 너희가 찾는 나자렛 예수다. 참조. 9장 9절 : "내가 나면서 눈먼 사람이요" ; 또한 마르코복음 14장 44절 : "바로 그이니." ἐγώ εἰμι의 술부는 이와 같이 문맥에 비추어서 보충되어야 한다 ; 그러나 그것은 유다의 떠나감 이전에 말해진 "일이 일어날 때 내가 바로 그라는 것을 너희가 믿도록 하려는 것이다"라는 말을 회상케 하는 것일 수도 있다. 이 말들의 의미에 대해서는 13장 19절과 8장 24절을 참조하고 6장 35절과 그 주석을 참조하라. B(a)에는 εἰμι 다음에 'Ἰησοῦς란 말이 첨가되어 있다. 그것은 아마 다음에 나오는 글자들의 중복오사로 인해 첨가된 것 같다. "서있었다"라는 뜻의 εἱστήκει(3인 단수)는 자주 ἱστήκει(일인 단수)로 필사되었다(실로 WH에도 이와 같이 필사되어 있다). 첫 두 글자는 쉽게 두번 중복해서 쓰여졌을 것이다. 그러나 IC는 'Ἰησοῦς라는 이름의 일반적인 축소형이었다. 반대의 과정이 이루어졌고 IC는 "우연히 생략되었다는 것은 물론 가능성이 없지는

4) 1, 45 ; *Beginnings* I, 462—32에서 G.F. Moore가 말한 충분하면서도 중요한 주석을 참조하라.

않다. 만일 이것이 사실이라면 ἐγώ εἰμι 의 의미에 대해서는 의문의 여지가 없다. 그러나 8절에는 변형이 안 나오고 여기서도 변형이 없다면 단순한 어형인 ἐγώε ἰμί 는 설명되어야 한다.

유다도 서 있었읍니다. 요한복음에서 배신자는 입맞춤으로 예수를 나타내지 않는다(참조. 14,44·45). 예수는 스스로 자신을 나타내며 스스로 자신을 내어준다. 신인 디오니소스가 자기 자신을 저항 없이 내어주는 것으로 나오는 Euripides Bacchae, 434—40에 대한 불트만의 언급은 흥미있긴 하지만 요한의 의미를 거의 설명해주지 못한다. 유다는 그를 따라온 사람들과 함께 서 있다. 그가 눈이 멀었다거나 중풍이 들었다거나 거동할 수 없었다는 고대의 해석은 아마 과장된 해석이긴 하지만 그것은, 요한이 제시하고자 한, 이제 홀로 세상에 대립하여 서 있는 예수 이외의 모든 사람은 무력하다는 사상을 잘 전달해준다.

[6] 그들은 뒤로 물러나 땅에 엎더졌읍니다. 그 사상이 다시 강조된다. 예수의 단순한 말씀이(아마 하느님 자신에게 적합한 언어로 표현되었기 때문에) 그의 적대자들을 쫓아버리기에 충분했다. ἐγώ εἰμι 는 그 자체가 אֶהְיֶה나 אֲנִי הוּא가 아니라 יהוה인 하느님의 이름을 말해주는 것은 아니지만 (하지만 이렇게 말하는 사람들도 있다) 그것은 하느님이 말하는 방식을 연상케 한다. 예수의 적대자들의 뒷걸음질을 묘사하는 언어는 시편 55(56)편 10절, "내 원수들이 뒤로 물러서고, 보라 너를 부르실 그 날에 내 하느님께서 네 편에 서리라는 것을 내가 알 것이다"에 근거하여 조성된 말이었을 것이다. 시편 26(27)편 2절을 참조하라. εἰς τὰ ὀπίσω("뒤로")는 ὀπίσω("뒤로")를 필요없이 길게 말하는 표현법이다. 그것은 신약성서에서 수차례 발견된다. "뒤로 물러나"(ἀπῆλθαν εἰς τὰ ὀπίσω)는 6장 66절에 나오며 따라서 여기서 무리한 의미를 주지 못한다. χαμαί 는 신약 성서에 있어서 요한의 특수한 용어이다(9,6 ; 18,6) ; 아마 그것은 "땅에"를 의미하지만 자주 χαμᾶζε("땅으로") 대신에 사용된다. 신의 현현에 대한 이같은 반응에 대해서는 다니엘 10장 9절, 사도행전 9장 4절, 22장 7절, 26장 14절, 요한묵시록 1장 17절을 참조하라(린다스).

[7—8] 질문과 대답이 반복되고 예수의 독자성과 권위가 강조된다.

이 사람들을 가게 하라. 예수는 자기 자신의 생명을 바침으로 제자들을 안전하게 한다. 이와 같이 제자들의 도주를 예수 자신의 의도에 돌리려고 하는 데서 변호하려는 동기를 발견할 수 있다는 것은 전혀 불가능한 것은 아니다. 그러나 특히 다음 절로 미루어 볼 때 "선한 목자는 양들을 위하여 자신의 생명을 바친다"는 것을 능동적인 비유로 보여주려고 하는 데 요한의 일차적인 의도가 있는 것 같다(10, 11). 마르코복음 10장 45절을 참조하라. 그는 또한 제자들을 보다 호의적으로 본다. 그들은 마르코복음에서와 같이(14, 50) 단지 달아난 것이 아니라 예수 자신의 청에 따라 피한 것이다.

[9] 이루려 하신 것입니다. ἵνα (ὁ πως)πληρωθῇ ("이루려 하신 것")라는 문귀는 요한복음에서 자주 나오며 신약성서의 그밖의 곳에서는 자주 예언의 성취를 나타내는 데 사용된다; 요한복음(이 곳과 18장 32절)에서만이 그것은 예수의 말의 성취를 나타내는 데 사용된다(참조. 그러나 마르 13, 31). 이 절은 i 7장12절을 지시하는 것이다(참조. 6, 39). 예외("멸망의 자식" ὁ υἱὸς τῆς ἀπωλείας)에 대한 언급이 여기에 안 나오는데, 그것은 유다가 이미 어둠에 속한 권력자들과 합세하였기 때문이다(5절b). 이 귀절은 철저하게 자료중심적이고 17장 12절을 단지 오해한 것임을 보여주는 편집상의 주석인 것으로 받아들일 수 있다. 이러한 견해를 다드가 거부한 것은 옳다. 제자들의 드피는 그들의 영원한 구원을 대신한다기 보다는 그것을 예증해주는 것이다. 앞의 주석을 참조하라. 브라운은 성취의 개념이 구약성서와 같이 예수의 말에도 마찬가지로 적용된다고 지적한다. 그러나 이에 앞서 마르코복음 13장 31절을 참조하라.

내게 주신. 이 절은 ἐξ αὐτῶν("그들 가운데")으로 이어져서 미정의 주격을 이룬다. 이러한 구문은 요한의 문체상 매우 특징적인 것이다(참조. 11절).

[10] 시몬 베드로. 이중으로 된 이름은 요한복음의 일반적인 특징이다. 여기 서술된 사건은 공관복음서에도 나타나지만(마르 14, 47과 병행귀들) 공관복음서 어디에도 예수의 공격적인 추종자에 대한 이름이 나오지 않는다. 초기 자료에 나오지 않는 이름을 첨가하고 동일인물로 삼는 것이 후기 전승의 특징이다(참조. 12, 24). 마르코복음 14장 47절에 대한 주해에서 라그랑쥐(Lagrange)와 테일러(Taylor)는 εἷς τις 가 "내가 알고 있는 어떤 사람"을 의미한다고 제안함을 참조하라. 마르코는 공격을 가한 사람이 베드로였음을 알고는 있었지만 (이렇게 암시되어 있다) 보안상의 이유로 또 그를 존중하려는 여러 이유로 해서 그의 이름을 언급하지 않았다.

칼을 빼어. 루가복음 22장 38절을 참조하라. 이 말(μάχαιραν)은대

검이라기 보다는 칼 혹은 단도를 의미하며 무관사의 분사는 다만 "그는 바로 그 순간에 마침 단도를 갖고 있었다"를 의미할 뿐이다. 과월절 밤에 이와 같이 무기를 갖고 다니는 것이 금지되어 있었다고 흔히 말한다. 이 문제에 대해서는 Dalman, 96—97 ; Jeremias, *Eucharistic Words*, 75—76을 참조하고 마지막 만찬의 날짜에 관한 일반적인 문제에 대해서는 이책 I권 81—86면을 참조하라. 어쨌든 금지 규정들은 실제로 임박한 위험을 미리 알았던 사람들에게는 무시되었다. 자기 방어용 무기를 갖고 다닌다고 해서 그 사람을 열심당원이라고 할 수는 없다.

그 대사제의 종의. 관사 "그"는 말코스라고 불리우는 특정한 종에게 관심을 끌게 하는 것 같다. 그러나 그것은 이름이 제시되지 않은 공관복음서에도 역시 나오기 때문에 대사제의 어떤 특정한 관리를 지시하는 것일 가능성도 없지는 않다. 하지만 이러한 근거에 대한 자료가 없다.

잘랐읍니다(ἀπέκοφεν). 마태오, 마르코, 루가복음에는 "끊어버렸다"(ἀφεῖλεν)로 되어 있다.

귀. 이 지소사는 마르코복음에도 나온다 ; 마태오에는 ὠτίον(D Θ Ω에 나오는 요한의 독법)으로 루가에는 οὖς로 되어있다. 브라운은 '귓불' (earlobe)이라고 번역하지만 이 지소사는 아마 원래의 독법인 οὖς에 해당한다(L.S). 다우베(D. Daube, *F.T.S.* 11[1960], 59—62)는 *Tos. Parah* 3, 8(632) ; Josephus, *Ant*. XIV, 366 ; *Bel*. I, 270을 비교하고 그러한 행위는 일종의 모욕적인 언동이었다고 암시한다. 신체의 일부가 절단 되면 사제직이 박탈되었을 것이다. 이런 해석은 베드로의 행위가 대사제 자신에 대한 공격으로 본다면 의미가 있을 것이지만 유다인이 아니었을지도 모르는 그의 종의 신체의 일부를 절단했다는 것이 무슨 의미가 있었을까? 그의 이름에 관한 아래의 주석을 참조하라.

오른편. 이 상세한 묘사는 루가복음에도 첨가되어 있다(마태오나 마르코복음에는 첨가되어 있지 않다). 루가나 요한은 모두 ("쳤다" ἔπαισεν)과 "귀" ὠτάριον에서 요한에게 알려진 것으로 강력하게 암시되는) 마르코의 설화를 독자적으로 윤색하였을 것 같지만 그러나 보다 그럴 듯한 사실은 요한이 마르코뿐만 아니라 루가를 익히 알고 있었다는 것이다. 일반적인 문제에 관해서는 이 책 I권 78면을 참조하라. 요한이 (루가복음에서만 발견되는) 종의 귀의 치유이야기를 생략한 것은 사실이다. 그러나 이러한 점만 가지고 루가의 이야기가 요한에게 알려지지 않았다고 추론해서는 안된다. 그보다는 그런 치유의 수행을 요한의 생각과는 맞지 않은 것으로 보아야 할 것이다. 예수와 그의 적대자들 사이의 간격과 빛과 어둠 사이의 간격은 이제 메꿔질 수 없다.

말코스. 이 사람의 이름은 요한복음에서만 나온다. 이 이름은 아마 일반적인 셈어 어근 m-l-k(예. 히브리어 melek "왕")로부터 파생되었을 것이다. 다른 자료들은 이 이름을 주로 아랍 이름들과 관련시킨다 ; 참조. 마카베오상 11장 39절(Ἰμαλκουε: ℵ V; Μάλχος: Josephus, *Ant*. XIII, 131). 이 이름이 즈가리야 11장 6절 (Tebeth에 대한 *Haphtarah*), "그의 왕(מַלְכּוֹ)의 손에"를 반영한다는 제안(Guilding, 164 이하, 232—33)은 타당성이 없어 보인다.

[11] **그 칼을 칼집에 꽂으라**. 예레미야 47장 6절을 참조하라. 공관복음서 저자들 중에서 마태오만이(26,52 : "네 칼을 도로 집에 꽂으라") 이 말에 대한 병행귀를 갖고 있지만 (μάχαιρα 외에는) 일반적으로 병행되는 말들이 없다고해서, 요한이 마태오를 알고 있었다고 추론하는 것은 어리석다. 마태오복음에서와 같은 어떤 도덕적인 일반화가 뒤따르지 않는다. 항상 그러하듯이 요한의 관심은 그의 자료가 지닌 그리스도론적인 의미에 집중되어 있다. 베드로가 그의 칼을 칼집에 넣어야 하는 것은 그가 그렇게 하지 못한다면 다른 사람의 검이 그를 칠 것이기 때문이 아니라 아버지가 예정한 아들의 운명을 막을 것이 아무것도 없을 것이기 때문이다. βάλλειν("꽂으라")은 여기서 약화된 의미인 "놓다"로 사용되었다. θήκη는 물건을 집어넣는(τιθέναι) 어떤 용기일지 모른다 ; 그것은 Pollux와 파피루스에서는 칼의 칼집을 지시하는 용어이다(참조. *L.S.*와 *M.M.* 해당항목).

잔. 미정의 주격에 대해서는 9절을 참조하라. 요한복음에서 ποτήριον ("잔")이란 말은 그밖의 곳에서는 문자적으로든 비유적으로든 사용되지 않는다. 이사야 51장 22절을 참조하라. (주로 마태오와 루가가 따랐던) 마르코복음에서 그 말은, 첫째, 예수가 마셔야 하고 제베데오의 아들들이 함께 나누었을 수난의 잔(마르 10,38·39) ; 둘째, 예수가 고뇌 가운데 숙고하였던 그의 수난의 잔(마르 14,36) ; 세째, 분명히 예수의 죽음과 결부되었던 마지막 만찬의 잔(마르 14,24 : "이것은……흘리는 내 계약의 피다")을 나타낸다. 체포되기 이전 게쎄마니에서의 기도를 생략하고 있는 요한은 그것을 알고 있음을 보여주긴 하지만 더 나아가서 다음의 두 가지 점을 강조한다. 첫째, 그는 잔을 치워달라는 기도에서가 아니라 잔을 조용히 받기로 결심한 데서 그러한 표현을 쓴다 ; 참조. 12장 27절 : "나는 바로 이 일을 위하여 이 시간에 이른 것이옵니다." 둘째, 그 잔은 아버지가 준 것이다. 예수의 수난은 임의적인 것이나 환경의 불운한 결과가 아니라 아버지가 그에게 예정한 일이다. 요한이 자유롭게 공관복음서자료를 다루고 있으면서도 그 자료의 의미에 충실하였다는 것과, 특수한 요한의 언어 배후에는 원래의 전승에 속한 일반적인 어휘가 놓여있다는 사실을 주목하는 것은 옳다.

내가 어찌 마시지 않겠느냐? *οὐ μή*("내가 어찌 ……않겠느냐?")는 일반적으로 질문들에서 나오지 않는다 ; 신약성서의 그밖의 곳에서는 루가복음 18장 7절에서만 나온다. Radermacher, 137을 참조하라.

Θ 사본은 "이 잔을"(*τὸ ποτήριον*) 앞에, 마태오복음 26장 52절에 동화하여, "칼을 쓰는 사람은 모두 칼로 망하기 때문이다"를 삽입하고 있다.

2. 유다裁判 : 베드로의 否認 18장 12—27절

12 그러자 군대와 사령관과 또 유다사람의 사환들이 예수를 잡아 묶어 13
먼저 안나스에게 끌고 갔읍니다. 안나스는 그 해의 대사제였던 가야파의
장인이었으며 14 가야파는 유다사람들에게 백성을 대신하여 한 사람이 죽
는 것이 유익할 것이라고 충고해준 사람이었읍니다. 15 시몬 베드로와 또
다른 제자 하나가 예수를 따라갔읍니다. 그 제자는 대사제와 아는 사이였으
므로 예수를 따라 대사제의 집 안뜰에까지 들어갔읍니다. 16 그러나 베드로
는 밖에서 대문 곁에 서 있었읍니다. 그런데 대사제가 아는 그 다른 제자가
나와 문지기 소녀에게 말하여 베드로를 데리고 들어갔읍니다. 17 그때 문지
기 소녀가 베드로에게 "당신도 이 사람의 제자 중의 하나가 아니오?" 하고
말하니 베드로가 "나는 아니다" 하고 대답했읍니다. 18 날이 추워서 종들과
사환들이 숯불을 피워놓고 서서 쬐고 있는데 베드로도 그들과 함께 서서 불
을 쬐고 있었읍니다. 19 대사제가 예수께 그의 제자에 대한 것과 그의 교훈
에 대한 것을 물었읍니다. 20 예수께서 대답하셨읍니다 : "나는 드러나게 세
상에 말했다. 언제나 모든 유다 사람이 모이는 회당과 성전에서 가르쳤고
아무것도 비밀히 말한 것이 없는데 21 왜 내게 묻느냐? 내가 그들에게 무
슨 말을 했는지 들은 사람들에게 물어보라. 내가 말한 것을 그들이 다 알고

있을 것이다." 22 예수께서 이렇게 말씀하시니 사환 중의 하나가 곁에서 있
다가 "대사제에게 그게 무슨 대답이요?" 하고 말하면서 손바닥으로 예수를
때렸읍니다. 23 예수께서 그 사람에게 "내가 한 말에 잘못이 있다면 잘못된
증거를 대라. 그러나 내가 한 말이 옳다면 왜 나를 때리느냐?" 하고 말씀
하셨읍니다. 24 안나스는 예수를 묶은 채 대제사 가야파에게 보냈읍니다.
25 시몬 베드로가 서서 불을 쬐고 있었읍니다. 그때 사람들이 그에게 "당신
도 그의 제자 중의 하나가 아니오?" 하고 물었읍니다. 베드로가 부인하여
"나는 아니요"하고 대답했읍니다. 26 대사제의 종 가운데 하나이며 베드로
에게 귀를 잘린 사람의 친척되는 이가 베드로에게 "당신이 동산에서 그와
함께 있는 것을 내가 보았는데 그러시오?" 하고 말했읍니다. 27 베드로가
다시 그 말을 부인했읍니다. 그러자 곧 닭이 울었읍니다.

예수는 체포된 후에 즉시 대사제 가야파의 장인인 안나스에게 넘겨졌다. 조사받는 중에 예수는 그의 제자들과 가르침에 대한 질문을 받지만 증거가 정당한 형태로 제시되어야 한다고 주장하면서 대답하기를 거부한다. 재판절차는 불법적인 것에서 악담으로까지 떨어졌고, 예수는 수감되어 안나스에게서 가야파에게로 보내졌다. 예수를 따르던 두 제자를 다룬 또 다른 자료가 이 설화에 섞여 들어갔다. 한 사람은 적어도 대사제 집의 안마당에 들어갈 입장권(entrée)을 지닌 사람으로 베드로와 동행했고, 또 한 사람인 베드로는 대사제 집안의 엄밀한 조사와 도전을 받게 되었다. 이러한 도전을 받고 그는 닭울기 전에 세 번 그리스도를 모른다고 부인하였다.

이 설화의 단편에 대한 상당히 일관된 개요를 제시하는 것은 가능했지만 그것은 생략과 주석을 통해서 가능했다. 요한 자신의 이야기에서 대단한 난점이 즉시 드러난다. 가장 두드러진 난점은 대사제에 관해 말해진 진술들을 결합시킬 수 없다는 것이다. 왜 예수는 대사제가 (요한의 말로는 [13절] 가야파가) 이미 그에게 질문을 던졌는데도 (19절) 가야파에게로 보내졌어야 했는가? 가야파가 그를 심문했어야 했다면 왜 예수는 먼저 안나스에게로 끌려가야 했는가? 왜 우리는 가야파 앞에서 조사받은 결과에 대해서 전혀 아무것도 듣지 못하는가? 13절에서 논의된 변형이 제기되었다는 것은 이러한 난점들을 완화시켰음에 분명하다. 그러한 변형은 거부되어야 한다. 그러나 그러한 변형이 있다는 사실은 난점들이 실재함을 보여주는 것이다.

현저한 변형들에도 불구하고 요한은 적어도 마르코복음에 부분적으로 의존해 있는 것 같다. 다수의 용어의 일치가(그 주석을 참조) 이러한

의존성을 보여주는 것 같다. 베드로의 수차례에 걸친 부인은 두 부분으로 분리해야 한다는 사실을 쉽게 설명할 수 있으며 (마르코의 설화는 두 부분으로 나뉘어진다 : 마르 14, 54·66—72) 또한 그것은 마르코가 아마 밤과 이른 아침에 이루어진 두번의 유다재판을 나타내고 있음을 연상케 할 것이다(마르 14, 53 ; 15, 1). 안나스와 가야파 앞에서 각기 두 가지 재판이 행해졌다는 것은 아마 이러한 마르코 설화에서 나온 것이다. 그러나 베노이트는 예수가 안나스 앞에서 개인적인 조사를 받고 나서 산헤드린의 일반적이고 공적인 법정(I, 298—306)으로 보내졌다고 하는 마태오와 마르코의 설화보다 루가나 요한의 비슷한 설화를 채택해야 한다고 주장함으로써, 마르코 설화 의존설을 반대한다. 안나스나 가야파 앞에서의 조사에서 마르코복음 14장 53—64절에 나오는 증거나 조사를 얻을 수 있는 어떤 일치점을 찾지 못한다는 것은 주목할 만하다. 유다재판은 요한복음에서 매우 일찍 주석된 부분이다. 사실상 재판설화는 전혀 안 나온다. 이것은 다음의 두 가지 이유에서 기인했을 것이다. 첫째, 요한은 마르코설화의 강한 묵시문학적 경향을 피하려고 했다 ; 둘째, 그는 이미 7—10장에서 예수와 유다인들 사이의 논쟁에 관한 이야기를 아주 충분히 제시하였다. 7—10장은 (특히 9장—참조. 서론과 주석들) 어떤 의미에서 재판을 선취한 것이고 예수와 유다인들 사이의 갈등에서 암시된, 그러나 현재의 설화에서 다루고 있지 않은 신학적인 주제들을 밝힌 것이다. 그러나 18장 31절에서 유다인들은 어느 순간에 예수가 죽어야 마땅하다고 결정을 내린 것으로 가정할 수 있다.

최근의 몇몇 학자들은 요한의 역사적인 독자성과 신빙성에 관한 보다 중요한 견해를 취했다. 다드(*Tradition*, 95—96)는 다음과 같이 결론짓는다. "첫째, 요한은 대사제 앞에서 행해진 심문에 있어서 공관복음서상의 수난설화 형태와 전적으로 달리한다. 그러나 둘째, 두 가지 관점에서 우리는 모든 이야기를 강조하는 일반적인 전승에 속한 특성을 인식할 수 있다 ; 그리고 세째, 심문에 대한 그의 이야기는, 구전된 것임이 거의 분명한, 또한 그 당시 상황에 대해 잘 알고 있었고 예수의 재판과 판결에 대한 유다교의 전승과 접촉이 있었던 어떤 자료를 통해서 형성된 것이라고 한다." 또한 브라운의 상세한 논의를 참조하라. 그러나 18장 33절과 19장 7절은 공관복음서의 재판전승을 전제하므로 우리는 (린다스의 견해대로) 요한은 재판이야기를 알고 있었지만 그것을 사려깊게 생략하였다고 추론해야 한다. 그가 자기 마음대로 처분할 수 있는 비공관복음서 자료가 그에게 없었다고 주장하는 것은 이치에 맞지 않는다. 하지만 대체로 요한의 이야기에서 그가 마르코의 설화와 비슷한 어떤 설화를 변형한 것이라고 설명할 수 있다. 공관복음서에 관한 요한의 지식에 대한 일반적인 문제에 관해서는 이 책 I 권 72—78면을 참조하라.[1]

[12] 그러자 군대와 사령관과 사환들이. 3절을 참조하라. χιλίαρχος는 정확히 "천 명의 사령관" (또 שׂר אלף도 이것을 표시함)을 말하지만 그러나 그것은 특히 로마군대의 전문용어인 tribunus (militum), 한 분대의 사령관을 말하였다. 비전문적인 용법에 대해서는 마르코복음 6장 21절을 참조하라.

[13] 13—24절의 단락은 아래의 설명에서 나타나듯이 연속성과 배열에 있어서 매우 중요한 문제점들을 제시한다. 아마도 이러한 이유로 해서 다른 어순이 제시되었다. sin 사본은 그 귀절들을 다음의 어순으로 배열한다. 13절—24절—14절—15절—19—23절—16절—18절 : MS 225에는 13절a—24절—13절b—14——23절로 되어있다. 그러나 이러한 "개정들"은 분명히 이차적인 것이고 논란의 여지가 있다.[2]

먼저 안나스에게 끌고 갔읍니다. 안나스는 복음서 저자들 가운데 루가(3, 2 ; 참조. 사도 4, 6)와 요한에게서만 언급되어 있다. 그러나 요한은 안나스가 대사제가 아니었음을 분명히 알고 있었고 반면에 루가는 이 직책에 있어서 안나스와 가야파를 혼동했거나 아니면 적어도 안나스에 대해서 분명치 않게 서술했던 것 같다. 안나스는 A.D. 6—15년부터 대사제였었으며 (Josephus, *Ant.* XVIII, 26—35), 그의 사제직은 그의 사위인 가야파뿐 아니라 다섯 아들에게로 계승되었다(*Ant.* XX, 198). 그러므로 안나스는 무엇보다도 그가 로마의 총독인 그라투스에 의해 폐우당한 것이 유다의 여론에 비추어서 부당하다고 판명되었기 때문에 대단한 영향력을 지녔던 사람이라고 루가와 요한이 암시한 것은 확실히 옳다. 따라서 예수가 먼저 안나스 앞에 섰다는 진술에 어떤 역사적인 난점은 없다.[3] "먼저"(πρῶτον)라는 요한의 말은 두 가지

1) 이 단락의 작성에 대해서는 *Z.N.T.W.* 48(1957), 111—19에 나오는 J. Schneider의 견해와 M.A. Chevallier, *Neues Testament und Geschichte* (Festschrift O. Cullmann, 1972), 179—85를 참조하라.

2) 특히 Bultmann, 633—44 ; 또한 Benoit, I, 299를 참조하라.

3) Josephus, *Ant.* IV, 186에 대한 언급이 나오는 Klausner, 340(이것은 의도적인 인용문인 것 같지만 거기에 대한 언급은 불분명하다), *Horayoth*

심문을 구별하는 것이다(참조. 24절). 앞의 심문에 있어서 예수는 그의 제자들과 그의 가르침에 대해 조사를 받고 그의 답변 때문에 맞았지만 그러나 이 설화는 예수를 심문한 사람이 바로 대사제(안나스가 아니라 가야파)였다는 사실로 인해 복잡해 진다(참조. 19·22절). 나중 심문에 대해서는 이렇다할 정보가 없다. 마르코도 역시 두 가지 법정 재판을 언급하는데, 한 "재판"(14, 53—64)은 (익명의) 대사제 앞에서 행해졌고 유죄판결로 끝났으며 두 번째 재판은 예수를 빌라도에게 넘겨준 전체 산헤드린 의회원들 편에서 취해진 조처였다(15, 1). 마태오는 (가야파라는 이름을 덧붙여서) 마르코를 따르고 있다; 루가는 한 가지 심문만을 보유하고 있다. 요한복음에 나타난 유다당국이 취한 조처의 법적 근거는 아주 조리가 맞지 않는 것이다. 예수에게 아무런 혐의도 없었고 그 혐의가 입증되지도 않았다. 유다인들은 "그가 범법자가 아니라면 우리가 당신에게 그를 넘기지 않았을 것이요"라고 (18, 30) 믿기 어려운 말을 하면서 빌라도에게 그를 넘겨준다; 그러나 그들은 예수를 마땅히 죽게 해야 한다고 확신했다(18, 31). 19장 7절에서만 다음의 공식적인 혐의가 나온다: "그가 자기 자신을 하느님의 아들이라고 했읍니다." 이 혐의 내용은 어떤 로마관리일지라도 인정할 수 없었을 것이다. 18장 33절; 19장 12·14·15·19절에서 빌라도에게 확실히 대단한 관심사였을 자칭 왕이라는 혐의가 가정되고 있지만, 그러한 혐의는 어느 곳에도 분명하게 진술되어 있지 않다. 요한복음에서 유다인들의 "재판"이 나와 있지 않은 데 대해서는 본장의 서론을 참조하라. 재판설화는 요한에 의해서 그의 견해에 비추어 볼 때 문제가 된다고 생각했던 점들을 밝히기 위해 다시 쓰여졌으며, (아마도 역사적인 세부사항들이 담겨 있긴 하지만) 요한의 설화는 역사적인 신빙성이 없다는 결론을 무시해 버리기는 어렵다.

가야파의 장인이었으며. 이 진술에 있어서 요한의 진술이 가장 권위가 있다. 그것은 전적으로 믿을 만한 진술이다.

그 해의 대사제이었던. 11장 49절을 참조하라. 다드(*Tradition*, 94)는 요한이 혼동하였고 틀렸다고 생각하지만 앞서 제시한 설명이 맞는 것 같다.

[14] 11장 50절을 참조하라. 라이트후트는 18장 8·9절과 비교한다——예수는 자기 백성인 사람들을 위해 자기 자신을 바친다.

3.4, *Megillah* 1, 9, *Makkoth* 2.6, *T. I'oma* 1.4(180).

[15] **시몬 베드로가 예수를 따라갔읍니다.** 복음서저자 모두가 베드로의 예수에 대한 부인을 이야기한다. 이곳에서 마르코의 말은 요한의 말과 놀랍게도 유사하다. "베드로는……예수를 대사제의 집 안마당에까지 따라갔다"(마르 14, 54). 요한은 독립적인 전승을 사용하였다기 보다는 신학적인 관심들에서 (필요할 경우) 마르코를 변경시켰다고들 추론한다.

또 다른 제자가. 히브리어법에는 하나의 동사가 두 가지 주어를 모두 포괄하지만(G.K. 4ε9—92) 헬라어에도 이런 선례가 전혀 없는 것은 아니다. "다른 제자"는 마르코복음에서는 언급되지 않으며 그의 정체가 모호하다. 그를 "예수가 사랑했던" 제자와 동일시할 수 있지만 (참조. 이 책 I권 186—191면과 13장 23절) 그렇게 할 만한 명백한 근거가 없다. 이어지는 그 제자에 대한 서술에 비추어 볼 때 (참조. 다음의 주석) 그가 제베데오의 아들인 요한일 리가 없다. 요한은 베드로가 재판장소에 들어가는 것이 허용되지 않았을 거라는 전승설화에 대한 반대의견을 받고 있었으므로 거기에 대해 답변하려고 다른 제자를 끌여들었을 법하다(Haenchen, *Weg*, 506—507).

대사제와 아는 사이였으므로. *γνωστός*("아는 사이")의 정확한 의미는 확실히 모른다. 70인역에서 그것은 때때로 ידע 강의형 (의미를 강조하는) 수동분사("알다" m^{e}yudda')—아마 "친한 친구"를 나타내는 용어인—를 표시한다 ; 참조. 열왕기하 10장 11절과 특히 시편 54(55)편 14절 : "그것은 나와 같은 사람, 내 동료, 그리고 내 가까운 친구였다." 그 부수적인 형태인 *γνωτός* 는 "친척관계" 혹은 "형제"를 의미할 수 있다 ; 예. *Iliad* XV, 350 : "형제들과 자매들"(*γνωτοί τε γνωταί τε*). 그러므로 그 제자와 대사제가 서로 아는 사이였다는 것을 사소한 것으로 간주하는 것은 어리석은 일이다. 그러나 이와 대조적인 Schlatter, 332의 주장을 참조하라. 그리고 어떻게 갈릴래아의 한 어부와 가야파 사이에 *γνωστός* 가 암시하는 것과 같은 친분관계가 있을 수 있었는가를 이해하기가 매우 어렵다. 요한 자신이 사제였고 "사제복"(*πέταλον*)을 입고 있었다는 폴리크레티스의 진술(참조. 이 책 I권 157—159면)에 대한 근거가 바로 이 귀절이라고 생각할 수 있다. 그러나 이러한 견해는 단지 추론에 불과하다. 또한 우리는 여기서 요한이 추측컨대 대사제 가문에 관심을 가졌던 자료를 얻게 된다는 제안 역시 추론에 불과 하다.

대사제의 집 안뜰에까지. *αὐλή*("안뜰")는 그 의미가 광범위하다(참조.

L.S. 해당항목과 10장 1절). 여기서 그 의미는 요한이 기록한대로 심문들을 받아들이는 일반적인 견해에 따라 결정될 것이다(참조. 마르 14, 54·66 ; 15, 16). 가야파의 주도하에 산헤드린에서 열린 공식적인 재판이전에 안나스가 주도한 예비적이고 비공식적인 심문을 생각할 경우에 αὐλή는 아마 안나스 집의 "안마당"(atrium)을 뜻할 것이다. 그러나 안나스가 집행한 심문이 산헤드린 이전에 행해졌다면 그 장소는 성전 안이었을 것이다(참조. 24절).

[16] 밖에서. 이러한 베드로의 거동은 당연히 개인적인 것이었다. 우리는 베드로가 예수를 따라갔던 동기를 모른다. 그는 10절에서 요한에 의해 폭력을 행한 것으로 서술되었던 베드로가 또다시 폭력을 행하리라고 기대하기는 어렵고 오히려 그가 도망갈 기회는 여전히 남아있었을 것이다. 그러나 이런 식의 질문들이 요한의 염두에 있었을 것 같지는 않다.

문지기에게. 여자 문지기에 대해서는 사무엘하 4장 6절(히브리어역이 아님)과 사도행전 12장 13절과 *M.M.* θυρωρός("문지기") 항목에 나오는 여러 언급들을 참조하라. 만일 이것이 정확한 보도라면 그 장소는 성전이 아니라 개인(안나스)의 집임에 틀림없다 ; 그러나 그것은 단순히 마르코복음 14장 66절에 근거한 구문일 수 있다(참조. 17절). 마르코의 설화에는 "계집종"(παιδίσκη)이란 말이 들어 있다 ; 어떤 집으로 들어가는 것을 말하기 위해서는 "문지기"(θυρωρός)라는 말이 있어야 한다. 마르코의 용법은 추론해낸 아람어 원어상의 중복오사보다 훨씬 더 만족할 만한 설명을 제시한다(Black, 258).

베드로를 데리고. 그 주어는 "다른 제자" 혹은 "문지기"일 것이다 ; "그는 인도했다" 혹은 "그 여자는 〔들어가는 것을〕 허락하였다."

[17] …문지기 소녀가 말하니. 마르코복음(14, 66·69)에서 베드로에게 공격한 사람은 "대사제의 한 계집종"이다. 요한은 이 점에서 마르코에 의거한 것 같으며, 분명히 베드로가 뜰안에 들어간 것을 처음에는 그가 예수를 시인하고 나중에는 부인한 적절한 계기로 삼고 있다. "문지기"(ἡ θυρωρός)에 대한 언급은 마르코복음에 나오는 "계집종"(παιδίσκη)에 근거한 것일 뿐이다. 이 말은 후기 그리이스어에서 "여종"을 의미했다 ; 초기 그리이스어에서 그 말은 "종" (νεανίς)에 해당하였다.

당신도 이 사람의 제자 중의 하나가 아니오 ? "당신도 아니오 ?" (μὴ καὶ σύ)에서 직접 의문문에서 쓰이는 μή는 일반적으로 "아니오"란 대답을 기대하게 한다. 그러나 *καί συ*("당신도")——"한 제자이면서 동시에 대사제의 친구로 간주된 사람을 포함하여 당신도 역시"——는 기대된 대답이 "예"임을 암시한다. 아마도 여기서 *μή* 는 "주의깊은 단언을 나타내는 *μή*"이다(*M.* I, 192—93). 이 질문은 적대적인 태도로 제기된 것 같지는 않다: "당신은 우리가 알고있는 X와 함께 왔으니; 당신도 역시 제자일 것입니다." 그러나 헨첸은 *καί συ*가 "다른 제자와 더불어"라는 의미를 지닐 수 없다고 생각하는데, 그것은 그가 "대사제와 아는 사이"로 알려졌기 때문이다. 오히려 그것은 "많은 다른 사람들과 마찬가지로 당신도 역시"를 의미해야 한다.

나는 아니다. 5절과 그밖의 곳에 서술어가 없이 나오는 *ἐγώ εἰμι* 의 용법을 참조하라.

[18] 이 귀절은 요한이 마르코에 의존한 것임을 보여준다. 참조. 마르코복음 14장 54절: "하졸들과 함께 앉아 불을 쬐고 있었읍니다."

종들과 사환들. 대사제에게 딸린 종들과 성전 경호원들(참조. 3절)을 말한다.

숯불을 피워놓고. 참조. 21장 9절; 신약성서에서 이 두 귀절에서만 *ἀνθρακιά*("숯불")가 나온다. 성전에는 밤 동안에 몰두해야 했던 사제들의 휴식을 위한 침례실(the Chamber of Immersion)에서 불이 타오르고 있었다(*Tamid* 1, 1). 그러나 이 불은 사제들 외에 다른 사람들은 쬐지 못했을 것이다. 또한 특별히 불이 지펴졌다고(*πεποιηκότες*) 말할 수도 없었을 것이다.

날이 추워서. 이 말은 이 설화가 추운 밤을 기억해낸 한 목격자의 진술이 근거한 것임을 암시하는 것일지 모른다(참조. 10, 22·23). 그러나 이것은 마찬가지로 앞서 언급된, 그러나 설명되지 않은 숯불에서 추론해낸 것일 수도 있다.

비드로는 바깥 뜰에서(마르코복음 14장 66절에 의하면 "아래 편에서" *κάτω*) 불을 쬐는 사람들 사이로 끼어들었고, 반면에 이어지는 절들에서 서술된 심문은 안에서 행해졌다. "다른 제자"에 대한 말은 더 이상 나오지 않는다.

[19] **대사제가.** 대사제는 가야파였다. 죄수는 안나스에게로 끌려갔다가(13절) 연이어 가야파에게로 보내졌다(24절). 요한은 부정확하긴 하지만 알고서 안나스를 대사제로 언급하였는지(참조. 루가 3, 2: 사도 4, 6), 아니면 가야파가 처음 심문을 집행하였다

고 생각하였는지가 분명하지 않다. 복수인 ἀρχιερεύς는 사제 귀족계급에 속한 사람들의 명칭일 수 있었으므로(Jeremias, *Jerusalem*, 181—98) 다드가 "앞서 말한 통치계급에 속한 사람들"이라고 번역할 수 있었던 것(*Tradition*, 94)은 사실이다. 그러나 단수로 된 그 말은 우선 그 대사제를 분명히 암시한다.

예수께 물었읍니다. 이 구두심문은 요한복음에서 유다인들의 "재판"의 유일한 특징이다. 마르코복음(14, 55—59)에서 재판의 진행과정은 증거를 잡는 데서 시작한다. 이것은 요한복음에서 언급되어 있지 않을 뿐만 아니라 21절, "들은 사람들에게 물어보라"에 의하면 배제되는 것 같다. 재판절차의 합법성에 관해서는 21절을 참조하라. 여기서 관찰할 수 있는 점은, 요한이 공관복음서상의 재판이 의존해 있는 두 가지 점을 완전히 생략하고 있다는 것이다. 그 두 가지 점이란 예수가 메시야인가라는 질문과 신성모독에 대한 고발이다. 대사제의 질문은 그가 예수의 인격—요한복음(19, 7)과 다른 복음서들에서 모두 유다인들에게 참으로 논쟁과 고발의 중심문제였던—에 대해서가 아니라 그의 제자들과 교훈에 대하여 질문하고 있으므로 놀람의 형식을 취한다.

그의 제자에 대한 것. 이 질문은 계속 추궁되지 않으며 질문의 제기는 결과적으로 모호한 채로 있다. 만일 이 질문을 공관복음서 설화에 비추어서 이해한다면 그것은 우선 예수가 이끄는 무장봉기에 대한 우려를 지시하는 것으로 이해할 수 있다: "왜 당신은 추종자들을 불러 모으는 것이오? 어떤 방법으로 당신은 그들에 대해 지녔던 권위를 행사하려고 했소?" 18장 36절을 참조하라. 그러나 요한이 이 점을 염두에 두었는지 의심스럽다; 아마도 그는 일반적인 질문을 진술하려고 했을 뿐이다. 17절에 비추어 볼 때 이 질문은 반어적인 질문이다(Fenton).

그의 교훈에 대한 것. 이 질문은 메시야됨에 관한 보다 정확한 마르코의 질문을 대신하는 것이다(앞의 주석 참조). 아마 그것은 그리스도교인들에게 그들의 믿음에 대한 시련에서 제기된 문제들을 반영하는 것 같다.[4]

4) 특히 *Acta Martyrill S. Iustini et Sociorum* 2, "루스티코스 장관이 이렇게 말했다: 그것은 어떤 종류의 교리인가?"(ʻρουστικὸς ἔπαρχος εἶπε· ποῖόν ἐστι δόγμα;) ; *Mart*. Poly. 10.1과 Eusebius, *H.E.* v, i, 31(Lagdunum의 주교인 Pothinus) ; 또한 집사들에 대한 조사를 통해서 그리스도교는 "극단의 사악한 미신에 지나지 않았다"(nihil aliud quam

[20] 드러나게(παρρησίᾳ). 7장 4절을 참조하라. "비밀히"(ἐν κρυπτῷ)와 대조를 이루는 이 말은 여기서 그 의미가 '공적으로'인 것으로 밝혀진다. καθ' ἡμέραν이 (밤이 아니라) 낮을 의미하는 경우인 마르코복음 14장 49절을 참조하라. 브라운은 Plato, *Apology* 33b를 인용한다. 그러나 불신앙으로 인해 예수의 말은 비밀로 가리워져 있다.

세상에. "온 인류"(tout le monde)란 의미의 ὁ κόσμος는 후대 그리이스어에서 나온다; 예. Dittenberger, *O.G.I.S.* 458, 40—41 : ἦρξεν δὲ τῷ κόσμῳ τῶν δι' αὐτὸν εὐαγγελί[ων ἡ γενέθλιος] τοῦ θεοῦ (9 B. C.) ; *P. Oxy.* 1298, 8 : "사람들의 다섯 번째 이야기"(ἐ λέσχε [원문 그대로] τοῦ κόσμου [4세기 A.D.]). 그러나 κόσμος에 대한 요한의 특수한 용법에 유념해야 한다. 1장 10절과 그 주석을 참조하라. 요한복음에서 자주 그러하듯이 여기서 유다인들은 세상을 대변하는 말이다(Fenton).

언제나. 이 말과 다음 문장에는 요한복음에서 상당부분을 차지하는 모든 개인적인 교훈을 배제하려는 의도가 들어있지 않다.

회당에서 가르쳤고. 6장 59절을 참조하라.

성전에서. 7장 14·28절과 8장 20절을 참조하라. 회당은 여러 군데 있었지만 성전은 하나였기 때문에(συναγωγή "회당"에는 관사가 안 쓰이고) ἱερόν("성전")에 관사가 쓰였다. 참조. *Pesahim* 26a : "라삐 요하난은 성전에서 가르쳤다"; Bousset-Gressmann, 167.

모든 유다사람이 모이는. 이 귀절은 분명히 편집상의 주석이다. 아마 예수의 답변 전체가 추측컨대 마르코복음 14장 49절, "내가 날마다 성전에서 너희를 가르쳤는데"에 근거하여 요한에 의해 작성된 것 같다.

비밀히. 이 말은 "드러나게"(παρρησίᾳ)를 염두에 두고서 한 말이다. 7장 10절에서 그 말은 "명백하게"(φανερῶς)와 대조를 이룸을 참조하라. 이사야 48장 16절(Guilding, 165)을 참조하라. 브라운이 슈타우퍼의 견해를 언급하면서 비의의 가르침의 성향을 지닌 쿰란종파와 옳게 대조한 것은 옳다.

[21] 왜 내게 묻느냐? 라삐 율법에 의하면 고소당한 사람에게 스스로 죄를 자백케 하는 것은 부당한 것으로 간주되었던 것 같다. 이 원리는 마이모니디즈(Maimonides) 이전에는 명백하게 언급되지 않았다; *Sanhedrin* 6, 2에 관한 그의 말 : "우리의 참된 토

superstitionem prauam immodicam)라고 밝힌 플리니의 발견(*Ep.* X, xcvi, 8)을 참조하라.

라에 의하면 죄인에게 그 자신의 자백에 따라 혹은 피고인의 범법사실에 대한 한 예언자의 선언에 따라 사형언도를 내리지는 않는다." 또한 그것은 고대법으로 간주할 수는 없다고 단비(H. Danby)가 주장한 바 있다(*F.T.S.* 옛 시리즈 21[1920], 51—76). 그러나 아브라함스는 마이모니디즈의 언급이 본문들로부터 정당하게 추론해낸 것이었음을 제시하였다(*Studies* Ⅱ, 132—4), 그러므로 대사제가 재판을 열어(조사가 아주 공식적일 경우에) 예수 자신을 심문함으로써 심리를 시작하는 것은 옳지 못한 절차이었다. 그러나 이것이 비공식적인 심문일 경우 직접 심문하는 일도 가능했을 것이다.

들은 사람에게 물어 보라. 즉 "내가 무슨 말을 했는지 들은 사람들에게 물어보라." 합법적인 방식으로 증거를 대라는 뜻이다. "첫째 재판"에 관한 공관복음서 이야기에도 (비록 그 증거들이 거짓된 증거였긴 하지만) 적법한 증언이 나와 있다.

[22] 손바닥으로 때림. 참조. 19장 3절 : 요한의 "조롱기사"에 나오는 병사들 ; 마르코복음 14장 65절 : 여기서처럼 "첫째 재판"에 나오는 "사환들"(ὑπηρέται). 참조. 마태오복음 26장 67절 : "손바닥으로 때리면서"(ἐράπισαν). 이 말은 프리니쿠스(CLII; Rutherford, 257—65)가 손바닥으로 빰을 치면서 비난했다는 의미로 사용되었다. 요한이 마르코의 이야기를 알고 있었음을 보여 주는 것일 수 있다. 그러나 두 사람 모두 이사야 50장 6절에 의거했을 것이다(Dodd, *Tradition* 93).

대사제에게 그게 무슨 대답이요? 참조. 출애굽기 22장 27절 ; 사도행전 23장 4·5절 ; 또한 Josephus, *C. Apion.* Ⅱ, 194 : "이와같이 [대사제]에게 설득당하지 않은 사람은 하느님 자신에게 불경건한 자처럼 정의를 등지는 것이다." 예수는 사실 부당한 질문이라고 여길 수 있었던 질문에 대해서 대답하기를 거부하였다.

[23] 어떻게 해서라도 논증을 세우는 데만 관심이 있는 사람들에겐 진실은 항상 거슬리는 것이다. 진실에 대해서 논증으로 맞서는 것보다 구타하는 것이 보다 쉽고 효과적인 대답일 것이다.

[24] 마르코복음 15장 1절과 13절에 대한 주석을 참조하라. 요한은 그가 가야파 앞에서 행해진 것으로 서술한 재판에 대해서 아무 말도 하고 있지 않으므로 "두 가지 재판"에 대한 하나의 전승을 알고 있었을 법하다. 그가 안나스와 가야파라는 두 이름

을 소개한 것은 두 가지 심문이 설명되어야 했다는 사실에서 기인한 것으로 보인다. 예수가 어디로 보내졌는지가 분명하지 않다(참조. 13·15절). 이송이 한 건물에서 다른 건물로 옮겨졌다는 것을 뜻할 필요는 없으며 그것은 아마 성전 안의 한 법정에서 다른 법정으로 옮겨지는 것을 뜻하는 데 지나지 않을 것이다. Benoit I, 309 이하를 참조하라. πρὸς Καϊαφᾶν("가야파에게")은 가야파의 집에로가 아니라, 그가 어디에 있었던지간에, 가야파라는 사람에게로를 의미한다. 아마 이 장소는 산헤드린을 위한 회합장소(lihkath ha-gazith)였을 것이다. 이 귀절에서 가야파를 대사제로 특별히 언급하고 있는 것은 19·22절의 난점을 부각시킨다. 만일 가야파가 이미 첫 심문에 참석하였다면 예수가 그에게로 이송되어야 했던 이유는 무엇인가?

[25] 불을 쬐고 있었읍니다. 18절을 참조하라. 베드로의 두 번째, 세 번째 부인이 뒤따라 나온다. 첫 번째 부인은 그에게 다그쳐 물을 "계집종"(παιδίσκη)이 "문지기"(θυρωσος)와 동일인이었기 때문에 두 번째, 세 번째 부인과는 분리되었다.

둘었읍니다. 불을 쬐고 있던 무리가(18절).

당신도 ……가 아니오? 그들의 말은 문지기의 말과 거의 동일하다(17절).

부인하여(ἠρνήσατο). 이 말은 17절에는 나오지 않지만 27절에는 반복해서 나온다. 마르코복음 14장 68·70절을 참조하라. 그것은 사람들 앞에서 그를 부인하는(ἀρνεῖσθαι) 사람들에 대한 예수의 말을 연상케 한다(마르 10, 33=루가 12, 99). 그러나 요한은 이 말을 통해서 베드로는 그가 한 패가 아니라고(οὐκ εἰμί) 말했음을 뜻하고자 한 것 같다.

[26] 친척되는 이가. 요한만이 공격받은 사람의 이름을 알고 있다(참조. 10절). 그만이 이런 친척관계를 알고 있다. 요한의 수난설화 배후에 일차적인 자료가 있었거나 요한은 외경복음서들의 표현방식에 따라 상세하게 기술하려고 애썼다고 우리는 결론지어야 한다. 설화에서 일관성이 일반적으로 결여되어 있다고 해서 일차적인 배후자료가 있었다는 전자의 견해가 확인되지는 않았다.

귀(ὠτίον). 본문과는 달리 10절에는 ὠτάριον으로 나온다(그러나 ὠτίον은 본문상의 변형으로 나온다).

동산에서. 1절을 참조하라. 그러나 4절은 예수가 체포 직전에 동산에서 나왔음을 암시한다.

[27] 요한은 베드로가 예수를 부인하였을 때 했던 맹세와 저주를(마르 14, 71과 병행귀들) 언급하지 않는다.

닭이 울었읍니다. 베드로의 부인이 예언된 13장 38절을 참조하라. 요한의 갑작스런 끝마침은 베드로가 예수가 한 말을 기억하였다는 마르코의 설명(14, 72)에 비해 보다 극적이고 효과적인 것이다. 베드로는 이제 20장 2절까지 이야기에서 나오지 않는다. 이 이야기는 "베드로에 대한 예수의 말에 비추어서 읽어야 한다……(13, 36) ; 베드로는 예수가 그를 위해 죽었을 때까지는 예수를 따를 수 없었다"(Fenton).

3. 예수 · 빌라도 · 유다인들 18장 28절—19장 16절

18, 28 그들이 예수를 끌고 가야파의 집에서 총독 관저로 갔을 때는 이른
아침이었읍니다. 그들은 몸을 더럽히지 않고 과월절 식사를 하기 위하여 관
저 안에는 들어가지 않았읍니다. **29** 그래서 빌라도가 그들에게 나와 "당신
들은 이 사람을 무슨 일로 고소하는 거요?" 하고 물었읍니다. **30** 그들이
빌라도에게 "그가 범법자가 아니라면 우리가 당신에게 넘기지 않았을 것입
니다" 하고 대답했읍니다. **31** 그래서 빌라도가 "그대들이 그를 데리고 나가
그대들의 법대로 처단하시오" 하고 말하니 유다사람들이 "우리는 누구를 죽
일 권한이 없읍니다" 하고 대답했읍니다. **32** 이것은 예수께서 자기가 어떠
한 죽음으로 죽으리라는 것에 대하여 하신 말씀이 이루어지기 위한 것이었
읍니다. **33** 빌라도가 다시 관저 안으로 들어가 예수를 불러 물었읍니다 : "네
가 유다인의 왕이냐?" **34** 예수께서 반문하셨읍니다 : "네가 하는 그 말은
네 생각에서 나온 말인가? 그렇지 않으면 다른 사람들이 말해준 것인가?"
35 빌라도가 말했읍니다 : "혹시 내가 유다사람이란 말이냐? 너의 동족과
대사제들이 너를 내게 넘긴 것이다. 대체 네가 무슨 일을 했느냐?" **36** 예
수께서 대답하셨읍니다 : "내 나라는 이 세상에 속한 것이 아니다. 내 나라
가 세상에 속한 것이라면 내 부하들이 싸워 나를 유다사람들의 손에 넘어가
지 않게 했을 것이다. 그러나 내 나라는 여기에 속한 것이 아니다." **37** 빌
라도가 예수께 "그렇다면 네가 왕이냐?" 하고 물으니 예수께서 대답하셨읍
니다 : "네가 말한 대로 나는 왕이다. 나는 진리를 증거하려고 났으며 진리
를 증거하려고 세상에 왔다. 진리에 속한 사람은 누구나 내 음성을 듣는다."
38 빌라도가 예수께 "진리가 무엇이냐?" 하고 물었읍니다. 빌라도는 이 말

을 하고 다시 유다 사람들에게 나와서 말했읍니다. "나는 이 사람에게서 아
무 죄도 찾지 못하겠소. 39 과월절에는 내가 그대들에게 한 사람을 놓아주
는 전례가 있소. 그대들은 내가 유다인의 왕을 놓아주기를 원하오?" 40 그
러자 그들은 다시 큰 소리로 "그 사람이 아니요. 바라빠를 놓아주시오"하고
외쳤읍니다. 바라빠는 강도였읍니다. 19, 1 이리하여 빌라도는 예수를 데려
다가 채찍으로 쳤읍니다. 2 군인들은 가시나무로 면류관을 엮어 예수의 머
리에 씌우고 자색 옷을 입힌 후 3 예수 앞에 연달아 나아와 "유다인의 왕 만
세!" 하고 소리치면서 손바닥으로 얼굴을 때렸읍니다. 4 그때 빌라도가 다
시 밖으로 나가 유다사람들을 향하여 말했읍니다: "보시오. 내가 그 사람을
그대들 앞에 데려 나오겠소. 나는 그에게서 아무 죄도 찾지 못했다는 것을
그대들에게 알리려는 것이요." 5 예수께서 가시면류관을 쓰시고 자색옷을
입으신 채 나오시니 빌라도가 그들에게 "보시오, 이 사람이요" 하고 말했읍
니다. 6 대사제들과 사환들이 예수를 보자 큰 소리로 "십자가에 못박으시오.
십자가에 못박으시오" 하고 외쳤읍니다. 그러자 빌라도가 그들에게 "그대들
이 이 사람을 데려다가 십자가에 못박으시오. 나는 이 사람에게서 아무 죄
도 찾지 못했소" 하고 말했읍니다. 7 유다 사람들이 그에게 대답했읍니다:
"우리에게 율법이 있읍니다. 그 율법에 의하면 그는 마땅히 죽어야 합니다.
그가 자기 자신을 하느님의 아들이라고 했읍니다." 8 빌라도가 이 말을 듣
자 더욱 두려워서 9 다시 관저 안으로 들어가 "네가 어디서 왔느냐?" 하고
예수께 물었읍니다. 그러나 예수께서는 아무 대답도 하시지 않았읍니다. 10
그래서 빌라도가 말했읍니다: "내게도 말을 하지 않겠느냐? 내게는 너를 놓
아줄 권한도 있고 십자가에 달게 할 권한도 있다는 것을 모르느냐?" 11 예
수께서 대답하셨읍니다: "위에서 주시지 않았더라면 네게 아무런 권한도 없
었을 것이다. 그러므로 나를 네게 넘겨준 사람의 죄는 더 크다." 12 이 때문
에 빌라도는 예수를 놓아주려고 애썼읍니다. 그러나 유다 사람들은 큰 소리
로 "이 사람을 놓아준다면 당신은 카이사르의 충신이 아닙니다. 자기 자신
을 왕이라고 하는 사람은 누구나 카이사르를 반역하는 자입니다" 하고 외쳤
읍니다. 13 빌라도는 이 말을 듣고 예수를 데리고 리토스트로토스라고 하는
재판정으로 나와 재판석에 앉았읍니다. 리토스트로토스는 히브리말로 가빠
타라고 하는데 "돌들로 포장된 자리"라는 뜻이다. 14 그날은 과월절 준비일
이었고 때는 여섯 시쯤이었읍니다. 빌라도가 유다사람들에게 "보시오. 그대
들의 왕이요" 하고 말하니 15 그들은 "없애버리시오. 없애버리시오. 그를
십자가에 못박으시오" 하고 외쳤읍니다. 빌라도가 그들에게 말했읍니다:
"그대들의 왕을 십자가에 못박으란 말이요?" 대사제들이 대답했읍니다:
"우리의 왕은 카이사르 뿐입니다." 16 그래서 빌라도는 예수를 십자가에 못
박으라고 그들에게 내어주었읍니다.

이 긴 연속적인 단편에는 예수와 빌라도, 빌라도와 유다인들 사이의 대화가 서술된다. 예수는 더 이상 유다민족의 대표자들과 직접적인 대화를 나누지 않는다. 대부분 그는 총독관저에 머무르고 있다. 빌라도는 의례적인 모독을 피하기 위하여 그곳에 들어오기를 꺼려하는 유다인들에게로 나가 말한다. 유다인들은 계속해서 첫째로, 일반적인 말로 예수는 범법자(18,30)라는 것과, 둘째로, 그는 자칭 하느님의 아들이라고 했고(19,7), 마지막으로, 그는 스스로 왕이라고 하여 반란을 일으켰다는 것 등을 주장하면서 (그들에겐 사형에 처할 권한이 없다는 이유에서) 빌라도가 예수에게 유죄판결을 내릴 것을 요구하는데, 만일 그가 그를 풀어줄 경우 그는 반란을 방조한 것이 된다고 하였다(19,12). 그들의 첫 번째 대화에서(18,33—37) 빌라도는 예수의 왕권에 대해 질문하고, 예수는 그가 증거한 진리에 대해서 말한다. 두 번째 대화에서(19,8—11) 그 주제는 (앞의 왕권이라는 주제와 아주 밀접하게 관련된) 권위이다. 유다인들은 계속해서 악의를 품고 있고, 그들 자신의 믿음을 부인하는 대가를 치르면서까지(19,15) 예수의 피를 원한다(18,30·40 ; 19,6·15). 반면에 빌라도는 예수가 무죄임을 세 번 선언하고(18,38 ; 19,4·6) 그를 놓아주려고 하지만(18,39 [그러나 유다인들은 바라빠를 택하였다] ; 19,12) 단지 19장 12절의 위협을 받고 어쩔 수 없이 그에게 십자가처형을 내리게 되었다. 이러한 연속성에서 볼 때 (빌라도의 종들이 행한) 채찍질과 조롱이 삽입된 것은 이상하다(19,1—3 ; 그 주석들 참조).

이 자료의 대부분은 마르코의 설화에 근거한 것인데, 그 설화는 빌라도 법정에서의 심문, 그가 마지못해 예수를 정죄함, 바라빠에 대한 언급, 축제 때에 한 죄수를 석방하는 관습에 대한 언급, 채찍질, 조롱, 예수를 죽이라는 아우성소리, 그리고 결국 예수에게 십자가형을 언도함뿐만 아니라 빌라도와 예수 사이에 오고간 대화의 중심적인 주제, 즉 왕권 등 제공한다. 요한의 첨가와 변경은 그의 역사적인 신빙성에 대한 확신을 불러 일으키지 않는다. 상세한 설명은 다음의 주들에서 하겠지만 여기서 일반적으로 관찰할 수 있는 점은, 죄수와 재판관 사이에 오고간 사적인 대화(만일 실제로 일어났다면)에 관한 믿을 만한 정보를 복음서저자가 입수하였을 거라고 보기는 어렵다는 것이다. 유다인들이 먼저 빌라도에게 나아갔을 때 어떤 비난도 예수에게 가해지지 않았다는 것은 놀랄 만하다. 18장 33절에서 빌라도는 (예수에 대한) 혐의를 알고 있음이 전제되어 있다. 총독이 실제로 개입하게 된 혐의는 앞서 주장된 왕권에 관한 것이었다는 주장은 아마 옳은 것 같다. 그러나 이 주제와 참된 권위에 관한 논의들은(18, 33—37 ; 19, 10·11) 확실히 요한의 관용어로 되어있으며, 그 신학은 공관복음서의 하느님나라에 대한 교훈의 기초가 된 종말론적 사상이 아니다. 채찍질과 조롱은 현재의 본문대로라면(19, 1—3) 이해할 수 없는데, 그것은 이곳에서 빌라도는 단순히 예수를 풀어주려고 하는 것이 아니라(참조. 23, 16) 그를 무죄로 하려고 했기 때문이다. 하지만 조롱은 19장 5절에 극적인 효과를 주기 위해서 여전히 행해지고 있는 것 같다. 요한은 로마법과 유다법 규정을 잘 몰랐던 것 같다(참조. 18, 28·31·39 ; 19, 1—3·6·16과 주석들). 요한만이 초기전승에 지형에 관한 첨가를 했는데 그것은 가빠타라는 이름이다. 관련지역일 수 있는 포장된 공간의 발견이(the Antonia; 참조. 19, 13) 설화의 정확성을 거의 확증해주지 못하거나 전혀 확증해줄 수 없다. 서윈 화이트(A.N. Sherwin-White, 상세한 주석들 참조)에 의해서 재판설화상의 로마식 절차가 밝혀지게 되었고, 다드(*Tradition*, 96—120)는 요한이 상당히 역사적인 가치가 있는 독립전승을 사용하였음을 장황하게 주장한다. 그러나 그는 요한의 마르코 사용을 과소평가하고 또 순전히 요한의 단편들에 속한 신학적 내용과 관심을 과소평가하는 것 같다. 보다 적합한 견해가 브라운(861)에 의해 설명되었다: "요한의 재판이야기는 그것의 모든 드라마와 신학과 더불어 우리가 갖고 있는 자료 중에서 가장 일관성있고 이해하기 쉬운 것이다." 그러나 이것 역시 조사해보니 요한의 역사적인 업적뿐만 아니라 그의 역사적인 의도를 과대평가한 것 같다.[1] 이 단락의 실제적인 핵심은 "왕국"(βασιλεία)과 "권세"(ἐξουσία)에 관한 논의이다. 하지만 그러한 논의를 통해서 교회와 국가에 관한 신학을 (불트만이 그랬듯이) 이끌어내기는 어렵다. 길딩(49 등)은 이 단락에서 퓨우림축제(역주 : 3월 1일에 행하는 유다인의 축제. 옛날 하만이 유다인을 학살하려던 계획이 깨진 기념일)에 관한 주제들을 입증해 낼 수 없었다.

요한의 이야기가 지닌 역사적인 가치는 마르코에 비해 떨어 진다. 십자가처형에 대한 두 복음서저자들의 상이한 연대설정에 관해서 이 책 I권 80—85면을 참조하라. 그러나 요한은 예리한 통찰력을 갖고서 예수의 왕권에서 수난설화의 핵심을 찾아냈으며 아마 어떤 다른 신약성서 저자보다도 그 의미를 분명히 하였음을 재론해야 한다.

1) 또한 E. Haenchen, *Die Bibel und Wir*(1968), 190—205를 참고하라.

[28] **가야파에게서.** 24절에서 예수를 인수하였던 가야파에게서 마르코복음 15장 1절을 참조하라. 그러나 요한은 가야파가 예수를 어떻게 취급하였는지에 대해서 아무 말이 없다. 몇몇 다른 고대 라틴사본들과 불가타의 여러 사본들과 더불어 a 사본은 ad caipham이라고 읽는다. 이 독법은 방금 언급하였던 난점에서 기인한 것 같다. sin 사본에서 제시된 귀절들의 재배열을 참조하라(참조. 13절).

총독관저로. 총독관저는 지방장관의 관저였다. 여기서는 빌라도의 관저이다. 유다의 장관은 보통 (또 다른 총독관저가 있었던 : 사도 23, 35) 가이사랴에서 살았지만 대축제기간에는 소요를 진압하기 위해서 예루살렘으로 갔다. 여기 언급된 예루살렘 관저는 아마 안토니아가 아니라 헤로데의 궁인 것 같다(참조. Benoit, I, 332—33). 이러한 견해는 이 단락의 뒷부분에 나오는 빌라도의 행동에 관한 이야기에 잘 들어맞는다. εἰς("~에로")는 유동성있게 사용된 것이다. 이 귀절의 뒷부분에서 유다인들은 총독관저로(πρός) 가긴 했지만 그 "안으로"(εἰς) 들어가지는 않았을 것으로 나타난다.

이른 아침이었읍니다. 로마의 계산법에 의하면 밤의 마지막 두 시간은 닭우는 때 [제 3경](12시~새벽 3시 ἀλεκτοροφωνία)과 "새벽"(πρωΐ)이었다. 닭울음의 때는 이제 지나갔고 이른 아침(오전 6시 이전)이 되었다.

그들은. 예수를 "끌고갔던"(ἄγουσιν) 장본인, 즉 지방법정으로부터 총독법정으로 소송을 옮기는 데 책임이 있는 유다인들.

더럽히지 않고. 참조. *Oholoth* 18, 7·9 ; "이방인들의 거주지는 부정하다…이방인들의 거주지에 대한 법규들은 열주(列柱)에는 적용되지 않는다." 일상적인 환경에서 유다인이 이방인의 집에 드나들 수는 있었지만 그런 경우 그는 부정을——규정상 부정을[2] 타게 되었을 것이다. 그러므로 과월절 전날에[3] 유다인들은 "…과월절 식사를 하려고" 밖에 머물렀다. 이러한 의도에서 나타난 반어법은 요한의 특징이다. 하느님의 아들을 죽이려고 음모한 사람들이 형식적인 종교적 규정을 지극히 세세한 데까지 신경을 쓰고 있다. 요한의 진술이 함축하는 바, 즉 일단 입게 된 부정은 칠일 동안 지속될 정도로 중요하였다는 것이 옳은지에 대해서 논의되어 왔다(참조. 특히 Morris). 이와 다른 견해는,

2) Bonsirven Ⅱ, 262와 이것을 인용한 A. Büchler의 논문 *J.Q.R.* 17(1926—7) ; 또한 *S.B.* Ⅱ, 838 이하를 참조하라.
3) 마지막 만찬과 십자가처형에 관한 마르코의 날짜계산과 요한의 날짜계산에 관한 비교에 대해서는 이 책 Ⅰ권 80—85면을 참조하라.

유다인들이 총독관저로 들어감으로써 입게 되었을 부정은 그 날까지만 지속되므로 그날에 목욕함으로써 제거될 수 있었다는 것이다. 곧 다가오는 저녁(다음 날의 시작)에 과월절 음식은 먹을 수 있었다. "우리는 정결의식법들이 예수 당시에 어떻게 해석되었는지 모른다"는 관찰로 논의를 시작하는 것이 좋을 것이다."[4] 제재를 가하는 성서귀절은 민수기 9장 7—10절이다. 시신 때문에 부정을 탄 사람은(그것은 칠일간 지속되는 부정을 의미한다 ; 민수 19, 11·16 ; 31, 19) 제 2의 과월절을 (한 달 후에) 지켜야 한다. 이방인의 집에 들어감으로써 입게 된 부정이 이런 형태의 부정이었는가라는 문제가 제기된다. 앞서 인용한 미쉬나는 이방인 거주지를 부정한 것으로 간주할 만한 이유를 제공하지 못한다. 그러나 문맥으로 보건대 이것이 이방인들은 그들 내에 사산 아들(시체)을 처리하는 일이 있던 것으로 생각되었기 때문이었음을 추측해 볼 수 있다. 여하튼 그러한 증거는 이방인 집에 출입했던 사람은 칠일 동안 기다려야만 종교적인 행위에 참여할 수 있었음을 암시한다. 하지만 그러한 증거는 단순한 것이 아니고 힐렐 학파와 샤마이 학파 사이의 견해차이로 복잡해졌다. 중요한 본문은 *Pesahim* 8, 8 이다 : "자기의 가까운 친족을 애도하는 사람은 침례를 받은 후, 저녁에 과월절 음식을 먹을 수 있지만 그러나 그는 다른 신성한 것들을 먹을 수는 없다. 만일 어떤 사람이 가까운 친족에 속한 사람의 사망비보를 들었거나 그의 골육친척들이 함께 모여들게 되었다면 그는 침례를 받은 후에 신성한 것들을 먹을 수 있다". 샤마이 학파는 이렇게 말한다 : "만일 어떤 사람이 과월절 전날 개종자가 된다면 그는 침례를 받고 그날 저녁 과월절 음식을 먹을 수 있다". 그리고 힐렐학파는 이렇게 말한다 : "현재의 자신과 이전의 할례받지 않은 상태를 구별하는 사람은 마치 그 자신을 무덤과 구별하는 사람과 같다." 보다 관대한 샤마이학파의 관습법이 초기에 널리 유행하였다는 사실을 *T. Pesahim* 7, 13(167) ; (Jeremias, *Jerusalem*, 321 에서 인용된) *Γ. Pesahim* 8, 36b, 47 에 담긴 이야기를 통해서 알 수 있다. 그것은 끝까지 유행하였고 결국 샤마이학파에 의해 채택되었던 힐렐학파의 견해였다. 이러한 사실은 요한의 이야기에 나타난 시대착오를 설명해 줄 수 있었다. 소수의 사제들만이 "회중이나 대부분의 사람들이 부정을 타게 되었을 경우, 혹은 사제들

4) J.B Segal, *The Hebrew Passover* (1963), 36, n. 2 ; 시갈은 또한 앞의 글에서 마태 27, 11·12 ; 마르 15, 2·3 ; 루가 23, 1·2에 의하면 사제들도 총독관저의 뜰에 들어갔다고 언급한다.

은 부정하지만 회중이 정결할 경우 과월절은 부정한 가운데라도 지킬 수 있다"는 데에 관심을 갖고 있었음을 또한 주목하라(*Pesahim* 7, 6) ; 미쉬나는 소수의 회중이 부정할 경우에 그들은 제 2 의 과월절을 지켜야한다고 덧붙인다. 그러므로 유다인들은 그들이 과월절 음식을 먹을 수 있도록 행동했다는 요한의 진술은 의문스럽다. 무엇보다도 그의 진술을 직접적인 역사적 언급으로 보게 하는 것은 오히려 요한의 반어적인 의미에서 기인한 것이거나 아마도 그가 두 가지 극적인 무대장치를 사용하려고 한 데서 기인한 것일지 모른다(Dodd, *Tradition*, 96). 브라운의 해당항목에서 이 문제에 관한 공정한 논의가 나온다.

〔 29 〕 그래서 빌라도가 나와. 빌라도가 누구라는 것을 독자가 알고 있을 것으로 전제된다. 복음서저자는 독자로 하여금 마르크복음은 아니더라도 그와 유사한 수난설화를 보게한다. 빌라도는 A.D. 26—36년에 유다지방의 총독이었다. 행정장관이란 용어는 묘비명인 [PON]TIUS PILATUS[PRAE] FECTUS IUDA[EAE]에 비추어 볼때 인정할 수 없다(*J.B.L.* 81[1962], 70). 빌라도에 대한 요세푸스의 서술에서는 독자들이 빌라도의 기회주의적인 태도를 기대하기 어렵다. 그러나 (빌라도의 이런 태도가) 불가능한 것은 아니다. 로마 총독이라면 특히 과월절 기간에 필요이상으로 군중들을 자극시키지 않으려고 지혜롭게 처신했을 것이다. 그러나 이 귀절은 사건의 역사적인 개연성을 더 높여주지는 못한다.

〔 30 〕 그가 …아니라면(εἰ μὴ ἦν..). 이 말은 흔히 쓰지 않는 거의 믿기 어려운 무례함을 표현하거나 유다인들과 빌라도 사이의 상호 이해를 드러낸다. 후자의 제안은 소송을 유다인들에게 돌린다고 말할 때 빌라도는 사형언도를 내릴 필요성을 이해하지 못했음을 보여주기 때문에 배제된다. 전자의 제안은 상상력을 최대한으로 발휘한 것이므로 우리는 여기서 요한의 (혹은 그가 의존하였던 초기 전승의) 입장이 예수의 유죄판결을 보다 확고하게 유다인들의 탓으로 돌리고 로마인들의 책임을 면제하려고 했다는 데——초대 그리스도교 문헌에서 흔히 볼 수 있는 경향——있다고 가정할 수 있다.

범법자. 아마 초기의 박해에 있어서 그리스도교인들에게 가해진 비난은 특별한 것이 아니라 일반적이었다.[5]

5) 베전 2, 12 ; 3, 17 ; 4, 15 ; 또한 Tacitus, *Annales* XV, 44, "…(그리스도교인들은)…증오스럽고 수치스러운 죄로서… 방화한 죄 때문이라기 보

[31] 그대들이 그를 데리고. 끝에 나오는 단어("그를" ὑμεῖς)는 강조어이다. 갈리오처럼 빌라도는 유다분쟁을 재판할 의사가 없었다. 한 지방장관이 평화를 교란시키는자를 석방시키는 권한을 갖고 있었는지는 의심스러운 것으로 보아야 한다. 그러나 빌라도의 행동은 모든 책임을 유다인들에게 돌리는 것이다.

우리는 누구를 죽일 권한이 없읍니다. 분명히 유다인들은 이미 예수를 죽여야 한다고 결정하였다. 하지만 요한은 "언제, 어디서, 혹은 무슨 권위로"에 대해서는 말하지 않는다. 공관복음서의 이야기나 그것과 매우 유사한 내용이 전제되어 있다. 유다인들이 (장관이나 대리인 치하에서) 사형선고를 집행할 권한이 있었는가 아니면 없었는가에 대한 문제는 매우 어려운 문제이며 여전히 학자들간에 논의되고 있다. 이 문제에 관한 매우 중요한 논의는 J. Juster, *Les Fuifs dans l'Empire romain* (1914) Ⅱ, 127—49에 나오는 다음의 주장에 있다. 첫째, 다음의 주장들은 이 당시 유다인들이 형을 집행할 권한이 없었다는 요한의 진술을 지지하려고 제기된 논증들의 일부이다. (ㄱ) 요세푸스(*Bel.* Ⅱ, 117)는 첫 번째 총독인 코포니우스가 "황제로부터 죽이는 권한을 받지 않고" 아우구스투스에 의해 파견되었다고 말한다 : 그러나 총독이 이러한 권한이 없이 임명받았다고 보기는 어려우며 정당한 지방법정들이 사형을 내리는 권한을 박탈당하지도 않았다. (ㄴ) 동일한 저자가 "[총독의] 동의없이 산헤드린 의회원을 임명하는 일이 안나스에게 [대사제에게] 허용되지 않았다"라고 말한다(*Ant.* XX, 202). 그러나 이것이 일반적인 규정이었다고 보기는 어렵다. (ㄷ) *Y. Sanhedrin* Ⅰ, 18a, 34와 7, 24b, 41에는 (A.D. 70년에 일어난) 성전파괴 40년 전에 이스라엘은 생사에 대한 판결권을 박탈당했다고 언급되어 있다. 40년이란 기간은 맞지 않는 것일지 모르지만 진술 자체는 받아들일 수 있는 것임을 암시한다. A.D. 60—70년 동안 (즉 총독 치하에서) 유다인들은 사형선고를 할 수 없었다. 그러나 저스터(Juster, Ⅱ, 133, n. Ⅰ)에 의하면 *Y. Sanhedrin*, 앞의 인용문에 나오는 진술은 성전파괴 40년 전에 산헤드린공의회가 이주하였다는 진술(*Abodah Zarah* 8b)로부터 추론해낸 것이고 사형선고가 성전에서만 내려질 수 있었다는 신념(참조. *Sanhdrin* 41a)에 지나지 않는다. (ㄹ) 예수가 십자가 처형을 받으려고 로마인들에게 넘겨졌다는 바로 그 사실은 산헤드린공의회 자체가

다는 인류에 대한 적개심 때문에(정죄 받았다).

그에게 돌을 던질 권한이 없었음을 입증해 주는 것이라고 어떤 이는 주장하였다. 그러나 이 논증은 그다지 설득력이 없다. 일반법정은 여론의 지지를 받는 선고만을 선포할 수 있다 ; 만일 사제귀족 (그리고 아마 바리사이파 신학자들)만이 예수의 죽음을 진지하게 바랬다면 그들의 목적을 성취하는 가장 손쉬운 방법은 그의 유죄를 확증해 줄 수 있는 (반란선동과 같은) 혐의를 내걸어 그를 로마총독에게 넘기는 데 있었다. 둘째. 다음의 주장들은 요한의 진술을 반증하는 것이다. (ㄱ) 미쉬나의 소책자인 산헤드린(*San hdrin*)에는 다른 형태의 사형선고에 관한 충분한 규정들—화형, 돌팔매질, 교살, 참수형—이 들어있다. 상술한 모든 세부항목들이 상상에서 나온 것이라든가 A.D. 6세기 전시대부터 보존되었다고 믿기는 어렵다. (ㄴ)적어도 하나의 범죄는 유다당국에 의해서 사형에 처해졌던 것으로 알려졌다—그 범죄는 한 이방인이 성전 내부를 침범한 일이었다.[6] 이러한 범죄에 대해서는 로마인들이라도 처벌을 면할 수 없었다. 그러므로 로마인이 아닌 유다인들이 다른 종교적인 범죄로 인해 산헤드린공의회에서 처벌을 받을 수 있었다고 볼 수도 있다. (ㄷ) 관련된 시기에 여러 형집행들이 우리들에게 알려져 있다. 신약성서에는 스테반의 죽음이 나온다. 사도행전 6장 7절에서 설화의 부분들은 하나의 법적인 행위라기 보다는 일종의 사형(私刑)에 관한 이야기처럼 되어 있지만 산헤드린 법정의 개정이 서술되어 있다. 바울로가 유다법정에서 재판받기를 거부한 사실을 또한 주목해야 한다(사도 25,9 이하). 요세푸스는 예수의 형제인 야고보가 투석형을 당한 것에 대해 이야기해준다.[7] *Sanhedrin* 7, 2 가 나오는 미쉬나에서 라삐 엘리에젤 자도크(R. Eliezer b. Zadok 는 이렇게 말했다 : "사제의 딸이 간음을 행했는데 그들은 그녀를 나무가지더미로 에워싸고 그녀를 불태워버렸다[이것은화형을 집행하는 적절한 방법이 아니었다]. 그에게 이렇게 말하였다 : 왜냐하면 그당시 법정은 올바른 식견을 갖고 있지 않았기 때문이다." 토세프타(T sep hta:원뜻은 아람어에서 부가문, 보충문 [9, 11(429)] : 역주)는 엘리에젤이 그 사건을 어렸을 때 보았으므로 그것의 연대는 총독시대에 속하는 것이 분명하다고 덧붙인다. 게마라(Gem ara[52b]) : 유다교의 율법서 Talmud 의

6) 1871년에 Clermo n—G anneau에 의해 발견된, Deissmann, 75에서 가장 쉽게 접 할 수 있는 성전 비 문; 또한 Josep hs, *Be l*.V, 193—194 ; Ⅵ, 124—6 ; *Ant*. XV, 417을 참조하라.

7) *Ant*. xx, 200 ; 또한 Eusebiu s,*H.E*. Ⅱ, i *4* ; xxi i 4—18을 참조하라.

제 2부이며 제 1부는 Mishnah의 주석이며 넓은 의미로는 Talmud임 : 역주)는 잘못 알고 있는 사건의뢰 법정이 사두가이파사람들로 구성되어 있었다고 부가한다. 그 법정의 집행방식은 비판을 받았지만 그것의 집행권한은 문제시되지 않았다. 다른 그럴듯한 예들을 탈무드에서 찾을 수 있다. 저스터는 요한이 실수를 하였다고 결론짓는다 ; 산헤드린은 사형선고를 집행할 권한을 갖고 있었다. 이러한 견해는 특히 서린 화이트(앞의 글, 36—43)에 의해 반박되었는데, 그의 주장은 이와 같은 극단적인 권한(사형권)을 지방재판소에 허용하는 것이 로마의 관습은 아니었다는 것이다. 예레미아스(*Z.N.T.W.* 43[1950/51], 145—50)는 간음하여 잡힌 여인의 이야기(7, 53—8, 11 ; 참조. 591—92)에서 또 다른 지지점을 찾아냈고 또한 유다인들은 A.D. 66년에 있었던 로마인들의 추방 닷새 후에 사형을 집행하는 권리를 되찾았던 것을 뜻한다고 그가 받아들였던 Megillath Taanith 6에서도 그 지지점을 찾아냈다.[8] 윈터는 Philo, *Leg. ad Gaium* 307에 대해 언급하는데, 거기서 헤로데 아그리파 1세가 기술하였던 것으로 추정되는, 한 서신에 다음의 주장이 적혀있다. "다른 유다인들에 대해서는 말할 것도 없고 가장 지위가 낮은 사제에 속한 사제는 물론, 대사제 바로 밑에 있는 사제들에 속한 사제라 하더라도 (지성소에) 혼자서건 대사제와 함께 들어갔을 경우건, 심지어는 대사제조차도 일년에 이틀 혹은 같은 날 서너회 들어갈 경우, 항소없는 [즉결재판에 의해] 처형을 당하는 것이 그의 운명이라 는 것이다. 또한 윈터는 *Sanhedrin* 48b에 대해서도 언급한다. 국가[מלכות]에 의해 형집행을 받은 사람들의 재산은 왕에게 속한다 ; 법정[בית דין]에서 형집행을 받은 사람들의 재판은 그들의 상속자에게 속한다. 이러한 참조문들, 특히 후자는 무엇보다도 중요한 것 같다. 그런데 *T. Sanhedrin* 4, 6(421)에는 밀접한 병행귀가 있는데, 거기서는 מלכות("국가") 대신에 מלך("왕")이라고 되어 있다. 이것은 탈무드나 로세프타에서 그 귀절이 열왕기상 21장에 대한 해석에 의존한다는 사실을 반영한다. 그러므로 여기서 우리는 라삐들이 아랍시대

---

3) *Z.N.T.W.* 44 (1952—53), 255—56에 나오는 맨슨(T.W. Manson)의 견해를 참조하라. 서린 화이트의 책에 대해서는 T. A. Burkill의 *Nov. T.* 12(1970), 321—42를 참조하라 ; 또한 *Vigiliae Christianae* 10 (1956), 80—96 ; 12(1958), 1—18에서 기술된 Burkill의 논문을 참조하라. 부르킬과 마찬가지로 윈터(P. Winter)는 산헤드린 공의회가 문제의 권한을 가지고 있었다고 결론짓는다 ; *The Trial of Jesus* (1961), 또한 *Z.N.T.W.* 50(1959), 14—33, 221—51, 특히 14—18를 참조하라.

에 획득하였다고 믿었던 조건들을 가상적으로 재구성할 뿐이다. 이것이 사실이라고 하더라도 그러한 조건들의 재구성은 라삐들에게 익숙하였던 조건들에 대한 일부 관계를 밝혀줄 것이므로 이러한 라삐적인 문귀들이 윈터의 생각에 비해 더 결정적인 것이 못된다고 하더라도 그것들이 중요하지 않은 것은 아니다. [나는 나의 동료인 J.W. Rogerson 박사와 함께 이 문귀들을 논의하는 특권을 가진 바 있었다.] 이 문제가 결국 해결될 거라고 생각하기는 어렵다. 한 총독이 다른 총독에 비해 더 큰 행동의 자유를 누렸고9) 요한에 의해 유다인들이 한 말로 간주한 말들 속에 아첨이 섞여 있었을 수도 있다. 또한 우리는 요한의 말들에서 유다인들의 권리에 대한 언급과, 예루살렘이 아니라 복음서 지자가 살았고 기술하였던 도시에서 유다인들이 지닌 제한들에 대한 언급을 읽어야 할 것 같다(Martyn, 57). 모호한 증거에 근거해서 호스킨스(616—17)는 이렇게 주장한다. 그에 의하면 "죽게 하다(ἀποκτεῖναι)란 말에서 투석형과는 다른 피흘림에 대한 미묘한 언급을 발견하는 것은 정당한 것"일 수 있다고 한다. 유다법에 따르면 유다인들이 피를 흘리게 하는 일은 허용되지 않았고 (이것은 신약성서에서 ἔξεστιν "허용되다"에 대한 일반적인 언급이다) 피를 흘리는 일은 요한에게 극히 중요한 점이다. 요한에게 있어서 공식적인 비난이 신성모독에 대한 것인가 아니면 선동에 대한 것인가 하는 것은 별로 중요하지 않다 ; 이 두 가지 모두 똑같이 틀린 것이다. 그러나 예수가 세상의 구원을 위해 피를 흘려야 한다는 사실은 요한에게 중요한 것이다… 그러므로 투석형이 아니라 십자가처형은 하느님의 구원 계획과 주님의 예언들을 성취하는 것이다. 산해드린공의회가 어떤 수단에 의해서건 사형언도를 내릴 수 없었다는 견해보다는 이런 견해가 32절을 보다 잘 이해하게 해준다는 점이 이런 해석을 강력하게 지지한다. 그러나 주지한 바대로 우리는 이러한 견해를 받아들일 만한 증거를 갖고 있지 않다 ; 더우기 ἀποκτείνειν은 피흘림이 없는 살해라기 보다는 피흘림이 있는 살해를 의미한다는 신념에 대한 증거가 없고, 요한은 복음서의 나머지 부분에서 예수의 피흘림을 특별히 강조한다고 말하기는 어렵다는 사실에 유의해야 한다.

[32] 12장 32·33절을 참조하라. 린다스가 이 귀절이 편집
구가 아니라 이 단락의 요지라고—적어도 예수의 말

9) 그럴듯한 법률상의 변경에 대해서는 E. Bammel, *Studies in Jewish Legal History*, 35—49를 참조하라.

씀의 성취는 그것의 중요한 요지들 중에 하나이다— 말한 것은 옳다.

[33] 다시 들어가. 즉 그는 그가 전에 있었던 곳에로 돌아갔다.

네가 ~이냐? (σὺ εἶ) "네가"(σύ)에 조소를 나타내는 강조점이 있거나—네 친구들조차 널 버리고 달아난 죄수인 네가 왕이냐, 바로 네가?—아니면 이런 표현은 요한의 ἐγώ εἰμι에 관련된 심문을 나타 내는 상관어이다. 이것에 대해서는 6장 35절과 8장 24절을 참조하라.

유다의 왕. 독자는 이 칭호를 받아들일 만한 준비를 미처 못하였지만 그것은 설화와 대화를 이어주는 데 대단한 역할을 한다(18, 33—7, 39 ; 19, 3·12·15·19—22). 유다인들이 어떤 공식적인 비난을 제기하였다고 보도되고 있지는 않지만(참조. 30절), 그러나 그것은 그들이 마르코설화에서 암시된 혐의(참조. 마르 15, 2 : "네가 유다인의 왕이냐?… 네 말대로다")와 유사한 혐의를 내걸었던 35절에 비추어서 이해해야 한다. 요한의 설화는 실로 이 점에서 마르코를 충실히 따른 것이다. 빌라도의 첫 질문이 서로 같고, 34—37절은 요한이 마르코의 "네 말대로다"를 확대시킨 내용으로 간주할 수 있다. "유다의 왕"(ὁ β. τ. Ἰουδαίων)이란 용어는 이 복음서의 보다 앞부분에서 사용되지 않았던 용어이다. 그러나 1장 49절("당신은 이스라엘의 왕이십니다")과 3장 3·5절을 참조하라. 예수의 왕권이 무엇을 의미하느냐는 이어지는 귀절들에서 밝혀진다.

[34] 너 생각에서 나온(ἀφ' ἑαυτοῦ). 이 어려운 독법이(참조. "네 속에서 나온" ἀπὸ σεαυτοῦ) 채택되어야 한다. 헬레니즘적 그리이스어에서 ἑαυτῶν은 보통 2인칭 복수 재귀대명사로 쓰였다 : 그러나 σεαυτοῦ 대신에 ἑαυτοῦ가 쓰이는 것은 그다지 일반적이지 않다. 신약성서에서 유일한 다른 가능한 용례는 고린토전서 10장 29절이다(참조. *M.* II, 181 ; *B.D.*, §64). 빌라도의 질문이 무엇을 뜻하는가를 알기 전에 예수가 질문에 답하기란 어렵다. 빌라도는 예수의 참된 유일한 왕권을 스스로 알고 있었기 때문에 질문하고 있다고 생각해 볼 수 있다 : 하지만 보다 그럴듯한 사실은, 그가 단순히 유다인들이 내세운 정치적인 혐의를 심문하고 있는 거라면 보다 설명이 필요할 거라는 점이다(36절).

[35] 혹시 내가 유다사람이란 말이냐? "그런 질문은 나와는 상관없는 것이다. 네가 속해 있는 민족의 당국이 혐

의를 걸었다 ; 그 근거는 무엇이냐?("네가 무슨 일을 했느냐?" τί ἐποίησας;) 네가 어떤 선동적인 활동을 했길래 유죄이냐"라는 의미이다. 여기서 μήτι("혹시" : 부정적인 답변을 기대하는 질문에 사용)는 분명히 "아니오"라는 대답을 예상한 것이다(대조. 21장 5절).

[36] **내 나라는 이 세상에 속한 것이 아니다.** 예수는 그가 왕임을 인정하긴 하지만 이와 동시에 그의 왕권은 선동이나 반란의 영역에 속한 것이 아니라고 정의를 내린다. 요한복음에서의 "세상"(κόσμος)에 관해서는 1장 10절을 참조하라. 요한의 관용어는 공관복음서의 (또는 묵시문학의) "이 세대"(ὁ αἰὼν οὗτος)에 부분적으로 일치한다. 공관복음서에서 하느님의 나라는 본질적으로 이 세대가 아니라 다가오는 세대에 속한다. 예수의 선교활동에서 다가오는 세대가 현재의 세대로 돌입해 들어왔다고 볼 경우, 다가오는 세대는 현재의 세대라고 말할 수 있다. 공관복음서의 개념들을 요한이 바꾸는데 있어서 이러한 신념은 그 나라가 "이 세상에 속한 것"(ἐκ τοῦ κόσμου τούτου; 참조. 8, 23)이 아니라는 확신, 다시 말하여 인류와 정신적인 세계가 하느님과 대립관계에 서있는 (시대라기 보다는) 그러한 영역에 속한 것이 아니라는 확신으로 바뀌지기 쉽다. 이 비유가 시간적인 것이 아니라 공간적인 것이라는 사실은 이 귀절의 끝에 나오는 ἐντεῦθεν("여기에")의 용법에서 확인된다 ; 끝의 절은 앞의 절을 복사한 것이고, ἐντεῦθεν 은 "이 세상에 속한"(ἐκ τοῦ κόσμου τούτου)에 해당하는 말이다. 히브리어 עולם은 세대만이 아니라 세상을 의미하며, 묵시문학은 위의 세상과 다가오는 세상을 밀접하게 관련시키고 있음에 유의해야 한다.

내 부하들이 싸워(οἱ ὑπηρέται οἱ ἐμοὶ ἠγωνίζοντο ἄν) ἄν (이 문장의 끝에 나오는 헬라어 ἄν은 불변사로서 "만일"이라는 의미를 담고 있다)은 B* (또는 P⁶⁶)에서 생략되어 있으며 다른 사본들에서는 그 위치가 다르다 ; 그것은 아마 문법에 맞추어서 삽입되었을 것이다. 다드(*Tradition*, 112)는 ἠγωνίζοντο("그들은 싸웠다")의 시제(미완료)에 주목하여 "그들은 무장하지 않았다"고 해석한다. 제자들은 성전 경비병(3절)과 같은 말로 표현되었다 ; 하지만 그말은 이미 그리스도교적인 용어로 되었고(루가 1, 2 ; 사도 13, 5 ; 26, 16 ; 고전 4, 1), 요한은 그 말을 그가 의례껏 하는 말놀이로 이용했다. 이 세상의 왕들은 최고권력을 차지하려고 싸운다 ; 예수와 그의 추종자들이 그렇게 하지 않는 것은 그의 왕국이 다른 질서에 세워진 것임을 보여주는 것이다.

넘어가지. 이것은 배신을 지시하는 말이거나 19장 6·16절을 지시하는 것일 수 있다.

[37] 그렇다면 네가 왕이냐? 논증적인 불변화사 οὐκοῦν("그렇다면")은 명백한 대답을 구하는 것이다: "그렇다면, 네가 왕이냐?" 샌더스는 강조하기 위해 οὔκουν을 택하여 "그렇다면 너는 왕이다. 그렇지 않느냐?"라고 번역한다. 전체적인 의미상 차이는 크지 않다.

네가 말한대로. 마르코복음 15장 2절을 참조하라. 예수 자신은 그의 왕권을 확증하지도, 부인하지도 않는다. 그것에 대해 말해진 바가 있다면 그것은 다른 사람들의 입을 통해 말해진 것임이 분명하다. 빌라도는 분명히 "이 세상"에 속한 왕권이란 말로 대답해 줄 것을 (반드시 적대적인 태도로서가 아니라) 강요하고 있다; 예수는 이와 같이 대답하기를 거부하고——그는 비록 그의 왕권이 "이 세상에 속한" 것이 아닐지라도 "이 세상으로" 보냄을 받았기 때문에 (3, 16; 17, 18) 명백하게 "아니오"라고 대답할 수 없다——오히려 그는 계속해서 그의 보냄을 참신하고 보다 적합한 언어로 정의한다. σὺ λέγεις. ὅτι βασιλεύς εἰμι ἐγὼ εἰς...(네가 말했다. 나는 왕이기 때문에…") 처럼 λέγεις와 ὅτι절 이하를 끊어서 읽는 독법은 그것이 요한에 나오는 예수의 대답을 마르코의 그것(마르코복음 15장 2절에는 σὺ λέγεις만 나온다)과 정확하게 일치하게 하는 목적 외에는 별로 권장할 만한 것이 못된다. 사실 요한은 마르코의 모호한 말을 상세히 설명함으로써 그것에 대한 보다 정확한 의미를 얻고자 했던 것 같다. "왕권에 대해 말한 사람은 바로 당신이요. 내가 보냄받은 목적을 더 잘 표현해주는 방법은 내가 진리를 증거하러 왔음을 말하는 것이오." 요한은, 그가 포기한 것은 아니지만 예수의 일들을 이해하는 데 있어서 βασιλεία("왕국")란 용어에 만족하지 못하였다.

났으며. 예수의 출생은 그 밖의 어디에서도 분명하게 언급되어 있지 않다(참조. 1, 13). 그것은 그가 세상에로 들어옴(ἐλήλυθα εἰς τὸν κόσμον)과 동의어이다. 출생을 세상에 들어옴으로 묘사하는 것은 이러한 문맥에 비추어 볼 때 우연한 것이 아니다. 예수 자신은 그의 왕국과 마찬가지로 이 세상에 속하지 않은, 즉 "여기에서"(ἐντεῦθεν) 난 자가 아니다. 그의 기원은 이 세상에 있지 않다; 하지만 그는 진리(τῇ ἀληθείᾳ; 참조. 1, 14), 즉 세상의 현상을 초월하는 영원한 진실을, 특히 모든 인간적인 권위의 원천이요 모형인 하느님의 진리와 그의 영원한 나라를

(19, 11) 증거하려고 이 세상에 왔다. 이 중요한 요한의 주제에 대해서는 1장 7절을 참조하라. 이러한 이유로 해서 진리는 순전히 지적인 의미로 받아들일 수 없다. 그것은 능동적인 진리이며 복음을 구성하는 것이다. 5장 33절에서 인용한 종도의 규례(*IQS*) 8장 6절을 참조하라.

진리에 속한 사람은. 이 문장은 빌라도가 이해하지 못하여 "진리가 무엇이냐?"라고 질문하도록 유도한다. 진리에 대한 예수의 증거는 진리와 관련이 있는 사람들만이 이해할 수 있다(참조. 3, 3·21). "진리에 속한 사람은"(*πᾶς ὁ ὢν ἐκ τῆς ἀληθείας*)이라는 표현은 실로 어떤 구약성서나 히브리어 병행귀를 인용한 것이라고 보기 어렵다. 그것은 예를 들어 '영에 속한, 하느님께 속한, 위에 속한 사람들'(*ἐκ τοῦ πνεύματος, ἐκ τοῦ θεοῦ, ἐκ τῶν ἄνω*)이란 요한의 표현과 병행을 이루는데 여기서 '영에 속한, 하느님께 속한, 위에 속한 사람들'이란 '육에 속한, 아래에 속한, 이 세상에 속한, 악마에 속한 사람들'(*ἐκ τῆς σαρκός, ἐκ τῶν κάτω, ἐκ τοῦ κόσμου τούτου, ἐκ τοῦ διαβόλου*) 대립해 있는 자들로서 보다 높은 존재의 질서에 참여하는 사람들을 가리키는 표현들이다. 그러므로 '진리'('*Αλήθεια*)는 여기서 일시적인 현상의 세상과 구별되는 순수하고 영원한 실재의 영역을 지지한다. 이와 비슷하게 이 귀절의 전반부에서 예수는 그가 '진리', 즉 이제 사람들에게 계시된 신적인 실재를 증거하러 왔다고 말한다. '실재'와 우리가 플라톤 이후 그리이스 철학의 언어에서 발견하는 '실재에 대한 인식'간에는 의미가 상통한다"(Dodd, *Interpretation*, 176). 이러한 주장이 설득력이 있음을 부인할 수는 없지만 다드가 다소 그 점을 과장하였다는 인상 역시 부인하기 어렵다. "진리에 속한"이라는 말은 (실로 다드가 관찰한 바대로) "이 세상에 속한"을 겨냥한 것이다. 예수는 정태적이고 초현세적 존재로서의 실재를 의미하지 않고 오히려 하느님의 뜻에 대한 새로운 이해를 제시하면서 밖으로부터 이 세상으로 돌입해 들어온 하나의 왕국을 나타낸다. 그가 진리이듯이 그 자신이 이러한 왕국이기도 하다(14, 16). 진리란 말하자면 운동하는, 세상으로 파고들어가고, 세상을 향해 말하는, 그것을 들을 수 있는 사람들을 자유하게 하는(8, 32) 진리이다. 진리는 무시간적인 형식을 띤 세상과 관련된 것이 아니라 수립된 구원의 계획과 관련된 것이다. 우리는 다드의 주석('우리가 요한사상의 발전과정에서 고찰하게 될, 실재하는 것에 관한 개념의 심한 개정과 더불어')에서 이와 같이 많은 시사를 받을 수 있지만 그는 이 점을 보다 분명하게 설명했어야 했다.

내 음성을 듣는다. 10장 3·16·27절을 참조하라. 빌라도에게서 결여되어 있는 것은 말씀이며(1, 14) 성육한 진리(14, 6)인 그들 자신의 목자를 양으로서 인격적으로 따르지 못하는 데 있다. 여기서 신명기 18장 15절과 관련이 있는지 의심스럽다.

[38] 진리가 무엇이냐? 공관복음서에서와 같이 빌라도는 예수에 대해 적의를 품고있는 것으로 보이지 않는다. 그는 예수를 죽게 할 의사가 없으며 그가 유다인들의 음모의 희생자임을 알고 있다. 그러나 요한의 생각에 비추어 볼 때 동정은 예수에 대한 아주 부당한 태도이다 ; 빌라도는 니고데모와 마찬가지로(7, 50·51) 그가 아주 공정하고 관대하다고 하더라도 진리에 속한 사람은 아니다. 그는 이 세상에 속한 사람이다. 이것이 요한의 요지이다 ; 헨첸(*Die Bibel und Wir* [1968], 196—97)은 이 유명한 질문에 대한 아주 난해한 신학적 해석들과 심리학적 해석들에 대해 시사적인 설명으로 하고 있다.

나는 이 사람에게서 아무 죄도 찾지 못하겠소. 초기 복음서저자들과 마찬가지로 요한은 그리스도교의 정치적 무죄를 강조하는 기회를 놓치지 않는다. 말투에 대해서는 루가복음 23장 4·14·22절을 참조하라.

[39] 그대들에게 …전례가 있소. 마르코복음 15장 6절과 병행귀들을 참조하라. 이 관습에 대한 성서 이외의 직접적인 증거가 없으며 인용해왔던 병행귀들은 별로 중요하지 않다. 로마의 Lectisternia(Livy V, 13 ; Halicarnassus의 *Dionysius* XII, 9)에 나오는 석방의 예들과는 무관한 것이다. 다이스만이 인용한 파피루스(266—67 ; *P. Flor.* 61. 59—62)는 밀접하긴 하지만 중요한 세목들에서 다르다. A.D. 85년의 에집트 장관인 G. Septimius Vegetus는 한 죄수에게 "마땅히 벌을 받아야 하나…… 너를 군중들에게 풀어준다"라고 선언한다. 이것은 관습이 아니라 은총을 베푼 단순한 행동이고 죄수는 사형언도를 받은 것이 아니라는 사실을 쉽게 알 수 있다. 그러나 요한이 언급한 관습은 전혀 없었던 것으로는 볼 수 없으며, *Pesahim* 8, 6에 그것에 대한 암시가 있는 것으로 볼 수 있다 : "그들은……그들이 감옥에서 풀어주기로 약속하였던 사람을 위해서 과월절 (양을) 도살할 수 있다." 이처럼 미쉬나는 석방에 대해 여전히 의문점을 시사하고 있으며 또한 그것은 유다법정이 개입되었을 경우, 거의 불가능한 것임을 암시한다. 그러므로 과월절 기간에 로마 당국에 의해 석방의 특별한 약속을 하는 것을 염두에 둘 수 있다. 이런 일이 어느 정

도 정기적으로 일어나지 않았다면 그것은 법적인 주제가 될 것 같지 않다.

그대들은 내가 유다인의 왕을 놓아주기를 원하오? 참조. 마르코복음 15장 9절 : "당신들은 유다인의 왕을 놓아달라는 거요?" 이 구문에 대해서는 *M.* Ⅱ, 421 ; *B.D.* §366을 참조하라 ; θέλειν, βούλεσθαι (두 동사 모두 "너희는~하기를 원하느냐?"라는 뜻이다)라는 2인칭 동사 뒤에 직접 가정법이 뒤따르는 것은 헬라어에 흔히 있는 표현법이지 셈어법이 아니다. 예수를 풀어주기를 원한 빌라도는 관습에 따르기로 결심한다. 어쩌면 유다인들은 예수를 관습에 따라 풀어줄 죄수로 택할 것이다. 그러나 왜 빌라도가 그를 "유다인의 왕"이라고 말했는지가 분명하지 않다. 첫째, 그는 예수가 평범한 의미에서 왕은 아니라고 분명히 단정지었다. 둘째, 유다인들은 예수가 유다인의 왕이었고 또 왕이려고 했다는 혐의를 걸어 그를 제거하려고 했기 때문에 그 칭호는 예수를 찬양하려고 붙여진 칭호일리가 없었다. 요한은 이 칭호가 겸비한 예수를 참된 이스라엘의 왕으로서 실제로 묘사하려는 그의 목적에 부합하는 것이라고 하더라도 그 칭호를 초기 전승에서 받아들였을 것이다.

[40] 큰 소리로 외쳤읍니다. 폭도의 떼에 어울리는 강한 어조의 말이다(참조. 19장 6절).

다시. πάλιν([P⁶⁶] ℵ B)은 비록 고대 라틴사본과 소수의 그리이스어 사본들에는 πάντες로 대체되어 있다고 하더라도 이렇게 읽어야 할 것이다. 이 말은 여기서 어순이 적절하지 않으며 마르코복음 15장 13절에서 따온 것이다. 두 가지 독법(πάλιν, πάντες)이 Θ W vg에는 결합된 형태(πάλιν πάντες)로 나온다.

그 사람이 아니오. 바라빠를 [놓아주시오]. 설명이 없이 바라빠가 소개된 것은 초기의 설화, 아마도 마르코를 알고 있음을 전제한다. βαραββᾶς는 히브리어 *bar—'abba'* ("아버지의 아들"), 혹은 *bar—rabban* ("주인의 아들")을 나타 내는 것일 수 있다. 전자가 흔한 이름으로서 훨씬 더 그럴 법하다. 아빠(Abba)라는 이름이 나오는 데 대해서는 Abrahams, *Studies* Ⅱ, 201—202를 참조하라. 마태오복음 27장 16·17절에 관한 몇몇 사본들에서 그 이름은 예수 바라빠로 나오며, 빌라도는 그가 풀어주어야 할 사람이 예수 바라빠냐 아니면 그리스도라고 하는 예수냐를 묻는다. 이러한 양자택일에 대한 오해 때문에 39절에서 언급된 관습이 있었다는 신념에 이르게 되었다는 주장이 있어왔다. 이러한 주장에 관한 논의는 요한복음에 관한 주석이라기 보다는 마태오복음에 관한 주석에 속하는 것이다.

강도. 이 말은 마르코복음 15장 7절이나 그 병행귀들에 비교할 때 바라빠에 대한 아주 간결한 묘사이다. 마르코복음에 의하면 그는 살인이 행해졌던 "반란"(στάσις)에 가담하였다. 따라서 그는 예수가 메시야적 반란자로 고발되었기 때문에 예수와 비교할 만한 위치에 있는 정치적인 죄수였다. λῃστής("강도")는 게릴라를 가리키는 용어였다는 몇몇 증거가 있다(참조. *L.S.* 해당항목). 마르코복음 14장 48절에서 예수는 그를 체포하러 온 사람들에게 "너희가 강도를 잡듯이 나를 잡으러 왔느냐?"(ὡς ἐπὶ λῃστὴν ἐξήλθατε)라고 묻는다. 그러므로 요한은 마르코적인 의미를 한마디 말로 요약했을 것이다(Dodd의 견해). 또한 10장 1·8절에 나오는 λῃσταί를 참조하라.

〔 1 〕 **채찍으로 쳤읍니다.** "채찍질하다"(μαστιγοῦν)는 "채찍질로 벌을 주는 데 대한 상용어이다"(*M.M.*의 해당항목). 앞서 18장 39절에서 인용된 파피루스를 참조하라. 채찍질은 보통 십자가처형에 앞서 행해졌다 ; 참조. Josephus, *Bel.* V. 449. : "그들은 채찍질당하고……십자가에 매달려" ; Livy xxxii, 36 : "그는 채찍질당한 다른 사람들도 십자가에 매달았다." 본문에 나타나 있듯이 채찍질이 판결을 내리기 전에 행해졌다면 그것은 물론 변칙적인 것이었다. 그러나 요한은 언제 공식적인 언도가 내려졌는지에 대해 분명히 말하지 않는다. 마르코복음(15, 15 : "채찍질하였다" φραγελλώσας)에서 채찍질은 판결을 내린 후에 행해졌다. 루가복음에서 그런 위협이 가해지긴 하지만 채찍질은 나오지 않는다(23, 16·22). 서린 화이트(앞의 글 27—28)는 루가가 죄수를 경고하여 파면시키기에 적합한 덜 심한 형태의 매질을 시사하는 말(마르코의 φραγελλοῦν 보다 "매질하다" παιδεύειν)을 사용하고 있음을 주목한다. 그러나 유감스럽게도 서린 화이트는 요한의 μαστιγοῦν("채찍질하다")에 대해 언급하지 않았다.

〔 2 〕 **가시나무로…자색 옷을 입힌 후.** 여기서 요한은 마르코복음 15장 17절, "그리고 예수께 자색옷을 입히고 가시 면류관을 엮어 씌운 다음에"에 의존하였다는 추측은 매우 그럴 듯하다. *J.T.S.* 새 시리즈 3(1952), 66—75(H. St. J. Hart)를 참조하라. 여기 나오는 왕관은 고문도구로 의도된 것이라기 보다는 추측컨대 동방의 신적인 통치자들이나 헬레니즘의 통치자들이 썼던 빛나는 왕관의 초라한 모조품을 가리키는 것으로서 일종의 조롱의 표시로 보인다. 브라

운에 다른 참조문들이 나온다. 또한 Guilding, 169 를 참조하라.

[3] 예수 앞에 연달아 나아와. Ω사본에는 생략되어 있다. 이 말은 사실 없어도 될 말 같지만 군인들이 왕에게 경배하는 척하면서 다가가 조롱하는 생생한 장면을 묘사한다.

유다인의 왕 만세! 마르코복음 15장 18절에는 "유다인의 왕"앞에 관사(ὁ)가 붙지 않았다. 참조. *M.* I, 70—71 : "신약성서에서 수식어는 관사가 붙은 주격 칭호에 대한 설명이다. 이와 마찬가지로……요한복음 19장 3절의 '왕이여, 만세!'라는 말에서 우리는 그러한 어감(*nuance*)을 나타낼 수 있다. 후자의 귀절(요한 19, 3)에서 우리는 사도행전 62장 7절에서처럼 왕권을 인정하였을 ℵ사본에서 발견된 관사없는 βασιλεῦ란 말이 적용되지 않음을 쉽게 느낄 수 있다. 그 말(관사없는 βασιλεῦ)이 마르코복음 15장 18절에 나오는 것은 마르코복음의 저자가 헬라어 관용어의 보다 미묘한 차이를 완전히 알지 못하고서 언급한 것에 지나지 않는다." 로버트슨(Robertson, 465)은 물톤(Moulton)이 여기서 다소 지나치게 세밀히 구별하는 잘못을 범했을 수도 있다고 생각한다. βασιλεῦ("왕이여")는 P66에도 나온다.

손바닥으로 얼굴을 때렸읍니다. "때렸읍니다"(ῥαπίσματα)라는 말에 관해서는 18장 22절을 참조하라. 참조. 마르코복음 15장 19절 : "갈대로 예수의 머리를 치고" ; 또한 (대사제 앞에서의 재판에 나오는) 14장 65절 ; "하졸들은 예수를 손바닥으로 쳤읍니다"(요한 18, 22의 병행귀). 그리고 루가복음 22장 63—65절도 보라. 이러한 조롱의 세부적인 묘사는 있는 그대로 분명한 것이며 그러한 묘사 자체가 다음과 같은 주제와 동기를 이룬다 : 예수는 유다인들의 왕으로 조롱을 받는다. 산헤드린공의회에서 내걸었고 빌라도 법정에서 채택한 혐의는 예수가 유다인들의 왕, 즉 메시아라는 주장에 있었다고 추론할 만하다. 요한은 훌륭한 역사적인 정당화와 더불어 왕권이란 주제를 그의 수난설화에서 밝혔다. 보다 상세한 묘사가 베드로 복음서 6—9에 첨가되어 있다 : "주님을 인계받은 그들은 달려가면서 그를 떠밀며 말했다 ; 이제 우리가 하느님의 아들을 법정에 끌어내어 그에 대한 권위를 행세하도록 하자. 그리고나서 그들은 그에게 자색옷을 입히고 그를 재판석에 앉히면서 말했다 : 이스라엘의 왕이여(βασιλεῦ), 의로운 판단을 내리소서. 그리고 그들 가운데 한 사람이 가시면류관을 가져다가 주님의 머리에 씌웠다 ; 다른 사람들은 서서 그의 눈을 찔렀다. 또 다른 사람들은 그의 뺨을 쳤고 갈대로 그를 치는 사람들도 있었고 그들 가운데

몇 사람이 그를 조롱하여 말하길, '이러한 영예로 우리가 하느님의 아들을 영화롭게 하도록 하소서 (혹은 이렇게 함으로써 하느님의 아들을 높이도록 하자)'라고 했다." 아래 13절을 참조하라. 예를 들어 Philo, *In Flaccum* 36—42, Dio Chrysostom, *de Regno* IV, 66—70 등은 조롱을 서술하는 데서 인용되었다. 인용된 그 귀절들은 사실 아무것도 설명해주지 않으며 그것들에 대해서 이렇다할 설명도 없다.[10] 이 말("채찍질" μάστιγες, "손바닥으로 때림" ῥαπίσματα)이 이사야 50장 6절에 나온다는 것이 보다 중요한데, 성서말씀의 성취가 이 시점에서 이루어졌다고 한다면 요한은 그 무엇보다도 일차적으로 이 점에 관심을 쏟았을 것이다.

[4] 보시오, 내가 그 사람을 그대들 앞에 데려내 오겠소. 이러한 행동은 5절의 극적인 선포를 하기에 앞서 취해진 것이다. 이 상황은 매우 극적이긴 하나 동시에 있었을 법하지 않다. 로마의 재판관은 그의 죄수를 풀어주었거나 형을 집행했을 것이다.

나는 그에게서 아무 죄도 찾지 못했다. 18장 38절을 참조하라.

[5] 가시의. 이 형용사는 2절에서는 쓰이지 않지만 마르코복음 15장 17절에는 나온다.

보시오, 이 사람이요. B사본에는 관사가 빠져 있는데, 아마 우연히 그렇게 된 것 같다. P66에는 전 귀절이 생략되어 있다. 이것은 복음서에 나오는 가장 극적인 순간들 중의 한 순간이다(참조. 14절). 그리고 선도에 나오는 ἰδού "보라"의 용법에 대해서는 1장 29절을 참조하라. 일련의 현저한 대조가 내포되어 있다. (ㄱ) 예수는 왕복을 입었고 인간으로 선언되었다. (ㄴ) 7절에서 하느님의 아들이라는 그의 주장이 언급된다 ; 스스로 신적인 영광을 지녔다고 주장하는 자가 인간으로 선언되었다. (ㄷ) 빌라도가 동정 반 멸시 반으로 선언한 인간은 복음서의 독자들에겐 그들의 주님이요 하느님이었다. 종도의 규례 4, 20과 감사의 시편 3, 10에 나오는 인간(גבר)에 대한 언급은 전혀 그럴듯하지 않다. 보다 중요한 대조 귀절은 즈가리야 6장 11·12절이다 : "너는 은과 금을 취하여 면류관을 만들어 여호사닥의 아들 대사제 예수('Ιησοῦ)의 머리에 씌우고 고하여 이르기를, 만군의 야훼께서 말씀하시되 '보라 순이라 이름하는 사람'('Ιδοὺ ἀνήρ 'Ανατολή)이 밑에서 돋아나서(ἀνατελεῖ) 야훼의 집을 건축하리라". 그러나 요한이 이 귀절을

10) M-J. Lagrange, *Évangile selon Saint Marc* (1920), 393—95를 참조하라.

직접 인용한 것이라고 확증하기 어렵다. "이 사람"(ὁ ἄνθρωπος)은 사람의 아들이란 용어를 연상케 한다. 요한의 이 용어에 대해서는 이 책 I권 116—8면과 1장 51절을 참조하라. 요한은 "사람의 아들"(ὁ υἱὸς τοῦ ἀνθρώπου)이라는 아람어적 표현을 빌라도가 한 것으로 할 수는 없었기 때문에 "사람"이란 말에서 "사람의 아들"이란 표현을 연상시키려 했을 것이다. 게다가 "사람의 아들"이란 말에는 빌라도의 말이 지닌 특징인 모호성이 결여되었을 것이다. 모호성에 대한 요한의 용법에 관해서는 3장 3절을 참조하라. 빌라도는 (가야파가 그랬듯이, 11장 50절 이하) 우연히 진리를 적중시킨 것이다. 이 귀절에 대한 어떤 논평도 다음의 불트만의 말과 같이 진실을 보다 분명하고 간결하게 드러내지는 못한다: "말씀이 육이 되었다"(ὁ λόγος σὰρξ ἐγένετο)는 선포는 그 극한적인 결과에서(in siner extremsten Konsequenz) 가시적인 것으로 되었다.[11]

[6] 대사제들에 관해서는 7장 32절을 참조하고 사환들에 관해서는 18장 3절을, "큰소리로 외쳤읍니다"에 관해서는 18장 40절을 참조하라.

십자가에 못박으시오. 마르코복음 15장 13절을 참조하라. 이런 형태의 처벌의 요구는 소송이 로마의 손에 넘어갔다는 인식을 암시한다. 그러나 다음의 주석을 참조하라.

그대들이 이 사람을 데려다가. 대명사(ὑμεῖς)는 강조어이다; "그대들이 그를 데려가시오." 유다인들은 물론 이렇게 할 수 없었다. 18장 31절에 의하면 그들은 사형집행을 할 수가 없었다. 비록 그들이 그렇게 했다고 하더라도 그들은 십자가 처형이 아니라 돌팔매질로 사형을 집행했을 것이다. 더우기 로마 관리는 지방 법정에 그 자신의 책임을 전가할 수는 없었을 것이다. 만일 이 말을 빌라도가 했다면 그것은 틀림없이 모욕적인 언사였을 것이다. 아마 이 말은 요한이 예수의 죽음에 대한 책임을 로마인들에게라기 보다는 유다인들에게 전가시키려고 썼던 것 같다. 슈타우퍼[12]는 유다인들이 십자가처형을 주장했던 경우들을 언급하고 있지만 그러나 윈터(앞의 글, 62—6)는 십자가처형이 역사상 어느 시기에 유다인들이 사용했거나 유다법정의 관례로서 채택되었던 형벌방법은 아니었다"고 결론지었는데 그의 의견이 옳은 것 같

11) 또한 R. Schnackenburg, *Jesus und der Menshensohn* (Festschift A. Vōgtle, 1975), 371—86.
12) E. Stauffer, *Jerusalem und Rome* (1957), 123—27.

다(66).

[7] 우리에게 율법이 있읍니다. νόμος("율법")는 여기서 일반적인 토라의 의미로가 아니라 특수한 법령(חֹק)이라는 의미로 사용되었다. 그것은 신성모독에 관한 법을 의미한다. 레위기 24장 16절과 *Sanhedrin* 7, 5와 *Kerithoth* 1, 1·2를 참조하라. 신성모독에 관한 문제는 18장에 나오는 유다인들의 "재판들"에 대한 아주 간결한 이야기에서는 제기되지 않았지만 마르코복음 14장 55—64절과 요한복음의 앞서 나온 몇 장들(예. 5, 18 ; 10, 33·36)에서는 중심적인 문제이다.

그 율법에 의하면. ἡμῶν("우리의")을 첨가한 것(Θ Ω)은 이 귀절의 νόμος("율법")가 앞서 지적한 의미를 지닌 말이라는 사실을 간과하고 있다.

그가 자기 자신을 하느님의 아들이라고 했읍니다. 5장 18절과 10장 33절, 또한 지혜서 2장 18절을 참조하라. ποιεῖν("~이라고 하다"로 번역)은 여기서 "…이라고 주장하다"를 의미한다(참조. 요한일서 1장 10절). 마르코복음에는 신성모독에 대한 혐의가 어떻게 나오는지 전연 분명하지 않다 ; 요한복음에는 난점이 없다. 예수는 자신을 가리켜 하느님과 본질적으로 같다고 주장함으로써 하느님을 모독한다. "하느님의 아들"(υἱὸν θεοῦ)이라는 관사가 사용되지 않은 말은 아마 자격을 나타내는 의미를 지닌 것 같다(참조. 5장 27절).

[8] 더욱 두려워서. 빌라도의 두려움은 예수가 자신의 초자연적인 위엄을 주장함으로써 일어난 것이다. 다드(*Tradition*, 114)는 예수가 "신적인 인간"(θεῖος ἄνθρωπος)이라고 주장하는 것으로 빌라도가 예수의 말을 이해했다고 말한다 ; 이후에 그의 질문, "네가 어디서부터 왔느냐?"(πόθεν εἶ σύ;), 다시 말하여 "너는 정말 그와 같은 사람이라고 주장하느냐?"가 뒤따른다. 이것은 "신적인 인간"이 빌라도가 쓰지 않았을 말이라고 할지라도 의미가 있다. 이러한 개념이 요한의 그리스도론에서 차지하는 위치에 대해서는 이책 I 권 119—20면을 참조하라. "그가 더욱 두려워하였다"는 번역은 18장 38절이 두려움(φοβεῖσθαι "두려워하다"란 말 자체는 현재의 귀절 이전에는 나오지 않는다)을 의미하는 것으로 지지할 수 있다면 옳다고 할 수 있다. 그러나 μᾶλλον("더욱" : μάλα의 비교급)은 여기서 보다 강한 어조의 말로 가정하는 것이 더 타당할 것이다(참조. *L.S.* μάλα, II 항목) : "그는 대단히 두려워 하였다."

[9] 관저. 18장 28절을 참조하라. 추측컨대 5절에서 예수는 밖으로 끌려나왔기 때문에 그는 예수를 안으로 끌고 데려왔을 것이다.

네가 어디서 왔느냐? 질문형식은 루가복음 23장 6절, "이 사람이 갈릴래아 사람이냐? 하고 물었습니다"라는 귀절을 연상케 하며 또 그 귀절을 회상한 데서 나온 말일 수 있다. 만일 이것이 사실이라면 그 의미는 요한의 문체에서 바뀌어졌거나 아니면 오히려 특징적인 이중의 의미가 부연되었을 수 있다. 요한은 주로 예수의 출생 영역에 대해서 생각하고 있는 것이 아니라 하느님의 아들로서 그가 "위로부터" 난 자라는 사실에 대해서 생각하고 있다. 그의 기원은 알려져 있기도 하고 알려져 있지 않기도 하다; 3장 8절과 8장 14절, 또한 9장 29절과 그 주석들을 참조하라.

예수는 그에게 아무 대답도 하시지 않았다. 앞의 질문은 ("당신이 왕이냐?"는 질문과 같이) 단순히 대답할 수 없는 것이다. 마르코복음에도 예수의 침묵이 14장 60·61절과 15장 5절에 언급되어 있다. 루가복음에서 예수는 헤로데에게 대답하지 않는다(23, 9). 예수의 침묵은 다른 복음서들에서만큼 요한복음에서는 두드러지지 않은데, 그것은 훨씬 더 많은 대화가 (요한의) 이야기에 나오고 있기 때문이다.

[10] 내게도 말을 하지 않겠느냐? 예수의 침묵은 그를 풀어주려고 하는 빌라도를 동요케 한다. 다음의 질문을 하게 함으로써 침묵은 답변만큼 효과있게 대화를 이끈다.

내게는 권한도 있고. "권한"(ἐξουσία)에 대해서는 1장 12절과 7장 1절, 10장 18절을 참조하라. 빌라도가 갖고 있는 것은 권력이다; 예수를 풀어주느냐 아니면 형집행을 하느냐가 그에게 전적으로 달려있다. 참조. *Digest*, L, XVii, 37: "정죄할 수 있는 사람이라면 사죄할 수도 있다"; Josephus, *Bel*. Ⅱ, 117: 제1대 총독인 코포니우스는 "황제로부터 죽이는 권한까지 부여받고" 파견되었다.

[11] 네게 아무런 권한도 없었을 것이다. 빌라도의 주장은 근본적으로 (οὐδεμίαν "아무런 ~도 없다"는 매우 강조적인 말이다) 한정된다. 헬라어 본문은 P⁶⁶ B Θ Ω와 같이 εἶχες("갖다" ἔχω의 이인칭 단수 미완료형 동사)로 되어 있으나 ℵ Ω 사본에는 ἔχεις로 되어 있다. 본문의 독법인 εἶχες는 ἄν("만일")이 수반되어야 하긴 하지만 더 나은 독법인 것 같다; ἄν이 생략된 데 대해서는 8장 39절을 참조하라. 이 귀절은 역으로 표현하는 요한의 일반적인 문체에 속함을 보

여준다. 예수가 말한 여러 번 나오는(예. 3, 3—8) 신학적인 말은 청중들이 그 말을 문자적인 의미로 받아들일 때 오해를 일으키게 된다. 여기서 빌라도는 권위란 말을 비신학적인 의미로 사용한다. 예수는 그 말을 할 때 로마에 속한 권위가 아니라 하느님에게 속한 권위를 말함으로써 그 말을 절대적인 의미로 사용한다. "권한"(ἐξουσία)에 관한 논의는 18장 33—38절에 나오는 "왕권"(βασιλεία)에 관한 논의와 짝을 이루는 것이다. 다투는 종들에 게서 후원을 받지 못하고(18, 36) 실로 내보일 만한 지상적인 권한을 갖지 못한 예수는 그럼에도 불구하고 진리를 증거하는 데 있어서 왕권(βασιλεία)을 유지하고 행사한다. 군대의 지지를 받았고 권위의 치폐를 갖춘 빌라도는 진리를 알 수 없고 그의 직무를 수행하도록 그에게 부여된 "권한"(ἐξουσία)밖에 갖지 못했다.

위에서 네게 주시지 않았더라면. 모든 인간의 권위는 하느님의 권위에서 비롯된 것이다(참조. 로마 13, 1). "위에서"(ἄνωθεν)에 대해서는 3장 3절을 참조하라. 예수를 정죄하고 십자가에 못박는 데 있어서 빌라도는 신적인 동의를 받고 행동하는 것임이 주로 함축되어 있다—십자가처형은 하느님의 권위에 위배되는 것이 아니라 그의 목적에 들어있다; 또한 아다도 일반적인 로마의 권위는 신적인 임명과 동의에 근거한 것이라는 사실이 주로 함축되어 있다. 참조. 8장 20절; 예수를 체포하는 권위는 하느님께서 지정한 순간이 다가왔을 때까지 주어지지 않았다. 그러나 분사 "주다"(δεδομένον)는 중성이고 "권한"(ἐξουσία)과 일치하지 않는다; 그 의미는 "권위를 갖는 것이 네게 허락되지 않았다면"이다.

그러므로(διὰ τοῦτο). 네 권위가 네 자신의 권위가 아니기 때문에.

나를 네게 넘겨준 사람. παραδιδόναι("넘겨준")의 용법(6, 64·71; 12, 4; 13, 2·11·21; 18, 2·5; 21, 20)과 단수형태의 분사는 유다를 암시한다. 그러나 유다는 예수를 빌라도에게(60c) 넘겨주지 않았으므로 παραδιδόναι는 유다당국이 취한 행동을 나타내는 말이다(18, 30·35). 그럼에도 불구하고 악마(6, 70), 사탄의 도구(13, 2·27)인 유다가 의도되었을 것이다. 샌더스와 브라운은 가야파가 의도되었다고 생각하는 학자들에 속한다; 린다스는 백성 전체를 생각한다.

죄는 더 크다. "죄책이 있다"(ἁμαρτίαν ἔχειν)가 요한적인 표현이다(9, 41; 15, 22·24; 요일 1, 8; 신약성서의 그밖의 곳에는 나오지 않는다). 여기서 ἁμαρτία는 단순히 "죄책"을 의미한다.

[12] ἐκ τούτου는 "이러한 이유로 해서" 혹은 "이 때부터" 로 번역될 수 있다. 6장 66절을 참조하라. 만일 원인을 나타내는 의미가 채택된다면 현재의 귀절은 8절과 병행을 이룬다. "권한"(ἐξουσία)에 관한 주제가 계속되며, 빌라도가 지닌 권위의 취약함이 드러난다.

카이사르의 친구. 15장 15절을 참조하라. 밤멜(E. Bammel, *Th. L. Z.* 77[1952], 205—10)은 "카이사르의 친구"(*amicus Caesaris*)라는 칭호가 이 대화에서 적어도 반은 전문적인 용어로 사용되었을 정도로 매우 오래된 용어일 거라고 제시하였다. 슈타우퍼(*Jesus and His Story* [E.T. 1960], 108 이하)는 논의를 더 전개시키며 "카이사르의 친구"(*amicus Caesaris*)로서의 빌라도의 지위를 세야누스(Sejanus)와 관련시킨다 ; 세야누스의 몰락(18 October 31) 때문에 빌라도는 어쩔 수 없이 유다인들에게 아첨해야 함을 알고 있다. 그는 "빌라도가 카이사르의 친구라는 유다인들의 공적인 선언"(*renuntiatio amicitiae*)을 거스리지 못한다. 헨첸(앞의 글 202)은 요한이 이런 정치적 분규를 알지 못했을 것이고 이 말은 "카이사르를 반역하는"(ἀντιλέγει τῷ καίσαρι)의 짝을 이루는 말로서 유사한 방식으로 이해되어야 한다고 주장한 점에서 옳다. 스스로 왕으로 즉위하거나 이와 같은 반역을 묵인하는 자는 누구나 황제(그리이스 언어권에서 상용어인 βασιλεύς)의 친구가 아니라 그의 적이다.

카이사를 반역하는. 동사(ἀντιλέγει)에 대해서는 예를 들어 이사야 65장 2절, "불순종하고 반역한 백성을"(λαὸν ἀπειθοῦντα καὶ ἀντιλέγοντα)을 참조하라. 바우어(219)는 디벨리우스 시대에 "왕권"(*maiestas*)에 대한 비난이 지닌 의미가 무엇이며 이런 비난이 얼마나 자주 일어났는가에 관한 증거를 인용한다. 이와 유사한 상황들이 아마 이 복음서가 형성될 때인도미티안 치하에서(그 요약에 대해서는 *C.A.H.* XI, 27—33) 흔히 벌어졌다는 사실은 보다 주목할 만한 것이리라. 그러나 왕권(또는 *maiestas*)의 주제가 16절에까지 이르는 설화의 결정적인 단계들을 지배하도록 하는데 있어서 요한은 아마도 역사에 충실한 것 같다. 어떤 다른 주장들보다 이런 주장들이 빌라도로 하여금 행동을 취하게끔 했을 것이다. 빌라도에 대한 유다인들의 압력에 대해서는 Philo, *Leg. ad Gaium*, 301—302를 참조하라.

[13] 재판석. 마태오복음 27장 19절을 참조하라. 이 말(βήματος)은 헬레니즘인 그리이스어에서 행정장관의

법정을 가리키는 용어이며 신약성서에서는 하느님 (혹은 그리스도)의 재판석을 가리키는 용어이다(참조. 로마서 14장 10절 ; 고린토후서 5장 10절). 예루살렘에서 옥외에 설치된 재판석에 대해서는 Josephus, *Bel.* II, 301을 참조하라 : "플로루스는 궁전에 묵고 있었다. 다음 날 건물 앞에 법정(βῆμα)을 설치하였고 그가 자리에 앉았다. 대사제들, 귀족들, 가장 저명한 시민들이 그때 법정에(βήματι) 출석하였다."

재판석에 누가 앉았는지 단정짓기가 어렵다. ἐκάθισεν("앉았다")는 자동사일 수 있다 : "빌라도는 재판석에 앉았다." 아니면 타동사일 수 있다 : "그는 예수를 재판석에 앉도록 하였다." 후자의 번역을 지지하면 다음의 점들이 강조될 수 있다. 첫째, 그것은 14절에 나오는 빌라도의 말, "보시오, 그대들의 왕이요"(ἴδε ὁ βασιλεὺς ὑμῶν)에 대단한 극적 효과를 미친다. 둘째, 그렇게 번역할 경우 그것은 2·3·5절에 한 병행귀를 제공한다. 세째, 만일 빌라도가 재판석에 앉았다면 그것은 틀림없이 형을 언도하기 위해서였을 것이다. 그러나 형에 대한 보도가 나와있지 않다. 네째, 그밖의 곳에서 이와 유사한 전승의 흔적을 볼 수 있다. 참조. 저스틴 I *Apol.*, 35 : "그들은 그를 조롱하면서 재판석에 앉혔다. 그리고 말했다. 우리를 재판하라" ; 베드로의 복음서 7(참조. 3절) : "그들은 이스라엘의 왕이여, 옳게 재판하소서라고 말하면서 그를 재판석에 앉혔다" 타동사로 번역하는 것을 반대하면 다음의 주장들을 제기할 수 있다. (ㄱ) 요한복음에서 καθίζειν("앉다")이 나오는 유일한 다른 곳에서(12,14 ; 참조 8,2) 그것은 자동사이다. 신약성서의 다른 곳에서도 그것은 일반적으로 자동사이다. 이것은 강력한 논증이다. (ㄴ) 암시된 바와 같은 행동은 로마 총독에게 걸맞는 것은 아니었을 것이다. 그러나 (루가복음 13장 1절에 의하면) 빌라도는 예배자들의 피를 그들의 희생제물에 뒤섞는 무자비한 장난을 했다고 연상할 수 있다 ; 그러한 행위는 역사적인 것이 아니라고 할 수 있다. (ㄷ) 요한의 설화는 빌라도가 두려워하였고 예수를 조롱하기보다 그를 풀어주려고 했음을 암시한다(12절). 이것은 또한 좋은 논증이다. 이러한 제안들 중에서 하나의 제안을 택하기란 쉽지 않다. 두 제안 모두 좋은 논증으로 지지된다. 아마도 요한은 ἐκάθισεν의 두 가지 의미를 모두 의식했던 것 같다. 우리는 이중의 의미를 지닌 말들을 사용하는(참조. 3,3) 요한의 습관과 9장에 나오는 심문에 대한 그의 모호한 표현을 서로 비교할 수 있는데, 9장에서 표면상으로는 눈먼 사람이 심문받는 것으로 되어 있지만 사실은 그를 통해서 예수 자신이 그의 고발자들을 심판함으로써 형세를 역전시키고 있는 것이다. 그렇다면 요한이 뜻한 바는, 빌라도가 실제로 재판석에 앉았지만 이러한 인간적인 장면 배후를 볼 수 있는 눈을 가진 사람들에게 그를 통해 모든 심판이 행해졌던(5, 22) 사람의 아들이 왕좌에 앉아 있는 것으로 보였을 거라고 우리는 가정할 수 있다. λεγόμενος("일컬어지다")은 예를 들어 4장 5절과 같이 고유한 이름을 이끄는 말이다.

리토스트로토스(Λιθόστρωτον) 형용사로서 이 말은 "돌 들로 포장된"을 의미한다. 그것은 바둑판 무늬나 모자이크식 포장도로를 의미할 수 있다. 그 자리가 어떤 것이었는지를 알려는 시도들에 대해서는 아래를 참조하라.

히브리말로. 5장 2절과 19장 17·20절, 20장 16절을 참조하라. 여기서 가빠타라는 말의 형태는 분명히 아람어를 뜻함을 보여준다.

가빠타. 이 말은 분명히 히브리어 gabb ᵉtha'를 표현하는 말이다. 요한은 그리이스어 이름이 히브리어(아람어식)로 번역되었다고 말하지 않는다; 1장 38절(거기에 대한 주석 참조)에 나오는 그의 다른 표현을 대조하라. gabbᵉtha'의 어원은 분명하지 않다. 그것은 여러가지 철자로 나타나는 gubta'의 한 변형일 수 있고 언덕이나 우묵한 곳을 의미하며 여러 장소의 이름으로 사용된 용어이다(참조. Jastrow, 해당 항목). 만일 우리가 Γαββαθά는 gabbahta'("높은 이마")를 나타내는 말이라는 제안을 받아들인다면 이와 유사한 의미("튀어나온 곳")를 얻을 수 있다. 다드(*Tradition*, 108)는 gib' ha를 제안하는데, 그 말은 어근 gib'("높은", "돌출한")에서 파생된 히브리어 gib'ah에 해당하는 것이다. 마태오복음 26장 23절에 대한 팔레스틴 시리아 성구집에서 gabbᵉtha'는 τρυβλίου("접시")를 번역한 것이다;그러나 "접시"에 해당하는 아람어는 또한 "하늘을 향해 열린 사방이 둘러싸인 장소"를 의미할 수도 있다고 지적해왔지만 이 말은 관련이 없는 것 같다. 또 다른 제안은 Γαββ αθά gab baith a'("집의 언덕", 즉 성전의 작은 언덕, 혹은 성전의 산등성)로 분철되어야 한다는 것이다. 그러나 이것은 훌륭한 의미를 주지 못한다. 가빠타를 (어근 *g—b—b* "수집하다"에 의거하여) "모자이크식"이란 의미로 받아들이려는 시도는 Λιθόστρωτον ("돌로포장된")이 가빠타에 대한 번역으로 의도된 것이 아니라는 점을 포착하지 못한 것이다. 포장된 지역은 안토니우스 가문에 속한 건축물에서 발견되었고(참조. 18, 28), 이것이 예수가 빌라도에게 이끌려 군중 앞에 모습을 드러낸 장소인 가빠타임에 틀림없다는 주장이 있었다. 병사들이 거기서 "왕놀이"를 했음을 암시하는 지워진 행들이 발견됨으로써 부수적인 관심이 일깨워졌다(참조. 19, 2·3). 다음과 같은 결론들이 내려졌다. 즉 18장 28절에 나오는 총독관저는 안토니우스가문에 속한 것임이 분명하다는 것, 예수의 마지막 시간들에 펼쳐진 장면은 실증적으로 설정되었다는 것, 또한 요한의 역사성이 지지되었다는 것 등이다. 이러한 결론들 중에 어떤 결론도 성립할 수 없다. 총독관저는 헤로데의 궁전이었다고 생각할 만한 타당한 이유들이 있고, 그곳의 외부, 내부 바닥 표면이 전연 포장되지 않았다라고 생각하기는 어렵다. 따라서 "돌로 포장된"(λιθόστρωτον) 이라고 표현될 수 있었다. 그러므로 새로 발견된 자리가 요한복음 19장 13·14절에 나오는 장면이라는 것은 전연 확실하지 않다; 그리고 병사들이 재판석 위에서 놀이를 했을 거라는 사실은 매우 있을 법하지 않다. 비록 그 자리가 가빠타로 불리워졌음이 알려졌다고 해도 이것이 요한설화의 역사성을 입증해주지는 못한다. 전반적인 문제에 관해서, 또 저서목록에 대해서는 베노이트(P. Benoit)의 *H.T.R.* 64(1971), 135—67을 참조하라. 문제시된 건물들과 포장도로는 2세기에 속한 것이고 복음서의 사건들과 관련이 없는 것이다.

[14] 과월절 준비일이었고. 날짜를 가리키는 παρασκευή("준비일")의 용법은 그리이스어적인 것이 아니다. 그것은 히브리어 'ereb 여기서는 ערב הפסח를 표시한다. 유다문헌에서 이 용어의 의미는 아주 분명하다. 그것은 과월절 주간의 금요일(ערב שבת, "안식일 전야")을 의미하는 것이 아니라 "과월절 전야", 즉 니산월 14일을 의미한다. 이 날짜의 의미와 공관복음서와의 불일치에 대해서는 이 책 I권 81—85면을 참조하라. 참조. *Sanhedrin* 43a(7장 12절에서 인용): "과월절 전야에(בערב הפסח) 예수가 매달렸다."

때는 여섯시쯤이었읍니다. 공관복음서와 불일치하는 또 다른 귀절이다; 마르코복음 15장 25절: "예수를 십자가에 못박은 때는 세시였읍니다"와 대조하라. 이러한 불일치는 헬라어 수사인 Γ(3)과 F(6)을 혼동하여 우연히 일어난 것이거나 히브리어 문자, 즉 각진 문자에서는 waw(6)이지만 다소 오래된 조성어들에서는 gimel(3)을 나타내는 히브리어 글자를 사용했기 때문이다. 아니면 의식적인 변경 때문이었는지도 모른다. 마르코의 "세시"는 그가 15장 33절에서 "한낮에" 어두움을 묘사하기를 꺼려했기 때문에 그렇게 되었을 것이다. 요한의 "여섯시"는 그가 예수의 죽음을 참된 과월절 양의 죽음으로 나타내려고 하였기 때문에 그렇게 되었을 것이다(과월절 회생제물은 오후 동안 도살되었다). 이것이 아마 요한이 때에 관한 주석을 삽입시킨 실제적인 동기인 것 같다. 혹은 그는 예수의 "시간"(참조. 2, 4)이 이제 당도했음을 가장 단순한 용어로 보여주고자 했을 것이다.

보시오, 그대들의 왕이요. 극적인 설화에서 유다인들의 영리한 주장이 신랄한 반어법에 의해 다시 그들을 향한다. 로마의 무기력한 죄수는 그들이 가질 수 있는 유일한 왕이다. 이제 조롱을 받는 사람은 예수가 아니라 그들이다. 그러나 수난설화 전체를 통해서 요한은 아주 빈번하게 왕권의 주제를 다루고 있으므로(참조. 18, 33) 여기서 요한이 의도적으로 빌라도의 입을 빌어 그가 비의도적으로 진리를 말하게 하였을 법하다. 빌라도가 십자가의 명패에 예수를 왕이라는 칭호로 기록하였듯이(19·22절) 여기서도 아주 겉치레임에도 불구하고 그는 참으로 예수를 이스라엘의 왕이라고 선포한다. 이 칭호는 메시아적 주장을 연상케 하고, 예수가 확실히 로마법정에서 박해를 받게 된 혐의를 연상케 한다(참조. 5절). 대표적인 인간은 또한 인류의 참된 왕이기도 하다.

[15] **없애버리시오!** (ἆρον) 대개의 주석가들이 인용하고 *P. Oxy.* 119. 10의 *M.M.* 해당 항목에서 인용된, 지친 한 남학생의 어머니가 "그는 나를 성가시게 합니다; 그러니 그를 없애주시오!"(ἄρρον αὐτόν)라고 말하는 병행귀는 (그 상황이 아주 다르기 때문에) 관련성이 거의 없다. 그러나 더 나은 병행귀를 발견하기가 어렵다. "유다인들이 그를 끌어올리시오(십자가에 매다시오)! 그를 끌어올리시오!"라고 외칠 때 그들은 무의식적으로 그가 사람의 아들로서 올리워지도록 요구하고 있는 거라고 생각할 수 있다(3, 14 ; 8, 28 ; 12, 32·34)"(라이트후트). 있을 법도 하지만 거의 그럴 것 같지 않다.

그대들의 왕을 십자가에 못박으란 말이요? 빌라도는 그의 반어적 질문을 다시 반복하며 유다인들의 신성모독으로 비약시킨다.

우리의 왕은 카이사르뿐입니다. 판관기 8장 23절과 사무엘상 8장 7절 그리고 구약성서의 여러 다른 귀절들을 참조하라. 구약성서의 귀절들에서 이스라엘의 유일한 참 왕은 하느님 자신이고 유다의 왕일지라도 그가 하느님에게 복종하고 민족적 종교에 충실한다는 조건에서만 인정받을 수 있다고 주장된다. 여기서 이스라엘인들은 로마황제의 왕권 이외에 왕권에 대한 모든 주장을 부인함으로써 하느님의 직접적인 주권 아래 있는 그 자신의 독특한 지위를 포기하였다. 10·11절에 나오는 말에서 참된 "권세"(ἐξουσία)는 빌라도나 유다인들에게, 또는 이들이 대표하는 것에 있는 것이 아니라 하느님에게만 있음이 이제 분명해진다.

[16] 내어주었읍니다. 이것은 요한이 제시한 사형언도에 거의 해당하는 것이다. 어떻게 그것이 의도될 수 있는지가 전연 분명치 않다. 빌라도는 예수를 십자가에 못박도록 유다인들에게 넘겨줄 수 없었는데, 십자가처형은 로마의 형벌이었고 틀림없이 로마군대에 의해 집행된 것이었기 때문이다. 요한은 παρέδωκεν ("내어주었다")을 완곡하게 사용했거나 빌라도는 유다인들이 요구했던대로 예수를 죽도록 넘겨주었다(루가복음 23장 25절, "예수는 그들의 원대로 넘겨주었읍니다"와 같이); 아니면 (이것은 αὐτοῖς "그들에게"에 대한 엄격한 해석에 의해 요구된 것이리라) 그는 유다인들이 예수를 십자가에 못박았다고 잘못 생각하였다. 그러나 23·25절에는 "군인들"(οἱ στρατιῶται)이 그렇게 한 것으로 되어 있다. 전혀 틀린 생각이 아닌 마르코복음 15장 15절을 참조하라. 아마 요한은 이 자료에서 παρέδωκεν이란 말을 빌려왔을 뿐이고 (마르 15, 15a에 비추어서) αὐτοῖς를 첨가함으로써 오는 결과를 주목하지 않았던 것 같다.

4. 예수의 십자가 處刑과 죽음 19장 17—30절

17 그들이 예수를 넘겨받았읍니다. 예수께서 친히 십자가를 지시고 해골의
곳이라는 데로 가셨읍니다. 히브리말로는 이곳을 골고타라고 합니다. 18 거
기서 그들이 예수를 십자가에 못박아 달았읍니다. 그리고 예수를 가운데 두
고 다른 두 사람도 그 좌우편에 세운 십자가에 달았읍니다. 19 빌라도가 명
패를 써서 십자가에 붙였읍니다. 그 명패에는 '유다인의 왕 나자렛 예수'라
고 기록되어 있었읍니다. 20 예수께서 십자가에 달리신 곳이 도성에서 가까
왔읍니다. 그래서 많은 유다사람이 명패를 읽었읍니다. 그것은 히브리말과
로마말과 헬라말로 기록되어 있었읍니다. 21 유다사람의 대사제들이 빌라도
에게 "'유다인의 왕'이라 쓰지 말고 '자칭 유다인의 왕'이라고 쓰시오"하고
말했으나 22 빌라도는 "내가 쓸 것을 썼소"하고 대답했읍니다. 23 군인들이
예수를 십자가에 못박은 후에 그의 옷을 가져다가 네 몫으로 나누어 한 사

람이 한 몫씩 차지했읍니다. 그리고 속옷은 호지 않고 위로부터 통으로 짠
것이었으므로 24 "이것은 찢지 말고 누구의 것이 될는지 제비를 뽑자" 하고
그들이 서로 말했읍니다. 이리하여 '그들이 내 겉옷을 서로 나누어가졌고
내 속옷은 제비를 뽑아가졌다'는 성경 말씀이 이루어졌읍니다. 이것은 군인
들이 한 일이었읍니다. 25 그런데 예수의 십자가 곁에는 예수의 어머니와
이모와 글레오파의 아내 마리아와 막달라 마리아가 서 있었읍니다. 26 예
수께서 자기 어머니와 그 곁에 서 있는 사랑하는 제자를 보시고 어머니를
향하여 "어머니, 보십시오. 당신의 아들입니다"하고 말씀하시고 27 다음에
그 제자를 향하여 "보라, 네 어머니다"하고 말씀하셨읍니다. 그때부터 그
제자가 예수의 어머니를 자기 집에 모셨읍니다. 28 그후 예수께서는 모든
일이 이룬 줄 아시고 성경 말씀을 이루시려고 "내가 목마르다" 하고 말씀하
셨읍니다. 29 거기에 신 포도주가 가득 담긴 그릇이 있었는데 사람들이 그
신 포도주를 해면에 담뿍 적시어 히솝나무가지에 꿰어 예수의 입에 대었읍
니다. 30 예수께서 신 포도주를 받으시고 "다 이루어졌다"하고 말씀하신 후
머리를 떨어뜨리고 숨을 거두셨읍니다.

이제 죽게 버려진 예수는 자신의 십자가를 지고 골고타로 가서 거기서 다른 두 사람 사이에 십자가에 매달렸는데, 그의 십자가에는 유다인의 왕 나자렛 예수라는, 유다인들이 헛되이 반대한 명패가 달려 있었다. 그의 옷은 성경말씀이 이루어지도록 그의 상의를 가지려고 제비를 뽑은 군인들끼리 나눠 가졌다. 특정한 여인들의 등장에서 예수는 그의 어머니와 사랑받는 제자들에게 각기 어머니와 아들로서의 모습을 보인다. 다른 성서 귀절이 이루어지도록 예수에게 신포도주가 마시도록 제공된다; 그때 그는 하느님의 일이 다 이루어졌다고 선포하면서 숨을 거둔다.

다시한번 중요한 사건들이 마르코와 병행을 이룬다; 골고타여행, 십자가상의 왕의 칭호, 옷을 나눠어가짐, 여인들의 등장, 신포도주, 그리고 죽음 등이다. 요한은 첨가도 하고 생략도 하였다. 키레네 시몬(마르 15, 21)은 사라지고 예수는 혼자서 십자가를 지고 간다. 옷을 나눔과 예수에게 마실 것을 줌에서 모두 예언의 성취가 강조되어 있다. 어머니와 사랑받는 제자들이 각기 끼어든 것은 빌라도의 유죄선고에 대해 유다인들이 반대하는 것과 같이 요한의 특수한 내용이다. 조롱에 대한 언급이 없다(참조. 마르 15, 29—32). 예수는 마르코복음 15장 34절에서처럼 왜 나를 버리시냐는 절규와 함께 죽는 것이 아니라

다 이루었다는 확언을 하고 죽는다. 그리고 그의 죽음을 묘사하는 말들("숨을 거두었다" παρέδωκε τὸ πνεῦμα : 30절)은 루가복음 23장 46절에 나오는 위탁의 말들("내 영혼을 맡기옵니다" παρατίθεμαι τὸ πνεῦμά μου)을 상기시킨다. 요한의 설화는 아마 마르코의 설화에 의존한 것이겠지만(이 책 I권 72—78면) 요한복음이나 중간전승이 그 자료를 상당히 변형시켰다. 요한은 마르코에 의존하지 않았다고 다드(*Tradition*, 121—36)와 브라운 등이 주장하였는데, 이 중에서 브라운(915)은 (ㄱ) 요한과 공관복음서 저자들의 공통적인 자료에 있어서 어휘나 연속성 면에서 흔히 현저한 차이점들이 있으며 (ㄴ) 요한의 적합한 세부묘사는 전승에 근거한 것일뿐 아니라 상상에 의한 첨가일 수도 있다고 주장한다. 이러한 점들이 가장 중요한 것이지만 그것들에 대한 몇가지 해답을 요한복음 19장 16b—42절의 구조에 대한 브라운 자신의 분석(911)에서 찾을 수 있다. 만일 요한이 실로 이렇게 세밀한 어구의 교차배열 양식을 그의 설화에서 사용했다면 어휘나 연속성 면에서 차이점들을 기대할 수 있다. 요한에게 특수한 사건들의 역사적 가치에 대한 브라운의 평가는 그다지 설득력이 있는 것은 아니다.

요한과 마르코 사이의 차이점들은 모두 적어도 교리적인 동기와 관련되어 있다. 다시 한번 요한은 예수의 왕권에 관한 주제를 제시하며(앞의 18장 33절. 이곳저곳의 주석 참조), 십자가에 못박히심은 예언의 성취였고 또 예수에 의해 아버지의 뜻이 완전히 이루어진 것이었다는 사실을 밝힌다. 그는 예수가 아버지에게 버림받았다는 암시조차도 허용하지 않는다. 예수와 함께 십자가에 못박힌 사람들은 언급되자마자 기억에서 사라진다. 그들은 요한이 그들 자신을 위해서 등장시킨 것이 아니라 19장 31—37절의 설화를 성립하게 하기 위해서 등장시킨 것이다. 어머니와 사랑받은 제자에 관한 삽화는 요한의 문제에 있어서 하나의 난점이다. 그것은 사랑받은 제자 자신에게서 나온 단순한 역사적인 회상으로 가장 자연스럽게 설명된다. 그러나 이러한 견해에 반대하여 주석에서 언급될 역사적인 난점들이 열거되어야 한다. 그러한 견해는 만족할만한 것으로 간주할 수 없다. 반면에 그 사건에 대한 신학적인 관심은 아주 미약하므로 이 사건 전체의 내용이 신학적인 목적에서 작성되었다는 것은 그럴듯하게 생각되지 않는다. 요한이 이미 그 당시에 있었던, 그 역사적인 가치는 의심스럽지만 신학적인 암시들 때문에 그가 주시하였던 전승자료를 사용했다는 개연성은 분명히 있다.

[17] 예수께서 친히 십자가를 지시고. 여격의 ἑαυτῷ("친히")는 강조어이다. 라더마허(106)에 의하면 이 용법은 헬레니즘적인 것이고 여기서는 "홀로"로 번역되어야 한다. 블랙(102)은 이 말이 아람어의 품성적 여격을 나타낸다고 생각한다. 강요에 의해 십자가를 짊어졌던 키레네 시몬에 관한 마르코의 이야기(15, 21)를 대조하라. 예수는 몸소 십자가를 지기 시작했고 짐 아래 기운을 잃었고 시몬의 강력한 도움을 받아 구제되었다고 가정한다면, 마르코의 설화와 요한의 설화를 조화시키는 것은 물론 가능하다. 그러나 요한이 마르코를 알고 있었다는 것이 사실이라면 그의 말들의 일종의 수집으로 읽어야 하며 그것의 동기를 찾아내야 한다. 교부들(예. Chrysostom, *In Joh. Hom.* lxxxv,i)은 자신을 희생제물로 바치는 데 사용할 재료들을 짊어지고 가는(창세 22, 6) 이사악에게서 십자가를 짊어진 그리스도의 한 유형을 보았다. 필로도 이미 이 사건에 대해서(Abr.,171 : *αὐτὸ δικαιώσας τὸ ἱερεῖον τά πρὸς τὴν θυσίαν ἐπηχθίσθαι*)라고 언급한 바 있다(*Abr*., 171). 그리고 요한 역시 이와 같은 유형을 염두에 두었을 것이고 그 유형에 설화를 맞추었을 거라고 볼 수 있는 것 같다. 이러한 연관성은 아마 창세기 대(大) 미드라쉬 56장 4절에서 창세기 22장 6절에 대한 주석이 "…그가 그의 어깨에 십자가(צלוב)를 지고 갈 때"로 되어 있다는 사실에서 강력하게 뒷받침되는 것 같다. 유다교에서 "이사악을 묶음"이 지닌 의미에 관해서는 G. Vermes, *Scripture and Tradition in Judaism* (1961), 193—227을 참조하라. 베르메스는 현재의 귀절이 아니라 요한복음 1장 29절(그 주석 참조)에서 이것에 대한 언급을 본다. 이사악이 의도되었다면 요한은 아마 그 점을 좀더 분명히 했을 것이다. 그러나 바나바서신 7장 3절은 이미 이사악을 그리스도의 한 유형으로 받아들였다. 이와 다른 설명은 최후의 순간에 하나의 대치가 이루어져서 키레네의 시몬이 고통을 느낄 수 없는 하느님의 아들 대신에 십자가에 못박혔다는 일부 가현론자들이 택한 견해의 가능성을 요한이 피하려고 했다는 것이다(Irenaeus, *adv. Hear.* i, xix,2). 그러나 가장 그럴듯한 견해는 요한이 예수의 완전성을 다시 한번 강조하려고 했다는 것이다. 그는 세상을 구원하는 데 있어서 아무런 도움도 필요로하지 않았다.

해골의 곳이라는 데로. 고유한 이름을 이끄는 λεγόμενον("~라고 일컬어지다")의 이러한 용법에 대해서는 13절을 참조하라. 이곳은 아마 외관상 "해골의 곳"(Skull-place)이라고 불리워졌다. 그곳은 아담의 해골

이 매장된 곳이었다는 전승에 관해서는 G. Dalman, *Sacred Sites and Ways* (E.T. 1935), 347을 참조하라. 그리고 보다 상세한 설명에 대해서는 Brown을 참조하라.

히브리말로는 이곳을 골고타라고 합니다. 아람어로는 גולגלתא 혹은 -גול גולתא- ("두개골", 혹은 "머리")이다.

[18] 이수와 함께 다른 두 사람도. 마르코복음 15장 27절의 "두 강도"(δύο λῃστάς)를 참조하라. 요한은 그가 이 두 악인 중 한 사람의 회개에 관한 루가의 전승을 알고 있다는 암시를 주지 않는다(루가 23, 40—43). 그들이 언급된 것은 단지 예수의 뼈가 하나도 부러지지 않았고 그의 옆구리에서 물과 피가 흘렀다는 점을 후에 강조하기 위해서이다(31—37절). 루가에는 그 두 사람이 "강도"(λῃσταί)로도 "악인"(κακοῦργοι)으로도 표현되지 않았다는 사실에 비추어 볼 때 요한 전승이 그들을 제자들(열혈당원 왕의 열성적인 추종자들)로 이해하였다고 추론할 수는 없다. 요한이 그런 표현을 생략한 것은 한편으론 그가 그것을 해석하려고 언급하지 않았던 때문이고 (그는 이사야 53장 12절에 대한 암시를 제공하지 않는다) 다른 한편으론 이와 같은 수반이 예수에게 적합한 것이었다는 암시를 피하려고 했기 때문이다.

가운데. 이 말(ἐντεῦθεν καὶ ἐντεῦθεν)은 셈어구문을 암시한다.[1] 그러나 이 말은 정확하게 한마디 말을 표현하는 것은 아니다. 델리취(Delitzsch)는 적절하게 "이 쪽에 한 사람, 이 쪽에 또 한 사람"이라고 번역한다. 이런 표현은 셈어의 어원에 근거하여 해석한 것이 아니라 셈어를 회상한 것임을 지시한다.

[19] 빌라도가 명패를 써서. 여기서 "쓰다"(γράφειν)는 분명히 "적게 하다"를 의미한다. 21장 24절과 그 주석을 참조하라. τίτλος("명패")는 라틴어 titulus를 번역한 것이다. 이와 같이 게시하는 관습에 대해서는 예를 들어 Suetonius, *Caligula* 32 : "처벌의 이유를 지시하는 앞에 있는 명패(titulo)"를 참조하라.[2]

유다인의 왕 나자렛 예수. 예수에 대한 혐의는 다른 복음서들에서도 유사한 형식으로 나타난다 ; 마르코복음 15장 26절 : "유다인의 왕" ;

1) 민수기 22,24("좌우에 담" φραγμὸς ἐντεῦθεν καὶ φραγμὸς ἐντεῦθεν은 L.S. 그 항목에는 부정확하게 ἐντεῦθεν으로 표현되어 있다) ; 다니 12,5(Theod.) ; 마상 6,38 ; 9,45.

2) 그러나 E. Haenchen, *Die Bibel und Wir*(1968), 206을 참조하라.

마태오복음 27장 37절 : "유다인의 왕 예수라고" ; 루가복음 23장 38절 "이 사람은 유다인의 왕이다". 이 모든 형태들 가운데서 마르코의 형태가 아마 가장 오래된 것이다. 그러나 어떤 복음서저자도 중요한 점이나 오해를 일으킬 만한 점을 덧붙이지 않고 있다. 스스로 왕(메시아)이라고 내세운 데 대한 혐의가 로마 총독으로 하여금 어떤 조처를 취하게끔 한 혐의였음이 거의 분명하고, 왕권은 요한이 수난설화를 신학적으로 다루는 데 있어서 기본적인 주제임이 이미 지적된 바 있다. "이 칭호는 한편으로 유다인들이 그들의 왕을 배척함으로써 치른 대가, 다시 말하여 유다교와 그것의 장기간에 걸친 희망에 대한 비난과 좌절을 암시한다. 다른 한편 독자는 정확하게 말해서 십자가에 못박히심 때문에 주님이 실로 왕이 되셨다고 알고 있다 ; "십자가는 그의 올라가심과 영광의 방식이다"(라이트후트). "예수에 대한 유죄판결은 동시에 유다교——그 자체에 의미를 부여하고 그 희망을 포기하였던——에 대한 심판이며 결과적으로 그것은 현재의 안정을 위해서 미래를 포기한 세상에 대한 심판이다"(불트만).[3)]

[20] …곳이 가까왔읍니다. 17절을 참조하라. 이곳은 알려져 있지 않다.

히브리말과 로마말과 헬라말로. 첫째 말에 대해서는 앞의 13·17절을 참조하라. 둘째 말과 관련된 말들은 후기 그리이스어에서 일반적이다. '*Ελληνιστί*("헬라말")는 플라톤시대만큼 일찌기 사용되었다. 부사적 접미사에 대해서는 *M.* Ⅱ, 163을 참조하라. 헬레니즘 시대에 여러개 국어로 고시하는 일은 오늘날 대륙간 철도가 그러하듯이 거의 일반적으로 행해졌을 것이다. 참조. 예를 들어 Josephus, *Ant.* XIV, 191 : "나는 놋쇠로 만든 명패(tablet)에 헬라말과 로마말로 이것을 알리기를 원한다" ; *Bel.* Ⅵ, 125 ; 그리고 잘 알려진 *Res Gestae Diui Augusti*에 나오는 라틴어와 헬라어로 된 묘비명들. 또한 에스더 8장 8절 이하(Guilding, 169)를 참조하라. 만일 요한이 세 국어로 된 명패에서 어떤 신학적인 의미——이와 같이 예수를 정죄하였던 자들에 대한 보편적인 정죄와 보편적으로 정죄받은 자들에게 구원이 보편적으로 주어짐—를 보았지만 그는 그것에 대해서 아무 말도 하지 않고 있다.

[21] 명패의 내용에 대한 유다인들의 반대는 자연스런 일이었다. 첫째로 그들은 카이사르밖에 그들에겐 왕이

3) 또한 E. Dinkler, *Signum*, 305 이하를 참조하라.

없다고 방금 선언하였고, 만일 그들이 명패(titulus)를 인정한다면 그것은 반란을 인정하는 것과 같았다. 둘째로 무기력하고 비난받고 죽어가는 버림받은 자가 그들 민족의 왕이었음을 암시하는 일은 고의적인 모독이었다. 미친 친구가 자칭 왕이라고 했을 뿐이라고 말할 경우에만이 해가 없었을 것이다.

쓰지 말고. 모울(*Idiom Book*, 21)은 현재 시제가 주목할 만한 점이라고 지적한다. 터너(*M.* iii. 76)의 "당신이 쓴 것을 고쳐라"(즉 [당신이 쓴 것을] 그대로 쓰지 말라)라는 해석은 아마 의미가 있는 것 같다.

[22] 빌라도는 자기 뜻에 반하여 행동하도록 그에게 강요하였던 유다인들에게 분명히 보복하려고 하여 그가 쓴 것을 고치기를 거부하였다. 따라서 예수는 비의도적이긴 하지만 깊은 진리가 담긴 칭호를 받고 죽으러 갔다(참조. 14절). 복음서저자의 또 다른 완전한 극적 수법이 그 특징을 이룬다.

[23] 마르코복음 15장 24절을 참조하라. 형집행을 받은 죄수의 옷은 집행자들의 차지로 인정되었다(*Digest* XLVIII, xx, 6).

옷. *τὸ ἱμάτιαν*(단수)는 항상 겉옷을 의미한다; 그러나 (여기서처럼) 일반적으로 사용되는 복수(*τὰ ἱμάτια*)는 "옷"에 해당하는 말이다(참조 L.S. *ἱμάτιον*, 항목 1, 2).

네 몫으로. 따라서 네 병사가 있었을 것이다. 아마도 그들은 군대의 한 단위를 이루었다. 사도행전 12장 4절에 나오는 "사인 분대" (*τετράδια*)를 참조하라.

속옷을 (*καὶ τὸν χιτῶνα*). 분명히 대격은 *ἐποίησαν*("행했다")이 아니라 *ἔλαβον*("차지했다")에만 따른 것이다. 구문은 개정될 수 있었다. *χιτών*은 어원학적으로나 히브리어 K^ethoneth의 용법에서 속옷을 의미하는 말이었다. 레위기 16장 4절에는 히브리어와 헬라어 모두 대사제의 상의를 나타낸다. 아래를 참조하라.

속옷은 호지 않고. *ἄρραφος*("호지 않고")는 *ῥάπτειν*("통으로 짜다")에서 파생된 말이다. 요세푸스(*Ant.* III, 161)가 대사제의 상의를 이와 유사한 말로 표현하고 있는 것은 중요하다고 볼 수 있다: "그러나 이 옷은 두 부분(조각)으로 된 것이 아니라, 즉 어깨쪽 그 한쪽은 꿰매어져 있지만, 길게 하나로 엮어져 있는 것이다"(요세푸스가 L.S.에 들어 있는 *ἄρ(ρ)αφος*를 쓰지 않고 있음을 주목하라): 또한 필로가 *συνέχει τὰ μέρη πάντα καὶ σφίγγει κωλύων αὐτὰ διαλύεσθαι καὶ* *διαρτᾶσθαι*에서 "모든 것들을 결속하는" 말씀의 상징으로 상의를 다루고 있다는 것은 중요하다고 볼 수 있다. 상의의 구조는 상식적으로 알려져 있었고 헬레니즘적 유다교에서는 알레고리로 사용되었다고 볼 수 있다. "예수는 왕일뿐 아니라 사제"라고 단순히 주장하는 것은 지나치다(브라운). 한의 주장(*Titel*, 235 ; E.T. 매우 간결하게 237, n. 26)은 훨씬 더 주의깊은 것이다. 요한의 사상은 대사제의 예복을 묘사하려고 했던 것이 아니라 시편 22편(참조. 24절)의 성취로 묘사하려고 했던 것이다. 그리고 그는 아마 말씀을 우주를 하나로 결합하는 요소로 생각했던 것이 아니라 그리스도의 죽음을 하느님의 흩어진 자녀들을 한우리로 모이게 하는 것으로(참조. 11, 52) 생각했을 것이다. 요셉의 옷, (제자들을 예시하는) 그의 형제들, 그리고 그의 두 동료 죄수에서 요셉에 대한 암시가 있을 법하지 않다. 쉴라터(349)는 *Betzah* 1, 10을 인용하지만 그의 번역 ("통으로 짰거나 호지 않은 겉옷" *ἱμάτια εἴτε ῥαφέντα εἴτε ἄραφα*)은 오해를 불러일으킨다. 이 인용귀는 예수가 입었던 것과 같은 옷을 언급하는 것이 아니라 만들어진(짠) 옷이거나 아니면(משלחין כלים בין תפורין בין שאינם תפורין)를 언급하는 것이다.

위로부터(*ἐκ τῶν ἄνωθεν*). *ἄνωθεν*이나 *ἐκ τῶν ἄνω* (8, 23)가 사실을 더 잘 표현해주는 말이었겠지만 그 의미는 분명하다.

[24] 이리하여 성경말씀이 이루어졌읍니다. 대다수 사본들이 "…라고 하는"(*ἡ λεγοῦσα*)을 덧붙인다. 이 인용문은 시편 22편 19절에서 따온 것으로 정확하게 70인역에 따라 제시된 것이다. 이 구약성서 귀절이 모든 복음서저자들에 의해 기록된 전체 사건이 이루어진 것으로 하였다고 가정하지 않아도 된다. 그것은 어떤 형집행에서든 아주 잘 일어날 수 있는 사건이었다. 그러나 히브리 귀절의 병행형태에서 *ἱμάτια*와 *ἱματισμός*(בגדי와 לבושי)는 구별되는 것이 아니라 동의어로 간주되었다는 것이 이해되지 못했기 때문에 *ἱμάτια*(단지 나뉘어졌던——"네 몫으로 나누어" *διεμερίσαντο, τέσσερα μέρη*)와 *χιτών*(사람들이 제비를 뽑았던——"제비를 뽑아 가졌다" *ἔβαλον κλῆρον λάχωμεν*)를 구별했다. 요한은 그 동의어적 병행구를 알고 있었지만 전승의 내용을 풍부하게 하는 데 그것을 이용했다고 말하는 것은 (린다스) 그가 사실이 아닌 것으로 알고 있으면서도 그것을 말했다고 그를 비난하는 것과 거의 같다. 요한 당시 그 히브리어 병행구가 이해되었다고해도 히브리어 병행구는 거의 없었다(참조. 150). 시

편 22편과 출애굽기 39장 22·23절 모두 (대사제의 상의에 대해 말하는) 퓨우림 축제와 관련된 것이었다고 한다(Guilding, 169—70).

그러나 군인들은. 군인들은 요한의 또 다른 극적인 대비를 밝혀주려고 (μὲν οὖν "그러나"가 새로 나옴으로써) 다시 언급되었다. 군인들과 신실한 제자들이 서로 대조를 이룬다.

[25] 예수의 옷을 나누는 일이 그 자체로 볼 때 있을 법한 사건인 것과 마찬가지로 예수의 친구들이 십자가 곁에 있었다는 것은 있을 법하지 않다. 샌더스는 전치사 παρά가 바로 옆을 의미할 필요가 없지만 이어지는 대화에 비추어 볼 때 그러한 의미를 지닌다고 지적한다. 마르코복음 15장 40·41절에서 여인들은 "멀리서 바라보고"(ἀπὸ μακρόθεν θεωροῦσαι) 있었다고 아주 그럴듯하게 말해지고 있다. 슈타우퍼는 희생자의 친구들이 그와 대화를 나눌 정도로 가까이 있는 것으로 서술된 귀절들을 인용하는 것이 사실이지만[4] 그러나 이런 귀절들 보다는 한 반란을 일으킨 왕을 처형하는 데 필요한 군사상의 조치가 더 중요한 것이다. 요세푸스(*Vita*, 420—21)는 특별한 허락을 받아 그(빌라도)가 세 친구들을 십자가에서 풀어줄 수도 있었다고 보도한다 ; 그들 중에 한 사람은 살아 남았다. 이것은 반란의 행동이 계속될 실제적인 위험이 있었고 또 십자가로 접근하는 데는 허락이 필요했다는 것을 보여준다. "병사들은… 그를 동정하는 친구들이 고통당하는 자를 도우러 오지 않도록 하기 위해서 십자가 곁에서 지켜야만 했다."[5] 물론 예수를 아는 친지들이 몰래 다가갈 수도 있었을 것이긴 하지만 일반적인 가능성들에 덧붙여서 마르코복음 14장 50절을 유념해야 한다. 군대가 개입한 십자가처형에 관해서는 New Schürer, I, 370 이하를 참조하라.

예수의 어머니와 …막달라 마리아가 서 있었읍니다. 두 여인만이 (예수의 어머니=글레오파의 딸 마리아 [혹은 누이]와 그녀의 여동생 막달라 마리아) 언급된 것이거나 아니면 세 여인이 (예수의 어머니, 그녀의 여동생=글로바의 딸 [혹은 누이나 아내], 그리고 막달라 마리아) 언급된 것일 수 있다. 그러나 요한이 그의 독자들로 하여금 네 여인을 생각하게끔 했을 거라는 것이 보다 그럴 듯하다. 아마 그는 그들을 네 군인들에 상응하는 것으로 생각했을 것이다. 이러한 동일시는 쉽게

4) *T. Gittin* 7.1(330) ; *P. Gittin* 7, 48c, 39 ; *Baba Metzia* 83b(*S.B.* II. 580) 등이 첨가될 수 있었다.

5) O. Holtzmann, *The Life of Jesus* (E.T., 1904), 487.

추론할 수는 있지만 확인하기가 어렵다. 브라운의 아주 충분한 해설을 참조하라. 요한은 예수의 어머니의 이름에 대해 전혀 언급이 없다.

글레오파의. 이 글레오파가 루가복음 24장 18절의 κλεοπᾶς와 동일인이어야 할 것 같다.

막달라 마리아. 이 마리아는 요한복음에서 앞서 언급되지 않았다. 그녀는 부활하신 그리스도의 첫 목격자로 다시 나온다(20, 1—8). 마태오복음과 마르코복음에도 그녀는 십자가처형과 부활의 목격자로만 언급되며 루가복음 24장 10절에도 이와 같이 언급되어 있다. 그러나 루가복음 8장 2절에서 그녀는 예수를 돌보았던 다른 여인들과 함께 이름 불리워지며 일곱 귀신이 그녀에게서 떠났다고 한다. 이것이 우리가 그녀에 대해 알고 있는 전부임을 주목해야 한다. 마르코복음 14장 3절에 나오는 예수께 향유를 바른 여인인 마르타와 라자로의 누이인 마리아, 혹은 루가복음 7장 37절에 나오는 죄인과 막달라 마리아를 동일시할 만한 중요한 근거가 없다.

[26] 그 곁에 서 있는 사랑하는 제자를. 사랑하는 제자에 대해서는 이 책 I권 180—86면과 13장 23절을 참조하라. 제베대오의 아들 요한을 뜻하는지가 분명하지 않다 ; 그것이 사실이라면 그가 예수의 어머니와 관계가 있었다는 증거가 미흡하다. 여기서 그는 마리아와 함께 예수의 친지들을 대표하는 유일한 사람이다. 그 밖의 곳에서 그와 함께 나타나는 베드로조차 빠져있다.

어머니. 2장 4절을 참조하라. 그녀는 제자들 가운데 있다.

보십시오. 이 말은 14절에서처럼 대격을 이끄는 것이 아니라 하나의 감탄사이다.

당신의 아들입니다. 이 어형은 양자결연 형식을 연상케 한다. 브라운은 그것을 계시형식이라고 말하는 것이 보다 좋다고 생각한다. 이 두 형식이 서로 일치하지 않은 것은 아니다. 양자결연은 새로운 관계가 맺어짐을 의미한다. 이 정식은 새로운 인척관계가 어떤 것이어야 하는가를 보여준다. 양자결연 형식은 보통 2인칭으로 표현된다(예. "너는 내 아들이다"). 그러나 여기 나온 말은 양자 결연을 하는 부모 측에서 말한 것은 아니다.

[27] 보라, 네 어머니다. 그러므로 예수의 어머니와 사랑받은 제자는 어머니와 아들의 관계에 있다 ; 즉 사랑받은 제자가 예수의 자리를 대신한다. 요셉의 전처 소생이 없을 경우에 예수의 형제들은 예수보다 나이가 어리다고 추측되므로 예수가 가장으

로서 그가 죽은 후에 어머니를 돌보도록 선처해야 했다고 생각할 수도 있다. 그러나 그 형제들을 간과해야 하는 것은 놀라운 일이다. 왜냐하면 그들이 예수를 신뢰하지 않았다고 해서 그들의 법적 권리가 무효화될 수는 없었기 때문이다. 그리고 실로 마르코는 예수의 어머니도 예수를 신뢰하지 않았음을 암시한다(3, 20—35). 여기에다가 예수의 친구들이 십자가 옆에 있는 것이 금지되었을 것임을 덧붙인다면 이 사건의 역사적인 근거는 희박한 것 같다. 사도행전 1장 14절에는 예수의 어머니가 그의 형제들과 함께 나오고 있음을 우리는 주목한다. 참조. Lucian, *Toxcris* 22에서 에우다미다스는 그의 어머니와 딸을 부탁한다: "내가 아리타이오에게 내 어머니를 봉양하고 수발들도록 부탁하고 카릭세노에게 내 딸을 지참금과 함께 맡긴다."

그재부터. 그 순간부터 ; 아마 십자가처형의 중요한 시간으로부터

자기 집에. 1장 11절과 16장 32절, 또한 요한묵시록 12장을 참조하라. 예수의 통으로 된 "속옷"(χιτών)에 대한 요한의 언급에서 그의 죽음을 통해 한데 모인 교회 연합의 상징을 보는 것이 정당하다면 우리는 여기서 이러한 연합의 한 예증을 볼 수 있다. 지금 세대에서 그리스도교인은 가정과 형제자매와 어머니와 자녀와 나라들을 받아들인다(마르 10, 30). 예수의 어머니는 메시야가 나왔고 이제 새 이스라엘로 흡수된 이스라엘의 신실한 남은 자들을 알레고리적으로 대표한다는 견해를 지지할 만한 충분한 근거가 없는 것 같다. 다른 견해들은 간략하게 언급할 수 있다. 라이트후트는 16장 21절을 비교한다——십자가는 새삼스럽게 슬픔을 불러일으키며 외적인 거듭남보다는 대단한 기쁨을 가져다 준다. 십자가는 "다 이루어졌다"(28·30절)라고 말할 수 있는 것이므로 그 이후부터 교회는 존재하게 되었다. 브라운은 기술하길, "요한이 예수의 어머니를 사랑받은 제자의 어머니가 되도록 묘사한 것은 메시야시대의 이브와 그 자손의 새 백성을 탄생시키는 딸 시온에 관한 구약성서의 주제들을 불러일으키는 것으로 보인다고 한다. 그러나 새 가족, 교회에 대한 암시를 인식하고 예수의 주권, "그리스도가 십자가에서 부활하셨다"(*Christus regens in cruce*)는 것을 아는 것으로 그치는 것이 현명하리라(Haenchen, *Weg*, 507).[6]

6) J. McHugh, *The Mother of Jesus in the New Testament* (1974), 370—78 ; I. de la Potterie, *Neues Testament und Kirche* (Festschrift R. Schnackenberg, 1974), 191—219를 참조하라.

[28] 그 후. 이 특징적인 연결에 대해서는 2장 12절을 참조하라.

예수께서는 아시고. 이 수난설화에서 시종일관 예수는 일어나는 모든 일을 지배한다. 모든 사건들이 연속적으로 예수에 의해 일어나며 적절한 순간에 그는 전체 사건을 끝낼 것이다.

모든 일이 이룬 줄. 30절을 참조하라. 참조. 사도행전 13장 29절 : "이와 같이 그에 대하여 기록된 것을 다 행한 [후에]" 또한 루가복음 22장 37절을 보라. 예수는 그가 세상에서 하도록 보냄을 받은 모든 일을 완성하였다. 계시와 사랑의 행위가 완성된 것이다. 하나의 예언이 이루어지려 한 것이라는 해설과 더불어 성서의 완전한 성취에 대한 특별한 언급이 있는 것 같다.

성경말씀을 이루시려고. 이 귀절에서 단수의 사용("성경 말씀" ἡ γραφή)은 이 마지막 절이 이어지는 내용에 연결되도록 한 것 같다. 그것이 앞의 내용과 관련되어야 한다는 것은 불가능한 것은 아니지만 그럴 듯해 보이지 않는다. 성서의 말씀이 이루어지도록 모든 일들이 수행되었다. 일상적 용어가 아닌 τελειοῦν("이루다")은 아마도 반복된 말인 τετέλεσται("다 이루었다")에 비추어 볼 때 πληροῦν 대신에 사용된 말이다.

내가 목마르다. 참조. 시편 69(68)편 22절 : "내가 목말라하므로 내게 신 포도주를 마시게 하였다"(1QH 4, 11에서 인용). 이 말은 "성경 말씀"(γραφή)을 염두에 둔 것임을 거의 의심할 수 없다. 다른 복음서에서는 예수가 자신의 갈증을 말하지 않는다——요한복음에서는 보통 그러하듯이 예수가 주도권을 잡고 있다. 마르코복음에는 신 포도주에 적신 해면이 제공된다 ; 마르코복음 15장 36절 : "해면을 가져다가 신 포도주를 적셔 갈대에 꿰어가지고 예수에게 마시우면서"(참조. 마태 27, 48 ; 루가 23, 36). 예수의 옷을 제비뽑는 일에 대한 언급에서처럼 요한은 구약성서의 언급을 초기 복음서저자들에 비해 보다 더 분명하게 제시한다. 요한은 아마 마르코나 이와 유사한 자료에 의존했을 것이다. 그리고 마르코의 사건이 역사적인 설화냐 아니면 단지 구약성서 귀절에 근거한 것이냐 하는 문제는 여기서 논의할 필요가 없다.

[29] 해면에. 신약성서에서 이 말은 이 문맥에서만 사용된다 ; 마태오와 요한이 그 말을 마르코복음 15장 36절에서 빌려왔을 것은 아주 그럴 듯하게 보인다(루가는 이 말을 쓰지 않았다).

신 포도주. ὄξους는 분명히 병사들이 사용했던 신 포도주이다. 어떤 학자는 신 포도주가 갈증을 더욱 심하게 하고 따라서 예수가 참아낸 고통을 더해주었을 거라고 말하였다(라이트후트). 그러나 이것이 사실이라면 병사들이 왜 그것을 마셨는지가 궁금하다. 현재의 귀절을 예수가 최후의 만찬에서 하느님의 나라에서 마시게 될 때까지는 포도주를 마시지 않겠다고 한 약속(요한에는 기록되어 있지 않은 약속)과 조화시키려는 것은 아무런 의미가 없다.

히솝나무. 히솝나무는 "뿌리개로 잘 사용된, 담을 기어오르는 작은 식물이다"(*E. Bib.*, 해당 항목). 그러므로 젖은 해면을 십자가에 못박힌 사람의 입술에 갖다대는 도구로 히솝나무를 채택한 것은 잘못이다. 히솝나무 가지는 필요한만큼 뻣뻣하지 못했을 것이다(마르 15, 36에 나오는 "갈대줄기" καλάμῳ와 비교). 이 점에 비추어 볼 때 원래의 잘못 때문에 ὑσσώπῳ("히솝나무")가 ὑσσῷ(ὑσσός "투창", 라틴어로는 pilum) 대신에 쓰여진 거라고 주장되어 왔다. 이 추론상의 독법은 (그것은 아마 우연히 그렇게 표기된 것으로 후에 아주 드물게 나온다) 확실히 이 귀절의 의미에 잘 맞았을 것이다. 그러나 그렇다고 해서 반드시 타당하다고 볼 수 있는 독법은 아니다. 요한의 목적은 예수를 자기 백성을 구원하려고 살육된 참된 과월절 양으로 설명하려는 데 있었던 것 같다(참조. 1, 29·36 ; 19, 14·36). 히솝나무가 과월절을 지키는 데 중요한 역할을 하였음을 기억해야 할 것이다. 참조. 출애굽기 12장 22절 : "너희는 우슬초 [히솝나무](ὑσσώπου) 묶음을 취하여 피에 적시어서 그 피를 문 인방과 좌우 설주에 뿌리고…". ὕσσωπος("히솝나무")는 마르코의 κάλαμος("갈대줄기")를 의도적으로 변경한 말인 것 같다. 히솝나무가 여기서 서술된 방식으로는 거의 사용될 수 없었다는 사실은 복음서저자에겐 대단한 관심을 불러일으키지 않았다.

[30] 다 이루어졌다. 28절에 나오는 이 말(τετέλεσται)을 참조하라. 그리고 히브리어군에서 τελειοῦν의 용법을 참조하라. 이제 마지막 예언이 성취된 것은 예수 자신에 의해서라고 말할 수 있었다. 그의 일은 이루어졌다. 그 부르짖음은 단순히 죽음이 임박했음을 알리는 것으로가 아니라, 비록 이것 역시 의도된 바라고 하더라도, 이러한 긍정적인 의미로 생각해야 한다. 그 말은 특징적으로 요한의 이중적 의미를 갖고 있다. 그것이 한때 신비의 결정적인 정식이었다면 그것은 매우 철저하게 역사화되고 그리스도교화된 것이다. 참조. 4장 34절 ; 17장 4절 : "나는 아버지께서 내게 하라고 맡기신

일을 완성하여 땅에서 아버지를 영광스럽게 하였사옵니다"; 또한 13장 1절("극진히" εἰς τέλος).

머리를 떨어뜨리고. 즉 죽음의 순간에 머리를 떨어뜨리고 그러나 여기서조차 예수는 능동적인 동사의 주어로 남아있다(참조. 10장 17·18절). 고개를 수그렸던 것이 호흡에 지장을 주어서 죽음을 초래하는 의식적인 행동이었든지 아니었든지간에 예수는 능동적인 주체이다.

숨을 거두셨읍니다. 이것은 아마 마태오복음(27,50)에서 ἀφῆκεν τὸ πνεῦμα("숨을 거두었다")와 같이 의역된 마르코복음의 ἐξέπνευσεν(15,37; 참조. 루가 23,46)에 해당하는 말일 것이다. 그러나 이 말들은 동일한 것이 아니며, 요한의 생각에 있어서 πνεῦμα는 그의 몸이 죽었을 때 끊어지는 예수의 인간적인 정신이 아니라 그가 죽었을 때 십자가 곁에 서 있었던 몇몇 대표적인 신자들에게 그가 넘겨줄(παραδιδόναι) 수 있었던 성령일 수 있다. 이러한 암시가 주목을 끄는 것은, 요한에 의하면 정확하게 바로 이 순간에 성령이 주어질 수 있게 되었다는 확실한 사실에 그러한 암시가 일치하기 때문이다(7,39). 그러나 그러한 암시에 대해서 다음의 이의들을 고려해야 한다. (ㄱ) 그 표현은 루가복음 23장 46절, "아버지, 내 영혼을 아버지 손에 맡기옵니다"에 근거한 것일 수 있고 또 그 귀절에 의해 설명될 수 있다. (ㄴ) 요한은 예수가 성령을 교회에 주게 된 계기를 상황적으로 또 인상깊게 서술하고 있다; 20,22: "성령을 받으라. 앞에서는 성령을 줄 만한 계기가 없었다.

5. 예수를 묻음 19장 31—42절

31 유다사람들은 그 날이 준비일이었기 때문에 안식일에 시체를 십자가에
그냥 두지 않으려고 빌라도에게 청하여 다리를 꺾고 시체를 치우게 해달라
고 했읍니다. 그 안식일은 중요한 날이었기 때문입니다. 32 그래서 군인들
이 가서 예수와 같이 십자가에 달린 첫째 사람과 또 한 사람의 다리를 꺾고
33 예수께 와서는 그가 이미 죽은 것을 보고 다리를 꺾지 않았읍니다. 34
그러나 군인 하나가 창으로 예수의 옆구리를 찌르니 피와 물이 흘러나왔읍
니다. 35 이 사실은 목격자가 본대로 증거한 것이기 때문에 그의 증거는 참

됩니다. 그는 자기의 증언이 틀림없는 사실이라는 것을 알고 있기 때문에 당신들도 믿게 하려고 증거한 것입니다. 36 이런 일이 이루어진 것은 "그의 뼈가 하나도 상하지 않을 것이다'라는 성경 말씀을 이루려 한 것입니다. 37 또 성경에 '그들은 자기들이 찌른 사람을 쳐다볼 것이다'라는 말씀도 있습니다. 38 그후 아리마태아 요셉이 예수의 제자였으면서도 유다사람들이 무서워 그것을 감추어 왔습니다. 빌라도가 허락하자 그는 가서 예수의 시체를 내려 왔습니다. 39 또 예수를 밤중에 찾아왔던 니고데모도 몰약에 침향을 섞은 것을 백리트리쯤 가지고 왔습니다. 40 그들은 예수의 시체를 가져다가 유다사람들의 장례 풍속대로 향료를 바르고 고운 베로 감았습니다. 41 예수께서 십자가에 달리신 곳에 동산이 있었고 거기에는 아직 누구의 시체도 넣은 일이 없는 새 무덤이 있었읍니다. 42 그 날은 유다사람들의 준비일이었고 또 무덤이 가까이 있었기 때문에 예수를 거기에 모셨읍니다.

시신이 십자가에서 급히 치워져야 하고 처리되어야 했으므로 유다인들은 죽음을 확인하는 데 필요한 조처들을 취하게 해달라고 요청하였다. 그러나 예수와 함께 십자가에 달린 두 사람의 다리를 부러뜨린 병사들은 예수가 이미 죽어있음을 발견하였다. 그의 다리를 부러뜨리지 않고 한 병사가 그의 옆구리를 창으로 찔렀고 그리하여 물과 피가 쏟아졌다——이 사실을 요한은 강조한다. 이후에 아리마태아 요셉이 예수의 시신을 치우고 매장하도록 허가를 얻어내어 니고데모의 도움을 받아 가장 값진 예법으로 매장하였다.

여기서 요한과 마르코와 루가 사이에는 뚜렷한 접촉점들이 있기는(그 주석들 참조)하지만 많은 자료가, 특히 다리를 부러뜨리고 창을 던지는 기사는 독창적인 것이다. 그 사건의 역사적인 평가에 관한 문제는 극히 어려운 점이다. 한편으로 요한은 창에 찔림으로써 물과 피를 흘린 것이 결점이 없는 증거로 보증된 역사적인 사건이었음을 강조한다(35절). 다른 한편으로 한 목격자가 있었다는 사실은 있을 법하지 않으며 진술된 사실은 요한의 신학과 분명히 관련이 있고 추측컨대 그의 신학에서 작성된 것이었음이 분명하다. 우리가 이 복음서 전체의 특징을 판단해 볼 때, 요한이 단순히 한 가지 사건을 그것의 알레고리적인 의미를 제시하려고 꾸며냈을 것 같지는 않다. 여러 문제들에 대한 충분한 논의에 대해서는 이 책 Ⅰ권 184—186면과 해당 귀절을 참조하라. 예수의 뼈가 하나도 부러지지 않았다는 사실 역시 요한에게 신학적 의미를 지닌 것이다(참조. 그 주석들). 요한은 왜 유다인들이 시신을 해질녘 이전에 치우려고 했는가를 충분히 이해하지 못했던 것 같고, 요한의 매장설화는 그것의 초기단계에서 비롯된 전승의 현저한 발전을 보여준다. 마르코설화와의 접촉점들을 주목해야 할 것이다. 창으로 찌름과 이에 근거한 증거는 요한이 백부장의 고백에 대치시킨 것일 가능성은 있지만(마르 15, 39) 그 연관성은 희박하다.

본장은 대개 단순한 설화로 이루어져 있다. 그러나 요한이 밝히려고 한 바는, 예수가 참으로 죽었다는 점과, 그의 죽음은 성서에 계시된 하느님의 뜻에 일치하는 것이었고 사람들을 살리고 깨끗케 하는 원천이었다는 점, 그리고 그는 그의 죽음에 어울리게 매장되었다는 점이다.

[31] 유다사람들은. 1장 19절을 참조하라.

준비일이었기. 42절을 참조하라. 14절에서 이 말(παρασκευὴ ἦν)은 다른 의미("과월절 준비일" παρασκευὴ τοῦ πάσχα)로 쓰였다. 여기서는 속격이 안 나오므로 그것은 "안식일 전날", 즉 목요일 오후 6시와 금요일 오후 6시 사이의 24시간을 의미하는 것이어야 한다. 그러므로 예수의 죽음은 금요일 오후에 일어난 것이다 ; 안식일이 가까왔다. 요한이 마르코복음 15장 42절("그 날은 준비일, 곧 안식일 전날이었는데")에 의존했을 수도 있다는 점을 참조하라.

안식일에 시체[즉 세 희생자들의 시체]를 십자가에 그냥 두지 않으려고. 신명기 21장 22—23절에 나오는 금지는 시신이 해질녘 이후에 그냥 있어서는 안 된다는 것이다("그 시체를 나무 위에 밤새도록 두지 말고"). 안식일이 여기서 언급된 것은 우연히도 안식일이 바로 다음 날이었기 때문이거나 아니면 아마 요한이 금지사항을 잘못 이해하였기 때문인 것 같다. 물론 특정한 어떤 날에 대해 이의를 제기할 수 있었다는 점은 이중으로 그날의 중요성을 입증하는 것이었음이 분명하다.

그 안식일은 중요한 날이었기 때문입니다. "만일 이 안식일이, 제 4 복음서가 가정하듯이, 니산월 15일이라고 하더라도, 그 날은 동시에 과월절 축제 기간 중 첫째 날이었기 때문에 중요한 날로 생각되었을 것이다. 또한 만일 그 날을 공관복음서가 가정하듯이 니산월 16일로 잡더라도 바리사이파 전통에 따르면 그 날에 곡식단(Omer단 : 역주 ; 히브리의 乾量 단위)을 바치게 되어 있었으므로(레위 23, 11) 여전히 '중요한 날'이란 칭호가 적합하다"[1] (*S.B.* Ⅱ, 581—82).

1) *Mart. Pol.* 8, 1 ; 21, 1 ("안식일은 중요하므로" ὄντος σαββάτου μεγάλου; "중요한 안식일에" σαββάτῳ μεγάλῳ) ; 이런 점들에 관해서는 Lightfoot, ***Apostolic Fathers*** Ⅱ, i, 690—93 ; Abrahams, ***Studies*** Ⅱ. 67—9을 참조하라.

그의 다리를 꺾고. 말의 형태(*ἵνα κατεαγῶσιν αὐτῶν τὰ σκέλη*)에 관해서는 *M.* Ⅱ, 189, 226 ; *B.D.*, § 66, 2 ; 101을 참조하라. 다리를 부러뜨리는 행위는 때로는 처벌의 독자적인 한 형태였기도 하고, 때로는 여기서처럼 십자가처형에 수반되는 형벌이기도 했다. 그것은 충격을 주거나 피를 통하지 않게 하기도 하고 또한 (일부 주장에 의하면) 호흡곤란을 가중시킴으로써 죽음을 재촉하는 결과를 가져왔다. 브라운은 A.D. 1세기에 속한 십자가에 달렸던 사람의 뼈가 예루살렘에서 발견되었는데, 그의 다리가 부러져있었다고 말한다(934).

치워지게. 주어는 이제 *τὰ σώματα*("시체")로 바뀌는데, 그 말은 중성복수로서 이 귀절의 앞에 나온 단수동사(*μείνῃ* "치우다")를 받는다.

[32] 베드로복음서 14에는 악인들 중의 한 사람이 그의 다리를 꺾이지 않고 고통 가운데 죽도록 버려졌다고 한다.

[33] 그가 이미 죽은 것을 보고. 이렇게 빨리 죽은 것은 흔치 않은 일이었다. 십자가처형의 희생자들은 간혹 여러 날 동안 살아있었다. 참조. 마르코복음 15장 44절 : "예수가 벌써 죽었다는 [말을 듣고] 놀라."

다리를 꺾지 않았읍니다. 요한이 36절에서 (그만이 기록하고 있는) 이 사실의 의미를 밝히고 있다(아래를 참조하라). 그는 또한 예수의 시신이 보기 흉하게 된 것이 그의 부활을 반증한다는 비난을 고려했을 수도 있다(참조. Daube, *N.T.R. J.*, 308).

[34] 창. L.S.에는 *λόγχη*가 "창(Lance, spear), 투창" 등으로 풀이되어 있다. 여기서 이 말의 용법에 비추어 볼 때 요한이 29절에서 *ὑσσός*("히솝나무")에 대해 기록하였다는 것은 이보다 타당성이 없다.

옆구리를. 이 말은 보다 자주 복수로 사용된다. 20장 20·25·27절에서 상한 옆구리는 부활한 그리스도를 증명하는 하나의 표시이다. 이 사건은 그밖의 곳에서는 마태오복음 27장 49절에 관한 *textus receptus*[2]에만 언급되어 있는데, 거기서 그것은 확실히 요한복음의 이 귀절에 대한 본문상의 동화에서 기인한 것이다.

피와 물이 흘러나왔읍니다. 이 애매한 진술은 요한에 의해 아주 중요

2) 역주 ; 라틴어르는 받아들여지고 인정된 본문이라는 뜻. 홀랜드의 출판자인 Elezeuier가 펴낸 희랍어 신약성서에 대한 명칭, 후에는 16—18세기에 지배적이었던 비잔틴 형태의 신약성서를 지칭한다.

한 문제로 간주되었음이 분명하다(다음의 귀절을 참조). (ㄱ) 요한은 이것을 단순히 상징적인 사건이 아니라 실제로 일어난 사건으로 확실히 서술하려고 했다. 이것은 35절에 나오는 목격자에 중점을 둠으로써 강조되었다. 서술된 사건이 생리학적으로 가능하다는 점을 인정해야 한다. 피는 죽은 지 시간이 얼마 경과하지 않은 경우에만 시신에서 흘러나올 수 있고 액체에 가까운 물은 "옆구리"(πλευρά)로 묘사된 부분에서 흘러나올 수 있다. 하지만 요한은 그가 정상적인 사건—어떤 시체에서든지 관찰할 수 있었을 사건—을 기술하고 있다고 생각했는지 아니면 그가 비정상적인 사건—부패를 볼 수 없었던 예수의 시신에서만 일어날 수 있었던 사건—을 기술하고 있다고 생각했는가를 물을 수 있다. 요한의 문서가 일반적으로 지닌 반가현론적인 관심에 비추어 볼 때 전자의 주장이 보다 그럴 듯하다. 요한은 예수가 참으로 인간이었고 그는 실제로 죽었다는 증거를 제시하고자 하였다; 참조. Irenaeus, *adv. Haer.* iii, xxii, 2: "…또한 [그가 참으로 인간이 아니었더라면] 그의 옆구리가 창으로 찔렸을 때 물과 피가 흘러나오지는 않았을 것이다." (ㄴ) 그러나 요한의 의도는 사실을 혼동하는 데 있지 않다. 우리가 이미 주지한 바대로(25절) 어떤 제자가 십자가 바로 옆에 있었으리라는 것은 있을 법하지 않다. 또한 우리는 다음의 사실을 주목할 수 있다. 즉 공관복음서 설화의 전체 사건 (백부장 자신이 예수의 죽음을 지켜보고서 빌라도에게 알렸다——마르 15, 39·45)에 대한 여지가 없다는 것과, 요한이 사실로서 분명히 말하고 있는 바대로 예수가 이미 죽어있었다고 한다면 병사가 단순히 악의로 혹은 무심결에 잔인하게 예수를 공격하였다고 가정하지 않는 한 창으로 찌를 이유는 없었다. (ㄷ) 요한이 신학적인 진리를 동시에 전달하고자 했던 점이 역사적인 사건을 서술하고자 한 그의 의도에 일치하지 않은 것은 아니다. 복음서의 그밖의 곳에(또 아마 어떤 면에서 이 귀절에 의존했거나 관련되었을, 그러나 유감스럽게도 그것을 전혀 설명해주지 않는 귀절인 요한일서 5장 6·8절에) 나타난 "피"(αἷμα)와 "물"(ὕδωρ)의 의미에 비추어 볼 때 요한이 그렇게 의도했다는 것은 거의 의심할 여지가 없다. 신자의 내부에서 솟아나는 "살아있는 물"이 있고(4, 14) 또 성령과 동일시되는 물이 있다(7, 38·39—이 귀절은 "그의 배에서"란 말이 그리스도를 지시하는 거라면 특히 중요하다). 물과 성령으로 사람들은 위로부터 거듭나며(3, 5), 물은 사람들이 정결케 되는 수단이다(13, 5). 다시 말해서 그리스도의 피는 사람들의 참된 음료이다(6, 53 이하). 마찬가지로 세상의 생명으로 주어진 그리스도의 살과 더불어 그리스도의 피를 통해서만이 사람들은 본질적으로 생명을 얻을 수 있다. 그리스도의 찔린 옆구리에서 피와 물이 흐른다는 데서 요한은 십자가에 못박힌 분으로부터 살아있는 시내가 흘러나오고 그 시내를 통해 사람들이 활기를 찾고 교회가 산다는 사실에 대한 하나의 상징을 보았다는 것은 아주 그럴듯하다. 이 귀절에 관한 해석의 역사에 대해서 상당히 가치있는 정보를 제공해 준 브라운이 여기서 성례전에 대한 이차적인, 단지 이차적인 언급, 보다 분명히 말해서 성만찬이라기 보다는 세례에 대한 언급을 보았다는 것은 옳은 것 같다. 세부적인 언급들, 예를 들어 (포도주와 물로) 혼합된 포도주잔에 대한 언급은 요한이 뜻한 바는 아니었는데, 그는 이런 저런 세부적인 성례전 행위나 용어를 지지하는데 관심이 없었고 오히려 반대자들에게 반박하여 예수의 참된 죽음이 사람들의 참된 생명이었음을 강조하는 데 관심이 있었기 때문이다. 이 책 I권 131—135면을 참조하라. 그러므로 34b·45절이 교회론적인 편집자에 의해 첨가되었다고 결론지을 것까지는 없다. 요한은 먼저 피가, 다음에 물이 나왔다는 순서에서 특별한 의미를 보았고 거기서 희생이 완전히 이루어졌을 때 성령이 주어질 수 있었음을 ——비록 이점이 7장 39절과 16장 7절에 확실히 일치한다 하더라도— 지적하고자 했다는 주장은 개연성이 있어 보인다. 시편 22(21)편 14절이 반영되었는지는 의심스럽다. 오히려 즈가리야 13장 1절(즈가 12, 10이 37절에서 인용되었음을 주목하라)이 보다 그럴듯한 인용귀절로 생각된다. 중요한 제안을 포드(J.M. Ford, *N.T.S.* 15[1969], 337—38)가 했는데, 그는 *Oholoth* 3, 5 ; *Hullin* 2, 6 ; *Pesahim* 5, 5. 8을 인용하면서 거기서 과월절에 대한 암시를 보았다 : "이러한 라삐적 개념들이 요한의 이 귀절 배후에 놓여 있다면 우리는 과월절에 대한 다음의 세가지 암시를 볼 수 있다. 첫째, 히솝나무(29절) ; 둘째, 부러지지 않은 뼈들(33절과 36절) ; 세째, 뒤엉킨 피(34절). 그러므로 35절에 나오는 증언은 요한이 예수를 과월절 양으로 보는 세 사건들 모두에 대한 증거가 될 수 있다. "의로운"(כשר)양이 우리를 죄로부터 정결케 한다(요일 1, 7)"(앞의 글, 338).

[35] 목격자가 증거한 것. 이 두 특징적인 요한의 말들의 배열에 대해서는 1장 34절과 3장 11절을 참조하라. "증거하다"(μαρτυρεῖν)에 관해서는 1장 7절을 참조하라. "목격자"(ὁ ἑωρακώς)는 추측컨대 방금 언급된 사건, 즉 예수의 옆구리에서 피와 물

이 흘러나왔음을 보았고 복음서의 저자로서 또는 복음서의 저자에게 이 지식을 전달하였던 사람이다. 이 사람이 누구였는가에 대해서 언급되어 있지도 않고 또한 분명하지도 않다. 그는 (26절에서 언급된) 사랑받은 제자였다고 일반적으로 가정되며 이러한 가정은 27절이 반드시 그가 예수의 어머니를 즉시 자기 집에 모셨음을 뜻하지는 않기 때문에 사실일지도 모른다(참조. 21장 24절). 이 귀절에서 그러한 동일시가 보다 분명해진다.

참된. 이 말들(ἀληθινή...ἀληθῆ)에 대해서는 1장 9절을 참조하라.

그는 알고. ἐκεῖνος("그는")는 다음을 가리킨다고 각기 달리 주장되어 왔다. (ㄱ) 목격자 자신. (ㄴ) 복음서의 저자 (그는 목격자와는 다른 사람으로 가정되었다). (ㄷ) 그리스도. (ㄹ) 하느님. ἐκεῖνος οἶδεν이 ἐκεῖνον οἴδαμεν("우리는…안다")에 대한 훼손이라는 제안은 21장 24절에 부합하는 것이긴 하지만 그 제안을 받아들이기에는 근거가 너무 불충분하다. (ㄱ) 항을 지지하는 것은 문법구조 때문이다 ; ἐκεῖνος("그는")는 αὐτοῦ("그의")로 다시 이어진다 ; 이것은 목격자가 저자가 아니었음을 암시하지만 이러한 결론은 문장상으론 불필요하다. ἐκεῖνος는 저자가 자신을 가리킨 것일 수 있다 ; 예. Josephus, *Bel*. Ⅲ, 202 : "내가[요세푸스] 생각컨대 저[요세푸스]의 안전한 귀환을 시기해서가 아니라"(οὐ φθόνῳ τῆς ἐκείνου σωτηρίας, ἔμοιγε δοκεῖν; Bernard, 649에서 인용된 귀절). (ㄴ) "그의 증거는 참되고 나는 그가 진실을 말하고 있음을 안다"로 번역하기는 어렵다. 하지만 이것은 사실 토레이(50, 52—53)의 주장인데, 그는 ἐκεῖνος를 ההוא גברא, 직역하여 "저 사람" 그러나 때로는 "나"의 지나친 문자적 번역으로 간주한다. 그러나 이런 견해는 요한복음 전체가 아람어로부터 번역된 것이라는 주장에 따른 것이며 그 이외의 주장으로는 증명될 수 없다. (ㄷ) ἐκεῖνος는 3장 28·30절 ; 7장 11절 ; 9장 28절 등에서는 그리스도를 가리키며, (ㄹ) 1장 33절 ; 5장 19·37절 ; 6장 29절 ; 8장 42절 등에서는 하느님을 가리킨다. 그러나 그것이 하느님이나 그리스도를 지시한다는 제안은 그러한 제안이 문맥상 요구되는 것이 아닌 한, 분명히 터무니없는 제안이다. 이 네 가지 해석 중에서 (ㄱ)항이 가장 좋다 ; 그러나 그 목격자가 곧 복음서 저자라고 보기는 어렵다. 문제시되는 '그'(ἐκεῖνος)가 저자라는 이론들을 정립하려는 것은 좋은 해결책이 아니다"(*M*. iii. 46 ; 참조 Turner, *Insights*, 137—38).

당신들도 믿게 하려고. 이 절은 만일 그것을 ἀληθινή ἐστιν("참되다"),

οἶδεν("알다"), 혹은 *λέγει*("증거하다")와 밀접하게 연관시키려고 시도해 볼 경우 드러나게 되듯이 그 문장과 그저 느슨하게 연결되어 있을 뿐이다. 이 절은 목격자의 참된 증거가 지닌 일반적인 목적을 지시한다. "당신들"(복음서의 독자들)이 "피와 물이 십자가에 못박히신 분의 옆구리에서 실제로 흘러나왔음을 단순히 믿게 하려는 것이 아니라 완전히 그리스도교적인 의미에서 믿게 하려는 것이다." 복음서의 전체 목적에 대해서는 20장 31절을 참조하라. 이 귀절이 적어도 한 사건에 대한 목격자의 권위를 요구한다는 점은 의심할 수 없으며 요한이 단순히 그것을 지어냈을 것 같지는 않다(참조. Dodd, *Tradition*, 133—34). 복음서 전체의 저작권과 권위에 대한 이 귀절의 관련성에 대해서는 이책 I 권 184—6면을 참조하라. 이 전체 귀절이 e사본과 Codex Fuldensis, 불가타역의 대우 중요한 사본들에는 생략되어 있다. 그러나 그 증거는 확실히 미약하며 이러한 생략이 "아프리카 고대 라틴역"(*African Old Latin*)에 의해 되어진 거라고 주장한 폰소덴(von Soden)의 주장은 정당하지 못하는 것 같다. 터툴리안이나 키프리안이 이 귀절을 인용하지 않았다는 것은 사실이지만 그렇다고 해서 그런 이유 때문에 그들의 본문에 그 귀절이 빠져 있었다고 보기는 어렵다. 오히려 이 귀절이 어거스틴의 저작들에 거의 나오지 않는다는 사실이 보다 중요할 것이다. 어거스틴이 불가타본문을 따르고 있는 것으로 보이는 *In Ioan. Euang. Tractatus* cxx, 3에는 그 귀절에 대한 형식적인 언급만이 나올 뿐이다. 알렉산드리아의 클레멘트가 *Excerpta ex Theodoto* 에서 인용했던 발렌티누스주의자들의 말은 35절을 지시하는 것이 아니라 34·36·37절을 지시한다는 사실은 중요할 수도, 중요하지 않을 수도 있다. 이러한 관찰들로부터 어떤 결론이든 내려야 한다면 복음서는 처음에 (아마 영지주의권에서) 19장 35절이 빠진 채 출간되었고 이 귀절은 나중에 정통주의자들 사이에서 책의 (목격자=사랑받은 제자=사도에 관한) 권위를 확보하려고 첨가된 귀절이라고 볼 수도 있다. 그러나 어떤 결론을 내리기에는 그 증거가 너무 미약하다.

[36] 그의 뼈가 하나도 상하지 않을 것이다. 이 인용문의 출처를 제시하기란 어렵다. 서너 개의 구약성서 귀절들을 고려해볼 만하다. 즉 출애굽기 12장 10절(참조. 46절)과 민수기 9장 12절, 그리고 시편 34(33)편, 21절이 그것이다. 오경의 귀절들은 뼈가 하나도 부러지지 않은 과월절 희생제물을 지시하며, 시편 귀절은 신실한 자들에 대한 하느님의 보호하심을 지시한다("주께서 그들의

모든 뼈를 보존하시며"). 이 언급은 원래 과월절에 대한 것이었으리라. 왜냐하면 예수는 희생제물을 바치는 때에 죽었고, 히솝나무가 이미 29절에서 언급된 바 있으며, 또한 비록 그의 뼈가 하나도 부러지지 않았을지라도 죽음으로부터는 보호받지 못했기 때문이다. 그러나 여기서만이 συντριβήσεται("부러질 것이다")라는 동사형태가 사용되고 있으므로 시편의 영향을 받았다고 결론지을 수는 없다. 요한의 자료가 시편을 인용했거나 아니면 그가 과월절에 대한 관심에서 과월절에 관한 귀절을 채택했을지도 모른다.

[37] 이 귀절 (그밖의 귀절에서도 마찬가지이지만)에서 γραφή(단수형)는 성서의 특정한 한 귀절을 의미함이 분명하다.

그들은 자기들이 찌른 사람을 쳐다볼 것이다. 요한은 히브리어로 된, 또 아퀼라와 테오도티온에 일치하는(심마쿠스에는 ἐπεξεκέντησαν으로 되어 있다) 즈가리야 12장 10절을 정확하게 따른 것이다. 이 곳에서 70인역은 어긋나게 κατωρχήσαντο("조롱했다")로 읽는데, 이 독법은 히브리어 성서에서 자음을 혼동하여 그렇게 된 것이다 ; דקר("찌르다")가 רקד("조롱하다")로 받아들여진 것이었다. 요한이 70인역을 따르지 않은 것은 분명하지만 그가 히브리어를 번역한 것인지 아니면 어떤 기존의 번역본 (아마 증거의 책)을 사용한 것인지는 말할 수 없다.[3] 요한은 ὄψονται("쳐다볼 것이다")의 주어를 지적하지 않고 있으며 사람들이 미움에 차서, 뉘우치면서, 혹은 믿음의 눈으로 그를 쳐다보았는지에 대해서 이렇다 할 말이 없다(참조. 3,14·15 ; 민수 21,8·9). 요한의 주의를 끈 예언이 성취된 것은 바라봄에서가 아니라 찌름에서이다.

[38] 아리마태아 요셉. ℵ Θ Ω에는 요셉 앞에 ὁ("그.")라는 관사가 붙어 있다. 요한복음의 앞부분에서는 "아리마태아 요셉"이 언급되어 있지 않다. 그러나 본장이 의존하고 있는 마르코복음 15장 43절을 참조하라.

그는 예수의 제자였으면서도 감추어왔었읍니다. 마르코(해당 귀절)에 의하면 요셉은 "명망있는 의회 의원이었고 하느님의 나라를 [열심으로] 기다리고 있던 사람"이었다고 한다. 그러나 요한이 그를 예수의 제자였다고 말한 데 반해 마르코는 그가 제자였다고는 말하지 않는다. 지

---

3) 요한묵시록 1장 7절 ; 또한 마르코복음 13장 26절 ; 12사도 교훈 16장 7절 ; 그리고 Justin, I *Apol.*, 52(거기서도 ἐξεκέντησαν이 사용되었다). 에서 이 '증거'(*testimonium*)가 달리 언급되어 있음을 참조하라.

위가 높은 숨겨진 제자들에 대해서는 12장 42절을 참조하라. 분사 κεκρυμμένος("감추어왔다")는 부사적으로 사용된 것이다.

그는 예수의 시체를 내어달라고. 로마인들에 의해 판결을 받고 형집행을 당한 범인들의 시체는 일반적으로 독수리 밥이 되도록 내버려졌다(참조. 그러나 Philo, *In Flaccum*, 83). 유다법에 따라 형집행당한 희생자들은 법정에서 지정한 장소에 매장되었다(*Sanhedrin* 6,5).

그는 가서 예수의 시체를 내려왔읍니다. ℵ it sah 는 복수동사로 읽는데, 그것은 아마 니고데모와 관련해서였을 것이다.

[39] 니고데모. 요한은 3장 1·2절에 관련된 전후문맥을 제공한다. 그것은 아마 여기서 니고데모 역시 숨은 제자였음을 뜻하는 것 같다. 그러나 (7,50·51에그 불구하고) 이런 사실이 복음서 초기에는 말해지지 않았다.

섞은 것. μίγμα는 대다수 사본들의 독법이다. ℵ* B W에는 ἕλιγμα("꾸러미")로, φ에는 σμίγμα("섞음")로 되어있다. μίγμα는 (예를 들어 약들의) "혼합"(mixture 혹은 confection)을 뜻하는 일반적인 말이지만 *L.S.*나 *M.M.*은 약초나 약의 "꾸러미"를 뜻하는 ἕλιγμα에 대한 어떤 다른 용법도 보여주고 있지 않다. 그러므로 ἕλιγμα는 "보다 어려운 독법"(lectio difficilior)으로 간주해야 하며(비록 그 말이 ἑλίσσειν "말아버리다"에서 일반적으로 조성된 것일지라도 그러하다) 아마 이 독법이 채택되어야 할 것같다.

몰약에 침향을. σμύρνα는 죽은 사람을 썩지않고 오래 보존하려고 사용되는 몰약으로서 그 말이 사용된 예문으로는 Herodotus Ⅱ, 86을 들 수 있다. 신약성서에서 이 말이 사용된 다른 유일한 곳인 마태오복음 2장 11절도 참조하라. ἀλόη("침향")는 신약성서에서 단 한번 나온다. 구약성서에서 aloes는 침대(잠언 7,17)나 옷(잠언 45,9)에 뿌리는 향료를 가리키며 매장시에는 사용되지 않는 것이다. 다음의 귀절에 대한 주석을 참조하라.

백리트라쯤. "리트라"(λίτρα)에 대해서는 12장 3절을 참조하라. 전체 무게는 약 75파운드였다. 2장 1—11절에서 제공된 포도주의 막대한 양과 비교하라.

[40] 고운 베로. 11장 44절에 나오는 "붕대"(κειρία)를 참조하라. ὀθόνιον("고운 베")은 신약성서에서 요한의 특수한 용어이다.[4] 그것은 시체를 감싸는 데 사용되었을 아마포붕대

4) 또한 20장 5·6·7절 ; 루가복음 24장 12절의 삽입되지 않은 서방의 본문

를 의미한다. 예를 들어 *P. Giss.* 68, 11·12(A.D. 2세기)의 ὀθόνια εὔωνα("미이라를 싸는 데 사용된 좋은 아마포 붕대")를 참조하라(*M.M.*). 시체는 주름 사이로 향료가 뿌려진 붕대로 감싸졌다. ὀθόνια의 의미와 그것이 튜린의 거룩한 수의 전승과 관련이 있을 수도 있음에 대한 긴 해설에 대해서는 Brown, 941—42를 참조하라. 예수의 매장에 관한 이 이야기와 향유바른 이야기 사이의 상호관련성에 대해서는 이 책 198—9·205—8면과 Daube, *N.T.R.J.*, 310—24를 참조하라.

유다사람들의 장례 풍속대로. 라자로의 매장에 대한 11장 44절을 참조하라. 분명히 이 매장방법은 시체를 썩지 않게 보존하는 에집트의 방법과는 대조적이다. 아마 로마의 화장방법과도 대조적인 것 같다. 다른 자료들은 유다인들간에 이런 목적으로 향유가 아니라 기름을 바르는 관습이 있었음을 암시한다.[5]

[41] 동산. 인정된 복음서저자들 가운데서 요한만이 십자가 처형과 매장이 동산에서 일어났다고 말한다. 베드로복음서 24에 의하면 이 동산은 요셉의 소유였다. κῆπος(참조. 18, 1)는 넓은 정원, 과수원, 또는 농원을 의미한다. 만일 요한이 에덴동산을 암시하려고 했다면 그는 70인역의 말인 "낙원"(παράδεισος)을 썼을 법도 하다. 그는 20장 15절에 대해 미리 준비하고 있다.

새 무덤이. 참조. 마태오복음 27장 60절 : "그의 새 무덤에". 요한이 새 무덤이었다는 사실에서 어떤 특별한 의미를 보았다고 할지라도 그는 그 의미를 지시하고 있지 않다. 무덤이 새 무덤이었다는 점은 39절의 사치스러운 준비에 맞추려고 했던 것이다.

거기에는 아직 누구의 시체도 넣은 일이 없는. 참조. 루가복음 23장 53절 : "아무도 장사지내지 않은". 두 복음서에서 말들이 발음하기 어렵게 배열되어 있는 사실은 요한이 루가복음에 의존했음을 시사한다.

[42] 유다사람들의 준비일. 31절과 그 주석을 참조하라. 안식일이 가까와졌음에 비추어 볼 때 시체를 처분하는 일은 (임시적으로든 영구적으로든) 가급적 빨리 행해져야 했다. 무덤이 가까이에 있었다 ; 안식일에도 필요하다면 시체를 씻고 기름을 바르는 것이 허용될 수 있었을 것이다(*shabbath* 23, 4—5).

(Non-Interpolation)의 특수용어이다.

5) 그러나 S.B. II, 53과 S. Krauss, *Talmudische Archäologie*(1910—12) II, 55, 474에는 신약성서귀절들만이 향유의 용도에 대한 충분한 증거가 된다는 데 대해서 이의가 없다(Daube, 앞의 글)

Ⅶ. 復活과 顯示 20장 1—31절

1. 빈 무덤과 첫 復活顯示 20장 1—18절

1 그 주간 첫날 새벽 아직 어두울 때 막달라 마리아가 무덤에 가 보니 문
을 막은 돌이 벌써 옮겨져 있었읍니다. 2 그래서 달음질하여 시몬 베드로와
예수가 사랑하시던 다른 제자에게 가서 "누가 주님을 무덤에서 가져 갔읍니
다. 어디 두었는지 모르겠읍니다."하고 말했읍니다. 3 베드로와 다른 제자
가 나와서 무덤으로 갔읍니다. 4 둘이 같이 뛰어갔는데 그 다른 제자가 베
드로보다 빨리 달려가 먼저 무덤에 이르렀읍니다. 5 그래서 몸을 굽혀 가는
삼베가 놓여 있는 것을 보았으나 안에 들어가지는 않았읍니다. 6 시몬 베드
로가 뒤따라와서 무덤 안으로 들어가 보니 가는 삼베가 놓여 있었는데 7 예
수의 머리를 쌌던 수건은 삼베와 한 곳에 있지 않고 한 구석에 따로 개켜 있
었읍니다. 8 그제서야 먼저 무덤에 온 다른 제자도 들어가 보고 믿었읍니다.
9 아직도 그들은 예수께서 죽은 자들 가운데서 다시 살아나야 한다는 성경
말씀을 깨닫지 못하고 있었던 것입니다. 10 그리고나서 두 제자는 자기들이
있던 곳으로 돌아갔읍니다. 11 그런데 마리아는 무덤 밖에서 울고 있었읍니
다. 울다가 몸을 굽혀 무덤 속을 들여다보니 12 흰 옷을 입은 두 천사가 앉
아 있는 것이 눈에 띄었읍니다. 한 천사는 예수의 시체를 눕혔던 자리 머리
맡에 있었고 또 한 천사는 발치에 있었읍니다. 13 천사들이 그 여인에게 말
했읍니다: "여인아, 어찌하여 울고 있느냐?" 마리아가 대답했읍니다: "누
가 저의 주님을 가져갔읍니다. 어디 두었는지 모르겠읍니다." 14 마리아가
이렇게 말하고 뒤로 돌아섰을 때 예수께서 서 계신 것이 보였지만 그분이 예
수이신 줄을 알지 못했읍니다. 15 예수께서 마리아에게 말씀하셨읍니다: "여
인아, 왜 울고 있느냐? 그리고 누구를 찾느냐?" 마리아는 그분이 동산지
기인 줄 알고 "여보세요, 당신이 그분을 옮겨갔거든 어디다 두셨는지 말해
주시오. 내가 그분을 모셔가겠읍니다"하고 말했읍니다. 16 예수께서 "마리

아야!"하고 부르셨읍니다. 마리아가 돌아서서 히브리말로 "라뽀니!"하고 불렀읍니다. 그것은 "선생님이여"라는 뜻입니다. 17 예수께서 마리아에게 말씀하셨읍니다: "나를 만지지 말라. 내가 아직 아버지께로 올라가지 않았다. 이제 내 형제들에게 가서 내 아버지, 곧 너희의 아버지, 내 하느님 곧 너희의 하느님께로 올라간다고 말하라." 18 막달라 마리아는 제자들에게 가서 자기가 주를 만난 일과 주께서 자기에게 이런 말씀을 하시더라는 것을 전했읍니다.

예수의 부활에 관한 초기 전승들에는 두 가지 유형이 있는데 그 하나는 부활 이후 예수가 여러 제자들에게 나타났다(고전 15, 5—8에서처럼)는 전승들이며 다른 하나는 예수의 시신이 놓여있었던 무덤이 비어있음을 발견했다는(마르 16, 1—8에서처럼) 전승들이다. 요한이 교회의 부활절 신앙(8절; 19—23절에는 사도의 임무가 내포되어 있다)에 관한 중심적인 진술로 의도하였던 이 단락에서는 두 가지 유형의 전승이 기술적으로 결합되었다. 브라운은 신약성서의 모든 부활설화에 대해 일반적인 비평을 제시하였다(966—78). 그는 다른 제안들에 대해서 상세히 논의한 다음, 본장에서 요한은 빈 무덤 방문에 관한 두 이야기와 막달라 마리아에 대한 예수의 현시이야기를 결합하고 있다고 결론짓는다(998). 이러한 견해는 요한이 (두 이야기를) 결합하는 데 있어서 다소 공관복음서 전승들의 영향을 받았을 가능성이 있다는 점과 일치하는데(아래 참조) 이러한 견해를 받아들여야 할 것이다.[1)]

주일 아침 일찌기 무덤을 방문한 마리아는 무덤이 열려있음을 발견한다. 그녀는 적대자들이나 무덤 도굴꾼들이 한 짓으로 생각하고 베드로와 사랑받은 제자에게 알리자 그들은 무덤으로 달려가 무덤이 비어있음을 발견하고 예수의 시신을 감쌌던 헝겊을 보았다. 무덤에 제일 먼저 당도한 사랑받은 제자가 베드로를 뒤따라 무덤 안에 들어가서 보았을 때 그는 예수가 죽은 자로부터 부활했다고 믿었다. 마리아는 두 남자를 따라갔고 그들이 떠났을 때 무덤 밖에 남아 있었다. 무덤 안을 들여다 보았을 때 그녀는 그 속에서 두 천사를 보게 되었다. 그녀는 그들에게 그녀가 슬퍼하는 이유를 말한다. 그러나 이때부터 천사들은 그 이야기 속에서 아무런 역할도 하지 못한다. 왜냐하면 비록

1) 주석들에 덧붙여서 다음의 문헌 참조. G. Hartmann, 'Die vorlage der Osterberichte in Joh 20,' *Z. N. T. W.* 55 (1964), 197—220; 또한 O. Michel, *Studien Zum Neuen Testament und Zur Patristik*(Festschrift E. klostermann, 1961), 35—42.

예수가 마리아의 이름을 불렀을 때야 비로소 그녀가 그를 알아보기는 하였지만 주위를 둘러보던 그녀에게 예수 자신이 나타나기 때문이다. 그리고 나서 예수는 그녀가 마땅히 전해야할 그가 승천하리라는 사신과 함께 그녀를 제자들에게로 보낸다.

이 설화에서 짧은 마르코의 부활 이야기(마르 16, 1—8)의 문학적 영향을 받은 흔적을 엿볼 수 있다. 그러나 내용상 이 설화는 독립적인 설화이다. 하지만 반드시 더 오래된 것은 아니다.[2] 사실상 그 역사적인 진정성은 정확하게 평가할 수 없다. 그러나 다음의 사항들은 이런 점에서 관련이 있다. 첫째, 이 설화에는 요한의 특징적인 신학적 주제들, 즉 보는 것과 믿는 것과 예수의 아버지에게로 올라감이 내포되어 있다. 둘째, 사랑받은 제자가 중심적인 위치를 차지한다. 이러한 사실은 사랑받은 제자가 진지한 역사적인 자료를 반영하고 있다고 생각하느냐 아니면 그렇지 않다고 생각하느냐에 따라서 이 이야기에 관한 역사적인 평가에 영향을 미칠 것이다. 세째, 공관복음서 전승은 막달라 마리아에게 나타난 현시에 대해서 이렇다 할 말이 없으며 가장 오래된 전승에는 빈무덤에 관한 말이 없다. 그러나 가장 오래된 부활전승들은 아마 우리가 물려받은 전승들에 비해서 보다 내용이 풍부하고 다양했을 것이라고 생각할 수 있다. 현재의 귀절이 대단한 솜씨와 독창성을 띤 극적인 서술임은 의심할 여지가 없다. 현시 이야기들의 형태에 관해서는 Dodd, *Tradition*, 143 이하를 참조하라.

사랑받은 제자는 베드로와 함께 다시 한번 등장하며 비록 베드로가 제일 먼저 무덤에 들어갔다고는 해도 제일 먼저 부활을 믿은 사람은 바로 그이다. 그는 이런 의미에서 믿음의 우위를 차지한다. 베드로의 고백, 마르코복음 8장 29절과 특히 마태오의 보충부분인 마태오복음 16장 17—19절을 참조하라.

부활에 관해 기술할 때 요한이 의도했던 바는 무엇인가? 특히 17절과 그 주석들을 참조하라. 부활은 예수가 아버지에게로 올라가는 과정 가운데 한 단계로서 서술되어 있다. 다음과 같은 다드의 제안은 매우 흥미있다. 즉 요한에게는 이미 과거에 일어난 일인 십자가 처형이 예수의 영광이 되었기 때문에 아주 풍부한 느낌과 "인간적인 관심"과 외적이거나 준외적인 많은 상세한 점들을 그의 이야기에 그대로 끌어들일 수 있었다는 것이다(*Interpretation*, 441 이하). 불트만

2) 이러한 견해에 대해서는 Benoit에 대한 그의 언급과 함께 Jeremias, *Theology* I, 340—305를 참조하라.

은 요한복음이 부활절 전승 이야기들에 대한 하나의 비판을 제시한다고 생각한다. 이 세상에서 만나게 된 예수는 아직 제자들에게 "오시리라고" 약속하신 올리워진 주님은 아니다. 현시들은 기껏해야 불완전한 증거일 뿐이다. 사실상 전승된 이야기들에 대한 요한의 태도는 앞서(85) 성례전에 대한 그의 태도를 묘사하는 데 사용된 용어로 가장 잘 서술된다. 그 태도는 비판적인 수용의 태도이다. 요한이 부활절 이야기들을 (역사적으로나 신학적으로) 사실이 아니라고 주장했다면 더우기 그가 그 이야기들을 (역사적으로든 신학적으로든간에) 오해를 일으키기 쉬운 것으로 주장했다면 그가 그 이야기들을 보도하지는 않았을 것이다. 그러나 그는 그 이야기들의 한계점들을 알고 있다. 마리아는 만지지 말라는 금지명령을 받는다. 예수는 "내가 아직 올라가지 않았다"라고 말한다. 부활 이야기 자체는 마지막 말씀이 아니며 사람들은 부활한 예수를 단순히 여기저기 다시 나타난 이전의 예수로 간주해서는 안 된다. 보는 것이 일익을 담당하기는 하지만 그리스도교인의 삶이란 믿음으로 사는 것이다.

[I] **그 주간 첫날.** 마르코복음 16장 2절과 마태오복음 28장 1절 그리고 루가복음 24장 1절을 참조하라. 서수 대신 기수(μιᾷ "첫날")가 사용된 것은 아마 (*M.* I, 95—96에는 그것에 대한 반대논증이 나옴에도 불구하고) 셈어법으로 간주할 수 있을 것이다. *M.* II, 439에는 분명한 주장이 언급되어 있지 않지만 *B.D.*, § 247은 달의 모든 날들에 대해서 기수를 사용한 히브리어가 하나의 모형을 제공해준 것임을 인정한다. 이 용법은 또한 아람어적이기도 하다. 그러나 요한이 셈어자료를 번역한 것이라고는 말할 수 없다. 그는 이 구문을 마르코복음 16장 2절에서 따왔을 것이다. 그는 그것을 19절에서 반복한다. 복수형 σάββατα는 "안식일"과 "주간"이란 단수 의미로 사용된 것이다. 그것은 아마 아람어의 단수형태인 שבתא (shabbᵉtha, schabbatta—두가지 형태의 모음화를 볼 수 있다)가 헬라어의 중성복수 어미인 —τα를 연상케 하기 때문에 그렇게 조성된 말인 듯하다. חד בשבתא란 말(직역하여 "안식일[주간]의 한 날")은 예를 들어 창세기 대 미드라쉬 11장 9절에도 나온다. "주간의 첫 날"이란 토요일 오후 6시부터 일요일 오후 6시까지의 시간을 말하였다.

막달라 마리아. 19장 25절을 참조하라. 마르코복음에는 세 여인이, 마태오복음에는 두 여인이, 루가복음에는 정해지지 않은 숫자의 여인들이 무덤으로 갔다. sin사본에는 여기서와 18절에서 "막달라"(ἡ Μαγθαλῆνή)란 말이 빠져 있다. 이런 생략은 우연히 일어난 것일 수 있고 아니면 시리아 교회는 다른 마리아가 무덤에 간 것으로 생각했기 때문일 수도 있다.

새벽 아직 어두울 때. 유다교의 날짜계산에 따르면 요한은 그 날을 시작하는 때가 아니라 주일 아침 일찌기를 뜻한 것임이 분명하다. 마르코에 의하면 무덤의 첫 방문은 새벽에 있었다. 루가는 동일한 의미를 제시한다. 마태오복음 28장 1절은 매우 분명하지 않으며 아마 토요일 저녁을 지시하는 것으로 보인다.

들어 옮겨져 있었읍니다. 19장 38—42절에는 돌로 무덤을 막은 데 대한 언급이 없다. 요한은 마르코와 같은 설화에 의존한 것임이 분명하다. 마르코복음 15장 46절 "돌을 굴려"(προσεκύλισεν λίθον) ; 마르코복음 16장 4절 : "돌이 굴려져 있었고"(ἀνακεκύλισται ὁ λίθος).를 참조하라. 요한은 분명히 돌이 초자연적인 방식으로 치워져 있었음을 암시한다.

[2] **그래서 달음질하여 시몬 베드로에게 가서.** 이중의 이름(시몬 베드로)에 대해서는 1장 42절을 참조하라. 마르코복음 16장 7절에서는 모든 여인들에게 "그의 제자들과 베드로"에게 부활의 소식을 전하는 것이 금지된다.

예수가 사랑하시던 다른 제자에게. ("다른")ἄλλον은 베드로가 아닌 다른 제자를 뜻하며 제 2 의 또 다른 "사랑받은 제자"를 언급한 말은 아니다. 사랑받은 제자, 또한 그와 베드로와의 관련성에 대해서는 이 책 I 권 180—185면과 13장 23절을 참조하라. 또한 18장 15·16절에 나오는 "다른 제자"(ἄλλος μαθητής)도 참조하라. φιλεῖν ("사랑하는")은 ἀγαπνᾶν과 구별되지 않는 말이다(참조. 21장 15절).

주님을 가져 갔읍니다. 삼인칭 복수 동사(ἦραν "가져갔다")는 비인칭 동사이고 수동형에 해당한다(참조. 15장 6절과 그 주석). 마리아가 예수의 적들이 한 짓이거나 무덤 도굴꾼이 한 짓으로 의심한 것은 자연스럽다.[3)]

---

3) 나자렛에서 공포된 글라디오 황제의 중요한 διάταγμα(법령 혹은 아마도 칙령). M.P. Charlesworth에 의해 수집된, 가장 알기 쉽게 되어있는 Documents *Illustrating the Reigns of Olaudius and Nero*[1939] ; No. 17, p.15.를 참조하라) 어떤 면에서건 그리스도교의 기원과 관련이 있을 이 문서는 무덤을 파헤치는 데 대해서 특별한 형벌로 위협하고 있다. 유익한 논의와 참고문헌에 대해서는 A. Momigliano, *Claudius the Emperor and his Achievement* (E.T. 1934), 36, 100—101을 참조하라.

모르겠읍니다. 마리아 혼자서 사신을 전하고 있으므로 복수 동사(οἴδαμεν "우리는 안다")는 적절하지 않다. 이 복수동사는 여러 여인들이 무덤을 방문한 것으로 되어있는 공관복음서 설화의 또 다른 흔적이긴 하지만 공관복음서 설화에서 단순히 빌어온 것은 아니다. οἴδαμεν이란 말이 공관복음서 설화에는 안 나올 뿐만 아니라 이같은 보고를 여인들이 한 것으로 되어있지도 않다. 그러나 불트만은 οἴδαμεν이 사실상 복수동사가 아니라 헬라어와 유비를 이루는 동양의 어법이라고 생각한다(참조. 3장 2절).

[3] 루가복음 24장 24절과 또한 삽입되지 않은 서방본문(Non-Interporlation)인 루가복음 24장 12절을 참조하라. 그렇다고 해서 (사랑받은 제자)를 생략할 필요는 없다.[4)]

[4] 더 빨리 달려가. 이 표현은 중복어에 속한다. 사랑받은 제자가 베드로보다 더 빨리 달렸다면 물론 그가 베드로를 앞서 뛰었을 것이다(참조. 8절). 이 두 곳(4절과 8절)에서 익명의 제자는 베드로를 앞선 것으로 보인다(참조. Haenchen, *Weg*, 533—34). 그러나 요한은 발이 빠른 것과 사도의 우위를 동일시하려고는 하지 않았다는 점을 주목해야 한다(참조. 8절).

[5] 굽혀. 이 말은 자주 높은 데서 내려다 보는 것을 나타내는 데 사용되므로[5)] 무덤의 움푹 패인 곳이나 땅의 단면을 암시하는 것으로 생각할 수 있다. 그러나 그 말이 반드시 이런 의미를 갖는 것은 아니다. 그것은 머리를 숙여서 보는 것을 의미한다. εἰσῆλθεν("들어갔다")은 무덤이 단지 수직으로 되어있지는 않았음을 암시한다.

삼베가. 19장 40절을 참조하라.

그러나 들어가지는 않았읍니다. 아마도 자연스럽게 보이는 이 망설임은 사랑받은 제자가 제일 먼저 빈 무덤을 본 사람이었고(이 복음서에서는 마리아가 그보다 먼저 무덤에 당도하지는 않았다) 또 제일 먼저 부활을 믿은 사람이었음을 요한이 강조하려고 했다고 가정한다면 쉽게 설명될 수 있다. 만일 후자의 관점을 충분히 고려한다면 베드로가 무덤 안으로 들어간 것은 사랑받은 제자의 도착과 그의 믿음에 대한 고백 사이에 놓여져야 한다.

4) K. Aland, *N.T.S.* 12 (1966), 205—206. 또한 Benoit Ⅱ, 274를 참조하라.

5) 예. 판관 5, 28 ; 에녹 Ⅰ, 9, 1 ; *P. Oxy*, 475. 23 ; *C.H.I.*, 14.

[6・7] 뒤따라와서. 이 말은 요한복음(참조. 1, 37)에서 일반적으로 중요한 말이며 그것은 여기서 베드로가 사랑받은 제자를 뒤따랐음을 뜻하는 것일 수 있다.

수건은 삼베와 놓여있지. (삼베와 구별해서 나온) "수건"(σουδάριον)에 대해서는 11장 44절을 참조하라. 부활이 일어났다는 데 대해서 요한이 어떻게 생각하였는가를 확실하게 말할 수는 없다. 라자로가 살아난 이야기에서 시신은 생기를 되찾은 후에 무덤 밖으로 나왔을 때 시신을 장사하려고 사용되었던 붕대에 감싸여 동여맨 채로였다. 그러나 여기서 시신은 어떤 식으로든 옷만 놓여있었거나 옷을 벗은 채 사라졌고 옷은 이전처럼 놓여 있었다(참조. 19절). 거기서 부활한 예수는 갑자기 닫혀진 방에서 사라진다. 그러나 요한이 말하고자 하는 점은 시신을 훔쳐간 것이라는 자연스런 추측(2절)이 틀린 것이었음을 보여주고자 하는 데 있을 뿐이다.

한 곳에. "수건"(σουδάριον)은 한 곳에 놓여 있었다. 다시 말하여 단지 흐트러진 상태로가 아니라 반듯하게 개켜 있었다. 아니면 ἕνα("한")는 셈어법인 τινά("어느") 대신에 사용된 것이다.

[8] 보고 믿었습니다. 이 말은 베드로가 빈 무덤과 무덤의 옷을 보고서도 부활을 확신하지 못했음을 뜻한다. 여기서 동사의 주어는 베드로가 아닌 것 같다(참조. 그러나 Benoit, Ⅱ, 277). "보는 것과 믿는 것"에 대해서는 29절과 Cullmann, *Salvation*, 273, 295를 참조하라.

[9] 아직도 그들은 성경말씀을 깨닫지 못하고 있었던 것입니다. 그 제자의 믿음은 단순히 그가 무덤을 보았다는 것에 근거한 믿음이었다. 요한이 기술했던 당시 교회의 부활신앙은 그것이 구약성서에서 예언되었다는 확신에서 지지되었다. γραφή("성경 말씀")는 성서의 한 귀절(참조. 19, 37)을 가리키는 일반적인 용어인 것 같다. 그러나 여기서는 인용귀절이 안 나오므로 일반적으로 구약성서를(고전 15, 4의 귀절처럼) 지시하는 것일 수 있다. 샌더스는 시편 16편 10절을 염두에 둔 것이라고 제안한다.

[10] 자기들이 (있던) 곳으로. πρὸς αὐτούς를 "그들 자신의 집으로 돌아갔다"라고 번역하기는 어려운 것 같다. 요한은 "고향으로"(πρὸς[혹은 εἰς] τὰ ἴδια)라고 썼었을 것이다(참조. 1, 11 ; 16, 32). 요한의 표현은 아람어의 품성적 여격어(אזלו לחון)에 꼭 들어 맞는다. 그러나 요한이 아람어를 번역한 것이라고 가정할 것

까지는 없다.[6)]

[11] 사람들은 돌아갔다. 마리아가 이 사람들과 함께 무덤으로 돌아왔다는 것은 분명하다. 그녀는 내버려진 무덤의 옷을 주시하지는 않았지만 슬픔에 사로 잡혀 남아 있다. 네슬판 본문이 아마 맞는 것이긴 하지만 πρὸς("옆에") 대신에 ℵ는 ἐν("~에")으로 되어 있고 ἔξω("밖에")는 (P⁶⁶) ℵ* it sin pesh에 빠져있음을 주목하라. 왜 사랑받은 제자가 마리아에게 말을 걸지 않았는가? 여기서 브라운은 두 사람의 만남이 원래는 개별적인 에피소드였다고 자신있게 제안한다.

몸을 굽혀. 5절을 참조하라.

[12] 흰 옷을 입은 두 천사가 앉아 있는. 참조. 마르코복음 16장 5절 : "…흰 옷을 입은 한 청년이 앉아있는…" ; 마태오복음 28장 2·3절 : "주의 천사가 앉아있었읍니다…그의 옷은 희었읍니다" ; 루가복음 24장 4절 : "…빛나는 옷을 입은 두 남자가…." 요한은 공관복음서 전승이나 이와 매우 유사한 전승을 끌여들였다. 천사들이, 한 천사는 예수의 시신의 머리 부분에, 다른 천사는 발꿈치 부분에 앉아 있었다는 언급은 독립된 전승이 아니라 한 자료를 상세하게 서술한 것에 지나지 않을지 모른다.

[13] 여인아. 2장 4절을 참조하라.
왜 울고 있느냐?. D sin은 이 귀절 다음에 15절에 근거하여 "누구를 찾느냐?"를 덧붙인다.

ὅτι("누가 저의 주님을 가져갔읍니다"를 이끄는 ὅτι)는 직접화법("왜 울고 있느냐?" "그들이 가져갔읍니다…")을 이끄는 것이거나 "왜냐하면"("왜 울고 있느냐?" "왜냐하면 그들이 가져갔기 때문입니다…")을 뜻하는 것일 수 있다.

[14] 뒤로. 18장 6절을 참조하라. 고린토전서 15장에는 마리아가 전혀 나오지 않는다.

[15] 동산지기. 이 말(κηπουρός)은 신약성서에서 단 한번 나오지만 헬레니즘적 그리이스어에서는 일반적인 용어이다. "동산"(κῆπος)을 지키는 사람. 이 말에 κύριε란 호칭은 걸맞는다. 여기서 κύριε란 "주여"가 아니라 "선생님이여"를 뜻한다. 13·18절의 κύριος("주님")와 대조하라. 19장 41절과 주석을 참조하라.

6) 민수기 24장 25절 ; Josephus, *Ant*. Ⅷ, 124 ; 그리고 아마 Polybius V, XCiii, I을 참조하라.

가져갔읍니다. "들어서 가져가다"라는 의미에 대해서는 12장 6절을 참조하라. σύ("당신이")는 강조어이다 : "당신이 그를 가져 간 분이라면…." 이 귀절에서 요한은 먼저 오해를 했다가 나중에 깨닫게 된다는 그의 문학적인 정식을 다시 한번 구사한다. 실로 이것은 하나의 비유가 아니라 오해받은 분이 바로 예수 자신이기 때문에 의도적인 서술의 뛰어난 예이다.

[16] 마리아야!. 이 이름만으로도 마리아가 말하는 분이 누군가를 알기에 충분하다. 선한 목자는 자기 양들의 이름을 부르며 그들은 그의 음성을 안다(10, 3).

돌아서서. 아마도 그녀는 동산지기로 생각했던 사람에게서 무덤에로 몸을 돌렸을 것이다. 이제 그녀는 그의 음성을 알아듣게 되자 그에게로 돌아섰다. sin에는 "돌아섰다" 대신에 "그녀가 그를 알아보았다"라고 되어 있다. 이 독법은 Black, 255—56에 비추어 볼 때 지지할 수는 있지만 마리아가 이미 예수 쪽으로 몸을 돌렸다(14절)는 사실에서 제기된 난점을 완화하기 위해 그렇게 된 독법이었을 것이다.

히브리말로. 19장 13절을 참조하라. 이 말이 ω a vg sin에는 빠져 있다.

라뽀니!. 마르코복음 10장 51절을 참조하라. "복음서의 필사는 온켈르스가 펴낸 타르굼의 발음[ribboni]과는 달리 새[팔레스틴 오경] 타르굼의 발음과 일치한다"라고 블랙(23—24 ; 비교 44, 46)은 지적한다.[7]

선생님이여라는. D (it)에는 διδάσκαλε("선생님이여") 앞에 κύριε("주여")가 삽입되어 있다. 분명히 이 말은 인간적인 호칭 이상으로 불리워진 것이라고 생각되었다. 요한이 셈어 용어를 번역한 것들에 대해서는 동일한 번역이 "라삐"('Ραββί)로 되어 있는 1장 38절을 참조하라. ℵ³ Θ sin은 다음 귀절에 대비하여 "그녀는 그를 만지려고 달려갔다"를 첨가하였다.

[17] 나를 만지지 말라. 금지를 나타내는 μή와 함께 쓰인 현재명령은 이미 진행 중인 행동을 중단시키는 것이거나 때로는 행동에 옮기려는 시도를 중단시키는 것을 의미한다.[8] 따라서 마리아가 예수의 발을 붙잡았다거나(참조. 마태 28, 9절) 아니면

---

7) 그러나 J.A. Fitzmyer, *C.B.Q.* 30 (1968), 421을 참조하라. 다른 책들 가운데서 G. Dalman, *The words of Jesus* (*E.T.*, 1909), 324 이하, 340을 참조하라.

8) *M.*I, 122—26 ; Bultmann, 687 ; *B.D.* §336을 참조하라.

그녀가 막 이런 행동을 하려고 했을 때 예수가 그녀를 못하게 했다고 가정할 수 있다. 이어지는 문장들과 관련지을 때 이 말들이 제기하는 난점들에 비추어서 버나드(670—71)는 본문상의 훼손이 일어났던 것이라고 가정하였다. μου("나를")의 위치는 여러 가지로 나타나며 따라서 원래 사본의 독법은 μὴ ἅπτου("만지지 말라")로만 되어 있었을 것인데, 이 독법 자체가 보다 초기의 독법인 μὴ πτόου("두려워 말라")의 하나의 훼손형태이다. 이같은 추측은 Sidebottom, 161에서 인정받는 경향이 있긴 하지만 그 문귀를 해석하려는 다른 모든 시도가 실패로 끝날 경우에만 이러한 추측을 받아들일 수 있다. 마리아의 행동은 자연스런 것이다. 샌더스는 적합하게 Arrian, *Anabasis* VI, Xiii, 3과 비교한다. 마리아는 예수를 선생님이라고 부르고 육체적인 접촉을 함으로써 과거를 상기하려고 애쓴다. 그러나 제자들과 예수의 재결합은 그의 아버지와의 재결합이 완전해질 때만 완전히 이루어질 수 있다(라이트후트).

내가 아직 아버지께로 올라가지 않았다. 이것은 다소 곤란한 진술이다. 이 말은 마치 그 이전에는 안 되지만 올라가신 후에는 예수를 만지는 것이 가능하고 또 허락될 수 있음을 암시하는 것 같다. 그리고 이것은 독자의 기대와는 반대이다. 예수가 아버지에게로 올라가심에 대해서는 3장 13절과 6장 62절(거기서는 ἀναβαίνειν[αναβαίνω "올라가다"의 현재부정사]이 사용되었다)과 7장 33절, 13장 1·3절, 14장 4·28절, 16장 5·17·28절, 17장 13절(거기서는 다른 말들이 사용되었다)을 참조하라. 비록 예수의 영광을 의미하긴 하지만 그의 올라가심과 동일시할 수 없는 수난을 통해 이루어진 일을 완성하는 것이 요한에겐 중요한 일이었다. 더우기 그것은 성령이 오는 조건이었다(7, 39 ; 16, 7). 22절에서 성령은 주어졌고 27절(참조. 20절)에서 토마는 전혀 제지당하지 않고 예수의 손과 옆구리를 만지도록 허락받는다. 이러한 사실들에 미루어서 내릴 수 있는 결론은 요한은 예수의 올라가심 혹은 적어도 그가 완전히 영광받으심이 17절과 22절 사이에서 일어났다고 믿었다는 것이다(참조. Benoit, I, 373). 요한이 이와 같이 말하지는 않았다는 점을 인정해야 하며 이렇게 가장 중요한 사실이 하나의 추론의 문제로 남겨져야 한다는 것은 아주 이상하다. πορεύου("가라")에 뒤따르는 δέ("이제")는 결국 ἀναβαίνω("내가 올라간다")—삽입어구인 '형제들'에게 전할 사신—에 적용된다는 점을 주목한다면 보다 유익한 해석상의 연결점을 얻을 수 있다. 그러면 이 귀절은 다음과 같이 쉽게 번역될 수 있다. "나를 만지지(혹은 그렇게 하려고 하지) 말라. 내가 아직 아버지에게로 올라가지 않았지만[9] 이제 곧 올라가리라는 것은 사실이다. 이것이 네가 내 형제들에게 전할 말이다." 이 번역은 완전히 이해할 수 있다. 부활은 예수와 그의 제자들간의 새로운 보다 친밀한 영적 연합을 가능하게 하였다. 비록 만지는 일이 아직은 영광받으신 주님이 바로 십자가에 못박혔던 분이라는 증거를 뒷받침해 줄 수 있을지라도 (27절) 부활 이전의 몸과의 접촉은 더 이상 적합한 것이 아니다.

내 형제들에게 가서. 참조. 마태오복음 28장 10절 : "가서 내 형제들에게 전하라." 초기 전승에서는 ἀδελφός("형제")란 말을 사용함으로써 요한의 "내 아버지와 너희의 아버지"라는 문귀를 암시하려 했던 것 같다. "형제들"은 7장 5절에 나온 불신자들이 아니라 제자들을 뜻하는 것임이 문맥상 분명하다.

내가 올라간다. 이 귀절 앞의 절들에 관한 주해를 참조하라. 올라가심은 요한복음에서 다시 언급되지 않으며 사도행전 1장 9절(또는 아마 루가 24,51에 나오는 "하늘로 올라가셨읍니다"라는 말을 읽는다면 루가를 포함하여)과 같이 사실주의적인 기법으로 서술되어 있지 않다. 예수는 십자가에 못박힌 이후 아버지의 오른편에 영광의 자리를 차지하였다는 것은 신약성서의 일반적인 신앙의 내용이지만 루가복음—사도행전의 저자만이 이러한 신앙을 관찰할 수 있는 사건으로 만들었다. 또한 3장 13·14절을 참조하라.

내 아버지 곧 너희의 아버지, 내 하느님 곧 너희의 하느님. 하느님을 예수 그리스도의 하느님이요 아버지로, 혹은 그리스도인들의 하느님이요 아버지로 서술하는 것은 일반적인 것이다. 여기서 요한은 비록 그가 예수와 하느님과의 관계와 제자들과 하느님과의 관계를 동일한 말로 서술하고 있으며 제자들은 그의 형제들이라고 말하고는 있지만 예수와 하느님과의 관계는 제자들과 하느님과의 관계와 다름을 강조하고 있다. 예수는 영원히 하느님의 아들이다. 그는 자기를 믿는 사람들에게 하느님의 자녀가 되는 권세를 주신다(1, 11). 그러나 브라운은 룻기 1장 16절을 인용하면서 여기서 분리보다는 동일시를 본다. 또한 요한이 초기의 신앙고백을 사용하고 있음을 암시한다는 주장에 대해서는 W. Grundmann, *Z.N.T.W.* 52 (1961), 213—30을 참조하라. 토레이(71—3)는 그가 생각하기에 요한이 현재의 그리이스어로 번역했을 원어

9) 현재의 이러한 용법에 대해서는 *B.D.* § 323을 참조하고 예를 들어 고전 15, 32, "우리는 내일이면 죽으리라."

인 아람어는 마찬가지로 "나를 만지지 말라. 내가 아버지께로 올라가기 전에 내 형제들에게 가서 그들에게 …전하라"를 뜻할 수 있었다고 해설함으로써 이 귀절의 난점을 피한다.

[18] 막달라. 본문에 대해서는 1절을 참조하라.

전했읍니다. 목적을 나타내는 미래분사가 보다 적합했을 것이긴 하지만 헬레니즘적 그리이스어에서 미래분사는 더 이상 사용되지 않았고 요한은 아마 현재분사를 동일한 의미로 사용했던 것 같다.

ὅτι. 보도에 대해서는 루가복음 24장 9절을 참조하라. 본문은 ὅτι…ἑώρακα…εἶπεν("자기가 만난 일과…말씀을 하시더라는 것을")으로 연결된다. 즉 ὅτι는 융통성 있게 사용된 것이다. ὅτι는 먼저 직접화법("자기가 주님을 만난")을 이끌었다가 간접화법("주께서 이런 말씀을 하시더라")을 이끈다. 문법을 수정하려는 여러 시도들이 있었다. ἑώρακα(ὁράω의 1인, 단수, 완료)를 ἑώρακεν(ὁράω의 3인, 단수, 완료 ; D Θ Ω it)와 ἑωράκαμεν(ὁράω의 1인, 복수, 완료)로 바꾼 시도들이 있고, 다른 한편 두 번째 절에서 vg sah boh와 몇몇 고대 라틴 사본들은 ταῦτα εἶπέν μοι("자기에게 이런 말씀을 하시더라")를 전제하고 D e sin에는 ἃ εἶπεν αὐτῇ ἐμήνυσεν [αὐτοῖς]("자기에게 드러내어 말씀하신 것을[그들에게]")로 되어 있다.

2. 열 한 제자에게 나타난 예수 : 結論

20장 19—31절

19 그 날 곧 그 주간의 첫날 저녁에 제자들은 유다사람들이 무서워서 자
기들이 모인 집의 문을 모두 잠그고 있었읍니다. 그때 예수께서 오셔서 한
가운데 서시며 "너희에게 평안이 있으라"하고 말씀하셨읍니다. 20 이 말씀
을 하시고 두 손과 옆구리를 보이셨읍니다. 제자들은 주를 뵙고 기뻐했읍니
다. 21 예수께서 다시 그들에게 "너희에게 평안이 있으라. 아버지께서 나를
보내신 것같이 나도 너희를 보낸다"하고 말씀하셨읍니다. 22 이렇게 말씀
하시고 그들을 향하여 숨을 내쉬고 또 말씀하셨읍니다 : "성령을 받으라. 23
만일 너희가 누구의 죄든지 사하여주면 사하여질 것이요, 사하여주지 않으
면 그대로 남아있을 것이다." 24 열 두 제자 중의 하나로서 디두모라고 부

르는 토마는 예수께서 오셨을 때 그들과 함께 있지 않았읍니다. 25 다른 제
자들이 그에게 "우리는 주님을 보았소"하고 말했읍니다. 그러나 토마는 그
들에게 "나는 내 눈으로 그의 손에서 못자국을 보고, 내 손가락을 그 못자
국에 넣어보고, 또 내 손을 그의 옆구리에 넣어보지 않고는 결코 믿지 못하
겠소"하고 말했읍니다. 26 여드레 후에 제자들이 다시 집 안에 있을 때 토
마도 같이 있었읍니다. 문이 잠겨 있었는데 예수께서 오셔서 가운데 서시고
"너희에게 평안이 있으라"하고 말씀하셨읍니다. 27 그리고나서 토마를 향하
여 "네 손가락을 이리 내밀어 내 손을 만져보고 내 손을 펴서 내 옆구리에
넣어보라. 그리고 믿지 않는 사람이 되지 말고 믿는 사람이 되라"하고 말
씀하셨읍니다. 28 토마가 예수께 "나의 주님, 나의 하느님!"하고 말하니
29 예수께서 토마에게 말씀하셨읍니다: "너는 나를 보았기 때문에 믿느냐?
나를 보지 않고도 믿는 사람은 복이 있다." 30 예수께서는 이 책에 기록되
지 않은 다른 많은 표징들도 제자들 앞에서 행하셨읍니다. 31 그러나 여기
에 기록한 것은 예수께서 그리스도요 하느님의 아들이심을 당신들로 믿게 하
고 또 믿고 그의 이름으로 생명을 얻게 하려는 것입니다.

이 귀절들에서 복음서는 처음에 의도된 바대로 결미, 즉 만족할 만한, 실로 승리의 결미에로 이른다. 30·31절은 하나의 일의 완결로서 읽을 수밖에 없으며, 그 앞 귀절들에는 예수의 제자들이 그들의 주님에 대한 충분한 신앙고백을 갖추어 성령의 능력 안에서 그들의 임무를 띄고 보냄을 받는다는 내용이 씌어져 있으며 또한 예수의 생애로부터 교회의 역사에로의 전이가 일어나는 데 있어서 말해져야 할 모든 것들이 서술되어 있다.

베드로와 사랑받은 제자가 무덤이 비어있음을 발견하였고 마리아가 주님을 보았던 부활절 첫 날에 일어난 첫 번째 사건에서 제자들은 문이 잠긴 데서 예수를 만난다. 분명히 부활 이후 그의 몸이 딱딱한 물체를 통과할 수 있었거나 아니면 그가 들어가고자 한 곳에 몸을 드러낼 수 있었던, 예수는 제자들 가운데 나타나서 비록 그의 몸은 변형되었지만 그럼에도 불구하고 그가 동일한 예수임을 입증하기 위해 그의 손과 옆구리를 그들에게 내보인다. 그는 그들을 전도하도록 보내며 그들에게 성령을 주고 죄를 사하거나 그대로 두는 권한을 부여한다.

이 때에 토마는 참석하지 못했다. 이에 따라 예수는 일주일 후에 이 제자의 의심을 풀어주기 위해 비슷한 상황에서 다시 나타난다. 토마는 상처를 여전히 볼 수 있는 예수를 뵙고나서야 복음서의 절정에 달한 고백인 "나의 주님, 나의 하느님"이라고 말한다. 마지막에 나온 예

수의 말은 토마와 달리 그를 보지 않았어도 토마처럼 믿게 된 사람들에 대한 축복이다.

복음서 저자는 다만 예수의 중요한 행동들 가운데 그가 택한 몇몇 행동들만을 제시하였고 그가 골라서 기록한 것은 그의 독자들로 하여금 그리스도에 대한 믿음을 갖고 또 믿음을 통해 생명을 얻도록 하기 위해서였음을 상기시킴으로써 그의 작품을 끝맺는다.

여기서 요한의 자료가 어떤 것인가를 확인할 수 없고 그것들의 가치를 평가하기란 불가능하다. 이 귀절이 가설적인 "표징자료"의 끝을 특징짓는다는 제안에 대해서는 30절을 참조하라. 예수가 열 두 제자(?열 한 제자)에게 나타남은 고린토전서 15장 5절에서 입증된다. 본장에서 요한의 주된 관심은 부수적으로 진술된 부활한 몸의 이중적인 성격에 있는 것이 아니라 첫 부활절의 관점에서 미래가 어떨 것인지, 말하자면 이 복음서에서 요한이 항상 염두에 두었던 교회의 생명과 증거와 권위에 있다. 예수 자신의 선교는 성령을 통하여 교회의 선교에서 영속된다. 교회는 그리스도가 하느님과 관계를 맺고 있듯이 신앙에 의해서 그리스도와 관계를 맺고 있다.

[19] 그 날 저녁에. 루가만이 예수가 부활 이후 첫날에 이렇게 다시 나타난 것과 들어맞는 병행귀를 제공한다.

참조. 루가복음 24장 31절 : 엠마오로 가는 두 사람에게 나타남 ; 24장 34절 : 시몬에게 나타났다는 보도 ; 24장 36절 이하 : 모여있는 제자들에게 나타남. 루가복음 24장 36절 이하는 여러 면에서 현재의 설화와 병행을 이룬다(이하를 참조하라). 또한 마르코의 "더 긴 종결"인 16장 9—20절을 참조하라.

그 주간의 첫날. 1절을 참조하라. 1절에서와 같은 날을 뜻한다.

문을 잠그고 있었읍니다. 이런 사실과 여기에 대해 제시된 동기("유다 사람들이 무서워서" $\delta\iota\grave{\alpha}\ \tau\grave{o}\nu\ \varphi\acute{o}\beta o\nu\ \tau\tilde{\omega}\nu$ 'Ἰουδαίων)는 아주 자연스럽고 이해할 만하다. 그러나 이에 대한 병행귀가 없고 문이 닫혀 있었다고 말한 요한의 동기는, 그 근거가 어디 있었든지간에 상처를 내보일 정도로 즉시 육적 존재가 되었고 닫혀진 문을 통과할 정도로 영적 존재가 되었던 부활한 예수의 신비적인 권능을 암시하려는 데 있었던 것 같다. 요한은 이런 권능에 대해 어떤 설명도 제공하지 않으며 또한 그런 설명은 제공할 수도 없다. 그러나 바울로의 영적 몸의 교리와 비교하는 것은 타당하다(고전 15, 44).

제자들은. Θ W it에는 "모여서"(συνηγμένοι)가 첨가되어 있다. "제자들"이 열 사람(유다와 토마를 제외하고 열 두 사람)뿐이었는지 아니면 다른 사람도 포함되었는지를 고려하는 것은 중요하다. 루가의 병행귀(24, 33 : "열 한 제자와 또 함께 하던 사람들이")는 보다 큰 집단을 암시한다. 그러나 토마가 "열 두 제자 중의 하나"(εἷς ἐκ τῶν δώδεκα)로 서술되어 있음(24절)은 보다 작은 집단을 암시한다는 것이 설득력이 있는 것 같다. 열 두 제자는 (적어도 그 칭호로는) 요한복음에서 그다지 자주 언급되지 않는다(참조. 6장 70절). 요한이 말하는 μαθηταί("제자들")가 예수 추종자들의 내부 집단(좁은 범위의 추종자들)을 뜻하였는지 아니면 외부 집단(넓은 범위의 추종자들)을 뜻하였는지 말하기가 어렵다. 따라서 여기서 이 문제를 확실하게 해결하기란 어려울 수밖에 없다는 것은(비록 그것이 중요한 문제로 남아있긴 하지만) 놀랄 일이 아니다. "이같은 문제에 대해서 의심할 수 있다는 단순한 사실 자체가 놀라운 일이다. [부활 이후] 이런 경우들은 복음서 저자들이 열 두 제자를 다른 제자들과 구별하려고 제자들이란 말을 자주 생략했던 것과 같은 의도에서 그렇게 된 것이다… [요한과 마태오] 이 두 경우에 주님께서 직접 또 주로 말씀하셨던 상대가 아마 열 한 사람이었다고 인정하더라도…그들이 어떤 자격으로 그의 말을 들었는가라는 점이 고려되어야 한다. 열 두 제자나 열 한 제자가 다른 제자들뿐 아니라 불신앙의 유다인들로부터 철저하게 격리되었던 최후의 만찬이나 이어지는 담론들에서 그들은 미래의 전체 교회를 대표하는 것이라고 한다면 이와 마찬가지로 그들은 미래의 전체 교회의 대표자들로서 그들이 다른 제자들과 연합했든 안 했든지간에 주님에 관한 두 가지 확신과 책임, 즉 성령을 받음과 죄를 사하거나 그대로 두는 것…그리고 하늘과 땅에서의 그의 우주적인 권위에 대한 확신과 책임을 그들에게 전히 주었을 거라고 가정하는 것은 자연스러운 일일 뿐이다…"(Hort, 33). 이 인용문은 본 단락의 참된 의미를 정확하게 드러내는 것 같기에 길게 인용하였다. 21절의 위탁, 22절의 성령의 선물, 23절의 권위 등이 사도교회에 주어졌다.

한가운데 서시며. 의미심장한 구문이긴 하지만(이 구문에 대해서는 마르 3, 3 : "앞으로 나아오라" ἔγειρε εἰς τὸ μέσον) 고전 그리이스어와 병행을 이룬다 ; 예. Xenophon, *Cyropaedia* Ⅳ, i, Ⅰ : "한가운데 서라"(στὰ εἰς τὸ μέσον). 아니면 εἰς τὸ μέσον("한가운데")은 아마 ἐν τῷ μέσῳ에 일치하는 말일 뿐인데, εἰς와 ἐν은 헬레니즘적 그리이스어에서 자주 혼동되었기 때문이다.

너희에게 평안이 있으라. shalom, sheʼlamaʼ, "평화"는 매우 일반적으로 의례적인 인사말로 사용되었다. 일상적인 의미는 "만사가 잘 되기를 빕니다"에 지나지 않지만 εἰρήνη("평안이 있으라")는 그리스도교적인 용법(참조. 14, 27 ; 16, 33)에서 아주 충분한 의미를 갖게 되었으므로 여기서도 훨씬 더 깊은 의미가 의도되었을 것이다. 이런 표현이 21절과 26절에서 반복된다.

[20] 두 손과 옆구리를 그들에게 보이셨읍니다. 즉 상처와 흉터가 남은 그의 몸의 일부를 보였다(참조. 27절). 발에 대한 언급이 없다. 초기전승에는 예수가 십자가에 못박힘에 대한 언급이 없으며, (흔히 그러했듯이) 그는 못박힌 것이 아니라 밧줄로 십자가에 매달렸던 것으로 보는 것이 불가능하지는 않다. 상처가 못으로 입혀진 것이었다는 생각은 그리스도의 피에 부여된 신학적인 의미(그의 죽음은 일종의 희생으로 간주되었다)에서 생겨났을 것이고 또한 (십자가에 달린 예수가) 다른 사람으로 대치되지 않았다는 귀중한 증거의 단편을 그 상처가 제공해 주었기 때문에 그러한 생각이 생겨났을 것이다. 부활하신 예수가 십자가에 못박히신 바로 그 분이다. 토마의 의심과 의심이 풀어짐에 대해서는 아래를 참조하라.[1)]

기뻐했읍니다. 16장 20·22절을 참조하라.

[21] 아버지께서 나를 보내신 것같이 나도 너희를 보낸다. 여기 나온 두 동사("보내다" ἀπέσταλκέν과 "보내다" πέμπω)는 이 복음서에서 동의어로 사용된 것 같다.[2)] 현재의 귀절에 대한 가장 밀접한 병행귀들은 13장 20절과 17장 18절이다. 각 귀절들마다 동일한 보냄의 방식을 주목하게 된다. 아버지는 아들을 보내고, 아들은 "사도들"을 보낸다. 요한복음에서 ἀπόστολος란 말은 편의상 "단순히 보내심을 받은 자"라는 의미로 단 한번 사용된다(13, 16). 그것은 전문적인 용어로 사용된 것이 아니다. ἀποστέλλειν과 πέμπειν이 일반

1) Ignatius, *Smynaeans*, 3, 2를 참조하라.

2) 그리스도가 아버지에 의해 보냄을 받았다는 데 대해서는 3, 17·34 ; 5, 36·38 ; 6, 29·57 ; 7, 29 ; 8, 42 ; 10, 36 ; 11, 42 ; 17, 3·8·18·21·23·25('보내다' ἀποστέλλειν) ; 4, 34 ; 5, 23·24·30·37 ; 6, 38·39·44 ; 7, 16·18·28·33 ; 8, 16·18·26·29 ; 9, 4 ; 12, 44·45·49 ; 13, 20 ; 14, 24 ; 15, 21 ; 16, 5 ('보내다' πέμπειν) ; 특히 '나를 보내신 이(아버지)' ὁ πέμψας με (πατήρ)라는 문귀에서 이 말의 용법을 주목하고 그 말이 보혜사의 보냄에도 쓰이고 있음을 주목하라(14, 26 ; 15, 26 ; 16, 7). 그리스도가 자기 제자들을 보내심에 대해서는 4, 38 ; 17, 18(ἀποστέλλειν); 13, (16)·20(πέμπειν).

적으로 동의어로 사용되었다는 것과 이 문장의 구성("…과 같이…도…" καθὼς...καὶ...)에 비추어 볼 때 두 가지 보냄의 형태, 말하자면 보냄받은 자가 권위를 부여받은 대리인이 되는 보냄의 형태(ἀποστέλλειν)와 그렇지 못한 보냄의 형태(πέμπειν)를 구분할 수는 없는 것 같다. 이 두 가지 브냄이 서로 대조를 이루는 것이 아니라 병행을 이룸이 여기서 강조된다. shaluaḥ, Shaliaḥ(이 형태는 동사 shalaḥ "보내다"의 수동분사형이다)라는 용어의 라삐적 용법에서 다음의 목적을 위해 즉 하느님이 예수를 보낸 것은 예수의 말들과 일들과 인격 속에서 사람들이 단순히 한 유다인 라삐가 아니라 진정으로 하느님 자신을 만나게 되었음을 의미한다고 주장하기 위해서 확실하지도 않은 병행귀들을 찾는 일은 불필요한 일이다(1, 18 ; 14, 9 ; 여러 귀절들). 또한 교회가 사도를 보냄에 있어서(참조. 19절) 세상은 진정으로 단순히 하나의 인간적인 제도가 아니라 하느님의 아들 예수를 만나게 된다는 점(13, 20 ; 17, 18)이 부연될 수 있다. 더 나아가서 예수가 그의 선교활동에서 그를 보증하고 성별케 한 아버지 하느님에게 전적으로 의존하고 복종했으며(4, 34 ; 5, 19 ; 10, 37 ; 17, 4과 다른 귀절들 ; 6, 27 ; 10, 36) 그에게 임하였던 성령의 능력으로 행동하였듯이(1, 32) 교회도 오직 예수가 교회를 성별하였고 (17, 19) 성령을 불어넣었다는(22절) 사실에 의해서만 그리고 교회가 예수에 대해 완전한 복종의 태도를 유지하는 한에서만 그리스도에게서 위임받은 사도적 교회가 된다. 이 점에 있어서 물론 예수의 아버지에 대한 관계와 교회의 예수에 대한 관계 사이의 병행이 단절된다. 교회의 생명과 사명은 그것이 이 역사적인, 신학적인 상황과 분리된 것이라면 무의미한 것이다.[3] 사도직에 관한 사상과 언어의 원래 맥락은 유다교적이고 종말론적인 것이었지만 요한은 그러한 사상과 언어를 적어도 유다교적인만큼 그리이스어적인 용어를 사용하여 특징적으로 표현하였다는 점을 여기서 주목할 수 있다. 철학적인 선교사란 하느님

---

3) 이 귀절에서 사용된 말들에 관해서, 그리고 예수의 선교활동과 사상면에서, 또한 초대교회에서의 사도들에 관해서는 특히 K.H.Rengstrof, *Apostolat und predigtamt* (1934, 재판 1954)와 ἀποστέλλω, κτλ.에 관한 동일한 저자의 논문인 *T.W.N.T.* I, 397—448 ; R. N. Flew, *Jesus and His Church*(1938), 106—20 ; T.W. Manson, *The Church's Ministry* (1948), 31—52 ; 또한 G. Klein의 후기작품(*Die Zwölf Apostel*, 1961)과 W. Schmithals의 후기작품(*Das kirchliche Apostelamt*, 1961 ; E.T, 1971). 그리고 나의 보잘것 없는 저서인 *The Signs of an Apostle* (1970)을 참조하라.

으로부터 보냄을 받은 사람이었다. 이와 같은 예로는 디오게네스를 들 수 있다 : "당신에 앞서 디오게네스를 정탐하도록 보냈다… 그는 선포하였다" (Epictetus, I, xxiv, 6). 영지주의자인 미넨더는자 기가 "볼 수 없는 곳인 위로부터 사람들을 구원하기 위해 보냄을 받은 구원자"[4]라고 주장하였다. 또한 헤르메스 사도에게 주어진 위임 : "그러면 당신은 어떻게 하시렵니까? 모든 사람을 영접하는 지도자처럼 하지 말고 어떻게 인류가 하느님으로부터 너를 통해서 구원받게 되는가를 합당한 사람들에게 알리도록 하시오 (C.H. I, 26).[5] 페쉬는 요한의 [사도]개념과 만데아의 사절개념 사이의 차이점을 지적하였다. 헬레니즘의 세계는 하느님으로부터 보냄을 받고 또 그의 사명을 위해 영감을 받고 권한을 위임받은 사람에 관한 사상에 친숙하였다. 요한복음에서는 영감이 곧 뒤따른다.

[22] 숨을 내쉬고…성령을 받으라. 첫 말이 중요하다 ; 참조. 창세기 2장 7절 : "[즉 하느님께서] 생기를 사람의 코에 불어넣으시니 사람이 생령이 된지라." ; 에제키엘 37장 9절 : "[생기야] 사방에서부터 와서 이 사망을 당한 자에게 불어라" ; 지혜서 15장 11절 : "그는 자기를 만드시고 자기에게 생명력을 불어넣어 주시고 산 영혼을 넣어 주신." 또한 Philo, *Op.* 135 : "참으로 그가 내쉰 숨은 하느님의 영과 다른 것이 아니었다"를 참조하라. 때때로 병행귀절들로 첨가된 종도의 규례 4장 21절과 다마스커스 문서 2장 12절은 요한의 [이 귀절]과 거리가 멀다. 요한이 중요한 사건을 태초의 인간의 창조사건에 병행하는 것으로 묘사하려고 했다는 것은 의심할 여지가 없다. 이것은 새로운 창조의 시작이었다. 동시에 영감에 관한 언어는 헬레니즘 철학의 사도에 부합하는 것이다[6](참조. 21절). 다드(*Interpretation*, 430 ; *Tradition*, 144)는 이 귀절에서 뜻하는 영의 개념과 마지막 담론들의 영의 개념과는 다르다고 결론짓는데, 후자는(보혜사라는 이름이 암시하듯이) 인격적인 것인 반면 전자는 준(準)물질적인 것이라는 점에서 다르다는 것이다. 그러나 숨의 상징인 영이 물질적인 의미로 이해될 수 있음을 반드시 뜻하지는 않는다. 그것은 오히려 예수가

4) Eusebius, *H.E.* Ⅲ, xxvi, I ; Irenaeus, *adv. Haer.* I, xviii, I에 근거한 것이다.

5) E. Percy, *Untersuchungen über den Ursprung der johanneischen Theologie* (1939), 199—200.

6) 성령에 관한 요한의 가르침에 대해서는 이 책 I권 139—44면과 1장 32·33절 ; 3장 5절 ; 4장 24절 ; 7장 37절 이하 ; 다른 주장들 중에서 14

성령의 인격 안에서 인격적으로 제자들과 대화를 나누고 함께 하는 것을 의미한다. 예수의 영광받은 이후 성령이 주어지리라고 약속되었고(7, 39 ; 16, 7) 이것이 의도된 선물임을 의심할 수 없다. 성령과 승천과의 관계에 대해서는 17절을 참조하라. 특별한 성령의 부여에 대한 이 같은 설명과 사도행전 2장에 내포된 성령의 부여를 일치시키기는 어려운 것 같다. 이 사건 이후 더 이상 "기다림"이란 있을 수 없었고(루가 24, 48·49 ; 사행 1, 4·5) 교회는 그 사명을 위해 보다 충분한 준비를 할 수 없었다. 본질적인 성령의 선물에 관한 다양한 전승이 있다는 것은 놀랄바가 아니다. 초대 그리스도교인들에게 있어서 예수의 부활과 현시, 그의 들리워짐(그러나 이것은 이해된 바였다), 그리고 성령의 선물이 하나의 경험으로—후대에 이르러서야 여러 요소들과 사건들로 서술하게 된 경험으로 —보여졌다는 것은 개연성이 있다.

[23] 만일 너희가 누구의 죄든지 사하여주면 사하여질 것이요, 사하여주지 않으면 그대로 남아있을 것이다. B a (e) sin pesh Cyprian Eusebius 등 모든 곳에서 τινων("누구의" : 복수형) 대신 τινος(단수형)로 되어 있다. 이 독법은 잘 입증되는 것이긴 하지만 결국 시리아의 관용어에서 기인한 것일 수 있다. 하지만 이 독법이 어떻게 B에 영향을 미칠 수 있었던가를 알기는 어렵다. ἀφέωνται(ἀφίημι "용서하다"의 3인칭 복수 완료 수동형 ; 도리아말—이오니아말—아카드말의 완료수동형 참조 *B.D.*, §97 ; *M.* I, 38)은 D와 소수의 몇몇 사본들의 독법이지만 B의 독법(ἀφείονται)은 아마 ω 대신 쓰여졌던 ιο를 첨가한 것임이 분명하다. 대개의 사본들은 약한 의미를 주는 현재형(ἀφίενται; ℵ*에는 ἀφεθήσεται:[3인칭 단수 미래 수동형]로 되어 있다)으로 되어 있다.[7] ἄν("만일")은 (몇몇 사본들에서 나오는) ἐάν 대신 사용된 것이다(참조. 16장 23절). 가장 훌륭한 해석은 아마 "만일 너희가 누구의 죄든지 사하여주면 …그대로 갖고 있으면…"일 것이다(참조. Moule, *Idiom Book*, 152). 이 귀절의 사상에 대해서는 마태오복음 16장 19절과 18장 18절을 참조하라. 또한 용서에 대해서는 루가복음 24장 47절을 참조하라. 애머톤(J.A. Emerton, *J.T.S.* 13 [1962], 325—31)은 마태오의 말과 요한의 말이 이사야 22장 22절을 연상케 하는 다음의 말에서 공통적으로

장 16절을 참조하라.

7) 그러나 ἀφίενται(ἀφίονται)가 종말론적 의미를 지닌 미래적 현재로서 주장된 *T.W.N.T.* Ⅲ, 753(J.Jeremias)과 관련하여 *B.D.*, §323을 참조하라(그러나 미래적인 언급은 Turner, *Insights*, 80 이하에서 부인되었다).

기인한 것이었으리라고 주장한다. "네가 무엇을 닫든지간에 닫혀질 것이요 : 무엇을 열든지간에 열려질 것이다." 여기서 중요한 아람어 동사는 אחר("닫다")와 פתח("열다")이다. 요한복음에서 פתח는 교대로 "용서하다"를 뜻하기도 하였던 "풀어주다"란 의미를 암시하는 것이었다. 다드(*Tradition*, 347 이하)는 요한이 마태오에 의존하지 않았다—요한이 마태오에 의존했다고 보는 학자들은 거의 없을 것이다—고 결론짓는데 그것은 옳은 것 같다. 또한 McNamar a,*T.E.T.*, 130을 참조하라. 그리고 마태오(28, 19)와 마르코의 "부록"(마르 16, 16)의 저자 모두 예수는 그가 떠나기 전에 사죄를 수반하는 세례를 받으라는 명령을 한 것으로 서술하고 있다는 사실을 참조하라. 요한의 명령에서도 세례에 대한 언급을 볼 수 있다. 교회는 세례를 받아들이거나 받아들이지 않음으로써 구원받은 공동체의 문을 열거나 닫는 것이다. 그러나 세례에 대한 말이라고 의미를 제한하는 것은 틀린 것이리라. 전달된 권위는 성령의 활동을 통한 예수의 선교의 확대를 의미한다. (9장에서) 예수는 그가 눈이 먼 것을 알았던 맹인에게 보게 해주고 믿음을 갖게 해주었다 ; " 우리는 볼 수 있다"라고 오만하게 주장하는 자들에게 그는 "너희의 죄가 그대로 남아 있다"라고 말할 수밖에 없었다. 이것은 죄가 그대로 남아있다는 하나의 사실에 대한 진술임과 동시에 벌이었다. 성령의 일에 대해서는 16장 8—11절을 참조하라. 성령은 예수의 선교활동을 영속시키며, 또한 사람들의 그리스도에 대한 관계는 그들의 하느님에 대한 관계를 결정짓는 것이므로 그가 불신앙을 심판한다는 것은 동시에 죄를 심판하는 것이다. 성령을 보내는 그리스도의 활동과 그리스도를 증거하는 성령의 활동의 이러한 연합은 제자들로 대표되는 교회 안에서 또 교회를 통하여 실행된다. ἀφιέναι(직역 하여 "풀어주다", " 가게하다 ")는 요한복음의 이 귀절에서만 "용서하다"라는 의미로 사용되었다. κρατεῖν(새 번역에는 "남아있다"로 번역) 은 그 반대인 "꽉 잡다", "여전히 갖고 있다" 를 의미한다. 브라운의 길고도 칭찬할 만한 논의는(1039—45) 여기서 채택된 의미와 유사한 결론에로 이끈다.

[24] 열 두 제자 중의 하나로서 토마는. 토마에 대해서는 11장 16절, 14장 5절, 21장 2절을 참조하라. 다른 복음서와 사도행전은 그의 이름만을 기록하고 있다. 그러나 부활에 대한 의심은 모든 복음서의 특징이다 ; 참조. 마태오복음 28장 17절, 마르코복음 1 6장 14절 ; 루가복음 24장 11·25·37·41절.

디두모라고 부르는. 그의 이름에 대한 설명에 따르면, 토마가 의심많은 제자로 부각된다는 것은 그럴 듯하지는 않지만 생각할 만한 점이다. Thoma'("쌍동이")에 대한 자연스런 번역인 "디두모"(Δίδυμος)는 원래 "둘의", "이중적인"을 의미한다. 반면에 토마에 대한 초기의 언급들은 의심많고 주저하는 성격이라기 보다는 충성스럽지만 우둔한 성격을 암시한다. 부활의 현시에 대한 (17절에서 마리아의 태도와 같은) 그의 태도는 보다 이전의 (예수의) 선교활동에서 표징을 보았던 경솔한 사람들의 태도와 비교할 수 있다(참조. 2,9 ; 3,4 ; 4,48 ; 6,26 ; 이외의 여러 귀절들). 다드(*Tradition*, 145)는 "여기서 (저자의 방식에 나타난) 일부 제자들 혹은 모든 제자들의 불신이 지닌 전승동기의 하나의 극화"을 본다. Betz, 93은 Lucian, *Verae Historiae* Ⅱ, 12의 "어쨌든 누가 만져보았더라면 가시적인 몸이 아니라는 것을 밝혀내지는 못했을 것이다"라는 귀절을 적절하게 인용한다.

[25] 나는 보고…넣어보고…넣어보지 않고는 결코 믿지 못하겠소. 토마는 그가 특별한 방식으로 죽임을 당한 것으로 알았던 몸이 실로 되살아났는지에 대한 가장 현저하고 감촉할 수 있는 증거를 요구하였다. 그는 십자가상에서 죽으신 바로 그 주님의 몸이 아니라면 만족하지 못했을 것이고 또한 영적인 몸이나 유령의 출현에도 만족하지 못했을 것이다. 부활하신 그리스도는 눈으로 보거나 손으로 만쳐서 이전의 그리스도와 동일한 분이어야 한다. 이러한 믿지 못하는 태도는—결국에는 믿게 되지만—상당한 변증적 의미를 갖고 있다. 훼톤은 요한이 토마의 요구를 어리석은 것으로 돌리게 하려고 그랬을 거라고 주장한다.

χεῖρα("손을") 대신 ℵ* B 사본에는 χεῖραν으로 되어있다. 이런 형태는 다듬어지지 않은 파피루스 문서들(*M.* Ⅰ, 49)에 일반적으로 나오며 혹은 요한이 쓴 것일 수도 있다.

[26] 이 귀절의 상세한 서술에 대해서는 19절을 참조하라. 문을 잠근 하나의 동기로서 두려움에 대한 언급이 더 이상 나오지 않는다—아마 그러한 동기는 성령이 주어진 이후에는 더 이상 적용될 수 없었기 때문이었을 것이다(훼톤). "여드레 후에"와 요한이 정확한 시간간격에 관심이 없었을 때에 사용한 "이 일들(혹은 이 일) 후에"를 비교하라. 요한은 예수의 첫 현시 이후 다음 일요일을 뜻한 것이다. 고대 관습에 의하면 두 일요일이 모두 날자 계산에 포함되기 때문이다. 주님께서 그 주간의 첫 날에, 즉 교회의 정기적인 집

회일에 특별히 나타나신 것으로 요한이 설명한 데는 특별한 의도가 들어있는 것 같다.

[27] 네 손가락을 내밀어…. 예수는 신체적으로 조사해 보겠다는 도전을 받아들였다. 17절(그 주석 참조)과 비교하고 20절을 참조하라. 토마는 그가 요구한 바대로 하도록 허락받았다. 요한은 그가 기회를 이용했다고는 말하지 않는다. 오히려 그는 보는 것으로 충분했음을 암시한다(29절). 그러나 요한은 부활한 몸이 비록 잠궈진 문을 통과할 수 있었을지라도 손으로 만질 수 있었다는 주장을 분명히 하였다. 부활한 몸은 신체적으로 "실재하는" 것이었다.

믿지 않는 사람…믿는 사람. 이 말은 요한복음의 그밖의 곳에서는 나오지 않는다. 고린토전후서에서 여러 번 나오고 목회서신에서 두 번 나오는 ἄπιστος는 "믿지 않는 사람", 즉 그리스도교인이 아닌 사람을 의미한다. 다소 서투른 이 표현은 토마가 "믿지 않는 사람"(ἄπιστος)도, "믿는 사람"(πιστός)도 아니라는 (아니면 아마 그러한 사람의 대표자라는) 점을 의미할 수 있다. 그는 "믿는 그리스도교인"(πιστός)이 되도록 촉구받는다. 그러나 γίνεσθαι는 자주 "…자신을 보이다"란 의미로 사용되며[8] 이것이 아마 여기서 그 의미인 것 같다 : "네가 믿음을 보이라." 다드(*Tradition*, 354—55)는 여기서 전승적인 말을 발견한다; 참조. 마태오복음 24장 45—51절 ; 루가복음 12장 42—46절.

[28] 나의 주님, 나의 하느님. κύριος와 θεός의 병렬은 70인역에서 자주 볼 수 있는데, 거기서 이 두 칭호의 병치는 יהוה אלהים(야훼, 엘로힘)및 이와 유사한 표현들을 나타내는 것이다. 그것은 또한 이교도의 종교문서에도 나타나며[9] (Deissmann, 366—67) 도미티안이 애용했던 황제칭호인 것으로 잘 알려져 있다 ; Suetonius, *Domitian* 13 ; "우리들의 신이신 황제"(dominus et deus noster). "주님"(κύριος)은 흔히 예수를 지칭하는 그리스도교 칭호이며(요한복음에서 κύριος에 대해서는 13, 13·14 참조) "예수는 주님이시다"는 신앙고백에서 나타난다(로마 10, 9 ; 고전 12, 3). 이 고백이 구약성서 용어로 해석되었을 경우 κύριος=θεός(주=하느님)이라는 보다 완전한 정식에 가깝게 된다. 필로는 하느님의 말씀이란 말을 드물게 하기 때문에 필로의 영

8) 요한 15, 8 ; 마태 5, 45 ; 6, 16 ; 10, 16 ; 고전 14, 20 ; 15, 10·58 ; 골로 3, 15 ; 데전 1, 5 ; 2, 7.

9) 다른 자료들 가운데서 24 B.C.의 에집트 묘비명(Dittenberger, *O.G.I.S.* 655)은 "신이시고 주이신 소크노파이오에게" τῷ θεῷ καὶ κυρίῳ Σοκνοπαίῳ라고 말한다 ; 또한 Betz, 102를 참조하라.

향은 있을 법하지 않다.[10] 하지만 자주 그렇듯이 요한의 언어는 성서적이면서 헬레니즘적인 것이 되도록 주의깊게 채택된 것이다. 그리스도는 요한복음(1, 1 ; 이와 다른 독법인 1, 18 ; 참조. 5, 18 ; 10, 33)과 목회서신(또는 가능하긴 하지만 그럴 듯하진 않은 데 로마서 9장 5절)에서만 "하느님"(θεός)이라고 불린다. 현재의 귀절과 1장 1절(거기서 θεός는 무관사이다) 사이의 차이점은 강조될 수 없다. 여기서 관사있는 주격은 호격 대신 사용된 것이다. 복음서의 새로 시작하는 진술에로 돌아감은 의도적인 것이고 요한은 이 신앙고백이 복음서의 절정을 이루게끔 의도하였다는 것은 의심할 여지가 없다(21장에 대해서는 493면 이하 참조). 이것은 요한의 궁극적인 그리스도론적 선언이다. 다드(*Interpretation*, 430)는 "주님"(κύριος)과 "하느님"(θεός)을 구분한다. 토마는 예수를 주님으로 알고 있고 그가 하느님임을 인정한다. 그러나 이 두 용어를 분리시키기 보다는 결합하는 것이 보다 타당하다. 이 선언은 예배의식의 배경으로부터 받아들여진 것이었을지 모른다. 실로 (19절부터) 전체 귀절이 예배의식적인 기원을 가질 수 있다. 제자들은 주님의 날에 모인다. 축복이 주어진다 : "너희에게 평안이 있으라". 성령이 예배자들에게 임하고 절대적인 말씀이(참조. 23절) 선포된다. 그리스도 자신이 그의 수난받은 표시들을 내보이실 때 현존하신다 ; 이것은 성만찬과 하느님의 말해진 말씀을 암시하는 것일 수 있다. 그는 주님이요 하느님으로 고백된다.[11] 이와같은 배경이 요한의 염두에 있었다는 것은 다음 귀절에서 하느님의 말씀의 권위 아래 모이는 모든 그리스도교인들을 포함할 정도로 사상의 범위가 확대되었다는 사실에서 뒷받침된다.

[29] 바로 앞의 주석을 참조하라. 요한은 그의 복음서를 마무리지으면서(참조. 31절) 예수와 제자들과 그 당시 교회의 연속성을 강조한다. 보다 폭넓은 공동체가 처음부터 고려되었다(참조. 17, 20).

너는 나를 보았기 때문에 믿느냐. 네슬판에 따르면 하나의 의문부호가 찍힌 이 귀절은 하나의 진술로서 받아들일 수 있었고 비록 네슬판이 여러 소문자[사본들]에 의해 뒷받침되긴 하지만 (보다 초기의 사본들은

10) J.Lebreton, *History of the Dogma of the Trinity* I (E.T.1939), 449—50.

11) Pliny, *Ep. X*, xcvi, 7, "마치 하느님에게 말하듯이 그리스도를 찬미한다" *carmenque Christo quasi deo dicere*를 참조하라.

거의 구두점을 찍지 않았다) 아마 하나의 진술로 받아들이는 것이 보다 타당한 것 같다. 이 엄숙하고 명령적인 선언에서 예수는 질문을 던진 것이 아니라 진리를 선언한 것이다. "네가 단순히 나를 보고서, 즉 네가 요구한 대로 나를 만지지 않고도 믿느냐?"라는 의미를 요한이 뜻하고자 했을 수 있다. 그러나 이것은 지나친 추측인 것 같다. 보는 것과 만지는 것 사이의 대조가 아니라 보는 것과 믿는 것 사이의 대조이며 예수를 보았던 토마와 그를 보지 못했던 후대의 그리스도교 신자들간의 대조이다. 이 말이 토마에 대한 비난의 말은 아니다; 사랑받은 제자와 막달라 마리아도 그들이 보았을 때 믿었다(참조. 특히 8절). 그러나 토마와 다른 사도들이 성육하신 그리스도를 보았던 일이 없었다면 도대체 그리스도교 신앙이란 없었을 것이다.[12)]

복이 있다. 마태오복음 5장 3절과 다른 귀절들을 참조하라. 시편 2장 12절("여호와를 의지하는 자는 다 복이 있도다")과 집회서 48장 11절("당신을 본 사람들은 복이 있으며")에는 밀접한 병행귀들이 있다; 그러나 요한이 이 두 귀절 중 어느 귀절에 의존하였다고 가정할 필요는 없다.

보지 않고도 믿는 사람은. 베드로전서 1장 8절을 참조하라. 요한복음에서 단순과거는 무시간적인 것일 수 있지만 여기서 쓰인 단순과거 동사들 (*ἰδόντες*와 *πιστεύσαντες*)은 요한이 기술할 당시 교회는 토마와 같이 부활의 현시를 보지는 못했지만 개종하였던(믿게 되었던) 사람들로 구성되어 있었다는 사실을 지적하는 것이리라. 축복은 표징과 기적을 보지 않고도 믿을 수 있었던 사람들만이 아니라 목격자들 이외의 모든 그리스도교인들을 위해서 의도된 것으로 보인다. 그러나 다음과 같은 불트만의 말을 참조하라 (696): "토마의 의혹은 사람들의 일반적인 태도를 대표한 것이다… 인간의 약함 때문에 이적이 주어졌듯이 제자들의 약함 때문에 부활한 예수의 현시가 주어졌다. 근본적으로 그것은 불필요한 것이다! 결국은 부활하신 주님을 봄이 비로소 제자들을 움직여서 '예수가 말한 말'을 믿게 하는 것이 아니라 (2,22), 이 말이 홀로 그들을 확신케 하는 힘을 지니고 있어야 할 것이다. 그러므로 마리아 이야기(1·2·11—18절)에서와 같이 토마설화에서도 부활절 이야기들의 가치에 대한 특수한 비판을 볼 수 있다. 즉 그것들은 단지 상대적인 가치만을 가질 수 있다는 것이다. 그리고 예

12) 1장 18·50·51절; 2장 11절; 4장 45절; 6장 2절; 9장 37절; 14장 7·9절; 19장 35절을 참조하라.

수의 비판적인 말이 부활절 설화들의 결론을 이룬다면, 청중과 독자는 그것들이 말할 수 있는 것 이상으로 생각하지 않도록 주의해야 한다. 즉 독자가 그것들을 스스로 체험하려 하거나 기대할 수 있는 사건들의 설화들로 생각하거나, 마치 다른 사람들의 체험이 예수의 부활의 실재성을 보장할 수 있는 것처럼, 자신의 그런 체험들을 대신해 주는 것으로도 생각해서는 안 된다 ; 오히려 그것들은 이야기된 사건들을 아버지께로 올라간 주님과 그의 사람들 사이에 이루어진 친교를 위한 상징적 상들로 되게 하는 선포의 말로서 받아들여져야 할 것이다." 부활설화들의 역사적인 가치(현대의 과학적인 역사비평학의 입장에서 본)가 무엇이든지간에 요한 자신은 역사적인 증거를 충분히 진지하게 받아들이고 있다. 첫 세대에 속한 제자들은 예수와 교회를 연결해주는 사람으로서 독특하게 구별되었다 ; 요한은 이 말에서 그들의 계승자들도 마찬가지로 믿을 수 있고 그들의 신앙은 목격자들과 동일한 수준의 축복을 받게 되거나 그러한 축복 이상을 받게 되리라고 지적한다. 다음의 라삐 귀절은 자주 인용되는 것이고 실로 요한의 사상을 잘 설명해주는 것 같다. 그러나 이 귀절은 상당히 후대에 속한 것이고 (A.D. 250), 한 세대가 다음 세대에서 그 신앙이 주목받고 중재된다는 요한의 생생한 사상에 대한 강조점이 없다 ; 라삐 시몬 라키쉬(Simeon b. Laqish)는 이렇게 말하였다 : "개종자는 시나이산을 참관하였던 모든 이스라엘인들보다 하느님에겐 더 소중한 사람이다. 모든 이스라엘인들이 번개와 불꽃과 빛과 흔들리는 산을 보지도 나팔소리를 듣지도 못했다면 그들은 율법을 받아들이지 못했을 것이고 스스로 하느님의 나라를 포기했을 것이다. 그러나 이 개종자는 이 모든 것들 중에 아무것도 보지 못했지만 자신을 하느님께 드리고 스스로 하느님의 나라의 멍에를 걸머진다. 이 사람보다 더 소중한 사람이 어디 있겠는가?"(*Tanhuma*, לך לך, §6 [32a]). 부활 이야기들과 부활절 신앙에 대한 요한의 태도에 대해서 단순히 평가할 수는 없다. 그러한 요한의 태도는 긍정적인 진술보다 부정적인 진술로 서술하기가 더 쉽다. 빈 무덤에 관한 단순한 이야기들과 특정한 사람들을 만남에 관한 이야기들이 하느님께서 예수를 죽은 자들 가운데서 살리셨음을 입증해줄 수 있다는 것은 사실이 아니다 ; 그것은 제자들이 말씀, 즉 구약성서에 나타난 하느님의 말씀(20, 8)과 예수에 의해 말해진 말씀(2, 22)의 증거에 따라 믿었어야 했기 때문이다. 빈 무덤과 특정한 사람들의 만남에 관한 이야기들이 무가치하고 불필요한 것이 아니라는 것은 사실이다. 요한이 그렇게 생각했다면 그는 이 이야기들을 자세히 기술하는 데서 오는 성가심을 겪지는 않았을 것이다. 빈 무덤을 보지도 못했고 부활하신 그리스도를 뵙지도 못했던 후세대의 그리스도교인들이 낮은 등급에 속한 자들이라는 것은 옳지 않다. 예수 자신은 그들에게 축복을 선포하였다(29절). 처음 사도들이 특히 유일하게 중요하다는 것은 사실이다. 그것은 후세대들이 그들의 말씀을 통하여 믿게 되기 때문에, 다시 말하여 그들의 말씀 속에서 후세대들은 부활하신 그리스도를 만나 뵙고 신자가 되기 때문이다. 이 책 468—69면에서 부활절 전승에 대한 요한의 태도가 "비판적인 채택"으로 의도된 이런 점들과 함께 서술되었다. 이 이야기들은 진실되고 중요한 것이었다. 그러나 그 이야기들은 하나의 신화나 부적으로서, 또는 그리스도교인들이 신앙을 빌어 삶의 필연성에서 도피하려고 하였던 하나의 도피처로 탈바꿈할 수 있었고 아마도 요한 당시 이미 그렇게 되었을 것이다.

[30] 다른 많은 표징들도. πολύς("많은")는 καί("~도")에 의해 다른 형용사와 규칙적으로 결합하며 단순히 병치되지는 않는다. "표징"(σημεῖον)에 대해서는 이 책 I권 120—26을 참조하라. 요한이 "표징자료"를 인용하였다고 생각하는 사람들은(참조. 이 책 I권 38면 이하) 여기서 그러한 문서의 결론을 본다. 그러나 요한이 보다 광범위한 자료에 대해 자신의 의견을 말한 것이라고 보아서는 안 될 이유가 없다. 그는 아마 대개의 공관복음서 전승에 친숙하였고(I권 72—90면) 다른 전승 역시 사용했으리라. 불트만은 요한이 전승의 결론 형식을 도입하였음을 보여주는 예들을 제시한다. 그러나 쿨만(*Salvation*, 156)은 특별히 하느님의 일을 밝혀주는 특정한 사건들의 선택에서 "구원사"(Heilsgeschichte)의 한 특징을 본다. 예수가 행하고 제자들이 눈여겨 본 표징들에 대한 강조는 중요한 것이고 전체 복음서의 구조와 방법을 해명해준다 ; 여기서 목격자의 역할에 대한 경시는 볼 수 없다(앞의 주석 참조).

앞에서. 이 말(ἐνώπιον)은 요한복음의 이곳에서만 나오지만 루가—사도행전에서는 일반적인, 보통 쓰이는 헬레니즘적 용어이다(참조. *M.M.* 해당 항목). 그것은 물론 לִפְנֵי를 표현한 말일 수 있었다고 해도 셈어법으로 설명되지는 않는다.

[31] 복음서의 목적과 저자의 신학이 이 귀절에서 요약된다. "책의 마무리는 매우 훌륭했다"(Loisy, 514). 또한 Martyn, 81—82를 참조하라. 누군가가 21장을 기술하였다 할지라도 이

귀절은 결론을 이루며(28절의 고백과 더불어) 원래 의도된 바대로 복음서의 절정을 이룬다. 여기 언급된 말들과 주제들은 복음서 전체에 일관하는 것이다. "믿음"에 대해서는 1장 12절을 참조하라 ; 그리스도요 하느님의 아들로서의 예수에 대해서는 이 책 I권 113면 이하를 참조하고 "생명"(Ζωή)에 대해서는 1장 4절과 3장 15절을 참조하라. 그러나 "그의 이름으로"(ἐν τῷ ὀνόματι αὐτοῦ)에 대해서는 실제로 병행귀가 없다. 이 말은 "믿는"(πιστεύοντες)에 연결된 구문일 수 없는데, 그 이유는 요한의 일정한 구문(참조. 1, 12)이 "이름을 믿다"(πιστεύειν εἰς τὸ ὄνομα)이기 때문이다.[13] 그 의미는 "…너희가 그로 말미암아, 그의 활동에 의해서, 너희의 그와의 믿음의 관계에 힘입어 생명을 얻게 하려는 것이다"로 생각된다(참조. 솔로몬의 송가 6 ; 10).

믿게 하고. P[66vid] ℵ* B Θ에는 πιστεύητε(πιστεύω의 2인, 복수, 현재, 가정)로 되어 있는데, 아마 이 독법이 옳은 것으로 보인다. 다른 사본들에는 πιστεύσητε(πιστεύω의 2인, 복수, 1과거, 가정)으로 되어있다. 현재가정법은 (엄격하게 번역하면) "너희가 계속해서 믿도록" 혹은 "너희의 믿음을 확증하도록"을 의미하며, 단순과거는 "너희가 지금 여기서 믿도록, 즉 그리스도교인들이 되도록"을 의미한다. 이런 변형은 복음서의 목적에 관한 문제를 정확하게 제기하는 것이다. 복음서가 기술된 것은 신앙인들을 확신케 하기 위해서였는가 아니면 포교활동을 위한 소책자로서 헬레니즘적 세계를 개종시키려고 했던 것인가? 이런 문제가 게기되긴 하지만 그것이 시제에 의해서, 비록 우리가 시제를 결정할 수 있을지라도, 결정될 문제일 수는 없다(참조. 이 책 I권 207면 이하). 리젠펠트(H. Riesenfeld, *St. Th.* 19 [1965], 213—20)는 이 복음서가 교회에 속한 것이고 포교활동을 위한 소책자는 아니라고 결론짓는데, 아마그 결론이 옳은 것 같다(참조. 요한일서 5장 13절). 어순은 레옹 뒤푸르(Léon-Dufour)의 번역 "메시야 예수는 하느님의 아들이다"[14]를 배제하는 것 같다.

믿고 생명을 얻게 하려는 것입니다. 6장 47절을 참조하라. "요한은 의라는 용어를 개입시키지 않고 믿음과 생명을 직접 연결시킨다"[15](바울르와 비교하라).

---

13) 14장 13·14절 ; 15장 16절 ; 16장 24·26절과 특히 16장 23절, "그가 내 이름으로 너희에게 주실 것이다"(δώσει ὑμῖν ἐν τῷ ὀνόματί μου).

14) *The Gospels and the Jesus of History* (편찬 J.McHugh, 1968), 81.

15) E.Stauffer, *New Testament Theology* (E.T., 1955), 171.

Ⅷ. 附錄 21장 1—25절

1. 호수가에 나타난 예수 21장 1—14절

1 그후 예수께서는 티베리아바다에서 다시 제자들에게 자기를 나타내셨는
데 그 나타내신 일이 이러했읍니다. 2 그런데 거기에는 시몬 베드로와 디두
모라고도 부르는 토마와 갈릴래아 가나사람 나타나엘과 제베대오의 아들들
과 또 제자들 가운데 다른 두 사람도 같이 있었읍니다. 3 시몬 베드로가 그
들에게 "나는 고기를 잡으러 가겠소" 하고 말하니 그들이 "우리도 같이 가
겠소"하고 말했읍니다. 그들이 나가서 배를 탔읍니다. 그러나 그 밤에는 고
기를 한 마리도 잡지 못했읍니다. 4 아침이 밝아올 때에 예수께서 바닷가에
서 계셨읍니다. 그러나 제자들은 그가 예수이신 줄 알지 못했읍니다. 5 그
때 예수께서 제자들에게 "아이들아, 생선 좀 잡았느냐?" 하고 물으셨읍니
다. "못 잡았읍니다" 하고 그들이 대답하니 6 예수께서 그들에게 "그물을
배 오른편에 던지라. 그리하면 잡힐 것이다" 하고 말씀하셨읍니다. 제자들
이 그물을 던졌더니 고기가 너무 많이 걸려서 그물을 끌어올릴 수가 없었읍
니다. 7 예수의 사랑하시던 제자가 베드로에게 "저분이 주님이시다"하고 말
했읍니다. 시몬 베드로는 주님이라는 말을 듣자 벗었던 몸에 겉옷을 두르고
바다에 뛰어내렸읍니다. 8 그러나 다른 제자들은 작은 배를 탄 채로 고기가
든 그물을 끌면서 돌아왔읍니다. 땅에서 이백 페큐스 정도 떨어진 멀지 않
은 곳에 있었기 때문이었읍니다. 9 그들이 땅에 내려서 보니 숯불이 있었고
그 위에 생선이 놓였으며 떡도 있었읍니다. 10 예수께서 제자들에게 말씀하
셨읍니다: "너희가 지금 잡은 생선을 조금 가져오라." 11 시몬 베드로가 배
에 올라가 그물을 땅으로 끌어올렸읍니다. 그물 안에는 큰 고기가 백 쉰 세
마리나 들어 있었읍니다. 고기가 그렇게 많았으나 그물은 찢어지지 않았읍
니다. 12 예수께서 그들을 향하여 "와서 조반을 먹으라" 하고 말씀하셨읍니
다. 제자들은 그가 주님이신 줄 알았기 때문에 감히 "당신이 누구십니까?"

하고 묻는 이가 없었읍니다. 13 예수께서 가까이 오셔서 떡을 들어 그들에
게 주시고 생선도 그와같이 하셨읍니다. 14 예수께서 죽은 자들 가운데서
다시 살아나신 후 제자들에게 자기를 나타내신 것이 이것으로 벌써 세 번째
였 읍니다.

이미 살펴본 바대로 20장 30·31절은 처음에 의도한 대로 이 복음서의 결론을 이룬다. 이것이 사실이라면 21장은 추가된 부분으로 보아야 한다. 이런 결론은 특히 스멀리(S. S. Smalley, *N. T. S.* 20[1974], 275—88)에 의해 반박되었지만 그의 주장은 별로 설득력이 없다. 복음전도 활동에 대한 사도들의 위임을 서술하는 것이 복음서의 고유한 일부를 구성하긴 하지만 그것은 20장 21절 이하에서 다루어지고 있다 : 죽음의 위협을 받으면서도 사람을 낚는 어부들로서 그들이 성공을 거두었다는 서술(Smalley, 284)은 역시 요한의 틀에는 맞지 않는다. 비록 그 부분에서 베드로와 사랑받은 제자의 중요성 또는 그 관계에 대한 언급이 짝을 이루고 있을 때는 특히 하나의 보충 부분으로서 쉽게 이해될 수 있다고 하더라도 그러하다(참조. 5 이하). 만일 21장을 하나의 첨가부분으로 볼 경우 그것이 1—20장의 저자에 의해 작성된 것인가 아니면 어떤 다른 저자에 의해 작성된 것인가라는 물음이 제기된다. 우리가 이용할 수 있는 우선의 평가기준은 결정적인 것은 아니지만 중요한 기준으로서 문체와 어휘를 고려해 보는 것이다. 이 점에서부터 자료를 간략하게 제시하고 검토해 볼 수 있다.

21장에서 볼 수 있는 다음의 말들이 1—20장에는 안 나온다 : "바닷가"(αἰγιαλός), "고기를 잡다"(ἁλιεύειν), "내리다"(ἀποβαίνειν), "조반을 먹다"(ἀριστᾶν), "어린 양"(ἀρνίον), "(양을)치다"(βόσκειν), "늙다"(γηράσκειν), "벌거벗은"(γυμνός), "그물"(δίκτυον), "내밀다"(ἐκτείνειν), "세밀히 조사하다"(ἐξετάζειν), "겉옷"(ἐπενδύτης), "돌아서다"(ἐπιστρέφειν), "세베대오"(Ζεβεδαῖος), "띠를 띠고"(ζωννύναι), "할 수 있다"(ἰσχύειν), "물고기"(ἰχθύς), "멀리서"(μακράν), "더 젊은"(νεώτερος), "생각하다"(οἴεσθαι), "규빗"(πῆχυς), "먹이다"(ποιμαίνειν), "양"(προβάτιον), "생선"(προσφάγιον), "이른 아침"(πρωΐα), "잡아끌다"(σύρειν), "감히 하다"(τολμᾶν), "세 번째"(τρίτον)[28 단어]. 이 말들의 대부분은 그리 중요한 것은 아니다 : 예를 들어 "그물"(δίκτυον)과 다른 말들은 본장의 주제이기 때문에 여기서만 나온다. 그러나 몇몇 단어들과 구문들은 관심을 끄는 것이다. 21장에만 나오는 말들의 가장 훌륭

한 수집목록이 불트만의 요한복음 주석(700—701)에 나온다. 즉 "그리스도교인의 표지로서의 ἀδελφοί: 23절 ; ἐρωτᾶν 대신 ἐξετάζειν: 12절 ; στραφῆναι (1, 38 ; 20, 14·16)대신 ἐπιστραφῆναι ; δύνασθαι 대신 ἰσχύειν: 6절(Radermacher 37에 의하면 "태연한") ; τολμᾶν:, 12절. 이외에 놀라운 것은 제자들을 5절에서 παιδία("아이들아")라고 부른 것이다(그러나 비교, 요일 2, 14·18) ; 원인의 ἀπό: 6절 ; 그리고 구분을 나타내는 것으로서 일반적인 ἐκ 대신 ἀπό: 10절 ; ἐπί 도 1절에서 복음서의 다른 곳에서와는 다르게 사용된다 ; 1절의 φανεροῦν도 이와 유사한 예이다. ἕως ὅτου(9, 18) 및 ἕως οὗ(13, 38) 대신 ἕως: 22절 ; μᾶλλον(3, 19 ; 12, 43) 대신 πλέον: 15절 ; ἐγγύς(더 잦다, 가령 11, 18) 대신 οὐ μακράν: 8절 ; 부정법 수반의 ὑπάγειν: 3절(비교. 이에 반해 4, 16 ; 9, 7 ; 15, 16) 등도 낯선 독법이다. τί πρὸς δέ (22절)도 특수하다(비교 2, 4)." 4절에선 πρωΐα가 사용된 반면에 복음서의 다른 곳에서 채택된 형태는 πρωΐ라는 것도 첨가할 수 있다.

1—20장과 21장 사이의 뚜렷한 유사성을 검토해 볼 때 위의 언어상, 문체상의 고찰은 21장이 다른 저자에 의해서 기록되었다는 확신을 갖게 하기엔 불충분하다. 그러나 이런 고찰들은 한 저자가 자신의 책 속에 참신한 자료를 첨가시키고자 했다면 이와 같이 서투른 수법으로는 하지 않았을 것이라는 견해를 확증해 준다. 만약 그가 보충자료를 첨가하려고 했다면 20장 30절 앞에 첨가했을 것이며 인상적인 결론을 흐트러뜨리지 않은 채 남겨두었을 것이다. 더우기 저자가 보다 후기의 설화를 통해 제자들은 그들의 이전 직업으로 돌아갔고 주님이 나타났을 때, 처음에는 그를 알아보지 못했다고 서술함으로써 20장 21—23절에서 지시된 사도파송의 효과를 손상시키려 했다고 생각하기는 어렵다. 20장은 보충할 필요가 없는 단화이다 ; 외관상 1—20장과 21장 사이에는 몇 가지 차이점이 있는 것으로 보인다(참조. 23절). 21장 24절은 복음서 전체의 저자를 지시하는 것 같으나, 이 귀절을 1—20장의 저자가 기록하지는 않았다고 결론지어야 한다. 그러나 이 귀절은 (다음에 나오는 주석에서 알 수 있듯이 대부분 학자들의 의견과는 대조적으로) 1—23절에 연관되어 있고 그 밖의 또 다른 첨가구로 생각되지는 않는다. 결과적으로 복음서의 주요부분과 21장 전체를 분리할 필요가 있는 것 같다.

왜 본장이 첨가되었는가라는 질문이 여전히 남아있다. 이 문제에 대한 세부적인 고찰에 대해서는 아래의 주석을 참조하라. 1—14절에

서술되어 있는 부활한 예수의 현시가 20장에 서술된 부활의 진실성을 믿지 않는 어떤 사람에게 부활의 진실을 확신시켰을 것 같지는 않다. 요점은 로와 사랑받은 제자의 친밀함이나 대조에 있는 것으로 생각된다. 두 사람은 이 복음서의 기술 당시 죽었고 사랑받은 제자가 베드로보다 조금 먼저 죽은 것이 분명한 것 같다. 그들은 서로 대등한 동역자로 서술되어 있다. 베드로는 교회의 복음전도와 목회활동의 우두머리이고 사랑받은 제자는 예수에 대한 복음전승의 보증인이다. 이 두 가지 기능은 교회생활에서 필수적인 것이다. 또한 복음서저자는 마르코복음에 대한 논쟁적인 언급보다는 이러한 긍정적인 관점을 제시하려고 했는데, 전승에 의하면 베드로에 의해서 보증된 복음서인 마르코복음은 현저한 관점들에서 요한복음과 다르다.[1)]

25절은 20장 30·31절의 문체를 어느 정도 모방한 두 번째 결론이다.

1—14절. 베드로와 다른 사랑받은 제자를 포함한 일곱 제자들은 베드로의 인도를 받아 디베리아바다에서 고기잡는 일을 계속하기로 결정한다. 그들의 밤일은 아무 소득이 없었지만 아침에 모르는 사람이 해변에 나타나서 그들이 하고 있는 대로 그물을 배 오른편에 던지라고 명령하자 즉각 성과가 있었다. 사랑받은 제자는 예수를 알아봤고 베드로는 해변으로 헤엄쳐갔으며 나머지 제자들은 꽉 찬 그물을 끌고 갔다. 그들은 이미 식사가 준비되어 있음을 보았고 예수와 함께 식사하였고 예수는 그들에게 떡과 물고기를 나눠주었다. 그러는 동안 베드로는 예수의 명령에 따라 153마리의 물고기가 들어있는 그물을 끌어 올렸다.

이 설화의 요점은 본문에 나타난 바대로 중심적인 두 제자, 즉 행동이 더 빠른 베드로와 보고 믿는 데 보다 빠른 사랑받은 제자(20, 6·8에서처럼)에 대한 서술에 있다. 그들과 다른 제자들은 분명히 성만찬의 의미를 지닌 식사를 예수와 함께 나누지만 베드로가 주역이 되어 그들은 교회의 충만함을 상징하는 그물을 끌어올린 것이다.

이 설화는 루가복음 5장 1—11절 (기적적으로 고기를 잡은 내용이나 부활의 현시는 제외하고)과 24장 13—35절 (준성만찬적인 식사가 베풀어진 부활의 현시)을 연상케 하며 하나의 단화는 아닌 것 같다. 이야기의 불일치를 가리키는 여러가지 암시들이 있다. 기적은 제자들이 고기를 못잡았기 때문에 행해진 것이다. 그들이 땅에 내렸을 때

1) S. Agourides, "제4복음에서 베드로와 요한"(*πέτρος καὶ Ἰωάννης ἐν τῷ τετάρτῳ Εὐαγγελίῳ*), 1996, 56—75를 참조하라.

생선은 이미 구워져 있었지만 그들은 잡은 생선을 가져오라는 명령을 받는다. 하지만 그들이 그렇게 하였다는 말이 없다. 이 설화의 다른 부분들에서 세 단어(προσφάγιον, ἰχθυς 및 ὀψάριον) 이상이 물고기를 지칭하는 데 사용되었다. 루가의 전승설화와 비슷한 두 가지 전승설화가 결합된 것일 수 있다. 그러나 그 설화들이 21장의 저자에 의해서 결합되었는지 아니면 그가 현재의 상태대로 있는 것을 발견했는지의 여부를 결정지을 수 없다. 7절은 어쨌든 그의 작품이고 15—24절을 예비하려고 한 것이었으리라. Benoit, Ⅱ, 274는 요한이 루가복음 5장 1—11절에 의존했다기 보다는 루가복음 5장 1—11절이 요한에 의존한 것이라고 생각한다. 요한복음과 루가복음(5, 1—11)은 서로 별개의 자료일지도 모른다.[2)]

[1] 그 후. 2장 12절과 3장 22절을 참조하라. 앞의 설화로부터 전반적인 이행이 시도되었다. 20장 26절에서 시간이 정확하게 지시되었음을 비교하라.

자기를 나타내셨는데. "나타내다"(φανεροῦν)는 요한의 말이긴 하지만 (1, 31 ; 2, 11 ; 3, 21 ; 7, 4 ; 9, 3 ; 17, 6) 복음서의 다른 곳에서는 부활의 현시에 대한 용어가 아니다(그러나 참조. 마르 16, 12·14).

티베리아 바다에서. 6장 1절을 참조하라. 그러나 거기서 "티베리아"(τῆς Τιβεριάδος)는 따로 나오는 것이 아니라 "갈릴래아"(τῆς Γαλιλαίας)에 대한 설명으로 제시된다. 갈릴래아에서의 현시가 갖는 의미는 예수가 이제 그의 제자들이 있는 곳이면 어디서나 그들과 함께 있음을 깨우쳐주는 것이라고 샌더스는 주장한다.

[2] 이 귀절에는 요한의 문체와 내용상 특징적인 많은 말들과 구문들이 들어 있다. "같이"(ὁμοῦ)에 대해서는 4장 36절과 20장 4절을 참조하라. 시몬 베드로라는 이중의 이름은 다른 곳에서도 나오긴 하지만 특히 요한복음에 있어서는 일반적인 말이다(참조. 1장 42절). "디두모라고도 부르는 토마"(요한이 다른 어느 복음서저자보다 많이 말하는 제자)에 대해서는 11장 16절을 참조하라. (다른 복음서저자는 언급하지 않았던) 나타나엘에 대해서는 1장 45—49절을 참조하라. "…라는 사람[출신]"(ὁ ἀπὸ...)은 요한의 특징적인 구문이다(참조. 1, 45 ; [11, 1] ; 12, 21 ; 19, 38). "가나"(κανά)는 요한복음에만 언급되어 있다(참조. 2장 1절).

2) S. S. Smalley, *N.T.S.* 20(1974), 275—88을 참조하라.

제베대오의. 이것은 요한복음에서 제베대오의 아들들에 대한 처음이자 유일한 언급이다; 공관복음서의 여러 귀절들 중에서 특히 마르코복음 1장 19절을 참조하라. 사랑받은 제자는 좀더 뒤에 언급되어 있으므로(7절) 야고보나 요한을 말하는 것이리라. 이 문제에 관해서는 이 책 I권 180—185면을 참조하라.

제자들 가운데 다른 두 사람도. 이 익명의 제자들이 함께 있다는 사실은 사랑받은 제자가 제베대오의 아들이 아니었다는 견해를 가능케 한다. 부분을 나타내는 ἐκ("중에서")의 용법은 요한복음에서 매우 일반적인 용법이다.

베드로복음서 60에는 이 귀절과 매우 유사한 귀절이 있다; "나 시몬 베드로와 내 형제 안드레아가 우리의 그물을 들고 호숫가로 갔다. 우리 외에도 주께서……하신 알패오의 아들 레위가 함께 있었다……" 유감스럽게도 복음서의 현존하는 단편은 이곳에서 중단되고 이야기의 나머지 부분은 알 길이 없다.

[3] 나는 고기를 잡으러 가겠소. 목적을 나타내는 부정사(ἁλιεύειν: ἁλιεύω "물고기를 잡다"의 현재부정사)에 대해서는 M.I, 205—206을 참조하라. 이 부정사의 용법은 요한이 자주 쓰는 (자주 부정사가 기대되는) ἵνα 가정법과 두드러진 대조를 이룬다; 예. 11장 11절: "내가 가서 그를 깨우겠다"(πορεύομαι ἵνα ἐξυπνίσω αὐτόν). 베드로와 그의 형제인 제자들이 20장의 사건들 이후 그들의 이전 직업으로 돌아가기로 마음먹었으리라는 것은 생각할 수 없다; 본장의 서론을 참조하라. 만일 21장이 원래의 완전한 복음서에 대한 첨가부분이라면 물론 이 사건이 시간적으로 20장 21—23절보다 앞선 것일 수도 있다. 하지만 어떻게 해서 이런 사건이 실제로 일어날 수 있었는가는 알기 어렵다. 21장의 저자는 아마 다른 전승줄기를 끌어들었던 것 같으며, 그가 이 귀절을 통해 독자들에게 보여주고자 한 점은 베드로의 말이 이중의 의미를 지닌 것으로 "사람을 낚는" 사도의 사명을 지시한다는 점이다. 아래의 주석을 참조하라. 20장 21절의 위임은 수행되는 과정에 있다. 이것은 확실히 베드로의 말을 액면 그대로 받아들인 것은 아니지만 21장의 저자가 복음서저자와 같이 이중의미를 즐겨 사용했다면 그는 이와같이 표면적인 의미이상을 읽어냈을 것이다. 그것은 복음에 따른 임무가 예수의 명령과 도움에 의해서만 수행될 수 있음을 저자가 제시하려고 했다는 이러한 견해(샌더스)를 손상시키기 보다는 오히려 지지하는 것이다. 베드로와

그의 동료들이 홀로 시작할 때 그들은 완전히 실패하게 되고 예수가 직접 이끈 그들의 후의 성공이(6절) 보다 분명하게 두드러진다.

그들이 나가서 배를 탔읍니다. 배가 가까이 있는 것처럼 느껴진다 ; 즉 제자들은 20장 1—29절에서처럼 예루살렘이 아니라 갈릴래아에 있다.

그 밤에는 고기를 한 마리도 잡지 못했읍니다. 참조. 루가복음 5장 5절: "우리가 밤새도록 애를 썼으나 아무것도 잡지 못했읍니다." 밤은 고기잡기에 가장 좋은 때였다고 한다. 그러나 예수가 없이는 제자들은 아무것도 성취할 수 없다(참조. 15장 5절). 요한복음의 다른 곳에서(이 설화에서 10절은 제외하고) "고기를 잡다"(πιάζειν)란 말은 사람의 체포에도 사용된다(7, 30·32·44 ; 8, 20 ; 10, 39 ; 11, 57).

[4] 아침이 밝아올 때에. 이 귀절에서 "아침"(πρωΐας)은 요한복음의 다른 곳(18, 28 ; 20, 1 ; 참조 1, 41)에서는 불변화사 형태인 πρωΐ가 사용되었다. γινομένης("되다" γίνομαι의 분사, 현재) 대신 γενομένης(γίνομαι의 분사, 2과거 : ℵ D Θ Ω)가 옳을 수도 있다——"아침이 다가왔다."εἰς 대신 쓰인 ἐπί([바닷가]"에")는 단순히 하나의 수정이다.

그러나 [제자들은] 알지 못했읍니다. μέντοι("그러나")는 요한의 특징적인 용어이다. 이 말은 4장 27절과 7장 13절, 12장 42절, 그리고 20장 5절에 나오며, 신약성서의 다른 곳에서는 단 세 번 나온다. 제자들이 이미 부활 이후 예수를 두 번이나 보았다면 그들이 예수를 알아보지 못했을 리가 없다. (특히 γενομένης 라는 독법을 받아들인다면) πρωΐα("이른 아침")는 반드시 사람을 알아볼 수 없을 정도로 어두움을 뜻하지는 않는다. 마태오복음 20장 1절에서 πρωΐ는 일하는 날의 시작을 지시하며, Josephus, *Ant*. XIV, 65에서 그것은 동쪽하늘 전체가 "헤브론에 이르기까지" 밝아졌을 때 드리는 매일 아침의 희생제사의 봉헌을 지시하는 것이다(*Tamid* 3, 2).

[5] 아이들아. 이 호칭형태(παιδία)는 요한복음의 다른 곳에서는 사용되지 않는다(이 말은 4, 49 ; 16, 21에 나온다). 그것은 요한일서에서 사용되었다(2, 14·18 ; [3, 7]). 요한복음 13장 33절 ; 요한일서 2장 1·12·28절 ; 3장 (7)·18 절 ; 4장 4 절 ; 5장 21절에는 τεκνία("아이들아")가 사용되었다. (성인에 대한) 호칭으로서의 παιδία는 현대 그리이스어에서 사용된다(*M*. I, 170).

생선을 좀 잡았느냐? (μή τι προσφάγιον ἔχετε;)이 문장의 헬라어 본문에 나오는 첫 단어인 μή (부정적인 답변을 기대하는 의문문에서 사용)는

4장 29절과 8장 22절, 18장 35절에서처럼 *μήτι*라고 쓰는 것도 가능했을 것이다. 이 귀절들 중 맨 마지막 귀절(18장 35절)에서 기대된 대답은 확실히 "아니오"이다 ; 나머지 귀절들에서의 물음은 주저와 의심을 나타낸다. 이 귀절에서는 후자의 의미가 어울리는 것 같다. 이 말(*μήτι*)이 네슬판에서처럼 서로 분리된 것이라면 *μή* 도 그런 의미를 가질 수 있다(참조. 6,67). 또한 *M.* I, 170를 참조하라. 또한 *B.D.*, § 427도 보라. *προσφάγιον*("생선")은 신약성서나 그리이스어 구약성서의 다른 곳에서는 나오지 않으며 그밖의 곳에서는 드물게 나온다. 모리스와 헤스키우스에 의하면 그것은 (지소사 형태인 *ὀψάριον*과 같이 ; 6,9·11 ; 21,9·10·13) 흔히 "생선"이라는 단순한 의미를 갖는 *ὄψον*과 의미가 같은 말이었다. 여기서 *προσφάγιον*은 아마 (빵과 곁들이는 반찬으로 사용된) "생선"을 의미하는 말일 뿐이다.

[6] 그물을 배 오른 편에 던지라. "던지다"(*βάλλειν*)의 용법에 대해서는 마르코복음 4장 18절을 참조하라. 루가복음 5장 4·5절에는 "내리다"(*χαλᾶν*)가 사용되었다. 오른편은 보통 행운의 편이다.[3] *δεξιός*("오른쪽")의 이차적 의미는 "행운"이다. 그러나 요한은 예수에 대한 분명한 복종이 즉각 성공을 가져온 것이라고 주장하려 했을 뿐이다.

끌어올릴 수가 없었읍니다. 잡은 고기의 양은 루가복음의 이야기에는 다른 말로 서술되어 있다 : "찢어진 그물과 두 척의 배가 가라앉을 정도로 가득찼다." *ἑλκύειν*("끌어올리다")은 *ἕλκειν* 의 후기 형태이다 : 요한복음(6,44 ; 12,32)에서 그 말은 사람들을 그리스도에게로 이끎을 나타내는 용어이다. 이것은 그 사건에 대한 알레고리적인 해석이 의도되었으리라는 것을 암시한다—고기를 잡으러 가는 행위는 사도의 파송을 말하고 고기는 개종자를 말한다. 3·11절과 마르코복음 1장 17절, 그리고 그 병행귀들을 참조하라.

너무 많이 걸려서. "…해서"와 같이 원인을 나타내는 *ἀπό* 의 용법은 요한복음 1—20장에는 나오지 않는다. 그 용법은 히브리어와 아람어의 מן의 용법과 비슷하지만[4] 그러나 그것은 고전어이고 본국어이므

---

3) 다른 인용귀들 중에서 Xenophon, *Cyropaedia* VII, i, 3, "오른편에서 천둥소리가 났다" *βροντὴ δεξιὰ ἐφθέγξατο*를 인용한 L.S. 그 항목 참조—여러 귀절들이 Betz, 38—39에 인용되어 있다.

4) 예. 창세 9,11 ; 시편 76,7 ; 70인역의 번역들과 함께 이사 6,4를 참조하라.

로 셈어법으로 보아서는 안 된다(*M.* Ⅱ, 461).

[7] **예수의 사랑하시던 제자가.** 이 책 Ⅰ권 180—85면과 13장 23절, 또한 21장 2절을 참조하라. 자주 그러하듯이 이 제자는 베드로와 관련되어 있다 ; 그는 처음으로 부활을 믿었던 것과 같이 처음으로 예수를 알아본 사람이다(20, 8). 요한복음 1—20장에서 ἐκεῖνος("저 사람"이라는 뜻의 지시대명사)는 문귀에서 빠져있지만 23절에서 다시 나온다.

저분이 주님이시다. D sin pesh에는 "우리의 주님"으로 되어 있다 ; 이것은 D사본이 시리아어의 영향을 입은 하나의 예일 수 있는데, 그것은 sin과 pesh사본이 주님을 가리키는 일반적인 시리아어 칭호(maran)를 사용하기 때문이며, 그 변형은 시리아어에서 비롯된 것이었으리라. 그러나 이같은 말의 확대들이 또한 D에서 독자적으로 나온다. 여기서 이 표현은 특징적인 요한의 말인 ἐγώ εἰμι와 꼭 들어맞는다(ἐγώ εἰμι에 대해서는 6, 35 ; 8, 24 참조). 그것은 단지 "저분이 [호수가에 서 있는, 이제야 비로소 알아보게 된 사람이] 바로 주님이시다"를 의미할 수 있다.

벗었던 몸에 겉옷을 두르고. 이 말들은 겉보기에 난점이 있다 : 헤엄치러 갈 때 옷을 입기 보다는 벗는 것이 일반적인 습관이기 때문이다. ἐπενδύτης("겉옷")라는 말은 신약성서의 다른 곳에서는 나오지 않는다(그러나 참조. 고후 5, 2·4). 그것은 "속옷"(ὑποδύτης), "내의"(ἐσώτερον ἱμάτιον)와는 대조되는 "겉옷"(τὸ ἐπάνω ἱμάτιον)이다(슈다스의 ὑποδύτης 항목을 참조하라). 또한 ἐπενδύτης 항목에서—ἐπενδύτης가 누구든지 옷을 입는다면 제일 먼저 입는, 즉 내의류였음을 슈다스가 현재의 귀절에서 추론해내지 않았다면—슈다스는 ἐπενδύτης가 단순히 속에 걸쳐입는 옷을 의미하는 슬립인 τὸ ἐσώτατον ἱμάτιον이라고 말한다. 베드로는 벌거벗은 채거나 거의 벗은 채로 고기잡으러 갔었다(참조. L.S. γυμνός 항목). 인사하는 것은 종교적인 행위였고 옷을 벗은 채 인사할 수는 없었다 ; 참조. *T.Berakoth* 2, 20 (5) : "목욕하러 갔을 때 (부분적으로) 사람들이 옷을 입고 있는 (곳에서는) 읽고, 기도하고, (물론) 인사하는 것이 허락된다… ; 옷을 입은 사람도 있고 벗은 사람도 있는 데서는 인사하는 것만이 허락되고 읽는 것과 기도하는 것은 금지된다… ; 사람들이 옷을 벗고 있는 데서는 인사하는 것도, 읽는 것도, 기도하는 것도 모두 허락되지 않는다… 이와 같이 베드로는 아마도 가장 느슨하고 입기 편한 옷이었던 그의 '겉옷'(ἐπενδύτης)

을 입는다." 그러나 이 점에 대해 특별히 잘 설명해준 브라운은 사용된 동사가 그의 번역에 따르면 "옷으로 감싸다"라는 의미의 *διαζωννύναι* 임을 주목한다 : 거의 벗은 채로 베드로는 느슨한 "겉옷"만을 입고 있었고 수영할 수 있도록 그 옷을 감쌌다. 그러나 왜 요한이 "벗었던" (*ἦν γὰρ γυμνός*)이란 설명의 말을 덧붙여야 했는지가 분명하지 않다. 복합어인 *διαζωννύναι*의 용법은 저자가 18절을 예비하려 했다는 (거기서 단순한 동사인 *ζωννύναι*가 사용되었다) 헨첸의 주장(*Die Bibel und Wir*, 1968, 178)에 반대되는 것이다.

뛰어내렸읍니다. 베드로의 성급함에 대해서는 20장 6절을 참조하라. 베드로가 호수 위로 걸어가려 했다는 마태오의 이야기(마태 14, 28—32)를 비교할 필요는 없다.

[8] 작은 배. 이 말(*πλοιάριον*)은 요한복음 6장 24절과 아마드 루가복음 5장 2절에서와 같이 *πλοῖον* (3절)과 같은 뜻으로 사용된 말이다.

이백 페큐스 정도 떨어진. 약 백 야아드를 말한다. 관사없이 쓰인 속격의 복수 (*πηχῶν* : *πηχυς*의 복수 속격 : 아티카어적이 아니라 헬레니즘적인 어법)에 대해서는 *M*. II, 141과 *B.D.*, §48을 참조하라. 동일한 구문이 11장 18절에서 나온다(참조. 묵시 14, 20)

[9] 숯불이 있었고. *ἀνθρακιά*("숯불")에 대해서는 18장 18절을 참조하라. 고대 라틴역은 그리이스어 본문의 *καιομένην*("불타다")을 전제하여 *κειμένην*("있다") 대신에 *incensos*("불타다")로 되어 있다.

생선. 이 말(*ὀψάριον*: 6, 9·11)은 *προσφάγιον*(5절)과 동일한 의미(생선)를 지닌 말이다. 제자들이 잡은 생선을 갖다 주기도 전에 이미 생선이 불 위에 구워져 있음을 본다는 것은 예기치 못한 상황이다. 두 가지 이야기, 즉 제자들이 생선을 잡아서 가져갔다는 이야기와 예수가 식사를 제공하였다는 또 다른 이야기가 결합되었을 수도 있다.

떡. 식사내용은 6장 9절에서와 같이 빵과 생선이다. 이 두 가지 결합은 상징적인 의미나 성례전적 의미를 지닌 것이었으리라(참조. 13절).

[10] …으로부터(*ἀπό*).[5] 요한복음 1—20장에는 *ἀπό*가 아니라 *ἐκ*로 나오는데, 그것은 일반적으로 부분을 나타

5) 10절의 "생선을 조금 가져오라"에 해당하는 헬라어 본문은 *Ἐνέγκατε ἀπὸ τῶν ὀψαρίων*인데 새번역에는 *ἀπὸ*가 부분을 나타내는 "조금"으로 번역되어 있다.

내는 데 사용된다. 여기서 요구된 생선은 실로 불필요한 것이므로 (이미 덕을 생선이 숯불 위에 있었으므로 : 9절) 가져올 필요가 없다. 이것은 설화가 복합적인 설화임을 보여주는 또 다른 예일 수 있다.

ἐπιάσατε("잡은")는 νῦν("지금")의 첨가가 제시하듯이 "방금 일어났던 일"을 나타내는 단순과거이다(*M.* I, 135).

[11] 올라가. 아마 그는—그의 동료들이 그물을 끌어올리는 일을 도우려고—"배로 갔다."

백 쉰 세 마리. 숫자는 중요하다. 그렇지 않았다면 기록되어 있지 않았을 것이다. 그것이 목격자의 우연한 회상이거나 정확한 회상을 나타내는 것으로 보기는 어렵다. 숫자가 지닌 의미에 대해서 여러 주장들이 있어왔지만 가장 그럴 듯한 주장은 그것이 어부인 그리스도교인들, 즉 사도들(이 설화에서 그들은 일곱 명으로 나옴 ; 아래의 주석 참조)에 의해 "낚긴" 사람들의 총계를 표시한다는 것이다. 153에서 '3'이란 숫자는 삼위일체를 표시한다고 가정하는 설명들은 옳지 않다고 생각된다. 왜냐하면 첫째 삼위일체교리가 아직 충분히 분명하게 정립되어 있지 않았으며, 둘째 요한은 이런 식으로 신적이고 인간적인 사람들을 함께 생각했을 법하지 않기 때문이다. 또한 153은 삼각수(등차급수 1, 2, 3, 4, 5...의 수를 처음부터 차례로 보태어 얻는 수)=1+2+3···+17이라는 관찰이 남아 있다. 17이란 숫자 자체는 7과 10의 합계이고 이 두 숫자는 비록 분리된 것이라고 해도 각각 완전과 완결을 지시하는 것이다. 1—20장의 저자가 이런 식으로 교회의 완전성을 표현하였는지 의문의 여지가 있기는 하지만 일세기 저자들이 이와 같이 숫자를 상징[기호]으로 나타내는 것을 얼마나 진지하게 받아들일 수 있었던가를 제시한 필로의 글을 읽으면 된다.[6] 이러한 고찰은 다른 이야기의 특징들(참조. 3·6·9절)이 알레고리적으로 받아들여져야 할 개연성을 높여준다.

그물은 찢어지지 않았읍니다. 교회는 그 회중의 숫자와 다양성에도 불구하고 여전히 하나로 남아있다.

[12] 와서 조반을 먹으라. 하나의 명령이라기 보다는 큰소리로 외치는 것에 가까운 δεῦτε("오라")는 (4장 29절과

6) 이외의 주장들(게디[Gedi]와 에글라임[Eglaim], 에제 47, 10이 지닌 숫자상 가치에 입각한 주장들)에 대해서는 J.A. Emerton(*J.T.S.* 9[1958], 86—9 ; 11[1660], 335—36)과 P.R. Ackroyd(*J.T.S.* 10 [1959], 94)를 참조하라.

같이) 자주 명령법이나 권유의 가정법으로 직접 이끌린다. 이 귀절에서 ἀριστᾶν은 "조반을 먹다, 즉 하루 중 첫 식사를 하다"를 의미함이 틀림없다(참조. 4절 : πρωΐας). ἀριστᾶν과 ἄριστον은 루가복음 11장 37·38절과 14장 12절, 그리고 마태오복음 22장 4절에서 만찬을 지시하는 것 같다. 루가의 용법은 후기 그리이스어에서 보다 일반적으로 된 용법으로 보이지만(참조. L.S 해당 귀절들) 그러나 이런 견해는 전혀 분명하지 않으며, *M.M.*은 파피루스문서를 인용하는데 거기서 파피루스문서 (또 편집자들)는 "조반"이란 의미를 제시한다.

감히 …하는 이가 없었읍니다. 4장 27절을 참조하라. 동일한 말들("당신이 누구십니까?" σὺ τίς εἶ;).이 사용된 8장 25절에 대한 암시가 있을 법하다(참조. 1, 19 : 거기서 그 말들은 세례자 요한에게 말해진 것이다). 예수가 자기 사람들에게 자신을(1절) 현시했으므로(14, 22) 그러한 질문들은 불필요한 것이다. 예수의 현시에 대한 인식이 두 번째가 아니므로(참조. 7절) 두 이야기가 결합된 것임을 나타내지도 않는다. "묻다"(ἐξετάζειν)란 말은 *P. Oxy.* 654에 나오는 예수의 여섯 번째 말 속에 사용되었지만(참조. Thomas 6) 현재의 귀절과 파피루스문서의 말을 연결지을 만한 근거가 없다.

[13] ἔρχεται("오셔서")는 용어법(冗語法)일 것같고 아마도 셈어법이리라. 아람어의 אזל("떠나다")의 용법을 참조하라.

떡을 들어 주시고. 유다인의 식사에서 축복을 말하는 주인의 행위이다. D(참조. sin)에는 "감사드리며 주었다"(εὐχαριστήσας ἔδωκεν) 라는 보다 분명한 진술이 있다.

생선도 그와 같이 하여. 이 귀절의 헬라어 본문은 καὶ τὸ ὀψάριον ὁμοίως인데 6장 11절에는 ὁμοίως καὶ ἐκ τῶν ὀψαρίων("생선도 그와 같이 하여")로 되어 있음을 참조하라. 병행을 이루는 행동들은 또한 예수가 최후의 만찬에서 떡과 포도주를 나누어 주던 것을 생각나게 한다. 이 식사는 독자들이 성간찬과의 연관들을 상기하게끔 의도된 것이었으리라(참조. 예수께서 엠마오 도상의 두 제자에게 나타나심 : 루가 24, 30·31·35). 생선은 성만찬에 관한 초기의 일부 표현들에서는 빵과 함께 나온다 ; 생선을 상징으로 나타냄은 초기 그리스도교에서 널리 퍼져 있었다.[7] 이 설화는 예수가 주인으로 행세했던 식사에 대해서 말하지 않는다 ;

7) Cullmann. V. E. A., 510 ; Brown을 참조하라.

예수 자신이 빵과 생선을 먹었다는 말이 없고 이와 마찬가지로 그가 자기 자신을 제자들에게 빵과 생선으로 내어주었다는 말도 없다. 제자들은 예수와 함께 있었으므로 그가 그렇게 할 수도 없었고 또 그렇게 할 필요도 없었다. 따라서 이 이야기는 6장 51절 이하——내가 줄 빵은 내 살이다——와 병행을 이루지 않는다. 성만찬의 언급들은 몇몇 현대 주석가들이 주장하는 것보다 더 관련이 적다.

[14] 나타내신 것이 세 번째였읍니다. 분명히 막달라 마리아에게 나타나신 것은 계산에 넣지 않았다. 아마도 그녀가 "제자"($\mu\alpha\theta\eta\tau\acute{\eta}s$)가 아니었기 때문에 그랬던 것 같다. 20장 19—23절에 나오는 예수의 현시가 첫 번째이고 20장 26—29절에 나오는 그의 현시가 두 번째이다. 다른 복음서상의 여러 가지 부활설화들을 (또 고린토전서 15장의 부활설화를) 이 틀 속에 끼어맞추기는 어렵다. 더우기 현재의 설화는 세 번째 현시보다 첫 번째 현시에 보다 가까운 것으로 여겨진다(참조. 본장의 서론과 1·3절). 현재의 이야기는 주의깊게 작성된 20장의 설화에 속한 것이 아니라 이미 완성된 하나의 자료와 다소 서투르게 결합된 또 다른 자료 (아마 두 개의 자료에서 이끌어낸 두 사건 ; 참조. 9·10절)로부터 도입된 하나의 분명한 사건이라는 인상을 준다. 있는 그대로 받아들인다면 현재의 현시는 예루살렘 현시전승과는 대립되는 갈릴래아 현시전승을 뒷받침한다. 이 문제에 대해서는 *Beginnings*, V, 7—16을 참조하라.

2. 예수, 베드로, 그리고 사랑받은 弟子
21장 15—25절

15 그들이 조반을 먹은 후 예수께서 시몬 베드로에게 물으셨읍니다 : "요한의 아들 시몬아, 네가 이 사람들보다 나를 더 사랑하느냐?" 베드로가 대답했읍니다 : "주님, 그렇습니다. 제가 주님을 사랑하는 줄을 주님께서 아십니다." 예수께서 그에게 "내 어린 양을 먹이라" 하고 말씀하셨읍니다. 16
예수께서 두 번째 물으셨읍니다 : "요한의 아들 시몬아, 네가 나를 사랑하느냐?" 베드로가 대답했읍니다 : "주님, 그렇습니다. 제가 주님을 사랑하는 줄을 주님께서 아십니다." 예수께서 그에게 말씀하셨읍니다 : "내 양을 치라."

17 예수께서 세 번째 물으셨읍니다 : "요한의 아들 시몬아, 네가 나를 사랑
하느냐?" 그때 베드로는 예수께서 "네가 나를 사랑하느냐?" 하고 세 번이
나 물으시므로 근심하여 "주님, 주님께서는 모든 것을 아십니다. 그러므로
제가 주님을 사랑하는 줄을 주님께서 아십니다"하고 대답했읍니다. 예수께
서 그에게 말씀하셨읍니다 : "내 양을 먹이라. 18 내가 진정으로 진정으로
네게 말한다. 네가 젊어서는 스스로 띠를 띠고 다니고 싶은 곳을 다녔으나
늙어지면 두 손을 벌리겠고 남이 네게 띠를 띠워 네가 원하지 않는 곳으로
데려갈 것이다." 19 예수께서 이렇게 말씀하신 것은 베드로가 어떤 죽음으
로 하느님께 영광을 돌릴 것을 은연중에 가리키려 하신 것입니다. 이 말씀
을 하시고 예수께서 베드로에게 "나를 따르라"하고 말씀하셨읍니다. 20 베
드로가 돌아다보니 예수의 사랑하시는 제자가 따라오고 있었읍니다. 이 제
자는 마지막 만찬 때 예수께 기대어 "주님, 주님을 넘겨줄 자가 누굽니까?"
하고 묻던 사람입니다. 21 베드로가 이 제자를 보자 예수를 향하여 "주님,
이 사람은 어떻게 되겠읍니까?" 하고 물었읍니다. 22 예수께서 말씀하셨읍
니다 : "내가 올 때까지 그를 살아있게 하는 것이 나의 뜻이라 한들 네게 무
슨 상관이 있느냐? 너는 나를 따르라." 23 이 말씀이 형제들 사이에 퍼져
나가서 이 제자는 죽지 않을 것이라 했지만 예수께서는 그가 죽지 않으리라
고 말씀하신 것이 아니라 "내가 올 때까지 그가 살아있기를 원한다고 한들
네게 무슨 상관이 있느냐?" 하고 말씀하신 것뿐입니다. 24 이 모든 일에
대하여 증거하고 또 이 사실을 기록한 사람이 바로 이 제자입니다. 우리는
그 증거가 참되다는 것을 알고 있읍니다. 25 예수께서 행하신 일은 이 밖에
도 많아서 그것을 낱낱이 기록한다면 이 세상이라도 그 기록된 책들을 다
간직하기에는 부족하리라고 생각합니다.

예수에게서 세 번 질문받은 베드로는 예수에 대한 그의 사랑을 세 번 확언하고 나서 목자로서 그리스도의 양떼를 돌보라는 위탁을 받는다. 십자가처형에 의한 그의 죽음이 예고되고 그는 '따르라는 명령'을 받는다. 이런 사실에 더하여 베드로는 그가 하도록 명령받은 대로 사랑받은 제자가 하리라는 것을 알고 있다 : 그는 따를 것이다. 베드로는 그의 동료제자의 운명에 대해서 질문하며 그 대답은 일종의 회피이고 비난을 함축하고 있다. 사랑받은 제자가 그리스도의 내림 때까지 살아 있으리라고 하더라도 그것은 베드로에게 별 관심사가 아니었을 것이다. 이 점은 저자가 강조한 바로서, 그것이 예언으로 이해되었긴 해도 예언은 아니었다. 이 사람은 저자의 결론에 의하면, "이런 일들"—아마 복음서 전체, 1장 1절—21장 23절(그 주석 참조)—을 기술하였던 제자였다.

이 단락과 1장 1—14절과의 관련성이 분명하지 않다 : 우리는 식사에 대해서 더 이상 듣지 못한다. 베드로와 사랑받은 제자 외에 다른 제자들은 사라진다. 그러나 저자는 21장 1—14절을 설화의 도입부로서뿐만 아니라 추측컨대 15—23절의 주제들을 제시하는 것으로 사용하였다. 세 번에 걸친 베드로의 확언과 주님께서 세 번 그에게 책임을 위탁하심은 아마 그의 세 번에 걸친 부인과 상응하는 것이리라 (그러나 불트만은 이 견해에 반대한다). 그러나 베드로의 명예회복은 확실히 의도된 바이긴 하지만 중심사상은 아니다. 중심사상은 베드로가 교회 안에서 차지하는 위치에 관한 예고가 주어졌다는 것이다 : 그는 위대한 목자가 될 것이고 순교자의 죽음을 당하리라는 것이다. 따라서 그는 이전에는 그에게 불가능하였던 일인(13, 36 이하)—따르라는— 명령을 수락할 수 있었다. 여기서 관심은 (20장 21절에서와 같이) 교회의 전도에 있는 것이 아니라 교회내부의 지도권과 목자적 돌봄에 있는 것이다(불트만). 이미 예수를 따르기로 한 사랑받은 제자를 우리는 대하게 된다. 그가 교회의 탁월한 목회자가 되리라는 예고는 안 나온다 ; 그러나 저자는 그가 베드로와 똑같은 "순교자"(μάρτυς)가 되지는 않았다고 해도 "순교자"였고 복음서 자체에 내포된 "증거"(μαρτυρία)에 대해서 책임을 졌다고 주장한다. 따라서 24절은 베드로에 대한 예언과 결부된 것이므로 본단락에 첨가된 부분이 아니라 꼭 있어야 할 부분이다. 실로 24절을 포함시킨 것은, 그리스도가 얘기한 그의 사랑받은 제자의 운명에 관한 보다 이전의 견해 (틀린 것으로 판명된)를 대치하려 했던 것으로 생각되므로 21장을 첨가한 데 대한 주된 동기들 중에 하나였다. 사랑받은 제자는 그리스도의 산 증거자로서 내림 때까지 생존할 수는 없었지만 복음서의 기술을 통하여 교회의 전승과 교회의 유일한 존재기반인 예수의 말에 대한 영원한 보증인이 되었다.

〔 15 〕 조반을 먹은 후에. 이 말에 대해서는 12절을 참조하고 "시몬 베드로에게"에 대해서는 2절을 참조하라.

요한의 〔아들〕 시몬아. 이 독법(Σίμων Ἰωάννου)은 채택할 만하다. 1장 42절 "요한의 아들 시몬아"(Σίμων ὁ υἱὸς Ἰωάννου)와 그 주석을 참조하라. Ἰωνᾶ(Θ ω의 독법)는 아마 마태오복음 16장 17절에 동화해서 본문에 끼어들어온 것 같다.

네가 사랑하느냐(ἀγαπᾷς)… 제가 사랑하는 줄을(φιλῶ). 복음서 전체를 통해서 이 두 동사의 용법에 비추어 볼 때 이 두 동사가 동의어라는 것은 분명하다. φιλεῖν이 보다 저급한 사랑의 형태를 지시하지는 않는다. 다음의 사항들을 특별히 주목하라. (ㄱ) 예수께서 사랑했던 제자는 여러 번 ὃν ἠγάπα("그가 사랑하는")라고 나오고 단 한 번 ὃν ἐφίλει("그가 사랑하는")라고 나온다는 사실 : 두 "사랑 받은 제자" 가있었다거나 한 제자가 다른 제자보다 더 좋은 방식으로 사랑받았다고 보기는 매우 어렵다 ; (ㄴ) 14장 23절, "누구든지 나를 사랑하는 사람은…… 너 아버지께서 그를 사랑하실 것이요"(ἐάν τις ἀγαπᾷ με…ὁ πατήρ μου ἀγαπήσει αὐτόν)와 16장 27절, "아버지께서 너희를 사랑하시는 것은 너희가 나를 사랑하였기 때문이다"(ὁ πατὴρ φιλεῖ ὑμᾶς ὅτι ὑμεῖς ἐμὲ πεφιλήκατε)가서로 병행을 이룬다.[1] 비교. 잠언 8장 17절에 대한 70인역 번역 : "나를 사랑하는 자들을 나도 사랑하며"(ἐγὼ τοὺς ἐμὲ φιλοῦντας ἀγαπῶ). 21장의 저자가 이 말들을 계속 동의어로 쓰고 있다는 점은 베드로가 예수의 물음에 긍정적으로 대답하고 있다는 사실에 의해서 확증된다 : "네가 사랑하느냐…?" "예, 제가 사랑합니다…." 세 번의 물음은 닭울기 전 베드로의 세 번의 부인과 상응하는 것이다 ; 이와 같이 양떼를 지키라고 세 번 위탁된다. 22절에서 주어진 비난에도 불구하고 베드로의 임무와 중요성이 높이 평가받는다. 그는 고기잡는 일을 주도했다(3절) ; 그는 또한 목자의 우두머리이다. 본귀절에 담긴 전체적인 의미는 예수에 대한 그의 사랑을 의심하는 것이 아니라 확증하는 것이다. 다음의 주석을 참조하라.

이 사람들보다 더. τούτων("이 사람들")은 남성형이거나 중성형일 수 있으므로 여러 가지 해석이 가능하다. 가장 중요한 두 가지 해석은 "네가 이 다른 제자들보다 더 나를 사랑하느냐?"와 "네가 이 낚시도구—네 일상생활을 반영하고 이제 한 번 더 내가 떠나도록 명령하는—보다 더 나를 사랑하느냐?"이다. 전자가 더 그럴 듯하다. 왜냐하면 낚시도구는 분명히 전제되었긴 하지만 직접 연관된 문맥에서 언급되지 않았기 때문이다. 또한 그것은 어쨌든 베드로의 생계도구라기 보다는 사도파송의 수단을 나타낸다(참조. 3·11절). 더우기 전자의 해석은 가장 큰 소리를 쳤다가 가장 철저히 실패하였던 베드로에 대한 적합한 비난을 반영한다(참조. 13,8· 73 83; 18,10·11·15). 또한 그 해석은 베드로가 열 두 제자 중에서 제일 뛰어나다는 암시를 내포하고 있을 법도 하다. 베노이트(Ⅱ ,277—83,301)는 교회 전체에 대해서뿐 아니라 그의 동료 제자들에 대해 갖는 베드로의 우월성의 근거를 그가 가장

1) Bernard, 705에 나오는 유사한 귀절들의 충분한 목록을 참조하라.

많이 사랑한 사람이라는 사실에서 찾는다. 그러나 바로 이 사실이 베드로의 계승에 대한 베노이트의 또 다른 주장에 모순된다; 어쨌든 베드로의 계승은 본문에서 언급되어 있지 않다. 우월성을 갖게 하는 것은 계승이 아니라 사랑이다(참조. 마르 10, 41—44와 병행귀들). 또한 사랑받은 제자의 기능이 베드로의 기능보다 우월하거나 열등한 것이 아니라 다른 것임을 주목하라. 교회에 대해서 영속적인 의미를 갖는 것은 두 가지 기능 자체이지 그 기능들을 행사하는 사람들은 아니다.

주님께서 아십니다. 2장 24·25절을 참조하라. 베드로는 예수가 제시한 비교를 받아들이지 않고 그의 대납에 대한 책임을 예수에게로 돌린다.

내 어린 양을 먹이라. ἀρνία("어린 양")가 D it에는 πρόβατα("양")로 되어 있다. 이 귀절과 다음 귀절들의 말들 사이에 어떤 차이를 두려고 했던 것 같지는 않다: βόσκε("먹이라")=ποίμαινε("치라")=βόσκε("먹이라"); ἀρίνα("어린 양")=προβάτια("양")=προβάτια("양"). 이 말들은 요한복음의 다른 곳에서는 전혀 나오지 않는다; 15·16·17절 세 귀절에서 하나의 변형으로 나오는 πρόβατον("양")은 아마 10장에 대한 동화일 것이다. 예수와 그의 양떼에 대해서는 10장 1—16절과 26절을 참조하라. 목자로서 그리스도교의 선교사들에 대해서는 사도행전 20장 28·29절과 베드로전서 5장 2—4절을 참조하라. 베드로가 예수의 물음에 긍정적으로 대답할 수 있기 때문에 그는 양떼의 목자로서 임명받을 수 있다. 다드(A.S.85)는 βόσκειν("먹이다")에서 예레미야 31장 10절에 대한 암시를 본다.

[16] ℵ D Θ ω에는 προβάτια("양") 대신에 πρόβατα("양")로 되어 있다.

[17] 16장 20절에서와 같이 ἐλυπήθη("근심하여")로 나온다(참조. 16장 6·20절 이하: λύπη "슬픔"). 베드로는 "사랑하다"(φιλεῖν)란 말이 쓰여졌기 때문이 아니라 물음이 세 번 반복되었기 때문에 슬퍼하였다.

[18] 내가 진정으로 진정으로 네게 말한다. 1장 51절을 참조하라. 이것은 매우 특징적인 말이긴 하지만 쉽게 모방할 수 있는 요한의 관용어로 인정해야 한다.

젊어서는. 이 말(νεώτερος)은 비교의 의미를 가질 필요가 없다. 참조. 시편 36(37)편 25절: "내가 젊어서부터 늙기까지"(νεώτερος ἐγενόμην καὶ γὰρ ἐγήρασα; Bauer, 238에서 인용된 귀절). "어렸을 때는 가고싶은 대로 마음대로 갈 수 있었으나 성인이 되면 가고 싶은 곳에로 마음대로 가지 못한다"라는 의미를 지닌 속담이 이 귀절의 근저에 있다고 할 수 있다(Bultmann, 713). 그러나 이것이 사실이라면 더 많은 자료가 속담에 끼어들어갔을 것이다. 불트만은 여기서 십자가처형에 대한 암시를 보지 않는데, 그것은 옳다 ; 그러나 아래의 두 귀절에 대한 주석을 참조하라.

두 손은 벌리겠고. 십자가에 못박힘에 대한 이런 표현을 언급한 많은 증거가 있다. 이사야 65장 2절("내 두 손을 펴서…")은 바나바서신(12, 4), 저스틴(*Apol.*, I 35), 이레니우스(*Demonstration of the Apostolic Preaching*.. 79), 그리고 키프리안(*Test*. Ⅱ, 20)에서 십자가에 못박힘을 예시하는 것으로 간주된다. 이와 비슷하게 모세가 양손을 뻗친 것(출애 17, 12)도 바나바서신(12, 2)과 저스틴(*Trypho*, 90—91)에서는 십자가에 못박힘을 예시하는 것으로 간주한다. 비그리스도교 저자들이 십자가에 못박힘을 언급할 경우는 보다 적지만 *Epictetus* Ⅲ, xxxvi, 22 : "십자가에 못박힌 사람들처럼 네 손을 펴서"를 참조하라.

남이 네게 띠를 띠워. 불트만에 의하면(앞의 주석 참조) ζωννύναι("띠를 띠우다")가 묶는 것을 의미하지 않기 때문에 (죄수들은 언제나 십자가에 부분적으로 묶여졌고 때로는 완전히 밧줄로 동여매졌다 ; 참조. 20, 20) 이것이 십자가에 못박힘에 대한 언급일 수 없다고 한다. 이런 주장은 설득력이 없다 ; 이 동사가 문맥상 다소 왜곡되어 사용되었을 법도 하다. 이 단순한 동사는 복합동사 διαζωννύναι("두르다" : 21, 7 ; 2 주석 참조)와 동일한 의미("띠를 두르다")를 지닐 수는 있었지만 그럴 필요는 없다(참조. *M.* I, 115).

[19] **어떤 죽음으로…가리키려 하신.** 예수가 죽는 방식이 예고된 12장 33절을 참조하라.

하느님께 영광을 돌릴 것을. 복종과 믿음 안에서 죽는 것이 곧 하느님께 영광을 돌리는 것이다(참조. 15장 8절). 예수의 죽음은 그것을 통하여 하느님이 그의 영광을 드러냈던 행위였다 ; 그 사도의 죽음은 하느님이 계시했던 영광을 인간이 감사하면서 인정하였음을 의미했을 것이다. 이 귀절은 그것이 가정하고 있는 십자가처형에 따른 베드로의 순교를 가리키는 비교적 초기의 좋은 증거로서 받아들여야 한다. 이 사건에 대한 똑같이 초기에 속한 다른 증거는 아주 대수롭지 않다.[2] 베드로전서는 (그 진정성이 있던 없던간에) 베드로가 소아시아

2) 특히 클레멘트 I서 5장 4절 ; 6장 1절과 Eusebius, *H.E.* Ⅱ, xxv에서

에 대해서 처음으로 관심을 표시했다는 데 대한 증거이다.[3] 베드로는 여기서 부활절에 대한 Quartodeciman(부활절을 유다인의 과월절 기간 중의 하루인 니산월 14일에 지켰던 고대교회의 한 집단)의 견해들—사도요한은 이런 견해들의 지지자로 간주되었다—에 반대하였던 (로마와 서방의) 그리스도교인들의 대표자로 소개되었다고 말할 수 없다. 이런 논증이 고려되었다면 훨씬 더 분명하게 이런 논증에 대한 증거가 나타났을 것이다.

나를 따르라. 참조. 13장 36절 : "네가 후에는 따라올 것이다." 이 명령은 일차적으로 베드로가 순교의 길까지 예수를 따라야함을 의미하는 듯하다. 그러나 다음 귀절이 보여주듯이 예수를 따라야 함이 그 일차적인 의미라면 이 명령은 사도직에 관한 보다 포괄적인 개념을 특징짓는 것이다(참조. 12, 25·26 ; 마르 8, 34·35). 예수를 따르는 일은 그것이 피의 순교를 의미하든 않든간에 완전한 복종 안에서 자기 자신을 부인하는 것이다(참조. 1장 37절). 예수의 베드로에 대한 최후의 말(참조. 22절)은 앞서 말한 바와는 달리 그와 그의 동료제자들을 같은 위치에 두는 것이다.

[20] 예수의 사랑하시는 제자가. 13장 23절을 참조하라. 이 언급은 최후의 만찬과 사랑받은 제자의 물음을 지시함으로써 분명해진다.

따라오고 있었읍니다. 이 말(ἀκολουθοῦντα)은 ℵ* W 와 고대 라틴역사본 Corbeiensis에는 빠져있다. 사랑받은 제자는 베드로가 방금 하도록 명령받았던 일을 이미 하고 있었다 ; 한 번 더 베드로에 대한 그의 우월성이 암시되었다. 만일 언급된 제자들 중의 하나가 제베대오의 아들 요한이었고, 사랑받은 제자가 제베대오의 아들 요한이었다고 가정할 경우에 1장 38절을 참조하라. 22·23절은 그가 죽게 되었음을 뜻하므로 그에 대해서도 베드로에 대해서와 같이 예수를 따르는 일은 죽기까지 따름을 의미하였음이 분명하다.

기대어. 13장 25절과 6장 10절을 참조하라.

[21] 이 제자를 보자. 이 귀절은 앞 귀절의 βλέπει("돌아다보니")를 다시 말한 것이다.

인용된 저자들을 참조하라.

3) Ignatius, *Romans* 4. 3. 또한 J. Munck, *Petrus und Paulus in der Offenbarung Johannis* (1950)에서 주해된 요한묵시록 11장 3—13절을 참조하라.

이 사람은 어떻게 되겠읍니까? 이 생략문장은 πείσεται("따르게 되다")와 같은 말을 덧붙이면 완전한 문장이 될 수 있다; 아니면 요한의 방식대로 미정의 주격을 사용하면(참조. I권 27—28면) οὗτος δέ, τί αὐτῷ συμβήσεται 라고 쓸 수 있다. 그 의미는 분명하다. 구어체의 말로 "그는 어떻게 되겠는가?"이다.

[22] 내가 올 때까지 그를 살아있게[4] 하는 것이 나의 뜻이라 한들. ἕως ἔρχομαι("오다") 대신에 ἕως ἔλθω("오다" ἔρχομαι의 2과거, 가정)가 기대된 독법이었을텐데, 그것은 그 의미가 "내가 올 때까지 그가 (살아) 남아있기를 내가 원한다면…"일 수밖에 없기 때문이다. 그리스도가 다시 올 때까지 사랑받은 제자가 살아있을 가능성은 (요한이 성급히 지적하듯이) 분명히 확인되지는 않지만 재고되었다(참조. 마르코복음 9장 1절). 확실히 최초의 그리스도교 신앙은 제 1세대의 그리스도교인들이 사라지기도 전에 내림이 일어나리라는 것이었다(참조. 특히 데전 4,15: "살아남은 우리가"; 고전 15,51: "우리가 모두 죽지 않을 것이다"). 또한 23절을 참조하라.

그것이 네게 무슨 상관이 있느냐? 2장 4절을 참조하라.

너는 나를 따르라. σύ("너는")는 매우 강조적인 위치에 있다: "그에게 무슨 일이 일어나든지간에 너는 나를 따라야 한다." 베드로나 사랑받은 제자를 무시하는 것이 이 귀절의 의도는 아니라는 점을 불트만이 주목한 것은 옳다. "두 제자 모두 같은 등급으로 나타났다는 것이 이 귀절의 실제적인 특징이다; 주님은 한 사람을 이렇게 다른 또 한 사람을 저렇게 규정하였다"(716). 베드로의 지위는 확실한 것이었으므로 그 의도는 틀림없이 사랑받는 제자에게도 동등한 지위를 요구하여 "이 복음서의 교회적 권위를 실증하려" 했던 데 있었다고 불트만은 추론한다(717). 이런 추론은 적어도 저자의 주된 의도에 관한 것으로 문제삼을 수 있다. 복음서의 증언이 권위있는 증언으로 받아들여져야 한다는 데 저자의 관심이 있었음이 분명하다(24절). 그러나 베드로와 사랑받는 제자의 동등한 지위는 목회활동과 역사—신학적인 증언이 똑같이 중요함을 제시해주는데, 복음서도 이 점을 구체적으로 제시해주고 있다.

---

4) D에서 οὕτως의 첨가에 대해서는 불가타 사본과 다른 라틴역의 증언, "그가 살아 있는 것을 내가 원한다고 하더라도"(*si sic eum uolo manere*); 또한 W. W. 647—48에 나오는 중요한 주석; 그리고 4장 6절, 11장 48절을 참조하라.

[23] D는 ἀδελφούς("형제들") 다음에 καὶ ἔδοξαν("추측하였다")을 첨가하는데, 이것은 보다 부드러운 독법을 제공한다.

〔이 제자는〕 죽지 않을 것이다. 미래동사가 기대될 것이다(참조. 22절). 내림이 곧 일어나리라는 최초의 확신은 시간이 경과함에 따라서 첫세대 사람들 중에 한 사람만이 내림이 일어날 때까지 생존하리라는 믿음으로 약화되었다. 그러나 일부 사람들에게만 이런 신념이 가능했을 것이다; 요한복음의 증거를 제외하면 그것에 대한 증거가 안 나오는 것 같다. 마르코복음 9장 1절과 13장 30절을 참조하라.

말씀하신 것이 아니라. 이 귀절(οὐκ εἶπεν δέ)이 D Θ ω에는 καί οὐκ εἶπεν 으로 되어 있다. 죽지 않으리라고 기대된 이 제자는 아마 죽었을 것이다. 본장의 저자는 예수가 예언을 하지 않았다고 주의깊게 설명한다. 그 제자의 운명은 어떻게 될 것이든간에 베드로의 관심사가 아니었음을 저자는 강력한 어조로 표현했을 뿐이다. 그러나 그 말의 원래 의미는 (그 어원이 무엇이었든지간에) 일반적으로 가정된 대로의 의미였을 듯하다. 여기서 주어진 이와 같이 기대에 어긋난 희망에 대한 설명은 이 복음서 전체에서 서술된 그리스도교적인 종말론에 관한 대담한 재해석과는 아주 다른 것이다(참조. 이 책 I권 110—3·215—6면).

(22절을 다시 언급하는) 이 귀절의 후반부에서 D e는 ἀποθνήσκει("그가 죽으리라") 대신에 직접화법 문장으로 바뀌게 하는 ἀποθνήσκεις("너희가 죽으리라")로 되어 있다. τί πρὸς σέ("무슨 상관이 있느냐")는 ℵ* a e sin 에는 생략되어 있다.

린다스(640)는 이 귀절에 대해서 다음과 같이 훌륭하게 논평한다: "이 귀절은 이야기의 에필로그를 형성하며 또 독자들에게까지 이야기를 확대시킨다. 독자들은 또한 애제자에 대한 억측을 그만두고 그들 자신의 제자직에 관심을 가져야 한다. 그것은 실로 본장을 참작하는 것이 요한의 우선적인 목적이기 때문이다. 애제자에 대해서 그가 과묵한 데에는 하나의 분명한 목적이 있다. 독자마다 복음서를 통하여 예수를 믿고 그를 따르게 되며 애제자의 참된 제자직에서 자기 자신을 발견하게 되리라는 것이 요한이 희망하는 바이다." 이것은 타당한 말이긴 하지만 24절을 그것이 속해 있는 21절 이하와 분리시키는 유감스런 결과를 가져온다. 이하를 참조하라.

[24] 바로 이 제자입니다. 사랑받은 제자를 가리킨다. 이 귀절에 대한 해석에 관해서는 또한 이책 I권 184—185

면을 참조하라.

이 모든 일에 대하여 증거하고 또 이 사실을 기록한 사람이. 본문상의 증거는 다소 혼동되어 있다. B사본은 ὁ μαρτυρῶν("증거한 사람") 사이에 καί를 첨가한다; 이것은 아마 무분별한 잘못이므로 무시해야 한다. B D it sin pesh는 ὁ γράψας("기록한 사람") 앞에 καί가 나와 있으며 Θ φ는 ὁ καί로, ℵ ω는 καί γράψας로 되어있다. ὁ의 다양한 위치는 ℵ W 독법의 중요성을 더해준다; 그러나 B D it sin의 결합형태가 아주 유력하므로 비록 두 가지 분사가 나올 때, 두 번째 분사는 관사없이 결합된 것을 요한의 문체에 해당하는 것으로 인정해야 하긴 하지만 καί ὁ γράψας의 독법을 채택하는 편이 가장 타당할 듯하다. 요한복음에서 μαρτυρεῖν("증거하다")에 대해서는 1장 7절을 참조하라; 그 말은 절대적인 용법으로 쓰이기도 하고 여격과 함께 쓰이기도 하며 때로는 여기서처럼 περί("대하여")와 함께 쓰이기도 한다. 이 말들의 가장 자연스런 의미는, 따라서 채택해야 할 의미는 그러한 의미에 반대하는 아주 강력한 이유들이 제시되지 않는다면 그 제자 자신이 증거했을 뿐만 아니라 "이 모든 것들"(ταῦτα)을 기록했다는 것이다. γράψας가 "기록되게 하였던"(참조. 19, 19)으로 번역되어야 한다는 점을 생각해 볼 수는 있지만 그럴 듯하지는 않다. 그 말의 의미는 단지 그 제자가 "이 모든 일들"에 대해서 궁극적이고 책임적인 권위를 갖고 있었다는 것이다. 이 귀절은 21절의 베드로의 물음에 대한 대답을 제공해 준다; 사랑받은 제자는 믿을 만한 증인이다. 따라서 이 귀절은 서론(21, 1—14)을 수반하고 있는 본단락(15—23절)에 속한 것이고 또 그 일부이기도 하다. 그러므로 24절에 나온 증거란 1—20장에 걸친 복음서 전체를 언급하며, 이에 대해 21장 1—24절은 1—20장의 저자와는 다른 저자 (혹은 저자들——"우리는 알고 있다"οἴδαμεν)에 의해서 보충된 부분이다. 사랑받은 제자는 제자직의 한 이상형이긴 하지만(앞에서 린다스의 견해에 대한 인용 참조) 신학적으로 해석된 역사의 전거(典據)이기도 하다; J. Roloff, *N.T.S.* 15 [1968], 129—51에서는 의의 교사와 비교되고 있다. 앞 귀절은 (이 귀절이 21장의 저자에 의한 하나의 주석으로 간주되지 않는다면) 아마 19장에 비추어서 작성된 것이리라.

우리는 알고 있읍니다. 이 동사의 주어는 이 귀절을 복음서 전체와 분리시키며 (γράψας의 의미가 심하게 약화되지 않는다면—앞의 주석 참조) 다른 저자를 생각하게 한다. 알렉산드리아의 클레멘스(*apud Eusebius*,

H.E. Ⅵ, xiv, 7: "그는 친구들에 의해서 강권받았다")와 무라토리 정경(Ⅱ. 10—15: "격려자들에게, [즉] 교우들에게, 그의 감독에게… 아는 사람들 모두에게…")에 의하면 이 복음서는 어떤 의미에서 결합된 창작물이었고 저자 이외의 다른 사람들도 복음서에 대한 책임을 졌었다고 한다. 물론 이러한 진술들은 현재의 귀절에서 추론해낸 추측에 불과할 수도 있다. 만일 그러한 진술들이 어느 정도 현재의 귀절과 상관없는 진술이라면 (추측컨대) 에베소교회가 펴낸 그 책에 대한 기억이 거기에 담겨 있을 수도 있다. "우리"란 말은 아주 진지하게 고려해야 할 말이다; 사도교회가 존재한다는 바로 그 사실이 사도적 증언을 확인하고 확증케 하는 것이다. 고린토전서 9장 2절과 고린토후서 3장 2절을 참조하라.

참되다. 19장 35절(ἀληθινή "참됩니다")과 비교하라. 요한복음에서 이 형용사들의 용법에 대해서는 1장 9절을 참조하라.

λ에는 (추측컨대) 이 귀절 다음에 "간음한 [여인에 관한] 단화" (*Pericope Adulterae*: 7, 53—8, 11)가 삽입되어 있다(참조. 516면 이하).

[25] 이 귀절 전체가 ℵ*에는 생략되어 있다. 그러나 그것은 처음에는 첨가되었다가 아마도 우연히 생략된 것이리라.

이 밖에도 많아서. 20장 30절을 참조하라. 이러한 반복은 다소 서투른 것이며 21장이 복음서의 첨가부분이라는 견해를 강력하게 확증해준다. 이 말 (ἄλλα πολλά)은 πολλὰ καὶ ἄλλα와 비교해 볼 때 뒤떨어지는 헬라어이다. 이 말은 다른 저자를 어느 정도 암시하는 것일 수 있다.

낱낱이. 이 말(καθ' ἕν)에 대해서는 사도행전 21장 19절을 참조하라.

이 세상이라도 그 기록된 책들을 다 간직하기에는 부족하리라고 생각합니다. οὐ는 신약성서 그리이스어에서 부정사(이 문장에서는 χωρήσειν: χωρέω "간직하다"의 미래부정사)와 함께 쓰이는 예가 드물다. 이 때문에 οὐ가 적절하게 οἶμαι("생각하다")에 관련된 말이고 그것이 (때때로 주장되는 바대로) 종속절로부터 주절로 옮기워진 것은 아니라고 가정할 수 있다. "나는 이 세상이……간직하리라고는 생각하지 않는다." χωρήσειν은 ℵ B의 독법이다. 다른 사본들에는 단순과거 부정사 χωρῆσαι로 되어 있다. 그러나 헬레니즘적 헬라어에서는 현재 부정사 어미를 가지고 단순과거 부정사를 쓰는 경향이 있었기 때문에[5] χωρήσειν은 미래 부

5) *M.* Ⅰ, 204—205; Ⅱ, 216, 219; Robertson, 369—70.

정사가 아니라 단순과거 부정사로 의도된 것일 수 있다. 그러나 여기서는 미래가 요구되며 그 형태가 신약성서에서 드물게 나옴에도 불구하고 의도된 것이었으리라. *κόσμος*는 여기서 요한의 특징적인 의미로 쓰인 것은 아니다(그 말에 대한 요한의 특징적인 의미에 대해서는 1장 10절 참조). 과장법에 대해서는 여러 병행귀들이 인용될 수 있다 ; 예. 출애굽기 대 미드라쉬 20장 22절 : 다가오는 세대에는 "전 세상 [עולם]이 보상받지 못할 것이다" ; Philo, *post.*, 144 : "만일 하느님이 자신의 풍요함을 즐겨 보이려 한다면 대륙과 바다, 즉 온 세상이 그것을 담지 못할 것이기 때문이다." 마카베오상 9장 22절을 참조하라. 이 귀절에서 사용된 과장법은 그리이스어적인 것도 유다교적인 것도 아니라 일반적인 과장이다.

姦淫한 女人 7장 53절—8장 11절

7,53 그리고 나서 사람들은 모두 집으로 돌아갔고 8,1 예수께서는 올리브 산으로 가셨읍니다. 2 이른 아침에 예수께서 다시 성전으로 들어가시니 많은 사람이 그에게 모여들었읍니다. 예수께서 앉아서 그들을 가르치실 때에 3 간음하다가 잡힌 한 여인을 율법학자들과 바리사이 파사람들이 끌고 와서 가운데 세워 놓고 4 예수께 말했읍니다: "선생님, 이 여자가 간음하다가 현장에서 잡혔읍니다. 5 모세는 율법에 이런 여자들을 돌로 치라고 명령했읍니다. 그런데 당신은 이에 대하여 뭐라고 하시겠읍니까?" 6 그들이 이렇게 말한 것은 예수를 시험하여 고소할 구실을 얻으려는 것이었읍니다. 그러나 예수께서는 몸을 굽혀 손가락으로 땅에 무엇인가 쓰고 계셨읍니다. 7 그들이 계속하여 물으니 예수께서 몸을 일으키시고 그들에게 말씀하셨읍니다: "너희 중에 죄없는 사람이 먼저 이 여자에게 돌을 던지라." 8 그리고 다시 몸을 굽혀 땅에 무엇인가 쓰고 계셨읍니다. 9 그러자 이 말씀을 들은 사람들이 나이 많은 이로부터 시작하여 하나하나 물러가고 마침내 예수만 남았읍니다. 그리고 여인은 가운데 그대로 서 있었읍니다. 10 예수께서 몸을 일으키시고 여인에게 말씀하셨읍니다: "여인아, 그 사람들이 어디 있느냐? 너를 정죄한 사람이 하나도 없느냐?" 11 "주님, 하나도 없읍니다"하고 여인이 대답하니 예수께서 말씀하셨읍니다: "나도 너를 정죄하지 않는다. 가서 이제부터 다시는 죄를 짓지 말라."

이 설화가 원래 이 복음서의 일부가 아니라는 것은 확실하다. 여기서 개요만을 살펴볼 수밖에 없는 이 설화의 본문의 역사는 그러한 이유에서 중요하다. 이 설화를 포함시킨 권위자들은 각기 그 견해가 현저하게 다르다. 요한복음의 이 부분에 이 설화를 배열한 사람들은 후기(중세)의 소수 그리이스어 사본들의 대부분을 포함시켰지만 이에 첨가하여 초기의 그리이스어 사본들 가운데서는 D만을 포함시켰다. 그러나 제롬은 그것을 포함시킨 많은 그리이스어 사본들뿐만 아니라 라틴역 사본들을 알고 있었다(*adv. Pelag* Ⅱ, 17). 이 설화를 포함시킨 여러 그리이스어 사본들은 그것을 별표나 단검표로 표시한다. 이 설화가 발견되는 곳은 불가타역과 소수의 고대 라틴역 사본들(특히 b* e) 팔레스틴—시리아어 성구집, 에디오피아 사본과 다른 역본들에 대한 소수의 사본들이다. 그리고 암브로스, 어거스틴, 제롬 등에게서 찾아볼 수 있지만 초기의 서방 교부와 가장 초기인 10세기 이전의 동방 교부에게서는 찾아볼 수 없다.

반면에 전체 단락이 P[66] P[75] ℵ B A Θ와 다른 많은 초기의 그리이스어 사본들에는 생략되어 있다. 이중에서 일부 그리이스어 사본들에는 7장 52절 다음에 여백이 남겨진 것으로 보아, 필사자는 그 단화가 있었음을 알고는 있었지만 그것을 생략하는 것이 옳다고 생각하였음을 알 수 있다. 그것은 고대 페쉬토 시리아 역본, 콥트어 역본들, (a를 포함하여) 고대 라틴 사본들, 그리고 (7장 52절부터 8장 12절까지 직접 상세히 설명하거나 주석하거나 의역한 오리겐, 키프리안, 크리소스톰, 그리고 논누스를 포함하여) 모든 초대 교부들에 의해 생략되었다. 다음의 점들은 주목할 만하다 : φ에는 그 단화가 이 복음서가 아니라 루가복음 21장 38절 다음에 놓여져 있다(루가복음 21장 37·38절은 이 단락을 제거함으로써 야기된 간격을 메꾸기 위해서 작성된 것이었다고 주장되어 왔다) ; λ에는 (추측컨대) 요한복음의 끝부분에 그 단화가 나온다 ; 한 그리이스어 사본은 그것을 7장 36절 다음에 두고, 일부 그루지야말(Georgian: 남부 Caucasus의 주요언어) 사본에는 7장 44절 다음에 둔다.

본단락의 본래성에 반대하는 증거의 중요성을 반박할 수는 없으며 또한 원래의 것으로 가정된 이야기가 왜 이렇게 많은 문서들에서 빠지게 되었는지 아니면 이렇게 많은 교회의 저자들에게 알려지지 않은 채로 있어야 했는지에 대한 어떤 타당한 이유를 찾을 수 없다. 이 단락이 복음서의 초판에 포함되었을 리는 없다. 그렇다면 그 기원은 어디에 있는가? 그 역사적인 가치는 무엇인가? 그것은 아마 고대에 속한 것이리라. 우세비우스(*H.E.*, Ⅲ, xxxix, 16)는 이 이야기를 파피아스가 "주님의 면전에서 여러 가지 죄목으로 고발당한 한 여인에 대한 또 다른 이야기—히브리인들의 복음서에 포함된 이야기—를 기록한" 탓으로 돌린다. 이 설화에서 여인은 단지 한 가지 죄목으로 고발당하고 있지만 그럼에도 불구하고 파피아스의 이야기와의 유사점은 상당히 긴밀하다. *Apostolic Constitutions* Ⅱ, 24(=*Syriac Didascalia*

7 ; 그 문서들의 연대는 3세기 로 추정됨)에는 이와 유사한 이야기가 감독들이 너무 심하게 고해자들을 다루는 일에 대해 경고하려고 이용되었다 : "장로들은 죄를 범했던 또 다른 여인을 그 앞에 세워두고 그에게 판결권을 넘겨주었다. 그리고 밖으로 나갔다. 그러나 사람들의 속 생각을 알고 있는 주님은 그녀더러 장로들이 그녀를 정죄하였는가고 물었다. 그녀가 '아닙니다'라고 대답하자 그는 그녀더러 '그러면 가라. 나도 너를 정죄하지 않겠다'라고 말했다." *Constituti on*에 나오는 다른 이야기들처럼 베드로복음서에서 비롯되었을 이 이야기는 요한의 이야기와 동일하지는 않지만 분명히 그것과 유사하다. 이러한 주제를 지닌 이야기들이 초기에 여러 가지 형태로 유행하였지만 그 이야기들은 그 당시 관례적으로 간음을 엄격한 규율에 따라 처리하는 것과 일치하지 않는다고 여겨졌기 때문에 정경의 위치를 확보하지 못했던 것 같고, 알고 있는 바대로의 이야기는 어느 시기에 그것이 (원래 비 성서적 자료인) 한 성구집 속에 이야기와 결합되었기 때문에 제 4복음서에 포함되었을 수도 있다.

이 이야기의 역사적 가치를 객관적인 평가기준에서 평가할 수는 없겠지만 다음의 견해들은 상당히 지지할 만하다. 첫째, 그것은 형태나 문체 면에서 공관복음서 설화들(특히 루가의 문체 ; 그 주석들 참조)과 아주 유사하다 ; 둘째, 그것은 다른 곳에서 드러나 있는 대로 예수의 인품과 행동방식을 잘 드러내준다. 그것은 요한이 7장 24절("외모로 판단하지 말라")과 8장 15절("너희는 육에 따라 판단하나 나는 아무도 판단하지 않는다") 또는 예수의 무죄와 비교되는 유다인들의 죄(8, 21·24·46)를 해명하기 위해서 이 곳에 삽입시켰는지 모른다. 길딩(110이하)은 이 단락이 요한의 주제를 이해하였던 어떤 사람에 의해 삽입되었다고 생각하며 여기서 창세기 38장, 39장, 사무엘하 11장, 신명기 9장, 예레미야 2장 등에 대한 언급들을 찾아낸다(예 참조).[1]

이 단화가 죄인들에 대한 적합한 태도, 특히 간음의 경우에 대한 적합한 태도에 관한 그리스도교의 논의에서 사용되었다는 것은 분명하다.[2] 예레미아스와 맨슨(예 참조)은 8장 6절에서 "시험해 보는 것"

1) 본문상의 문제에 대해서는 주석서들 외에도 C. Tischendorf, *Novum Testamentum Graece*, 1869, I, 826—30 ; *WH* II, Append ix 82—8 ; H. von Sod en,*Die Schriften des Neuen Testaments* (1911-13), I, 486—5 24 또한 Bec ker와 Riesenfeld를 참조하라.

2) Svensk Exegetisk Å rsbok 17(1952), 106—11에 나오는 리젠펠트의 주장과 U. Becker, *Jesus un ddie Eheb recherin*(963)을 참조하라.

(πειράζοντες)에 강조점을 두었다. 예수는 그릇된 입장에 빠지게 될 위험에 처해 있었다. 데렛트(*Law*, 156—88 : 그는 이 주석서의 초판에서 이 단화가 무시되었다는 점은 놀라운 일이라고 말한다)는 예수가 그의 청중들로 하여금 율법 자체가 요구하는 바가 무엇이었는가를 상기케 하기 위해서 이단화에 출애굽기 23장 1·7절을 적용하였다고 생각한다. "그의 형제를 마음으로 디워하였거나 그 동기가 부정하였던 사악한 자라면 고발할 수도 없고 증언할 수도, 정죄할 수도 없다"(187). 청중은 뜻하는 바가 무엇인가를 이해하였을 것이다. 다우베(그는 친절하게도 이제까지 출판되지 않은 논문에 대한 타자 원고를 내게 보내주었다)는 더 나아가 특수한 측면에서 이와 유사한 주제를 받아들인다. 그의 주장에 의하면 "이 단화의 원래 문맥에 비추어 볼 때 '너희 가운데 죄없는 자가 먼저 여인에게 돌을 던지라'는 표어는 남자들과 그들의 율법에 따라 여자들을 부당하게 대하지 말라는 것을 구체적으로 지시한 것이다. 또한 그것은 탄나이트 유다교(주후 1—3세기, 유다 하나시 때에 이르기까지 힐렐 1세와 샴마이의 미쉬나를 가르치던 교사들을 주축으로 한 유다교)에서 일어난 강력한 운동을 반영한 것이라고 한다." 이와 같은 움직임(즉 모든 라삐들이 아니라 일부 라삐들의 편에서 일어난 운동)에 대한 증거는 신빙성이 있으며 예수가 그런 움직임에 가담해서는 안 되었을 만한 이유가 없다. 그러나 추측컨대 한 그리스도교 편집자가 여자들에 대한 차별에 반격하려고 했다는 이유에서라기 보다 예수를 자비로운 재판관으로 묘사했다는 이유에서 결국 제 4 복음서에 포함되었던 이 이야기의 틀에 비추어 볼 때 그러한 운동에 대한 암시가 없다.

[7, 53] 이 단락은 갑자기 새롭게 시작되며—예수가 밤에 베다니아로 갔다가 아침에 그 도시로 돌아왔을 때인 예루살렘에서의 마지막 주간에 관한—마르코복음의 설화에 나온 한 단편을 암시한다(마르 11,11·12·19·20). 특히 루가복음 21장 37절 : "…밤에는 도성에서 나와 감람산에서 밤을 지내셨읍니다"와 비교하라.

그들은 제각기 집으로 돌아갔읍니다. 참조. *C.H.* 1,29 : "그들은 제각기 각자의 침대로 돌아갔다."

[8, 1] 중성복수인 'Ἐλαιῶν은 직역하여 "올리브나무들의 산"이다. 이것은 신약성서의 일반적인 표현이긴 하지만 ἐλαιών("올리브 밭")은 간혹 루가의 문서들에 나온다.

[2] 이 귀절에는 다음과 같은 루가문서들과의 여러 접촉점들이 있다. (ㄱ) "이른 아침"(ὄρθρος)이란 말은 신

약성서의 다른 곳에서는 루가복음 24장 1절과 사도행전 5장 21절에만 나온다. (ㄴ) "들어가다"(παραγίνεσθαι)는 루가의 말이다 ; 루가복음에는 8회, 사도행전에는 20회, 요한복음에는(이 귀절을 포함하여) 2회, 신약성서의 나머지 부분에서는 7회 나온다. (ㄷ) "많은 사람"(λαός)은 루가의 말이다 ; 루가복음에는 37(36)회, 사도행전에는 48회, 요한복음에는(이 귀절을 포함하여) 3회 나온다. 신약성서의 그 밖의 곳에서는 56(55)회 나오는데 이 중에서 히브리서와 요한묵시록에는 22회 나온다. (ㄹ) "앉아서 가르치셨읍니다"(καθίσας ἐδίδασκεν) 참조. 루가복음 4장 20절, 5장 3절 : "앉으셨읍니다…가르치셨읍니다"(καθίσας… ἐδίδασκεν). 요한복음 7장 37절과 10장 23절에서는 예수가 서 있는 것으로 서술되어 있다.

[4] 현장에서. ἐπ' αὐτοφώρῳ("현장에서")는 (한 단어로가 아니라) 이렇게 두 단어로 쓰여졌여야 한다. 이 문귀는 신약성서에서 단 한번 나오지만 일반적인 말이다. αὐτόφωρος는 형용사적 의미로 "스스로 찾아낸"을 뜻한다. 간음에 대해 벌을 주려면 목격자들이 필요했다 ; 참조. Abrahams, *Studies* I, 73과 신명기 22장 22절 : "…[간통하는 것을] 보거든."

[5] 율법에. 참조. 레위기 20장 10절 : "그 간부와 음부를 반드시 죽일찌니라" ; 신명기 22장 22—24절 : "돌로 쳐 죽일 것이니"(처음에는 약혼한 처녀에 대해서 말했다가 같은 귀절의 후반부에서는 "이웃사람의 아내"라고 말한다). 미쉬나에는 두 가지 경우가 분명히 구별되어 있다 ; *Sanhedrin* 7,4 : "이러한 자들은 돌로 쳐야 할 사람들이다 : …약혼한 처녀와 통간한 남자" ; 11,1 : "이러한 자들은 목졸림을 당할 사람들이다 : …다른 사람의 아내와 통간한 남자"(분명히 그 여자도 같은 처벌을 받게 되었을 것이다). 이런 사건에서 관련된 여자는 약혼만 하였지 결혼하지는 않았다고 추론하는 것은 당연하다. 그러나 간음한 기혼녀는 목졸림을 당해야 한다는 미쉬나의 요구는 1세기 말엽 혹은 2세기의 변경을 반영하는 것같다.[3] 아브라함스(앞의 글 참조)는 사형이 "자주 시행될 수는 없었음에 틀림없다"고 생각한다.

당신은 뭐라고 하시겠읍니까?. σύ("당신")는 강조의 위치에 있고 예수를 불러들여 그를 모세와 대비시킨다.

---

3) Daube, *N.R.T.J.*, 307과 *art. cit.*; 또한 J. Blinzler, *N.T.S.* 4(1957), 32—47을 참조하라.

[6] 시험하여. 이 문장은 공관복음서의 여러 귀절들, 예를 들어 마르코복음 3장 2절과 10장 2절, 또한 루가복음 6장 7절 등을 생각나게 한다. πειράζειν("시험하다")는 다른 곳에서는 요한복음(6장 6절)에서만 사용된 말이다. 말투는 매우 비슷하지만 거기서 예수는 자기 제자들을 시험한다. 예레미아스(*Z.N.T.W.* 43 [1950/51], 148 이하)는 여기서 예수의 시험받음이 마르코복음 12장 13—17절과 동일선상에 놓여 있었다고 생각한다. 그는 여인에게 형을 언도하라는 요구를 받았다. 그것은 사형선고였음에 틀림없고 사형선고는 로마총독의 특권을 침해하는 것이었을텐데, 그 당시 유다인들에겐 사형을 집행할 권한이 없었기 때문이다(18,31). 따라서 예수는 율법을 지지하지 않고 로마인들을 거슬림으로써 적개심을 불러일으킬 수밖에 없었을 것이다.

몸을 굽혀 쓰고 계셨읍니다. 이곳에서 예수는 출애굽기 23장 1절b("[거짓 증거자인] 사악한 자와 연합하지 말라")를 쓰셨고 8절에서 그는 출애굽기 23장 7절a("거짓 일을 멀리하며[무죄한 자와 의로운 자를 죽이지 말라; 나는 악인을 무죄로 하지 아니하겠노라]")를 썼다고 데렛트(앞의 글)은 생각한다. 길딩(해당항목 참조)은 또한 신명기 9장 10절; 예레미야 17장 13절이 암시되었다고 주장한다. 맨슨(*Z.N.T.W.* 44 [1952/53], 255—56)은 이 사건 전체에 대한 예레미아스의 해석을 받아들이면서 예수는 먼저 쓰고나서 그 문장을 읽는 로마의 관습을 따른 것이라고 해설한다. 그문장은 쓰여지긴 했지만 보존될 수는 없었다. 사실 예수가 땅에다 뭐라고 썼느냐를 묻는 것은 무익한 일이다. 그의 행동은 단순히 판결을 내리라는 데 대한 고의적인 거절이었을 뿐이다; 참조. 8장 15절: "나는 아무도 판단하지 않는다."

[7] 먼저. 이 말은 신명기 13장 10(9)절과 17장 7절: "증인이 먼저 그에게 손을 대어 그를 죽게 할 것이니라"를 연상시킨다. 이런 답변의 목적은 9절에서 서술된 결과를 내기 위함에 있었다. 8절이 보여주듯이 예수는 중요한 문제에 대해서 침묵을 지켰다. 혐의가 있는 간부를 쓴 물의 고된 시련으로 재판하는 데 대한 말들(Abrahams, *Studies* I, 74에서 인용된 *Sotah* 47b와 그밖의 인용귀들) 참조: "[고발하는] 남편이 죄가 없을 경우에만 물은 그의 아내의 유죄나 무죄를 밝혀내는 효과있는 시험이 될 것이다."

[9] 대다수 사본들에는 "들은"(ἀκούσαντες) 다음에 "양심으로 인해 깨닫게 된"(καὶ ὑπὸ τῆς συνειδήσεως ἐλεγχό-

μενοι)을 첨가하고 있다. "양심"(συνείδησις)이란 말은 복음서의 다른 어느 곳에서도 나오지 않는다. 신약성서에서 그 말은 주로 바울로의 말이다. 그밖의 곳에서 그 말은 스토아철학자들이 사용했던 말이긴 하나 그들에게서 비롯된 말은 아니었다.[4] "깨닫다"(ἐλέγχειν)에 대해서는 16장 8절을 참조하라; 양심의 기능은 잘 알려진 것이었고 그것은 때때로 "증거"(ἔλεγχος)라고 간주되었다. 분명히 고발자들 중 아무도 "죄가 없다"(ἀναμάρτητος)고 주장할 수는 없었다.

하나하나. 마르코복음 14장 19절과 로마서 12장 5절을 참조하라.[5] 라더마허(Radermacher, 59)는 제자가 εἷς를(대개의 다른 그리이스어기수들이 불변화사이듯이) 불변화사로 간주하였을 거라고 생각한다.

가운데. 여인은 더 이상 (3절에서처럼) 정확한 의미에서 "한가운데" 있지 않고, 말하자면 무대의 중앙에 서 있다.

[10] 여인아. 이런 호칭 양식에 대해서는 2장 4절과 19장 26절을 참조하라. 이 귀절들은 이 호칭이 어떤 면에서건 무시할 수 없는 것임을 분명히 보여준다.

몇몇 사본들은 ποῦ εἰσίν("어디 있느냐?") 다음에 ἐκεῖνοι οἱ κατήγοροί σου를 첨가한다. 이 말들을 넣어서 읽는다면 "그들—너를 고발한 자들이 어디에 있느냐?"라고 번역해야 하리라.

[11] 나도 너를 정죄하지 않는다. 앞의 6절을 참조하라. 지은 죄를 경감할 만한 점이 암시되어 있지 않다; 예수는 정죄하러 온 것이 아니라 구원하러 왔다(3, 17). 그러나 그의 등장 자체가 스스로 의롭다고 하는 방관자들을 심판하는 결과를 가져온다; 참조. 8장 15·16절: "나는 아무도 판단하지 않는다; 그러나 내가 판단한다면 내 판단은 참되다." 이것이 이 이야기의 원래 의미였을 수는 없지만(앞의 590—91 참조). 그러나 이러한 의미가 아마 복음서에 이 이야기를 결합시켰던 사람들에 의해 이해되었던 의미이리라.

이제부터 다시는 죄를 짓지 말라. 5장 14절을 참조하라. 만일 이 명령이 허구적인 것이 아니라면 이 명령 다음에는 새로운 복종을 수행케 하는 약속이 뒤따를 것이다.

---

4) H. Osborne, *J.T.S.* 구판들 32, 1931, 167—179을 참조하라.

5) 구문에 대해서는 *M.* I, 105와 Robertson, 282, 294, 606을 참조하라.

略語와 文獻

문법책과 사전류

Bauer, *Wörterbuch*	*Griechisch-Deutsches Wörterbuch zu den Schriften des Neuen Testaments und der übrigen urchristlichen Literatur*, by W. Bauer, 1958. E.T., *Greek-English Lexicon of the New Testament and Other Early Christian Literature*, ed. William F. Arndt and F.W. Gingrich, 1957.
B.D.	*Grammatik des neutestamentlichen Griechisch*, by F. Blass, revised by A. Debrunner, 1949; Anhang, 1950. E.T., *A Greek Grammar of the New Testament and other Early Christian Literature*, ed. Robert W. Funk, 1961.
B.D.B.	*A Hebrew and English Lexicon of the Old Testament*, by F. Brown, S.R. Driver, and S.A. Briggs, 1906.
E.Bib.	*Encyclopaedia Biblica*, edited by T.K. Cheyne and J.S. Black, 1914.
G.K.	*Gesenius' Hebrew Grammar* as edited and enlarged by E. Kautzsch, translated by G.W. Collins and A.E. Cowley, 1898.
Jastrow	*A Dictionary of the Targumin, the Talmud Babli and rerushalmi, and the Midrashic Literature*, compiled by M. Jastrow, 1926.
K.B.	*Lexicon in Veteris Testamenti Libros*, by L. Koehler and W. Baumgartner, 1948~53.
Lewis and Short	*A Latin Dictionary*, by C.T. Lewis and C. Short, 1907.
L.S.	*A Greek-English Lexicon*, by H.G. Liddell and R. Scott: new edition by H. Stuart Jones and R. McKenzie, 1925~40.
M.I	*A Grammar of New Testament Greek*, Volume I,

	Prolegomena, by J.H. Moulton, 1908.
M.II	*A Grammar of New Testament Greek*, Volume II, by J.H. Moulton and W.F. Howard, 1929.
M.III	*A Grammar of New Testament Greek*, Volume III, by N. Turner, 1963.
M.M.	*The Vocabulary of the Greek Testament, illustrated from the papyri and other non-literary sources*, by J.H. Moulton and G. Milligan, 1914~29.
Moule, *Idiom Book*	*An Idiom Book of New Testament Greek*, by C.F. D. Moule, 1953.
Palmer	*A Grammar of the Post-Ptolemaic Papyri*, Volume I, Part I (Publications of the Philological Society, XIII), by L.R. Palmer, 1946.
Radermacher	*Neutestamentliche Grammatik* (Handbuch zum Neuen Testament, I.I), by L. Radermacher, 1911.
Robertson	*A Grammar of the Greek New Testament in the Light of Historical Research*, by A.T. Robertson, 1919.
Rutherford	*The New Phrynichus, being a revised text of the Ecloga of the Grammarian Phrynichus*, with introduction and commentary, by W.G. Rutherford, 1881.
T.W.N.T.	*Theologisches Wörterbuch zum Neuen Testament*, edited by G. Kittel, subsequently by G. Friedrich, 1932—(in progress). E.T., *Theological Dictionary of the New Testament*, 1964—
Turner, *Insights*	*Grammatical Insights into the New Testament*, by N. Turner, 1965.
W.M.	*A Treatise on the Grammar of New Testament Greek*, by G.B. Winer, translated with large additions by W.F. Moulton, 1882.

요한복음(이나 혹은 요한복음이 포함되어 있는) 주석서

Bauer	*Das Johannes-Evangelium* (Handbuch zum Neuen Testament 6), by W. Bauer, 1933.
Bernard	*A Critical and Exegetical Commentary on the*

Gospel according to St. John, by J.H. Bernard, 1928.

Brown — *The Gospel according to John, Anchor Bible* 29, 29A, by R.E. Brown, Vol. 1, 1966 ; Vol.2, 1970.

Bultmann — *Das Evangelium des Johannes* (Kritisch-exegetischer Kommentar über das Neue Testament), by R. Bultmann, 1950 ; Ergänzungshefte, 1950, 1957. E.T., *The Gospel of John*, 1971.

Fenton — *The Gospel according to John*, New Clarendon Bible, by J.C. Fenton, 1970.

Field — *Notes on the Translation of the New Testament*, by F. Field, 1899.

Hoskyns — *The Fourth Gospel*, by E.C. Hoskyns, edited by F.N. Davey, 1940.

Lagrange — *Evangile selon Saint Jean*, by M.J. Lagrange, 1948.

Lightfoot — *St John's Gospel: a Commentary*, by R.H. Lightfoot, 1956.

Lindars — *The Gospel of John*, New Century Bible, by B. Lindars, 1972.

Loisy — *Le quatrième Évangile*(deuxième édition refondue), by A. Loisy, 1921.

Morris — *The Gospel according to John*, by L. Morris, 1974.

Odeberg — *The Fourth Gospel interpreted in its relation to Contemporaneous Religious Currents in Palestine and the Hellenistic-Oriental World*, by H. Odeberg, 1929.

Pallis — *Notes on St John and the Apocalypse*, by Alex. Pallis, n.d.

S.B. — *Kommentar zum Neuen Testament aus Talmud und Midrasch*, by H.L. Strack and P. Billerbeck, 1922—8.

Sanders — *A Commentary on the Gospel according to St John*, Black's New Testament Commentaries, by J.N. Sanders, edited and completed by B.A. Mastin, 1968.

Schlatter — *Der Evangelist Johannes*, by A. Schlatter, 1958.

Schnackenburg — *Das Johannesevangelium*, Herders Theologischer

I,II,III — Kommentar zum Neuen Testament, by R. Schnackenburg. Vol.1, 1965 ; Vol.2, 1971 ; Vol.3, 1976. E.T. of Vol. 1, *The Gospel according to St John*, 1968.

Strachan — *The Fourth Gospel, its Significance and Environment*, by R.H. Strachan, 1941.

Westcott — *The Gospel according to St John*, by B.F. Westcott, 1903.

요한복음서에 관한 연구서 및 논문

Bacon — *The Fourth Gospel in Research and Debate*, by B.W. Bacon, 1910.

Becker, *Reden* — *Die Reden des Johannesevangeliums und der Stil der gnostischen Offenbarungsrede*, by H. Becker, ed. by R. Bultmann. *F.R.L.A.N.T.* 68(N.F.50), 1956.

Borgen — *Bread from Heaven*, by P. Borgen. *Supplements to Nov. T.*, 10, 1965.

Burney — *The Aramaic Origin of the Fourth Gospel*, by C. F. Burney, 1922.

Cullmann, *Circle* — *The Johannine Circle*, by O. Cullmann, E.T., 1976.

"Dialectical Theology" — "The Dialectical Theology of St John'" by C.K. Barrett, in *Essays*, 49—69.

Dodd, *Interpretation* — *The Interpretation of the Fourth Gospel*, by C.H. Dodd, 1953.

Dodd, *Tradition* — *Historical Tradition in the Fourth Gospel*, by C. H. Dodd, 1963.

Goguel — *Le Quatrième Evangile (Introduction au Nouveau Testament, II)*, by M. Goguel, 1924.

Guilding — *The Fourth Gospel and Jewish Worship*, by A. Guilding, 1960.

Howard — *The Fourth Gospel in Recent Criticism and Interpretation*, by W.F. Howard, new edition, revised by C.K. Barrett, 1955.

J. & Q. — *John and Qumran*, edited by J.H. Charlesworth, 1972.

Judaism — *The Gospel of John and Judaism*, by C.K. Barrett, E.T., 1975.

Käsemann, *Testament* — *The Testament of Jesus*, by E. Käsemann. E.T., 1968.

Martyn — *History and Theology in the Fourth Gospel*, by J.L. Martyn, 1968.

Meeks — *The Prophet-King: Moses Traditions and the Johannine Christology*, by W.A. Meeks. *Supplements to Nov. T.*, 14, 1967.

"Menschensohn" — "Das Fleisch des Menschensohnes (Joh 6, 53)", by C.K. Barrett, in *Jesus und der Menschensohn, für Anton Vögtle*, edited by R. Pesch and R. Schnackenburg, 1975.

Prologue — *The Prologue of St John's Gospel*, by C.K. Barrett, 1971. Reprinted in *Essays*, 27—48.

Sanders, *Early Church* — *The Fourth Gospel in the Early Church*, by J.N. Sanders, 1943.

Schweizer — *Ego Eimi...*, by E. Schweizer, 1939.

Sidebottom — *The Christ of the Fourth Gospel*, by E. M. Sidebottom, 1961.

"The Father is greater than I" — "'The Father is greater than I' (Jo 14, 28) : Subordinationist Christology in the New Testament", by C.K. Barrett, in *Neues Testament und Kirche, für R. Schnackenburg*, edited by J. Gnilka, 144—59, 1974.

"Theocentric" — "Christocentric or Theocentric? Observations on the Theological Method of the Fourth Gospel", by C.K. Barrett, in *La Notion biblique de Dieu, Bibliotheca Ephemeridum Theologicarum Lovaniensium*, 41, edited by J. Coppens, 361—76, 1976.

"Theological Vocabulary" — "The Theological Vocabulary of the Fourth Gospel and of the Gospel of Truth", by C.K. Barrett, in *Current Issues in New Testament Interpretation, Essays in honor of O.A. Piper*, edited by W. Klassen and G.F. Snyder, 210—23, 297—8f., 1962.

신약성서에 관계된 연구서

Abrahams, *Studies* I and II	*Studies in Pharisaism and the Gospels*, First and Second Series, by I. Abrahams, 1917 and 1924.
Beginnings	*The Beginnings of Christianity, Part I: The Acts of the Apostles*, edited by F.J. Foakes Jackson and K. Lake, 1920～33.
Benoit I,II,III	*Exégèse et Théologie*, Vol.I, 1961 ; Vol.II, 1961 ; Vol.III, 1968.
Betz	*Lukian von Samosata; religionsgeschichtliche und paränetische Parallelen. Texte und Untersuchungen*, 76, 1961.
Black	*An Aramaic Approach to the Gospels and Acts*, by M. Black. Third Edition, 1967.
Bonsirven	*Le Judaïsme Palestinien au temps de Jesus-Christ*, by J. Bonsirven, 1934.
Bornkamm I,II,III,IV	G. Bornkamm, *Das Ende des Gesetzes* (=*Gesammelte Aufsätze* I, 1966) ; *Studien zu Antike und Urchristentum* (=*Ges. Aufs.* II, 1970) ; *Geschichte und Glaube I* (=*Ges. Aufs.* III, 1968) ; *Geschichte und Glaube II* (=*Ges. Aufs.* IV, 1971).
Bousset-Gressmann	*Die Religion des Judentums im späthellenistischen Zeitalter*, by W. Bousset. Third edition, edited by H. Gressmann. Handbuch zum Neuen Testament, 21, 1926.
Braun	*Qumran und das Neue Testament*, by H. Braun, in *Th. R.* 28(1962), 192—234 ; the whole republished in two volumes, 1966.
Bultmann, *P.C.*	*Primitive Christianity in its Contemporary Setting*, by R. Bultmann, E.T., 1956.
Bultmann, *Theology*	*Theology of the New Testament*, by R. Bultmann, E.T., Vol.1, 1952 ; Vol.2, 1955.
C.A.H.	*The Cambridge Ancient History*, edited by J.B. Bury, S.A. Cook, F.E. Adcock, and M.P. Charlesworth, 1923～39.
Conzelmann,	*An Outline of the Theology of the New Testament*,

Theology	by H. Conzelmann, E.T., 1969.
Creed	*The Gospel according to St Luke*, by J.M. Creed, 1930.
Cullmann, *Christology*	*Christology of the New Testament*, by O. Cullmann, E.T., 1959.
Cullmann, *Salvation*	*Salvation in History*, by O. Cullmann, E.T., 1967.
Cullmann, *V. & A.*	*Vorträge und Aufsätze* 1925—1962, by O. Cullmann. Ed. by K. Fröhlich, 1966.
Danby	*The Mishnah*, translated from the Hebrew with Introduction and brief Explanatory Notes by H. Danby, 1933.
Daube, *N.T.R.J.*	*The New Testament and Rabbinic Judaism*, by D. Daube, 1956.
Davies, *Land*	*The Gospel and the Land*, by W.D. Davies, 1974.
Deissmann	*Light from the Ancient East*, by A. Deissmann; English translation, 1911.
Delitzsch	ספרי הברית החדשה(The New Testament in Hebrew), translated by F. Delitzsch, 1904.
Derrett, *Law*	*Law in the New Testament*, by J.D.M. Derrett, 1970.
Dinkler, *Signum*	*Signum Crucis*, by E. Dinkler, 1967.
Dodd, *A.S.*	*According to the Scriptures*, by C.H. Dodd, 1952.
Essays	*New Testament Essays*, by C.K. Barrett, 1972.
Fitzmyer, *Essays*	*Essays on the Semitic Background of the New Testament*, by J.A. Fitzmyer, 1971.
Haenchen, *Weg*	*Der Weg Jesu*, by E. Haenchen, 1966.
Hahn, *Titel*	*Christologische Hoheitstitel*, by F. Hahn, Second edition, 1964.
Hahn *Titles*	*The Titles of Jesus in Christology*, by F. Hahn (abridged E.T. of the foregoing), 1969.
Hennecke-Schneemelcher	*Neutestamentliche Apokryphen in deutscher Übersetzung*, by E. Hennecke, Third edition, by W. Schneemelcher. Vol.1, 1959 ; Vol.2, 1964.
Higgins, *Son of Man*	*Jesus and the Son of Man*, by A.J.B. Higgins, 1964.
Hort	*The Christian Ecclesia*, by F.J.A. Hort, 1914.
H.S.G.T.	*The Holy Spirit and the Gospel Tradition*, by C.

K. Barrett, 1947.

Jeremias, *Abba* — *Abba*, by J. Jeremias, 1966.

Jeremias, *Eucharistic Words* — *The Eucharistic Words of Jesus*, by J. Jeremias, E.T. Second edition, 1966.

Jeremias, *Jerusalem* — *Jerusalem in the Time of Jesus*, by J. Jeremias, E.T., 1969.

Jeremias, *Theology* 1 — *New Testament Theology*, by J. Jeremias, Vol. 1, 1971.

Klausner — *Jesus of Nazareth, his Life, Times and Teaching*, by J. Klausner, E.T., 1925.

Lipsius-Bonnet — *Acta Apostolorum Apocrypha*, edited by R.A. Lipsius and M. Bonnet. Three volumes, 1959.

McNamara, *T. & T.* — *Targum and Testament*, by M. McNamara, 1972.

Richardson, *Theology* — *An Introduction to the Theology of the New Testament*, by A. Richardson, 1958.

Schürer — *A History of the Jewish People in the Time of Jesus Christ*, by E. Schürer; English translation, 1885—96.

Schweitzer — *The Mysticism of Paul the Apostle*, by A. Schweitzer; English translation, 1931.

Schweizer, *Beiträge* — *Beiträge zur Theologie des Neuen Testaments*, by E. Schweizer, 1970.

Schweizer, *Jesus* — *Jesus*, by E. Schweizer, E.T., 1971.

Singer — *The Authorised Daily Prayer Book of the United Hebrew Congregations of the British Empire*, with a new translation by S. Singer, 1912.

Stendahl, *Scrolls* — *The Scrolls and the New Testament*, edited by K. Stendahl, 1958.

Stenning — *The Targum of Isaiah*, edited with a translation by J.F. Stenning, 1949(1953).

Torrey — *Our Translated Gospels*, by C.C. Torrey, n.d.

정기간행물

C.B.Q. — *Catholic Biblical Quarterly*.

E.T. — *The Expository Times*.

H.T.R. — *Harvard Theological Review*.

H.U.C.A.	*Hebrew Union College Annual.*
J.B.L.	*Journal of Biblical Literature.*
J.Q.R.	*The Jewish Quarterly Review.*
J.R.B.	*The Bulletin of the John Rylands Library.*
J.T.S.	*The Journal of Theological Studies*
N.T.S.	*New Testament Studies.*
Nov. T.	*Novum Testamentum.*
R.B.	*Revue Biblique.*
S.J.T.	*Scottish Journal of Theology.*
St. Th.	*Studia Theologica.*
Th.L.Z.	*Theologische Literaturzeitung.*
Th.Z.	*Theologische Zeitschrift.*
Z.N.T.W.	*Zeitschrift für die neutestamentliche Wissenschaft.*

요세푸스와 필로의 저서

Josephus

Ant.	*Antiquitates Iudaicae*
Bel.	*Bellum Iudaicum*
C. Apionem	*C. Apionem*
Vita	*Vita*

Philo

Abr.	*De Abrahamo*
Agr.	*De Agricultura*
Cher.	*De Cherubim*
Conf.	*De Confusione Linguarum*
Decal.	*De Decalogo*
Det.	*Quod Deterius Potiori Insidiari Soleat*
Deus	*Quod Deus Immutabilis sit*
Ebr.	*De Ebrietate*
Fug.	*De Fuga et Inventione*
Hypothetica	*Hypothetica*
In Flaccum	*In Flaccum*
L.A.	*Legum Allegoriae*
Leg. ad Gaium	*Legatio ad Gaium*
Mig.	*De Migratione Abrahami*

Mos.	*De Vita Mosis*
Mut.	*De Mutatione Nominum*
Op.	*De Opificio Mundi*
Post.	*De Posteritate Caini*
Praem.	*De Praemiis et Poenis*
Prob.	*Quod Omnis Probus Liber sit*
Sob.	*De Sobrietate*
Som.	*De Somniis*
Spec.	*De Specialibus Legibus*

쿰란 문헌

CD	다마스커스 문헌(Damascus Rule)
3Q 15	구리 두루마리(Copper Scroll)
4Q flor	종말론적 미드라쉬(Florilegium)
1QH	감사의 시편(Hymns)
1QIs*	이사야 두루마리 A
1QM	전쟁 두루마리(War Rule)
4Q Mess ar	메시야 별자리(Messianic Horoscope)
4Qp Ps 37	시편 37편 주석
1QS	종도의 규례(Community Rule)
4Q test	계약서(Testimonia)

사본과 파피루스

B.G.U.	*Aegyptische Urkunden aus den Königlichen Museen zu Belin: Griechische Urkunden* (Vol. IV, Berlin, 1912).
C.I.L.	*Corpus Inscriptionum Latinarum* (Berlin, 1862—1909).
I.G.	*Inscriptiones Graecae* (Berlin, 1873—).
O.G.I.S.	W. Dittenberger, *Orientis Graeci Inscriptiones Selectae* (Leipzig, 1903—5).
P.Eg.	H.I. Bell and T.C. Skeat, *Fragments of an Unknown Gospel* (London, 1935)를 보라.
P.Fay.	*Fayûm Towns and their Papyri,* B.P. Grenfell, A. S. Hunt, and D.G. Hogarth (London, 1900).

P. Flor. — *Papyri Fiorentini*, G. Vitelli (Milan, 1906).

P. Giss. — *Griechische Papyri im Museum des oberhessischen Geschichtsvereins zu Giessen*, E. Kornemann and P.M. Meyer (Leipzig, 1912).

P. Lond — *Greek Papyri in the British Museum*, F.G. Kenyon (London, 1893).

P. Oxy. — *The Oxyrthynchus Papyri*, B.P. Grenfell, A.S. Hunt, and others (London, 1898—).

P. Paris — *Notices et Extraits* XVIII, 2 (Paris, 1865).

P. Ryl. — C.H. Roberts, *An Unpublished Fragment of the Fourth Gospel in the John Rylands Library* (Manchester, 1935).

D. Tebt. — *The Tebtunis Papyri*, B.P. Grenfell, A.S. Hunt, and others (London, 1902—38).

Syll. — W. Dittenberger, *Sylloge Inscriptionum Graecarum* (3rd edn. Leipzig, 1915—24).

國際聖書註釋을 내면서

이번 韓國神學硏究所에서는 한국 교회의 오랜 숙원이었던 건전한 신학에 근거한 성서 주석을 여러분에게 선보이게 되었읍니다.

본 주석서를 내게 된 동기는 성서에 대한 세밀한 것, 가령 단어 하나에 이르기까지 정확하게 알 수 있는 주석서의 결정판을 냄으로써 성서를 바르게 이해하려고 소원하는 한국의 많은 그리스도인들에게 보답하며, 특히 제목 설교의 풍조 아래서 성서를 앞세운다고 하면서도 실제로는 성서를 가장 등한시 하는 경향이 지배하는 한국 강단의 잘못을 시정하고, 한국 교회에 하느님의 말씀이 올바르게 선포되도록 하려는 데 있읍니다.

國際聖書註釋이라고 이름붙인 것은 국제적으로 가장 정평있는 주석서를 선정한 이유도 있지만, 언제까지나 외국의 주석서에만 의존할 수는 없고 앞으로 이 주석 전집에 이어 한국 성서 학자들의 독자적인 힘으로 이루어질 韓國聖書註釋의 출간을 전제하고 있기 때문입니다.

國際聖書註釋이 나오기까지에는 세계에서 가장 정평있는 주석들 가운데서 엄선한 한국의 신구약 성서 학자들의 노고와 미래가 촉망되는 본 연구소 번역실 직원들의 의욕적인 번역 그리고 이 일을 사명으로 아는 편집실 직원들의 수고가 있었읍니다.

이 주석 전집이 한국 성서학의 초석이 되며 한국 교회의 강단에 통일된 성서 지식을 전달하는 길잡이가 되기를 기원합니다.

韓國神學硏究所長

색인

편집자 주

1. 색인에 제시되는 쪽수는 이 책 각 쪽 상단에 /123/와 같이 "/ /"로 삽입한 원서의 쪽수를 뜻한다.
2. 본 주석의 성경의 각 책 이름은 한국신학연구소에서 공동번역판의 것을 이용했으므로, 그대로 따른다.

1. 구약

2. 신약

사도행전

3. 구약 외경(제2정경)과 구약 위경

4. 요세푸스와 필론

5. 랍비 문헌

6. 사해 문서

7. 그리스와 로마 문헌

8. 비문과 파피루스

9. 초기 기독교 문헌

10. 현대 저자와 문헌

11. 주제

12. 그리스어 단어

알맹e 출간 목록

2023년 11월 현재 목록입니다. 각 책에 관한 상세정보와 더 나올 책들은 www.rmaenge.com에서 확인할 수 있습니다.

쁘띠 알맹e

- **신학 부문(편집장 민경찬, 차보람)**

현대 영국 신학의 흐름. 데이비드 F. 포드. 권헌일 역. 2023-08-02. ("British Theology" and two other articles from *the Christian Century*). 알맹e에서 전자책으로만 출간.

아돌프 폰 하르낙의 치명적 단순함. 로완 윌리엄스. 양세규 역. 근간. ("The Deadly Simplicities of Adolf vonHarnack," *Legatum Lecture Transcript*). 알맹e에서 전자책으로만 출간 예정.

- **신약학 부문(편집장 김선용)**

병행구절광증. 새뮤얼 샌드멜. 김선용 역. 2022-01-04. ("Parallelomania," *JBL* 81 [1962]: 1-13). 알맹e에서 전자책으로만 출간.

초기 기독교의 가족. 캐롤린 오시크. 임충열 역. 2022-05-08. ("The Family in Early Christianity: 'Family Values' Revisited," *CBQ* 58/1 [1996]: 1-24). 알맹e에서 전자책으로만 출간.

왜 신약성경을 연구하는가. 웨인 믹스, 리처드 헤이스. 김선용, 임충열 역. 2022-08-23. 알맹e에서 전자책으로만 출간.

헬레니즘계 종교로서의 기독교의 출생. 한스 디터 벳츠. 진규선 역. 2023-06. ("The Birth of Christianity as a Hellenistic Religion," *JR* 74.1 [1994]: 1-25). 알맹e에서 전자책으로만 출간.

기억, 역사 이론, 그리고 예수 수용. 옌스 슈뢰터. 임충열 역. 2023-12(근간). ("Memory, Theories of History, and the Reception of Jesus," *JSHJ* 16 [2018]: 85-107). 알맹e에서 전자책으로만 출간.

알맹e 성경 주석서 가이드

갈라디아서 주석서 가이드. D. A. 카슨, John F. Evans 외. 맹호성 편집. 2023-06-17. 전자책과 종이책 모두 알맹e 출간.

알맹e 크리티카 성경 주석

갈라디아서: 갈라디아 교회에 보낸 바울의 편지에 대한 주석. 한스 디터 벳츠. 한국신학연구소 번역실 역. 2023-06-17. (*Galatians*, Hermeneia, Fortress Press, 1979) 전자책과 종이책 모두 알맹e 출간.

누가 복음 1, 2권. I. 하워드 마샬. 강요섭 역. 2023-10-13. (*The Gospel of Luke*, NIGTC, Eerdmans, 1978) 전자책과 종이책 모두 알맹e 출간.

요한 복음 1, 2권. C. K. 바레트. 한국신학연구소 번역실 역. 2023-12-1. (*The Gospel According to St. John*, 2nd ed. SPCK, 1978) 전자책과 종이책 모두 알맹e 출간.

신행사전

1 개혁신학 용어 사전. 켈리 M. 캐픽, 웨슬리 밴더 럭트. 송동민 역. 2017-10-31. (*Pocket Dictionary of the Reformed Tradition*, InterVarsity Press, 2013) 종이책은 도서출판 100 출간. 2018-03-01.

2 성서학 용어 사전. 아서 G. 팻지아, 앤서니 J. 페트로타. 하늘샘, 맹호성 역. 2019-08-23. (*Pocket Dictionary of Biblical Studies*, InterVarsity Press, 2022) 종이책은 한국기독학생출판부(IVP) 출간. 2021-10-28.

3 윤리학 용어 사전. 스탠리 J. 그렌츠, 제이 T. 스미스. 이여진 역. 2018-03-25. (*Pocket Dictionary of Ethics*, InterVarsity Press, 2003) 종이책은 알맹e에서 복간 예정.

4 신학 용어 사전. 스탠리 J. 그렌츠, 데이비드 거레츠키, 체리스 피 노들링. 진규선 역. 2018-10-29. (*Pocket Dictionary of Theological Terms*, InterVarsity Press, 1999) 종이책은 한국기독학생출판부(IVP) 출간. 2022-03-28.

5 고회사 용어 사전. 네이선 P. 펠드머드, 이재근(한국 교회사 부분 저자 및 번역 감수). 송동민 역. 2022-08-15 (*Pocket Dictionary of Church History*, InterVarsity Press, 2008) 종이책은 한국기독학생출판부(IVP) 출간. 2022-08-29.

6 철학 변증학 용어 사전. 도서출판 100에서 종이책과 전자책 모두 출간.

신행신학

예수와 유대교. E. P. 샌더스. 이정희 역. 2022-05-05. (*Jesus and Judaism*, SCM Press; Fortress Press, 1985) 전자책과 종이책 모두 알맹e 출간.M어게인.

바울의 신학과 윤리. 빅터 퍼니쉬. 김용욱 역. 2022-02-28. (NTL *Theology and Ethics in Paul*, Westminster John Knox Press, 2009) 2009년 리처드 헤이스 개관 포함. 전자책과 종이책 모두 알맹e 출간. M어게인.

바울, 율법, 유대인. E. P. 샌더스. 김진영, 이영욱 역. 2021-08-18. (*Paul, the Law, and the Jewish People*, Fortress Press, 1983) 종이책은 감은사 출간. 2021-08-25. M어게인.

바울과 팔레스타인 유대교. E. P. 샌더스. 박규태 역. 2018-07-10. (*Paul and Palestinian Judaism*, SCM Press; Fortress Press, 1977, 2017) 전자책과 종이책 모두 알맹e 출간.

바울과 팔레스타인 유대교 간추린판. E. P. 샌더스. 박규태 역. 김선용 편집. 2020-10-29. 종이책은 비아토르 동시 출간.

하나님과 성의 수사학. 필리스 트리블. 유연희 역. 2022-07-18. (*God and the Rhetoric of Sexuality*), Fortress Press, 1978) 전자책과 종이책 모두 알맹e 출간. M어게인.

히브리성서 개론. 존 콜린스. 유연희 역. 2021-05-26. (*A Short Introduction to the Hebrew Bible*, Fortress Press, 2007) 종이책은 한국기독교연구소 출간. 2011-03-20. M어게인.

수사비평: 역사, 방법론, 요나서. 필리스 트리블. 유연희 역. 2021-05-26. (*Rhetorical Criticism*, Fortress Press, 1995) 종이책은 한국기독교연구소 출간. 2007-10-20. M어게인.

이야기 마태복음 개정증보 2판. 잭딘 킹스베리. 권종선 역. 2021-08-13. (*Matthew as Story* 2nd ed., Fortress Press, 1988) 전자책과 종이책 모두 알맹e 출간. M어게인.

이야기 마가복음 개정 3판. 데이비드 로즈·조안나 듀이·도널드 미키. 양재훈 역. 2022-10-12. (*Mark as Story* 3rd ed., Fortress Press, 2012) 종이책은 이레서원 동시 출간. M어게인.

요한복음 해부. R. 앨런 컬페퍼. 권종선 역. 2021-12-25. (*Anatomy of the Fourth Gospel*, Fortress Press, 1987) 전자책과 종이책 모두 알맹e 출간. M어게인.

윗필드 씨! 제발 좀 마이크 내려놓고 쉬세요! 아놀드 A. 댈리모어. 오현미 역. 2021-12-31. (*George Whitefield: God's Anointed Servant in the Great Revival of the Eighteenth Century*, Crossway Books, 2010) 종이책은 이레서원 동시 출간. M어게인.

신 계시 권위 1. 칼 헨리. 맹용길 역. 2022-01-21. (*God, Revelation and Authority* 1, Crossway Books, 1999) 전자책과 종이책 모두 알맹e 출간. M어게인.

신 계시 권위 2. 칼 헨리. 맹용길 역. 2022-01-21. (*God, Revelation and Authority* 2, Crossway Books, 1999) 전자책과 종이책 모두 알맹e 출간. M어게인.

신 계시 권위 3. 칼 헨리. 이상훈 역. 2022-01-21. (*God, Revelation and Authority* 3, Crossway Books, 1999) 전자책과 종이책 모두 알맹e 출간. M어게인.

신 계시 권위 4. 칼 헨리. 이상훈 역. 2022-01-21. (*God, Revelation and Authority* 4, Crossway Books, 1999) 전자책과 종이책 모두 알맹e 출간. M어게인.

기후 변화와 신학의 재구성. 샐리 맥페이그. 김준우 역. 2021-05-26. (*New Climate for Theology*, Fortress Press, 2008) 종이책은 한국기독교연구소 출간. 2008-09-25.

예수와 창조성. 고든 카우프만. 김진혁 역. 2021-05-26. (*Jesus and Creativity*, Fortress Press, 2009) 종이책은 한국기독교연구소 출간. 2009-06-30.

하나님의 말씀에 사로잡혀. 미로슬라브 볼프. 홍병룡 역. 2021-08-09. (*Captive to the Word of God*, Wm. B. Eerdmans Publishing Co., 2010) 종이책은 국제제자훈련원 출간. 2012-12-05.

태초에 창조성이 있었다. 고든 카우프만. 박만 역. 2021-05-26. (*In the Beginning… Creativity*, Fortress Press, 2000) 종이책은 한국기독교연구소 출간. 2013-10-01.

현대 영국 신학자들과의 대담. 이숭구. 2023-09-11. 전자책과 종이책 모두 알맹e 출간. M어게인.

알맹4U

도널드 밀러는 인생 편집 중 - 〈천년 동안 백만 마일〉 일러스트레이션판. 도널드 밀러. 윤종석 역. 2022-12-25. (*A Million Miles in a Thousand Years*, Thomas Nelson, 2009) 전자책과 종이책 모두 알맹e 출간.

도널드 밀러의 오색사막 순례 이야기. 도널드 밀러. 허진 역. 2022-07-04. (*Through Painted Deserts*, Thomas Nelson, 2005) 종이책은 잉클링즈 출간. 2022-06-30.

천년 동안 백만 마일. 도널드 밀러. 윤종석 역. 2021-09-03. (*A Million Miles in a Thousand Years*, Thomas Nelson, 2009) 종이책은 한국기독학생출판부(IVP) 출간. 2010-10-27.

메리에게 루이스가. C. S. 루이스. 이종태 역. 2021-07-23. (*Letters to an American Lady*, Wm. B. Eerdmans Publishing Co. 1967, 2014) 종이책은 비아토르 동시 출간.

버거킹에서 기도하기. 리처드 마우. 강봉재 역. 2023-11-10. (*Praying at Burger King*, Wm. B. Eerdmans Publishing Co. 2007) 종이책은 IVP에서 복간 예정.